학교상담

개념, 원리, 적용

송재홍 저

School Counseling

Concepts, Principles, and Applications

학지사

머리말

21세기에 들어와서 청소년 우울증과 자살, 학교폭력 등 학교의 안전성을 위협하는 사회문제가 급증하면서 학교상담에 대한 관심이 고조되었다. 학교상담은 일반적으로 학교생활지도의 중추적인 활동 영역으로서 '생활지도와 상담'이라는 표제의 일부로 소개되는 경우가 많았다. 그러나 1980년대 학교상담의 발원지라 할 수 있는 미국에서 '생활지도' 대신 '상담'이라는 용어를 사용하기 시작하면서 학교생활지도와 학교상담은 교환 가능한 용어로 혼용되고 있다. 우리나라에서는 비교적 최근에서야 '학교상담'이라는 제하의 서책이 등장하고 있으며, 여전히 '생활지도와 상담'이라는 용어가 선호되고 있다. 이는 대학에서 초등학교 또는 중등학교 교사 자격증을 취득하기 위해서 이수해야 하는 교직 과목의 명칭과 무관하지 않다. 교육대학 또는 사범대학에 재학하거나 교직과정을 이수하는 학생들은 교직소양과목은 물론, '교육학개론' '생활지도와 상담' 등과 같은 교육학 강좌를 선택하여 수강해야 한다.

분명 정보화 사회에서 지식의 중요성을 부정할 수는 없다. 그러나 정서적인 민감성이 결여된 지식 중심의 교육 환경은 인간의 정신을 메마르게 하고 교실 공동체를 사막화하여 침묵과 갈등으로 얼룩지게 할 수 있다. 21세기 벽두부터 학교교육 현장에 충격을 안겨 준 학교폭력의 여파는 아직 진행 중이다. 지식이 자양분이라면, 정서는 생명수와 같다. 정서 유능성의 결함은 불안, 우울, 분노와 같은 심리적 장애와 밀접하게 관련되며, 정서적으로 유능한 사람은 학문적 도전과 사회적 적응에서 성공할 가능성이 높다. 정서와 감정에 대한 이해와 학습은 복잡한 사회 환경에 대처하는 개인의 삶을 유연하게 할 뿐만 아니라 학교 교실의 지적 풍토를 저해하는 요인을 차단하고 개선하는 데 기여할 수 있다. 교실 공동체의 사막화를 차단하고 학생들이 생명력을 회복하도록 조력하기 위해서는 사회정서학습을 촉진하기 위한 진지한 고민이 시작되어야 한다. 이 책의 집필은 바로 이런 고민에서 시작되었다.

이 책은 초등학교와 중등학교에서 학생을 지도하는 교사의 학교상담 역량을 제고하기 위해서 공부해야 할 핵심 주제를 다루고 있다. 이 책은 총 12장으로 구성되어 있다. 제1장과 제2장에서는 학교상담의 역사와 기본 개념을 다룬다. 제1장에서는 미국과 한국에서 학교상담의 역사적 발달을 기술한다. 제2장에서는 학교상담의 개념과 종합적인 학교상담 모형을 고찰하고 상담교사의 역할과 윤리적 책임에 대해 논의한다.

제3장부터 제6장까지는 학교상담의 주요 이론과 실천 원리를 다룬다. 제3장에서는 상담의 의미, 기본 요소, 목표 등 기본 개념을 고찰하고 학교 장면에서 쉽게 적용할 수 있는 주요 상담이론과 개인상담 기술을 소개한다. 제4장에서는 집단상담의 의의와 주요 개념, 집단의 구성 및 운영, 집단상담의 주요 과정과 기법에 대해 고찰한다. 제5장에서는 자문의 개념을 기술하고 자문 모형과 자문 과정 그리고 조정 및 의뢰 활동에 대해 알아본다. 제6장에서는 종합적 학교상담 모형에 기초하여 프로그램을 개발하고 실행·평가하기 위한 체계적인 절차를 기술한다.

제7장부터 제9장까지는 학교상담을 통해 촉진하고자 하는 학생들의 발달에 대한 이해와 구체적인 상담 전략을 다룬다. 제7장에서는 학업 발달에 관여하는 제반 요인을 검토하고 학습부진 학생을 돕기 위한 구체적인 상담 전략을 모색한다. 제8장에서는 초·중·고등학생의 진로 발달과 선택을 돕기 위한 진로상담 이론과 실천에 대해서 고찰하고, 제9장에서는 학생들의 정서 및 사회성 발달을 지원하고 정서·행동 문제를 가진 학생을 돕기 위한 구체적인 상담 전략을 모색한다.

제10장부터 제12장까지는 학교의 안전성을 위협하는 청소년 우울증과 자살, 학교폭력 등 특수한 문제를 다루고 지속적인 예방활동으로서 교과교육과 상담의 통합 가능성을 고찰한다. 제10장에서는 청소년 자살 문제의 실태와 원인을 고찰하고 자살 행동의 예측과 예방을 위한 체계적인 방안을 탐색한다. 제11장에서는 학교폭력의 개념과 주요 원인을 고찰하고, 학교폭력 예방을 위한 주요 정책과 접근모형, 학교폭력의 조기 발견과 예방을 위한 프로그램, 학교폭력 사안 처리를 위한 체계적 절차를 소개한다. 마지막 제12장에서는

상담학의 관점에서 교과학습의 성격을 재해석하고 구체적인 실천 전략을 제안한다. 학습자의 자아성찰을 촉진하기 위한 교과학습의 개념적 사유체계를 살펴보고, 교과교육 장면에서 자아성찰을 촉진하기 위한 체계적인 학습모형과 적용 사례를 제시한다.

이 책은 일차적으로 교육대학과 사범대학에서 교직과정을 이수하는 학생들을 위해 집필되었다. 그러나 이 책은 초등학교와 중·고등학교에서 학생들을 지도하는 일반교사를 비롯하여 학교행정가, 전문상담교사, 청소년상담전문가 등 학교상담에 관여하는 관계자들에게도 유익한 정보를 제공할 것이다. 광범위한 주제와 방대한 원고를 작성하다 보니 글의 체제와 문장 구성이 거칠고, 보완해야 할 점이 적지 않다. 틈나는 대로 내용을 검토하여 수정·보완할 생각이다. 앞으로 더 좋은 책이 될 수 있도록 독자의 애정 어린 관심과 질책을 바라는 바이다.

이 책을 집필하는 과정에서 많은 분이 아낌없는 격려와 도움을 주었다. 책의 주제에 대해서 오랜 기간 함께 토론하며 생각을 정리하는 데 도움을 준 대학원 학생들과 동료 학자들에게 감사드린다. 무엇보다도 거친 원고를 처음부터 끝까지 정독하며 멋지게 다듬어 준 고영실 선생님에게 각별하게 고마움을 전한다. 끝으로 출판계의 어려운 여건에도 불구하고 흔쾌히 출판을 허락해 주신 학지사 김진환 사장님과 교정·편집을 맡아 졸고를 빛내 주신 황미나 편집자님을 비롯하여 출판사 가족들께 진심으로 감사드린다. 또한 책을 집필하는 동안 가족들과 주변 사람들에게 무심히 대한 적이 많고 여러 가지로 마음고생을 떠안긴 점이 적지 않다. 특히 옆에서 묵묵히 지켜봐 주고 튼튼이 거들어 준 아내와 사랑스러운 딸에게 고마운 마음을 전하며 이 책을 바친다.

2021년 2월

저자 송재홍

차례

제1장

학교상담의 역사

상담의 역사적 흔적은 고대 종교 창시자들의 행적이나 동서양 철학자들의 가르침에서 찾아볼 수 있으며, 그것의 형식적인 체계는 중세 시대 가톨릭 성직자들에 의해 비롯되었다. 그러나 조직적인 체계를 갖춘 학교상담은 20세기 초 미국에서 시작되어 우리나라의 학교상담 발전에 직·간접적으로 영향을 주었으며, 21세기에 청소년 자살, 학교폭력, 신종 감염병 유행 등 학교 안전성을 위협하는 사건들이 증가하면서 새로운 양상으로 진화하고 있다.

이 장을 학습하면 여러분은 다음과 같은 학습 성과를 얻을 수 있다.

1. 미국 학교상담의 역사적 발달 과정을 시기별로 설명할 수 있다.
2. 국내 학교상담의 역사적 발달 과정을 시기별로 설명할 수 있다.
3. 국내외 상담 관련 학회와 상담사 자격제도의 발전 과정을 설명할 수 있다.

1. 미국 학교상담의 역사적 발달

미국에서 최초의 상담교사는 산업혁명 시기인 1800년대에 등장했으며, 조직적인 체계를 갖춘 학교상담은 20세기 초 직업지도운동이 그 효시라 할 수 있다. 미국 학교상담의 발달 과정을 태동기(1900~1925년), 성장기(1926~1970년), 확산기(1971~1999년), 통합기(2000년~현재)로 나누어 살펴본다.

1) 태동기(1900~1925년)

1900년대 초 20여 년 동안 학교상담은 파슨스(F. Parsons)가 제안한 직업지도운동에 의해 주도되었다. 그는 개인 특성과 직업 세계에 대한 분석을 강조하여 진로상담의 이론적 기틀을 확립하는 데 크게 기여하였다. 또한 이 시기에는 심리측정운동과 더불어 개인 특성을 분석하는 다양한 기술이 발달하였다(Sciarra, 2004; Sink, 2005).

(1) 데이비스의 교육상담

데이비스(J. Davis)는 미국의 공립학교에 체계적인 생활지도 프로그램을 도입한 첫 번째 인물로 평가되고 있다. 그는 1898년 디트로이트시의 센트럴고등학교 상담교사로 재직하면서 11학년 학생들에게 제공하는 교육상담과 직업상담을 책임지고 있었으며, 1907년 미시간주의 고등학교 교장이 되면서 주당 한 시간씩 영작문 시간에 직업지도와 훈육지도를 병행하였다. 그가 설정한 생활지도의 목표는 학생 개개인이 자신의 특성을 발달시키고 문제행동을 피하며 바람직한 역할 모델을 따르고 사회적으로 책임감 있는 일꾼으로 성장할 수 있도록 돕는 것이었다(Davis, 1914). 그의 업적은 미국 전역의 다른 분야에서 개발된 프로그램들과 병합되어 초기 학교상담 전문직 형성의 기초를 확립하는 데 기여하였다.

(2) 파슨스의 직업지도운동

1908년 미국 생활지도의 창시자로 알려진 파슨스는 보스턴시에서 학교 밖 청소년들에게 체계적인 직업지도를 제공하고자 직업보도국을 개설하고 직업지도운동을 전개하였다. 1909년 그는 유작인 『직업 선택(Choosing a Vocation)』을 통해 삶의 과정에서 직업 선택이 배우자 선택만큼 중요하다고 지적하고, 적절한 직업을 선택하기 위한 세 가지 핵심 요인으로 자기의 적성, 능력, 흥미, 자원 및 한계에 대한 인식, 상이한 직업 유형들의 요구 조건과 장 · 단점 및 보수에 대한 지식, 자기와 직업 세계의 관계에 대한 이해를 강조하였다(Parsons, 1909). 그는 올바른 직업 선택을 위해서는 자기 자신과 직업에 대한 이해가 선행되어야 한다고 믿었으며, 학생들에게 이러한 정보를 제공하여 그것을 이해하고 이용할 수 있도록 도와주는 것이 직업상담사의 역할이라고 보았다. 그는 또한 미국 전역에 있는 YMCA, 학교, 대학, 산업체를 위한 직업보도국의 직업상담사와 관리자가 되고자 하는 젊은이들을 훈련시키기 위해 설계된 프로그램을 통해 청소년들의 직업지도를 담당할 교사들에게 직업지도 교육과 훈련을 실시하였다.

직업지도운동을 통해 많은 사람이 직업지도의 중요성을 인식하게 되면서 결국 1913년에는 전국직업지도협회(National Vocational Guidance Association: NVGA)가 설립되었고, 1915년에는 보스턴 교육위원회에 직업지도과가 설치되어 교사와 학생을 위해 직업에 필요한 정보를 관리하고 수집하는 업무를 본격적으로 시작하게 되었다. 이듬해인 1916년에는 미국 내에서 학생들의 직업지도를 전담하는 교사가 20명 정도 생겨났으며, 1921년에는 NVGA에서 소식지 『Vocational Guidance』를 정기적으로 발간하기 시작하였다. 그럼에도 이 시기에는 직업지도가 학교상담에 미친 영향은 미미했으며 달리 공인된 훈련 프로그램조차 없었고 이론적 뒷받침 또한 매우 부족한 실정이었다.

(3) 심리측정운동과 정신건강운동

심리측정운동은 직업지도 활동이 좀 더 객관적이고 과학적인 체계를 갖춘 생활지도와 학교상담으로 거듭나는 데 크게 기여하였다. 1905년 비네(Binet)와 시몽(Simon)은 프랑스 정부로부터 특수한 교육적 요구를 지닌 아동을 판별할 수 있는 객관적인 방법에 대한 연구를 의뢰받아 최초의 개인용 지능검사인 비네-시몽 정신능력검사를 개발하였고, 1916년 미국 스탠포드 대학교의 터만(L. Terman)은 비네의 지능검사를 토대로 최초의 미국판 지능검사인 스탠포드-비네 지능검사를 제작하였다. 터만은 스턴(Stern, 1914)이 제안한 비율지능지수(Intelligence Quotient: IQ), 곧 정신연령을 생활연령으로 나누고 다시 100을 곱한 값을 지능지수로 채택하여 3세 아동부터 성인까지 지능을 측정할 수 있었으며, 이러한 노력은 지능검사를 실용화하는 계기가 되어 미국 내 학교 장면에 널리 적용되었다.

이듬해인 1917년 제1차 세계대전에 참전하게 된 미국 정부는 군대 지원자들을 대상으로 군 복무에 적합한 인력을 효율적으로 분류하기 위해서 세계 최초의 집단 지능검사를 개발하였다. 이 검사는 군대에서 성공적으로 사용되었으며 교육 장면에도 집단 심리검사를 유행시켰다. 더욱이 직업지도 담당자들은 심리검사를 개인의 흥미나 장·단점을 결정할 수 있는 과학적 방법이라 생각하여 관심을 가지게 되었다. 나아가 심리측정을 기초로 학교상담의 효과성을 평가하기 위한 과학적이고 정확한 측정도구가 제작되었으며, 이를 통해 전문가들 사이에서 좀 더 효과적인 의사소통이 이루어지게 되었다.

직업지도운동과 비슷한 시기에 미국 내에서 일어난 정신건강운동은 체계적인 생활지도의 발달에 크게 기여하였다. 1908년 정신분열증을 앓아 정신병원에 입원하였던 비어스(Beers)는 정신병원에서 직접 겪었던 경험을 토대로 『마음의 발견(A Mind That Found Itself)』이라는 책을 저술하여 정신질환 치료와 정신위생에 대한 미국 시민들의 관심을 불러일으키는 계기를 마련하였다(Beers, 1908). 이듬해인 1909년 그는 또한 당시 유명한 정신과 의사인 마이어스(Myers)와 심리학자 제임스(James) 등과 함께 전국정신건강위원회를 창설하여 정신질환의 예방과 조기치료의 중요성을 강조하였다. 그는 주로 뇌전증 환자와 정신박약자들의 치료에 필요한 정신위생 환경을 개선하고 심리적 장애의 원인을 밝혀내기 위한 활동을 전개하여 정신병에 대한 초기 진단과 치료에 있어서 대변혁을 일으키는 데 결정적인 역할을 하였다. 이때 성격발달의 기초로서 생의 초기 경험이 중요하다고 역설한 프로이트(Freud)의 정신분석 개념이 정신건강 연구와 심리치료에서 전문가들과 일반 대중의 이목을 집중시켰다. 결국 건강한 개인의 적응력 향상에 대한 관심은 초기 학교상담과 생활지도 담당자들에게 지대한 영향을 미쳤다.

2) 성장기(1926~1970년)

1940년대와 1950년대에는 상담 전문직에 중대한 변화가 나타났으며, 이러한 변화는 학교에서 생활지도의 실천에 의미 있는 영향을 미쳤다. 이 시기에는 학생들 자신이 스스로를 변화의 대행자로 지각할 수 있게 돕는 로저스의 비지시적 상담이 주류를 이루었으며, 제2차 세계대전이 미국 사회에 미친 영향과 전쟁 후 상담과 교육 분야에 대한 정부의 개입으로 상담 활동을 위한 전문가 조직과 전문적 기술이 출현하였다(Baker & Gerler, 2007; Schmidt, 2000).

(1) 생활지도 전문직의 출현

1920년대와 1930년대에는 생활지도에 대한 훈련과 교육에 대한 통일된 기준이 없었음에도 미국의 학교 장면에서 생활지도 및 상담 전문가의 수가 증가하였다. 1920년대에는 훈육과 출석을 강조하는 대학생용 개인 프로그램을 모방한 중등학교 생활지도 프로그램이 유행하였으며, 고등학교 생활지도 담당자들은 일부 행정적 책임을 맡아 종종 학생 교도 업무에 관여하였다. 또한 학생들과 학부모에 대한 의무상담제도가 생겨나고 직업지도운동과 정신건강운동의 영향으로 학교 생활지도는 점차 전문성을 띠게 되었다. 프락터(Proctor, 1925)는 생활지도가 학생들에게 학과목이나 교과 외 활동은 물론 대학과 직업학교를 선택하는 데 있어서 창조적 생명력을 발휘할 수 있도록 도와주는 수단이라고 주장하였다. 제2차 세계대전이 끝난 후 학교 생활지도는 직업지도, 환경에 대한 적응, 행정적 의무를 강조하였고 그 밖의 다른 업무는 별로 부가되지 않았다. 1924년과 1946년 사이에 미국의 4개 주에서만 생활지도 담당자에게 특별한 자격증을 요구하였는데, 이는 학교 생활지도가 주로 지역 차원에서 기능하였음을 보여 주는 것이다.

(2) 지시적 상담 대 비지시적 상담

1930년대 후반과 1940년대 초반에 걸쳐 상담의 범위가 점차 확대되고 다양해졌으며 제2차 세계대전이 끝나면서 학교상담과 생활지도운동이 다시 활기를 되찾고 새로운 발전 방향을 모색하게 되었다. 이때 큰 공헌을 한 인물은 윌리엄슨과 로저스이다. 윌리엄슨(Williamson)은 1939년 『학생상담방법(How to Counsel Student)』과 1950년 『청소년상담(Counseling Adolescents)』을 출간하였고, 이 두 도서는 그 당시 중요한 생활지도 지침서로 인정받았다. 그는 의학적 모델을 적용하여 학생상담이 '분석-종합-진단-예후-처치-추수지도'의 순으로 진행되어야 한다고 주장하였으며, 학생들 개개인이 자신의 목표를 설정하고 그 목표에 대한 방해 요소들을 극복하여 만족스러운 생활 형태를 습득하도록 조력할 것을 적극 장려하였다. 그의 접근은 상담자가 적극적으로 나서서 필요한 정보와 자료를 제공하고 가르치고 설명하고 설득하는 기법을 강조하였기 때문에 흔히 '지시적 상담'으로 알려져 있으며, 또한 표준화검사를 통해 개개인이 지니고 있는 남다른 장점, 적성, 흥미, 포부 등의 인성적인 특성과 요인을 추출하여 직업 선택과 적응을 도와주었기 때문에 '특성과 요인에 의한 생활지도'라고 불리기도 하였다. 그러나 일부 사람들은 직업지도운동의 좁은 초점에 대해 계속해서 의문을 제기하고 직업 선택은 단지 상담자들이 학생들을 조력해야 하는 발달적 문제들 중 하나라는 것을 강조하였으며, 결국 교육에서 생활지도와 상담의 목표를 확대하고 그 결과로서 학교상담이 출현하는 계기가 마련되었다.

한편, 로저스(Rogers)는 1942년 『상담과 심리치료(Counseling and Psychotherapy)』와 1951년 『내담자중심치료(Client-Centered Therapy)』를 출간하여 새로운 상담이론을 소개

하였으며, 윌리엄슨의 학생상담 방법이 지나치게 지시적이라고 비판하고 자신의 접근 방법을 '비지시적 상담'이라고 명명하였다. 그는 상담자와 내담자의 신뢰관계와 분위기를 중시하고 비의학적 접근을 시도하였다. 내담자의 문제를 분석, 진단, 평가 또는 예측하는 대신에, 그는 그대로의 개인에 초점을 맞추어 내담자를 있는 그대로 수용하면서 경청하고 내담자의 감정을 반영하고 공감해 주면 내담자는 성격의 부조화를 스스로 인식함으로써 '완전히 기능하는 사람'이 될 수 있으며 마침내 자기실현의 목표를 달성하게 된다고 주장하였다. 상담의 목표는 개인을 성장하도록 도와서 그들이 자신의 문제를 스스로 해결하고 효율적으로 기능할 수 있는 힘을 지닐 수 있도록 촉진하는 것이었다. 제2차 세계대전 이후에 개인의 자율성에 대한 욕구가 증가하면서 로저스의 접근은 상담 발전에 크게 기여하였으며, 특히 상담이 학교의 생활지도 기능 중에서 가장 중핵적인 부분을 차지하는 데 결정적인 영향을 미치게 되었다. 최근에 그의 이론은 인간중심치료(Person-Centered Therapy)라는 이름으로 새롭게 불리고 있다(Rogers, 2000).

(3) 인공위성의 발사와 국방교육법 제정

제2차 세계대전 이후 동서 냉전체제 하에서 미국과 경쟁을 벌이던 구소련이 1957년 인류 최초로 인공위성 스푸트니크 1호를 발사하는 데 성공하였다. 이 사건으로 충격을 받은 미국 정부는 이듬해인 1958년에 종래의 교육방법에 대한 반성과 더불어 「국방교육법(National Defense Education Act: NDEA)」을 제정하여 교육을 국방의 일환으로 간주하고 개인교습과 영재아 교육에 힘을 쏟는 한편, 미국의 중등학교에서 생활지도 프로그램의 개선과 중등학교 상담을 담당할 수 있는 인적 자원을 길러 내기 위해 각 대학에 상담자 교육을 담당하는 학과를 설치할 수 있도록 하는 조항을 명시하였다. 이에 따라 NDEA는 각 주에 학교상담 프로그램의 향상을 위하여 자금을 제공하였고 대학에는 새로운 상담교사를 훈련시키기 위하여 연방지원금을 제공하여 최신의 상담이론과 기법으로 새롭고 정비된 상담교사 교육훈련 프로그램이 급격히 증가하였다. 그 결과 1958년부터 1963년 사이에 고용된 상담자의 수는 12,000명에서 27,180명으로 226% 증가하였고, 400여 개의 상담기관이 정부의 재정 지원으로 13,000명 이상 상담자를 훈련하였다(Miller, 1968).

코넌트(Conant, 1959)는 『미국 고등학교의 오늘(The American High School Today)』에서 고등학생 200명 내지 300명당 적어도 1명씩의 전임상담교사가 배치되어야 한다고 제안하여 모든 고등학교 학생이 반드시 상담교사와 만나야 한다는 생각을 갖도록 하는 데 기여하였다. 이듬해인 1960년에는 아동과 청소년을 위한 백악관 학술대회에서 기존 상담 서비스의 중요성을 청소년기 이전의 학생들에게 확대해야 한다는 주장이 대두되었고, 미국 건강, 교육 및 복지부 장관의 자문단은 NDEA가 초등학교로 확대되어야 한다고 제안하였다. 1964년 미국 정부에서는 「국방교육법」 수정안을 발표하고 학생들의 재능을 조기에 발견하여 육성하기 위한 전문 인력을 교육하고 훈련하는 데 필요한 재원을 초등학교까지 확대 제공하여 초등학교 상담을 자극하였고, 이는 1970년대 초등학교 생활지도의 모형에 대한 논쟁을 불러일으켰다.

(4) 상담 관련 학회의 발흥과 학교상담연구의 활성화

1950년대 미국 정부의 영향으로 학교상담 전문직의 발달이 계속되었다. 한 가지 사건은 현재 미국상담학회(American Counseling Association: ACA)의 모태가 되는 미국인사지도협회(American Personnel and Guidance Association: APGA)의 창립이었다. 이 단체는 1935년에 창립된 미국생활지도인사협의회(ACGPA)의 주도로 미국대학인사협회(ACPA), 국가생활지도감독자협회(NAGS), 국가직업지도협회(NVGA), 교사교육을 위한 학생인사협회(SPATE) 등 4개 조직의 연합에 의해 탄생된 것이다. 이듬해인 1953년에는 미국상담교사협회(American School Counselor Association: ASCA)가 산하 분과학회로 흡수되었으며, 동시에 학교상담에 대한 연구도 활발하게 전개되었다. APGA는 뉴스레터 『Counseling Today』와 학회지 『Journal of Personnel and Guidance』를 발행하였으며, ASCA는 뉴스레터 『The ASCA Counselor』와 학회지 『School Counselor』, 그리고 초등학교 상담과 생활지도 관련 논문을 주로 게재하는 『Elementary School Guidance and Counseling』을 발행하기 시작하였다.

이 시기 상담 전문직의 발달에 영향을 미친 또 다른 사건은 다양한 상담이론의 도입이다(Gladding, 1996). 윌리엄슨의 지시적 접근과 로저스의 비지시적 접근 간의 논쟁을 시작으로 1950년대와 1960년대에는 체계적 둔감화(Wolpe, 1958)와 내파치료(Stampfl, 1961) 같은 행동적 접근을 비롯하여 합리적 정서치료(Ellis, 1962)와 현실치료(Glasser, 1965) 등 여러 새로운 이론이 등장하였으며, 매슬로(Maslow, 1957), 콤스(Combs, 1962), 매이(May, 1966) 등의 저서에서 소개된 인본주의와 실존주의 운동의 출현은 상담 전문직의 발달에 지대한 영향을 미쳤다. 그 당시 팔로프(Parloff, 1976)는 130개가 넘는 상담이론과 접근방식을 확인하였으며, 그 이후로도 상담이론의 수는 계속 증가하였다.

1960년대에 들어서면서 상담 전문직의 발달에서 나타나게 된 또 다른 현상은 '발달적 생활지도'가 출현하면서 예방적 접근을 강조한 것이다. 부렌(Wrenn, 1962)은 ASCA의 지원을 받아서『변화하는 세계의 상담자(The Counselor in a Changing World)』를 출간하였다. 이 책은 오늘날 학교상담 분야에서 고전으로 평가되고 있다. 부렌은 초등학교와 중학교에서 학생들을 대상으로 하는 상담활동은 치료적 목적보다 발달적 목적을 우선으로 해야 한다고 주장하였다. 그는 특히 초등학교에서 일하는 상담교사는 중등학교 상담자들이 잘못 결정한 위기 중심 프로그램에서 벗어나 전체 아동의 개인적·발달적 욕구를 충족시키는 데 적합한 성장 중심 프로그램에 일차적인 관심을 가져야 한다고 권고하였다. 또한 딩크마이어(Dinkmeyer, 1967)는 학생들의 발달 특성을 고려하여 그들이 스스로를 알고 이해하고 받아들일 수 있도록 도와주어야 한다고 주장하면서 '발달적 생활지도'를 소개하였으며, 자카리아(Zaccaria, 1969)는 개인의 긍정적인 성장과 발달을 도모하는 것이 중요함을 강조하면서 '발달적 생활지도'는 무엇보다 예방에 초점을 두어야 한다는 점을 지적하였다.

(5) 상담교사 자격의 법제화와 교육훈련기준안 제정

이 시기에 학교상담 프로그램을 평가하기 위한 갖가지 방안이 마련되었고 다양한 상담자 훈련 프로그램이 소개되었다. 미국인사지도협회(APGA)의 두 분과인 미국상담교사협회(ASCA)와 상담자교육수련감독자협회(ACES)는「상담교사의 상담이론 및 실습을 위한 교육훈련기준안」을 마련하고 증진시킬 수 있는 방법을 제시하였다. 연수 프로그램의 마지막 단계에서 이루어지는 상담실습은 주로 일대일 상담관계를 위한 기법을 개발하는 데 초점을 두었으며, 녹음, 정보 제공, 배치, 추수지도, 평가 등의 다른 기능들도 중요한 업무로 인식되고 강조되었다. 제2차 세계대전 이후부터 1960년대까지 미국 내 여러 주에서 중등학교 상담자를 위한 자격기준을 채택하였으며, APGA에서는 이를 공인된 법안으로 발전시켜 승인하였다. 또한 1957년 ASCA는 이러한 요구를 인식하여 초등학교 상담에 대한 연구를 시작하였으며, 1960년대 말까지 상담교사 훈련 프로그램을 이수하고 학교에서 근무하는 상담자의 수가 눈에 띄게 증가하였다.

3) 확산기(1971~1999년)

1970년대에 들어와서 미국 내 학교 등록률 감소와 전반적인 경기 침체로 인해 상담전문직의 정체감 위기 또는 발달적 지체를 겪게 되었고(Aubrey, 1983), 이에 따라 전문직으로서의 학교상담을 본격적으로 확립하려는 시도가 광범위하게 전개되었다(Baker & Gerler, 2007; Schmidt, 2000; Sciarra, 2004). 이 시기에 학교상담의 발달 과정에서 가장 괄목할 만한 변화는 발달적 생활지도의 성장과 상담 관련 자격제도의 확립이라고 할 수 있다. 더불어 미국상담교사협회(ASCA, 1999)는 학교상담 프로그램에 대한 국가 기준과 역량을 개발하고 상담교사의 역할을 새롭게 정립하였다.

(1) 발달적 생활지도의 성장

학교상담 문헌에서 '발달적 생활지도'라는 용어를 처음 사용한 사람은 로버트 매튜슨(Mathewson, 1949)으로 알려져 있다. 그는 학교 생활지도란 개별적인 학생을 대상으로 발달 계열을 따라 성숙한 연령까지 이동해 가는 과정이라고 기술하였다. 그러나 발달적 생활지도의 성장을 불러일으킨 것은 부렌이 『변화하는 세계의 상담자』를 출판하여 전통적인 치료적 접근에 도전하던 때부터라고 할 수 있다. 그는 "학생 상담에서 일차적인 강조는 소수 학생들의 삶에서 치료적 욕구와 위기 시점보다는 오히려 전체 학생의 삶에서 발달적 욕구와 결정 시점에 두어야 한다."(Wrenn, 1962: 109)고 역설하였다. 이러한 도전은 아직껏 해결되지 않은 하나의 논쟁을 유발하였다. 그것은 '상담교사는 전체 학생의 발달에 좀 더 집중해야 하는가, 아니면 위기에 처한 학생의 치유에 좀 더 집중해야 하는가?'이다. 윌슨(Wilson, 1986)은 1976년부터 1986년까지 발간된 학술지 『Elementary School Guidance and Counseling』에서 발달적 접근을 옹호하는 논문 117편과 치료적 접근을 옹호하는 논문 129편을 발견하였다. 이 가운데 발달적 접근을 옹호하는 논문 13편(11.1%)과 치료적 접근을 옹호하는 논문 17편(13.2%)이 긍정적인 효과를 보고하였다. 오늘날 다양한 형태의 학교상담 모형이 존재하지만 대부분은 발달을 강조하는 모형과 정신건강을 강조하는 모형으로 범주화될 수 있다. 이 시기에 '발달적 생활지도'의 성장에 결정적인 역할을 했던 사건은 초등학교 상담에 대한 관심의 증대와 1970년대에 미국 경기 침체의 여파로 일어난 책무성 운동(accountability movement)이다.

(2) 초등학교 상담의 관심 증대와 법률적 지원

이 시기에 '발달적 생활지도'의 성장에 결정적인 역할을 했던 한 가지 사건은 학교상담 활동이 초등학교로 확장된 것이었다. 1964년 「국방교육법」 수정안의 통과로 기금을 초등학교 상담에 사용할 근거가 마련된 것이 결정적 계기가 되었다. 이어서 초등학교 상담자에 관한 합동위원회(ACES)가 발행한 보고서 「상담, 자문, 그리고 조정(Counseling, Consulting, and Coordinating)」(ACES-ASCA, 1966)에서는 초등학교 상담자의 역할과 기능을 개관하였으며, 몇몇 연구자(Foster, 1967; Greene, 1967)는 초등학교 상담자의 기능에 대한 대규모 설문조사를 실시하였다. 이 연구는 초등학교 상담자의 역할을 명료하게 하였을 뿐만 아니라 넓은 의미에서 현대 학교상담의 방향을 정립하는 데 기여하였다. 그 결과 초등학교에서 좀 더 많은 상담자가 고용되어 일을 하게 되었고, 1960년대 후반 ASCA는 학술지 『Elementary School Guidance and Counseling』을 발간하기 시작하였다.

1970년대에 제정된 법령은 상담교사의 새로운 관심과 역할에 영향을 주었다. 1974년에 제정되어 '버클리 수정 조항'으로 잘 알려진 「가족 교육권과 사생활 보호법(Family Education Rights and Privacy Act)」은 18세 미만의 학생과 그들의 부모에게 학업 성적, 의료 정보, 행동 분석 등 그들의 교육 기록을 관리할 권리를 부여하고 상담교사에게는 그들과 좀 더 밀접한 관계를 형성할 것을 요구하였다. 또한 1975년에 공법 제94-142조로 공표된 「모든 장애아동을 위한 교육법(The Education for All Handicapped Children Act)」에서는 학교가 모든 아동을 위해 무상의 공교육을 제공해야 한다는 것을 의무화하였으며, 재정적 원조의 권한을 연방정부에서 주정부와 교육청으로 이관하기 위한 기초적인 틀을 마련하였다. 이 법은 상담교사의 역할을 구체적으로 명시한 것은 아니지만 특수교육과 관련된 지원 서비스를 언급하여 상담자들의 특수교육 참여 기회를 열어 놓았다. 공교육에 특수아동을 포함시킴으로써 상담교사들은 프로그램 계획, 학부모 상담 및 자문, 교과과정 조정에 참여하여 상담자의 역할을 확장하였다. 1970년대 후반에는 연방정부의 법규에 초등학교 상담의 종합적 프로그램을 지지하는 여러 가지 법령이 포함되어 초등학교 아동들에게 서비스가 필요하다고 주장하는 범국가적 운동에 영향을 끼쳤다.

(3) 책무성의 강조와 상담자 면허법 제정

'발달적 생활지도'의 성장에 기여한 또 다른 사건은 책무성 운동으로, 이는 1960년대에 시작되어 1970년대에 더 강렬해졌다. 이 기간에 상담교사들은 자신들이 시간을 어떻게 활용하며 제공하는 서비스가 학생들의 발달과 수행에 어떤 차이를 가져오는지 평가하는 방법을 강구하라는 압력을 받았다. 책무성 운동을 계기로 교사와 상담자들은 학생들을 위해 구체적이고 객관적인 학습목표를 수립해야 하였다(Gysbers & Henderson, 2000). 그 결과 상담 성과보다 상담 기법에 집중되었던 전통적인 학교상담의 서비스 모형은 책무성에 대한 요청에 답하기 어렵다는 사실이 드러났다. 반면에 '발달적 생활지도'는 측정 가능한 형태의 학습목표를 가진 교육과정을 제공하였다. 1980년대와 1990년대에는 전국적으로 '발달적 생활지도'를 실천하려는 프로그램 제안자를 지원하기 위한 지속적인 노력이 전개되었다.

한편, 공신력 있는 「상담사 면허법(Counselor License Act)」이 제정되면서 학교상담의 발전에 전환점을 이룩하는 중대한 계기가 마련되었다. 1983년에 미국 교육수월성을 위한 국가위원회(National Commissions on Excellence in Education: NCEE)는 대통령의 지시로 교육에 관한 특별보고서 「위기의 국가(A Nation at Risk)」(NCEE, 1983)를 발표하여 많은 공교육 개혁을 주도적으로 이끌었다. 이 보고서에서 학교상담에 관한 특별한 언급이나 개선에 관한 것이 발견되지는 않았지만 표준화성취검사 결과와 학교생활을 위한 건의서, 효율적인 학교교육 개발, 기초과목을 향상시키기 위한 명확한 방법들이 제시되었다. 특히 효율적인 학교교육 개발을 강조한 것은 학교상담과 같은 특수한 서비스의 책무에 대한 요구와 유사하였다. 그 결과로 1970년대부터 미국 내에서 주요 현안으로 떠올랐던 「상담사 면허법」이 1985년에 미국의 16개 주에서 통과되었다.

(4) 상담 관련 학회의 활동 확대와 상담교사의 정체성 위기

이 시기에는 상담 관련 학회의 활동이 확대되고 상담 전문직의 정체성을 확립하기 위한 연구와 노력이 활발하게 전개되었다. 1987년 미국상담발달학회(American Association of Counseling and Development: AACD)는 학교상담 전문성을 재정립하기 위한 과제연구팀을 구성하였다. 과제연구팀은 333개 기존 연수 프로그램 중 70개만이 1978년부터 시행된 상담 관련 교육 프로그램 인증위원회(Council for Accreditation of Counseling and Related Educational Program: CACREP)의 인증을 받았음을 지적하고 상담자 자격증을 취득하기 위한 기준이 미국 전역에 걸쳐 너무 다양하게 기술되어 있으며 학교상담이 진정한 전문직인지에 대하여 커다란 혼란을 초래하고 있음을 보고하였다. 역사적으로 상담교사는 임상 장면에 있는 여타의 상담자들과 다르다고 생각해 왔다. 상담교사의 전문적 정체성에 대한 혼란은 부분적으로 상담교사의 면허 기준이 주에 따라 다양하여 일관된 기준이 결여된 것과 무관하지 않다. 또한 행정가와 교사들이 상담교사를 특수교사 또는 치료사와 같이 신비한 힘을 가진 마술사로 지각하여 상담교사의 역할에 대한 혼란을 가중시켰다. 상담교사에 대한 왜곡된 지각은 종합적인 학교상담 프로그램(Comprehensive School Counseling Program)의 확립을 방해하고 학생, 교사, 학부모를 위한 효과적인 서비스의 발달을 촉진시키지 못하였다. 이 시기에는 다른 자격을 지닌 사람들이 학교에 진출하여 상담교사와 경쟁적인 관계를 갖기 시작하면서 상담자 역할을 보충하거나 대신하기도 하였다.

이처럼 상담교사의 역할과 기능에 관한 일관된 초점의 결여는 또한 상담 전문직의 발달에 혼란을 초래하였으며, 학회 명칭에 관한 오랜 토론을 이끌었다. 조직의 목적과 회원자격을 보다 명확하게 반영하고자, APGA는 1983년에 학회 이름을 AACD로 개칭하고 학술지 표제도 『Journal of Counseling and Development』로 변경하였으며, 1992년에는 다시 미국상담학회(American Counseling Association: ACA)로 개명하였다. ACA는 생애를 통해 인간성장을 도모하고 상담 전문직을 향상시키는 것을 조직의 목표로 내세웠다(Sacks, 1992). 이와 같이 잦은 명칭 변경은 학회의 전문성이 성장하고 다른 조력 전문직 사이에서 그것의 역할과 위치를 확립하는 과정에서 전문상담사의 정체성이 어떻게 형성되고 있는지를 반영하고 있다.

한편, 1980년대 말 교육개혁 운동이 시작되면서 많은 중학교 교사가 학생 조력 프로그램의 일환으로 생활지도 활동에 종사하게 되었다. 학교상담의 정체성 혼란이 지속되자, 호이트(Hoyt, 1993)는 학교상담전문가협회의 지도자들에게 설문조사를 실시하여 생활지도와 상담의 의미를 명료화하려고 시도하였다. 조사 결과, 그들은 학교상담에 종사하는 실무자들의 명칭으로 생활지도 상담사가 아니라 상담교사를 선호하는 것으로 밝혀졌다. 또한 그들은 대부분 자신의 역할을 일차적으로는 교육자이고 상담자는 부차적인 것이라고 인식하였다. 이러한 결과는 교육 체제의 통합적인 부분으로서 상담교사의 역할을 계속 강조해 온 학교상담전문가협회의 입장을 지지하였다.

(5) 종합적인 학교상담 프로그램의 개발 및 보급

1983년에 발간된 「위기의 국가」 보고서는 1990년대에 교육기준운동, 곧 학생들의 학습과 성취에 대한 학교의 책무성을 증가시키려는 노력을 불러일으켰다. 초 · 중등학교의 교육자들에게 미래의 경쟁력 있는 세대를 육성해야 할 국가적 책무가 점점 더 중요하게 부각되면서 학교상담에서도 학교교육과정을 더 엄격하게 적용하기, 약물중독을 예방하고 약물습관에서 벗어나기, 소외된 학생과 소수 문화 학생들의 차이를 인정하기, 학업 중도 탈락률을 낮추기, 맞벌이부부 자녀 돌보기 등 다양한 도전 과제가 등장하였다. 특히 1990년대 중반부터 10년 동안 베이비붐 반향 세대의 영향으로 인해 학생들의 학교 입학이 극적으로 증가하였으며, 소수민족의 높은 출산율과 미국으로 유입되는 이민자의 증가 역시 입학률의 증가에 기여하였다(Baker & Gerler, 2007). 이에 미국이 경제적으로 호황을 누리던 1990년대에는 이전보다 더 많은 상담교사가 채용되었고 업무량도 증가하였다.

다른 한편, 1980년대 말에 두 권의 책이 출판되어 커다란 반향을 일으켰다. 마이릭(Myrick, 1987)이 저술한 『발달적 생활지도 및 상담의 실제적 접근(Developmental Guidance and Counseling: A Practical Approach)』과 지스버스와 헨더슨(Gysbers & Henderson, 1988)이 저술한 『학교 생활지도 프로그램의 개발 및 관리(Developing and Managing Your School

Guidance Program)』이다. 이 두 권의 저술은 발달적 생활지도 프로그램에 헌정된 상당수의 학술지 논문을 견인하였다. 이후 학술지에 실린 일련의 보고서(Lapan, Gysbers, & Sun, 1997; Neukrug, Barr, Hoffman, & Kaplan, 1993; Sink & MacDonald, 1998)는 미국 내에서 종합적인 학교상담 프로그램을 채택하는 주가 꾸준히 증가하고 있음을 보여 주었다.

1990년대에 와서 학교상담 관련 학회와 미국 연방의회는 종합적인 생활지도 프로그램을 보급하기 위한 제도적 장치를 마련하고 기금을 조성하기 시작했다. AACD와 산하기관인 ACES 및 ASCA는 학회 간 과제연구팀을 결성하여 학교상담을 향상시키기 위한 계획을 수립하고 일하기 시작하였으며, 1991년 AACD는 학술지 특별호를 발간하여 상담의 제4세력으로서 '다문화주의(pluralism)'를 특집으로 다루어 이를 뒷받침하였다. 1993년 ACA와 ASCA 그리고 여타 전문단체들은 「초등학교상담시행령(Elementary School Counseling Demonstration Act: ESCDA)」을 재도입하였으며, ESCDA의 입법을 통하여 초등 및 중등 학교에서 제공하는 혁신적 접근을 지원하기 위한 교육부의 예산이 더 확대되었다.

1994년 미국 의회는 새로운 「교육법(Educate America Act)」을 통과시키고 「목표 2000(Goals 2000)」을 공포하여 미국 교육의 성공을 위한 여섯 가지 목표를 명시하고 학생들에게 글로벌 사회에서 경쟁하기 위한 분명한 기준을 충족할 것을 요구하였다. 이에 ASCA는 「교육법」에서 명시한 「목표 2000」 중에서 학교상담에 대한 일련의 목표를 추출하여 「학교상담 2000(School Counseling 2000)」을 채택하였으며, 결과적으로 학교상담 프로그램을 위한 국가 지침을 제정하기로 위임을 받았다. 1996년 국가교육신탁(National Education Trust: NET)은 DeWitt Wallace 리더스 다이제스트 기금의 지원을 받아 상담교사들이 학교의 요구에 부응하게끔 학교상담을 변화시키는 상담교사 연수에 극적인 변화를 가져오게 하였다(Guerra, 1998). 1996년에 발간된 한 보고서(Alger Report, 1996)는 1983년의 사례에 비해서 당시 학생들이 상담교사를 더 긍정적으로 생각하고 있는 것으로 보인다고 진술하여 학교상담에 대한 청소년의 인식이 향상되었음을 보여 주었다.

그럼에도 불구하고 1980년대와 1990년대 초반 미국의 학교상담은 교육 공동체에 휘몰아치고 있던 교육개혁 노력에서 일정한 역할을 맡았던 것 같지는 않으며, 상담 전문직은 상담교사의 체제 효과성에 대한 근거를 확보하지 못하고 교육개혁 운동의 강화된 기준에 부적합한 것으로 인식되어 위기를 맞게 되었다. 이에 대응하여 ASCA는 초·중·고등학교 상담교사에게 광범위하게 자문을 구하고 학생들의 학업 발달, 진로 발달, 개인·사회성 발달에 초점을 둔 「학교상담 프로그램을 위한 국가 기준(ASCA National Standards for School Counseling Program)」을 제정하여 종합적인 학교상담 프로그램을 보급하기 위한 토대를 마련하였다(ASCA, 1997a; Campbell & Dahir, 1997). 이러한 기준 제정을 기점으로 학교상담의 정체성, 역할, 프로그램을 전문화하고 강화하는 독특한 시기가 도래하였다. 1997년 ASCA는 학교상담에 대한 새로운 정의를 채택하고 상담교사의 역할을 새롭게 정립하였다.

> 학교상담은 학생들이 의사를 결정하고 행동을 변화시키도록 조력하는 과정이며, 상담교사는 교육 프로그램의 통합적인 부분으로서 모든 학생, 교직원, 가족, 지역사회 구성원을 대상으로 일한다. 학교상담 프로그램은 학업 성취, 예방 및 개입 활동, 옹호와 사회정서 및 진로 발달에 집중하여 성공적인 학교생활을 도모한다(ASCA, 1997b: 1).

한편, 1998년 미국 연방의회는 국가 예산의 일부로 상담교육 프로그램 보급을 위한 기금을 마련하였다. 2000년에는 초등 및 중등 학교에서 시범 프로그램을 실시하였으며, 교육청의 지원을 받은 22개 시범학교의 하나로서 '학교-지역사회 협력 모형(school-community collaboration model)'이 적용되었다. 이 모형의 기본 원리는 빈곤, 폭력, 약물, 언어와 문화의 차이 및 부진한 건강 상태 등 외적인 장애들이 학생들의 정서·행동적 학습의 문제를 야기한다는 것이다(Adelman & Taylor, 2002). 이러한 문제들이 충분히 설명되지 않으면 학업부진을 도우려는 노력은 실패할 것이다. 다히르(Dahir, 2001)는 국가 기준이 학교개혁 계획에 부응한다고 지적하고, 미국 전역에서 400개 이상의 학교가 국가 기준에 기초한 종합적인 학교상담 프로그램을 개설하고 있다고 보고하였다.

4) 통합기(2000년~현재)

2000년부터 시작된 경제적 불황의 여파로 상담교육 프로그램을 마친 졸업생의 취업기회 감소와 상담 관련 직원의 감원 등 학교상담은 다시 위기를 맞는다. 2001년 미국 부시 행정부가 '낙오자 없는 아동 운동(No Child Left Behind Initiative)' 정책을 발의하여 국가적 교육개혁 운동을 전개하면서 학교상담의 전문적 역할을 고민하는 계기가 되었다. 2000년대에는 미국 학교상담의 발달에서 주목할 만한 두 가지 사건이 벌어졌다. 한 가지는 20/20 프로젝트와 그에 따른 상담 전문직의 정체성 확립 및 상담사자격제도 정비를 위한 노력이고, 다른 한 가지는 ASCA 국가 모형 개발과 이를 보급하기 위한 상담교사 연수의 확대이다.

(1) 20/20 프로젝트와 상담사자격제도의 정비

오늘날 미국상담학회(ACA)는 18개 분과학회와 4개 권역별 지역학회를 산하기관으로 거느리고 있으며(〈표 1-1〉 참조) 회원 수도 6만여 명에 이를 만큼 괄목할 만한 성장을 이룩하였다. 그러나 이러한 회원은 단지 미국 전역에 걸쳐 있는 초·중등학교에서 일하는 전문상담사의 일부에 해당한다. 여전히 학교상담에 종사하는 많은 전문가는 여러 단체에 흩어져서 회원으로 가입하여 활동하고 있었다. 이처럼 전문적인 동료관계의 취약성은 상담 전문직의 정체성을 확립하고 전문상담사의 법적 지위를 확보하는 데 커다란 걸림돌로 작용하였다.

〈표 1-1〉 **미국상담학회 산하에 소속된 분과학회와 지역학회 명칭**

분과학회
• American College Counseling Association(ACCA)
• American Rehabilitation Counseling Association(ARCA)
• Association for Adult Development and Aging(AADA)
• Association for Assessment and Research in Counseling(AARC)
• Association for Child and Adolescent Counseling(ACAC)
• Association for Creativity in Counseling(ACC)
• Association for Counselor Education and Supervision(ACES)*
• Association for Humanistic Counseling(AHC)*
• Association for Lesbian, Gay, Bisexual, and Transgender Issues in Counseling(ALGBTIC)
• Association for Multicultural Counseling and Development(AMCD)
• Association for Specialist in Group Work(ASGW)
• Association for Spiritual, Ethical, and Religious Value Issues in Counseling(ASERVIC)
• Counselors for Social Justice(CSJ)
• International Association of Addictions and Offender Counselors(IAAOC)
• International Association of Marriage and Family Counselors(IAMFC)
• Military and Government Counseling Association(MGCA)
• National Career Development Association(NCDA)*
• National Employment Counseling Association(NECA)
지역학회
• Midwest Region
• North Atlantic Region
• Southern Region
• Western Region

* 1952년 ACA 창립 당시 참여한 분과학회

출처: ACA 홈페이지(https://www.counseling.org/about-us/divisions-regions-and-branches).

2000년대 초 동료관계의 취약성을 극복하기 위해서 ACA는 미국 주 상담국협회(AASCB)와 공동으로 미국 내 상담 관련 단체를 결집하여 '20/20: 상담의 미래 비전(20/20: A Vision for the Future Counseling)' 프로젝트를 후원하고 상담 전문직의 성장과 지속 가능성을 위한 전략적 계획을 개발하였다(Kaplan, Tarvidas, & Gladding, 2014). 이 프로젝트에는 ACA 사무국과 17개 산하단체 및 4개 광역단체, 미국 주 상담국협회(AASCB), 상담 및 관련 교육 프로그램 인증위원회(CACREP), 재활상담사 인증위원회(CRCC), 공인상담사 전국위원회(NBCC), 미국상담교사협회(ASCA), 미국정신건강상담사협회(AMHCA), Chi Sigma Iota(CSI), 재활교육협의회(CRE), 전국재활상담협회(NRCA) 등 31개 상담 관련 단체가 참여하였다.

20/20 프로젝트의 핵심 과제는 상담 전문직을 통합하고 강화하기 위한 원칙을 정하고 상담의 합의된 정의와 상담사 면허 호환성의 토대를 마련하는 것이었다. 2006년 20/20 대표단은 AASCB와 ACA 협의회에서 모임을 갖고 미래 상담 전문직이 전략적으로 관심을 집중해야 할 일곱 가지 영역에 합의하고 상담 전문직을 통합하고 강화하기 위해 나아가야 할 중요한 원칙을 다음과 같이 정하였다(Kaplan & Gladding, 2011).

- 하나의 보편적인 직업적 정체성을 공유하는 것은 상담사에게 중요하다.
- 우리 자신을 하나의 통일된 직업으로 제시하는 것은 여러 가지로 유익하다.
- 상담에 대한 대중의 인식을 개선하고 직업적 쟁점을 옹호하기 위해 함께 일하는 것은 전문직을 강화할 것이다.
- 면허 인증 체계를 만드는 것은 상담사에게 유익하고 상담 전문직을 강화할 것이다.
- 전문상담사의 능률과 전문직에 대한 대중의 인식을 제고하려면 연구 기반을 확충하고 육성해야 한다.
- 상담 전문직의 지속적인 건강을 확보하려면 학생과 예비 학생에게 집중해야 한다.
- 내담자 복지를 증진하고 서비스 대상을 옹호하는 것은 상담 전문직의 일차적인 초점이다.

또한 20/20 대표단은 2010년 ACA 학술대회에서 모임을 갖고 다음과 같이 상담에 대한 통일된 정의를 채택하였다.

> 상담은 다양한 개인, 가족, 집단이 정신건강, 안녕, 교육 및 진로 목표를 성취할 수 있도록 역량을 강화하는 전문적 관계이다(Kaplan, Tarvidas, & Gladding, 2014).

이어서 20/20 대표단은 업무추진단을 구성하여 상담사 면허 호환성의 토대를 마련하는 작업에 착수했다. 2012년 ACA 학술대회를 앞두고 열린 대표자 모임에서 자격증의 명칭을 '전문상담사면허증(Licensed Professional Counselor)'으로 확정하였으며, 자격 갱신을 위해 요구되는 교육 및 실습 요건을 정비하였다. 업무추진단은 교육 요건과 관련하여 CACREP의 인증을 받은 정신건강상담 프로그램을 이수할 것, 5년 내 프로그램 통합에 필요한 통일된 용어를 개발할 것, 면허증 유지에 필요한 규정을 개발할 것을 제안하였으며, 실습 범위와 관련하여 서비스 대상, 상담의 주요 목적, 평가, 자문/프로그램 평가, 수련감독, 제한사항 등 여섯 가지 영역을 승인하도록 하였다(Kaplan & Kraus, 2018). 이러한 제안에 따라 ACA는 2009년에 개정된 CACREP 기준을 다시 개정하였다(ACA, 2016).

(2) ASCA 국가 모형의 개발과 상담교사 연수 프로그램의 확대

앞에서 살펴보았듯이, 교육을 개선하기 위한 법제화와 새로운 전문직 개발이 확립되면서 학교상담 전문직도 계속 성장하였다. 더욱이 사회적 압력과 교육적 학생 지원이 강조되면서 학교상담은 개별적인 반응 서비스와 위기 개입에서 모든 학생을 위한 종합적인 발달적 프로그램으로 재설계되었다. 이러한 변화에도 불구하고 상담교사의 업무와 학교상담 프로그램의 설계는 지역교육청, 주, 국가 전역에 걸쳐서 상당히 차이를 보였으며, 종합적인 학교상담 프로그램을 보편적으로 수용하고 있다는 흔적을 찾기가 쉽지 않았다.

2000년대에 들어와서 ASCA는 종합적인 학교상담 프로그램을 보급하기 위한 체계적인 노력을 기울였다. 지스버스와 헨더슨(Gysbers & Henderson, 2001)은 종합적인 생활지도 프로그램이 모든 학생에게 학문적으로 엄격한 교육을 요구하는 목표에 부합함으로써 현재의 교육을 뒷받침할 수 있는 최선의 도구라고 보았다. ASCA는 'ASCA 국가 모형: 학교상담 프로그램의 개념 구조(ASCA National Model: A Framework for School Counseling Program)'를 공표하였으며, 2003년 주정부와 연방정부의 승인을 거쳐 최종 발간하고 범국가적으로 종합적인 학교상담 프로그램을 실천할 수 있도록 노력을 집중하였다(ASCA, 2001, 2003, 2005a). ASCA 국가 모형은 리더십, 옹호, 협력, 체제 변화의 네 가지 주제(themes)와 기초, 전달체계, 관리체계, 책무성의 네 가지 요소(elements)로 구성되었으며, 상담교사가 업무를 수행하는 환경을 이해하고 그의 일상 업무에 구조를 부여하기 위한 개념 틀과 기록양식을 제공하였다. 또한 2003년 개설된 학교상담성과연구센터(Center for School Counseling Outcome Research)는 근거기반실무(evidence-based practice)를 지원하기 위한 정보센터로서 연구결과를 정기적으로 브리핑하였다.

ASCA는 또한 학교상담 프로그램을 위한 국가 기준을 정비하고 ASCA 윤리강령을 개정하여 형평성과 격차 해소에 집중하고 모든 학생이 K-12 학교상담 프로그램에 접근할 수 있도록 하였으며, 순차적으로 「학생들을 위한 국가 기준(National Standards for Students)」(ASCA, 2004a), 「학생 성공을 위한 마음자세와 행동: 모든 학생을 위한 K-12 대학 및 진로 준비(Mindsets & Behavior for Student Success: K-12 College- and Career- Readiness Standards for Every Student)」(ASCA, 2005b, 2014), 「상담교사 윤리 기준(Ethical Standards for School Counselors)」(ASCA, 2004b, 2010, 2016)과, 「상담교사 교육요원 윤리기준(Ethics Standards for School Counselor Education Faculty)」(ASCA, 2018), 「상담교사의 직업 기준 및 역량(School Counselor Professional Standards & Competencies)」(ASCA, 2007, 2019b) 등 각종 문서를 제정하여 『ASCA 국가 모형』(ASCA, 2005a)에 포함시켰다. ASCA 국가 모형은 시대적 요구를 반영하여 2008년과 2012년에 개정되었으며, 최신판은 2018년에 개정되어 2019년에 출간되었다(ASCA, 2008, 2012, 2019a).

다른 한편, 2000년 이후 상담교사, 학교심리학자, 학교사회복지사 등 다른 부분에 관심을 둔 전문가들이 독립적으로 일하면서도 각각의 전문가협회를 통하여 ESCDA/ESEA의 입법을 추진하고 ESEA에 권한을 주어 기금을 마련하게 하였다. 해리스-아이켄즈(Harris-Aikens, 2001)는 이러한 기금이 학교폭력 방지와 관련된 것으로 학교상담의 발전에 변화를 가져올 것이라고 보고하였다. 2002년에는 MetLife Training Initiative의 기금을 받아 국가 수준의 학교상담 연수과정을 창설하고 상담자로 전환하려는 교사와 행정가에게 상담 관련 워크숍을 제공하였다(Stone & House, 2002). 2003년에는 전국학교상담혁신센터(National Center for Transforming School Counseling: NCTSC)를 설립하여 대학원 수준의 상담인력교육 프로그램에서 학교상담을 가르치는 방식을 바꾸고 상담교사에게 예방 및 개입 기술을 가르쳐 모든 학생에게 유사한 성취와 기회 격차를 줄이도록 도울 수 있도록 하여 K-12 상담교사의 실무를 변화시키고자 하였다.

2006년 미국 의회는 2월 6~10일을 '전국학교상담주간'으로 공식 선포하였으며, 쉐렌버그(Schellenberg, 2008)는 『새로운 상담교사: 보편적 학업성취를 위한 전략(The New School Counselor: Strategies for Universal Academic Achievement)』을 출간하였다. 이 책에서 쉐렌버그는 상담교사에게 'Standards Blending'이라는 횡단보도(cross-walking) 전략을 소개하였다. 그는 이러한 전략이 학업 성취를 향상시키고 성취 격차를 좁히는 데 문화적으로 민감하고 효과적일 수 있다고 보았다. ASCA는 상담교사에게 횡단보도 전략을 사용하고 실행계획과 결과보고서를 작성하여 자신이 학생들의 삶에 어떻게 공헌하고 있는지 증명하도록 독려하였으며, K-12 학생들에게 분명한 성공 근거를 갖고서 ASCA 국가 모형을 완벽하게 이행한 학교상담 프로그램에 대하여 RAMP상(Recognized ASCA Model Programs Award)을 수여하였다.

2. 한국 학교상담의 발달 과정

한국의 학교상담은 신라의 화랑제도와 같이 오래전으로 거슬러 올라갈 수 있으나, 보다 체계적이고 과학적인 학교상담의 발달과정은 미국의 학교상담 프로그램이 전래되면서부터라고 할 수 있다. 한국 학교상담의 발달과정은 도입기(1945~1960년), 생활지도운동이 중심이 된 정착기(1961~1979년), 학교상담운동이 중심이 된 확립기(1980~1999년), 지역사회와의 협력을 모색하는 통합기(2000년~현재)의 네 단계로 나누어 볼 수 있다.

1) 도입기(1945~1960년)

한국에서 현대적인 의미의 체계적이고 과학적인 학교상담은 1945년 일제로부터 해방되어 미군정이 들어선 때로 거슬러 올라간다. 이때부터 1950년대 말까지는 현대적인 의미에서 학교 생활지도와 상담의 씨앗이 한꺼번에 유입되어 뿌려진 시기라고 할 수 있다. 이 시기에는 존 듀이(J. Dewey)의 진보주의에 영향을 받은 아동 중심 교육사상이 유입되었고, 칼 로저스의 비지시적 상담과 과학적인 심리검사 방법이 도입되었다. 또한 중앙교육상담소가 설치되고 최초로 교도교사 양성을 위한 강습회가 실시되었다.

(1) 아동 중심 교육사상의 유입

광복 후 미군정 하에서 서구의 민주주의 사상과 과학적 사고방식에 입각한 이른바 '새교육' 운동이 전개되었으며, 이에 편승하여 존 듀이의 진보주의에 영향을 받은 아동 중심 교육사상이 자연스럽게 유입되었다. 새교육 운동은 아동의 복지, 인간성 존중, 청소년들의 개인적 · 정서적 · 사회적 적응을 중시하는 일종의 개혁 운동이다.

(2) 비지시적 상담 방법 소개

칼 로저스의 비지시적 상담 방법이 소개되면서 교사들은 훈육과 체벌에 의존하던 전통적인 학생지도 방법에 대해 다시 생각하게 되었다. 당시 훈육(discipline)은 교사의 권위를 앞세워 충고, 훈계, 지시, 설득과 같은 방법으로 학생들에게 교칙을 준수하도록 강제하기 위한 학생지도 방법이었다. 대조적으로 비지시적 상담 방법은 자율성을 바탕으로 학생 스스로 자신의 문제를 이해하고 해결하도록 돕는 학생지도 방법이다. 아동 중심 교육사상을 구현하려던 당시 교육자들은 비지시적 상담 방법을 이상적인 학생지도 모형으로 인식하면서 생활지도와 상담을 대안적 교육방법으로 받아들이기 시작하였다.

(3) 심리측정 및 평가 방법 도입

1950년대 초에는 심리측정과 같은 과학적인 평가 방법이 도입되면서 지능검사를 비롯하여 성격, 홍미, 적성 등을 객관적으로 측정하기 위해 다양한 표준화검사가 제작되어 학생을 이해하는 도구로 활용되기 시작하였다. 이때 서울대학교 사범대학 정범모 교수가 이끄는 '교육심리연구실'이 한국 최초의 지능검사를 제작하면서 심리검사의 초기 제작에 크게 기여하였다. 그러나 학교에서 집단적으로 실시 가능한 지능검사가 크게 유행하면서 지능검사에 대한 맹신이 생겨나기도 하고 심리검사가 곧 생활지도라는 오해를 불러일으켰다는 비판을 받기도 하였다(이재창, 1988, 2005)

(4) 중앙교육상담소 설치

1950년대 중반을 지나면서는 상담에 대한 관심이 점점 확대되면서 많은 교육자가 주목하게 되었다. 1957년경 서울사범학교 교장이었던 원홍균은 대한교련 내에 중앙교육상담소를 설치하고 교육심리와 정신위생에 입각하여 교육상담을 실시하였고, 거의 비슷한 시기에 서울사범학교에 '협의실'이 설치되었으며, 서울시 내 학교에서도 협의실이나 상담실을 만들어 운영하였다(유정이, 2000).

(5) 교도교사 양성 강습회 실시

1957년 서울특별시 교육위원회의 교육정책요강에는 "중학교와 고등학교에 카운슬러 제도를 둔다."고 명시하여 교도교사제도가 처음 언급되었다. 1958년 덕성여자대학교에서 서울특별시 교육위원회 주관으로 중등학교 교사에게 한국 최초의 '교도교사 양성 강습회'를 실시하여 40여 명의 교도교사를 배출하였다(서울특별시교육위원회, 1958). 이것은 학생지도의 소질과 경력 등을 기초로 학교장의 추천을 받은 교사만을 엄선하여 240시간(발달심리학 66시간, 상담기술 56시간, 심리검사 20시간, 생활지도 조직원리 20시간 등)이라는 비교적 장기간에 걸쳐 연수를 실시한 것이었다. 이를 계기로 일부 학교에서는 '훈육실'의 명칭을 '생활지도실'로 바꾸었고, 생활지도실에 근무하는 전담교사를 채용하는 학교(예: 이화여자중고등학교)도 생겨나기 시작하였다. 이 외에도 1958년과 1959년에는 교육부와 중앙교육연구소가 공동으로 두 차례에 걸쳐 '전국 중·고교 생활지도 담당자 연수회'를 실시하여 360시간 동안 연수를 통해 182명의 교도교사를 배출하였다. 이때 소개된 로저스의 비지시적 상담이론은 청소년의 문제해결과 인간적 성장을 돕는 데 유용하다는 평가를 받은 동시에 학교상담의 영역이 분명하지 않던 시기에 교사들에게 새로운 파문을 일으켰다. 그러나 짧은 연수 시간으로는 비지시적 상담 방법을 적용할 수 있는 상담전문가를 양성하는 것이 사실상 불가능하다는 비판이 제기되었다.

2) 정착기(1961~1979년)

한국에서 생활지도운동이 본격적으로 싹튼 시기는 1950년대 후반부터 1970년대 후반까지 20여 년간이다. 이 시기에는 각종 검사가 표준화되고 로저스의 비지시적 상담에 대한 교육계의 관심이 지속적으로 고조되었다. 1960년대 들어와서는 대학 교수와 중·고등학교의 일부 교도교사들이 전문적인 상담과 체계적인 생활지도의 정착을 위한 노력을 경주하기 시작하였다.

(1) 대학 학생생활연구소 설치

1962년에 우리나라 최초로 서울대학교와 이화여자대학교에 학생지도연구소가 설치되어 대학생에 대한 조사연구, 상담, 정보제공 등의 서비스를 개시하였다. 특히 서울대학교의 학생지도연구소는 상담전문가 양성을 위한 인턴십 제도를 시행하여 당시 한국 최초의 상담전문가 양성 기능을 담당하였다. 이 학생지도연구소는 1970년대에 학생생활연구소로 개칭되었고, 「고등교육법」에 의해 전국의 모든 대학교에 학생생활연구소가 설치되어 학생상담에 관한 활발한 연구가 이어졌다. 1985년에는 전국대학 학생생활상담센터협의회를 결성하고 매년 정기적으로 소장협의회를 개최하여 대학 학생상담에 관한 정보를 교환하고 있다.

(2) 한국카운슬러협회 창립

1963년에는 대학에 근무하는 상담전문가들과 각종 연수회에서 양성된 교도교사들이 모여서 한국카운슬러협회를 창립하고 한국에서 상담과 생활지도를 전문적으로 발전시키기 위한 결의를 하였다. 이것은 한국 역사상 가장 오래된 상담 관련 단체이며, 산하에 지역별 분회를 조직하여 운영하고 대학카운슬러연구회, 아동 · 청소년 상담연구회 등 전문기구를 두었다. 이 협회는 매년 연차대회를 개최하고 주기적으로 소식지『한국카운슬러협회보』와 학술지『상담과 지도』를 발행하였다.

(3) 전담 교도교사제 시행

1964년에는 새로 제정된「공무원법」에 중 · 고등학교 교도교사 자격증이 포함되면서 전담 교도교사제가 시행되었다. 각종 연수회를 통해 상담자교육을 받은 현직교사를 중심으로 학교상담과 생활지도 운동이 활발하게 진행되었으며 그 제도적 결실로서 교도교사 자격이 법제화된 것이다. 이를 계기로 240시간의 교도교사 자격강습이 전국으로 확대되어 생활지도와 상담에 관심 있는 많은 현직 교사가 상담자교육을 받게 되었다. 1973년에는 18학급 이상 규모의 중 · 고등학교에 '교도주임'을 둔다는 규정이 신설되어 학교업무에서 생활지도의 전문성이 공식적으로 인정받는 계기가 되었다. '교도교사'와 '교도주임'이라는 명칭은 1990년 초에 각각 '진로상담교사'와 '진로주임'이라는 이름으로 잠시 바뀐 적이 있다. 이러한 변화는 당시 학교교육계에 불었던 진로교육 및 진로지도 운동과 관련이 있는 것으로 보이나, 실제 진로상담교사의 역할이 구체적으로 달라진 것은 없었다.

(4) 상담연구모임의 활성화와 상담이론 및 기법의 다양화 모색

1970년대에 들어서는 각종 상담연구모임이 활성화되면서 각종 형태의 연수와 워크숍을 통해 비지시적 상담 방법 외에 정신분석학과 행동주의 상담 등 보다 다양한 상담이론이 소개되었으며, 일부에서는 선(禪) 수련, 감수성 훈련 등과 같은 특수한 상담 기법을 도입하고 인간자원과 잠재력 개발을 위한 집단상담 프로그램을 개발하여 적용하기 시작하였다. 1976년 전국 대학학생생활연구소의 상담교수와 연구진을 중심으로 설립된 대학카운슬러연구회는 매년 연차학술대회와 동 · 하계 워크숍 등을 통하여 대학상담의 대중화와 전문화를 모색하였다. 1978년 일부 지역에서는 소수의 상담학도가 모여 집단상담 이론 및 기법을 연구 · 개발 · 보급을 통한 지역사회 봉사를 목적으로 '금요 모임'을 시작하였고, 다른 지역에서는 학생들의 진로교육에 관한 관심이 높아지기 시작하면서 각종 진로지도와 진로상담 프로그램의 개발 및 연구 활동이 활발하게 전개되었다.

3) 확산기(1980~1999년)

1980년대에 들어서면서 정치, 경제, 사회, 문화적으로 큰 변화를 겪게 되면서 상담에 대한 국민의 인식이 바뀌었으며 학교상담에 대한 필요성과 관심이 증가하였다. 이 시기에 학교상담의 발달에 기여한 두드러진 사건은 상담 관련 학회의 창립, 한국청소년대화의 광장 설립, 전문상담교사 양성제도의 법제화 및 시행 등이다.

(1) 상담 관련 학회 창립

1970년대 후반에 활성화된 상담연구모임을 중심으로 다양한 형태의 상담 관련 학회가 창립되었다. '금요 모임'으로 시작된 한국상담연구회는 1986년 발달상담학회를 발족하고 2년 뒤에 한국집단상담학회로 명칭을 변경하였으며, 한국카운슬러협회 산하의 대학카운슬러연구회는 1991년 한국대학상담학회로 발전하였다. 한국집단상담학회는 1988년부터 학술지 『발달상담연구지』를 발간하고 1990년대 말 집단상담전문가 자격제도를 시행하였으며, 한국대학상담학회는 창립 10주년을 기념하여 『상담의 이론과 실제』(한국대학상담학회 편, 1987)를 출간하고 1990년 학술지 『대학상담연구』를 창간하여 1999년까지 발행하였다. 또한 1995년에는 한국진로상담학회가 창립되어 이듬해부터 학술지 『한국진로상담학회지』를 발행하고 진로상담전문가 자격제도를 시행하였으며, 1999년에는 한국카운슬러협회 산하의 아동 · 청소년 상담연구회가 한국아동 · 청소년상담학회로 발전하였다. 이 네 학회는 2000년에 한국상담학회를 출범시키는 데 중추적인 역할을 하였으며, 모학회의 분과학회로 참여하면서 학술지 발간과 자격제도 시행을 중단하였다. 다른 한편으로는 1990년에 상담교육연구회가 한국교육학회의 한 분과로 등록하였다. 이 연구회는 1984년에 학교상담에 관심 있는 서울대학교 교육학전공자들을 중심으로 사례연구모임이 시작되었고 이듬해 '생활지도연구회'로 확대 발전하여 주기적으로 사례발표회를 개최하였으며, 한때 뉴스레터와 학술지 『상담교육연구』(1998~1999년)를 발간하였다.

(2) '한국청소년대화의 광장' 설립

정부에서는 1991년에 「청소년 기본법」 제정을 추진하고 청소년육성기금을 조성하였으며, 2년 후에는 체육청소년부 산하 기관으로 '한국청소년대화의 광장'을 설립하였다. 한국청소년대화의광장은 청소년의 삶의 질 향상을 위한 사업 개발 · 운영을 설립목적으로 하고 청소년상담 전문인력 양성 및 교육, 청소년상담 정책연구 및 프로그램 개발, 전문상담을 통한 청소년 문제예방 및 해결 등을 다양한 사업을 전개하였다. 1999년 한국청소년상담원으로 명칭을 변경하였으며, 2012년 한국청소년상담복지개발원으로 개명하여 현재에 이르고 있다. 1993년 학술지 『청소년상담연구』를 창간하였으며, 2003년부터 청소년상담사 국가자격제도를 시행하였다.

(3) 전문상담교사 양성제도의 법제화 및 시행

청소년 자살과 학교폭력이 사회 문제로 등장하면서 학교에서 상담인력의 수요가 급증하였다. 1980년대 말에는 학생상담자원봉사자를 모집하여 단기간 연수를 실시하고 일선 학교의 상담 업무를 지원하였으며, 1990년대 말에는 전문상담교사 양성제도를 시행하여 생활지도와 상담을 담당할 상담교사의 수요에 대비하였다. 1997년 「초·중등교육법」이 개정되어 '전문상담교사'라는 교사자격증이 탄생하였으며, 1998년 전문상담교사양성제도에 관한 시행령이 통과되었고 이듬해부터 전국의 각 교육대학원에서는 1년 과정의 전문상담교사 양성과정을 설치하여 운영하기 시작하였다. 초등, 중등, 특수아 양성과정으로 나뉘었으며, 해당 학교 근무 경력이 3년 이상인 정교사를 대상으로 1년 과정 동안 18학점(9개 과목)을 이수하고 40시간의 실습을 하도록 되어 있다. 또한 교육대학원 상담전공 졸업자에게도 앞의 조건을 충족하면 전문상담교사 자격을 부여할 수 있도록 하였다.

4) 통합기(2000년~현재)

2000년대에 들어서는 사회적 갈등과 불안으로 확대되고 심리상담에 대한 관심이 고조되면서 한국의 상담학계는 비약적으로 발전하였으며, 청소년 자살과 학교폭력이 커다란 사회문제로 진화하면서 학교상담 역시 괄목할 만한 성장을 이룩하였다. 그러나 군소학회가 난립하고 상담 관련 자격증이 3,000여 종에 이를 만큼 불량한 자격제도가 난무하면서 상담직의 정체성과 상담사의 전문성에 대한 자성의 목소리가 높아지고 상담사 법제화에 대한 문제가 제기되고 있다. 학교상담의 발전과 관련하여 두드러진 사건은 한국상담학회의 창립과 전문상담사 자격제도의 시행 및 정비, 전문상담교사 양성제도의 개편과 Wee 센터의 설립, 범정부 차원의 학교폭력 예방 및 대책 수립과 학교상담 인력의 대대적인 확충 등이다.

(1) 한국상담학회의 창립과 전문상담사 자격제도의 시행

2000년에는 한국집단상담학회, 한국진로상담학회, 한국대학상담학회, 한국아동청소년

〈표 1-2〉 **한국상담학회 산하에 소속된 분과학회 및 지역학회 명칭**

분과학회	지역학회
• 대학상담학회*	• 대구경북상담학회
• 집단상담학회*	• 대전세종충남상담학회
• 진로상담학회*	• 제주상담학회
• 아동 · 청소년상담학회*	• 부산울산경남상담학회
• 학교상담학회	• 전북상담학회
• 초월 · 영성상담학회	• 광주전남상담학회
• 부부 · 가족상담학회	• 서울경기인천상담학회
• NLP상담학회	• 강원상담학회
• 군상담학회	• 국제지역상담학회
• 교정상담학회	
• 심리치료상담학회	
• 기업상담학회	
• 중독상담학회	
• 생애개발상담학회	

* 2000년 한국상담학회 창립에 참여한 분과학회
출처: 한국상담학회 홈페이지(http://www.counselors.or.kr).

상담학회 등 4개 군소학회가 연합하여 한국상담학회를 창립하였다(한국상담학회, 2010). 2001년에는 한국학교상담학회가 창립되어 다섯 번째 분과학회로 가입하였다. 한국상담학회는 상담을 통해 국민의 정신건강과 성장 발달에 기여하고자 설립되었고, 전문상담사 자격제도를 시행하여 상담 전문직의 정체성과 상담사의 전문성 향상을 위해 노력하고 있으며, 소식지와 학술지 『상담학연구』 『상담학연구: 사례 및 실제』 『Journal of Asia Pacific Counseling』 등을 발행하고 있다. 오늘날 한국상담학회는 산하에 14개 분과학회와 9개 지역학회(〈표 1-2〉 참조)를 거느리고 있고, 회원 수도 3만여 명에 달하는 대규모 학회로 성장하였으며, 상담사 법제화와 전문상담사의 권익 옹호를 위해 다양한 사업을 전개하고 있다.

한편, 2002년에는 전국 교육대학교의 교육상담전공 교수와 초등학교 교사를 중심으로 한국초등상담교육학회가 창립되었다. 이 학회는 창립과 동시에 매년 연차학술대회를 개최하고 학술지 『초등상담연구』를 발행하여 왔으며, 2017년부터 학교상담사 자격제도를 시행하고 있다.

(2) 전문상담교사 양성제도 개편

이때 전문상담교사제도가 전면 개편되었다. '전문상담교사 2급' 제도가 신설되고 종전의 3개 과정은 하나로 통합되어 '전문상담교사 1급'으로 전환되었으며, 1년 과정의 단기양성 프로그램은 순차적으로 폐지되어 현재는 사실상 중단된 상태이다. 전문상담교사 2급은 교육부의 인가를 받은 대학(학사과정)의 상담 관련 학과(심리학과 또는 상담학과)에서 교직과목을 이수하고 소정의 전문상담교사 과정을 이수한 자에게 자격증이 부여되며, 전문상담교사 자격증을 취득한 자가 시·도교육청에서 시행하는 임용고사에 합격하면 초등학교 또는 중등학교에 전문상담교사로 배치된다. 2009년에는 지역교육청에 Wee 센터를 설치하고 '전문상담 순회교사'를 배치하여 학교상담에 대한 전문적 서비스를 시작하였으며, 학교에는 Wee 클래스를 설치하고 상담업무를 전담하는 전문상담교사를 배치하여 학교생활 적응에 어려움을 겪는 학생들을 돕기 위한 제도적 장치를 마련하였다. 그 후 시·도교육청에는 Wee 스쿨을 설치하여 3단계 안전망을 구축하였으며, 이 사업은 'Wee 프로젝트'라는 이름으로 지속되고 있다. Wee 프로젝트는 자치단체의 주민생활지원통합서비스체계, 지역사회 청소년통합지원체계(CYS-Net) 등 다양한 안전망 시스템과 연계하여 통합적으로 운영되는 '학생 안전 통합 시스템'이다. 여기서 Wee는 우리(We), 교육(education), 감성(emotion)을 상징하는 영단어 이니셜을 합성한 것으로, Wee 프로젝트는 개인이 아니라 우리를 위한 감성 교육을 지향하고 있음을 의미한다.

(3) 학교폭력 대책 수립과 학교상담인력의 충원

2012년 학교폭력 피해 학생의 자살사건을 계기로 학교폭력의 심각성에 대한 사회적 관심이 고조되면서 정부 당국은 '2차 학교폭력근절 종합대책'(관계부처합동, 2012)을 발표하고 「학교폭력예방 및 대책에 관한 법률」을 개정하였으며, 『현장 중심 학교폭력 대책』(교육부, 2013), 『학교폭력사안처리 가이드북』(교육부, 2017, 2020a) 등 각종 매뉴얼을 제작하여 일선 학교에 배포하는 한편, '어울림 프로그램'과 같은 학교폭력 예방프로그램을 개발하여 보급하기 시작하였다(박효정, 정미경, 박종효, 2007). 또한 교육부와 시·도교육청에서는 학교상담인력을 대대적으로 확충하였다. 전문상담교사를 임용하여 초·중학교에 배치하였으며, 학생상담자원봉사자 양성교육을 강화하고, 전문상담사, 임상심리사, 소아청소년정신과의사 등 외부 정신건강 전문가를 초빙하여 학생상담업무를 지원하도록 하였다. 2020년 현재 전국 초·중·고등학교에 3,000명 정도의 전문상담교사와 600여 명의 전문상담 순회교사가 배치되어 있으며, 그 밖에도 공인된 자격증을 가진 전문상담사와 단기상담연수를 받은 상담자원봉사자들이 학교 현장에서 활동하고 있다.

제2장

학교상담의 개념과 모형

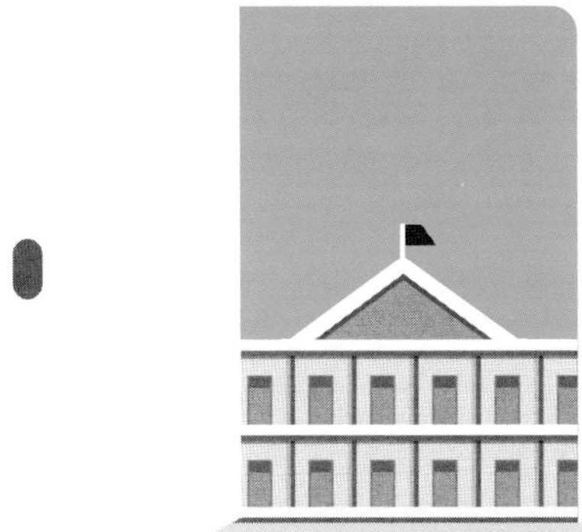

학교상담은 생활지도, 상담, 자문, 프로그램 개발 및 평가 등 다양한 활동으로 이루어지며, 종종 개념적 혼란을 야기하기도 한다. 이 장에서는 학교상담의 개념을 알아보고, 학교상담의 모형으로서 종합적인 학교상담 프로그램과 ASCA 국가 모형을 소개한다. 그리고 상담교사의 역할과 윤리적 책임에 대해 간략하게 논의한다.

이 장을 학습하면 여러분은 다음과 같은 학습 성과를 얻을 수 있다.

1. 학교상담의 개념적 특징(정의, 목표 등)을 설명할 수 있다.
2. 종합적인 발달적 학교상담 모형의 특징과 구조를 설명할 수 있다.
3. 상담교사의 역할과 윤리적 책임을 설명할 수 있다.

1. 학교상담의 개념

학교상담의 개념을 이해하기 위해서는 먼저 상담과 관련된 개념들의 의미를 파악하는 일이 선행되어야 한다. 이를 통해 학교상담의 의미를 정의하고, 학교상담의 목표에 대해 알아본다.

1) 학교상담의 정의

학교에서 행해지는 모든 것은 행정가, 교사, 상담교사 혹은 다른 어떤 사람에 의해 행해지건 간에 어떤 식으로든 '학생을 지도하는' 개념에 관련될 수 있다. 학교상담이 무엇인가를 정의하기 위해서는 먼저 생활지도, 상담, 심리치료, 훈육 등 다양한 관련 개념을 이해할 필요가 있다.

(1) 생활지도

생활지도(guidance)는 정의적 혹은 심리적 교육에 관련된 교과과정 영역을 설명하기 위해 사용되는 용어이다. 생활지도 교육과정은 일반적으로 각 학년 수준에 대한 광범위한 목표와 목적으로 구성되며, 이상적으로는 교사와 상담교사의 협동적 노력에 의해 이루어지는 학급지도에 통합된다. 생활지도라는 말은 영어의 'guidance'에서 유래한 말로, 사전적으로는 "학생들에게 제공되는 직업상 혹은 교육상의 문제점들에 대한 조언"을 의미한다(Webster's New Collegiate Dictionary, 1997). 쉐저와 스톤(Shertzer & Stone, 1980)은 생활지도를 개인이 자기 자신과 자신의 세계를 이해할 수 있도록 도와주는 과정이라고 정의하였고, 마이릭(Myrick, 2003)은 개인의 잠재능력 발달을 극대화하는 것을 목표로 하는 학교 교육과정이나 수업 과정 내부에 포함되어 있는 힘이라고 정의하였다. 황응연과 윤희준(1983)은 생활지도란 학생 개개인의 성장과 발달을 극대화시키고 잠재능력을 개발하여 현재 혹은 미래의 난관을 자신의 힘으로 해결해 나가도록 힘을 길러 주는 활동이라고 정의하였다. 강진령과 연문희(2009)는 생활지도를 학생들의 성장 과정에서 나타나는 가정적, 교육적, 직업적 문제와 신체발달, 정서, 성격 등과 관련된 문제들을 자율적으로 해결해 갈 수 있도록 도와주는 활동이라고 보았다. 즉, 지 · 덕 · 체의 조화로운 발달과 타고난 잠재능력의 최대 실현을 통하여 마침내 자기를 실현하는 인간이 되도록 돕는 과정이 생활지도인 것이다. 박성희(2014)는 생활지도란 학생이 처한 다양한 삶의 영역에서 자신의 잠재능력을 최대한으로 발달시키면서 자신의 삶을 성공적으로 살아가도록 돕는 활동이라고 보았다. 그는 생활지도를 교과지도와 대비되는 개념으로서 생활지도(예: 정원식, 박성수, 1978)와 부적응 학생을 교정하는 치료적 개념으로서 생활지도(예: 이영덕, 정원식, 1962)로 구분하고, 전자는 학급담임의 역할 영역으로 간주하고 후자는 전문적인 상담교사의 역할 영역으로 간주하였다. 생활지도는 때때로 '학급 생활지도'와 '소집단 생활지도'처럼 특별히 교육 또는 정보제공 서비스를 지칭하거나 '진로 생활지도'처럼 학교의 특별한 활동 및 초점을 명명하고 기술하는 데 사용된다.

(2) 상담

상담(counseling)은 본질적으로 비밀을 지키면서 개인이 관심사에 초점을 두도록 조력하고, 특별한 문제를 해결하기 위해 전략을 계획하고 수행하며 그 성과를 평가하는 지속적인 조력 과정을 말한다. 일반적으로 상담은 전문적으로 교육과 훈련을 받은 이의 도움을 통해서 개인의 자기이해를 촉진하고 최선의 선택과 결정을 하도록 안내하는 심리적 조력 과정이다. 그러나 상담이 전문화되면서 여러 학자가 다양한 이론과 방법을 제시하고 있으며, 상담은 이론적 접근에 따라 다양하게 정의된다. 윌리엄슨(Williamson, 1939)은 상담을 훈련, 기술, 신뢰를 쌓은 상담자가 내담자의 적응 문제를 해결하는 면대면의 조력 관계로 정의하였으며, 로저스(Rogers, 1942)는 상담을 훈련받은 상담자와 도움을 원하는 내담자 간에 신뢰하고 존중하는 안전한 관계 속에서 내담자의 인간적 성장을 도모하는 상호작용 과정으로 정의하였다. 피에트로페사와 브리엔드(Pietrofesa & Vriend, 1971)는 상담이란 내담자의 자기이해, 의사결정 및 문제해결이 이루어지도록 상담자가 전문적으로 도와주는 과정이라고 정의하였다. 좀 더 최근에 탐슨과 루돌프(Thompson & Rudolph, 2001)는 상담이란 개인의 성장에 지장을 주는 장애를 극복하도록 사람들을 도와주고 그들이 가진 인적 자원을 최적의 상태로 발달시키도록 도와주는 과정이라고 정의하였다.

이장호(1986)는 상담이란 전문적인 훈련을 받은 사람과 내담자의 관계에서 인간적인 성장을 추구하기 위해서 생각, 감정, 행동 측면에서 새로운 학습이 일어나도록 도와주는 과정이라고 정의하였다. 좀 더 최근에 강진령과 연문희(2009)는 상담이란 도움을 필요로 하는 내담자가 상담에 대한 전문 교육과 훈련을 받은 상담자와의 관계에서 내담자 자신의 심리적 삼각구도, 즉 감정, 사고, 행동 측면의 변화를 촉구하고 스스로의 힘으로 문제를 해결하며 합리적인 의사결정을 함으로써 인간적 성장을 추구하는 과정이라고 정의하였다. 상담 서비스는 흔히 개인상담이나 소집단상담의 형태를 취하지만, 김계현(2002)은 현대 상담에서는 '면대면' 방식의 직접적인 상호작용뿐만 아니라 인터넷이나 전자메일 등을 활용한 상담과 컴퓨터 프로그램에 의한 상담 등 새로운 테크놀로지가 폭넓게 활용되고 있음을 지적하였다.

(3) 심리치료

심리치료(psychotherapy)는 주로 임상 장면이나 전문상담기관에서 신경증이나 성격장애와 같이 비교적 심각한 정신장애를 지닌 환자를 대상으로 심리적으로 치료하는 활동을 말한다. 환자를 대상으로 증상을 다룬다는 점에서 상담과 차이가 있으며, 성격의 재구성, 심층적 문제해결, 무의식적 동기의 통찰에 역점을 두는 것이 특징이다. 때로는 상담과 심리치료라는 용어가 혼용된다. 박성희(2003)는 이 두 개념을 혼동하는 가장 큰 이유로 범주의 오류, 곧 사람을 돕는 과정을 뜻하는 상담과 도움의 결과로 얻게 되는 특정 영역의 효과인 심리치료와 혼동하기 때문이라고 지적하였다. 바람직한 변화를 돕는 상담이 때로 심리적 문제를 예방하고 치료하는 일에 활용되지만, 그렇다고 해서 상담이 곧 심리치료는 아니라는 관점이다. 더욱이 학교에서 이루어지는 상담은 대체로 정상적인 발달 과정에 있는 학생을 대상으로 하기 때문에 상담과 심리치료를 구분하는 것이 바람직할 수 있다. 상담교사는 자신이 받은 훈련의 한계 또는 시간적 제약으로 인해 심각한 정신장애를 지닌 학생들을 다루기가 쉽지 않다. 따라서 학생이 발달과업상의 위기를 극복하지 못하여 심리치료의 대상으로 악화되었다고 판단되면 상담교사는 전문가에게 신속하게 의뢰하는 것이 그 학생을 제대로 돕는 일이 될 수 있다.

(4) 훈육

훈육(discipline)은 학생의 잘못된 행동에 대한 교사의 대처를 말하는 것으로, 상담이나 생활지도와 혼동하여 사용되는 경우가 자주 있다. 전통적으로 훈육은 교사의 권위에 의존하여 훈계와 지시, 처벌 등을 통해 학생들에게 규율을 강제하는 수단으로 인식되어 왔다. 그러나 질서 있는 학습 환경을 만들고 유지하는 열쇠는 문제가 발생한 후 해결하기보다는 처음부터 문제 발생을 예방할 수 있는 교사의 능력에 달려 있다(Kounin, 1970). 숙련된 교사는 질서 있는 학습 환경을 만들고 유지하는 학급관리를 통해 학생을 훈육하는 데 허비하는 노력을 줄일 수 있다. 학급관리는 단순히 질서 있는 환경을 구축하는 것 이상이며, 학생들의 학업적, 직업적 및 개인 · 사회적 발달에 기여하는 과정이다. 이를 위해서는 배려하고 신뢰하는 공동체 만들기, 학생의 책임감 발달시키기, 그리고 학습 시간과 기회 극대화하기 등을 강구해야 한다(Eggen & Kauchak, 2011).

(5) 학교상담

학교상담(school counseling)은 상담교사의 역할과 기능을 규정함에 있어서 학생봉사 또는 생활지도보다 현대적이고 명확한 개념이다(Schmidt, 2000). 학생봉사는 학생, 학부모, 교사를 대상으로 하는 직접적 상담과 자문 서비스를 벗어나 행정적인 기록 관리, 학급 계획, 출석 점검, 그리고 그 밖의 잡다한 기능을 포함한다. 생활지도는 상담교사의 유일한 책임이 아니며 어떤 전문적인 집단의 영역도 아니다. 학교행정가, 교사, 상담교사가 행하는 전반적인 학교교육 프로그램은 생활지도 지향적이고, 또 그래야만 한다. 생활지도는 학교의 모든 측면에 스며들어 있기 때문에 학교상담과 같은 단일 프로그램에 생활지도의 목표와 목적을 한정하는 것은 부적절하다.

발달적 생활지도를 위한 부렌(Wrenn, 1962)의 도전은 생활지도와 학교상담의 용어에 대한 논쟁을 초래하였다. 지스버스와 헨더슨(Gysbers & Henderson, 2000)은 '생활지도'라는 용어를 사용하여 발달의 중요성을 강조하였고, 베이커(Baker, 2000)는 '학교상담'이라는 용어를 사용하여 보편적으로 프로그램과 서비스를 언급하였으며, 마이릭(Myrick, 1987, 2003)은 생활지도와 학교상담을 특별히 구분하지 않고 교환 가능한 용어로 사용하였다. 스키아라(Sciarra, 2004)는 학교에서 상담자들이 수행하는 프로그램과 활동의 광범위한 스펙트럼을 모두 포괄하는 용어로서 학교상담과 상담교사라는 용어를 주로 사용하였으며, 학생들의 학업 발달, 진로 발달, 개인 · 사회성 발달을 육성하기 위해 계획된 발달적 활동 프로그램을 언급할 때는 생활지도라는 용어를 사용하였다. 이러한 용어 사용의 혼란은 상담교사의 역할과 기능에 관한 일관된 초점의 결여에서 기인하며, 상담교사의 직업적 정체성에 대한 논쟁을 불러일으켰다.

오늘날 상담이라는 용어는 우리 생활 주변에서 매우 다양한 용도로 사용되고 있다. 상담은 일반적으로 의사결정에 필요한 정보와 자료를 가지고 있는 사람이 그것을 원하는 사람에게 제공하고 적절한 의사결정을 도와줌으로써 문제를 해결할 수 있도록 조언해 주는 과정으로 이해된다. 학교상담은 학교 장면에서 주로 학생과 교사 사이에 이루어지는 상담이다.

그동안 일선 학교에서는 담임교사 또는 과목담당교사들이 학생들에게 필요한 정보나 자료를 제공하고 수시로 면담을 통해서 조언하는 상담활동을 해 왔으며, 단기간의 전문적 연수를 받은 교도교사나 진로상담교사들이 전문적인 상담자의 역할을 맡아 온 것이 우리의 현실이다. 최근에 전문상담교사가 채용되어 Wee 센터와 Wee 클래스를 중심으로 활동하고 있다. 전문적인 활동으로서 상담은 상담 전문직에 있는 사람들에 의해서 이루어지는 특수한 형태의 조력 과정이라고 볼 수 있다.

학교에서 이루어지는 상담 서비스는 주로 학생을 대상으로 제공되며 개인상담 또는 소집단상담의 형태를 취한다. 그것은 맥락에 의존하여 학생의 자기이해를 통해서 생각, 감정, 행동 및 태도의 변화를 유도함으로써 인간적 성장을 도모하는 심리적 과정이다. 그러나 상담교사는 때로는 학부모와 교사에게 단기상담 서비스를 제공한다. 이러한 경우에 상담의 목표는 학부모 또는 교사가 지역사회 기관이나 서비스에서 앞으로의 치료에 대하여 결정하도록 조력하는 것이다. 상담교사는 단기상담을 통해 학부모와 교사를 조력함으로써 아동과 청소년들에게 간접적 조력을 제공한다.

2) 학교상담의 목표

학교상담은 학교라는 제한된 공간에서 학생이라는 특정 신분을 가진 사람들을 대상으로 전개된다는 점에서 다른 장소에서 이루어지는 일반 상담과는 다르다. 학교상담의 기본적인 목표는 학생의 변화이다. 교사는 학생 개개인의 성장과 발달을 촉진하여 그들의 잠재력을 최대한으로 실현할 수 있도록 조력해야 하며, 이를 위해서는 좀 더 구체적인 수준의 중간 목표를 설정하여 달성함으로써 점진적으로 완성시켜 나갈 수 있어야 한다. 학교상담의 중간목표는 다음과 같다(강진령, 연문희, 2009: 45-48).

(1) 자기이해

자기 자신을 발견하고 수용하고 정확하게 이해하면 자기가 처한 위치에서 좀 더 효율적으로 판단하고 선택할 수 있다. 따라서 학생 개개인이 독특한 존재로서 자기 자신을 소중한 인격체로 인정하고 각자의 개성을 존중해서 자기 자신에 대해 올바르고 정확하게 이해하도록 돕는 것은 학교상담의 중요한 목표이다. 상담자로서 교사는 학생들이 자신의 생각과 감정을 정확하게 자각하고 자신의 필요와 욕구를 알아차려 충족시키며 자신의 남다른 장점과 약점, 혹은 흥미, 적성, 포부 등을 이해하고 수용할 수 있도록 조력해야 한다.

(2) 잠재능력의 개발

인간은 한없이 미약한 존재로 태어나지만 적절한 조건이 갖추어지기만 하면 자율적으로 자기를 실현할 수 있는 위대한 잠재능력을 지닌 존재이다. 학교상담의 목표는 학생 개개인이 이러한 잠재능력을 발견하고 개발할 수 있도록 돕는 것이다. 사람은 누구나 잠재능력을 타고나지만 여건이 갖추어지지 않을 때에는 그것을 제대로 발휘하지 못하고 사장시키게 된다. 따라서 상담교사는 학생 개개인의 발달 가능성을 깊이 인식하고, 각 개인이 지니고 있는 잠재능력을 최대한 발휘할 수 있는 환경을 제공함으로써 학생 자신이 환경과 상호작용하면서 자기 자신의 호기심, 흥미, 적성, 능력 등을 발견하여 십분 발휘할 수 있도록 조언하고 협력하는 자세가 필요하다.

(3) 사고와 행동의 변화

학교상담의 중요한 목표는 학생 개개인이 좀 더 생산적이고 행복한 생활을 영위하는 데 방해가 되는 행동을 감소시키거나 제거하는 한편, 긍정적이고 합리적인 사고를 하게 하여 효율적이고 생산적인 행동을 증가시키는 것이다. 상담교사는 학생의 사고와 행동을 변화시키도록 도와줌으로써 단순히 학생의 부적응 행동을 교정하는 데 그치지 않고 좀 더 적극적인 의미에서 정신건강을 촉진하고 인간적 성장을 도모할 수 있다. 비교적 짧은 시간 안에 체계적으로 학생의 생산적인 사고와 행동을 증진시킴으로써 학교 및 사회 생활에서의 적응력 신장, 일상 생활습관의 변화, 타인과의 관계형성 능력 증진, 가족 상황의 수용, 학습습관의 개선 등과 같이 다양한 문제 상황에 효과적으로 대처하는 능력을 기르도록 도울 수 있다.

(4) 문제해결능력의 신장

많은 사람은 일상생활에서 문제가 전혀 없어야 쓸모 있는 존재라고 믿는 경향이 있으며, 자신이 문제를 가지고 있다는 것을 인정하지 않거나 문제가 잘 해결되지 않으면 쉽게 좌절하는 경향이 있다. 그러나 사람은 누구나 일상생활에서 크고 작은 문제를 갖고 있게 마련이며, 어느 순간에 스스로 해결하기 어려운 문제에 직면할 때 도움이 필요하게 된다. 학교상담의 또 다른 목표는 학생의 문제해결능력을 신장하는 것이다. 더욱이 개인이 겪는 심리적 문제는 그들이 처한 상황의 직접적인 결과라기보다는 그러한 상황을 지각하는 방식에 의해 스스로 창조되는 경향이 있다. 따라서 상담교사는 학생들이 평소 일상생활에서 겪는 사건들을 어떻게 지각하고 대처하는가에 초점을 맞추어 학생들 스스로 문제를 창조하고 있는 것은 아닌지 성찰하도록 안내할 필요가 있다.

(5) 의사결정능력의 개발

우리는 일상생활에서 끊임없이 모종의 선택과 결정을 하고 그에 따른 책임을 지게 마련이다. 잘못된 의사결정은 낭패와 좌절의 원인이 되는 반면, 현명한 의사결정은 성공적인 삶의 초석이 된다. 따라서 학교상담의 중요한 목표는 학생들이 합리적인 의사결정을 하도록 돕는 것에 있다고 할 수 있다. 합리적인 선택을 위한 의사결정을 위해서는 자기 자신과 환경에 대한 충분한 이해가 선행되어야 가능하다. 상담교사는 학생을 대신하여 어떠한 결정도 내리지 않으면서 학생 스스로 결정할 수 있도록 도와주는 역할을 담당한다. 학생이 의사결정을 하려고 할 때, 상담교사는 왜 그러한 결정을 하며 그 결정으로 자신이 감당해야 할 대가가 무엇인지를 자각하도록 조력하고 학생이 스스로 선택하고 결정하기 위해 필요한 정보를 제공하고 의사결정에 개입하는 정서적 문제나 심리적 특성을 확인하여 분석하며 장애가 되는 측면들을 극복하도록 돕는다.

(6) 인간관계능력의 향상

부모, 형제, 친구, 이성, 혹은 선배나 교사와의 관계에서 문제가 생길 때 학생들은 좌절감, 분노, 불행, 배신감, 외로움, 절망감 등을 경험하게 된다. 어떤 경우에는 일 자체보다는 함께 일하는 사람과의 관계로 인해서 스트레스가 쌓이고 일이 더 어려워진다. 따라서 성공적인 삶을 영위하기 위해서는 다른 사람들과 더불어 사는 법을 터득해야 한다. 더욱이 초·중등학교 시절 친구들과 원만한 관계를 형성하고 유지하는 능력은 학교생활의 즐거움, 소속감 및 안정감을 얻게 할 뿐만 아니라 사회생활에서 필요한 인간관계의 초석이 된다. 반대로 학창 시절 외톨이가 되거나 따돌림을 당하는 학생은 소외감과 외로움을 느끼거나 방황하게 되어 문제행동을 할 가능성이 높아진다. 따라서 중요한 타인들과 의미 있는 관계를 유지하고 발전시키는 능력을 개발하도록 돕는 것은 학교상담의 중요한 목표이다.

(7) 환경에 대한 적응능력의 신장

학교상담의 궁극적 목표는 환경에 대한 적응능력의 신장이다. 현대 사회는 생활환경의 변화가 극심하고 새로운 정보와 지식이 폭발적이어서 끊임없이 새로운 것을 배우고 익혀야 한다. 오늘날 학생들은 짧은 시간 안에 많은 정보를 소화해 내고 새로운 지식과 기술을 습득해야 하며 새로운 행동양식과 생활태도에 익숙해져야만 살아남을 수 있다. 과거와는 달리 오늘날에는 직장을 바꿔야 하는 사례가 자주 일어나거나 아예 직업 자체가 없어지기도 하므로 새로운 적응능력은 생존의 문제이기도 하다. 이처럼 학생들이 평생 동안 지적 호기심을 가지고 계속 배워야 하는 사회가 전개되고 있는 것이다. 따라서 교사는 지식의 단순한 암기나 축적을 강조하기보다는 학습하는 방법을 학습하도록 조력할 필요가 있다. 정서적 안정감, 원만한 인간관계, 사고의 유연성, 자기효능감 등은 적응능력과 직접 상관이 있으므로, 상담교사는 체계적인 프로그램을 통하여 적응능력을 신장하는 일을 학교상담의 목표로 삼아야 한다.

2. 학교상담의 모형

학교상담과 생활지도는 학교교육의 일환임에도 불구하고 교육과정 편성에서 소외되거나 소홀히 다루어지는 경향이 있다. 이는 부분적으로 학교에서 상담과 생활지도가 의학적 · 치료적 모형에 기초하여 너무 개인적인 문제해결에 중점을 두고 접근하기 때문이다. 즉, 개인의 문제는 개인마다 모두 특색이 있고 다르기 때문에 하나의 교육과정으로 묶어서 편성하기는 어려운 점이 있다는 것이다. 미국상담교사협회(ASCA)에서는 이러한 문제점을 극복하기 위한 노력의 일환으로 '종합적인 학교상담 프로그램(Comprehensive School Counseling Program)'을 제안하였으며, 초 · 중 · 고등학교에서 이 프로그램을 실천하도록 지원하기 위해 'ASCA 국가 모형: 학교상담 프로그램의 개념 구조(ASCA National Model: A Framework for School Counseling Program)'(ASCA, 2001, 2003, 2005a, 2008, 2012, 2019a)를 개발하여 보급하고 있다.

1) 종합적인 학교상담 프로그램의 특징

제1장에서 서술했듯이, '종합적인 학교상담 프로그램'은 「학교상담 프로그램을 위한 국가 기준(ASCA National Standards for School Counseling Program)」(ASCA, 1997a, 2004a)에 명시된 학업 발달, 진로 발달, 개인 · 사회성 발달을 통해 모든 학생의 성공적인 학교생활을 보장할 수 있도록 지원하기 위한 것이다. 지스버스와 헨더슨(Gysbers & Henderson, 2000, 2001)은 상담교사들이 종합적인 학교상담 프로그램을 운영하고 관리하기 위해서는 다음의 세 가지 기본 전제를 수용해야 한다고 역설하였다.

첫째, 학교상담은 프로그램이다. 그것은 모든 학생이 분명한 수준의 역량을 성취함으로써 분명한 목표를 충족할 수 있도록 조력하기 위해 설계된 일련의 활동이다. 따라서 상담교사는 참여자들에 대한 그 효과성을 계속해서 평가하여야 한다. 프로그램 평가는 학교상담 프로그램의 핵심 구성요소이다.

둘째, 학교상담은 종합적이고 발달적이다. '종합적(comprehensive)'이라는 말은 어느 특정 영역의 문제에 집중하는 접근이 아니라 학교상담이 관여하는 다양한 영역을 골고루, 포괄적으로, 균형 있게 접근한다는 의미를 내포한다. 상담교사는 계획적이고 정기적으로 프로그램 활동을 수행하여 학생들이 학교상담 교육과정 역량들을 숙달할 수 있도록 조력해야 한다. 프로그램은 모든 학생이 성장하고 발달할 수 있도록 조력하는 일을 우선적으로 강조하며 광범위한 활동과 서비스를 제공한다. 특수한 문제를 안고 있는 개별 학생에 대해서는 이차적인 강조점을 둔다. 마이릭(Myrick, 1997)은 발달적 생활지도에 대해서 다음과 같이 진술하였다.

> 발달적 생활지도는…… 인간 본성이 자기고양(self-enhancement)을 향해서 계열적이고 긍정적으로 움직인다고 가정한다. 그것은 우리 각자의 내부에는 우리가 특별한 존재이며 우리와 똑같은 이는 아무도 없다고 믿게 하는 어떤 힘이 있다는 것을 인정한다. 그것은 또한 우리의 개인적 잠재능력이 사회와 인류의 미래에 소중한 자산이라고 가정한다(p. 27).

셋째, 생활지도는 팀 노력이다. 상담교사는 프로그램을 촉진하고 관리하지만 다른 교직원들에게 자문과 협력을 요청할 수 있어야 한다. 예를 들면, 많은 교사는 상담교사의 자문을 받아 개별적인 학생과 작업할 수도 있을 것이다. 또한 부모와 지역사회도 팀의 중요한 구성원이다.

또한 돌라하이드와 사지나크(Dollarhide & Saginak, 2014: 55-76)는 종합적인 학교상담 프로그램의 특징을 다음과 같이 여섯 가지로 정리하였다.

(1) 총체적

상담교사는 학생을 대할 때 그의 모든 발달 측면에 관심을 기울인다. 학생의 총체적(holistic) 발달은 생물학적, 사회적, 가족적, 교육적 요인 등 매우 많은 요인에 의존한다. 학교에서 일하는 상담교사는 학업 발달, 진로 발달, 개인 · 사회성 발달 등 학생의 중요한 발달 영역에 집중한다. 수월성 교육이 소기의 성과를 거두려면, 상담교사는 학생들이 각 발달 영역에서 그들의 잠재능력을 최대한 발휘하도록 지원해야 한다.

(2) 체제적

상담교사는 학생이 상호작용하는 모든 사람과 학생의 인생에 중요한 모든 체제를 대상으로 작업한다. 체제(system)는 가족, 또래, 학교 같은 중간체제는 물론 공동체, 문화 같은 거시체제와 외체제를 모두 포함한다. 이러한 체제 또는 맥락에서 학생들은 생활 규칙을 배우며 가치를 습득하고 태도를 형성한다. 또한 그들은 그들 자신, 또래, 가족, 전체 사회와 관계를 맺는 방식을 배운다. 학생들의 발달유연성은 그들이 자라온 체제가 얼마나 건강하고 민주적이며 양육적이었는지를 반영한다. 상담교사는 학생들이 자신을 둘러싸고 있는 체제의 현실을 이해하고 대처할 수 있도록 도와야 한다.

(3) 균형적

상담교사는 상담, 교육, 자문과 협력, 리더십, 옹호와 조정 등 일차적인 활동에 시간을 균형 있게 배분하여 일을 한다. '균형적(balanced)'이라는 말은 활동들 사이에 '균등한 시간 배분'을 의미하는 것은 아니며, 서비스 대상자들의 요구에 기초하여 활동들을 균형 잡아야 한다는 것을 뜻한다. 또한 종합적인 학교상담 프로그램에서 균형을 정의하는 방식은 다양하며, 상담교사는 발달 영역과 서비스 대상자에 대한 균형 잡힌 관심은 물론 예방 목표와 개입 목표 간에도 균형을 유지할 필요가 있다.

(4) 선도적

학교상담 프로그램의 목적은 1차, 2차, 3차 예방을 통해서 학생들의 발달을 위태롭게 할 수 있는 어떤 경험의 효과를 완화하는 것이다. '선도적(proactive)'이라는 말은 종합적인 학교상담 프로그램에서 어떤 문제가 학생들의 성공을 심각하게 방해하기 전에 예방한다는 것을 의미한다. 그러나 상담교사는 학생 인생의 모든 측면을 통제할 수 없다. 따라서 '선도적'이 된다는 것은 또한 학생들의 성공에 대한 도전들을 완화하기 위해 일하는 것을 의미하는데, 이러한 노력은 2차 예방인 개입과 3차 예방인 처치도 포함한다.

(5) 교육과정 연계

상담교사는 교실수업을 비롯하여 학교 활동의 모든 측면에 종합적인 학교상담 프로그램을 연계하여 학생들이 그것에 접근할 기회를 제공한다. 미국상담교사협회(ASCA, 2003)는 상담교사에게 모든 학생이 도달할 수 있는 프로그램을 설계하라고 요구하지만, 일부 학교에서는 학교상담 프로그램이 '교과 외 서비스' 또는 '부차적인 것'으로 간주된다. 이 시각에서 보면, 학교상담은 종합적인 것도 아니며 모든 학생에게 도달하지 않는다. 학교상담에는 다양한 철학적 관점이 존재하며, 그 각각은 상담교사의 한 가지 또는 두 가지 기능에 집중하는 경향이 있다. 생활지도를 강조하는 상담교사는 진로 및 대학 정보를 제공하는 행정요원으로 일하며, 정신건강을 강조하는 상담교사는 교실에 들어가서 열심히 일한다. 그러나 ASCA 국가 모형(ASCA, 2003)에서 제시하고 있는 종합적인 학교상담 프로그램의 관점에서 보면, 상담교사는 학교의 전반적인 교육 활동에 참여하는 완전한 동반자이다.

(6) 성찰적

상담교사는 학교, 학생, 그리고 그 자신에게 그의 일이 학생들의 삶에 긍정적인 영향을 미치고 있다는 것을 증명해야 한다. 성찰(reflection)은 시간을 갖고 상담교사로서 개인적인 노력과 종합적인 학교상담 프로그램의 효율성에 관해 생각하는 것을 말한다. 이 성찰의 증거는 자신의 작업에 대한 점검 및 기록의 형태로 나타난다. 상담교사는 그의 시간과 작업 질, 그리고 요구와 성과에 기초하여 프로그램 전반의 효율성을 평가하고 종합적인 학교상담 프로그램과 그 프로그램에 대한 그 자신의 기여에 대해서 학생, 학교, 지역사회에 책무를 지녀야 한다(Baker, 2000; Hutchinson & Bottorff, 1986; Schmidt, 2000). 그러나 프로그램의 관리는 프로그램의 결과에 책임을 지는 것 이상이다. 그것은 하나의 계속적인 과정이다. 리더십과 조정 활동의 한 부분으로서, 상담교사는 그의 종합적인 학교상담 프로그램을 관리 · 평가 · 개선하고 근본적으로 그 프로그램을 효과적으로 이끌어야 하며, 이것은 성찰로 시작된다.

2) 종합적인 학교상담 프로그램의 구성요소

종합적인 발달적 생활지도 모형은 〈표 2-1〉에서 제시된 바와 같이 크게 내용, 조직적 틀, 자원의 세 가지 영역으로 구성된다(Gysbers & Henderson, 2000, 2005).

〈표 2-1〉 **종합적인 발달적 생활지도 모형**

내용	조직적 틀			자원
	구조적 요소	프로그램 요소	프로그램 시간	
학업영역 진로영역 개인-사회성 영역	정의 근거 기본 가정	교육과정 개별 계획 반응적 서비스 체제 지원	시간 사용 (프로그램 요소에 80% 이상 배정)	인적 자원 재정적 자원 정치적 자원

출처: Gysbers & Henderson (2005), p. 150에서 발췌.

(1) 내용 영역

프로그램의 내용 영역은 학생들이 학교 또는 교육청 생활지도 및 상담 프로그램의 프로그램 구성요소의 활동에 참여하여 성취하게 될 역량을 말한다. ASCA에서 제시한 학교상담의 국가 기준은 학업 발달, 진로 발달, 개인·사회성 발달의 세 가지 영역을 기준으로 사용한다(Campbell & Dahir, 1997). 그 협회는 각각의 발달 영역에서 세 가지씩 모두 아홉 가지 기준을 확인하였다. 다히르(Dahir, 2001)에 따르면, 학업 발달의 기준은 학교 안팎에서 학습을 조장하는 태도, 지식, 기술을 확인한다. 진로 발달의 기준은 학교상담 프로그램이 학생들에게 고등학교 졸업 후의 교육과 직업 세계에 필요한 태도, 지식 및 기술을 습득할 수 있도록 조력하는 전략과 활동들을 지향하도록 설계된다. 개인·사회성 발달의 기준은 상담교사들이 학교와 성인 생활을 통해 개인 및 사회적 성장 경험을 제공하는 프로그램을 창안할 수 있도록 조력하기 위해 설계된다. 또한 기준은 개인·사회성 발달을 학업 및 진로 성공에 연결한다(Campbell & Dahir, 1997). 종합적인 발달적 생활지도 모형에서 제시하는 학교상담의 내용 역시 학업, 진로, 개인·사회성 등 세 가지 발달 영역으로 구성된다. 학교상담의 목표는 모든 학생이 이 세 가지 영역에서 포괄적이고 균형 잡힌 발달을 이룩하도록 하는 것이다.

또한 각각의 기준에는 일련의 역량, 곧 바람직한 학습 성과들이 함께 제시되어 있다. 개별 프로그램은 그것의 특수한 요구를 조절하기 위해 그 역량을 채택할 수 있다. 학습 성과의 기준에 초점을 둠으로써 역량은 상담교사의 책무성에서 핵심 역할을 담당한다. 또한 역량은 종합적인 생활지도 프로그램과 발달적 생활지도 프로그램의 연결을 가능하게 한다. 이러한 프로그램이 역량에 기초하고 있으며 학습 성과를 평가하는 일의 중요성을 강조하고 있음을 상기할 필요가 있다. 역량은 "학생들이 정서, 학업 및 진로 역량을 획득하기 위한 전략과 활동"(Dahir, 2001: 324)을 개발하기 위한 하나의 가이드로서 작용한다. 〈표 2-2〉는 ASCA에서 제시한 학교상담에 대한 국가 기준의 각 영역별 세부 기준과 역량을 나타낸 것이다.

〈표 2-2〉 **학교상담에 대한 국가 기준**

학업 발달	
각 학생들의 학습능력을 지원하고 극대화하는 전략과 활동을 수행할 수 있도록 지침을 제공한다. (의사결정, 문제해결, 목표달성, 비판적 사고 및 논리적 추론, 대인 간 의사소통, 이 기술을 학업 발달에 적용하는 기술)	
기준 A	학생들은 학교 및 생애 전반에 걸쳐서 효과적으로 학습하는 데 기여하는 태도, 지식, 기술을 습득할 것이다. (역량) 학업자아개념 증진하기, 학업 향상을 위한 기술 습득하기, 학교에서 성공하기
기준 B	학생들은 대학을 포함한 이후 보다 넓은 고등교육 기회를 갖기 위해서 필수적인 학업 준비를 갖추어 학교를 졸업할 것이다. (역량) 학습 증진을 도모하기, 목표 성취를 위한 계획을 세우기
기준 C	학생들은 학업, 직업세계, 가정과 지역사회에서 삶의 상호관계를 이해할 것이다. (역량) 학교를 삶의 경험에 연관시키기
진로 발달	
각 학생들이 학교에서 직업 세계로 나아가거나 특정 직업에서 다른 직업으로 성공적인 방향 전환을 하는 데 필요한 기술, 태도, 지식의 습득을 위한 토대를 제공할 수 있도록 지침을 제공한다.	
기준 A	학생들은 자기 자신에 대한 지식과 관련시켜 직업세계를 탐구하는 기술을 습득하게 될 것이며, 정보에 입각한 진로 결정을 하게 될 것이다. (역량) 진로인식을 발달시키기, 취업에 필요한 준비를 갖추기
기준 B	학생들은 직업 목표를 성취하고 성공과 만족을 얻을 수 있는 전략을 갖게 될 것이다. (역량) 직업에 대한 정보를 얻기, 직업 목표를 확인하기
기준 C	학생들은 자신의 개인적 자질과 교육, 훈련, 직업세계 간의 상호관계를 이해할 것이다. (역량) 직업목표에 도달하기 위해 지식 습득하기, 직업목표 성취를 위해 기술 적용하기
개인 · 사회성 발달	
각 학생들이 학교에서 성인기로 나아갈 때 필수적인 개인적 · 사회적 성장을 위한 토대를 제공할 수 있도록 지침을 제공한다.	
기준 A	학생들은 자신과 타인을 이해하고 존중하는 데 도움이 되는 지식, 태도, 대인 간 기술을 습득할 것이다. (역량) 자신에 대한 지식을 얻기, 대인관계 기술을 익히기
기준 B	학생들은 의사결정을 하고 목표를 설정하며 목표를 성취하기 위해 필요한 행동을 취할 것이다. (역량) 자신에 대한 지식을 적용하기
기준 C	학생들은 안전과 생존 기술을 이해할 것이다. (역량) 개인적인 안전 기술을 습득하기

출처: Campbell & Dahir (1997), pp. 1-2.

(2) 조직적 틀

종합적인 발달적 생활지도 프로그램의 조직적 틀 영역은 구조적 요소, 프로그램 요소, 상담교사의 시간 사용 등 세 가지 구성요소로 구성된다(Gysbers & Henderson, 2005: 161-169).

① 구조적 요소

구조적 요소는 프로그램의 이념적 기반을 기술하고 있으며, 프로그램의 정의, 근거, 기본 가정을 포함한다.

◆정의

프로그램 정의(definition)는 생활지도 프로그램과 그것이 학교 또는 교육청의 전체 교육 프로그램 내에서 차지하는 위치와 업무에 대한 진술을 포함한다. 누가 프로그램을 전달하는가, 누가 프로그램의 수혜자인가, 프로그램에 참여한 결과로 학생들은 어떤 역량을 갖추게 되는가, 그리고 생활지도 교육과정, 개별 계획, 반응적 서비스, 체제 지원 등 프로그램 구성요소를 사용하여 프로그램이 어떻게 조직되는가를 진술한다.

◆근거

근거(rationale)는 전체적인 교육체제 내에서 동등한 동반자로서 학교상담 프로그램의 중요성을 논하고 학생들이 프로그램에 참여한 결과로 자신들에게 생기는 역량(학습성과)을 습득해야 하는 이유를 제시한다. 근거는 학교상담 프로그램이 모든 학생을 위한 발달적 지원과 독특한 요구를 지닌 개인에 대한 전문적인 도움을 제공하여 모든 학생이 그들의 잠재능력을 개발할 수 있도록 조력하기 위해 설계되고 있음을 시사하고 있다. 비록 근거의 이념은 프로그램에 대한 요구를 표명하는 것일지라도, 그것은 또한 지역의 교육체제와 전체 국가의 교육체제의 목표에 대한 학생, 학교 및 지역사회 요구 평가와 여타의 명료화 과정에서 도출된 결론을 포함시킴으로써 프로그램의 이행에 방향성을 제공한다.

◆기본 가정

기본 가정(assumption)은 학교상담 프로그램을 구안하고 안내하는 원칙이다. 그것은 ASCA에서 개괄한 전문상담교사의 기여도에 관한 진술이다. 그것은 학교상담 프로그램이 학생들의 발달에 기여하는 정도, 프로그램의 종합성과 균형성을 뒷받침하는 전제, 생활지도 프로그램과 여타 교육 프로그램 간의 관계에 관한 진술을 포함한다. 또한 기본 가정은 상담교사와 그들의 수련감독 하에서 프로그램을 운영하는 타인들에 대한 기본적인 기대를 진술한다.

② 프로그램 요소

프로그램 요소는 프로그램이 학생들과 여타 수혜자에게 어떻게 전달되는지를 기술한다. 이 구성요소에는 생활지도 교육과정, 개별 계획, 반응적 서비스, 체제 지원의 네 가지 하위 요소가 포함된다.

◆생활지도 교육과정

생활지도 교육과정(guidance curriculum)은 학교상담의 세 가지 내용 영역인 학업 발달, 진로 발달, 개인 · 사회성 발달을 도모하기 위해 제공되는 경험들로 구성된다. 이 요소는 모든 학생에게 프로그램의 내용 영역으로부터 추출된 생활지도 구성요소를 숙달할 기회를 제공하기 위해서 구조화된 K-12학년 활동을 망라한다. 이것이 이루어지기 위해서 상담교사는 가르치는 일, 팀 티칭, 그리고 생활지도 교육과정을 가르치는 자들의 역할을 하는 일에 참여한다. 생활지도 교육과정의 관념은 역사적으로 깊은 뿌리를 갖고 있지만, 현재 이용 가능하도록 조직화된 교육과정의 일부로서 잘 기능하는 생활지도 방법 및 자원의 집합체라는 점에서 새롭게 다가온다. 생활지도 교육과정은 전형적으로 교실 활동, 학교 활동 등과 같은 전략을 통해서 K-12학년 학생들에게 체계적으로 제시되는 (영역별로 조직된) 역량과 구조적 활동들로 구성된다.

발달 영역의 선택은 생활지도와 상담을 학교의 주요 목적인 생활 교육과 연결한다. 지스버스와 헨더슨(Gysbers & Henderson, 2000, 2001)은 생활지도가 수학이나 과학 또는 여타의 교과 영역처럼 모든 학년 수준에 대하여 목표와 학습목표를 제시하여 역량기반 교육과정을 갖추어야 한다고 역설하였다. 〈표 2-3〉은 생활지도 교육과정의 일부를 보여 주고 있다. 완전한 생활지도 교육과정은 영역, 각 영역에 대한 목표, 학년 수준의 역량(각 목표를 달성함에 있어서 학생 개개인의 성공을 측정할 수 있는 기준), 그리고 학습목표(각 목표를 달성하기 위한 구체적인 지표)를 확인할 것이다. 예를 들면, 중학교 1학년에 대한 학습목표는 학생들에게 자신들과 훌륭한 친구를 비교하고 그들이 서로 어떻게 유사하거나 다른지를 서술하라고 요구하는 과제를 포함할 수도 있다. 생활지도 교육과정은 여타의 교육과정과 많이 닮아 있다. 그리고 대개는 여타 교과의 교육과정처럼 교육청에서 작성되어 교실에서 전달된다.

생활지도 교육과정은 상담교사들에게 세 가지 주된 시사점을 지니고 있다(Sciarra, 2004). 첫째, 생활지도 교육과정은 생활지도를 학교의 전반적인 교육과정의 한 부분으로 만듦으로써 그것이 학교의 주요 목적에 부수적인 것이 아니라는 점을 지적하고 있다. 둘째, 생활지도 교육과정은 상담교사의 교육 및 평가 역할을 강조한다. 상당수의 상담교사는 교실 수업에서 시간을 보내고 다른 교사들처럼 학생들의 특수한 역량을 평가해야 한다. 셋째, 생활지도 교육과정은 상담교사의 직무가 치료적 서비스를 요구하는 일부 학생만이 아니라 모든 학생을 대상으로 작업하는 것이라는 점을 분명히 밝히고 있다.

◆ 개별 계획

개별 계획(individual planning)은 학생들이 각자 학업 발달, 진로 발달, 개인 · 사회성 발달을 계획하고 점검하고 관리하도록 도와주기 위해 설계된 활동을 말한다. 학생들은 각자 상담교사의 도움을 받아서 자신의 학업 및 직업을 비롯한 개인적 목적을 계획하고 결과를 평가 · 분석하는 과정을 거친다. 개별 계획은 이처럼 학생들이 자기 자신에 대해 배우고 그 나름대로 계획하는 것을 돕도록 고안된 과정이다. 그것은 흔히 진술되는 생활지도 목표, 곧 '모든 학생이 자신이 될 수 있는 사람이 되도록 조력하는 일'로 가장 간명하게 표현

〈표 2-3〉 **자기지식 및 대인기술의 영역에 대한 생활지도 교육과정의 표본**

영역	자기지식 및 대인기술
목표	학생들은 자신의 독특한 개인적 특징과 능력에 대한 이해를 발달시키고 통합할 것이다.
학년별 역량	K: 나는 내가 무엇을 좋아하며 무엇을 하고 싶은지 말할 수 있다. 1: 나는 나 자신에 관해서 특별한 어떤 것을 말할 수 있다. 2: 나는 나 자신에 관해서 특별한 어떤 것을 말할 수 있다. 3: 나는 나를 알지 못하는 이에게 나 자신을 서술할 수 있다. 4: 나는 사람들이 서로 어떻게 다르며 상이한 역량을 갖고 있는지 말할 수 있다. 5: 나는 나의 특별한 성격특징과 능력이 나에게 어떻게 중요한지 말할 수 있다. 6: 나는 나의 성격특징과 능력이 어떻게 변하고 확장될 수 있는지 말할 수 있다. 7: 나는 내가 알고 있는 다른 사람들의 성격특징과 능력을 나 자신의 것과 비교하여 그 차이를 받아들일 수 있다. 8: 나는 내가 이미 갖고 있는 기술과 미래에 발달시키고 싶은 기술을 열거할 수 있다. 9: 나는 나의 독특한 성향과 능력을 이해하는 일의 가치를 논의할 수 있다. 10: 나는 개인의 성향과 능력이 어떻게 발달하는지 서술하고 분석할 수 있다. 11: 나는 나 자신과 타인들의 어떤 성향과 능력에 가장 감탄하는지 설명할 수 있다. 12: 나는 나의 성향과 능력을 타인들과 비교하여 나의 독특함을 인정하고 격려할 수 있다.

출처: Gysbers & Henderson (2000), p. 70.

된다. 종합적인 생활지도 프로그램에서는 개별 계획의 목적을 달성하기 위해서 학생들이 자신들의 학업 발달, 진로 발달, 개인·사회성 발달을 이해하고 주기적으로 점검하도록 돕기 위한 활동과 절차가 제공된다. 학생들은 자신들의 목표, 가치, 활동, 적성, 흥미, 역량에 관해 학습하고, 그로써 교육적으로나 직업적으로 계속해서 진보할 수 있다. 개별 계획은 부모와 긴밀히 협력해서 학생들이 자신들의 교육적, 직업적 및 개인적 목표와 계획을 개발, 분석, 평가, 수행하도록 돕는 일에 초점을 둔다. 개별 계획은 평가, 자문, 배치 및 추수지도와 같은 전통적인 전략을 통해서 이행된다.

◆ 반응적 서비스

반응적 서비스(responsive services)는 개별 학생의 긴급한 요구나 문제에 대해서 상담교사가 '반응적으로' 상담을 비롯한 기타 서비스를 제공하는 것을 말한다. 학과 학습, 개인적 정체성 문제, 약물, 동료 및 가족 관계에 관련된 문제는 점차적으로 학생들의 경험의 일부가 되고 있다. 개인상담, 진단 및 치료 활동, 자문과 의뢰는 종합적인 생활지도 프로그램의 지속적인 부분으로 계속 포함되어야 한다. 더불어서 생활지도 프로그램이 학생, 부모 및 교사의 최근 정보 추구 욕구에 '반응적으로'보다는 '계획적으로' 반응해야 한다는 요구가 계속되고 있다. 반응적 서비스는 이러한 관심과 요구에 반응할 수 있도록 생활지도 및 상담 기법과 방법을 조직한다. 그것은 또한 생활지도 교육과정과 개별 계획을 지원한다. 비록 상담교사들이 특수한 훈련을 받고 학생들의 최신 욕구와 관심에 반응할 기술을 갖추고 있을지라도, 반응적 서비스의 성공적인 이행을 위해서는 학부모와 전체 교직원의 협력과 지원이 필요하다. 반응적 서비스는 다양한 호소 문제에 대한 개인 및 소집단 상담, 자문, 의뢰 등의 전략을 통해서 이행되며, 본질적으로 치료적 서비스와 관련된다.

◆ 체제 지원

종합적인 생활지도 프로그램의 이행과 관리는 지속적인 체제 지원(system support)을 요구한다. 그것은 왜 체제 지원이 하나의 주된 프로그램 구성요소인가 하는 이유이다. 불행하게도 체제 지원은 자주 간과되거나 단지 최소한으로만 가치를 인정받고 있다. 하지만 체제 지원은 다른 세 가지 요소만큼 중요하다. 지속적인 체제 지원이 없으면 생활지도 프로그램의 세 가지 여타 구성요소는 비효과적이다. 체제 지원은 전체적인 생활지도 프로그램을 수립·유지·강화하는 관리 활동으로 구성된다. 그것은 프로그램 관리, 전문직 개발, 연구 및 개발, 스텝/지역사회 공적 관계, 자문위원회, 지역사회 구조 활동, 공정한 책임

공유 등의 전략을 통해 이행된다. 종합적인 발달적 생활지도 프로그램이 소기의 성과를 거두기 위해서는 계속적인 프로그램의 개발을 이끌 수 있는 프로그램 평가, 상담교사의 전문성 개발, 학부모나 비공식적인 활동가들과도 연락을 취할 수 있는 신뢰성 있는 네트워크의 구축, 자문위원회, 지역사회를 위한 구조 활동, 그리고 지속적인 프로그램 계획과 운영 등 체제 지원을 위한 활동들이 지속적으로 진행되어야 한다.

③ 상담교사의 시간 사용

프로그램 시간은 상담교사가 얼마나 많은 시간을 자신의 고유 업무에 사용해야 하는가에 관한 사항이다. 상담교사는 학교의 생활지도 프로그램의 일차적인 제공자이자 지도자이다. 그들의 전문적인 시간 사용과 재능 혹은 특별 훈련의 활용은 프로그램의 효과성에 결정적이다. 따라서 상담교사는 프로그램의 각 구성요소에 얼마나 많은 시간을 소비할 것인지를 결정하고 나서 제반 시간 배정을 위해서 주간 계획을 세워야 한다. 학교 또는 지역교육청에 근무하는 상담교사가 자신의 시간을 어떻게 계획하고 배정하는가는 학생들과 지역사회의 요구에 그리고 학교의 교육목표에 달려 있다. 일단 선택되더라도, 시간 배정이 영원히 고정되는 것은 아니다. 그것들을 만들고 주기적으로 조정하는 것의 취지는 프로그램과 연관된 행정가 및 상담교사에게 방향을 제공하는 것이다.

프로그램의 네 가지 구성요소는 상담교사의 적절한 시간 배당에 관해서 판단을 내리기 위한 구조를 제공한다. 한 가지 준거는 프로그램 균형의 개념이다. 기본 가정은 상담교사 시간은 모든 프로그램 구성요소에 고르게 배정해야 하지만, 특히 처음의 세 가지 구성요소, 즉 생활지도 교육과정, 개별 계획, 반응적 서비스에 배정해야 한다는 것이다. 대다수 학교에서 생활지도 프로그램의 미션은 네 가지 구성요소 모두에 포함된 부류의 활동을 모든 학생에게 그리고 그들을 대표하여 제공하는 것이다. 프로그램이 설계될 때, 학교 또는 교육청의 요구와 목표에 기초하여 이러한 활동들에 대한 우선권에 관해서 결정이 이루어진다. 예를 들면, 만일 어떤 발달에 기초한 프로그램이 1순위라면, 상담교사는 생활지도 교육과정과 개별 계획에 가장 많은 양의 시간을 배정한다. 만일 문제를 지닌 학생들이 학교생활의 성공에 대한 장벽을 극복할 수 있도록 조력하는 일이 1순위라면, 반응적 서비스에 가장 많은 양의 프로그램 시간을 배정한다. 학생에 대한 간접적 서비스로 구성되어 있는 체제 지원이 상담교사 시간 배정을 위한 1순위로 지정되는 경우는 매우 비상식적일 것이다.

또 다른 준거는 프로그램 구성요소에 대한 상담교사의 시간 배정이 학년 수준에 따라 달라야 한다는 것이다. 예를 들면, 초등학교 수준에서는, 상담교사는 생활지도 교육과정에 좀 더 많은 시간을 보내고 개별 계획에는 시간을 적게 배정한다. 반면에 고등학교에서는 생활지도 교육과정에는 시간을 적게 배정하고 개별 계획에 더 많은 시간을 배정하는데, 이는 고교 졸업 후의 과정을 준비하는 학생들을 돕기 위한 것이다. 중학교에서는 생활지도 교육과정과 개별 계획에 시간을 좀 더 균등하게 분배한다. 반응적 서비스와 체제 지원에 배정된 시간은 대개 학교의 세 수준에서 모두 매우 일정하다. 〈표 2-4〉는 미국 미주리주의 종합적인 생활지도 프로그램의 여러 구성요소에 대해서 권고되는 시간 배정을 나타낸 것이다. 각 구성요소에 배정된 시간은 학년 수준에 따라 달라진다는 것을 주목할 필요가 있다.

프로그램은 '100% 프로그램'이기 때문에, 상담교사의 모든 시간은 네 가지 프로그램 구성요소에 골고루 배정되어야 한다. 시간 배정은 욕구가 발생함에 따라 변화되지만, 어떤 것이 제거되지 않으면 새로운 것이 첨가될 수 없다. 기본 가정은 상담교사가 생활지도 프로그램을 이행하는 데 자신의 시간을 100% 보낸다는 것이다. ASCA 국가 모형에서는 전담 상담교사가 행정업무를 제외하고 80% 이상의 시간을 고유 업무, 즉 학교상담의 프로그램 요소인 생활지도 교육과정, 개별 계획, 반응적 서비스, 체제 지원에 사용할 것을 권장하고 있다. 한국의 경우 각 지역교육청의 Wee 센터 또는 각급 학교의 Wee 클래스에 전담 상담교사를 배치하고 있으므로, 이 기준은 그들의 업무 시간을 배정함에 있어 중요한 지침이 될 수 있다.

〈표 2-4〉 **미주리주의 종합적인 생활지도 프로그램에서 권장되는 상담교사 시간 배정**

구성요소	시간 비율(%)		
	초등학교	중학교	고등학교
생활지도 교육과정	35~40	35~40	15~25
개별 계획	5~10	15~25	25~35
반응적 서비스	30~40	30~40	25~35
체제 지원	10~15	10~15	15~20

출처: Gysbers & Henderson (2000), p. 267.

(3) 자원

세 가지 주요 자원이 생활지도 프로그램을 전달하기 위한 수단을 제공한다. 인적 자원, 재정적 자원, 정치적 자원이다(Gysbers & Henderson, 2005).

① 인적 자원

생활지도 프로그램을 위한 인적 자원(human resources)은 상담교사, 학생, 교장을 비롯한 행정가, 교과교사 및 비교과교사, 학교운영위원 등 학내인사는 물론 학부모, 지역사회 인사, 산업계 인사 등을 망라한다. 그들은 모두 종합적인 발달적 생활지도 프로그램의 개발에서 담당해야 할 역할이 있으며 중요한 기여를 할 수 있다. 이것은 팀 접근, 즉 모든 개인이 상호 간에 합의된 목표를 향해 협력하는 학생들에게 생활지도를 제공하는 일을 요구한다. 상담교사는 생활지도 활동의 주요 제공자요 프로그램의 조정자이지만, 프로그램이 성공하기 위해서는 교사와 행정가는 말할 것도 없고 학부모, 지역사회 인사, 산업계 인사의 관여, 협력 및 지원이 필요하다.

② 재정적 자원

생활지도 프로그램이 효과적으로 기능하기 위해서는 적절한 재정적 지원(financial resources)은 결정적인 요소이다. 프로그램 자료를 구입하거나 프로그램 운영에 사용할 장비와 시설 등을 마련하려면 예산이 필요하기 때문이다. 학교 또는 지역교육청은 적절한 시설을 마련하여 프로그램 인사가 거처할 공간을 제공할 필요가 있다. 생활지도 프로그램에 이용 가능한 시설의 종류는 특히 중요하다. 전통적으로 생활지도 시설은 일차적으로 일대일 상담이나 자문을 제공하기 위해 설계된 하나 또는 몇 개의 사무실로 이루어져 있다. 이와 같은 배치는 흔히 독서실을 겸하는 대기실을 포함하여 학생들이 교육 및 직업적 정보의 전시 또는 파일에 접근할 수 있도록 하고, 개인사무실을 갖추어 개인상담과 자문을 계속해서 수행할 수 있도록 해야 한다. 무엇보다도 중요한 것은 모든 학생, 교사, 부모, 지역사회 인사들이 좀 더 쉽게 접근할 수 있도록 생활지도 시설을 개방하는 것이다. 한 가지 방법은 전통적인 공간을 생활지도센터로 개조하는 것이다. 생활지도센터는 이용 가능한 생활지도 정보와 자원들을 한데 모아서 학생들이 쉽게 접근할 수 있게 한다. 센터는 집단활동, 학생 자기탐구, 개인적인 연구 및 계획과 같은 활동들에 사용된다. 고등학교 수준에서 학생들은 직업 계획, 취업 및 직무 배치, 재정 지원 정보, 고등학교 졸업 후 교육 기회 같은 분야에서 도움을 받는다. 중학교와 초등학교 수준에서 학생들과 그들의 부모는 개인적 성장과 발달에 관한 서적을 읽고 학교, 지역사회, 육아 기술에 관한 정보를 얻을 수 있다.

③ 정치적 자원

교육은 정치에 의해 영향을 받을 뿐만 아니라 그 자체가 정치 활동이다. 따라서 정치적 자원(political resources)의 동원은 성공적인 생활지도 프로그램에 매우 중요하다. 예를 들면, 학부모 단체, 교육직원 단체, 교육청, 시의회 등에서 프로그램을 지지하느냐 아니면 반대하느냐에 따라서 그 프로그램의 성패가 좌우될 수 있기 때문이다. 상담교사 또는 생활지도 담당자는 이러한 관련 자원을 종합적으로 고려하고 확보하여 프로그램의 성공 가능성을 높여야 할 것이다. 정치적 자원을 동원하는 일의 한 가지 예는 교육부가 생활지도 프로그램을 학교 또는 교육청의 프로그램으로 완전히 승인하는 것이다. 또 다른 예는 학교 또는 교육청에서 여타 프로그램에 대하여 하나의 간명한 정책을 진술하여 종합적인 생활지도 프로그램의 통합적인 성격을 부각시키는 것이다(Gysbers, Lapan, & Jones, 2000).

3) ASCA 국가 모형

제1장에서 서술했듯이, 'ASCA 국가 모형: 학교상담 프로그램의 개념 구조'(ASCA, 2005a, 2008, 2012, 2019a)는 종합적인 학교상담 프로그램의 원칙과 구성요소를 개관하고 상담교사들이 학교상담 프로그램을 개발하여 실천할 수 있도록 안내한다. 이 모형은 학교상담에 대한 시대적 요구의 변화를 반영하여 지속적으로 수정 · 보완되었다.

(1) 초기 모형과 수정

초기의 ASCA 국가 모형은 리더십, 옹호, 협력, 체제 변화 등 네 가지 주제와 기초, 전달체계, 관리체계, 책무성 등 네 가지 요소로 구성되었다. 주제(themes)는 상담교사가 업무를 수행하는 환경을 이해하기 위한 것이며, 요소(elements)는 상담교사의 일상 업무에 구조를 부여하기 위한 개념 구조를 제공하였다. ASCA는 또한 형평성과 격차 해소에 집중하고 모든 학생이 K−12 학교상담 프로그램에 접근할 수 있도록 보장하기 위하여「학교상담 프로그램 국가 기준」을 정교화하고 ASCA 윤리강령을 개정하였다. 그 결과「학생들을 위한 국가 기준(National Standards for Students)」(ASCA, 2004a),「학생 성공을 위한 마음자세와 행동: 모든 학생을 위한 K-12 대학 및 진로 준비(Mindsets & Behavior for Student Success: K-12 College- and Career- Readiness Standards for Every Student)」(ASCA, 2005b, 2014),「상담교사 윤리 기준(Ethical Standards for School Counselors)」(ASCA, 2004b, 2010, 2016)과「상담교사 교육요원 윤리기준(Ethics Standards for School Counselor Education Faculty)」(ASCA, 2018),「상담교사의 직업 기준 및 역량(School Counselor Professional Standards & Competencies)」(ASCA, 2007, 2019b) 등 각종 문서를 제정하여『ASCA 국가 모형』(ASCA, 2005a)에 포함시켰

〈표 2-5〉 ASCA 국가 모형의 신구 버전 비교

제3판(ASCA, 2012)	제4판(ASCA, 2019a)
기초(Foundation) • ASCA Student Standards • Other Student Standards • Professional Competencies • Program Focus −Beliefs, Vision and Mission Statements	정의하다(Define) • Student Standards −ASCA Mindsets & Behaviors for Student Success • Professional Standards −ASCA Ethical Standards for School Counselors(2016) −ASCA School Counselor Professional Standards & Competencies(2019)
관리(Management) • Use of Data • School Data Profile • Program Goals • Action Plans −Core Curriculum −Small Group −Closing the Gap • Lesson Plans • Calendars −Annual/Monthly/Weekly • Annual Agreement • Use of Time Assessment • Advisory Council	관리하다(Manage) • Program Focus −Beliefs, Vision and Mission Statements • Program Planning −Data −Annual Data Review −School Data Summary −Annual Student Outcome Goals −Action Plans −Lesson Plans −Calendars −Annual Administrative Conference −Use of Time Calculator −Advisory Council
전달(Delivery) • School Counseling Core Curriculum −Instruction −Group • Individual Student Planning −Appraisal −Advisement • Responsive Services −Counseling −Crisis Response • Indirect Student Services −Referrals −Consultation −Collaboration	전달하다(Deliver) • Direct Student Service −Instruction −Appraisal & Advisement −Counseling • Indirect Student Services −Referrals −Consultation −Collaboration
책무성(Accountability) • Program Assessment Analysis • Results Reports • School Counselor Performance Assessment	평가하다(Assess) • Program Assessment −School Counseling Program Assessment Template −Annual Results Reports −Data Over Time −Reporting Program Results • School Counselor Assessment and Appraisal −ASCA School Counselor Professional Standards and Competencies Assessment(2019) −School Counselor Performance Appraisal Template

출처: ASCA (2019c).

으며, 시대적 요구에 따라 수시로 모형을 개정하였다(ASCA, 2008, 2012, 2019a). 〈표 2-5〉는 2012년 개정된 국가 모형(제3판)과 2019년에 개정된 국가 모형(제4판)의 구성요소를 비교하여 정리한 것이다.

제4판에서 실질적인 내용의 변화는 없으며, 학교교육의 현재 상태를 반영하여 구성체제와 용어의 표현이 수정되었다. 우선 제3판에서 독립된 장으로 다루었던 리더십, 옹호, 협력, 체제 변화 등 기본 주제는 종합적인 학교상담 프로그램의 통합적인 부분으로서 국가 모형의 각 구성요소에 포함하여 기술되어 있다. ASCA 국가 모형은 종합적인 학교상담 프로그램의 이행 과정에서 성과의 체제 변화에 집중하여 리더십, 옹호, 협력을 요구한다. 제4판은 또한 국가 모형의 구성요소를 '기초(foundation)' '관리(management)' '전달(delivery)' '책무성(accountability)'에서 '정의하다(define)' '관리하다(manage)' '전달하다(deliver)' '평가하다(assess)'로 대치하였다. '명사' 대신 '동사'를 사용하여 상담교사가 무엇을 행하는가를 능동적이고 기술적으로 반영하였으며, '책무성' 대신 '평가하다'를 채택하여 상담교사가 자신의 노력을 평가하여 프로그램의 효과성을 결정하고 개선할 수 있도록 돕고자 하였다. 제4판의 또 다른 특징은 기초 영역의 프로그램 중점을 관리 영역으로 이동하였고 각 구성요소의 항목을 간소화하여 2개 항목으로 통일하였다는 것이다.

(2) 구성요소

ASCA 국가 모형의 구성요소를 간단히 살펴보면 다음과 같다(ASCA, 2012, 2019a).

① 정의하다

이 구성요소는 학교상담 전문직을 정의하며, 상담교사가 학생 성과를 개선하기 위해 학교상담 프로그램을 개발 · 이행 · 평가하는 데 도움이 되는 학생 기준과 전문가 기준을 포함한다.

◆ 학생 기준

학생 기준(Student Standards)은 「학생들을 위한 국가 기준」(ASCA, 2004a)을 「학생 성공을 위한 마음자세와 행동: 모든 학생을 위한 K-12 대학 및 진로 준비」(ASCA, 2005b, 2014)로 대치한 것이다. 이 기준은 학업 발달, 진로 발달, 개인 · 사회성 발달의 세 가지 영역을 중심으로 학생 성공을 위한 효과적인 학교상담 프로그램의 개발을 안내한다. 이 연구 기반 기준은 종합적인 학교상담 프로그램의 이행에 기초가 되며, 모든 실행 계획에서 활동과 서비스의 기초가 된다.

◆ 전문가 기준

전문가 기준(Professional Standards)은 전문직 개발을 위한 가이드로 작용한다. 「상담교사 윤리 기준」(ASCA, 2004b, 2010, 2016)은 상담교사가 통합성, 리더십, 전문가 기질 등 최고의 기준을 유지하는 데 필요한 윤리적 행동 원리를 명시하고 있다. 「상담교사의 직업 기준 및 역량」(ASCA, 2007, 2019b)은 상담교사가 전문직의 엄격한 요구사항과 K-12 학생들의 욕구를 충족할 준비가 되어 있음을 보증하는 지식, 태도, 기술을 개괄하고 있으며, 상담교사의 의사결정을 안내하고 학생과 상담교사를 보호할 직업 실무를 표준화하고 있다.

② 관리하다

이 구성요소는 상담교사가 종합적인 학교상담 프로그램을 효과적이고 효율적으로 관리하는 데 도움이 되는 기준을 포함하고 있다. ASCA 국가 모형은 프로그램 중점과 계획수립을 위한 도구를 제공하여 학교상담 프로그램의 설계와 이행을 안내한다.

◆ 프로그램 중점

상담교사는 프로그램 중점(Program Focus)을 명시하여 모든 학생이 종합적인 학교상담 프로그램에서 어떻게 이득을 얻을 것인지에 대해 개인적 신념을 확인한다. 또한 학생의 미래 성취에 대한 비전 선언문(vision statement)과 학교교육에 대한 사명 선언문(mission statement)을 작성하여 개인적 신념을 구체화하고 프로그램 목표를 개발하여 선언문을 어떻게 평가할 것인지 정의한다.

◆ 프로그램 기획

상담교사는 학교의 요구사항에 대해 구체적이고 분명하며 성찰적인 조직 평가 및 도구를 통합적으로 관리한다. 프로그램 기획(Program Planning)에는 연간자료 검토, 학교자료 요약, 연간 학생성과 목표, 실행 계획과 레슨 계획, 연간 및 주간 달력, 연례행정회의, 시간사용 계산, 자문회의 등이 포함된다. 평가 자료는 활동 참여, 마음자세와 행동, 성과 등 일차 자료를 포함하며, 연간 학생성과 목표는 성취, 출석, 훈육 등에 집중하여 SMART(Specific, Measurable, Attainable, Relevant, Testable; Smith, 1994) 형식으로 진술되어 매년 검토와 수정을 거쳐야 한다. 또한 실행 계획(action plans)에는 서식에 기초하여 교실 및 집단 마음자세와 행동 실행 계획과 격차 해소 실행 계획을 포함하며 직접 및 간접 서비스에 대한 결과보고서를 함께 작성해야 한다.

③ 전달하다

상담교사는 발달적으로 적합한 활동과 서비스를 학생들에게 직접적으로 제공하거나 간접적으로 전달하기 위해 학부모나 교직원 등 다른 사람들과 상호작용한다. 이러한 활동과 서비스는 학생들이 학교 성공을 위한 ASCA 마음자세와 행동을 개발하고 그들의 성취, 출석, 훈육을 개선하는 데 도움이 된다. ASCA 국가 모형은 학생들에게 직접적 또는 간접적으로 학교상담 프로그램을 이행하는 구체적인 방법을 제시하고 있다. 상담교사는 직접 및 간접 서비스를 제공하는 데 업무 시간의 최소 80% 이상을 소비해야 하며, 프로그램 기획과 기타 학교 지원 활동에 업무 시간의 20% 이상 소비해서는 안 된다.

◆ 직접적인 학생 서비스

상담교사는 학생과 직접적인 상호작용을 통해서 발달적으로 적합한 활동과 서비스를 제공한다. 직접적인 학생 서비스(Direct Student Service)는 개별 접촉, 소집단, 교실 상황에서 전개되는 수업, 평가회와 조언, 상담을 포함한다.

◆ 간접적인 학생 서비스

상담교사는 다른 사람과의 상호작용을 통해 학생들에게 필요한 도움을 제공한다. 간접적인 학생 서비스(Indirect Student Service)는 학부모, 교사, 교장 및 지역사회 기관을 대상으로 하는 의뢰, 자문, 협력을 포함한다.

④ 평가하다

학생들이 최적 상태의 결과를 성취하도록 돕기 위해서, 상담교사는 자신의 학교상담 프로그램을 정기적으로 평가하여 그것의 효과성을 결정하고 그것의 설계 및 전달을 개선하기 위한 정보를 확보하며 그것의 결과로서 학생들이 어떻게 달라졌는지를 증명한다. ASCA 국가 모형은 평가와 평가회를 안내하기 위해 두 가지 도구를 제공한다.

◆ 프로그램 평가

연간 결과보고서, 시간사용 데이터, 프로그램 결과 보고 등의 서식을 이용하여 성취, 출석, 훈육 등 학생 성과에 대한 종합적인 학교상담 프로그램의 효과성을 평가한다.

◆상담교사 평가

ASCA 상담교사 직업기준 및 역량 평가와 상담교사수행력평가회의 서식을 이용하여 상담교사가 학교의 엄격한 요구사항과 K-12 학생의 욕구를 어떻게 충족했는지 평가한다.

3. 상담교사의 역할과 윤리적 책임

상담교사는 학생들의 성장과 발달에서 잠재능력을 찾아서 최대한 발휘할 수 있도록 돕기 위해서 다양한 역할을 수행해야 할 뿐만 아니라 학생들의 복지와 안녕을 최우선으로 고려해야 하는 윤리적 책임을 다해야 한다. 상담교사의 역할에 대한 ASCA의 정의를 알아보고, 전문적인 상담자의 역할을 수행함에 있어서 고려해야 할 윤리적 원칙과 그에 따른 윤리강령 및 행동기준 등 윤리적 책임을 살펴본다.

1) 상담교사의 역할

학교상담의 역사는 19세기 초로 거슬러 올라간다. 그때 이후로 상담교사의 역할에 대한 논쟁이 계속되고 있다. 1999년 ASCA는 상담교사의 역할에 대하여 다음과 같이 새로운 정의를 채택하였다.

> 상담교사는 학교상담에서 훈련을 받아 자격과 면허를 갖춘 교육자이다. 상담교사는 종합적이고 표준 기반의 발달적 학교상담 프로그램 이행을 통해 학생들의 욕구를 공략한다. 그들은 초·중등학교와 중등교육 후 교육 장면에서 채용된다. 그들의 일은 특수한 연령의 발달 단계에 있는 학생 성장과 그러한 단계에 관련된 발달과업과 학생 욕구에 주의를 기울인다는 점에서 차별화된다. 상담교사는 위기에 처한 학생과 특수한 욕구를 지닌 학생을 포함하여 모든 학생을 대상으로 작업한다. 그들은 인간 행동과 관계의 전문가로서 개인 및 집단 상담, 집단 지도, 자문 및 조정 등 네 가지 일차적 개입을 통해 학생들에게 도움을 제공한다(ASCA, 1999: 1).

이 정의에 따르면, 상담교사는 자신들의 노력이 어떤 시점에서 결실을 맺을 것이라는 희망을 갖고 학생들의 발달 욕구에 민감하게 반응하며 지속적으로 작업한다. 그들은 ASCA

국가 기준에 기초한 프로그램을 통해서 책임을 떠안고 "아동과 청소년의 학업 발달, 진로 발달, 개인 · 사회성 발달"(ASCA, 1999: 2)을 촉진한다. 상담교사는 교육 프로그램의 통합적인 부분으로서 교사나 행정가만큼 중요하며 학교의 주요 기능인 학업 성공에 본질적이다. 학생과 학부모를 옹호하는 역할을 수행함에 있어서 상담교사는 모든 학생이 자신들의 잠재력을 성취할 수 있도록 다양한 예방과 개입 노력을 기울인다.

하지만 미국에서 상담교사의 역할은 주마다, 심지어는 지역교육청마다 크게 다르다. 미주리, 테네시, 텍사스 등 몇몇 주의 교육국에서 학교상담 프로그램에 대한 기준과 지침을 채택해 왔지만, 상담교사의 역할은 학교의 관리자에 의해서 좀 더 자주 정의된다. 결국 상담자는 약물 남용과 폭력 예방 프로그램을 운영하는 것부터 표준화검사를 실시하기 위해

〈표 2-6〉 **상담교사의 적절한 활동과 부적절한 활동**

상담교사의 적절한 활동	상담교사의 부적절한 활동
• 학업 계획 수립에 대한 조언과 평가	• 마스터 스케줄 작성
• 신입생에 대한 오리엔테이션, 조정 및 학업 조언	• 모든 신입생의 서류 작업 및 데이터 등록 조정
• 인지, 적성, 성취 검사 해석하기	• 인지, 적성, 성취 검사 PRG 조정하기
• 지각 또는 결석 학생 상담하기	• 지각 또는 결석 학생 대변하기
• 훈육 문제를 지닌 학생 상담하기	• 직접 훈계하거나 벌을 부과하기
• 학생들에게 단기적인 개인 및 소집단 상담 서비스 제공하기	• 학교에서 심리장애를 다루기 위해 장기적인 상담 서비스 제공하기
• 학교상담 교육과정과 수업을 계획하는 일에 관하여 교사 자문하기	• 교사가 부재하거나 계획을 수립하는 동안 수업을 대신 떠안기
• 학생생활기록부 해석하기	• 학생생활기록부 보관하기
• 성취와 관련해 학점 평균 분석하기	• 학점 평균 계산하기
• 교실연결망 구축, 효과적인 교실관리, 학생 성공에서 비인지적 요인의 역할에 관하여 교사 자문하기	• 교실 또는 공동 구역 감독하기
• 학생생활기록부와 개인정보 보호하기	• 계속해서 사무 기록을 작성하기
• 교장이 학생의 요구와 문제를 찾아서 해결하도록 자문하기	• 교장실에서 행정 업무를 지원하기
• 필요할 경우 개인적인 교육 계획 회의, 학생생활연구팀, 학교출석점검위원회에서 학생을 옹호하기	• 학교 차원의 개인적 교육 계획, 학생생활연구팀, 개입 반응 계획, MTSS, 학교출석점검위원회를 조정하기
• 상세한 학교 전체 및 학교상담 프로그램 데이터를 분석하기	• 데이터 등록 사무원의 역할을 떠안기

출처: ASCA (2019c).

연필을 깎는 것까지 모든 일을 행한다. 즉각적인 해법이 나타나지 않을 수도 있지만, 미국 상담교사협회에서는 최근에 학교상담 프로그램에 대한 국가 모형을 개발하고 시대적 요구에 맞게 개정하였다(ASCA, 2005a, 2008, 2012, 2019a). 이 모형은 비상담 책임성의 문제뿐만 아니라 접근성, 책무성, 저성취의 문제도 공략한다. 〈표 2-6〉은 ASCA 국가 모형에서 제시하고 있는 상담교사의 적절한 활동과 부적절한 활동을 비교해 놓은 것이다.

2) 상담교사의 윤리적 책임

상담교사들이 행하는 작업은 대부분 판례에서 이끌어 낸 윤리강령과 법규에 의해 지배를 받는다. 상담교사들 사이에서 윤리적 및 법적인 실무는 도전적일 수 있다. 그 이유는 피상담자들이 소수자일 뿐만 아니라 상담이 부모, 교사, 학교 및 교육청 행정가 등 수많은 여타 고객층에 연관되어 있기 때문이다(Stone, 2002). 이러한 고객층들의 욕구가 갈등을 빚을 때, 상담교사는 윤리적 및 법적인 딜레마에 빠지게 된다. 여기서 윤리적 원칙과 윤리강령을 개관한다.

(1) 윤리적 원칙

윤리적 원칙은 윤리강령의 토대이다. 상담 전문직은 윤리강령을 개발함에 있어서 다음의 다섯 가지 윤리적 원칙에 의존한다(Sciarra, 2004).

- 자율성(autonomy): 상담자는 내담자의 자기결정권을 존중해야 한다. 자기결정권이란 내담자가 상담자에게 간섭을 받거나 의존하지 않고 자기 자신의 결정을 내릴 수 있는 권리를 말한다. 비록 내담자의 의사결정을 안내하고 촉진할지라도, 상담자는 종국에는 내담자가 선택하는 대로 자유롭게 행할 것이라는 점을 이해해야 한다.
- 선의(beneficience): 상담자는 내담자의 복지와 안녕을 향상시켜야 하는, 곧 내담자가 상담에서 긍정적인 어떤 것을 얻을 수 있도록 조력해야 하는 윤리적 책임을 진다. 선의란 내담자에게 선행을 베풀어야 할 상담자의 책무를 말한다.
- 무해성(nonmaleficence): 상담자는 내담자나 타인들에게 아무런 해(harm)도 입혀서는 안 된다는 윤리적 책무를 말한다.
- 정의(justice): 상담자에게는 모든 학생에게 평등하고 공정하게 접근하고 대우할 책무가 있다는 윤리적 원칙이다.

- 충실성(fidelity): 상담자는 정직하고 신뢰하며 어떤 속임수를 쓰거나 사사로운 이득을 취하지 않고 자신의 헌신을 명예롭게 여겨야 한다.

윤리적 원칙은 행동을 정의하는 것이 아니라 행동을 위한 기초가 된다. 윤리적 원칙은 서로 갈등을 빚을 수 있다. 분명히 상담교사는 학생들의 행위가 그들 자신이나 타인들에게 해를 입힐 여지가 있을 때에는 자율성을 제한해야 한다. 두 가지 이상의 윤리적 원칙이 서로 갈등을 빚을 때는 윤리적 딜레마가 발생하며 분명히 정해진 순서도 전혀 없다. 이 시점에서 상담교사는 동료상담자 또는 슈퍼바이저에게 자문을 청하여 주어진 상황에서 최선의 조치를 취할 수 있도록 해야 한다.

(2) 윤리강령

전문직과 자격증 수여 기관은 전형적으로 윤리강령이나 행동기준을 발표하여 적절한 행위를 제안하고 책무성에 대한 메커니즘을 제공하며 전문가 실천을 개선한다(Herlihy & Corey, 1996). 어떤 상담교사가 미국상담교사협회(ASCA)와 미국상담학회(ACA)의 회원이면서 국가상담사면허국(NBCC)의 자격증과 주정부의 면허를 동시에 취득하는 경우 그는 네 가지 윤리기준을 준수해야 한다(Remley & Huey, 2002). 그나마 다행인 것은 이러한 윤리기준들 사이에 상당한 유사성이 존재한다는 것이다. 이 책에서는 일차적으로 ASCA에서 제정한 「상담교사 윤리 기준」(ASCA, 2016)에 의존하는데, 그것은 이 기준이 학교상담을 구체적으로 다루고 있기 때문이다. 「상담교사 윤리 기준」 제8조에는 피상담자의 최고 관심사를 우선적으로 다룰 것, 학생 각자에게 개인으로서 존중심을 갖고 대할 것, 학부모를 적절히 참여시킬 것, 지속적인 전문직 개발과 학습을 통해 자신의 전문성을 유지할 것, 전문적이고 윤리적으로 행동할 것 등을 중심으로 윤리기준을 세워 놓고 있다.

윤리강령이 정부의 법규와 갈등을 빚을 때가 있다. 법규는 행동기준보다 더 명시적인 경향이 있다. 즉, 그것은 전문가들이 어떤 상황에서 어떻게 행동해야 하는지 그리고 법규를 어겼을 때 어떤 처벌을 받게 되는지 규정한다. 상담교사는 대부분 피상담자에게 해가 되지 않는 한에서는 법규를 따르는 것이 보다 편리하다는 것을 알게 된다. ASCA의 「상담교사 윤리 기준」은 갈등 상황에서 우선순위를 정할 때 여러모로 도움이 될 수 있다. 피상담자가 소수집단의 집단원인 경우에는 일반적으로 윤리기준이 덜 명료하다.

제3장

개인상담

상담은 종합적인 학교상담 프로그램의 중핵적인 활동이다. 이 장에서는 개인상담의 의미, 기본 요소, 목표 등 기본 개념을 살펴보고, 특히 학교 장면에서 효과적으로 적용할 만한 몇 가지 상담이론을 고찰한다. 그리고 개인상담의 주요 과정과 기법을 소개한다.

이 장을 학습하면 여러분은 다음과 같은 학습 성과를 얻을 수 있다.

1. 상담의 의미, 기본 요소, 목표 등 기본 개념을 설명할 수 있다.
2. 학교상담에 적용 가능한 주요 상담이론의 특징을 설명할 수 있다.
3. 학교 장면에서 전개되는 개인상담의 일반적인 과정과 주요 기법을 설명할 수 있다.

1. 상담의 개념

1) 상담의 의미

사전적 의미로 보면, 상담은 단순히 문제를 해결하거나 궁금증을 풀기 위해 서로 말을 주고받으며 의논하는 것을 말한다(국립국어원, 1999). 하지만 상담은 어원적으로 심오한 의미를 내포하고 있으며, 학문적으로 심리적 문제해결을 위한 체계적인 활동을 의미한다. 상담의 어원적 해석과 학문적 정의를 통해 상담의 본래적 의미를 살펴본다.

(1) 상담의 어원적 의미

상담이라는 말은 영어의 'counseling'을 번역한 것으로, 그것의 어간인 'counsel'은 라틴어 consilium에서 파생된 불어 consulere를 어원으로 한다. 이 말에는 consult(자문을 구하다), consider(고려하다), deliberate(숙고하다), reflect(성찰하다), advise(조언하다) 등의 뜻이 내포되어 있다(Webster's New Collegiate Dictionary, 1997). 따라서 어의적으로 상담은 자문의 결과로 특별하게 주어지는 조언이라고 풀이될 수 있다.

그러나 상담의 한자어인 '相談'이라는 글자의 어원을 자세히 음미하면 그 의미가 매우 심오하다(김창대, 2017; 송재홍, 2020). '서로'라는 뜻을 지닌 '상(相)'은 나무를 뜻하는 목(木)과 눈을 뜻하는 목(目)의 두 글자를 합성한 것으로, 이는 원래 "어린 묘목이 자라는 것을 지켜본다."는 의미를 내포한 것이다. 전통적으로 나무는 곧잘 끊임없이 성장하는 생명체로서 사람에 대한 은유적 상징으로 이해되어 왔으며, 상(相)은 묘목, 곧 어린아이가 성장하는 것을 지켜보는 것을 의미한다고 볼 수 있다. 또한 '이야기하다'라는 뜻을 지닌 '담(談)'은 말씀을 뜻하는 언(言)과 불꽃을 뜻하는 염(炎)의 두 글자를 합성한 것으로, 이는 단순히 말을 주고받는 것이 아니라 그 이상의 의미를 내포하고 있는 것이다. 불꽃은 다정함과 훈훈함을 암시하는 것으로, '담(談)'은 정감이 오가는 대화를 의미한다고 볼 수 있다. 따라서 상담의 한자어에는 상담의 심오한 의미가 내포되어 있음을 알 수 있다. 상(相)은 어린아이 또는 어리석은 사람이 튼튼한 거목, 곧 건강한 성인으로 성장 · 발달할 수 있도록 지켜보는 것을 의미하며, 이는 상담의 목표, 곧 '상담을 왜 하는가?'라는 물음에 대한 대답을 내포하고 있다. 반면에 담(談)은 어린아이 또는 어리석은 사람의 성장 · 발달을 조력하기 위해서 필요충분조건이라 할 수 있는 촉진적 대화를 의미하며, 이는 상담의 방법, 곧 '상담을 어떻게 할 것인가?'라는 물음에 대한 대답을 내포하고 있다. 바로 긍정적 수용과 공감적 이해 그리고 진정성에 기초한 대화인 것이다. 요컨대, 상담(相談)이라는 용어는 상담의 목표와 과정 그리고 그 목표에 도달하기 위해 필요한 수단과 방법을 동시에 내포하고 있다.

(2) 상담의 학문적 정의

상담은 학문적으로 심리학에 뿌리를 두고 있는 실천적 활동이다. 상담학자들은 상담의 성격을 다양하게 기술하고 있다. 일찍이 윌리엄슨(Williamson, 1939)은 상담이란 상담자가 훈련과 기술 그리고 신뢰를 갖고서 내담자의 적응 문제를 해결하는 면대면 관계로 정의하였으며, 로저스(Rogers, 1942)는 상담이란 훈련받은 상담자와 도움을 원하는 내담자의 관계를 토대로 한 상호작용 과정이라고 정의하였다. 또한 정원식과 박성수(1978)는 상담이란 도움을 필요로 하는 사람과 도움을 줄 수 있는 사람 사이의 개별적인 관계를 통하여 새로운 학습이 이루어지는 과정이라고 하였다. 이처럼 상담에 대한 학자들의 정의에는 하나의 공통된 생각이 깃들어 있는데, 그것은 상담을 인간관계 조력을 위한 전문직으로 보고 있다는 점이다. 상담은 심리적인 문제로 도움을 필요로 하는 사람과 이를 도와주기 위해서 전문적 훈련을 받은 사람이 일대일의 개인적이고 전문적인 인관관계를 맺음으로써 피상담자가 자신의 문제를 해결한다거나 환경에 좀 더 유능하게 대처할 수 있는 새로운 행동을 익히는 체계적인 활동을 말한다. 요컨대, 상담이란 상담자와 피상담자 사이에 이루어지는 지극히 사적이고 개별적이며 전문적인 조력의 과정이라고 정의할 수 있다. 이 정의 속에 일반적으로 담겨 있는 몇 가지 의미를 끌어내면 다음과 같다.

- 상담은 상담자와 피상담자 간의 일대일 인간관계로 구성된다.
- 상담에서의 인간관계는 전문적 훈련을 받은 상담자와 어떤 '문제'를 해결하기 위해 찾아온 피상담자 간에 맺어지는 전문적인 관계이다.
- 피상담자는 상담자의 도움을 받아 문제 해결을 시도해 볼 의도를 가지고 자발적으로 상담실 문을 두드리는 사람이다.
- 상담은 상담자와 피상담자 두 사람 간에 주로 대화를 통해서 이루어지는 행위이다.
- 피상담자가 훈련받는 '새로운 행동'이란 생각의 변화, 감정의 변화, 경험의 변화, 행위의 변화 등 인간 행동의 모든 것을 포함하는 총괄적인 말이다.

(3) 상담의 직업적 정의

상담전문직 단체는 전문직의 정체성을 유지하기 위해 '상담'의 정의를 엄격하게 규정하고 있다. 미국상담학회(ACA)에서는 전문직으로서 상담을 다음과 같이 정의하였다.

> 인지적, 정동적, 행동적, 또는 체제적 개입 전략을 통해서 정신건강, 심리적 또는 인간 발달 원리를 적용하여 병리학은 물론 건강, 개인적 성장 또는 진로 발달의 문제를 다루는 일(ACA, 1997)

그러나 ACA가 주축이 된 상담 관련 학회의 연합체는 제5의 인간조력전문직으로서 상담사의 법적 지위를 확보하기 위해 20/20 프로젝트를 추진하는 과정에서 우선적으로 상담에 대한 새로운 정의를 채택하였다. 그 내용은 다음과 같다.

> 상담은 다양한 개인, 가족, 집단이 정신건강, 안녕, 교육 및 진로 목표를 성취할 수 있도록 역량을 강화하는 전문적 관계이다(Rollins, 2010).

이 두 가지의 정의에는 '정신건강' '안녕' '진로' 등의 단어가 공통으로 포함되어 있다. 그러나 2010년 채택된 정의에서는 '인간 발달' '개인적 성장' '병리학' '인지적' '정동적' '행동적' '체제적' 등과 같은 단어들이 빠지고, 그 대신 '역량 강화' '다양한' '개인' '가족' '집단' '교육' 등과 같은 단어들이 새로 첨가되었다.

상담에 대한 직업적 정의의 이러한 변화는 정체성 탐색, 배제 과정, 그리고 개인적 · 직업적 · 정치적 이해를 구하려는 노력을 반영한 것이다(King & Stretch, 2013). 그것은 또한 상담 전문직의 정체성과 내담자 병리학의 진단에 대해서 여러 학자가 논평한 상담의 내재적 가치를 반영하고 있다(Eriksen & Kress, 2006; Gibson, Dollarhide, & Moss, 2010; Guindon, 2010; King, 2012; Myers & Sweeney, 2008; Ratts, 2011). 새롭게 채택된 정의의 주요 특징은 다음과 같다.

첫째, 새로운 정의는 상담의 목표가 최적의 정신건강과 안녕 그리고 교육과 진로 목표를 달성하는 것임을 명시하고 있다. 이 정의는 또한 상담 전문직과 여타 인간조력 전문직(예: 심리학자, 결혼 및 가족치료사, 사회사업가)을 구분하던 핵심 가치인 성장과 발달을 포함하고 있지 않지만, 교육이라는 용어를 추가하여 그것이 상담의 중요한 내재적 가치임을 강조하고 있다(King, 2012).

둘째, 새로운 정의는 다양한 개인, 가족, 집단을 상담의 대상으로 명시하고 있다. 이는 상담 전문직의 정체성 확립에 핵심 가치라 할 수 있는 다문화 역량, 사회적 영향력, 가족 측면, 환경적 요인, 그리고 주류집단보다는 취약한 개인들에 대한 관심 등 주요 개념을 반영한 것이다(Eriksen & Kress, 2006).

셋째, 새로운 정의에서는 심리학에서 사용되는 병리학, 인지적, 정동적, 행동적, 체계적 개입이라는 표현이 사라졌다. 이는 정신병리학과 진단에 집중되는 의학적 모델 대신 건강 모델을 옹호하는 상담 전문직의 가치를 반영한 것이다(Guindon, 2010; Zlotlow, Nelson, & Peterson, 2011).

끝으로, 새로운 정의는 'diverse'와 'empower'를 새롭게 포함하고 있다. 'diverse'는 사회적 및 문화적 다양성을 포함하며, 'empower'는 상담에서 출현하는 사회적 정의 옹호 패러다임을 포함한다(Gibson, Dollarhide, & Moss, 2010; Ratts, 2011). 다양성(diversity)과 옹호(advocacy)는 CACREP(ACA, 2009, 2016a)의 공통 핵심 교육과정에서 사용될 뿐만 아니라 다양한 전문영역에서 핵심 역량으로 나타나고 있다.

2) 상담의 기본 요소

상담은 피상담자, 상담자, 상담관계의 세 가지 기본 요소로 성립된다.

(1) 피상담자

피상담자는 많은 경우 상담 상황에 심리적인 문제를 호소하여 S.O.S를 보내오는 바로 그 사람이다. 상담자의 도움을 받아 문제해결을 시도해 볼 의도를 가지고 자발적으로 상담실을 방문하거나 또는 상담실에 대화를 요청하는 사람이 바로 피상담자인 것이다. 그래서 피상담자는 흔히 내담자 또는 청담자라고 불린다.

학교 장면에서는 '문제행동'을 드러내는 학생들을 잠재적인 피상담자로 간주하여 소위 '문제아'를 피상담자와 동일시하는 경향이 있으나, 이는 매우 잘못된 생각이다. 가족상담에서는 '문제행동'을 드러내는 자녀 때문에 부모들이 심리적으로 고통을 받고 자녀에 대한 상담을 의뢰하는 경우가 있는데 이 경우 피상담자는 자녀라기보다는 부모들 자신이라고 보아야 한다. 가족의 역기능적 관계가 자녀로 하여금 '문제행동'을 유발하게 하는 주된 원인이 될 수 있으므로 근본적으로 변화해야 하는 것은 바로 역기능적인 가족관계인 것이다. 이는 새티어(Satir, 1991)가 부모에게 이끌려 상담실에 온 자녀를 '문제아'라고 부르지 않고 '스타(star)'라고 불렀던 이유이며, 이러한 이유를 제대로 이해하는 것은 상담 장면에서 상담자가 피상담자에게 어떤 태도를 지녀야 하는지를 인식하는 데 중요하다.

건강한 피상담자는 다음과 같은 특징을 지니고 있다. 첫째, 삶의 과정에서 사회적 적응에 실패한 사람이기보다는 우리 사회의 불건강한 요소와 역기능적인 체제를 고발하는 사람이다. 둘째, 앉아서 문제해결책(무엇)을 기다리는 사람이기보다는 문제해결방안(왜, 어떻게)을 적극적으로 모색하는 사람이다. 셋째, 스스로의 성장을 포기한 사람이기보다는 자기성장력의 회복을 강하게 원하고 있는 사람이다. 넷째, 자신의 무지(無知)를 감추거나 폭로하는 사람이기보다는 스스로 '무지(無知)의 자각(自覺)'을 역설적인 방법으로 촉구하는 사람이다. 끝으로, 스스로 신이 되어 완벽함을 자처하는 사람이기보다는 한 사람의 진솔한 인간이 되기를 진심으로 갈망하는 사람이다.

(2) 상담자

상담자는 인간관계와 심리적인 문제를 지닌 사람을 조력하는 과정에서 전문적인 훈련을 받은 사람이다. 상담자에게는 인간관계 기술은 물론 심리적인 문제 해결을 위해서 필요한 전문적인 지식과 체계적인 기술을 훈련받아야 하는 것뿐만 아니라, 개별적 인간에 대한 깊은 애정과 존중을 표현할 줄 아는 인간적인 자질이 요구된다.

상담자는 피상담자의 문제를 도맡아서 해결해 주는 해결사가 아니기 때문에 꼭 유식한 사람일 필요는 없으며, 신이 아니기 때문에 절대로 완벽할 수도 없다. 그러나 그는 한 사람의 인간으로서 진솔한 감정을 지니고 기쁨과 슬픔을 표현할 줄 알며 피상담자의 곁에서 함께 공감하고 지지할 수 있어야 한다. 무엇보다도 상담자는 상담 과정에서 허용적인 분위기를 만들어서 피상담자로 하여금 자신을 좀 더 드러내도록 도와줄 수 있어야 한다. 이뿐만 아니라 개방적인 질문 기법을 동원하여 피상담자가 '문제'라고 느끼는 상황을 좀 더 구체적으로 탐색하여 묘사하도록 하고, 피상담자가 행동의 변화를 위해서 노력을 기울일 때에는 적극적인 지지기법을 활용하여 상황의 변화를 모색할 수 있도록 도와주어야 한다.

벨킨(Belkin, 1977)은 유능한 상담자의 자질을 타인을 이해하는 일, 타인과 관계를 맺는 일, 자기를 이해하는 일 등 세 가지 측면으로 구분하여 제시하였다. 무엇보다 타인을 바르게 이해하기 위해서는 개방성, 민감성, 공감, 객관성 등과 같은 인간적 특성을 갖추어야 하며, 타인과 관계를 맺고 유지하기 위해서는 진실성, 비지배성, 긍정적 관점, 의사소통 기술이 필요하다. 또한 상담자는 무엇보다 자기 자신에 대해 객관적이고 만족스러운 이해력을 갖추어야 한다. 이에는 상담에 대한 용기와 안정성, 신뢰성, 자기정체성에 대한 각성이 포함된다.

따라서 좀 더 유능한 상담자가 되기 위해서는 인간적 자질을 갖추고 일관된 태도로 상담에 임할 필요가 있다. 로저스(Rogers, 1957, 2007)는 이러한 상담자의 기본 태도를 무조건적인 긍정적 존중, 공감적 이해, 진정성의 세 가지로 요약하여 제시하였고, 이야기치료자들(Winslade & Monk, 2007)은 피상담자에 대한 낙관주의와 존중, 호기심과 인내, 그리고 피상담자의 지식에 대한 존경심과 더불어 고의적 무지, 곧 "모르지만 알고 싶다(Not knowing)"의 자세를 강조하였다. 또한 상담자에게는 다음과 같은 삶의 자세가 요구된다고 할 수 있다. 첫째, 존재하는 모든 것은 가치 있다. 그래야 선악과 호오 그리고 시비의 판단에서 자유로워질 수 있고, 비로소 피상담자의 모습을 있는 그대로 바라다볼 수 있을 것이다. 둘째, 행복한 인간은 얽매임이 없다. 그래야 피상담자와 자신에 대한 불필요한 구속을 피할 수 있고, 비로소 상담의 과정에서 피상담자를 편안하게 대할 수 있을 것이다. 끝으로, 건강한 인간은 스스로 성장한다. 그래야 피상담자와 소모적인 논쟁을 피할 수 있고, 비로소 상담의 과정에서 인내심을 갖고 기다릴 수 있을 것이다.

(3) 상담관계

상담은 전문적 훈련을 받은 상담자와 어떤 '문제'를 해결하기 위해 찾아온 피상담자 사이에 맺어지는 일대일의 전문적인 인간관계라고 하였다. 그만큼 상담관계는 매우 중요하다. 상담이 성공적으로 이루어지기 위해서는 무엇보다도 상담관계가 원만히 이루어져야 한다. 신뢰할 수 있고 허용적인 상담관계가 형성되지 못하면 상담자가 어떠한 상담방법을 적용해도 효과적인 상담을 기대하기는 어렵다. 상담관계와 상담방법 모두 상담 효과를 유발하지만, 상담방법은 반드시 촉진적인 상담관계 형성을 지원하는 방향으로 사용되어야 한다(Corey, 2017). 상담관계는 비밀유지를 원칙으로 하는 지극히 사적인 관계이어야 한다. 어떤 사람들은 이러한 관계를 개별적 관계(one to one), 민주적 관계(person to person), 상호작용적 관계(face to face) 등으로 표현하기도 한다. 그러나 상담에서의 인간관계는 맥주를 함께 마시고 등산 또는 낚시를 함께 다니는 사회적 교류나 사교적 모임과는 다르다. 그것은 어떤 '문제'의 해결을 위해서 맺어지는 전문적인 조력 관계이어야 한다. 그리고 상담은 이러한 전문적인 조력관계를 통해서 낡은 습관과 이별하고 새로운 행동을 익히는 학습의 과정이다. 그것은 마치 매우 친절한 낯선 이와 미지의 세계로 떠나는 동반 여행의 과정과도 흡사하다.

피상담자가 처음 상담을 받으러 올 때에는 상담자에게 고민을 털어놓아야 할지, 자신만

우스꽝스러워지는 것은 아닌지, 상담자를 믿어도 되는지, 비밀은 반드시 보장될 것인지 등등 여러 가지 걱정과 의심을 안고 오게 마련이다. 이런 걱정을 상담자가 알아차리고 이 문제를 다루어 줄 때 피상담자에게 상담자를 믿는 마음을 심어 줄 수 있다. 특히 피상담자의 성격적인 문제로 기본적인 신뢰가 형성되기 어려운 경우 이를 수용하여 점차적으로 신뢰를 구축해 가야만 한다. 이를 위해서 상담자는 ① 피상담자의 고통을 이해하고 아파하며 전문가로서 능숙하게 다루어야 하며, ② 피상담자가 얘기하고 있는 생각이나 감정에 귀를 잘 기울여 들어야 하고, ③ 피상담자의 입장에서 그의 심정을 이해하고 공감할 수 있어야 하고, ④ 피상담자의 잘잘못을 판단하기보다는 있는 그대로를 받아들여야 하고, ⑤ 피상담자로 하여금 말이 잘 통하는 사람이라고 느낄 수 있게 해야 한다.

그래야 상담자는 피상담자와 치료적 협력체계를 잘 구축할 수 있으며 이러한 바탕 위에서만이 피상담자에게 새로운 변화를 기대할 수 있다. 이러한 치료적 협력체계를 통해서 피상담자는 자기와 타인에 대한 이해를 바탕으로 개방적이고 합리적인 인간관계를 발달시킬 수 있으며 생산적인 의사결정과 효율적인 문제해결을 통한 자율적 성장과 발달을 위한 기반을 다질 수 있게 된다.

3) 상담의 쟁점

상담자는 기본적인 지식과 역량을 갖추고 상담 실무에 종사할 때 몇 가지 현실적인 문제에 부딪치며 때로는 당혹감을 느낄 수 있다. 상담이론을 상담 실무에 어떻게 적용할 것인가? 내담자를 어떤 존재로 인식하고 접근할 것인가? 내담자의 치료적 저항을 어떻게 극복할 것인가? 상담자는 상담 실무에서 이러한 문제를 진지하게 고민할 필요가 있다.

(1) 상담에서 이론과 실제의 조화

상담자는 수많은 상담이론을 섭렵하고 일부 이론을 상담 실제에 적용하려고 노력한다. 그러나 상담자는 상담 과정에서 상담이론을 그대로 적용하기가 쉽지 않다. 거기에는 몇 가지 그럴듯한 이유가 존재한다. 한 가지 이유는 상담이론의 다양성을 제기할 수 있다. 이론은 실천적 행동의 기초로 제안되거나 뒤따르는 신념, 정책, 절차 등을 의미한다. 이론의 주요 기능은 신념과 행동을 연결하는 것이다. 상담이론은 상담자에게 모종의 행동을 하게 하여 실제적 판단을 위한 기초를 제공한다. 상담이론은 또한 앞을 내다보고 행동의 결과에 대한 지표를 제공하는 예언적 가치를 지니며, 쉽게 드러나지 않는 현상이나 겉으로 보기에 논리적인 현상을 설명하고 명료화하는 설명적 기능을 한다. 좋은 이론은 포괄적이고 간명하며 검증이 가능해야 한다. 그러나 상담이론은 매우 다양하며, 그것들은 인간의 본성, 내담자 문제와 상담목표, 상담 과정에서 상담자 임무와 상담 전략 등 여러 면에서 서로 다르고 때로는 모순된다. 더욱이 의학적 모형에 기초한 일부 이론은 학교 장면에서 대다수 학생에게 적용하기에는 적절하지 않을 수도 있다.

상담이론과 상담 실제가 조화를 이루기 어려운 또 다른 이유는 상담자가 상담 실제에서 상담이론을 적용할 때 자신만의 독특한 색깔을 가미하여 사례마다 독특한 상담 실제를 창조한다는 것이다. 상담자는 상담 과정에서 그의 이론에 의지하여 내담자를 이해하고 안내한다. 하지만 상담 실제에서 상담자는 인간의 행동에 관한 무의식적 가정을 드러낸다. 따라서 모든 상담이론은 명시적인 상담이론과 암묵적인 상담이론을 모두 포함한다. 그러나 상담이론은 내담자 이해를 촉진하기도 하지만 억제하거나 잘못 이해하게 하는 원인이 될 수도 있다. 상담자는 자신의 감정과 이론적 신념이 내담자의 세계에 대한 인식을 왜곡할 수 있다는 사실을 철저히 인식해야 한다. 따라서 상담자는 이론적 신념의 장점과 함정을 모두 이해하고 경험의 결과로서 그것을 계속 수정하여 수행력을 최대한 끌어올려야 한다.

현재로서는 상담이론이 상담 실제에서 어떤 효과를 발휘하는지 분명하지 않다. 상담이론은 단지 상담자에게 행위의 과정을 안내하고 행동 패턴을 설명하며 수많은 예측을 나타내는 일련의 가정일 뿐이며, 모든 주제는 상담의 과정에서 변하게 마련이다. 특히 초기 단계에서는 인간의 강렬한 정서가 말보다 앞서며 감정이 논리를 이긴다. 이러한 상황에서 성패를 결정하는 것은 이론적 가정이 아니라 상담자와 내담자의 역동적인 상호작용이다. 따라서 상담자는 상담이론을 잘 익혀야 하지만 상담 실제에서 살아 있는 영혼의 기적을 건드릴 때는 그것을 내려놓을 수 있어야 한다(Jung, 1964).

상담이론의 다양성에도 불구하고 내담자의 세계를 이해하고 접근하는 데에는 두 가지 상반된 입장이 존재할 수 있다. 절대적이고 인과론적인 입장과 상대적이고 비선형적인 입장이다. 벨킨(Belkin, 1977)은 물리학을 인용하여 전자를 '뉴턴식' 관점, 후자를 '아인슈타인식' 관점이라고 명명하였다. 〈표 3-1〉은 두 가지 상반된 관점을 따르는 상담자가 몇 가지 특수한 상담 상황을 어떻게 다루는가를 보여 주고 있다.

'뉴턴식' 관점을 채택하는 상담자(예: 프로이트학파 또는 행동주의자)는 행동과 감정이 객관적으로 존재하며 그것이 절대적인 원인에서 비롯된다고 가정한다. 또한 인간의 본성에 대해 인과적이고 절대적인 관점을 갖고 선형방정식을 사용하여 인간 행동을 설명하는 과학적 이론을 선호한다. 그는 수직적인 상담관계를 형성하여 내담자를 치료하며 내담자가

〈표 3-1〉 **'뉴턴식' 상담자와 '아인슈타인식' 상담자의 비교**

'뉴턴식' 상담자	'아인슈타인식' 상담자
• 내담자 문제는 상담자 자신이 신봉하는 이론에 의해서 과학적으로 설명될 수 있다고 믿는다.	• 내담자 문제는 오직 그의 현상학적 세계관에 의해서만 이해될 수 있다고 믿는다.
• 내담자에게 그의 행동에 대해 오직 최소한의 책임만 있는 것으로 간주한다. 즉, 내담자를 통제력 밖에 있는 상황 여건의 희생물로 바라본다.	• 내담자에게 인생에 대해 완전한 책임을 가정하도록 격려한다. 즉, 내담자를 항상 그 자신의 운명에 대한 주인으로 바라본다.
• '결정론', 곧 내담자의 운명은 성장 과정에서 겪은 과거 사건들에 달려 있다고 믿는다.	• '자유의지', 곧 내담자는 언제든 선택할 수 있으며, 그의 운명은 그 자신에게 달려 있다고 믿는다.
• 내담자의 존재 양식을 형성하는 핵심 요소로 자발성과 개별적 독특성을 인정하지 않는다. 병원학(aetiology)과 사필귀정이라는 도식, 곧 어떤 패턴에 따라서 모든 원인을 찾으려 한다.	• 내담자 존재의 한 요인으로서 자발성의 중요성을 인정한다. 내담자는 각자 독특하고 서로 다른 사람이며 어떤 이론도 내담자의 모든 삶을 설명할 만큼 충분히 포괄적이지 않다고 믿는다.
• '내담자를 치료하는 것', 곧 그에게 의심되는 결함을 교정하는 일이 상담자의 직무라고 본다.	• '내담자와 함께 작업하는 것', 곧 그를 자립하도록 조력하는 일이 상담자의 직무라고 본다.
• 내담자의 문제와 욕구를 자신이 신봉하는 체제와 일치하는 개념적 범주들로 환원하려 한다.	• 내담자 인생의 복잡성을 어떤 예정된 범주와 개념들로 단순화하거나 환원하는 것을 피한다.
• 상담자 자신을 내담자의 세계 밖에 있는 별개의 존재로 바라본다. 거기서 그는 특정한 기법이나 이론에 기초하여 내담자를 치료한다.	• 상담자 자신이 내담자 인생의 통합적이고 중요한 부분이라는 것을 인정한다. 치료보다는 상담관계의 인도적이고 인격적인 성질을 더 강조한다.
• 세계를 상호작용하는 원인들과 설명들의 모자이크로 본다.	• 세계를 상호작용하는 독특한 개별적 존재들의 모자이크로 본다.

출처: Belkin (1977), pp. 87, 89.

좀 더 잘 지내고 질병을 극복하도록 조력한다. 반면에 '아인슈타인식' 관점을 채택하는 상담자(예: 로저스학파 또는 실존주의자)는 내담자와 자발적이고 자연스럽게 관계하며, 추상적이고 비인간적인 이론보다는 오히려 그의 주관적이며 인간적인 자질을 의사결정의 기초로 사용한다. 또한 성장을 강조하며 내담자의 변화하는 예측 불가능성을 인정한다. 그는 수평적인 상담관계를 지향하여 내담자와 상호의존성을 확립하며 자신이 내담자 인생의 중요한 부분이 되려고 노력한다.

(2) 상담에서 치료적 저항의 극복

상담관계에서 상담자는 진정성을 갖고 학생들을 대하며 그들이 자신의 인생클럽을 건설적으로 재구성할 수 있게 촉진하는 능력을 갖출 필요가 있다. 촉진적 상담관계(Anderson, Ogles, Patterson, Lambert, & Vermeersch, 2009) 또는 치료적 작업동맹(김은하, 박승민, 2011; Bordin, 1979, 1994; Martin, Garske, & Davis, 2000)의 형성은 상담의 효과에 영향을 미치는 결정적인 요인으로 대다수 상담이론가와 상담실무자의 주된 관심 주제가 되어 왔다.

전통적으로 치료자 중심의 접근을 채택해 온 상담실무자들은 내담자의 저항으로 인해 종종 치료가 중단되거나 기대하는 만큼의 상담 효과를 거두지 못했으며, 상담이론가들은 이러한 저항을 극복하기 위해 다양한 전략을 제안해 왔다. 인간중심적 접근을 채택한 치료자(예: Rogers, 2007)는 내담자를 대하는 상담자의 태도에 관심을 기울여 수용, 공감, 진정성과 같은 인간적인 자질을 강조해 온 반면, 인지행동적 접근을 채택하는 치료자(예: Leahy, 2010; Ledley, Marx, & Heimberg, 2014)는 상담 구조화와 심리교육을 통해 내담자에게 상담의 목표와 과정을 이해시킴으로써 내담자의 저항을 줄이기 위한 사전 조치를 제안하여 왔다. 그리고 맥락주의 접근을 채택하고 있는 이야기치료자(예: White & Epston, 1990)는 외재화 은유에 기초하여 내담자와 문제를 분리시킴으로써 내담자와의 치료적 동맹관계를 구축하여 문제의 공격에 협력적으로 대응하고자 시도해 왔다. 이 접근들은 나름대로 상담 과정에서 내담자의 저항을 최소화하고 촉진적 관계를 형성하는 데 긍정적인 영향을 미치는 것으로 확인되어 왔으며, 대다수의 상담실무자는 이들의 제안을 수용하여 상담의 효과를 극대화하고자 시도하고 있다.

그러나 상담자가 단순히 내담자의 저항을 극복하고자 하는 소극적 관점에서 접근할 때 이러한 시도는 상담자 자신에게 상담 과정에서 하나의 압박감으로 작용하여 역효과를 초래할 수 있다. 따라서 상담자와 내담자가 상호 대등한 입장에서 촉진적인 상담관계를 발달시키기 위해서는 적극적인 관점에서 몇 가지 노력이 추가로 요구된다(송재홍, 2016a).

첫째, 맥락주의(contextualism)에 기초한 이야기 은유의 활성화이다. 맥락주의에 따르면 인간은 동기화된 이야기꾼(Sarbin, 1986)이다. 삶을 통해 체험된 경험들은 이야기 구조로 전환되지 않으면 흩어지고 만다. 너무 많은 경험들이 흩어지게 되면 삶은 무의미해지고 심리적 혼란이 가중된다. 참된 학습은 학습자가 체험한 것을 중심으로 이야기를 엮어 가는 능동적인 과정이어야 한다.

둘째, 구성주의(constructivism)에 기초한 작가 정신의 회복이다. 인생은 암묵적으로 구성된 각본에 의해 전개되는 한 편의 드라마와 같다. 한 개인은 암묵기억을 통해 자기각본을 구성하고 그 각본에 입각하여 환경에 그 모습을 드러낸다고 볼 수 있다. 학습자가 성장과정에서 학대나 외상에 노출되어 감정을 회피하거나 억제한다면 건강한 학습자가 되기는 쉽지 않을 것이다. 이 경우 학습자는 작가 정신을 회복하여 외상 경험을 분리시키고 인생각본을 다시 구성해야 한다.

셋째, 다원주의(pluralism)에 기초한 자기들의 공동체 확립이다. 이 관점에서 보면, 개인의 심리적 장애는 대부분 자기를 단일의 고정된 실체로 보고 삶의 유연성을 상실한 결과인 것이다(Hayes, Storsahl, & Wilson, 2009; Linehan, 1993). 다원주의는 '나'라는 존재가 무수한 자기들의 공동체라는 것을 가정하는 것이다. 개인은 이 공동체적 자기 관점을 취하여 자기가치화체계의 유연성을 회복함으로써 삶의 맥락에 따라 유연하게 등장하는 자기의 다양한 모습을 있는 그대로 수용하고 전념할 수 있게 된다.

끝으로, 긍정주의(positivism)에 기초한 기본 심리욕구의 수용과 전념이다. 인간중심 상담의 목표는 학습자가 자기 자신을 있는 모습 그대로 받아들이고 내면의 목소리에 귀를 기울이도록 안내함으로써 삶의 능동성을 회복하도록 조력하는 것이다(Rogers, 2007). 긍정심리학(positive psychology)은 21세기 심리학자의 관심을 심리적 갈등 또는 정신장애와 같은 부정적 문제를 극복하는 일에서 긍정적 자원의 발굴을 통해 적극적 성장을 지원하는 방향으로 돌려놓았다(Seligman, 2006). 긍정주의는 개인의 모든 행위에는 나름대로 긍정적인 의도가 내재되어 있다고 가정하는 것이다. 이러한 긍정적인 의도를 확인하고 받아들이는 순간, 학습자는 심리적 갈등에서 벗어나 능동적인 삶의 자세를 견지하고 문제해결을 위한 접근 행동을 결행할 수 있다.

4) 상담의 목표로서 자아성찰

우리는 상담을 통해서 많은 것을 기대한다. 상담의 목표로 제시되는 항목을 보면 개인의 자율적 성장과 발달, 자아의 발견과 수용, 정신건강의 증진, 효율적인 의사결정, 합리적인 문제해결, 삶의 효율성 증대 등 매우 다양하다. 어떤 것은 약간 모호하고 또 어떤 것은 매우 구체적이다. 많은 상담 연구자는 자아존중이나 자아개념과 같은 행동특징을 척도화하여 상담의 효과성을 분석하기도 하고 구체적인 행동을 관찰하여 그 발생 빈도의 증가나 감소로 상담의 효과성을 평가하기도 한다. 때로 우리는 교육의 내재적인 목표로 자아실현이라는 말을 사용하고 있지만 그 말의 의미는 매우 추상적이고 모호하게 사용되고 있다.

과연 우리는 왜 상담을 하는가? 하나의 사례를 들어 보기로 하자. 어느 날 아침 상담실을 찾은 학생이 하염없이 눈물을 흘리다 돌아간 사례가 있다. 과연 이러한 사례를 성공한 상담이라고 할 수 있는가? 더욱이 이러한 경험을 상담이라고 할 수 있겠는가? 나중에 알려진 사실이지만 이 학생은 그날 아침에 용돈 문제로 부모에게 모진 꾸지람을 듣고 가출을 결심하다가 우연히 상담실 앞을 지나치게 되었다. 그러나 막상 상담실 문을 들어서고 보니 자신의 신세가 가엾기 짝이 없어 하염없이 눈물만 쏟아냈던 것이었다. 그런데 그 학생은 그 경험을 계기로 해서 다행히 저녁에 부모와 화해하고 용돈 문제를 해결할 수 있었으며 건강한 삶의 모습을 되찾을 수 있었다고 한다. 그 학생으로 하여금 변화를 이끌게 한 요인은 무엇인가? 감정의 정화, 통찰의 촉진, 아니면 행동의 시연……. 겉으로 보기에 상담자는 그 학생의 문제해결을 돕기 위해 어떠한 구체적인 시도도 하지 않았다. 그렇다면 이 과정에서 어떤 역할을 수행하였는가?

앞에서 상담은 마치 매우 친절한 낯선 이와 미지의 세계로 떠나는 동반 여행의 과정과도 흡사하다고 기술하였다. 어떤 이는 상담을 일컬어서 피상담자가 상담자를 안내원으로 고용하여 그의 안내를 받으면서 자신의 내면세계를 여행하는 것이라고 묘사하기도 한다. 상담 과정에서 피상담자는 상담자를 벗 삼아서 자신의 내면세계를 끊임없이 탐험하는 탐정과도 같다. 마치 쿡(Cook) 선장의 일행이 보물섬을 향하여 힘을 모으고 서로 싸우지만 각자 자신의 보물을 찾아 나서는 것과 같다고 할 수 있다.

이 자기성찰 과정을 안내하기 위해서 다양한 접근방식이 존재한다. 상담심리학은 비슷한 유형의 문제에 대해서 각기 다른 해법을 제시하고 있는 다양한 이론가의 주장을 소개하는 경우가 대부분이다. 그러나 한 가지 공통점이 있다면 이러한 상담 이론에서 제안하고 있는 많은 상담 전략과 기법이 피상담자로 하여금 자기의 내면을 탐색하도록 도와주기 위해서 고안되었다는 것이다. 지능심리학자인 스턴버그(Sternberg, 1994)는 다양한 이론가가 정의하고 있는 지능의 모습이 서로 다른 점에 착안하여 자신의 지능을 도둑맞았다고 규정하고 도둑을 찾아 여러 지능이론을 두루 섭렵하고 나서 결국 자신의 지능이론을 정립하기에 이른다. 상담자들도 정형화된 상담이론에 얽매여 상담의 실제를 놓치는 일이 있어서는 안 될 것이다. 많은 상담이론가는 한때 자기번민에 빠져 자기분석을 실시하고 그 경험을 바탕으로 결국 인간의 내면을 들여다보는 새로운 통로를 제시하기에 이르는 것을 볼 수 있다. 초보적인 상담자도 같은 길을 걷는다면 후대에 회자될 것이다.

2. 상담이론

상담이론가들의 기본 관점에 따라서 다양한 형태의 상담이론이 제시될 수 있다. 코시니(Corsini, 2000)는 250여 개의 상담이론을 수집하여 편람을 펴낸 바 있으며, 혹자는 상담이론이 상담 실천가의 수만큼이나 다양하다는 의견을 제시하기도 한다. 학교 장면에서 유용하게 적용될 수 있는 몇 가지 상담이론을 중심으로 각 이론의 인간 행동에 대한 기본 관점과 주요 상담 전략 및 기법을 간략하게 살펴보기로 한다.

1) 개인심리학

개인심리학(individual psychology)은 아들러(Adler)가 창시한 심리학이론이다. 프로이트의 동반자였던 아들러는 성적 본능을 강조한 정신분석이론에 반대하여 프로이트와 결별하였다. 그는 개인의 성격과 행동 형성에서 사회적 및 가정적 요인을 강조하였다. 그는 인간을 비합리적이고 동물적인 본능을 타고난 존재로 보지 않고 사회적 책임과 욕구 성취에 의해 동기화되는 성장지향적이며 독특한 사회적 존재로 보았다. 사회적 책임은 개인에게 인생을 통제하고 중요한 결정을 하도록 안내한다(Adler, 1969; Mosak, 1979, 2004).

그는 또한 열등감에서 벗어나 우월해지고자 하는 욕구를 인간의 기본 동기로 보았다. 어린 시절 인간은 부모의 과잉보호나 무관심, 또는 신체적 왜소함 등으로 인해서 누구나 열등감을 갖게 되며, 이것을 극복하고 우월해지고자 노력하는 것이 한평생의 기본 동기라는 것이다. 개인심리학의 관점에서 볼 때, 인간은 열등감을 보상할 수 있는 생활양식을 개발하기 위하여 저마다 노력한다. 한 개인의 생활양식(lifestyle)은 타인들과 만나서 행동하는 방식에 영향을 준다. 따라서 인간의 행동은 목표지향적이다. 행위자의 주관적인 경험세계에서 보면, 저마다 중요한 사람, 존재 가치가 있는 사람, 우월감을 누릴 수 있는 사람이 되려는 목적으로 자기가 선택한 행동을 하고 있는 것이다. 이처럼 긍정적이고 목표지향적인 관점은 전통적인 정신분석의 비관적이고 결정론적인 관점보다 좀 더 교육 환경과 양립할 수 있다.

아들러는 또한 개인의 성격과 행동 형성에서 가족관계의 역할과 부모-자녀 상호작용의 중요성을 강조하였다. 그는 비엔나의 공립학교에 어린이 생활지도 클리닉을 창설하고 사회사업가와 교사들에게 개인심리학의 이론과 활동을 가르쳤다. 그것은 심리학적 원리와 생생한 근거를 통한 상호작용 기술을 가르치려는 초기 시도였다. 그는 특히 격려가 아이들의 성장과 발달에 기여하는 결정적 역할을 강조하였다. 격려(encouragement)란 학생의 기를 살려 주는 방법으로, 상담교사는 격려를 통해 학생에게 자기 신뢰와 변화의 용기를 갖도록 도와줄 수 있다.

개인심리학의 실질적 적용은 제자들에 의해 개발된 상담과정과 상담 기법에 반영되었다. 드라이커스(Dreikurs, 1967, 1968)에 따르면, 상담의 목표는 학생의 사회적 가치를 바꿈으로써 그의 소속감을 발전시키고 사회적 관심을 수용하도록 돕는 것이다. 모사크(Mosak, 1979)는 상담목표의 달성을 위해 좋은 관계의 형성, 목표, 통찰, 재정향 등 네 가지 방법을 제안하였으며, 딩크마이어와 동료들(Dinkmeyer, 1967; Dinkmeyer, Dinkmeyer, & Sperry, 1987)은 놀이치료, 인생과업 탐색, 상상의 사용, 생활양식 질문지 완성하기 등 다양한 기법을 개발하여 아동상담과 부모교육에 적용하였다.

개인심리학 원리에 기초한 상담 과정은 학생의 생활양식을 파악하여 새로운 생활양식을 습득하도록 돕는 것이며, 다음의 네 단계를 거친다(Dreikurs, 1967, 1968; Mosak, 1979, 2004).

- 단계 1: 상담교사는 학생과 좋은 치료적 관계를 형성한다.
- 단계 2: 상담교사는 초기 회상, 가족구조도, 꿈 등을 활용하여 학생의 생활양식을 평가하고 동기와 목표를 분석한다.
- 단계 3: 상담교사는 학생의 진술을 바탕으로 생활양식을 해석하고 자신의 그릇된 목표와 자기패배적인 행동에 대한 통찰을 촉진한다.
- 단계 4: 상담교사는 재정향(reorientation)을 통해 생활양식의 변화를 유도하여 이전의 비효율적인 신념과 행동에 대한 대안적인 방안을 찾도록 도와준다.

아들러의 개인심리학 원리는 학교상담에서는 활용가치가 크다. 개인상담, 소집단 상담, 현장교육 등을 통해서 학생들은 가족생활에서 자신의 경험을 탐색하고 자신과 타인의 지각을 검토하며 부적절한 행동에 직면하고 자신의 개인적·사회적 삶에서 책임감을 갖도록 목표를 세운다. 격려를 비롯하여 즉시성, 역설적 의도, 가장 행동, 단추 누르기, 과제의 설정과 이행 등 개인심리학 원리에 기초한 다양한 상담 기법은 학교상담에서 학생이 안고 있는 문제 행동을 개선하는 데 쉽게 적용될 수 있다. 따라서 이 접근방식은 종합적인 학교상담 프로그램에서 광범위하게 활용될 가능성이 높다.

2) 현실치료

현실치료(reality therapy)는 윌리암 글래서(William Glasser)가 창시한 이론으로 청소년 상담에 특히 유용한 이론적 접근이다. 글래서는 『현실치료: 정신의학의 새로운 접근(Reality Therapy: A New Approach to Psychiatry)』(1965/1995)을 출판하여 현실치료를 소개하였으며 『실패 없는 학교(Schools without Failure)』(1969/1989), 『좋은 학교 만들기(The Quality School: Managing Students with Coercion)』(1992/1997) 등의 저술을 통하여 상담교사와 함께 이 접근방식을 대중화시켰다. 또한 『삶을 효과적으로 통제하기(Take Effective Control of Your Life)』(1984), 『선택이론(Choice Theory)』(2017) 등을 저술하여 인간 행동과 상담에 관한 자신의 이론을 더욱 세련되게 발전시켰다.

오늘날 현실치료는 개인의 행동을 이끄는 회전나침반의 역할을 하는 통제시스템으로 인간의 뇌가 작동한다는 생각에 따른 것으로, 이 내부 시스템이 지각 필터를 통해 그들의 행동을 탐색하여 욕구에 만족한 행동을 선택하게 한다고 전제한다. 선택이론에 따르면, 인간은 자기 삶의 주인이 되어 삶을 통제할 수 있을 때 행복을 느낀다. 글래서(Glasser, 1984)는 모든 치료는 교육이라고 보았으며 교육은 책임감 있게 내담자의 심리적 욕구를 채워 주는 한에 있어서 치료적이라고 역설하였다. 그는 모든 인간은 공통적으로 생존, 사랑, 힘, 즐거움, 자유 등 기본 욕구를 지닌다고 보았다. 선택이론은 인간이 기본 욕구에 따라 행동을 선택하면서 삶을 영위한다는 기본 가정에 근거하고 있다. 이처럼 글래서는 인간 본성의 결정론적 철학에 도전하여 사람들이 자신의 삶에 대한 책임을 진다고 주장한다. 따라서 건강한 개인은 자신이 선택한 결정과 행동에 책임을 져야 한다.

글래서(Glasser, 1984, 1989)에 의하면, 인간은 어려서부터 원하는 것을 얻고자 할 때 행동, 사고, 감정, 생리적 반응을 포함하는 전행동(total behavior)을 통해 얻고자 노력하며 끊임없이 행동을 재조직한다. 전행동의 요소 중 행동은 거의 완벽하게 통제할 수 있고 사고도 얼마간 통제력이 있으나 감정과 생리적 반응은 거의 통제하기 어렵다. 따라서 행동을 변화시키면 나머지 세 가지 요소는 자동적으로 변화가 유발된다. 현실치료는 현재의 지각 내용과 문제행동에 관심을 갖고 행동주의적 계획과 계약하기 등을 통해서 행동의 변화에 초점을 맞춘다. 현실치료의 상담 과정은 다음의 여덟 단계로 설명된다(Glasser, 1984).

- 단계 1: 내담자와 관계를 맺고 배려하는 진솔한 관계를 발전시킨다. 현실치료의 관계 형성은 내담자에 대한 정직, 개방성, 공감을 통한 직접적 격려를 의미한다.

- 단계 2: 현재 행동에 초점을 맞춘다. 상담자는 다양한 감정 상태를 보여 주는 내담자 행동을 주의 깊게 살핀다.
- 단계 3: 과거보다 현재를 강조한다. 개인은 자신의 행동을 스스로 선택한다. 따라서 과거 사건은 현재 행동의 원인이라고 볼 수 없으며, 단지 내담자가 책임질 수 있는 현재 행동의 선택과의 관계에서만 의미가 있다.
- 단계 4: 내담자가 자신의 행동을 판단하도록 촉진한다. 개인은 자신의 행동 선택에 책임이 있기 때문에 자신의 발달을 다른 사람의 발달과 관련해서 행동의 가치를 평가하는 것이 논리적이다. 학교에서는 이 과정을 학생들의 행동이 그들의 교육 목표를 달성하는 최선의 방법인지 아닌지를 학생들에게 질문하는 형태로 진행한다.
- 단계 5: 계획을 세운다. 일단 내담자가 현재 행동이 비생산적이고 파괴적이라고 결정하면, 다음 단계는 좀 더 생산적이고 건설적인 행동으로 변화하기 위해 계획을 세운다.
- 단계 6: 서약을 받는다. 상담자는 내담자에게 변명을 허용하지 않기 위해 이 목표를 달성하겠다는 서약을 받는다. 서약을 힘들어 하는 내담자는 삶의 다른 양상에서 실패 경험을 갖고 있는 경우가 있다. 이 실패의 순환 고리가 학생들에게 종종 보이고, 이 때문에 학교상담에서 현실치료의 개념을 적용하는 데서 서약이 필수적이다.
- 단계 7: 처벌하지 않는다. 현실치료는 처벌이 행동의 변화에 효과적이지 않다고 보고 논리적 결과를 사용해서 학생들의 행동과 관련된 타당한 결과에 초점을 맞춘다.
- 단계 8: 결코 포기하지 않는다. 학생들 대부분의 문제는 이겨 내기 어려운 것들에 직면하는 것이다. 현실치료는 상담자에게 '신념을 지키라'고 격려한다. 때때로 상담자는 내담자를 돕는 데 효과적인 다른 자원을 찾을 필요가 있다. 이것은 실패나 포기의 표시가 아니라, 오히려 상담 관계가 바람직한 결과나 가시적인 진전이 없을 때 내릴 수 있는 훌륭한 전문적 판단이다.

이 접근방식의 매력은 교육적이고 긍정적이며 실용적이라는 것이다. 인생에 대한 통제력을 갖기 위해 선택할 수 있는 각 개인의 힘과 책임감에 초점을 맞추는 현실치료 접근은 학습과 교육을 강조하는 학교 장면에 특히 매력적이다. 그러한 이유로 현실치료의 이론은 학교 장면에서 상담, 행동관리, 학급생활지도 등에 폭넓게 적용되었으며, 특수한 학생집단, 학생의 자아개념과 자기주도 행동에 관한 다양한 영역에서 그 효과가 입증되었다. 이 접근의 강점은 개인의 능력과 삶의 목표 그리고 자신의 행동을 통제하기 위한 개인적 힘을 긍정적으로 강조한다는 것이다. 또 교육적인 과정으로서 현실치료는 학교상담에서 그 적용 가능성이 매우 높다. 특히 규율 문제, 학업성취, 그리고 특수 집단의 학생을 이끄는 데 성공적이었음을 알 수 있다. 최근에 글래서(Glasser, 1997)는 '질 좋은 학교(Quality Schools)'의 목표에 현실치료의 원리를 적용하였다. 이 접근은 학교 운영에 있어서 전통적인 강제적 스타일을 지양하고 그 대신 학생들이 자신의 삶에 대한 통제력을 긍정적으로 발휘하도록 하는 현실치료 원리의 협동적이고 협조적인 과정을 지향한다.

3) 인지행동상담

개인의 능력을 강조하는 상담에 대한 다양한 접근방식은 그들에게 심리적, 정서적, 행동적 의미를 주는 인지 과정을 통하여 정보를 받고 메시지를 분석한다. 지각 원리를 주장하는 상담이론가는 사람들이 생각과 이성을 갖고 있어서 자신과 타인들로부터 메시지를 내면적으로 받아들여 검토하며 수용 또는 거부하는 과정을 통하여 행동을 선택한다고 믿는다. 반면, 행동주의자는 관찰할 수 있고 측정할 수 있는 행동에만 주의를 기울인다. 인지이론가들은 극단적인 행동주의자들과 지각 원리를 주장하는 사람들 간의 간극을 연결하려고 시도한다(Schmidt, 2000).

인지행동적 접근방식은 학교에 다니는 연령의 내담자들에게 성공적이다. 더욱이 이것은 학생들에게 자기상담 기술을 가르치는 데 활용되어 왔다(Maultsby, 1986). 학교 장면에서 이 접근방식의 사용은 특히 학생들이 책임감, 대처기술, 보다 건전한 방식으로 자기메시지 보내기 등을 학습하도록 돕는 방법으로서 자기교시와 가르침을 강조한다. 연구 결과는 이러한 접근방식이 파괴적 행동, 강박적 행동, 불안, 수줍음, 교과 활동, 숙제, 자기개념 발달에서 성공적임을 밝혀 주었다. 여기서는 대표적인 두 가지 접근방식으로 엘리스(Ellis, 1962, 1995)의 합리적 정서행동치료와 마이켄바움(Meichenbaum, 1995)의 인지적 행동수정을 소개한다.

(1) 합리적 정서행동치료

엘리스(Ellis, 1962, 1991, 1995, 2004)는 인간의 사고과정, 특히 신념이 인간의 행동을 선택하는 가장 큰 원동력이 된다는 데 중점을 두고 인간의 본성과 발달에 대한 몇 가지 가정을 제시하였다. 요컨대, 사람들은 합리적 또는 비합리적으로 생각할 수 있는 능력을 가지고 있으며, 합리적으로 생각할 때 효과적이고 만족스러운 방법으로 기능하는 반면, 비합리적으로 생각할 때는 혼란스럽고 비논리적인 태도로 행동하는 경향이 있다. 합리적 정서행동치료(Rational Emotive-Behavior Therapy)에 의하면, 인간의 심리적인 문제는 사고, 상념, 신념 등의 인지적 특성에 관련된 것이며, 심리적 고통은 주로 비합리적 정서적 반응에 의하여 생긴다고 가정된다. 엘리스(Ellis, 1962, 1995)는 개인들이 비합리적 신념을 부모에게서 배우게 되고 그것이 사회 제도에 의해 지속적으로 강화되며 결국 자기 패배감과 정서적 장애를 유발하게 된다고 주장한다.

엘리스와 동료들(Ellis & Dryden, 1997; Ellis & Ellis, 2011; Ellis & Harper, 1997)은 우리가 소망하거나 선호하는 것에 대해서는 '반드시 해야 한다.' '마땅히 해야 한다.' '하지 않으면 안 된다.' 등과 같은 당위적인 신념을 갖고 있다고 가설을 세웠다. 우리가 정서적 혼란에 빠져 있다면 이와 같이 드러나지 않는 신념이 작동하고 있는지 주의 깊게 살펴야 한다. 엘리스는 내면화되어 자기패배감을 일으키는 당위적이고 비합리적인 신념을 세 가지로 정리하였다(Ellis & Ellis, 2011).

- '나는 언제나 잘 해야 하고 다른 사람들에게 사랑과 인정을 받아야 한다.'
- '다른 사람들은 나에게 언제나 공정하고 친절하게 잘 대해 주어야 한다.'
- '세상은 언제나 편안하고 만족스러우며 내가 뜻하는 대로 이루어져야 한다.'

이러한 당위적이고 비합리적인 신념은 분열적이고 파괴적인 감정과 역기능적 행동을 초래한다(Ellis, 1991, 2004). 따라서 심리적인 건강 상태를 유지하고자 한다면 인간은 자신이나 타인에 대한 비난을 멈추고 불완전한 자기 자신을 온전히 그리고 무조건적으로 수용해야 한다는 것을 배워야 한다.

심리적으로 잘 기능한다는 것은 사람들의 합리적이고 논리적인 사고와 관련이 있다. 이러한 인지적 과정은 정서적 감정 및 선택한 행동과 밀접한 관계가 있다. 상담교사는 학생들에게 그러한 생각을 표현하도록 하고 다른 두 가지를 함께 고려하도록 안내할 필요가 있다. 예를 들면, 또래 관계에 대한 학생의 생각과 자신 및 타인에 대한 행동을 검토하지 않고서 따돌림을 당한다는 기분을 누그러뜨리기는 힘들다. '나를 좋아하는 사람이 아무도 없어.'라고 생각하며 슬픔에 잠긴 학생은 사건(지각)과 이러한 결론(감정)을 이끄는 데 수반하는 사고를 탐색하는 과정이 필요하다. 이러한 과정을 통하여 학생들은 정확하고 논리적으로 관련 사건을 평가하고, 어떻게 하면 다른 사람과 잘 지낼 수 있을 것인지 결정하고, 이를 위해서 합리적인 목표를 추구하기 위한 행동을 계획한다. 여러 가지 정신질환, 노이로제 등의 부적응 행동은 비논리적이고 비현실적이며 비합리적인 신념과 사고에 의해서 생기는 것이며, 상담자의 역할은 이런 그릇된 신념을 현실적이고 합리적으로 재교육하는 것이다.

합리적 정서행동치료의 상담 과정에서 상담교사는 먼저 피상담자에게 그의 신념이나 사고가 비합리적이고 비현실적이라는 사실을 분명히 인식하도록 하여 이러한 신념이 어떻게 정서적 문제를 유발하는가를 보여 준다. 그런 다음 상담교사는 이 비합리적 신념을 반박하고 합리적이고 교육적인 사고로 다시 생각하고 다시 내면화된 자기대화의 형태로 발전시키도록 돕는다.

합리적 정서행동치료에서 상담의 기본 전략은 A-B-C-D-E 절차에 따른다. A는 인간의 정서를 유발하는 구체적인 환경 상황을 가리키는 것으로 선행사건 또는 촉발사건을 말한다. B는 환경 자극에 대하여 각 사람이 지니고 있는 합리적 또는 비합리적 신념을 말한다. 그리고 C는 선행사건과 관련된 신념으로 인하여 생긴 정서적 · 행동적 귀결이다. 또한 D는 비합리적 상념, 사고, 신념에 도전하고 새롭게 생각하도록 재교육하기 위하여 적용되는 논박을 의미하며, E는 논박에 의해 형성된 합리적인 신념의 효과를 의미한다. 따라서 상담의 성공은 B에서 나타난 비합리적 신념을 계속적으로 논박하여 어느 정도 성공할 수 있느냐에 달려 있다.

상담교사는 학생들이 자신을 비하하거나 상황을 절망적으로 바라보는 것과 같은 비합리적 신념을 밝혀내어 공략함으로써 긍정적인 자기메시지를 배우고 건전한 행동을 선택하도록 돕는다. 이러한 A-B-C 전략을 제공하는 상담 과정에서 상담교사는 다양한 기존의 상담 기법을 활용하며 때로는 특수한 과제를 부과하기도 한다. 한마디로 합리적 정서행동치료에 의한 상담은 고도의 인지적 접근으로서 적극적이고 직접적이며 과제 부과와 훈육 지향적인 과정을 적용하는 접근방식이며, 다양한 심리치료 기법을 적용함으로써 인지적 신념체계를 재구성하는 인지적 재구성의 과정이라고 말할 수 있다. 따라서 상담교사는 학생들의 바람직한 행동을 촉진하기 위해 그들을 설득하고 가르치며 과제를 부과한다.

(2) 인지적 행동수정

마이켄바움(Meichenbaum, 1995)은 사람들의 비합리적인 신념을 해석하기보다는 부정적인 자기메시지를 확인하고 변경하도록 하는 또 다른 인지행동적 접근방식을 개발하였다. 그가 제시한 인지적 행동수정(Cognitive Behavior Modification)은 구체적인 문제해결 기술과 행동상의 문제를 돕기 위한 기술을 가르친다. 이 접근방식에서는 인간 행동을 설명하고 이해하기 위한 기본 개념을 '내적 대화(internal dialogue)' 또는 '자기대화(self-talk)'라고 부른다. 내적 대화는 자신에게 귀를 기울이고 자신과 이야기하는 것이다.

마이켄바움은 내적 대화가 행동과 관련을 맺는 세 가지 방식을 제시하였다. 이는 대인관계에서의 행동과 자기교시(self-instruction), 인지와 스트레스, 생리적 효과이다. 대인관계적인 자기교시는 각 개인이 자신의 행동을 중재하는 주요 원칙을 제시하는 자신과의 상호작용에서 나타난다. 스트레스 연구에서 사람들은 자신의 전반적인 자기교시에 따라 다양한 정도로 스트레스 사건을 개인화하는 경향이 있음을 보여 준다. 예를 들면, 자기비난을 하는 사람은 긴장이 많은 상황을 대할 때 자기메시지가 긍정적인 사람들보다 덜 효과적이고, 어려운 환경에 처하게 되면 더 많이 긴장하고 걱정하는 경향이 있다. 또한 인지적 행동수정에서는 내담자가 대처행동을 학습하도록 돕기 위해 생리적 단서를 확인하도록 안내한다. 스트레스 상황에서 생리학적 반응이 같을지라도, 내담자가 그러한 반응을 인식하고 대처기술을 수행하는 신호로서 확인하는 능력은 긍정적인 자기 발달을 위한 중요한 행동적 변화를 도모하는 데 도움이 된다.

마이켄바움은 자신의 상담모형을 인지적 재구성의 과정으로 설명하였다. 이 과정은 내담자가 자기메시지를 지지하는 기본적인 가정과 태도를 재검토함으로써 자신의 쇠약한 사고를 공략하도록 조력하는 것이다. 인지적 재구성을 통하여 상담교사는 내담자의 지각과 신념을 검토하고 파괴적인 생각 패턴과 관련된 행동을 변경하도록 책임을 갖게 한다. 이러한 관점에서 인지적 행동수정은 아들러식 상담의 지각적 기초와 유사한 요소로 구성되며 현실치료에서 발견되는 자기책임에 초점을 맞추고 있다.

4) 단기상담

상담은 교육적이고 치료적인 과정을 포함한다. 상담교사는 학생들이 삶의 질을 향상시킬 수 있는 영역을 발견하도록 돕는다. 단기상담은 한 가지 발달상의 문제를 표현하거나 몇 회기 내로 비교적 짧은 기간 동안 하나의 골칫거리를 치료하기 위한 것이다. 이러한 철학은 '문제가 어떻게 발생하고 심지어는 어떻게 유지되어 왔는가에 관해서 최소한의 관심만을 갖는 것'을 장려하는 상담의 최근 발달 경향과 부합한다. 일반적으로 단기상담은 학생들이 당면한 어려움을 해결하거나 교육 및 진로 결정을 함으로써 즉각적인 상황을 강화하는 데 적절하다.

단기상담은 복잡한 구조를 띠지 않으면서 상담교사에게 실용적인 입장을 취하여 학생들과 단기간의 관계를 촉진시킨다. 이러한 특징은 몇 가지 목적을 충족시킨다(Schmidt, 2000). 첫째, 학생들은 '아프거나' '정서적 장애가 있거나' '비정상인' 것이 아니라는 것을 시사한다. 더욱이 그들은 자신의 문제를 해결할 수 있는 건강한 개인들이다. 둘째, 단기상담의 형식은 상담교사의 시간을 효율적으로 사용할 수 있게 한다. 그러한 접근법에서 상담교사는 학생들과 자신을 고용한 학교에 책무성을 다한다. 셋째, 상담에 대한 단기적 접근은 독립심을 키워 주고 자기책임과 자립심을 촉진시킨다. 이는 학교에서 학생들에 대한 훌륭한 목표이다.

단기상담은 여러 문헌에서 옹호되고 있으며 특히 상담교사에게 시간적 압력이 중요한 학교에서는 더욱 가치가 있다. 요컨대, 단기상담은 대개 학생들의 특별한 관심이나 행동에 초점을 두고 행동지향적인 경향이 있다. 여타 상담이론과 마찬가지로, 단기상담은 항상 학생들의 입장에서 최선의 이해를 가지고 실행된다. 상담의 결과는 학생 또는 상담 과정의 완전성을 이행할 때 놀라울 정도로 효과적이다. 단기상담 역시 다른 접근방식과 동일한 촉진 수준을 필요로 한다. 따라서 도움을 구실로 학생들을 조종하거나 비합리적으로 통제하는 것은 상담교사의 자리를 크게 오용하는 것이고 윤리적으로 문제가 있다. 대부분의 경우, 단기상담에서는 상담교사가 추구하고 학생들이 주장하는 일련의 단계나 질문들이 포함된다. 다음의 세 가지 단기상담 모형은 서로 독립적이면서 유사한 접근을 취한다 (Schmidt, 2000).

(1) 단기상담의 4단계 모형

로페즈(Lopez, 1985)는 학교상담에 적합한 단기상담의 4단계 모형을 제시하였다. 그 주요 내용은 다음과 같다.

- 단계 1: 학생들에게 변화하고 싶은 것을 구체적인 용어로 서술하라고 요청한다. 상담교사는 학생들의 관심과 걱정, 발달을 방해하는 행동을 탐색한다. 상담교사는 또한 상황을 평가하고 학생들의 가장 중요한 관심사를 요약하기 위해 노력한다.
- 단계 2: 학생들이 이미 했던 것을 점검한다. 대부분의 학생은 자신들이 언제 관심을 가졌고, 언제 어려움에 직면하며, 그러한 문제를 해결하기 위해 어떤 노력을 했는지 알고 있다. 상담교사는 학생들에게 이제까지 시도했던 모든 것을 점검하여 어떤 것이 앞으로도 유용할 것인지를 살펴보고, 만일 그러한 시도를 한다면 어떻게 그것이 성공적인 결실을 맺을 수 있을지를 검토하도록 한다.
- 단계 3: 목표를 명확하게 확인한다. 학교에서 상담은 성공적으로 의도되어야 한다. 상담교사와 학생들은 조력관계가 효과적이었던 시기를 알 수 있도록 측정 가능한 목

표를 세울 필요가 있다.

- 단계 4: 전략을 개발하고 수행한다. 상담교사와 학생들은 성공을 보장하기 위해 확인한 목표에 도달할 수 있도록 적절한 해결 전략을 수립해야 한다.

(2) 체계적 문제해결 모형

마이릭(Myrick, 1993)은 단기상담을 위한 네 가지 질문, 즉 ① '문제나 상황이 무엇인가?', ② '당신은 어떤 노력을 했는가?', ③ '당신이 할 수 있는 다른 것은 무엇인가?', ④ '당신의 다음 단계는 무엇인가?'로 구성된 연속적인 구조모형을 제안하였다. 이 모형이 바로 체계적 문제해결 모형(Systematic Problem-Solving Model)이다. 이 모형을 통해 상담교사는 학생들에게 질문을 한다. 이 모형은 초기 단계에서 높은 수준의 촉진적 반응을 요구한다. 이를 통해 관계가 굳건하게 되고 상담 진행에 속도를 붙일 수 있는 행동 질문이 가능하게 된다.

(3) 해결중심상담

해결중심상담(Problem-Solving Focused Counseling)에서는 "학생의 문제는 어려움이 끊임없이 일어난다는 그들의 신념에 의해 유지된다."고 가정한다. 해리슨(Harrison, 1993)은 그러한 학생은 "자신에게 결점이 있거나 무슨 문제가 있는 것처럼 본다."고 지적하였다. 그러한 학생과 작업할 때 상담교사의 목표는 그들에게 '무엇이 잘못되었는가?'보다는 '무엇이 옳은가?'에 초점을 맞추어야 한다. 해결중심치료의 기본 전략은 학생이 당면한 문제를 해결하기 위해 어떤 노력을 시도했으며, 그러한 노력이 효과가 있었는가 하는 것이다. 만일 어떤 노력이 효과가 있다면 그것을 계속하는 것이고, 그렇지 않으면 좀 더 효과적인 전략을 사용하는 것이다.

해결중심상담에서 상담교사는 이러한 목표를 달성하기 위해서 다양한 형태의 질문기법을 사용한다. 한 가지는 드 사이저(de Shazer, 1991)가 개발한 기적 질문이다. 본질적으로 이 질문은 학생들에게 '만약 당신이 내일 아침에 일어났을 때, 당신에게 문제가 더 이상 없다면 무슨 일이 일어날 것인가? 무엇이 달라질 것이며, 문제가 해결되었다는 것을 어떻게 알 것인가?'와 같은 형식의 질문을 하는 것이다. 질문의 핵심은 '무슨 일이 일어날까?(what would)'가 아니라 '무슨 일이 일어날 것인가?(what will)'에 초점을 맞춘다. 'will'이라는 단어는 이러한 문제가 없어진다면 반드시 달라지는 점이 있을 것이라는 사실을 의미한다. 해결중심상담에서는 기적 질문 외에도 변화 질문, 예외 질문, 척도 질문, 대처 질문 등 여러 가지 구체적인 질문 기법이 개발되어 있으며, 실제 상담에서는 여러 가지 기법을 함께 사용하면 더욱 효과적이다.

또한 상담을 종결하는 시점에서 상담교사는 칭찬, 연결문, 과제 등으로 구성된 메시지를 활용하여 내담자가 해결책을 실행하는 데 도움이 될 만한 여러 가지 자료와 정보를 체계화하고 노력을 격려하며 동기를 부여한다. 즉, 상담교사는 학생에게 그동안의 노력에 대해 칭찬을 해 주고, 연결문을 통해 지금 어려움을 겪고 있는 문제를 일반화시키거나 필요하다고 판단되는 내용을 교육하며, 내담자가 문제 상황에서 해결할 수 있는 내용을 과제로 부과한다.

5) 초대상담

초대상담(invitational counseling)은 종합적인 학교상담 서비스에 관한 통합적 관점을 강조하는 비교적 새로운 접근방법이다(Purkey & Schmidt, 1982, 1987, 1996). 이 접근방식은 오늘날 접하게 되는 다양한 도전거리에 대해서 학생, 학부모, 교사들이 직면하도록 돕는 데 필요한 상담 서비스의 광범위한 관점을 포함한다. 동시에 상담자는 학생들이 단순히 걱정거리를 즉각적으로 해결하는 데 그치지 않고 더 나아가서 장래 발달을 위한 무한한 가능성을 탐색하도록 격려한다.

(1) 기본 가정

초대상담은 지각심리학과 자아개념이론에 기초하여 인간 발달에 대한 지각의 힘과 자아개념의 영향을 고려함으로써 유익한 인간관계, 물리적 환경 개선, 민주적이고 양육적인 체제를 포함하는 학교상담 프로그램을 옹호한다. 초대상담의 원리를 적용하는 상담교사는 다음의 기본 신념을 지지한다(Purkey & Schmidt, 1996).

- 모든 학생은 수용받기를 원하며 가치 있고 유능하고 책임감이 있다고 여겨지며 그에 맞게 대우받기를 원한다.
- 각 개인, 즉 학생, 학부모, 교사, 행정가, 상담교사 등은 자신과 다른 사람들에게 보내는 유익한 메시지를 만들 힘이 있고, 또한 책임도 따른다.
- 모든 학생은 학습과 인간 발달의 모든 분야에서 상대적으로 개발하지 않은 잠재능력을 갖고 있다.
- 학생의 잠재능력은 의도적으로 최적 발달을 이끌어 내기 위해 프로그램, 정책, 과정

을 설계하고 그 자신과 다른 사람들이 이러한 잠재능력을 실현하도록 지속적으로 추구하는 학교에서 가장 잘 실현될 수 있다.

(2) 기능 수준

초대상담은 네 가지 기능의 연속적인 수준에서 인간 상호작용을 이해하기 위한 새로운 접근을 제시하고 있다. 그것은 고의적(의도적) 또는 우연적(비의도적)으로 드러나는 유익한 행동과 유해한 행동을 광범위하게 다룬다(Purkey & Schmidt, 1996).

- 의도적으로 초대를 거부하기: 고의적으로 유해하고 해로운 방식으로 행동하는 학생, 학부모, 교사 등은 가장 낮은 바람직성 수준에서 기능한다. 사람들이 의도적으로 초대에 거부할 때 그들 자신과 다른 사람들의 가치를 무시하고 모욕하고 업신여긴다.
- 비의도적으로 초대를 거부하기: 때때로 사람들은 비의도적으로 유해하고 해로운 메시지를 보낸다. 예를 들면, 경솔하게 행동하는 교사는 비록 그의 의도는 전문적인 권위 보호의 수단으로서 정확하게 이해될지라도 학생이나 학부모는 초대에 거부된 것처럼 지각될 수 있다. 시·공간적 맥락에 어울리지 않고 부주의하고 잘못 지도되거나 과장된 행동은 잘못 해석될 수 있다. 비록 해로운 일이 비의도적으로 발생한다 하더라도 발생된 좋지 못한 결과는 주목할 만하다.
- 비의도적으로 초대하기: 우연히 사람들은 비록 자신들이 그러한 결과를 성취하기 위해 했던 일이 불확실하더라도 그들의 행동으로부터 긍정적인 결과를 발견한다. 예를 들면, 상담교사가 명확한 목표와 방향 설정 없이 학생들과 조력 관계를 시작할 때, 그들이 어디로 가는지 불확실하고 무엇을 하는지 알 수는 없지만 그 상담교사는 좋은 의도를 가졌기 때문에 그들 사이의 관계는 대부분 유익한 경향이 있다. 그러나 불확실성에 대한 인식 부족과 일관성 부족으로 인하여 상담교사는 성공적이고 효과적인 관계를 지속적으로 유지하기 어렵다.
- 의도적으로 초대하기: 일관성 있는 유능한 상담교사는 최고 수준의 전문적인 기능을 목표로 한다. 그는 조력 기술을 믿음직하게 수행하고 폭넓은 지식기반, 자신과 타인에 대한 무조건적 존중을 보여 준다. 높은 전문적인 활동에서 기능하는 상담교사는 학생, 학부모, 교사들이 가치와 보람을 느낄 수 있는 메시지를 일관되게 보낸다. 이처럼 유익한 메시지는 최적의 인간 발달을 촉진하며 건강하고 잘 기능하는 자아개념을 확립하도록 돕는다.

(3) 5P 평가하기

초대상담은 또한 학생 발달에 기여하거나 악영향을 미치는 다섯 가지 요소(5P)를 설명한다(Purkey & Schmidt, 1996). 그것은 사람(People), 장소(Place), 정책(Policies), 프로그램(Programs), 과정(Processes)으로서, 개별적으로 또는 혼합되어 연속적인 수준에서 하나 이상으로 기능한다. 사람들이 어떻게 서로 다른 기능 수준으로 행동하는지는 쉽게 알 수 있지만, 나머지 네 가지 요인이 어떻게 학생 발달에 긍정적 또는 부정적 메시지를 보내는지는 명백하지 않다. 예를 들면, 국가시험에서 임의로 탈락 점수를 정하여 학생들에게 실패를 안겨 주는 규정들처럼, 처벌적 접근을 강조하는 정책은 학습의 의식에 학생들을 초대하는 데 아무런 도움이 안 된다. 마찬가지로 불결하거나 불안전한 장소는 학생들과 다른 사람들을 멀어지게 하며, 문화적 또는 개인적 차이를 무시하는 프로그램이나 소수 엘리트의 편익을 위해 채택되는 과정은 소외당했다고 느끼는 사람들에게 초대받지 못한 것으로 지각될 수 있다. 따라서 사람뿐만 아니라 장소, 정책, 프로그램, 과정에 대한 점검과 개선을 통해 학생들이 학교활동에 참여하여 우수한 생활을 영위하기를 바라는 마음을 강화시킬 필요가 있다.

초대상담을 효과적으로 적용시키려면 이러한 각 요소를 고려하고 학생 발달과 학습에서 '중요하지 않은 것이 없다'와 같은 격언을 따르도록 해야 한다. 때문에 초대상담을 '5P 평가하기'라고도 하는데, 5P의 적절한 평가는 상담교사, 학생, 학부모, 교사, 행정가들이 특별한 목표에 초점을 맞추고 적합한 전략을 계획하게 한다(Purkey & Schmidt, 1996). 예를 들면, 학교 주변의 '장소'에 대한 평가는 학생 발달을 저해하는 환경 요인을 규명한다. 가령, 한 중학교 학생이 상담교사에게 학교 화장실이 너무 더러워서 자신은 절대 이용하지 않는다고 말했다고 하자. 상담교사는 이러한 정보를 교장에게 전달하여 학교 당국이 중재 방안을 모색하도록 돕는다. 즉, 상담교사는 관리인이 휴게실을 더 자주 살피고 교사와 행정가들이 더 자주 감독하며 학생들이 책임감을 갖고 화장실을 이용할 수 있는 방안을 논의하는 과정에 참여하도록 함으로써 긍정적인 변화를 도모할 수 있다. 때로는 5P가 학생 발달과 학습을 방해할 수 있다. 상담교사는 지속적인 평가를 통해서 공식적이든 비공식적이든 직원 개발을 계획하고 정책을 수정하거나 새로운 프로그램을 만들며, 학생-교사 관계를 저해하는 과정을 개선하고 집단 또는 개인을 구분하거나 특정 학생을 학교로부터 격리시키는 문제 등에 관하여 학교 당국에 도움을 줄 수 있다.

(4) 적용 및 평가

초대상담은 인간 행동을 이해하기 위한 지각적 오리엔테이션의 수용, 인간 발달을 위한 역동적 힘으로서 자아개념의 강조, 인간 존중과 인간 존엄에 대한 확고한 존경, 광범위한 적용의 장려 등 네 가지 초대 원리를 부각시킴으로써 다른 접근방식들과 어깨를 나란히 한다(Purkey & Schmidt, 1996). 지각의 역할과 학생 발달에서 자아개념에 가치를 두고 학생 복지에 높은 관심을 갖는 학교상담 프로그램을 발달시키기 위한 접근방식은 초대상담과 양립할 수 있다. 초대상담은 새로운 방법이라기보다는 종합적인 학교상담 프로그램의 반응적 서비스를 통해서 다른 접근방식들과 통합될 수 있는 전문적 상담을 위한 신념 체계와 지침이다. 초대 원리를 적용하면서 상담교사는 교사들이 교과과정에 통합시킬 수 있는 교육 서비스를 계획하고 전체 학교를 보호하기 위한 예방 전략을 만들며 학생, 학부모, 교사 각자의 특별한 관심에 초점을 맞추기 위한 개인 및 소집단 상담을 마련한다. 종합적인 학교상담 프로그램 내에서 적합한 상담 서비스를 설계하고 창조하고 확립하기 위해서는 학교를 구성하는 다섯 가지 요소를 적절히 평가할 필요가 있다.

초대상담은 복잡한 인간관계를 설명하기 위해 이해하기 쉬운 언어를 사용하기 때문에, 모든 발달 수준의 학생들에게 초대와 초대 거부, 의도적인 것과 비의도적인 것 등 핵심 개념을 가르칠 수 있다. 상담교사와 교사는 학생들에게 자기계발에 대해 가르치는 교과과정에 그러한 개념을 채택할 수 있으며, 그들이 책임감 있는 행동을 배우고 적절한 성격을 개발할 수 있도록 조력한다. 이처럼 초대 접근은 특별히 계획적인 심리교육을 지향하는 상담교사에게 유용하다(Hayes, 1996). 먼저 학생들은 초대 기능을 교육받고 이러한 지식을 자신의 개인적 발달과 대인관계를 평가하는 데 사용할 수 있다. 예를 들면, 슈미트(Schmidt, 1988, 1997)는 중학생용 우정 지침서를 저술하여 상담교사와 교사들이 학급 생활지도에 사용할 수 있게 하였다. 레흐와 마틴(Lehr & Martin, 1992)은 학생들이 건강한 태도를 개발하고 건설적인 행동을 취하여 발달 과정에서 위기에 빠지지 않도록 학교가 도울 수 있는 초대 전략과 개입 방안을 제시하였다.

또한 초대 개념은 상담교사와 학생들이 개인 또는 소집단 상담 회기 내에서 걱정거리를 검토하는 틀이 될 수 있다. 학생들은 초대의 관점에서 자신의 걱정을 이해함으로써 자신의 책임을 결정하고 적절한 행동을 선택할 수 있는 더 나은 능력을 갖추게 된다. 상담교사는 학생들에게 초대의 기능 수준을 가르치고 격려하여 그들이 자신의 행동을 통제하고 삶의 방향을 결정지을 만한 사건들에 대해 영향력을 행사하도록 조력할 수 있다. 나아가서 상담교사는 교사 및 학부모와 함께 작업할 때 초대 원리에 기초한 학교 훈육 접근방식을 채택하여 긍정적인 학생–교사 관계를 발전시키거나 좀 더 건전한 가족관계 형성을 위한 방법에 대하여 이야기를 나눌 수 있다. 이 모든 서비스와 활동은 종합적인 학교상담 프로그램에 통합되며 학생, 학부모, 교사에게 광범위한 발달 문제를 처리할 수 있도록 조력하는 데 기여한다.

3. 과정과 기법

개인상담은 도움을 필요로 하는 내담자가 상담을 신청하면서부터 상담의 목표가 달성되어 상담을 종결할 때까지 발생하는 상호작용의 전 과정을 통틀어 일컫는 말이다. 이 절에서는 상담에서 교사가 일반적으로 거치게 되는 단계마다 알아 두어야 할 사항과 학생을 효율적으로 돕기 위해 숙달해야 할 상담 기법을 소개한다.

1) 개인상담 과정

학교 장면에서는 도움을 필요로 하는 학생이 자발적으로 상담실 또는 교무실에 들르거나 교사 또는 상담교사에게 호출되면서부터 상담이 시작된다. 상담의 일반적 과정은 시작단계, 관계형성 단계, 문제탐색 단계, 문제해결 단계, 종결 단계로 나눌 수 있다.

(1) 시작 단계

상담을 어떻게 시작하는가는 이후의 상담 과정에 지대한 영향을 주기 때문에 매우 중요하다. 상담의 시작은 두 가지 유형으로 나눌 수 있는데, 학생 스스로 상담교사를 찾게 됨으로써 시작되는 자발적 상담과 호출이나 제3자에 의해 의뢰되는 비자발적 상담이다. 자발적 상담의 경우, 상담교사는 학생에게 "어떻게 왔니?" "무엇을 도와줄까?"라는 말을 하여 학생이 말문을 열도록 도울 수 있다. 상담교사가 개방적인 태도를 보일 때, 학생은 자신의 감정과 욕구를 솔직히 털어놓을 수 있으며, 상담교사는 학생의 자기 탐색과 호소 내용을 명료하게 정리하는 작업을 수행할 수 있다. 반대로 비자발적 상담의 경우, 상담교사는 학생에게 면담 목적을 분명하게 설명해야 한다. 이때 상담교사는 학생에게 개방적인 태도를 취하고 모든 중요한 정보를 공유하며, 면담 목적을 구체적이고 분명하게 전달하고 학생이 설명을 이해했는지 점검해야 한다.

상담교사는 또한 시작 단계에서 도움을 필요로 하는 학생으로부터 다양한 정보를 입수한다. 그러나 많은 정보를 조직하고 이를 토대로 상담 전략을 수립하는 일은 쉽지 않다. 중다양식치료(Lazarus, 1973)에서 제시하고 있는 BASIC-ID 모형은 상담이 필요한 학생을 종합적으로 이해하는 데 유용한 도구이다. 이 모형에 따르면, 상담교사는 학생에 관한 정보를 행동(B), 정동(A), 감각(S), 심상(I), 인지(C), 대인관계(I), 약물/섭식(D)의 일곱 가지 범주로 나누어 정리함으로써 좀 더 종합적이고 입체적으로 이해할 수 있다. 키트(Keat, 1990)는 이 모형을 수정하여 'HELPING' 모형을 제안하였는데, 그 모형의 구성요소는 다음과 같다.

- H=Health issues(건강 문제, 즉 섭식, 물질남용, 신체건강 등)
- E=Emotions/Feelings(정서/감정, 즉 정동적 영역)
- L=Learning/School-related concerns(학습/학교 관련 문제)
- P=Personal relationships(인간관계)
- I=Imagery/Interests(상상력/흥미)
- N=Need to know(지적 호기심, 즉 인지와 사고 범주)
- G=Guidance of acts, behaviors, and consequences(행위, 행동 및 결과에 대한 지도)

중다양식치료의 절충적 모형은 학생에 대한 종합적인 평가와 행동 전략을 포함하고 있다는 점에서 다양한 욕구의 학생들에게 적극적으로 반응할 수 있다는 장점을 지니고 있다. 이 모형은 학생의 현재 기능 수준을 평가하는 과정에서, 그리고 중재 계획을 수립하는 절차에서 관찰을 이용할 수 있는 체제를 제공한다.

(2) 관계형성 단계

학생과의 신뢰관계, 즉 라포(rapport)를 형성하기 위해서는 상담관계의 촉진적 요소를 살펴볼 필요가 있다. 상담관계의 촉진적 요소란 학생이 건설적인 행동을 취하는 방향으로 삶을 전환시키기 위해서 그 학생과 돈독한 관계를 형성하는 데 필수적으로 요구되는 상담교사의 태도를 말한다. 학생의 문제 파악을 위한 신뢰관계 촉진 요소로는 상담교사의 공감적 이해, 무조건적인 긍정적 존중, 진정성, 구체성을 들 수 있다(Egan, 1975, 1994, 2003).

- 공감적 이해: 정의적 차원에서의 공감과 인지적 차원에서의 이해가 결합된 태도를 말한다. 상담교사가 학생의 입장에서 학생의 말을 이해하고 정확하게 이해한 바를 의사

소통하는 것이다. 즉, 학생의 입장에서 그의 내면세계를 이해하고 그가 현재 경험하고 있는 감정을 함께 느끼는 것을 말한다.

- 무조건적인 긍정적 존중: 온전한 수용을 의미하며, 상담교사가 학생에 대한 비판이나 판단을 하지 않고 그 대신 학생의 욕구에 주의를 기울이고 독특한 개인을 지닌 인격체로서 학생을 있는 그대로 받아들이는 태도를 말한다. 상담교사는 학생이 기본적으로 선한 의지를 가지고 자신에 관한 의사결정을 스스로 행할 수 있는 능력을 지닌 가치 있는 사람이며 긍정적인 방향으로 인간적인 성장을 할 수 있는 사람으로 대할 수 있어야 한다.
- 진정성: 상담교사는 기본적으로 학생을 정직하고 성실하게 대해야 한다. 상담이 진행되는 동안 상담교사는 권위적인 교육자의 틀에서 벗어나 자연스럽게 행동하고 자발적이며 방어적이지 않은 자세로 적절한 자기개방을 할 수 있어야 한다. 특히 상담교사는 자신의 신념과 가치관을 면밀히 파악하여 상담과정에서 학생에게 미칠 수 있는 영향력에 대해 주의를 기울여야 한다.
- 구체성: 학생이 자신의 관심사나 호소 내용을 구체화하도록 돕는 것을 말한다. 이는 상담교사가 학생의 경험과 느낌을 나눌 때 그에게 구체적으로 이야기하도록 요청함으로써 가능해진다. 상담교사 역시 구체적인 용어를 사용하여 모호함을 피해야 한다. 학생의 언어적 표현을 좀 더 구체화하도록 돕기 위해서는 학생의 표현 중에서 생략된 부분에 주의를 기울여 채울 것을 요청하거나 학생에게 질문을 던져서 자신의 목표(예: "모든 것이 어떻게 달라졌으면 좋겠니?")와 행동(예: "친구들과 좀 더 친해지고 싶을 때 어떻게 하니?") 또는 타인의 행동(예: "친구들이 너를 괴롭힐 때 어떤 말과 행동을 하는지 말해 주겠니?")과 대처(예: "친구들이 너를 괴롭힐 때 너는 무슨 말을 하고 어떤 행동을 하니?")를 구체적으로 탐색하도록 안내할 수 있다.

(3) 문제탐색 단계

상담은 단순한 관계형성 그 이상이다. 상담은 여러 종류의 문제에 초점을 맞추고 상황을 개선하기 위한 결정을 내리고 새로운 기술을 습득하고 자신의 지각을 증가시키는 조력관계를 사용하는 과정이다. 이러한 단계로 이동하지 못한 관계는 상담으로 여길 수 없다. 아마도 우정이나 대화, 전문적인 조력이 없는 단순한 교류와 같은 형태일 것이다. 상담교사가 상담관계를 특정한 문제와 관심에 대한 좀 더 깊은 탐색으로 이끌어 가기 위해서는 특정한 상담이론과 실제에 대한 이해가 전제되어야 한다. 모든 상담 접근방식은 특히 초기 단계에서 작업동맹관계를 확립하기 위해 유사한 기술과 행동을 사용한다. 그러나 이 단계를 넘어서면 다양한 상담이론의 용어, 가정, 신념들이 서로 색채를 띠기 시작한다.

문제탐색 단계는 상담교사가 채택한 특정한 접근방식이 갖고 있는 구성개념, 용어, 기법, 전략들로 특징지을 수 있다. 예를 들면, 아들러식 접근방식을 추구하는 상담교사는 출생순위, 가족 서열, 행동의 목표, 열등감에 초점을 맞추고, 생활양식 평가 기법을 적용하여 그들의 개인적인 논리가 무엇이고 그러한 논리가 성공적인 인생에 어떤 관련을 맺고 있는지 이해하도록 돕는다. 대조적으로 행동적 접근방식을 지향하는 상담교사는 문제 행동을 명시적으로 정의하여 기초선 자료를 수집하고 행동의 자극과 전례를 검토하며, 다음 단계에서는 행동을 변화시키거나 수정하기 위해 강화, 주장 훈련, 이완 훈련, 체계적 둔감법과 같은 행동적 기법을 개발한다.

각각의 이론적 기반을 숙지하고 인간 발달과 학습에 대한 각각의 기본적인 기술과 기법을 수행할 수 있는 상담교사는 학생들의 삶에 유익함을 줄 수 있는 위치에 있다. 특별한 접근방식을 정확히 이해하고 수행할 수 있는 상담교사는 학생들을 더 탐색하고 그들이 표현한 관심을 실천할 수 있도록 도울 수 있다. 특히 학교 장면에서 상담교사는 학생들이 관련된 문제를 적절히 탐색함으로써 심리적 갈등을 해결하고 더 큰 자각을 불러일으키며 삶을 풍요롭게 하는 결정을 내릴 수 있는 대안을 선택할 수 있도록 조력한다.

(4) 문제해결 단계

상담교사는 학생의 문제를 파악하고 성취 가능한 상담 목표를 설정하게 되면, 어떻게 학생을 도울 것인가에 대한 구체적인 전략을 수립한다. 상담 전략은 상담교사가 어떤 이론적 접근을 토대로 상담을 전개하느냐에 따라 달라질 수 있다. 그러나 학생의 문제는 일반적으로 자신의 일상생활 속에서 굳어져 온 행동이나 사고방식이므로 상담교사가 제시하는 조언이나 해결책을 혼자 힘으로 실천에 옮기기는 그리 쉽지 않다. 따라서 상담 전략을 수립할 때 학생을 중심으로 해야 하고, 상담교사가 직접 해결책을 제시하는 것은 가급적 피해야 한다. 상담교사는 무엇보다 학생의 실천 가능성 여부와 실천 과정을 점검하는 한편, 실천할 때 예상되는 결과와 장애요소 등에 대해서도 면밀히 살펴야 한다.

(5) 종결 단계

상담교사가 상담 과정을 종결해야 할 상황이 발생하면 이를 구체적으로 다루어야 한다. 이상적으로는 상담을 받아 온 학생이 겪고 있던 문제가 해결됨으로써 상담을 종결해도 좋다는 판단이 드는 시점에서 상담을 종결한다. 그러나 미리 합의된 상담횟수가 마무리되어 갈 때나 상담에서는 목표를 달성할 수 없거나 상담을 잠시 '쉴' 필요가 있을 때도 상담의 종결을 고려해야 한다. 특히 문제가 미해결된 상태에서 상담을 종결할 때 상담교사는 학생의 불안을 다루어야 한다. 예를 들면, 상담교사는 학생에게 완치에 대한 이분법적/마술적인 사고의 내재 가능성을 탐색하고, 문제해결은 삶의 한 부분이며 계속해서 이루어져야 하는 과업임을 강조할 필요가 있다. 또한 상담과정 중에서 성공적인 문제해결 사례를 인용하여 잠재적 능력을 확인하고, 문제가 악화될 경우에는 자신의 대처능력을 점검할 기회로 삼도록 조언할 수 있다. 만일 학생의 문제가 해결하기 어렵거나 다른 전문가의 도움이 필요하다고 판단되는 경우에는 신속하게 다른 상담자나 전문가에게 의뢰해야 한다.

상담을 실제 종결하기 위해서 상담교사는 우선 상담 내용을 요약하여 상담기간 중에 상담목표가 어느 정도 달성되었는지를 점검한다. 이때 단순히 외적 상황이나 행동의 변화에 초점을 두기보다는 우유부단함의 극복, 자아존중감의 향상, 우울감정의 탈출, 정체감의 확립과 같이 내면적 변화에 초점을 둘 필요가 있다. 그 밖에도 상담의 종결 시에 다음과 같은 문제가 다루어질 수 있다. 상담교사는 내담자에게 종결 후 나타날 수 있는 문제를 탐색하여 대처요령을 연습하게 하고, 친한 친구와 작별을 고할 때처럼 슬픈 감정이 있으면 표현하게 한다. 무엇보다 상담의 종결은 서서히 진행해야 하며, 종결 후에는 추수지도를 계획할 수 있어야 한다.

2) 개인상담 기법

상담교사는 학생 개개인의 인간적 성장을 돕기 위하여 그들을 이해하고 수용하는 대화 및 상담 기술을 익혀야 할 필요가 있다. 개인상담 기법은 이론적 접근에 따라 매우 다양하다. 비교적 공통적으로 사용되는 상담 기법을 중심으로 살펴보면 다음과 같다.

(1) 경청

상담을 성공적으로 수행하기 위해 특히 선행되어야 하는 것은 경청이다. 경청은 크게 소극적 경청과 적극적 경청으로 나눌 수 있다(강진령, 연문희, 2009). 적극적 경청(active listening)이란 상대방이 중요하고 가치 있는 사람임을 나타내는 반응이고, 상대방의 메시지에 내재된 감정을 정확하게 이해했음을 나타내는 반응이며, 말의 내용이나 표면적인 감정뿐만 아니라 표현되지 않은 의미와 내면의 감정까지도 이해했음을 보여 주는 반응이다.

적극적인 경청 방법은 상대방이 이해하거나 느끼는 것을 좀 더 정확하게 지각하도록 도와주는 역할을 한다. 적극적 경청을 통해 상담교사는 학생의 심리적 내면세계에 귀를 기울일 수 있고 그의 마음의 소리를 엿들을 수 있게 된다. 적극적 경청은 고민하는 학생으로 하여금 지금 무엇이 문제인지 말하게 하고 그의 감정과 정서를 정화시켜 주며 자신의 문제를 스스로 책임지게 하고 자기 자신의 근본적인 감정을 탐색할 수 있도록 도와준다. 시작단계에서 상담 목표는 학생의 문제와 가능성을 탐색하고 명료화하는 것이다. 이 목표를 이루기 위해서 상담교사는 적극적 경청 방법을 활용하여 공감적 이해, 진정성, 무조건적인 긍정적 존중을 보여 준다.

(2) 주의 기울이기

상담교사의 비언어적 행동은 오히려 언어적 측면보다 더 민감하게 전달될 수 있다는 점에서 좀 더 세심하게 주의를 기울일 필요가 있다. 상담교사가 학생을 돕고 이해하고자 하는 마음을 잘 전달하는 하나의 방법은 주의 기울이기다. 주의 기울이기(attending)는 신체적 행동과 심리적 태도를 통해 가능하다. 신체적으로 주의를 기울이는 행동은 의사소통과 이해를 촉진한다. 이간(Egan, 1994, 2000, 2003)은 기본적인 주의 기울이기 행동을 제안하고 머리글자를 따서 'SOLER'라고 이름 붙였다. 그것은 '내담자를 향해 정면으로(Squarely) 마주하고, 개방적(Open)이고, 앞으로 약간 기울이는(Lean) 자세를 취하고, 시선(Eye)의 접촉을 유지하며, 이완된(Relaxed)' 상태를 의미한다.

상담교사는 또한 학생이 편안하고 가벼운 마음으로 하고 싶은 이야기를 할 수 있도록 간단한 반응을 보임으로써 심리적으로 주의를 기울이고 있다는 것을 적극적으로 보여 주어야 한다. 일반적으로 상담교사가 학생을 돕는 데 진정한 관심을 가질수록 그 상담이 성공할 가능성은 더욱 커진다. 상대방에 대한 관심은 주의를 집중하고 있음을 나타내는 비언어적 행동에서 자연스럽게 드러난다. 심리적 주의 기울이기는 간단한 반응과 개방적 질문의 형태로 나눌 수 있다. "응." "으흠." "으응. 그랬었구나." "아, 그래. 잘 알았다." "오, 그런 일이 있었니?" "아이구, 저런!" "음, 그렇구나!" 등과 같은 언어적 표현과 함께 미소를 짓거나 고개를 끄덕이는 일은 내담자에게 심리적으로 주의를 기울이고 있다는 것을 나타내는 신호이다. 이 간단한 반응으로 상담교사는 학생에게 심리적으로 함께 하고 있다는 안도감을 제공함으로써 학생의 자기노출과 탐색을 유도하며 결과적으로 상담 효과를 높일 수 있다.

(3) 상담 구조화하기

구조화(structuring)란 상담교사가 상담의 시작 단계에서 학생에게 상담에 필요한 제반 규정과 상담의 한계에 대해 설명해 주는 것을 말한다. 상담 관련 제반 규정에는 적극적으로 참여하기, 상담 약속시간 준수하기, 상담 약속의 취소 또는 연기를 요청하는 방법, 위급한 상황에 처했을 때 상담교사에게 연락하는 방법, 상담실 이용 방법, 그 밖에 학생이 알아두어야 할 제반 사항 등이 포함된다. 유료 상담인 경우 상담료와 지불 방법, 약속시간 불이행 시 상담료 납부 방법 등의 규정이 포함된다.

상담의 한계란 상담교사와 학생의 의사소통을 통해 서로 간에 할 수 있는 사항과 그렇지 않은 사항을 명백히 구분하는 것을 말한다. 흔히 상담교사는 상담을 요청한 학생의 감정을 상하게 할까 봐 학생이 요청하는 것은 무엇이든 다 들어주려는 경향이 있다. 그러나 어떤 정해진 한계가 없이 학생의 요청을 무조건 들어주다 보면 그것이 누적되어 결국 상담 효과에 악영향을 미칠 수 있다. 따라서 상담에는 한계가 있어야 하며, 상담교사는 상담의 초기 단계에서 학생이 이해할 수 있는 언어로 상담의 한계를 설명해야 한다. 학생 상담의 한계는 책임, 시간, 행동, 애정의 문제와 관계가 있다.

(4) 감정과 욕구 명료화하기

감정은 개인의 욕구와 경험이 서로 어느 정도 일치하는가를 반영한다. 개인의 욕구는 행동을 안내하고 그 행동을 통해 얻게 되는 경험이 욕구를 충족할 때는 기쁨과 만족감을 얻게 되는 반면, 그렇지 못할 때에는 불안, 분노, 슬픔과 같은 부정적 정서를 경험하게 된다. 따라서 감정은 개인의 행동에 정당성을 부여하고 자신의 욕구와 일치하는 방향으로 행동을 선택할 수 있도록 안내한다. 따라서 상담교사는 학생이 자신의 감정을 인식하고 명료화하도록 조력함으로써 그의 감정에 담긴 욕구를 이해하고 그것을 건설적으로 충족하기 위해 요구되는 행동을 선택할 수 있도록 안내할 수 있다.

상담교사는 학생에게 자신의 감정과 욕구를 이해하도록 돕기 위해 명료화, 재진술, 반영, 요약, 직면, 해석 등 다양한 대화기법을 사용할 수 있다. 명료화(clarification)는 "그것이 정확하게 무엇을 뜻하는 것인지 다시 말해 주겠니?"와 같이 학생의 대화 내용을 분명히 하고 그가 표현한 것을 정확하게 지각하였는지 확인하는 대화 기술이다. 재진술(paraphrase)은 학생의 메시지에 표현된 핵심 인지 내용을 되돌려주는 기술이며, 반영(reflection)은 학생의 메시지에 담겨 있는 정서를 되돌려주는 기술이다. 요약(summation)은 대화 내용 중 여러 상황 또는 장면에서 흩어져 표현된 대화 주제를 찾아내어 이를 한데 묶어서 되돌려주는 기술이다. 직면(confrontation)은 상담 과정에서 모순되거나 불일치하는 언어와 행동을 드러내 노출시키는 대화 기술이다. 해석(interpretation)은 학생의 말에 대해 상담교사 자신의 판단을 섞어 반응하는 대화 기술이다.

(5) 행동의 변화 촉진하기

상담의 궁극적인 목표는 학생이 자신의 행동에 실질적인 변화를 가져오도록 촉진하는 것이다. 상담교사는 상담 과정에서 학생에게 자기노출을 촉진하고 정보를 제공하거나 자기개방을 통하여 학생이 자신의 감정과 생각을 드러내고 행동의 변화를 시도하도록 안내한다. 정보제공(information-giving)은 자료 또는 어떤 사실들에 대한 언어적 의사소통을 말한다. 자기개방(self-disclosure)은 상담자가 학생의 호소 문제와 관련된 자신의 정보와 감정을 제시하여 치료적으로 활용하도록 하는 것이다. 자기개방과는 반대로, 자기노출(self-exposure)은 학생이 자기의 경험이나 생각, 느낌 등을 드러내는 것이다. 자기노출의 한 형태로 자기표현(self-expression)은 특히 상대방의 행동이 용납될 수 없거나 자신의 욕구가 좌절될 때 '나(I)'를 주어로 자신의 의사와 감정을 전달하는 방법이다. 또한 상담교사는 자기표현 내용 중 불완전한 표현을 찾아서 구체화하여 문제 상황을 좀 더 상세히 묘사하도록 조력할 수 있다. 이뿐만 아니라 명사적 표현을 찾아서 동사적 표현으로 대치하여 문제 상황을 현재진행형으로 되돌리거나 부정적 표현을 찾아서 긍정적 표현으로 대치하여 문제 해결의 여지를 남겨 놓을 수 있다. 이 기법들은 학생에게 자신이 처한 상황을 다른 시각에서 바라보게 하거나 자신의 잘못된 신념이나 행동에 변화를 유도하는 효과적인 의사소통 기술이다.

학생과 라포를 형성하고 상담목표를 충분히 공유한 경우, 상담교사는 다양한 행동기법을 활용하여 부적응 행동을 감소시키고 바람직한 행동을 형성하거나 증가시킬 수 있다. 행동 기법을 적용하려면, 우선 상담을 통해 변화시키고자 하는 표적 행동을 관찰과 측정이 가능한 형식으로 정의하고 기초선 자료를 수집한다. 그런 다음 학생과 행동계약을 체결하고 이행한다. 행동계약(behavioral contract)이란 행동 변화를 위해서 실천해야 할 규칙에 대하여 상담교사와 학생 사이에 맺어지는 모종의 약속을 말한다. 그것은 표적 행동, 실천 기간, 실행계획과 상벌체계, 서명으로 구성된다. 표적 행동은 관찰과 측정이 가능한 형태로 기술되어야 하며, 기초선 자료에 기초하여 실천 기간 내에 도달 가능한 목표와 함께 기술되어야 한다. 실행계획은 목표 달성을 위해서 수행해야 할 행동규칙과 이행 절차를 말하며 규칙 이행 여부에 따른 상벌체계를 포함한다. 상담교사와 학생은 이러한 내용을 문서로 작성한 후 서명하고 실행에 옮긴다.

바람직한 행동을 증가시키기 위해서 상담교사는 행동조형, 상표제도와 같은 강화 전략을 적용한다. 행동조형(shaping)은 변화시키고자 하는 목표행동을 간단하고 쉬운 행동부터 단계적으로 세분화하여 점진적으로 강화해 가는 방법이다. 상표제도(token economy)는 도장, 스티커, 마일리지와 같은 토큰을 활용하여 바람직한 행동을 보상하고 난 후 일정한 규칙에 의해 일차적인 강화물과 교환하여 그 행동을 강화하는 방법이다. 때로 학생이 새로운 행동을 습득하는 것을 돕기 위해서 상담교사는 모델링을 통해 시범을 보이고 비계를 설정하며 지지와 격려를 통해 인내심을 갖고 도전하도록 지원한다.

교실 규칙을 위반하는 일과 같이 바람직하지 않은 행동을 약화시키기 위해서 상담교사는 논리적 결과나 타임아웃과 같은 좀 더 안전한 방법을 활용하여 정서적 충격을 완화한다. 논리적 결과(logical consequent)는 학생의 잘못된 행동(예: 낙서)에 대하여 다른 사람이 의도적으로 개입하여 그 행동의 대가로 따르는 결과(낙서 지우기)를 논리적으로 경험하게 하는 것이다. 타임아웃(time-out)은 학생이 잘못된 행동을 하면 모든 정적 강화를 차단하여 그 행동을 감소시키는 방법이다. 때로 상담교사는 학생에게 이완 훈련을 실시하여 시험불안을 극복하거나 주장 훈련을 통해 대인불안 상황에 대처하도록 하여 정서 문제의 해결을 도울 수 있다.

행동의 변화를 촉진하는 데 좀 더 효과적인 기법은 상반행동을 찾아서 강화하거나 긍정적인 행동을 지원하여 바람직하지 않은 행동을 자연스럽게 소거하는 것이다. 상반행동(incompatible behavior)은 서로 모순되어 양립할 수 없는 행동을 말한다. 예를 들어, 일어서는 행동과 앉는 행동은 모순되어 동시에 행할 수 없다. 마찬가지로 교실 사태에서 학생의 방해 행동을 처벌하는 것보다 그의 참여 행동을 강화하는 것이 좀 더 효과적이고 부작용을 줄일 수 있다.

(6) 질문하기

질문(probing)은 학생에 관한 정보와 자료를 수집하고 그의 생각이나 감정을 탐색하기 위한 상담 기법이다. 상담 과정에서 효과적인 질문의 형태는 열린 질문, 간접질문, 가상 질문 등이다. 열린 질문은 "화가 난 이유가 뭘까?"와 같이 학생에게 "예/아니요."가 아니라 비교적 상세한 반응을 하게 하는 경우이다. 간접질문은 "그래서 무척 화난 모양이네."와 같이 의문문을 사용하지 않지만 실제 내용은 무엇인가 묻는 경우이며, 학생에게 강요받는다는 느낌을 주지 않으면서 그의 생각이나 경험을 파악할 수 있다. 가상질문은 "만일 기적이 일어난다면 어떤 일이 일어날까?"와 같이 가정법의 형식을 빌어서 학생에게 있을 법한 갈등, 가치관, 생각, 느낌 등을 탐색할 수 있다.

하지만 상담 장면에서 질문은 학생의 오해를 빚고 상담에 역효과를 낼 수도 있다는 점에서 각별히 조심할 필요가 있다. 의문사에 담긴 질문 중에 특히 '왜'라는 질문은 자칫 학생에게 심문받는 느낌을 주어 자신을 방어하게 하거나 부정적인 반응을 불러일으킬 가능성이 크다. 따라서 치료적 협력관계가 충분히 형성되지 않은 상태에서 '왜'라는 의문사가 담긴 질문은 가급적 사용하지 않는 것이 좋다. 또한 질문으로만 이어지는 상담은 자칫 상담교사의 호기심 충족이나 불안감 해소를 위한 수단으로 전락되거나, 학생이 질문에 반응만 하게 되어 위축되거나 소극적인 자세를 취하게 할 수 있다. 더욱이 학생이 도저히 대답을 할 수 없는 질문을 하거나 학생의 답변을 경청하지 않은 채 또 다른 질문을 던지는 것은 상담관계에 부정적인 영향을 미칠 수 있다. 이러한 점에서 볼 때 질문의 효율성은 어떤 질문을 어떻게 할 것인가에 달려 있다고 볼 수 있다.

제4장

집단상담

집단상담은 개인상담과 다르다. 그것은 단순히 개인상담의 이론과 기술을 가지고 소수의 사람들로 구성된 작은 집단을 만들어서 함께 대화를 나누기만 하면 되는 것이 아니다. 왜곡된 집단상담은 참여자들에게 혼란을 주고 실망을 느끼게 함으로써 나쁜 경험을 초래할 수 있다. 이 장에서는 집단상담의 의의와 주요 개념, 집단 구성과 운영, 집단의 역동과 집단 과정, 집단상담 지도자의 역할과 기술에 대해 알아본다.

이 장을 학습하면 여러분은 다음과 같은 학습 성과를 얻을 수 있다.

1. 집단상담의 정의, 특징, 목표, 유형 등을 설명할 수 있다.
2. 집단상담의 계획과 구성 및 운영을 위해 검토할 사항을 설명할 수 있다.
3. 집단상담의 치료적 요인과 단계별 진행 과정을 설명할 수 있다.
4. 집단상담에서 지도자의 역할과 효과적인 집단상담 기술을 설명할 수 있다.

1. 집단상담의 개념

집단상담을 이해하기 위해서는 먼저 집단이 무엇인가를 이해할 필요가 있다. 집단(group)이란 둘 이상의 사람들의 모임을 말한다. 그러나 사람들의 집합체가 집단이 되기 위해서는 집단원이 규칙을 준수하고 의식을 형성하며 각자의 문제해결이나 인간적 성장을 꾀하는 등 여러 가지 방법으로 서로 관계를 형성해야 한다(강진령, 연문희, 2009). 집단과정을 통해서 집단에 참여하는 학생 개개인의 태도나 행동에 변화가 일어나려면, 그 집단은 적어도 공동목표를 수립하고 일정 기간 지속적으로 모여야 하며 집단에 참여하는 학생들이 의욕을 가지고 자발적이고 적극적으로 참여하여 신뢰에 기초한 친밀하고 활발한 상호작용을 경험해야 할 뿐만 아니라 학생들이 준수해야 할 집단 규범이 발달되어야 한다. 따라서 효과적인 집단상담이 되기 위해서는 최소한 공동목표가 설정되어야 하고 집단원이 자기지도를 위한 능력을 갖추고 일정 기간 의욕적으로 참여해야 하며 집단규준과 역동적 상호작용이 있어야 한다(강진령, 2005).

1) 집단상담의 정의

집단상담(group counseling)은 집단 과정의 한 형태이며, 집단관계는 개인상담의 일대일 관계보다 훨씬 복잡하다. 집단상담의 과정은 너무나 복잡하기 때문에 하나의 정의로써 그것을 구성하고 있는 역동적 상호작용을 모두 포괄할 수는 없다. 그럼에도 불구하고 여러 가지 상이한 정의 가운데에는 어떤 공통 요소가 일관되게 포함되어 있을 것이라고 가정할 수는 있다. 가즈다, 던칸, 미도우즈(Gazda, Duncan, & Meadows, 1967)는 집단상담 분야에서 잘 알려진 학자의 저서와 논문 그리고 박사학위 논문 등에 실린 정의를 검토하여 하나의 통합적인 정의를 제안하였다.

> 집단상담은 역동적인 인간관계의 과정으로서, 의식적 사고와 행동에 주의를 집중하고 허용성, 현실과 정화 및 상호 신뢰의 지향, 보살핌, 이해, 지지 등의 치료적 기능을 포함한다. 이들 치료적 기능은 소집단에서 동료 집단원 및 상담자와 함께 개인적인 관심사를 서로 공유함으로써 창조되고 육성된다. 집단상담의 대상은 근본적인 성격의 변화를 필요로 할 만큼 심각한 문제를 갖고 있지 않은 정상적인 개인으로서 기본적으로 다양한 관심을

지니고 있다. 집단원은 집단 상호작용을 활용해서 가치와 목표를 이해하고 수용하는 능력을 증대시키며 새로운 태도와 행동을 학습하고 이미 낡은 것에 대해서는 탈학습이 이루어진다(Gazda, Duncan, & Meadows, 1967: 305).

이형득(1980, 1998)은 집단상담이란 비교적 정상적인 소수의 사람이 전문가 한두 명의 지도하에 집단 혹은 상호관계성의 역학을 토대로 하여 믿음직하고 수용적인 분위기 속에서 개인의 태도 및 행동 변화 또는 한층 높은 수준의 개인적 성장 및 인간관계 능력의 발달을 촉진하려는 의도에서 이루어지는 하나의 역동적인 대인관계 과정이라고 정의하였다. 이 정의를 학교 상황에 적용하면 학교에서 이루어지는 집단상담의 지도자는 교사이며 집단원은 학생들이 될 것이다. 따라서 학교에서 이루어지는 집단상담은 교사나 상담교사가 적은 수의 비교적 정상적인 학생을 대상으로 집단 혹은 인간관계의 역동을 토대로 하여 학생이 경험하는 발달 문제의 해결이나 행동 변화, 더 나아가서는 다양한 영역에서 성장과 발달을 촉진시키려는 노력이라고 할 수 있다(김계현 외, 2009). 일반적으로 집단상담은 한두 명의 지도자와 일정한 수의 집단원이 일정기간 정기적으로 만나 상호 수용적 분위기의 형성과 상호작용에 의한 집단 역동에 기초하여 개인의 문제해결 및 바람직한 변화와 성장을 이루어 가는 상담과정을 말한다고 볼 수 있다.

2) 집단상담의 특징

집단상담에 대한 여러 학자의 정의를 일괄해 보면, 집단상담의 과정에 포함될 수 있을 만한 몇 가지 공통된 요소를 확인할 수 있다(이장호, 김정희, 1992).

첫째, 집단상담은 비교적 정상적인 범위의 적응 수준에 속하는 소수의 사람을 대상으로 한다. 집단상담에서는 집단원들이 개개인의 관심사나 대인관계 문제와 관련된 감정, 사고, 행동양식 등을 비교적 솔직하게 이야기할 수 있어야 한다. 따라서 정신병자나 신경증 환자 혹은 성격장애자와 같이 심각한 개인적 문제를 지니고 있거나 집단의 응집력을 파괴할 위험이 있을 정도로 왜곡된 사람은 집단상담의 대상에서 제외해야 한다. 그리고 집단상담은 최소한 4명의 집단원이 있어야 가능하며 집단원의 숫자가 많아지면 개개인의 참여 및 자기표현 기회가 줄어들게 되어 그만큼 학습의 효과도 감소되기 쉽다. 지도자들은 대체로 6명에서 10명 정도가 이상적인 규모라고 생각하는 경향이 있다.

둘째, 집단상담은 개인의 태도와 행동의 변화 혹은 생활 과정에서 발생하는 문제의 해결을 통한 개인적 성장과 인간관계 능력의 발달을 목표로 한다. 그것은 일차적으로 개개인이 자기이해와 대인관계 능력을 향상시키고 생활환경에 보다 건전하게 적응할 수 있도록 도와주는 과정인 것이다. 따라서 집단상담은 내담자로 하여금 근본적인 성격의 변화나 심각한 정서적 문제의 해결을 요하는 병리적인 문제보다는 대인관계에 관련된 개인의 태도, 정서, 의사결정 및 가치 문제 등에 초점이 맞추어진다. 그리고 취급되는 문제는 주로 집단원들이 자발적으로 드러내는 것에만 국한하고 상담자의 해석을 최소한으로 줄일 필요가 있다. 어디까지나 집단상담의 주된 강조는 치료보다는 성장과 적응에 주어져야 한다.

셋째, 집단상담은 전문적인 훈련을 받은 한두 명의 상담자가 지도자의 역할을 맡는다. 개인상담의 능력이 곧 집단상담 전문가의 자격을 말해 주는 것은 아니다. 집단상담의 지도자는 집단을 책임 있게 이끌어 가기 위해서 필요한 전문적인 능력을 갖추어야 한다. 다시 말해서, 집단상담 지도자는 개인상담에 대한 성공적인 경험, 인간의 성격 및 집단 역학에 대한 광범위한 이해, 타인과의 정확한 의사 및 감정소통 능력 등을 갖춘 사람이어야 한다. 이러한 전문적인 능력을 갖추기 위해서는 자격과 경험을 갖춘 선임 지도자의 감독하에 실습 및 수련 과정을 거치는 것이 필요하다. 또한 경우에 따라서는 한 명의 지도자보다는 두 명의 지도자가 한 집단을 지도하는 것이 도움이 된다. 한 지도자가 직접 개입하고 있는 동안에 다른 지도자는 집단 역동을 관찰할 수 있으며 때로는 두 사람의 상호작용을 통하여 시범을 보일 수 있을 것이기 때문이다.

넷째, 집단상담은 하나의 역동적인 대인관계의 과정이다. 집단상담의 기초가 되는 것은 '상호관계성의 역학' 또는 '역동적인 상호교류'이며, 이는 곧 집단 내 개개인 사이에서는 물론 개인 내부에서 끊임없이 진행되고 있는 지속적인 상호작용의 관계를 뜻한다. 이러한 상호교류를 통해서 집단상담의 기본 원리라 할 수 있는 수용적이고 문제해결을 지향하는 집단 분위기가 형성되고, 개인의 바람직한 성장 · 발달을 촉진시키는 데 필요한 집단 응집력이 발달하게 되며, 계속적인 상호관계의 역동을 통하여 개인은 학습하고 적응하게 되는 것이다. 즉, 인간은 타인과의 의미 있는 상호관계를 경험함으로써 삶의 의미를 체득하게 되는 것이다.

다섯째, 집단상담은 신뢰할 만하고 수용적인 분위기 속에서 이루어져야 한다. 의미 있는 성장이나 행동 변화가 이루어지기 위해서는 집단원이 그의 속성에 관계없이 하나의 존엄성을 가진 인간으로 받아들여지고 있다는 느낌을 가져야 한다. 따라서 집단원 상호 간의 무조건적 수용은 효과적인 집단상담의 필수조건이다. 이러한 무조건적 수용의 분위기에서 집단원들은 있는 그대로의 자기를 노출할 수 있고 자기를 발견하게 되며 자신의 느낌과 신념과 행동을 받아들이게 되는 것이다.

끝으로, 집단상담은 집단원 각자의 대인관계에 관련된 감정과 반응양식, 특히 사회적 태도가 집중적으로 탐색되고 명료화되고 수정되며 또한 그 결과가 확인되는 절차와 과정들로 이루어진다. 이러한 과정에서 집단원들은 또한 각자의 감정, 태도, 생각 및 행동양식 등을 탐색하고 이해하게 된다. 여기서 중요한 것은 이러한 탐색과 명료화 및 수정의 절차가 지도자의 안내하에 집단원에 의해서 제기되고 검토된다는 사실이다.

3) 집단상담의 장점과 한계

개인상담과 비교할 때, 집단상담은 많은 장점이 있다. 또한 집단상담이 좀 더 효과적일 수 있는 특수한 상황이 있다. 집단상담의 일반적인 장점은 다음과 같다(강진령, 2005).

첫째, 집단상담은 개인상담보다 경제적이다. 집단상담을 통해 학생들을 조력한다면, 상담교사는 좀 더 많은 학생과 더 자주 만날 수 있으며 집중적인 도움이 필요한 학생들에게 자신의 소중한 시간과 노력을 좀 더 유용하게 사용할 수 있다. 집단상담의 본질은 상담교사에게 보다 오랜 시간 동안 좀 더 많은 학생에게 상담 서비스를 제공할 수 있게 한다는 것이다.

둘째, 집단상담은 개인상담보다 사람들의 전형적인 사회 현실과 좀 더 유사하다. 집단상담을 통해 상담자는 학생들의 사회적 상호작용 패턴을 좀 더 잘 이해할 수 있으며 그에게 사회적 기술을 학습할 기회를 제공하여 사회화를 촉진할 수 있다. 이는 특히 수줍음이 많고 고립적인 아동, 파괴적이고 공격적인 아동, 정서적인 문제를 가진 아동 등 사회적 기술 부족으로 적응의 어려움을 겪는 학생들에게 중요한 학습의 측면이다.

셋째, 집단상담은 개인상담에서 상담자가 제공할 수 없는 유익한 경험을 제공한다. 개인상담에 비해서 집단상담은 학생들에게 서로 다른 배경, 성향, 경험을 지니고 있는 여러 명의 다른 사람과 함께 상호작용함으로써 유능하고 경험이 풍부한 상담자가 제공하지 못하는 통찰, 지각, 정서적 반응을 제공한다는 것이다. 개별적 만남에서는 학생이 오직 상담교사의 감정, 지각 및 경험만 이용할 수 있지만, 집단 상황에서는 좀 더 광범위한 가능성이 존재한다. 이는 확실히 집단 경험이 제공하는 주된 치료적 이점의 한 가지이며, 단순히 정보 습득과 역량 학습을 목표로 하는 성장 집단에도 적용된다.

끝으로, 특히 학교 장면에서 집단상담은 개인상담보다 학생들이 생활하는 교실 상황과 좀 더 비슷하다. 때로는 학생들은 집단 상황에서 상호작용하는 것에 좀 더 익숙하며, 상담

집단에 배치될 때 저항을 적게 보일 수 있다. 이는 건전하면서 생산적인 경험을 연속적으로 유지한다.

그러나 집단상담은 개인상담에 비해서 일정한 한계가 있을 수 있다(강진령, 2005). 첫째, 집단상담은 학생 개개인에 대하여 세심한 주의를 기울이지 못하고 개인적인 문제를 소홀히 취급할 가능성이 있다. 둘째, 집단 규범이나 지도자 기대에 부흥해야 한다는 집단 압력으로 인하여 개인의 자율성이 제한받을 수 있다. 셋째, 많은 수의 학생들 사이에서 발생하는 역동성을 파악하여 다룰 수 있는 유능한 집단지도자를 확보하기가 쉽지 않다.

4) 집단상담의 목표

집단상담의 개념을 좀 더 명확히 이해하기 위해서는 그것을 통해서 집단원이 구체적으로 무엇을 학습하게 되는가를 이해할 필요가 있다. 앞에서 언급했듯이, 집단상담의 목표는 개인의 태도와 행동의 변화 혹은 생활 과정에서 발생하는 문제의 해결을 통한 개인적 성장과 인간관계 능력의 발달에 있다. 집단상담의 목표는 각 상담이론에 따라 차이가 있다. 예를 들면, 로저스(Rogers, 2007)와 같은 인간중심상담이론가는 집단원들이 자아 불일치를 극복하고 자아실현을 이룩하도록 하는 것을 집단의 목표로 정하지만, 엘리스(Ellis, 1995)와 같은 인지상담이론가들은 집단원의 정서를 왜곡하는 비합리적 신념을 찾아서 합리적 신념으로 변화시키는 것을 집단의 목표로 정한다. 그러나 각 이론에서 제시하는 집단상담의 목표는 학자나 상담전문가에게는 더 정확하고 의미가 있지만 학생이나 비전문가에게는 그 속뜻이 분명하지 않아 큰 의미가 없을 수 있다(Corey, 2015). 예를 들면, 로저스(Rogers, 2007)의 인간중심상담이론에서 자아실현이라는 목표는 매우 중요하고 인간의 변화 과정을 설명하는 데 필수적인 개념이지만 학생이나 비전문가에게는 오히려 학습능력 개선, 집단따돌림 개선, 사회불안 개선 등이 좀 더 의미 있는 목표이다. 따라서 상담교사는 양쪽 목표의 관련성을 이해할 뿐 아니라 학생, 학부모, 행정가가 의미를 두는 목표를 이론적 관점에서 재해석할 수 있는 능력을 갖추어야 한다. 때로 지도자는 집단원의 특성, 집단의 목표, 집단이 실시되는 맥락 등에 따라서 두 가지 또는 여러 가지 이론의 접근방법을 통합하여 적용할 수 있어야 한다.

집단상담의 목표는 집단상담 과정의 목표와 집단상담 결과의 목표로 구분된다(김계현 외, 2009: 305-308).

(1) 집단상담 과정의 목표

실제 집단상담의 과정에서는 집단상담의 전체 목표, 대상, 맥락 등에 따라 여러 가지 이론이 복합적으로 적용되기 때문에 어느 한 가지 이론적 목표만 가지고 집단을 운영하기는 어렵다. 지도자는 그들이 채택하는 이론에 관계없이 집단의 운영 과정에서 공통적으로 가지고 있는 목표가 있는데, 이것들은 그 자체로 목표가 되면서 특정 집단이 궁극적으로 성취하고자 하는 목표의 필요조건이 되는 과정 목표이다. 집단상담을 제대로 해서 목표를 달성하기 위해서는 이처럼 집단 상황에서 순간순간 점검해서 달성해야 하는 것들이 있다.

이장호와 김정희(1992)는 집단상담의 과정을 통해서 집단원은 다음의 다섯 가지 사실을 학습한다고 제안하였다.

- 자신뿐만 아니라 다른 집단원도 비슷한 문제를 가지고 있다.
- 자신의 부족함이나 결함에도 불구하고 그것 때문에 동료들로부터 배척당하지 않는다.
- 다른 집단원들은 자신을 이해하지 못하더라도 지도자를 포함해서 적어도 한 사람은 자기를 이해하고 수용해 준다.
- 집단 과정에서 자기 자신도 다른 집단원을 이해하며 수용하고 도와줄 수 있다.
- 집단 과정에서 자기 자신과 타인에 관해 솔직한 생각과 느낌을 주고받음으로써 자신과 타인을 더 잘 이해하고 수용하게 된다.

(2) 집단상담 결과의 목표

상담교사는 집단을 구성할 때 그들이 학생들에게 바라는 행동변화, 해결하고자 하는 문제 등을 목표로 설정해 놓고 시작하는 경우가 있다. 예를 들어, 상담교사는 '집단따돌림 현상 감소' '가출 행동 감소'와 같이 문제 행동을 감소시키려는 목표를 세울 수 있다. 반면에 '학급 내 교우관계 증진' '또래 도움 행동 증진' '자기이해 및 성장' '자기리더십'과 같이 학생들이 긍정적인 것을 더 많이 하도록 하는 방식으로 목표를 세울 수도 있다. 이처럼 문제 행동의 감소를 목표로 하는 집단은 치료집단의 형태를 띠는 반면, 긍정 행동을 고양시키려는 집단은 성장집단 또는 훈련집단의 형태를 띤다. 이처럼 학생을 대상으로 운영되는 집단상담은 문제 행동을 예방 · 해결 · 교정할 뿐만 아니라 학업, 진로, 개인 · 사회성 등 주요 발달 영역의 성장과 발달을 촉진하기 위해서 실시된다. 이러한 집단상담에서 달성하려는 일반적인 결과 목표는 다음과 같다(김광수, 2014: 609-610).

- 주요 발달 영역에서 성장 · 변화를 이룩하도록 돕는다.
- 각자의 환경을 수용하고 적응하도록 돕는다.
- 발달 과정에서 발생하는 다양한 욕구, 과제, 문제를 해결하도록 돕는다.
- 자신의 행동, 생각, 느낌, 태도를 점검하고 이해하도록 돕는다.
- 집단원의 상호작용을 통하여 다른 사람을 이해하고 새로운 관점으로 자신과 타인을 볼 수 있도록 돕는다.
- 일상생활의 문제해결 및 의사결정에 도움이 되는 사고와 가치체계를 발견하도록 돕는다.

5) 집단상담의 유형

집단상담을 구성하고 운영하려면 상담교사는 집단의 목적은 물론 집단의 종류도 함께 이해할 필요가 있다. 집단을 분류하는 기준은 다양하며, 학자들은 여러 가지 기준을 혼합하여 집단상담의 유형을 제시한다.

(1) 분류 기준

인간의 심리치료나 상담과 관련이 있는 집단은 그 기준에 따라서 여러 가지로 분류될 수 있다. 첫째, 집단상담은 지도자가 채택하고 있는 접근양식에 따라서 정신역동적 집단, 실존-현상학적 집단, 행동주의적 집단, 형태주의 집단 등으로 분류될 수 있다. 둘째, 집단상담은 적용 대상의 성격에 따라서 아동집단, 청소년집단, 성인집단, 노인집단 또는 학생집단이나 지도자집단 등으로 나뉠 수 있다. 셋째, 집단상담은 추구하는 목적에 따라서 치료집단, 상담집단, 훈련집단 등으로 구분될 수 있다. 치료집단은 주로 신경증적 장애, 성격장애 등의 문제를 지닌 소수의 집단원을 대상으로 증상 완화와 성격 재구조화를 목적으로 하고, 상담집단은 일상생활에서 어려움을 경험하는 집단원의 자기이해 증진과 대인문제 해결을 목적으로 한다. 훈련집단은 심리적으로 비교적 건강한 집단원이 자신 및 타인과의 개방적인 만남과 접촉을 통해 실존적 자각과 인간관계 학습을 목적으로 운영되며, 참만남(encounter) 집단, 인간관계 집단, 자기성장 집단, T-그룹 등이 있다. 넷째, 집단상담은 구조화의 정도에 따라서 구조화집단과 비구조화집단으로 구분될 수 있다. 구조화집단은 사전에 집단에서 이루어질 활동이 정해져 있어서 지도자가 계획된 순서에 따라 집단을 운영하는 반면, 비구조화집단은 시간, 횟수, 집단규칙 등 최소한의 구조만 부여하고 나머지는 전적으로 지도자와 집단원이 운영한다. 끝으로, 집단원의 특성에 따라 다양하게 구성하는 것을 원칙으로 하는 이질적 집단이 있는가 하면 공통된 경험이나 문제를 지니고 있는 사람들로 동질적 집단을 구성할 수도 있다.

(2) 학교 집단상담의 유형

마이릭(Myrick, 2003)은 학교 장면에서 적용되는 상담집단을 다음과 같이 세 가지 유형으로 분류하였다.

① 위기중심 집단

위기중심 집단(crisis-centered groups)은 집단 트라우마, 대중적 상실과 같은 긴급한 문제에 대응해서 형성되고 상황이 안정되면 종결된다. 집단원은 어떤 위기를 경험하고 그로 인해 영향을 받은 4~6명 정도의 참여자로 구성되고, 대개 5회기를 넘지 않는다. 마이릭은 구혼을 거절당한 한 남성의 방화로 인해 90명의 사망자가 발생한 뉴욕의 사교클럽 지역에 거주하는 학생들을 대상으로 위기중심 집단을 운영한 적이 있다. 그는 사망자를 친척으로 두거나 알고 있는 학생들을 4명과 5명씩 두 개의 집단으로 나누어 몇 차례 만났으며, 그 과정에서 그들이 슬픔과 분노 감정을 처리하도록 도왔다.

② 문제중심 집단

문제중심 집단(problem-centered groups)도 위기중심 집단처럼 공통 문제에 집중하지만 그 문제는 덜 긴급한 것이다. 위기중심 집단과 문제중심 집단은 집단 상황에 따라서 전환될 수 있다. 문제중심 집단은 대개 6~8주 정도 만나서 학생들이 학교에서 부딪치는 어려운 문제들을 다룬다. 상담교사는 주로 행동 결함 또는 학업 부진 등 공통된 문제를 다루지만, 학생들은 집단 과정에서 개인적인 문제를 호소하는 일이 자주 발생한다. 만일 다른 학생이 비슷한 문제를 공유하고 있다면, 집단은 그러한 문제를 핵심 의제로 다루어야 한다. 예를 들어, 집단에 참여한 몇몇 학생이 수감 중인 아버지로 인해 상실, 별거, 유기, 당혹감, 두려움과 같은 문제를 갖고 있을 때 구조화된 교육과정은 도움이 안 될 수도 있다. 그 대신 상담교사는 학생들에게 집단의 목적을 상기시키고 서로 경험을 나누도록 안내함으로써 그들 스스로 아버지의 수감이 가족에 미치는 영향, 교도소 방문 경험, 죄책감과 수치심 등에 대해 서로의 생각과 감정을 이해하고 받아들이게 도울 수 있다. 상담교사는 집단에서 다루고자 하는 문제의 종류를 제한해서는 안 되며, 집단을 성공적으로 이끌어 가려면 집단

역동에 대한 기본 지식과 같은 문제를 갖고 있는 타인들과 함께 하는 일이 치유에 미치는 효과를 인정할 줄 아는 감식안을 갖추어야 한다.

③ 성장중심 집단

앞에서 언급한 두 가지 유형의 집단과 달리, 성장중심 집단(growth-centered groups)은 우정, 신체적 이미지와 자아상, 대학 진학 등 모든 학생의 전반적인 발달적 욕구를 다룬다. 예를 들어, 학교에서 탈락 위기에 몰리는 학생들은 초등학교에서 중학교로 전환하는 과정에서 어려움을 겪는다. 상담교사는 이러한 전환기에 있는 학생들을 대상으로 집단상담을 구성하고 1년 동안 그들이 경험할 초등학교와 중학교의 차이점을 주제로 다룰 수 있다. 이러한 주제는 모든 학생에게 영향을 미치며 위험성이 낮고 저항을 적게 유발한다. 이런 이유로 성장중심 집단은 발달적 생활지도 프로그램을 채택하는 상담교사에게 특히 유용하다. 특히 고민이 있으나 상담을 꺼리는 학생들은 성장중심 집단에 참여함으로써 상담을 받아야 한다는 부담에서 벗어나 상담교사와 자연스럽게 연결할 수 있다. 집단을 해산할 때, 상담교사는 그 학생에게 개인상담에 대한 기대를 갖고 개별적인 추수모임을 제안할 수 있다.

2. 집단의 계획과 구성

상담교사는 집단상담을 운영하기 위해서 미리 집단을 어떻게 계획하고 준비하며 구성할 것인지 숙의해야 한다. 이는 집단 활동을 성공적으로 전개하고 집단상담의 목표에 도달하는 데 가장 핵심적인 부분이다.

1) 집단 계획

집단을 계획하고 준비하는 과정에서 상담교사는 집단의 목적은 물론, 집단의 구성, 규모와 일정(빈도, 길이, 지속기간 등), 장소, 형태 등을 면밀히 점검해야 한다(Gazda, 1989; Myrick, 1997, 2003; Sciarra, 2004).

(1) 집단의 목적

상담교사는 집단에 어떤 학생을 참여시킬 것인지 결정한다. 집단의 일반 목적은 좀 더 유능하고 자신감 있는 개인을 생성하기 위함이다. 그러나 집단상담의 구체적인 목표는 집단에 참여하는 학생 개개인이 설정한 목표를 토대로 설정해야 한다. 딩크마이어와 무로(Dinkmeyer & Muro, 1979)는 집단상담의 목표를 다음과 같이 설정하였다.

- 정체감 탐색과정을 통해 자기이해를 촉진한다.
- 자기이해를 통해 자기수용과 개인적 가치감을 증진한다.
- 개인 · 사회성 영역의 발달과업에 대처할 수 있는 사회기술과 인간관계 능력을 개선한다.
- 자기지도, 문제해결, 의사결정 능력을 개발하고 그것을 정규수업과 사회생활에 활용한다.
- 타인의 욕구에 대한 감수성을 배양하여 자신의 행동에 대한 책임감을 증진한다.
- 말이나 행동에 내재된 감정에 귀 기울이는 반영적 경청과 공감하는 법을 배운다.
- 대인관계에서 자신의 생각과 신념을 정확하고 일관되게 전달하는 능력을 함양한다.
- 구체적이고 실현 가능하며 측정 가능한 행동적 목표를 설정하는 능력을 함양한다.

(2) 집단의 구성

상담교사는 집단을 어떻게 구성할 것인지 점검한다. 일반적으로 학생의 성별, 연령, 학년, 성숙도, 관심사, 성격 특성, 다른 학생과의 관계형성 여부 등을 고려하여 모든 참여자에게 유익한 경험이 될 수 있도록 구성한다. 여기서 고려해야 할 쟁점은 다음과 같다.

한 가지 주요 쟁점은 집단을 동질적 집단으로 구성할 것인가 아니면 이질적 집단으로 구성할 것인가이다. 동질적 집단은 같은 성이나 비슷한 연령으로 구성되거나 공통의 관심사나 문제를 지닌 사람들로 구성된 경우를 말한다. 일부 학자는 집단의 안정성을 이유로 모든 연령층에서 혼성 집단을 구성해야 한다고 주장하지만(Ohlsen, 1977; Thompson & Rudolph, 1996), 대체적으로 학령 전 아동들의 경우 혼성 집단을 추천하고 사춘기가 시작되기 전인 9세 또는 10세부터는 동성 집단을 추천한다(Gazda, 1989; Ginnott, 1968; Sciarra, 2004). 사춘기 학생들에게 집단 장면은 도발적이고 자칫 불화를 야기할 수 있기 때문이다. 그러나 자신의 섹슈얼리티(sexuality)가 어느 정도 안정된 수준에 도달하는 고등학교 고학년 학생의 경우 혼성 집단이 다시 효과적으로 작동한다. 학생들은 대개 연령에 민감하며 자신을 몇 살 위 또는 아래인 사람들과 동일하게 생각할 만큼 발달적으로 성숙해 있지 않다. 따라서 가급적 같은 연령의 학생들로 집단을 구성하는 것은 의미가 있다. 더욱이 같은 연령의 학생들은 경험이 비슷하고 공통된 관심사를 갖고 있는 경우가 많기 때문에 집단 과정에서 서로 지지 자원으로 봉사할 수 있다.

반면에 집단은 다양한 성향을 지닌 학생들로 구성하는 것이 바람직하다. 예를 들어, 집단에 참여하는 학생들이 모두 위축 성향을 보이는 집단이거나 반대로 무의식적으로 행동화하는 집단이라면 어느 쪽이건 그러한 행동양식은 그들의 상호작용을 방해할 것이다. 하지만 한 집단에 상반된 성향을 보이는 학생들이 모두 섞여 있다면 상담교사는 얌전한 학생들을 이용하여 과도한 행동을 드러내는 학생들을 진정시키거나 적극적인 학생들을 이용하여 소극적인 학생들을 집단에 참여하도록 유인할 수 있다. 요컨대, 집단에 참여하는 학생들이 특정한 요구를 지닐 때에는 동질적 집단이 적절한 반면, 이질적 집단은 개인의 성장을 목표로 할 때 효과적이다. 이질적 집단에서는 참가자들이 일상생활에서 존재하는 사회적인 구조를 경험함으로써 새로운 행동을 경험하게 되고 사회적인 기술을 발달시키고 다양한 자원으로부터 피드백을 받는다.

집단의 구성에서 고려해야 할 또 다른 쟁점은 자발적 참가자로만 집단을 구성할 것인가 아니면 비자발적 참가자를 포함할 것인가이다. 집단경험에서 이득을 얻으려면 개개인이 상당히 동기화되어 있어야 하므로 집단원이 자발적으로 참여할 때 효과적이다. 그러나 비자발적인 참가자도 호의적인 분위기 속에서 집단을 경험하고 지도자가 집단 과정에서 긍정적 경험을 할 수 있도록 돕는다면 생산적인 상담이 이루어질 수 있다. 따라서 상담교사는 개인적인 입장을 고수하기보다 그러한 집단을 어떻게 이끌어 갈 것인지를 배워야 한다.

세 번째 쟁점은 다른 학생들과 관계 형성에 어려움이 있는 학생들이 집단에 참여할 경우 어떤 선택을 해야 하는가이다. 때로 집단에 참여하는 학생들의 특정한 행동양식이 집단에 존재할 때 곤란한 문제가 발생할 수 있다. 예를 들어, ADHD 학생들을 대상으로 집단을 구성할 때, 상담교사는 ADHD가 아닌 학생들을 참여시키거나 집단의 크기를 3명 정도로 매우 작게 유지할 필요가 있다. 위축된 학생들을 돕기 위해 집단을 구성할 때도 마찬가지인데, 이 경우에 작은 집단은 어떤 학생이 다른 학생들 뒤에 숨어 있을 가능성을 줄이는 데 기여할 수 있다.

(3) 집단의 크기, 일정, 지속기간

상담교사는 또한 집단에 몇 명의 학생을 참여시킬 것인지, 몇 회기 동안 집단을 운영할 것인지, 회기는 얼마나 자주 그리고 몇 시간 정도 운영할 것인지 등을 결정한다.

① 집단의 크기

바람직한 집단의 크기는 참가자의 나이, 집단 형태, 지도자의 경험과 수 등 여러 가지 요인에 달려 있다. 누겐트(Nugent, 2000)는 집단에 참여하는 학생들의 연령과 성숙도에 따라 집단의 크기가 결정되어야 한다는 점을 강조하였고, 가즈다(Gazda, 1989)는 교사의 학생 통제능력을 고려해서 정해야 한다는 견해를 내세웠다. 일반적으로 학생집단의 크기는 5~8명 정도가 적당하며, 12명을 넘으면 곤란하다. 초등학교 저학년 학생의 경우 지도자 한 명당 3~4명 정도의 소규모가 적당하고 5명을 초과해서는 안 되며, 초등학교 고학년 학생과 중학생의 경우 6~7명 정도, 고등학생의 경우에는 8명의 참가자가 적당하다. 상담교사는 집단에 참여하는 학생들이 싫증을 느끼지 않도록 충분한 상호작용 기회를 제공해야 하며, 그들에게 집단 감수성을 잃지 않고 자주 참가할 수 있는 기회를 제공하기 위해서는 집단의 규모를 가급적 작게 하는 것이 중요하다. 만일 ADHD와 같이 특수한 요구를 지닌 아동을 대상으로 한다면 집단은 3명 정도로 제한해야 한다.

② 집단의 일정(빈도와 시간)

집단상담을 얼마나 자주 그리고 오랜 시간 진행해야 하는가 하는 문제는 집단의 유형과 지도자의 경험에 달려 있다. 집단의 일정은 보통 주 1회 만나는 것이 일반적인 형태이며, 대부분 전체 기간 동안 매주 약속된 날짜와 시간에 주기적으로 만난다. 성인 집단보다 아동과 청소년의 집단일 경우 좀 더 짧게 자주 만나는 것이 효과적이다. 초등학교 저학년 학생의 경우 회기당 30~40분 정도로 일주일에 2~3차례 만나는 것이 적당하며, 고학년 학생은 45~60분, 중학생은 60~90분, 고등학생은 90~120분 정도가 적당하다. 상담교사에게는 집단 참여 학생들이 중요한 수업시간을 빼먹지 않도록 일정한 시간을 확보하는 것이 도전적인 과제이며, 특히 고등학교에서는 매주 같은 시간을 확보하여 집단을 진행하기가 쉽지 않다. 많은 상담교사는 점심시간에 식사를 겸하여 집단을 운영하고 있는데, 이것은 학생들의 참여를 유도하고 스케줄 문제를 해결하는 효과적인 방법이 될 수 있다. 실제로 집단을 운영하려면 상담교사는 학생들의 학업에 지장을 초래하지 않도록 집단 시간을 마련해야 한다.

③ 집단의 지속기간

집단을 얼마나 장기간 지속해야 하는가 역시 집단 유형과 참가 학생에 따라 다양하다. 학교에서는 대개 한 학기(약 15주) 동안 지속된다. 그러나 아동과 청소년의 경우 6~8회기 정도로 운영하는 것이 바람직하다. 지속기간은 집단의 기폭제로 작용하기 때문에 전체 기간을 설정하는 일은 중요하다. 상담교사는 첫 회기를 시작할 때 "우리는 ________의 목적을 달성하기 위해서 앞으로 ______주 동안 함께 할 것입니다. 그 기간 동안 우리가 ________을 달성하기를 바랍니다."라고 말한다. 집단에서는 응집력을 보이고 생산적인 상담이 되기에 충분한 만큼의 시간이 필요하지만, 너무 시간을 길게 끌 필요는 없다.

(4) 집단의 장소

집단상담을 계획할 때 상담교사의 또 다른 관심사는 상담 환경, 즉 집단을 어디서 할 것인지 정하는 것이다. 무엇보다 주변이 소란스럽지 않고 옆방에서 다른 사람들이 엿들을 수 없는 곳이어야 한다. 즉, 사생활이 보장되고 어느 정도 안락감을 느낄 수 있는 매력적인 분위기, 면대면 상호작용이 가능한 장소가 중요하다. 또한 신체적으로 활발한 움직임이 요구되는 집단이 아니라면 지나치게 넓은 공간은 가급적 피하는 것이 좋다. 좋지 않은 장소는 집단 응집력에 역효과가 있기 때문에, 상담교사는 깊이 있는 집단 활동이 가능한 장소를 찾기 위해 노력할 필요가 있다.

(5) 집단의 형태

집단상담을 준비할 때 상담교사는 집단을 어떤 형태로 운영할 것인지 고려해야 한다. 집단의 유형은 집단의 목적에 따라 성장집단, 상담집단, 감수성훈련집단 등 다양한 형태를 취할 수 있다. 또한 상담교사는 단독으로 진행할 것인지 아니면 다른 상담자와 공동으로 운영할 것인지를 선택해야 한다. 한 가지 쟁점은 집단의 구조화 정도에 관한 것이다. 구조화집단에서는 사전에 정해진 활동에 의해 집단이 운영되는 반면, 비구조화집단에서는 최소한의 구조만으로 집단이 운영된다. 때로 상담교사는 반구조화집단의 형태로 운영할 수도 있다.

또 다른 쟁점은 개방집단으로 운영할 것인지 아니면 폐쇄집단으로 운영할 것인지 하는 것이다. 개방집단에서는 집단이 시작된 후에도 새로운 집단원의 참여가 허용되지만, 폐쇄집단에서는 새로운 참가자가 집단의 중간에 추가될 수 없다. 보통 집단은 시간이 제한적이고 시간이 지나면서 역동이 살아나기 때문에 일단 시작하게 되면 새로운 집단원에게 폐쇄된다. 폐쇄집단은 가능한 한 지속성을 유지하고 응집력을 조장하여 참가자들에게 안정감을 제공하지만 많은 참가자가 중도 하차하게 되면 집단 과정에 심각한 영향을 미친다. 개방집단에서는 집단원이 자유롭게 들어와서 원하는 만큼 참여하고 어느 정도 훈습을 마치면 떠나는데, 새로운 참가자는 중도에 그만둔 참가자를 대신해서 참여하게 된다. 집단 참가자의 변화는 새로운 자극이 되어 집단의 활동성을 증가시킬 수 있지만, 반대로 집단 응집력에 역효과를 초래할 수도 있다. 새로운 집단원이 들어올 경우 집단 역동을 멈추거나 퇴행하게 하는 원인이 될 수 있다. 그러므로 집단의 흐름을 유지하려 한다면 상담교사는 새로운 참가자를 준비시키는 데 많은 시간과 애정을 쏟아야 하고 이들이 통합될 수 있도록 도와야 한다.

2) 집단의 구성 및 오리엔테이션

집단 계획이 수립되면 상담교사는 집단을 실제로 구성하고 운영할 준비를 진행해야 한다. 이를 위해서 상담교사는 집단상담을 안내하여 참가자를 모집하고 선별하며 사전모임을 갖고 오리엔테이션을 한다.

(1) 집단 안내 및 참가자 모집

집단을 안내하고 참가자를 모집하는 방법은 매우 다양하다. 포스터, 전단지, 벽보 등을 제작하거나 신문, 방송 등을 활용할 수 있고 학교 홈페이지에 공고문을 올릴 수도 있다. 인쇄된 공고문의 경우, 명확하게 기술하더라도 잘못 이해하는 경우가 종종 발생한다. 따라서 상담교사는 때로 집단에 참가하고자 하는 학생들에게 직접 접촉하여 미래의 참가자에게 집단의 이론적 근거나 목표를 충분히 설명한다. 학교에서 집단상담을 계획하고 있다면, 상담교사는 몇몇 학급을 개별적으로 방문하여 자신을 소개하고 학생들에게 집단상담의 취지와 목표 및 과정을 설명하는 것이 좋다.

상담교사는 집단에 대해 좀 더 많은 정보를 원하는 모든 사람에게 간단한 신청서를 나누어 주어야 한다. 상담교사는 학생들이 공유하고 있는 문제를 찾아내는 데 상당한 도움을 제공할 수 있다. 또한 개인상담 건수가 증가하고 있다면 상담교사는 공통된 문제를 다룰 집단을 구성하는 문제를 검토해야 한다. 하지만 개인상담을 받고 있는 학생들은 상담교사의 충만한 관심에 익숙해져서 그러한 관심을 타인들과 공유하는 것을 어렵게 생각할 수 있다. 다른 한편, 상담교사와 신뢰 관계를 발달시킨다면, 그들도 역시 잠재적 집단원의 인력풀을 제공한다. 초등학생이 집단을 신청하는 경우 학부모나 보호자의 승인을 얻어야 한다. 이를 위해서는 집단상담의 취지와 목표 및 과정에 대해서 학부모가 충분히 이해할 수 있도록 구체적인 정보를 제공하고, 승인을 얻는 과정으로 집단상담 참가 승인서를 작성하게 하고 서명을 받을 필요가 있다.

(2) 참가자 선별

참가자를 어떤 방법으로 모집하건 상관없이, 상담교사는 집단을 시작하기 전에 잠재적 참가자를 개별적으로 만나는 것이 매우 중요하다. 개별적인 사전면담은 어떤 이유로 집단에 해를 끼칠 수 있는 학생을 골라내거나 집단 참가자의 행동양식에서 이질성을 확보하는 방식이 될 수 있다. 그것은 또한 집단 과정에 일정한 형식을 부여하며 어떤 학생이 집단을 신중히 선택하고 그것에 전념할 것인지 결정하는 데 도움이 된다. 미국상담학회(ACA, 1988)와 미국집단작업전문가협회(AASGW, 1989)가 제시하고 있는 집단 참가자 선별을 위한 윤리 지침에 따르면, 지도자는 참가 예정자를 선별하고 전체 집단 운영 기간 동안 참가자의 적합성을 인식하고 있어야 한다. 또한 지도자는 자신의 이론적 지향점과 일치하는 지원자를 선별하고, 집단의 목표와 요구에 부합되는 참가자를 선정해야 한다. 그러한 참가자는 집단 과정을 방해하지 않고 집단 경험을 통해 행복을 유지하고 향상시킬 것이다.

집단 참가자를 선별할 때 핵심 기준은 참가자가 집단에 기여할 것인가 아니면 그 반대일 것인가 하는 것이다. 어떤 사람은 집단 응집력을 저해하거나 집단의 에너지를 비생산적으로 낭비시킨다. 집단에 도전하고 지배하려는 욕구를 가진 사람도 있고, 적대적이고 공격적인 행동을 하는 사람도 있으며, 지극히 자기중심적이고 관중과 같은 방관자적 자세로 집단을 찾는 사람도 있다. 따라서 참가 예정자를 모집한 후, 지도자는 누구를 제외시켜야 할지 결정해야 한다. '집단으로부터 누가 가장 많은 것을 얻을 것인가?' '누가 집단 참여를 방해하고 누가 다른 참가자들에게 부정적인 영향을 미치는가?'와 같은 질문은 참가자를 선별하고 선택하는 데 도움을 줄 것이다. 신중을 기하여 참가자를 선별하게 되면 부적합한 참가자로 인한 심리적 위험이 줄어든다. 극도의 위기 상태에 있는 사람, 자살 가능성이 있는 사람, 반사회적 성격을 가진 사람, 의심이 지나치게 많은 사람, 자아가 취약한 사람, 파괴적인 행동을 하는 경향이 있는 사람은 대체로 집단에서 제외될 가능성이 크다.

최적의 집단 균형을 유지시킬 수 있도록 참가자들을 선택하는 일은 무척 어렵다. 가장 중요한 것은 집단이 비록 이질적이라도 집단에 응집될 수 있는 사람을 선별하는 것이다. 얄롬(Yalom, 1985, 2008)은 집단 응집력을 참가자 선별의 주요 기준으로 제안하였다. 그는 집단에 소속되기를 원하는 사람보다 소속되지 않기를 원하는 사람이 더 동화되기 쉽다고 말하였다. 그는 또한 상담에 참여하려는 사람의 동기 수준이 가장 중요한 변인이라고 보았다. 그에 따르면 고독하고 친밀한 접촉 능력이 없고 사랑받지 못하다고 느끼거나 독단적이고 의존적인 것과 같은 대인관계의 문제를 지닌 사람에게 집단이 유용하다. 또한 삶의 의미가 결여되어 있고, 많이 불안해하고, 정체감을 찾고 있고, 성공에 대한 공포를 지니고 있고, 강박감에 사로잡힌 사람들 또한 집단 경험이 효과적이다.

상담교사는 직무부담이 가용한 시간을 초과하여 참가자를 개별적으로 선별하는 것이 어려울 수도 있다. 이 경우 참가 예정자들에게 서면질문지를 작성하게 하거나 집단면담을 준비할 수도 있다. 참가 예정자들은 집단이 자신에게 적절할지 어떨지를 결정하기 위해 질문을 할 수 있는 개별면담 기회를 가져야 한다. 상담 전 집단면담은 참가 예정자들과의 개별면담을 시행하기 어려운 상황에 처할 때 적합하다. 이러한 선별방법이 현실적으로 불가능한 경우에는 첫 집단시간을 정보전달과 예비상담시간으로 이용할 수도 있다. 참가자 선발을 위한 면담 동안에, 지도자는 집단에 참여할 참가자들이 지닌 어떤 두려움이나 관심사를 탐색하는 데 시간을 할애한다. 지도자는 집단에 대한 참가자의 준비성을 평가하고 앞으로 닥칠 미래의 삶의 변화에 대해 토론함으로써 참가자의 결정을 도울 수 있다. 지도자는 참가 예정자들이 자신의 집단 참석 여부가 적절한 것인가에 관한 판단을 할 수 있도록 격려해야 한다. 또한 학생들이 가끔씩 집단에 참여하지 못할 경우에 대비하여 상담교사는 집단 참가자를 한두 명 정도 더 늘려서 모집하는 것도 고려해야 한다.

(3) 예비모임과 오리엔테이션

집단 참가자가 구성된 후에도 지도자는 그들이 집단에서 최대의 성과를 얻도록 준비시키는 데 철저해야 한다. 지도자의 체계적인 준비는 참가자 선별을 위한 개별면담에서부터 시작되고 상담 기간 중에도 계속되어야 한다. 참가자 선별 과정과 오리엔테이션에 쏟은 지도자의 노력은 이들이 집단에 계속 참여하도록 동기화시킨다. 성공적인 집단의 열쇠는 참가자들의 준비성과 오리엔테이션 정도에 좌우되며, 집단 과정에 대한 지도자의 신념도 참가 예정자에게 영향을 미치게 된다.

상담교사가 준비해야 할 것은 참가자들의 기대, 두려움, 목표, 오해를 그들과 함께 탐색하는 것이다. 집단 과정의 기본 원리, 집단 멤버십과 연관된 심리적 위험들과 이를 최소화시키는 방법, 집단의 가치와 한계, 집단 경험에서 가장 도움이 되는 지침, 비밀보장과 자기노출의 필요성 등이다. 이 준비 과정은 집단에 참가하게 될 모든 사람과의 예비모임을 통해 이루어진다. 얄롬(Yalom, 1985, 2008)에 따르면, 준비 과정은 참가자가 집단에서 하는 일을 설명하고, 오해와 기대를 탐색하며, 초기의 문제점을 예견하고 장애를 말해 주며, 비밀보장과 자기노출에 대해 이야기하고, 새로운 행동을 시도하는 데 따르는 위험을 말하는 것이다.

예비모임 시간은 대부분 집단 과정에 대한 오리엔테이션 시간으로 할애되며, 오리엔테이션은 집단의 초기 단계에서 계속된다. 예비모임은 집단의 목적에 대해 이야기하고, 집단시간을 어떻게 유용하게 이용할 것인가를 알려 주고, 집단에서 고려되어야 할 문제점을 말해 준다. 또한 기본 규칙과 방침에 대해 소개하고 토론하는 것이 좋다. 특정한 기준과 절차에 대한 상세한 설명이 포함된 집단의 구조화는 집단의 발달 초기에 이루어져야 한다. 비록 이러한 구조가 앞으로 서서히 확립되거나 개별면담 때 이미 어느 정도 확립되었다 할지라도, 이 구조화 과정은 실질적으로 집단이 시작된 첫 회기에 다시 시작되어야 한다. 실제 구조화는 진행되면서 확립되는 과정이며, 집단의 최초 회기부터 시작된다고 할 수 있다.

집단상담 참가자들은 집단을 위해 무엇을 준비해야 하는가? 지도자는 예비면담과 초기 단계에서 참가자에게 계약 수준을 검토하게 하고 이를 결정하도록 돕는다. 참가자들이 자신의 기대, 집단에 참여하려는 이유, 참가에 대한 두려움, 자신들의 희망에 대해서 이야기하도록 한다. 또한 참가자들이 원하는 변화를 이룩하여 성과를 최대화시킬 수 있는 몇 가지 지침도 제공한다. 아울러 비밀보장과 적절한 자기노출에 대해서 이야기해 준다. 참가자들은 집단 속에서 탐색하기를 원하는 삶의 문제를 선택하고 '지금-여기'의 집단에서 보이는 상호작용을 지속적으로 나눌 수 있도록 한다. 참가자들이 집단에서 생각하고 느끼는 것을 표현할 때에만 집단이 제 기능을 할 수 있다는 것도 역시 가르친다.

이 밖에도 지도자는 참가자들이 각 회기를 시작하기에 앞서 탐색하고자 하는 개인적 문제에 대해 생각해 보라고 요청한다. 참가자들이 집단에 특별한 논제를 가지고 오더라도, 집단에서 다른 사람들과 상호작용할 때 자연발생적으로 일어나는 또 다른 문제를 해결하기 위해 융통성을 갖도록 격려한다. 또한 참가자들에게 집단이 그 자체로 끝나는 것이 아니며 새로운 생각이나 감정, 행동을 발견할 수 있도록 도와주는 것이라고 계속적으로 상기시키고, 변화하기를 원한다면 집단 과정 중에 새로운 행동을 계속 시도해 보라고 권유할 수 있다.

3. 집단 역동과 집단 과정

집단은 정지해 있는 것이 아니라 끊임없이 변화하는 역동적인 실체이다. 따라서 효율적인 집단상담을 위해서는 집단 역동에 대한 기본적인 사실을 이해할 필요가 있다. 집단 역동(group dynamics)은 집단원 간의 전체적인 상호작용을 뜻하는 것으로, 집단상담에서 집단 역동이 바람직하게 긍정적으로 형성될 수도 있고 그렇지 않을 수도 있다. 집단상담 과정에서 지도자는 집단원들이 상호작용하며 나타나는 집단 역동을 바람직한 방향으로 형성하도록 하기 위해서 집단상담 과정의 치료적 변화 요인을 이해하고 상담 과정에서 그러한 요인이 나타나도록 촉진하는 개입을 하여야 한다.

1) 치료적 변화 요인

집단상담은 개인상담과 그 역동이 다르고 개인상담과 구별되는 독특한 치료적 요인이 있다. 치료적 변화 요인이란 집단원의 성장과 변화를 촉진시키는 제반 요인을 말하며, 집단지도자와 집단원 간, 집단원 상호 간, 또는 집단활동의 다양한 상호작용을 통하여 집단원의 현재 상태의 개선과 변화 및 성장을 촉진하는 기제이다(권경인, 2001). 여러 학자가 집단상담의 중요한 치료적 변화 요인을 제시하고 있다(김계현 외, 2009; 김광수, 권영배, 김경집, 김향란, 소희숙, 2010; 홍경자, 김태호, 남상인, 오익수, 1996; Corey, 2015; Corey & Corey, 2000; DeLucia-Waack, 2006; Yalom, 1985, 2008). 상담교사는 집단상담을 운영할 때 이러한 변화요인들이 집단에서 활성화되도록 집단을 이끌 필요가 있다.

(1) 희망의 고취

집단 경험을 통해서 유사한 태도나 생각, 감정, 습관, 가치관을 가진 또래의 이야기를 듣고 공감함으로써 자신에게 뭔가 변화가 일어나고 문제 상황에 적절히 대처할 수 있을 것이라는 희망을 가지게 된다. 특히 다른 집단원이 자신의 것과 유사한 문제를 해결한 경험을 듣거나, 집단 과정에서 자신의 것과 유사한 문제를 가진 다른 집단원을 돕는 것을 알게 되고 다른 집단원이 향상되는 것을 보는 것만으로도 유사한 문제를 해결할 수 있다는 희망과 자신감을 고취하게 된다.

(2) 보편성

집단원은 자기중심적 사고, 자신과 주변에 대한 이해 부족 등으로 많은 사람이 보편적으로 경험하는 문제를 자신만의 문제로 생각하고 고민하는 경우가 많다. 그러나 집단에서 서로 자신의 고민과 생각을 털어놓음으로써 다른 집단원들도 비슷한 생각과 고민을 갖고 있음을 알게 되고 자신이 지금까지 고민하던 문제를 가진 유일한 사람이 아니라는 것을 깨닫는다. 이처럼 문제의 보편성을 깨닫게 되면서 집단원은 수치심이나 무가치감이 감소되고 자신을 있는 그대로 받아들이며 자신감을 갖고 문제해결에 대한 새로운 시각을 갖게 된다.

(3) 정보교환

정보의 출처를 상담자에게만 의존하는 개인상담과는 달리, 집단상담에서는 유사한 문제를 경험하고 있는 집단원들로부터 직접 정보를 얻기 때문에 매우 다양한 정보를 빠른 시간 내에 구할 수 있다. 집단 주제와 관련된 정보를 교환하거나 유사한 문제에 대해 서로 필요한 충고 또는 조언을 주고받게 되면서 문제해결 방식이나 도움을 받을 만한 곳 등 대처에 필요한 도움을 얻게 된다. 또한 정보교환 과정에서 집단원은 상호 관심이나 배려를 느낄 수 있는데, 이러한 면이 중요한 변화 기능을 한다.

(4) 이타심

집단원은 상호 지지, 위로, 제안, 조언 등을 제공하는 과정에서 자신이 다른 사람에게 뭔가 도움이 되고 있으며 또 될 수 있다는 것을 경험하게 된다. 타인을 돕고 그들의 삶에서 중요한 존재가 되는 것을 경험하면서 타인의 욕구를 자신의 욕구보다 우선으로 생각할 수 있게 된다. 이러한 경험에 기초하여 경험하는 이타심은 개인의 자긍심과 자존감을 고양시키며 생기(활력)와 자신감을 불어넣어 줌으로써 스스로 어려움을 극복하는 힘과 자원이 된다.

(5) 동일시 또는 모델링

집단원은 집단상담에서 좀 더 잘 적응하는 다른 집단원과 동일시를 경험하고 다른 집단원이나 지도자의 행동 중에서 수용할 만한 것을 모방하거나 집단원의 경험이나 행동을 관찰하면서 대리학습이 이루어진다. 집단에서 나중에 인생의 멘토로 삼을 만한 이를 찾게 되며, 때로는 지도자에게 감동하여 그처럼 행동하며 다른 집단원의 예법이나 행동양식을 따라 하기도 한다. 다른 집단원이 곤경에 처한 일을 알리고 같이 해결책을 모색하면서 유익한 행동을 학습한다.

(6) 대인관계 학습

집단원은 실제 대인관계에서 일어나는 문제들을 집단 내에서 다른 집단원들과 시연함으로써 새로운 행동을 학습할 수 있다. 소집단에서 진지하고 자유로운 토론과 상호작용을 통해 자신과 타인에 대한 이해, 새로운 지식의 습득 또는 경험을 체험하고, 자기표현이나 피드백 주기 등 여러 측면에서 사회적 기술을 배우게 된다. 다른 집단원이 자신에 대해 가지고 있는 생각과 감정을 솔직하게 말하거나 그들을 불편하게 하는 자신의 예법 또는 습관을 지적함으로써 자신이 다른 사람들에게 어떤 인상을 주는지 알게 된다. 또한 집단과 다른 집단원을 신뢰하고 그들에게 다가가서 관계를 맺고 가까워지는 방법을 배우며 그들과 좀 더 사이좋게 지내는 기술을 향상시키고 집단에서 다른 집단원과 함께 자신의 문제를 풀어 나가는 방법을 배운다.

(7) 집단 응집성

집단 응집성은 개인이 집단에 대한 소속감과 안정감 또는 집단에 대한 매력을 표현하고 느끼는 특성이다. 집단원은 집단 과정에서 집단에 소속감을 느끼고 그것에 의해 수용되는 경험을 하면서 다른 집단원과 계속해서 친밀한 접촉을 유지하게 되며, 자신의 난처한 일을 털어놓고 공감과 수용을 경험하면서 자신은 더 이상 혼자가 아니라는 느낌을 갖고 자신을 이해하고 받아들인 사람들의 집단에 전념하게 된다. 이와 같이 응집력 있는 집단의 따뜻하고 수용적인 분위기, 소속감, 집단에서 인정받는 느낌, 안정감, 자발적 참여, 협조적 노력, 자기개방 등은 집단원의 변화를 촉진할 수 있는 긍정적 조건이 된다.

(8) 카타르시스

집단원은 집단상담을 통해서 내면에 억압된 감정과 생각을 노출하고 다른 집단원에게 수용되면서 카타르시스가 일어나고 정서적인 변화가 생긴다. 집단의 수용적인 분위기 속에서 자신의 감정을 표출하는 요령을 학습하게 되며, 전에 경험하지 못했던 감정 및 사고의 표출, 감정의 정화를 경험함으로써 마음의 억압이 해소되고 안정감을 회복하며 현실에 대한 객관적 시각을 갖게 된다. 이는 개인상담에서도 발견되는 요인이므로 집단상담의 고유한 요인은 아니다.

(9) 가족 재연

집단원은 집단 과정에서 지도자 또는 다른 집단원에게 가족과 같은 감정을 갖게 되고, 성장 과정에서 가족과 함께 했던 인생의 일부를 재연하게 된다. 좀 더 수용적이고 공감하는 집단 분위기 속에서 지도자를 부모인 것처럼 느끼거나 다른 집단원을 형제자매 또는 친척인 것처럼 느끼게 되면서 집단에 있는 것을 마치 가족과 함께 있는 것처럼 인식하고 과거에 부모, 형제자매, 또는 다른 중요한 사람과 경험했던 해묵은 관계를 이해할 수 있게 된다.

(10) 통찰

집단 과정에서 전에 의식하지 못했거나 수용할 수 없었던 자신의 부분을 발견하고 받아들이고 현재 자신이 느끼고 행동하는 방식에 대한 통찰과 학습이 일어난다. 집단원은 현재 자신이 느끼고 행동하는 방식이 유아기 경험이나 발달 내력에 관련되어 있음을 학습하며, 인생 초기에 다른 사람과의 관계에서 형성된 감정에 따라 자신이 어떤 사람 또는 상황에 비현실적으로 반응하고 직접적인 이유 없이 어떤 사람을 좋아하거나 싫어하게 됨을 알게 된다.

(11) 피드백

집단원은 다른 집단원의 피드백을 통해 다른 사람에게 보이는 자신의 모습과 행동 효과를 점검하고 변화에 대한 자신감과 동기를 가질 수 있다. 특히 학생들은 또래의 행동, 가치관 또는 피드백에 대해 어른의 그것보다 훨씬 더 수용적인 경우가 많다.

(12) 실존적 요인

집단원은 집단 과정에서 자신의 선택에 대한 신뢰와 책임의 중요성을 깨닫게 된다. 즉, 다른 사람과 아무리 친하게 지내더라도 때로 혼자서 인생에 맞닥뜨려야 함을 알게 되고 타인에게서 아무리 많은 지원을 받더라도 자신의 인생에 대해 궁극적인 책임을 져야 한다는 것을 배우게 된다. 또한 인생은 때로 불공평하고 부당하다는 것을 인식하게 되며, 결국 인생의 고통과 죽음에서 자유로울 수 없다는 것을 인식하고 기본적인 인생의 문제에 직면하면서 좀 더 정직하게 살고 하찮은 일에 덜 쫓기려고 노력하게 된다.

2) 집단상담의 과정

집단상담은 일련의 단계를 거치면서 점점 더 높은 기능 수준으로 발전하고 참여 학생들에게 좀 더 폭넓은 학습의 기회를 창조한다. 집단 과정의 단계는 학자에 따라 다소 차이가 있다. 초기, 중기, 말기의 세 단계로 구분하거나, 시작(또는 참여), 전환(또는 과도기), 작업, 종결의 네 단계로 구분하며, 추수모임을 추가하여 다섯 단계로 구분하기도 한다. 그러나 각 단계의 지속기간은 집단마다 다르며, 집단의 역동에 따라 중복되거나 초기 단계로 되돌아갈 수도 있다. 각 단계별 특징과 집단원 및 지도자의 역할을 알아본다(김계현 외, 2009, 2020; 이형득, 김성회, 설기문, 김창대, 김정희, 2002; Corey, 2015; Corey & Corey, 2000; Myrick, 2003; Sciarra, 2004).

(1) 참여 단계

참여(involvement) 단계는 일종의 오리엔테이션이며 탐색이 이루어지는 시기를 말한다. 이 단계에서 집단원은 집단의 성질과 참여자에 대해 알고 싶어 한다. 예를 들면, 집단원 개개인의 특징을 살피고 주위 환경에 관심을 가짐으로써 집단에 참여하는 동안 무엇을 해야 하고 어떤 행동이 요구되는가를 탐색하려 한다. 초기 단계에서는 침묵이 자주 나타나고 집단원이 서로 어색하게 느끼며 혼란스러워하기도 한다.

집단상담의 초기 단계에서 흔히 부각되는 심리적 주제는 의존성, 독립성, 신뢰, 정보 교환에 대한 욕구, 새로운 상황에 대한 의심과 두려움 등이다. 참여 단계에서 집단원의 관심은 집단이 얼마나 안전하고 신뢰할 만한 것인지 살피고 집단의 일원이 될 것인지 아닌지를 결정하는 데 있다고 볼 수 있다. 지도자는 어색함을 줄이고 친밀감을 형성할 수 있는 분위기를 조성하면서 집단 참여자로서의 모델을 제시하고, 집단원이 집단의 목표와 개인의 목표를 정하도록 도와주며, 자신의 책임 한계를 명시하여 집단원이 자신에게 지나치게 의존하지 않도록 해야 한다.

초기 단계의 어색함과 혼란스러움을 극복하면 집단원은 집단의 목적을 명료화하고 서로 친밀감을 형성하며 집단 규칙을 수립하여 신뢰를 구축하기 시작한다. 가장 중요한 규칙은 비밀유지(confidentiality)이다. 다른 규칙은 한 번에 이야기하기, 언어적 또는 신체적 학대 금지하기, 비밀유지를 어긴 것에 대한 논리적 귀결 등이다. 대개의 경우 지도자는 "성공하려면, 모든 집단은 규칙을 정해야 합니다. 이 집단이 목표에 도달하려면 어떤 규칙이 있어야 한다고 생각하나요?"라고 말하고, 집단원 스스로 중요한 규칙을 정하도록 한다. 규칙을 정하는 일은 집단원에게 역량을 강화하고 집단에 대한 소유권을 갖게 하며 번번이 교사가 교실 규칙을 지시하던 과거와는 색다른 경험을 제공한다.

(2) 전환 단계

전환(transition) 단계는 과도기라고도 한다. 이 시기에는 집단원 각자가 자신의 위치를 확보하려고 노력하는 가운데 집단원의 갈등과 저항이 나타나며, 이를 극복하는 과정에서 집단원은 계속해서 신뢰와 응집력을 구축하고 집단 역동을 발달시키기 시작한다.

① 집단원의 저항

전환 단계에서는 주로 집단원의 불안감과 방어적 태도가 두드러지며 집단 내에서 힘과 통제력을 놓고 갈등이 일어나고 지도자의 역할과 능력에 도전하는 말이나 행동이 표출되며, 이러한 것들이 함께 어우러져서 집단원의 저항이 다양한 형태로 표현된다. 집단 과정에서 흔히 나타나는 집단원의 저항은 다음과 같다(김계현 외, 2009: 318-319).

- 불평과 쟁의: 집단 과정 또는 지도자나 다른 집단원의 반응에 대해 불평을 늘어놓거나 논쟁을 벌이는 것이다.
- 침묵: 지도자나 다른 집단원의 반응에 대한 불만이 있거나 집단에서 제시된 정보나 자료를 처리하는 과정에서 침묵이 일어날 수 있다.
- 독점: 한 집단원이 다른 집단원의 이야기를 듣지 않고 자신의 이야기만 하거나 집단을 주도하는 것이다.
- 주지화: 집단에서 자신의 내면적인 세계를 개방하기보다는 지적인 토론을 벌이는 현상이다.
- 지나친 의존: 지도자가 자신들에게 무엇인가 지시를 내리고 문제를 해결해 주기를 기대하는 현상이다.
- 집단의 분열: 집단이 두 개 또는 그 이상으로 분리되어 집단의 전체 역동을 방해하고 소집단별로 상이한 주제에 대해 이야기하는 것이다.
- 역사 출현: 집단에서 옛날에 일어났던 일이나 집단을 떠난 사람에 대해 이야기하는 것이다.
- 지도자와의 동일시: 특정 집단원이 지도자의 역할을 맡아서 다른 집단원에게 질문하고 충고하는 현상이다.

집단원의 저항은 집단 운영에 방해가 될 수도 있지만, 잘 활용하면 매우 효과적일 수 있다. 집단원은 방어, 저항, 그리고 이론가들이 '격정(storming)'이라고 부르는 것, 곧 구조, 방향, 통제, 대인관계를 둘러싼 갈등 등 집단 관련 불안을 훈습해야 한다(Gladding, 2001). 훌륭한 지도자는 이러한 문제를 해결하는 일이 자기교정 능력에 대한 집단원의 신뢰와 집단 성장에 필수적이라는 것을 인정한다. 지도자는 집단원의 도전과 저항에 대해 솔직하고 개방적인 태도로 접근하는 모범을 보여 주고, 집단원에게 불안감을 표현하게 하고 긍정적이고 개방적인 태도를 견지함으로써 갈등 자체를 건강한 것으로 인식하고 스스로의 힘으로 갈등을 건설적으로 해결할 수 있도록 돕는다.

② 집단원의 역할

전환 단계 동안, 집단원은 계속해서 신뢰와 응집력을 구축한다. 집단은 한 집단원의 깊고 개인적인 어떤 것을 공유하는 일을 통해 시험대에 선다. 만일 집단원들이 경청하고 적절히 반응할 수 있으면 응집력이 강화되며, 집단은 다음 단계로 잘 나아가게 된다. 또한 전환 단계 동안에는 집단원의 역할이 발달하기 시작한다. 역할(role)은 "욕구, 인지, 가치에 기초하고 있는 개인 내의 역학 구조"이다(Gladding, 1999: 59). 집단원은 집단 과정에서 다양한 역할을 채택할 수 있다. 카푸지와 그로스(Capuzzi & Gross, 1992)는 집단원의 역할을 촉진, 유지, 차단의 세 가지 기본적인 범주로 구분했다.

첫째, 촉진 역할(facilitative/building role)은 집단이 성장하고 발달하는 데 도움이 되며 선도자, 조정자, 정향자의 형식을 취한다. 이것은 집단원이 집단에서 편안함을 느끼는 데 도움이 되므로 효과적인 집단 운영에 필요한 본질적인 기능이다.

둘째, 유지 역할(maintaining role)은 화합하기, 격려하기, 타협하기, 논평하기를 통해서 집단의 응집력을 구축한다. 이것은 집단이 어떤 이유로 너무 긴장되거나 경직될 때 특히 중요한 기능이다.

셋째, 차단 역할(blocking role)은 공격자, 지배자, 독점자, 또는 관심 추구자의 형식을 취하며, 다른 두 가지 역할과는 다르게 집단의 안녕에 기여하지 않는다. 집단원의 초기 반응은 차단 역할자를 제거하려는 것일 수도 있지만, 지도자는 다른 집단원이 차단 역할자에게 피드백을 하도록 촉진해야 한다. 이러한 사회적 실험을 통해 집단원은 자기 자신, 특히 자신의 행동이 타인들에게 어떻게 영향을 주는지에 관해서 좀 더 많은 것을 학습할 수 있다.

(3) 작업 단계

작업(working) 단계는 집단 응집력이 생기고 생산적인 활동이 이루어지는 시기로 집단 과정에서 가장 핵심적인 단계이다. 이 단계에서 집단 활동은 집단의 목표를 달성하는 일에 집중한다. 집단원은 지금-현재에 초점을 맞추고 높은 사기와 분명한 소속감을 느끼며, 서로 관심사를 공유하고 편안하게 피드백을 주고받으며, 실제적으로 집단에 전념한다. 그것은 집단원이 좀 더 충분히 공유하고 새로운 행동을 실험하여 기꺼이 기회를 취하고자 하는 때이다. 집단에 대해 반복적으로 만족감을 표현하고 행동의 변화를 위해 집단 내에서 연습한 것을 밖에서도 시도한다. 집단을 신뢰하고 자기를 솔직하게 공개한다. 또한 대부분 집단원이 자신의 구체적인 문제를 집단에 가져와 활발히 논의하며 바람직한 관점과 행동 변화를 모색하게 된다.

이 시점에서 집단원은 집단의 전반적인 규칙을 이해하고 집단 내에서 행한 말과 행동에 대해서 스스로 책임을 져야 한다는 것을 알게 되며, 각 집단원 간에는 서로 열심히 도우려 하는 경향도 나타난다. 지도자는 주로 집단에 대한 '촉진자' 또는 '요약자'의 역할을 담당하게 된다. 즉, 집단 응집력을 강화하고 직면이나 공감과 같은 적절한 반응의 모범을 보이며 집단 전체와 개인이 보이는 패턴에도 관심을 가지고 자신이 관찰한 것을 개방한다. 앞 단계들이 잘 조성되면 작업 단계는 매우 순조롭게 진행되며, 지도자는 집단에서 한 걸음 물러나서 집단원에게 대부분의 작업을 맡길 수도 있다. 그러나 집단에 대한 자부심이 점차로 커지고 집단이 결속되어 감에 따라 집단에서 부정적 감정의 표현을 오히려 억제하는 경향이 생길 수도 있으므로, 지도자는 이 점에 유의할 필요가 있다. 지도자는 이 단계에서 집단원 간에 서로 경쟁적으로 도우려 하거나 명석한 통찰 또는 처방만을 제공하는 분위기가 되지 않도록 주의해야 하며, 진정한 감정의 표출과 교류가 이루어지도록 도와야 한다. 집단에서 구조화된 교육과정을 사용하고 있다면, 상담교사는 집단원이 학습 자료에 개인적으로 참여하고 전념할 수 있도록 촉진할 수 있다.

(4) 종결 단계

종결(ending) 단계는 집단 과정을 마무리하는 시기를 말한다. 이 단계에서 집단원은 퇴행하여 이별에 따른 감정과 불안을 드러낼 수 있다. 지도자는 주로 종결과 이별에 따른 감정을 다루고, 지금까지 집단이 집단원 각자에게 미친 영향을 평가하며, 서로에 대한 피드백과 해결되지 않은 주제를 마무리한다. 또한 앞으로 개인의 성장과 발달을 위해 어떻게 살아갈 것인가를 전망하는 활동이 전개된다. 지도자는 집단원 자신이 스스로 사랑할 수 있고, 문제 상황에 대하여 융통성 있게 대처하며, 자신의 가치를 신뢰하고, 이를 추구하게 되었다고 판단되면 서서히 종결시점을 판단해 결정해야 한다. 우선 종결해야 할 시간이 가까워지면, 집단원의 느낌을 다루는 것이 필요하다. 어떤 시점에서든 지도자가 집단을 종결할 필요가 있다고 느껴지면 이를 공개적이고 정직하게 집단원과 의논하여 결정할 필요가 있다.

집단이 종결될 때쯤 청소년들은 정도의 차이는 있지만 거의 예외 없이 거부당했다는 느낌을 받기 쉬우며, 지도자가 아무리 노력하더라도 그들이 경험하는 부정적인 감정을 막을 수는 없다. 그러나 적어도 그들에게 진정한 관심이 있다는 것을 보여 주고, 이후에도 집단원 간에 서로 돌보아 주도록 해 줄 필요가 있다. 집단원 간의 의미 있는 관계가 형성되었다면 종결을 섭섭하게 여기는 현상은 필연적인 것이다. 종결 단계에서 사람들은 대부분 집단에 참여한 것을 자랑스럽게 생각하며 집단에서 두려움, 불안, 좌절, 적대감 등 자신의 감정을 자유롭게 표현할 수 있었던 것에 만족한다. 실제로 집단상담의 주요 목표 중 하나는 누구나 친밀하게 돌보아 주는 인간관계가 가능하며, 또한 자신도 타인에게서 친절한 조언이나 비판 등을 받을 수 있음을 체험하는 것이다. 상담교사는 참여 학생들이 종결에 따른 감정을 자유롭게 표현하도록 허용하며 노동의 결실을 인정하고 기쁨을 갖도록 격려해야 한다.

(5) 추수모임

추수모임(follow-up)은 정규집단이 끝나고 일정 기간이 지난 후에 개인적 또는 집단적으로 여건이 허락할 때 이루어진다. 이는 지금까지 해 온 집단상담의 효과를 재검토하여 집단이 일상생활에 끼치는 긍정적 또는 부정적 영향과 집단상담의 효과의 지속성 등을 알아보기 위한 것이다. 지도자는 집단원과 집단상담에 대해 평가하고, 의뢰가 필요할 경우에는 필요한 정보를 제공하기도 한다.

4. 집단지도자의 역할과 기술

집단상담이 성공적으로 진행되고 소기의 목적을 달성하기 위해서는 집단원의 적극적인 참여가 필수적이지만, 집단을 구성하고 유지 · 발전시키는 지도자의 역할과 기술도 매우 중요하다. 집단지도자의 역할과 전문적인 상담기술을 알아본다.

1) 집단지도자의 역할

집단 과정에서 집단지도자가 수행해야 할 역할은 집단의 학습 분위기를 조성 · 유지하고 집단원이 집단의 목표 및 과제를 달성하도록 돕는 것이다. 집단을 구성하고 유지 · 발전시켜 나가는 데 필요한 기본적인 역할은 다음과 같다(김계현 외, 2020: 332-333).

(1) 집단의 구성 및 유지

지도자는 집단원의 선정과 선정된 집단원이 안정되게 지속적으로 참여하고 집단에 대한 동기와 흥미를 가질 수 있도록 집단의 분위기 및 집단원 간의 편안하고 신뢰할 수 있는 관계를 형성한다.

(2) 집단 분위기 조성

지도자는 집단원의 자유롭고 풍부한 상호작용, 자발적인 자기표현 및 적극적인 참여를 유도하는 분위기를 형성한다. 즉, 표현의 자유와 정직성, 비밀보장, 피드백의 원리 등에 대해 가르쳐 주고 집단에서 활발한 의사소통을 촉진하는 한편, 집단원이 모두 안정감을 느낄 수 있고 지지적이며 허용적인 분위기를 조성하도록 한다.

(3) 집단 규범 설정

집단 규범은 집단 과정에서 파생될 수 있는 저항과 문제행동을 예방하고 집단의 효율적인 진행을 위해 필요하다. 지도자는 솔직한 자기표현, 집단원에 대한 관심과 경청의 태도, '지금-여기'에서의 느낌의 강조, 긍정적 피드백 주고받기, 비밀 준수와 출석 및 시간 지키기, 비생산적인 행동에 대한 개입을 중심으로 집단의 규범을 세우고 집단원이 지키도록 한다.

(4) 의사소통 및 상호작용의 촉진

지도자는 집단의 원활하고 의미 있는 상호작용을 촉진하는 데 필요한 기술을 활용하여 집단원 간의 의사소통이 이루어지도록 한다. 즉, 집단원이 집단 과정에서 각자 의미 있는 이익을 얻을 수 있도록 개별적인 관심을 갖고 지지·격려하며, 집단원이 새롭게 생각해 보고 행동할 수 있도록 적극적으로 지원하며 집단원 간의 상호 협력적인 분위기를 촉진한다.

(5) 집단상담의 문제를 윤리적인 자세로 다루기

지도자는 집단 과정의 참가 및 결정, 사생활의 공개, 집단으로부터 조언을 받아들이는 문제와 관련된 집단원의 권리보장, 비밀보장의 원칙을 준수하되, 예외가 될 수 있는 상황에 대한 적절한 처리, 집단 과정에서 야기되는 신체적·심리적 위협으로부터 집단원 보호하기 등 집단 과정에서 파생되는 문제들을 윤리적이고 전문적인 수준에서 다룰 수 있어야 한다.

(6) 집단지도자로서의 모델링

지도자는 집단 과정에서 촉진되어야 할 바람직한 행동에 대한 시범을 보임으로써 집단원에게 관찰과 모방에 의해 바람직한 행동이 강화될 수 있도록 한다. 특히 집단원이 새로운 생각이나 행동을 시도해 볼 수 있도록 용기 있고 모험적인 행동을 시범 보일 수 있다.

(7) 집단 과정의 정확한 이해 및 치료적 활용

지도자는 집단의 전체적인 상호작용과 역동을 잘 파악하여 적절한 해석과 논평을 하여 집단원이 자신의 행동에 대해 학습과 통찰을 할 수 있도록 도와주어야 한다. 특히 침묵, 화제의 독점, 피상적 화제의 지속 등 집단원의 비생산적인 행동을 차단하고 집단 과정에 적절히 개입하여 집단의 흐름이나 집단원의 행동이 집단 목표 달성에 기여할 수 있도록 한다.

2) 집단상담 기술

집단을 효과적으로 진행하기 위해 지도자에게 필요한 기술은 기본적으로 개인상담에서 활용되는 기술이며, 지도자는 이러한 기술을 집단상담의 맥락에서 어떻게 적용할 것인가에 대한 이해와 경험이 필요하다. 그러나 집단 과정의 초기단계에서 지도자는 집단원의 친밀감과 신뢰감을 형성하는 일이 중요하다. 집단상담 기법은 기본적으로 집단원의 자기노출과 활발한 의견교환을 촉진하는 기술과 좀 더 적극적인 차원에서 집단 응집력 및 상호작용을 토대로 집단원의 학습과 변화를 가져오도록 조력하는 기술로 구분해 볼 수 있다.

집단 초기에는 무엇보다 집단원이 친밀감과 신뢰감을 형성하는 것이 중요하며, 집단이 진행됨에 따라 지도자는 집단원의 자기노출과 의사소통을 통해 집단 응집력과 상호작용을 촉진하고 집단원의 학습과 변화를 가져오도록 조력할 필요가 있다. 지도자는 집단의 성공적인 운영과 목표 달성을 위해서 여러 가지 활동과 기술을 효과적으로 활용한다.

(1) 친밀감 및 신뢰감을 형성하기 위한 활동

집단 초기에는 무엇보다 집단원이 친밀감과 신뢰감을 형성하는 것이 중요하다. 친밀성 정도가 증가하면서 집단원은 자신의 내면세계, 과거의 경험, 감정적인 측면 등을 조금씩 개방하고, 문제 해결을 위한 집단 응집력과 상호작용이 촉진된다. 지도자는 집단원의 친밀감과 신뢰감을 형성하기 위해 다양한 형태의 자기소개와 신체활동을 사용할 수 있다(김계현 외, 2020; 이윤주, 신동미, 선혜연, 김영빈, 2000).

① 자기소개

사람들이 친밀해지고 신뢰감을 갖기 위해서는 우선 서로에 대한 최소한의 정보를 가져야 한다. 이름, 학교, 성격 등은 상대편에 대해 알기 시작할 때 필요한 최소한의 정보이다. 그러한 측면에 대한 정보가 개방되고 서로 수용되기 시작하면서 조금씩 친밀성과 신뢰감이 증가한다. 자기소개는 자신의 특징을 스스로 확인하고 그것을 다른 사람에게 소개함으로써 집단원들이 서로 더 깊이 이해하고 신뢰할 수 있는 기초를 마련하는 활동이다. 자기를 소개하는 한 가지 방법은 집단이 시작하기 전에 자신의 별칭을 짓거나 점토나 종이로 자신을 표현하게 하는 것이다. 단순히 자기 이름이나 학교를 소개하면 다소 지적인 정보밖에 얻을 수 없지만, 창의력을 발휘하여 자기가 좋아하거나 싫어하는 별칭을 지어 그것에 얽힌 사연을 소개하면 집단원들이 좀 더 자신의 깊은 내면을 함께 이야기할 수 있고 집단원의 상호작용을 촉진할 수 있다. 이와 같이 자기를 소개하는 방법에 따라 서로 다른 효과를 가진다. 또 다른 방법은 중요한 타인이 되어 자신을 소개하는 것이다. 부모, 형제, 친구, 교사 등 자신에게 중요한 사람 중에서 자신을 잘 알거나 자신이 좋아하는 사람이 되어서 자신이 어떤 사람인지를 집단원에게 소개하는 방식으로 진행된다. 이를 통해 집단원은 자신에게 중요한 타인이 누구이며 그 사람에게 자신이 어떻게 비추어지고 있는지에 대한 그의 생각과 감정을 이해할 수 있게 된다. 때로 지도자는 집단원에게 짝을 지어 '명사 인터뷰'와 같은 형식으로 인터뷰를 진행하고 인터뷰한 내용을 공개하여 집단원을 소개하게 할 수 있다. 이를 통해 지도자는 집단원들이 서로 어떤 궁금증을 갖고 있으며 집단에서 어떤 문제를 다루었으면 하는지를 짐작할 수 있다.

② 신체활동

사람들 간의 신체적 접촉 역시 친밀감과 신뢰감을 촉진하는 요인이 된다. 특히 청소년들은 신체활동을 즐기기 때문에 집단상담에서 신체활동을 많이 활용하는 것이 효과적이다. 신체활동은 집단 초기뿐만 아니라 매 회기를 시작할 때 또는 회기 중에 집단원의 긴장을 풀고 주의를 환기시키거나 집단의 분위기를 바꾸기 위해 사용할 수 있다. 신체적 접촉이나 활동을 유도하는 방법은 일일이 열거하기가 어려울 정도로 매우 다양하다. 흔히 사용되는 신체활동의 한 가지 방법은 집단원끼리 짝을 지어 상대에게 몸을 기대어 자신을 맡기는 연습이다. 처음에는 어색하지만 차츰 익숙해지고 편안함을 느끼게 되면 2명 또는 3명에게 둘러싸여 자신의 신체를 맡길 수도 있다. 또 다른 방법은 인간사슬(두 명씩 짝을 지어 각자 팔을 엇갈려 꼬이게 한 채 상대방 손을 잡은 다음, 손을 놓지 않은 상태에서 꼬인 팔을 풀게 함), 기차놀이(집단원 전체가 둥그렇게 일렬로 바짝 붙어서 무릎을 구부려 앉은 다음 '하나, 둘' 구령을 붙이면서 반걸음씩 걷게 함), 김밥말이(집단원이 바닥에 엎드려 어깨를 맞대고 김밥 말듯이 옆 사람 위로 굴러서 반대편으로 옮겨가게 함) 등과 같이 좀 더 활동적인 작업을 도입하는 것이다. 때로는 이마로 풍선 나르기, 오재미 던지기와 같이 도구를 활용하여 팀 게임을 전개할 수도 있다. 이러한 신체활동은 집단원을 믿고 호흡을 맞추어 동시에 행동하면 자연스럽게 잘 진행되지만 어느 한 사람이라도 그러지 못하면 넘어지거나 중단된다. 따라서 신체활동은 집단 전체에 대한 신뢰감을 연습할 수 있고 집단에 대한 흥미와 성취감을 맛보게 할 수 있다.

(2) 자기노출 및 의사소통을 촉진하는 기술

집단원의 자기노출과 활발한 의사소통을 촉진하는 기술은 다음과 같다(김계현 외, 2020: 333-334).

- 경청하기: 집단원이 사고와 감정의 혼란을 경험하고 표현 기술이 부족한 경우, 집단원이 하는 이야기를 경청함으로써 그 안에서 하고자 하는 중심요소를 파악하는 것이 중요하다.
- 반영하기: 집단원이 하고자 하는 말의 내용과 그 의미, 말에 담겨 있는 생각과 감정을 파악하여 다른 집단원과 함께 그 의미에 대해 생각해 볼 수 있도록 도와준다.
- 명료화하기: 집단원이 정리되지 않은 생각과 감정으로 인해 문제에 포함되어 있는 혼돈과 갈등을 가려내어 의미를 설명하는 것이다.
- 요약하기: 집단에서 나오는 많은 이야기를 중심 주제에 맞게 요약하여 집단상담의 목적과 방향을 잡도록 안내하는 것으로, 매 회기마다 집단의 시작과 끝 부분에서 지도자가 간략히 요약하거나 집단원에게 요약해 보도록 요청할 수 있다.
- 촉진하기: 집단원의 자기표현을 촉진·격려하고 상호 간에 피드백을 주고받을 수 있도록 하는 기술을 말한다.
- 질문하기: 집단원으로 하여금 새로운 시각에서 생각해 볼 수 있는 자극이 될 만한 질문을 던지는 것으로, 주로 개방적인 질문을 활용한다.
- 연결하기: 집단원이 제각기 말한 생각이나 느낌 등의 공통점을 찾아내어 집단의 주제와 연결시켜 설명하는 것이다.
- 자기공개하기: 지도자의 경험이나 생각을 이야기함으로써 집단원이 다른 시각에서 생각해 볼 수 있도록 하는 것이다.
- 해석하기: 집단원이 미처 깨닫지 못하고 있는 부분에 대해 충분한 이해를 갖게 설명하여 자신의 내면적인 갈등 과정을 깊이 이해하고 표현하는 능력을 길러 주기 위한 것이다.

• 직면하기: 집단원의 말이나 행동에 대해서 모순이나 불일치를 지적함으로써 자신의 행동에 대한 의미나 모순 등을 깨닫게 하는 것이다.

(3) 집단 응집력과 상호작용을 촉진하는 기술

좀 더 적극적인 차원에서 집단 응집력 및 상호작용을 토대로 집단원의 학습과 변화를 가져오도록 조력하는 기술에는 피드백 주고받기와 조정, 개입, 제한하기가 있다.

① 피드백 주고받기

집단원은 집단 과정을 통해서 다른 사람이 자신을 어떻게 보고 있으며 또한 자신이 어떻게 반응하는지를 학습할 기회를 제공받는다. 지도자는 피드백을 적절히 활용함으로써 이러한 목표를 효과적으로 달성할 수 있다. 피드백(feedback)이란 타인의 행동에 대한 자신의 반응을 상호 간에 솔직히 이야기해 주는 과정을 말한다. 직면, 요약, 해석 등도 특수한 종류의 피드백에 속한다고 볼 수 있다. 잘못된 피드백은 자칫 상대방의 마음을 상하게 할 수도 있으며, 이런 이유로 해서 많은 사람이 피드백의 사용을 주저하는 경향이 있다. 그러나 피드백을 효과적으로 사용하게 되면 집단원의 행동 변화에 도움을 줄 뿐만 아니라 피드백을 주고받는 요령에 대해서 모델링의 기능을 수행할 수 있다. 지도자가 피드백을 주고받을 때에는 집단원의 행동에 대한 관찰에 기초해서 평가하는 형태보다는 기술하는 형태로서 정직하게 주어져야 한다. 가령, 집단원이 타인의 말에 주의를 기울이지 않을 때 지도자는 "다른 사람이 말할 때 너는 네가 바닥을 내려다보는 것을 알고 있니?"라고 피드백을 줄 수 있다. 그 밖에 피드백을 사용할 때 유의해야 할 점은 다음과 같다(이장호, 김정희, 1992).

• 하나의 지각 사실로서 주어져야 하며, 도덕적 가치판단이 개입되어서는 안 된다. 피드백은 생각이나 느낌을 나타내는 데 그쳐야 하며, 타인의 행동 변화를 강요하는 것은 바람직하지 못하다.
• 집단원의 행동에 대한 관찰 사실에 기초해서 구체적이고 정직하게 주어져야 한다. 특히 피드백은 어떤 행동이 일어난 직후에 주어질 때 더 효과적이다. 또한 변화가 가능한 행동에 대해서 피드백을 주어야 하며 가능하면 대안적인 행동까지 함께 마련해 주는 것이 좋다.
• 주는 이나 받는 이가 모두 피드백을 생산적으로 활용할 마음의 준비가 되어 있는가를 충분히 고려한 후에 사용해야 한다. 사람들은 신뢰할 수 있고 친근감을 느끼는 사

람에게서 피드백을 받을 때 진정으로 수용한다. 또한 한 사람에게서 주어지는 것보다 집단의 여러 집단원에게서 주어질 때 좀 더 많은 의미를 갖는다.

- 피드백을 받을 때에는 관심을 기울이고 상대방의 대화 내용을 확인해 보는 것이 중요하다. 또한 일단 감사하게 받아서 실험해 보고자 하는 자세로 임해야 하며, 화를 내거나 공격하거나 합리화하려는 태도는 바람직하지 못하다.

② 조정, 개입, 제한하기

지도자는 비생산적인 집단 분위기에 대해서는 적절히 개입하여 조정할 필요가 있으며, 때로는 집단 과정에서 집단원의 비생산적인 태도나 행동에 대해서 적절히 제한을 가하여 통제할 필요가 있다. 지도자는 집단 과정에서 질문하여 캐묻는 일, 험담이나 잡담으로 수다를 떠는 일, 집단의 비밀이나 신용을 파괴하는 일, 타인의 사생활을 침범하는 일, 부당한 집단 압력으로 희생양을 만드는 일 등과 같이 집단원의 바람직하지 못한 활동을 차단할 책임을 지고 있다. 이때 지도자의 기술은 집단원의 인간성을 공격하지 않으면서 반생산적인 행동만을 제한하는 것인데, 이는 감수성과 즉시성 또는 직접성을 요구한다. 특히 집단원이 다음과 같은 행동을 할 때 지도자는 적절히 제한을 가할 필요가 있다(이장호, 김정희, 1992).

- 타인에게 질문 공세를 퍼붓는 행동을 할 때, 집단원에게 질문 대신 직접 진술하도록 요구할 수 있다.
- 타인에 관해서 험담을 늘어놓을 때, 집단원에게 화제가 되고 있는 당사자와 일대일로 직접 이야기하도록 할 수 있다.
- 쓸데없는 이야기를 길게 늘어놓을 때, 집단원에게 그러한 이야기가 현재의 느낌이나 사건과 어떠한 관련이 있는지를 말하도록 할 수 있다.
- 집단 밖에서 발생한 일을 무심코 말하거나 이전의 집단에서 행한 내용을 언급하여 비밀을 파괴할 때, 상담자는 단호하면서도 부드럽게 그러한 행동을 중지시켜야 한다.
- 타인의 사적인 정보를 캐내려고 강요할 때, 집단원에게 타인의 사적인 영역을 침범하고 있음을 지적하고 중단시켜야 한다.

제5장

자문과 조정

자문과 조정은 대표적인 간접 서비스에 해당하며 그 중요성에 비해 연구와 관심이 덜 집중된 조력과정이다. 자문의 과정이 복잡함에도 불구하고, 사람들은 자문을 단순히 전문가의 조언을 받는 과정으로 생각하거나 상담과 유사한 활동으로 간주하는 경향이 있다. 그러나 자문은 조언이나 상담과 다르다. 자문의 개념적 특징과 모델을 고찰하고, 자문 과정과 기법에 대해 알아본다. 그리고 부모와 교사를 대상으로 하는 자문의 문제와 요령에 대해서 논의한다. 끝으로 조정과 의뢰에 대해서 간단히 언급한다.

이 장을 학습하면 여러분은 다음과 같은 학습 성과를 얻을 수 있다.

1. 자문의 정의, 대상, 문제, 형태 등을 설명할 수 있다.
2. 자문의 접근모형(정신건강, 행동주의)을 설명할 수 있다.
3. 자문의 단계별 과정과 자문자의 전문적 기술을 설명할 수 있다.
4. 교사와 학부모를 대상으로 하는 자문의 실천방법을 설명할 수 있다.
5. 조정과 의뢰의 개념을 이해하고 구체적인 접근방법을 설명할 수 있다.

1. 자문의 개념

이미 언급했듯이, 자문(consulting)은 간접적인 학생 서비스의 한 형태로서 상담교사는 학부모, 다른 교사, 행정가, 교육복지사, 방문교사, 지역사회 정신건강요원 등과 협력적인 파트너십을 구축하여 학교상담 프로그램을 계획하고 이행하는 것을 말한다. 상담교사는 자문 과정에서 학부모, 교사, 교직원이 다른 사람, 특히 학생들과의 상호작용을 명확하게 이해하고 그들과 좀 더 효과적으로 교류하는 데 활용할 수 있는 정보를 얻고 기술을 증진할 수 있도록 돕기 위해 협력하며, 이를 통해 학생들이 교육체제에서 성공할 수 있도록 간접적인 서비스를 제공한다. 자문의 개념을 좀 더 이해하기 위해 자문의 정의, 대상, 내용, 형태 등을 살펴본다.

1) 자문의 정의

상담과 마찬가지로, 자문은 정의하기가 쉽지 않다. 왜냐하면 자문의 이론적 모형과 학자에 따라 자문에 대한 정의가 매우 다양하고, 그에 따라 상담교사는 자문가로서 매우 상이한 역할과 기능을 수행하기 때문이다. 카플란(Caplan, 1970)은 정신건강 모형에서 자문이란 두 사람, 즉 전문가로서의 자문가와 현재의 문제에 관해 자문가의 조력을 야기하는 의뢰인 사이의 상호작용 과정이라고 정의하였다. 베르간과 동료(Bergan, 1977; Bergan & Kratochwill, 1990)는 행동주의 모형에서 자문이란 자문가와 의뢰인 간의 간접적인 문제해결 과정이라고 정의하였다. 그러나 이러한 비조작적인 정의는 자문의 효율성에 대한 경험적 연구를 안내할 수 없다. 좀 더 최근에 도허티(Dougherty, 1990, 2005)는 자문이란 어떤 내담자 체계에 관계하거나 내담자의 문제와 관련하여 일하고 있는 인간봉사 전문가가 의뢰인과 내담자 체계를 돕기 위해서 특수한 방식으로 도움을 주는 과정이라고 포괄적으로 정의하였다. 이것은 자문이 무엇인가를 정의하는 데 중요한 세 가지 요소, 즉 자문가(인간봉사 전문가), 의뢰인, 내담자 체계를 포함하고 있다. 그는 자문의 세 가지 공통요소를 확인하였다(Dougherty, 2005).

- 자문은 자문가, 의뢰인, 내담자의 삼자관계(tripartite)이다.
- 모든 자문의 궁극적인 목표는 문제를 해결하는 것이다.

• 자문의 구체적인 목표는 의뢰인이 내담자를 대하는 방식을 개선하여 내담자의 안녕(well-being)을 향상시키는 것이다.

[그림 5-1]은 자문의 삼자관계를 나타내며 자문 과정의 상호작용적 성질을 잘 보여 주고 있다.

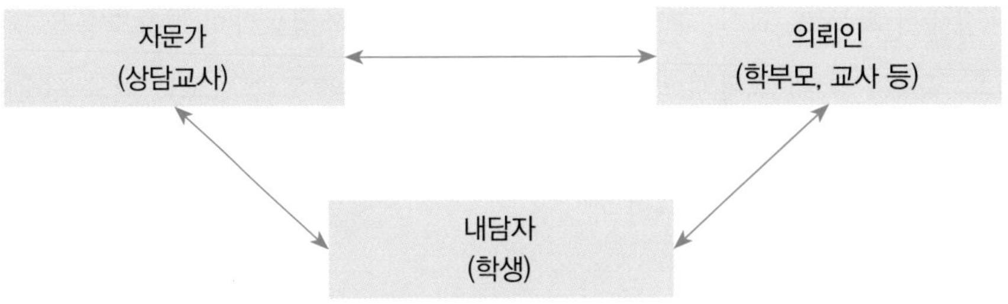

[그림 5-1] **자문의 삼자관계**

출처: Dougherty (2005), p. 11.

이론적 모형에 관계없이 자문관계에는 항상 세 명의 관계자가 포함되어 있으며, 두 명의 관계자가 상호 협력체계를 구축하여 나머지 한 명을 조력한다. 두 명의 관계자는 바로 자문가와 의뢰인이며, 이 두 사람이 협력한 결과로 수혜를 받는 당사자가 바로 내담자가 되는 것이다. 때로는 자문 과정에 다수의 자문가, 다수의 의뢰인, 또는 다수의 내담자가 포함될 수도 있다. 따라서 대체로 자문은 두 명 이상의 사람이 목적을 확인하고 목표를 세우며 그 목표를 충족시킬 책략을 계획하고 이러한 책략을 수행하는 데 있어서 책임을 정하는 관계라고 할 수 있다.

이와 같이 자문은 삼자관계로 진행되는 간접적인 학생 서비스라는 점에서 상담과 구분된다(Schmidt, 2000). 상담에서는 상담교사가 학생과 직접 상호작용하여 학생이 자기인식에 도달하고 자기 개발에 집중하며 새로운 대처 행동을 학습하도록 조력하는 직접적인 서비스이다. 반면에 자문 서비스에서는 상담교사가 대체로 확인된 문제를 해결하거나 상황을 처리하기 위해 의뢰인과 협력적으로 상호작용하게 된다. 즉, 상담교사는 학생과 직접적인 관계를 맺고 활동하는 사람들(예: 학부모, 교사 등)을 직접 조력하며 상담교사와 학생의 상호작용은 오직 간접적으로만 이루어진다. 이 경우 상담교사는 '무대 뒤에서 일하는 사람'에 비유될 수 있다.

학교 장면에서는 대개 상담교사가 자문가이고 학부모와 교사는 의뢰인이며 자문의 초점은 학생, 학부모, 또는 교사가 정보, 교육, 촉진 등을 요청하는 구체적 욕구 또는 상황이 된다. 예를 들어, 학부모가 자녀의 학교생활을 살펴보기 위해 상담교사를 찾아오는 경우, 상담교사와 학부모가 상호 협력하는 것에 동의하게 되면 마침내 자문 관계가 성립되며, 상담교사는 학생을 조력하는 방법을 모색하기 위하여 학부모와 공조하게 되는 것이다. 이와 같은 상황이 바로 학교 기반 자문(school-based consulting)이다(Baker & Gerler, 2007). 학교상담 장면에서 브라운과 동료들(Brown, Pryzwansky, & Schulte, 2001)은 자문이란 자문가 또는 의뢰인에 의해 시작되고 종결될 수 있는 자발적인 문제해결 과정이라고 정의하였으며, 기본적으로 의뢰인이 책임을 맡고 있는 개인 또는 집단과 좀 더 효과적으로 기능할 수 있는 태도와 기술을 개발할 목적으로 시작된다고 보았다.

2) 자문의 내용

상담교사는 다양한 자문 서비스를 활용하여 정보를 제공하고 집단을 교육하며 교사-학부모 회의를 이끌고 학교에서 많은 학생을 조력하는 다른 서비스를 계획할 수 있다. 상담교사가 자주 이용하는 자문 서비스의 유형은 다음과 같다(Schmidt, 2000: 125-139).

(1) 정보 서비스

정보 서비스는 상담교사가 가장 자주 이용하는 자문 서비스이다. 상담교사는 흔히 학생, 학부모, 교사들이 필요로 하는 정보의 자원으로서 역할을 하게 된다. 상담교사는 학생들이 교육, 진로, 개인 및 사회적 목표에 대한 선택을 하는 데 도움이 되는 정보를 찾아서 제공하는 역할을 한다. 예를 들면, 초등학생은 학교의 시설과 다양한 활동에 대해 알고 싶어 하고, 중학생은 또래관계와 우정의 문제해결에 도움이 되는 정보를 요구할 것이며, 고등학생은 자신의 학습 욕구를 충족시키기 위해 적절한 교과목을 선택하는 데 도움이 될 만한 정보를 얻고 싶어 할 수도 있다. 또한 학부모와 교사들은 학생들이 배우는 데 도움이 될 만한 유용하고 특별한 방과후서비스, 계절학기 보충학습 프로그램, 장학금 및 다른 재정적 지원 등의 이유로 상담교사에게 자문을 구할 수 있다. 정보제공 자문은 보통 학생과 학부모들이 지역사회 및 학교 자원, 진로 및 교육 기회, 재정적 지원에 대해서 필요로 하는 사항을 다룬다.

(2) 교육 서비스

상담교사는 학생, 학부모, 교사들을 위한 자문 서비스의 한 형태로 대집단 교육을 계획하고 실행한다. 이 교육적 자문관계는 상담교사가 정보를 제공하거나 새로운 기술을 가르치는 교실수업과 유사하다. 그러나 이 교육 서비스는 학생들을 평가할 필요가 없기 때문에 일반 수업과는 다르다. 즉, 상담교사에게 교육받은 학생들은 이러한 참여 결과에 대해 점수를 부여받지 않기 때문에, 이 교육 활동은 학생들이 중요한 주제에 대해 의견을 나누고 질문을 하도록 격려하는 데 있어서 덜 억제적이고 좀 더 촉진적이다. 이러한 형태의 교육적 자문 서비스는 대개 학생을 대상으로 하는 학급생활지도, 학부모를 대상으로 하는 교육 프로그램, 교사를 대상으로 하는 현장교육 워크숍 등으로 구조화된다.

(3) 문제해결 서비스

학교체제는 종종 학생, 학부모, 교사들이 제기하는 위협적 상황과 위험한 사건으로 인해 도전에 직면한다. 학생들은 때때로 교칙이 불공평하다고 느끼고, 학부모는 교육과정에 불만족을 표출하며, 교사는 학생들을 가르치는 일에 학부모와 가정의 지원을 요구한다. 만일 이 모든 갈등을 개방적으로 다루지 않거나 모든 입장을 진정으로 존중하지 않는다면 학교는 무력화될 수 있다. 상담교사는 이러한 갈등을 해결하고 다른 사람의 관점을 수용하며 진전을 이룩하기 위해 일치된 목표를 선택하는 데 있어서 자문 과정과 기술을 활용하여 다른 사람들을 조력한다. 이러한 자문관계에서 상담교사는 효과적인 의사소통 기술을 사용하고 갈등에 관련된 모든 입장을 지지해 주고 합리적인 해결책을 협상하려고 시도한다. 상담교사가 자문 역할을 수행하는 문제해결 서비스의 예는 교사-학부모 모임을 촉진하는 것, 교장 또는 다른 행정가들이 학교에서 경험하는 문제에 대한 정보를 제공하는 것, 팀 접근방식을 통해 학교의 학생 서비스를 조정하는 것 등이 있다.

(4) 기타 자문 서비스

앞에서 제시한 자문 서비스 외에도, 상담교사는 학교가 학생, 학부모, 교사들에게 유익한 광범위한 활동을 계획하도록 지원한다. 이러한 활동은 학교가 모든 학생의 발달에 집중하여 그들의 복지와 안녕에 영향을 미치는 제반 요인을 인식하는 데 도움이 된다. 다양한 관점에서 학생 발달을 바라보고 유지하는 능력은 효과적인 학교상담 프로그램과 성공적인 학교의 질을 보증한다. 학교에서 계획하고 이행하는 모든 정책과 프로그램은 학교 구성원 중 누군가에게 긍정적 또는 부정적인 영향을 미치게 마련이다. 상담교사는 이러한 정책과 프로그램이 학교 구성원의 긍정적 발달에 기여하도록 보장하기 위해 적절한 서비스와 활동을 자문한다. 이러한 자문 서비스는 생활지도 교육과정으로 시작되며, 상담교사는 개별 학생을 위한 의식적이고 세심한 계획을 수립하고, 건전한 학교분위기를 창출하며, '사이버폭력 예방주간' '진로체험행사' '미니올림픽' 등과 같은 특별 행사 또는 활동을 계획하는 데 참여한다.

3) 자문의 형태

자문의 형태는 자문 대상, 자문 목적, 자문가 의도에 따라 다양할 수 있다. 베이커와 걸러(Baker & Gerler, 2007)는 상담교사가 적용할 수 있는 다섯 가지 자문방식을 제안하였다. 여기서는 조정적 자문을 추가하여 설명한다.

(1) 처방적 자문

처방적 자문(prescription mode)은 자문가가 어떤 문제에 대한 중재 계획을 직접 제안하거나 이미 결정되어 있는 중재 전략을 선택할 수 있도록 도움을 주는 경우를 말한다. 자문가는 중재 계획의 실행을 위하여 환경, 전략, 사람 등을 탐색하고 진단한다. 이 자문방식은 간접적인 서비스에 해당된다. 예를 들면, 초등학교 상담교사(자문가)는 교사(의뢰인)에게 학생들(내담자)이 과제에 좀 더 집중하고 도출적인 행동을 하지 않도록 하기 위하여 토큰 경제 프로그램 계획을 짜도록 도울 수 있다. 상담교사는 교사와 일대일 관계 속에서 자문을 위한 회기를 가지며 이에 앞서 실행 가능한 중재 계획을 제시하기 위해 먼저 학급을 관찰하고 그 속에서 일어나는 학생들의 행동을 분석하게 된다.

(2) 문제해결 자문

문제해결 자문(provision mode)은 의뢰인의 시간, 관심, 또는 능력의 부족으로 인하여 자문가가 직접 내담자에게 서비스를 제공하는 경우를 말한다. 자문관계로 조력을 시작하기 때문에 기본적인 상담이나 예방 프로그램 구축과는 다르지만, 자문가는 상담 프로그램이나 예방 프로그램을 구축하는 과정에서 발휘했던 바로 그러한 능력이 필요하다. 문제해결 자문은 처방적 자문의 사례와 동일한 관심에서 비롯될 수 있다. 처방적 자문을 통해 상담교사가 여러 가지 대안적인 시나리오를 제시할 수 있으나, 교사가 주도적으로 나서기를 꺼리거나 성공적으로 수행하지 못하는 경우 상담자는 대리인 또는 협력자로서 기꺼이 학급에 들어가서 학생(내담자)을 위한 토큰경제 프로그램을 시작할 수 있다. 상담교사(자문가)는 교사(의뢰인)가 프로그램에 직접 참여할 수 있을 때까지 일종의 모델로서 서비스를 제공하는 셈이 된다.

(3) 주도적 자문

주도적 자문(initiation mode)은 자문가가 어떤 문제점을 인지하고 연구한 후 예상되는 의뢰인들과 능동적으로 접촉함으로써 자문 서비스를 제공하는 경우를 말한다. 문제의 본질에 따라서 자문 서비스는 직접적일 수도 있고 간접적일 수도 있다. 예를 들면, 한 고등학교에 임용된 초보교사가 학생들에 대한 훈육 문제로 어려움을 겪고 동료교사들과 불화를 빚어 마침내 사직 압력을 느끼고 있는 경우, 상담교사는 해당 교사를 초청하여 사건의 경위를 설명할 기회를 주고 문제해결을 위한 도움을 제공할 수 있다. 그 결과 교사는 좀 더 자신감을 갖고 학생들(내담자)을 대할 수 있으며 동료교사와의 관계를 개선할 수 있다. 이 경우 자문방식은 처방적, 문제해결식, 협력적이거나 여러 방식을 조합할 수 있다.

(4) 협동적 자문

협동적 자문(collaboration mode)은 자문가들이 의뢰인들의 요청에 따라 협동적 과정을 통하여 문제를 이해하고 해결을 위한 활동 계획을 고안하며 최종적으로 계획안을 실행에 옮길 때까지 상호 간에 공조를 취하는 경우를 말한다. 자문 서비스는 대체로 간접적이다. 예를 들면, 학급관리 문제로 어려움을 겪고 있는 한 중학교 교사(의뢰인)가 상담교사(자문가)에게 도움을 요청하고 공동의 문제해결 노력을 하게 된다면, 상담자와 교사는 협동적으로 문제를 정의하고 대안적인 해결방안을 찾아내며 상호 동의하에 전략을 선정하고 실행방안을 구상하게 된다. 이러한 협동적 자문의 궁극적인 목표는 교사가 학생들을 좀 더 효과적으로 관리할 수 있는 방안을 찾아내는 것이다.

(5) 중재적 자문

중재적 자문(mediation mode)은 2명 이상의 의뢰인 간에 어떤 의견의 일치를 이루거나 화해를 촉진하기 위해 자문가가 일종의 촉진자로서 봉사하는 경우를 말한다. 이 경우 자문 서비스는 직접적인 개입의 형태를 띤다. 중재적 자문은 두 사람(예: 교사와 학생, 학생과 부모, 학생과 학생, 또는 행정가와 학생 등) 혹은 두 개 이상의 집단이 상호 간에 불일치하거나 외견상 견해 차이로 인해 도저히 해결할 수 없는 것처럼 고착되어 있을 때 일어난다. 만일 양쪽이 모두 동의하게 되면, 상담교사는 중재자로 나서게 된다. 이때 자문가는 의뢰인들에게 어떤 해결책을 제시하기보다는 쌍방의 의사소통을 원활하게 하는 역할을 한다. 즉, 두 사람이 상대의 말을 경청하게 함으로써 상호 간에 이해의 폭을 넓히는 역할을 하고, 이 과정을 통해 서로가 수용할 만한 해결책을 찾게 되었을 때 중재적 자문은 종결된다. 중재적 자문가로서 상담교사는 기본적인 중재 과정, 의사소통 기술, 상담 기법, 직면 전략 등에 관한 지식과 경험은 물론 학교 체제에 대해서도 잘 알고 있어야 한다.

(6) 조정적 자문

조정적 자문(coordination mode)은 중재적 자문과 유사하지만 의도적으로 이루어진다는 점이 다르다. 예를 들면, 교사와 학생이 갈등 상황에 있을 때 쌍방이 서로 합의하여 갈등 상황을 해결할 수 있도록 돕는다는 점에서 두 가지 형태의 자문은 유사하다. 그러나 조정적 자문에서는 갈등 상황에 있는 두 당사자가 처음부터 조정자인 상담교사의 결정에 따를 것에 동의하고 상담교사는 그들에게 무엇을 할 것인지를 말해 준다. 조정적 자문가로서 상담교사는 의뢰인의 입장과 상황을 사전에 파악할 필요가 있다. 그러나 상담교사는 의뢰인의 결정을 대신 내려 주는 사람은 아니며, 효과적인 상담 전략과 기법을 사용하여 그들 스스로 결정을 내리는 데 도움이 될 의사소통을 촉진시키는 역할을 우선적으로 수행하고, 쌍방이 합의점에 도달하지 못했을 때 최종 결정을 내려야 한다.

2. 자문의 접근모형

자문의 접근모형은 정신건강 모형, 행동주의 모형, 아들러 모형, 조직개발 모형 등 매우 다양하게 분류될 수 있으며, 각 모형은 완전히 독립적인 형태를 취하고 있는 것도 아니다. 가장 많이 언급되는 모형은 정신건강 모형과 행동주의 모형이다. 학교상담에서 행해지는 자문 역시 대부분 이 두 가지 모형을 따르게 된다.

1) 정신건강 모형

정신건강 모형은 카플란(Caplan, 1959, 1961)이 주도적으로 개발한 것으로, 오늘날까지 가장 활발하게 적용되어 온 자문 모형 중 하나이다. 그는 자문이란 서로 다른 전문직 또는 집단에 속하는 두 전문가들 사이의 자발적이고 수평적인 조력활동이라고 정의하였고, 자문 과정은 개인 또는 집단과의 기능을 향상시키려는 의뢰인에 의해 시작된다고 보았다(Caplan, 1970). 정신건강 모형은 정신건강 전문가들의 자문 과정을 활용하여 지역사회의 정신건강을 증진시키기 위한 목적으로 개발되었으나 상담자들이 학교 장면에서 자문활동에 활용하기에도 적합한 모형이다. 특히 자문가와 의뢰인의 관계가 협조적이고 비위계적이라는 점, 주로 짧은 면담이 여러 번 이루어진다는 점, 자문가는 의뢰인의 사적 문제에 관여할 수 없다는 점, 자문의 궁극 목표는 의뢰인의 문제해결 능력을 높이는 것이라는 점 등은 학교 장면에 적용 가능한 특징들이다(Caplan & Caplan, 1993).

정신건강 모형에서 자문가는 의뢰인이 내담자와의 상호작용을 좀 더 잘 이해할 수 있도록 돕는다. 이를 위해 자문가는 의뢰인의 치료나 문제해결을 위한 방안과 전략을 분석하고 내담자에 대한 의뢰인의 반응을 점검한다. 이 모형은 의뢰인을 지지하는 데 초점을 둔다. 즉, 최우선적으로 의뢰인이 현재의 문제 상황을 이해하도록 돕는 데 역점을 두며, 다음으로는 미래에 일어날 수 있는 유사한 문제에 대처할 수 있도록 돕는다. 상담교사는 정신건강 모형을 활용해서 교사들이 학생과의 관계나 수업 장면에서 당면하는 급박한 문제를 해결하고 그러한 경험을 앞으로 발생할 문제에 활용할 수 있도록 도울 수 있다.

정신건강 모형에서는 자문의 형태를 내담자(학생) 중심 사례 자문, 의뢰인(교사) 중심 사례 자문, 프로그램 중심 행정 자문, 의뢰인 중심 행정 자문으로 구분한다(Caplan & Caplan, 1993). 앞의 두 가지 유형은 학생 개인의 문제를 다루고, 뒤의 두 가지 유형은 체제의 문제를 다룬다. 내담자(학생) 중심 사례 자문에서는 의뢰인(교사)이 문제를 갖고 있거나 문제의 원인이 되는 내담자에 관한 사례를 제시하고, 자문가는 의뢰인이 내담자를 조력하는 데 도움이 되는 개입을 설계한다. 자문가는 의뢰인이 내담자에게 사용할 수 있는 아이디어를 개발해 준다. 자문가로서 상담교사는 교사와 함께 특정 문제를 가진 학생을 돕기 위한 구체적인 진단과 개입 계획을 세우고 조언하며 필요한 경우 학생을 직접 만나서 평가 및 처치와 같은 서비스를 제공하기도 한다. 예를 들면, 교사가 학습 문제를 지닌 학생을 상담교사에게 데리고 오면, 상담교사는 그 학생을 일반교실에서 데리고 나와 평가하고 그 학생을 도와주기 위해 무엇을 해야 하는지를 보고서로 작성하여 교사에게 준다. 이것은 최저 수준의 협력적 자문이다.

반면에, 의뢰인(교사) 중심 사례 자문에서는 사례를 다루는 의뢰인(교사)의 전문적 능력을 향상시키는 것을 목표로 삼기 때문에 상담교사가 학생을 직접 만나는 경우는 드물고 교사를 통해 간접적으로 도와주게 된다. 의뢰인(교사)은 어떤 특수한 내담자 사례에서 겪고 있는 문제를 야기하는 것이 무엇인지를 정확하게 진단하는 것이 그 과정에서 핵심이다. 자문가는 의뢰인과 직접적으로 상호작용하면서 내담자를 다룰 계획을 세우도록 돕는다. 예를 들면, 상담교사가 일반교사를 만나서 학생을 도와주는 계획을 수립하는 것을 지원하고 그 계획이 진행되는 과정을 점검한다. 자문가로서 상담교사는 의뢰인(교사)이 제공하는 정보를 토대로 이러한 문제를 지식 부족, 기술 부족, 자신감 부족, 또는 객관성 부족의 어느 한 범주로 분류한다. 그는 지식 부족으로 진단된 문제와 객관성 부족으로 진단된 문제에 대해 각기 개입하는 방식을 달리할 수 있다.

2) 행동주의 모형

행동주의 모형은 내담자 행동에 체계적인 방법으로 변화를 주기 위해 자문가가 의뢰인에게 제안하거나 가르쳐 준 행동관리 기법의 활용에 초점을 맞춘다. 이 모형은 행동주의 학습이론에 토대를 두고 있다. 즉, "인간 행동은 학습되는 것이고 변화될 수 있다."는 가정하에 교사를 통해 학생의 문제를 구체적인 행동으로 기술하고 그 행동의 선행사건과 후속결과를 파악하며 개입 전에 기초선을 측정하고 관찰 가능한 행동의 변화를 통해 효과를 검증하는 등 학생의 문제에 접근한다(Bergan & Kratochwill, 1990). 행동주의 모형은 간접적인 접근을 활용한다는 점에서 정신건강 모형과 유사하지만, 자문가가 더 많은 통제력을 행사한다는 점이 다르다. 즉, 자문가는 의뢰인이 따라야 할 일련의 행동을 계획하고 결정하며 의뢰인에게 필요한 기법과 접근을 가르치기도 한다. 자문가로서 상담교사는 전문가 역할의 정도가 너무 지나쳐서 의뢰인인 교사의 고유영역을 침범하지 않도록 유념해야 한다. 흔히 교사들이 자문을 의뢰하는 전형적인 문제는 교실관리와 학생의 문제행동을 꼽을 수 있다. 행동주의 모형에서 자문가의 역할은 주로 행동 변화에 초점을 두지만, 또한 경청, 이해, 협의, 분석, 제안, 지지와 격려를 통해서 의뢰인을 도울 뿐만 아니라 문제의 원인이 되는 환경을 변화시키는 데 영향을 줄 수 있다.

행동주의 모형에서는 자문 과정을 문제 확인 및 정의, 문제 분석 및 사정, 계획 실행 및 개입, 평가 및 조정으로 구분한다(Bergan, 1977; Bergan & Kratochwill, 1990; Gutkin & Curtis, 1990; Wallace & Hall, 1996). 첫째, 문제 확인 및 정의 단계에서는 자문가는 의뢰인과 협의해서 세부목표를 정한다. 이 단계의 일차적인 목표는 문제, 곧 내담자의 실제 행동과 의뢰인이 촉진하고 싶은 행동 간의 불일치를 확인하는 것이다. 의뢰인은 문제가 복잡하면 과장하거나 혼란스럽게 설명하는 경향이 있다. 의뢰인의 일차적인 기능은 내담자의 문제 행동을 정확하고 구체적으로 기술하는 것이다. 문제의 우선순위를 정하고 목표행동을 선택하고 문제의 심각성이 어느 정도인지 파악하고 임시목표를 결정하고 선행자극, 과정, 결과에 대해 논의하고 가능한 자료수집 방법과 다음에 만날 날짜를 결정한다.

둘째, 문제 분석 및 사정 단계에서는 문제 상황의 모든 관련 변수를 검토한다. 의뢰인의 일차적인 책임은 내담자에 관한 정보를 수집하는 것 그리고 하나의 행동 계획을 설계하는 것이다. 자문가로서 상담교사는 다음과 같은 질문을 활용하면 문제 분석의 효율성을 높일 수 있다.

- 문제는 언제 발생했는가?
- 학생은 가정에서 어떻게 지내는가?
- 어떤 욕구가 우선적으로 충족되어야 하는가?
- 문제행동의 원인이 될 만한 상황은 무엇인가?
- 문제 발생 시 교실에서 어떤 일이 일어나는가?
- 학생을 잘 아는 사람(예: 교사, 동료 등)에게 얻을 만한 추가 정보는 있는가?
- 행동평가 또는 심리검사 결과가 시사하고 있는 것은 무엇인가?
- 해결책을 마련하기 위해 필요한 조치는 무엇인가?

셋째, 문제 분석이 끝나면 자문가와 의뢰인은 협의하여 문제 해결을 위한 계획을 수립하고 긴밀한 접촉을 유지하면서 계획을 실행에 옮긴다. 계획에는 반드시 명확한 세부목표, 학생에 대한 구체적인 중재전략, 각 전략의 효과를 평가하기 위한 기준이 포함되어야 한다. 자문가로서 상담교사는 의뢰인에게 정적 및 부적 강화, 처벌, 조형(shaping), 수반성 계약, 시연, 여타의 행동 기법을 사용해서 어떤 행동 계획을 이행할 것을 요구한다. 그러한 기법들을 정확하고 일관되게 적용할 경험이나 기술 또는 단지 시간이 부족한 교사는 그 행동 계획을 이행하기가 매우 어렵다는 것을 깨닫게 될 것이다.

마지막 단계에서는 세부목표가 어느 정도 달성되었는지 평가한다. 자문가와 의뢰인이 만나서 자문 과정과 행동 계획 모두를 평가한다. 평가는 초기의 계획 단계부터 종결 단계까지 세부목표를 검토하는 것으로 이루어진다. 설정된 계획이 실제로 세부목표의 달성에 효과가 있는지 평가하기 위해서 지속적인 관심을 갖고 점검해야 한다.

3. 자문의 과정과 기법

상담교사와 교사 간에 이루어지는 자문 과정은 다양한 모델과 유형에 따라 그 초점과 절차가 다소 다를 수 있지만 대체로 많은 공통점을 지니고 있다. 또한 자문 과정에서 상담교사는 상담에서와 유사한 기술을 사용하여 자문을 주도한다. 그러나 상담교사는 자문 과정이 전개됨에 따라 적절한 자문 기술을 이용하여 자문관계를 유연하게 이끌어 가야 한다.

1) 자문의 과정

앞에서 기술했듯이, 자문의 과정은 자문의 모형에 따라 서로 다르지만 많은 공통점을 찾을 수 있다. 다양한 자문 모형에서 나타나는 공통점을 중심으로 자문의 주요 과정을 설명하면 다음과 같다(김계현 외, 2009; Crothers, Hughes, & Morine, 2016).

(1) 사전준비

자문의 첫 단계는 조직에 공식적으로 진입하는 단계를 포함한다. 상담교사는 학교나 학급 건물 안으로 별 어려움 없이 들어올 수 있지만 외부 자문가의 경우 자문 과정에 참여하기 전에 특정한 공식적 절차를 마련해 두어야 한다. 자문을 시작하기 전, 자문가는 자문에 영향을 미칠 만한 자신의 입장과 성향을 스스로 평가하고 의뢰인에게 명확히 전달함으로써 협력 가능성을 사전에 가늠하는 준비과정이 필요하다(Hansen, Himes, & Meier, 2007). 의뢰인이 특정 문제에 관해 도움을 요청할 때 자문가는 자신이 자문가로서 적합한지, 자문의 결과가 관련된 개인과 조직에 어떤 영향을 줄 것인지, 자문의 초점이 무엇인지 등을 판단하고 자문의 성공 또는 개시 여부를 미리 가늠한다. 자문가로서 상담교사는 자문을 시작하기 전에 미리 수집한 정보를 토대로 자신이 주로 어떤 자문 모형을 채택하는지, 의뢰인의 호소 문제가 자신의 입장에 부합하는지, 관련 개인 및 조직의 특성에 비추어 볼 때 성공할 수 있을지 등을 가늠한 뒤 자문 개시 여부를 결정한다.

(2) 관계 형성

자문가와 의뢰인의 초기 만남이 시작되어 심리적·물리적으로 자문에 들어간다. 이 단계에서 상담교사는 변화에 대한 의뢰인의 준비 상태를 탐색하고 상호 협력적인 관계를 수립하며, 의뢰인에게 자문의 목적, 비밀보장, 한계 등을 제시하고 자문의 기간, 이용 가능한 시간, 자문을 어떻게 요청해야 하는지 등 구체적인 자문 과정을 논의한다(Brown, Pryzwansky, & Schulte, 2001). 자문이 성공하려면 의뢰인의 준비 상태를 미리 파악하는 것이 중요하다. 의뢰인이 변화에 대해 개방적인 태도를 보이지 않거나 문제의 해결을 원하지만 문제를 다루는 방법을 배우려 하지 않는다면 자문이 성공하기는 어렵다. 자문가로서 상담교사는 의뢰인이 호소하는 문제뿐만 아니라 그가 처해 있는 상황에도 관심을 갖고 이해할 필요가 있다. 의뢰인과 진정한 협력 관계를 형성하려면 상담교사는 의뢰인의 말을 경청하고 공감하며 수용적이고 진솔한 관계를 형성하도록 노력해야 한다. 그럼으로써 의뢰인이 문제와 상황에 대한 인식과 자문을 통해 얻고자 하는 점을 분명하게 표현하도록 도울 수 있다. 또한 의뢰인이 문제해결을 위해서 이미 기여하거나 성공한 점을 인정하고 변화 의지를 강화하도록 지지하며 상담교사의 제안을 수락할지 여부를 스스로 선택할 수 있도록 격려한다. 의뢰인이 자문을 지속하겠다고 결정하면 일정과 장소, 비용, 성과 평가 방법, 상담교사와 의뢰인의 역할 등을 상의하고 이를 구체적으로 명시하여 계약서를 작성하는 것이 좋다. 이는 이어지는 자문 과정을 효율적으로 진행하는 데 도움이 된다.

(3) 요구평가

문제와 상황에 대한 이해 및 평가는 준비 단계부터 종결 단계까지 지속적으로 이루어지는 과정이다. 그러나 자문의 목표와 계획을 수립하기 위해서는 분석 단계에서 현재의 문제와 관련하여 의뢰인(교사/학부모), 내담자(학생), 환경적 특성의 세 가지 영역에 대해서 집중적인 평가를 해야 한다. 이 평가 영역은 문제를 정의하고 분석하는 데 영향을 준다(Brown, Pryzwansky, & Schulte, 2001). 예를 들어, 의뢰인이 학생의 행동이나 성취에 영향을 미치는 변인들에 대해 어떻게 지각하느냐 하는 것은 이후에 개입을 선택하고 그 결과에 대한 효율성을 인식하는 데 영향을 미칠 수 있다. 따라서 자문의 초기 단계에서 이러한 차이점을 분석하여 고려하는 것은 중요하다. 각 영역의 평가에서 점검해야 할 질문 내용은 다음과 같다(김계현 외, 2009).

① 교사/학부모 특성의 평가

- 교사/학부모의 문제는 무엇인가?
- 학생 문제에 관한 지식이나 문제해결 기술의 부족인가, 아니면 객관성이나 자신감의 부족인가?

- 교사/학부모 자신은 무엇이 문제라고 보는가?
- 교사/학부모는 자신과 학생에 대해 어떤 기대를 가지고 있는가?
- 교사/학부모는 어떤 개입 전략과 기술을 가지고 있는가?
- 교사/학부모가 쉽게 받아들일 수 있는 접근방법은 있는가?
- 이미 시도해 본 개입 기술 중 결과가 좋았던 것은 무엇이며, 이전 시도가 실패한 이유는 무엇인가?

② 학생 특성의 평가

- 학생의 어떤 행동이나 특성이 문제인가?
- 문제의 유발과 유지에 관련되는 학생의 인지과정은 무엇인가?
- 함께 고려해야 할 발달적 · 문화적 특성은 있는가?
- 학생은 교사/학부모를 어떻게 지각하는가?

③ 환경적 특성의 평가

- 학생의 문제를 강화 또는 유지하는 직접적인 환경조건은 무엇인가?
- 문제해결을 위해 활용 가능한 자원은 무엇인가?
- 직접적인 환경 내의 제약이나 제한점에는 어떤 것이 있는가?
- 문제를 야기하거나 유지시키는 구조적 측면이 있는가?
- 학생에게 제안된 변화는 조직의 규범과 기대에 부합하는가?
- 제안되는 변화 전략이 학생과 교사/학부모에게 문화적으로 적절한가?

(4) 문제정의 및 목표설정

요구평가 단계에서 의뢰인, 내담자, 환경적 특성에 대한 분석이 이루어지고 나면, 의뢰인의 호소 문제와 관련된 다양한 특성을 검토하여 현재의 문제를 개념화한다. 문제의 개념화는 의뢰인이 무엇을 잘못하고 있는지 밝히는 것보다는 그가 제시하는 문제의 해결책을 찾기 위해서라는 것을 잊지 말아야 한다. 자문 과정에서 문제를 정의하고 목표를 설정하는 단계가 가장 중요한데, 그 이유는 그것이 이후에 자문의 과정과 성과를 가장 잘 예측해 주기 때문이다. 이 단계에서도 역시 의뢰인의 적극적인 참여가 매우 중요하다. 자문가로서 상담교사는 문제를 직접 제시할 수도 있지만 그보다 의뢰인이 문제를 정의하고 목표를 설정하며 우선순위를 정할 수 있도록 도와야 한다. 이 시기에 상담교사는 문제의 빈도,

지속기간, 강도 등 기초선 자료를 수집하고 문제를 유지하는 선행사건과 그 결과를 파악해야 한다. 목표는 가능한 한 구체적으로 설정하는 것이 좋으며, 목표 달성으로 인한 변화의 영향과 예상되는 상황적 변수도 미리 파악하면 저항을 줄일 수 있다.

(5) 개입 전략의 선택

설정된 목표를 달성하기 위한 방법은 다양할 수 있으므로 자문가가 어느 한 가지 해결책만 제시하여 따르도록 하는 것은 바람직하지 않다. 자문가로서 상담교사는 의뢰인이 여러 가지 대안을 개발하고 그 대안들을 검토하여 당면 문제의 해결을 위한 최적의 대안을 선택할 수 있도록 돕는다. 특히 의뢰인이 이미 갖고 있으나 활용하지 못했던 자원을 스스로 파악하고 활용할 수 있도록 하며, 실행 계획의 완전성과 개입의 수용 가능성을 고려해야 한다. 실행 계획의 완전성은 개입 전략을 변경하거나 조정하더라도 실효성에 미칠 영향이 미미한 정도를 말하며, 개입의 수용 가능성은 의뢰인이 개입에 대하여 수용할 만하다고 여기는 정도를 말한다. 이는 개입 전략에 대한 자문가의 설명, 의뢰인의 경력과 직무 관련 자기효능감, 문화적 가치 및 학생 문제의 유형과 심각성, 해결 전략에 대한 지식, 전략 실행에 필요한 시간, 개입 전략의 유형과 그 효과성에 대한 기존 자료 등에 의해 영향을 받는다. 개입 전략의 선택 시 일반적으로 행동 감소나 제지 전략보다는 긍정행동지원 전략을 먼저 실행하는 것이 좋다. 또한 의뢰인이 새로운 기술을 배우기보다는 이미 사용했던 기법을 수정하는 것처럼 가장 간단하고 무리가 적은 방법을 선택하는 것이 효과적이다. 만약 의뢰인이 새로운 기술을 배워야 한다면 현재의 조직구조와 일상에 잘 맞도록 고안되어야 하며, 시간이 적게 들고 의뢰인이 효과적이라고 생각하는 방법을 선택해야 한다.

(6) 개입 전략의 실행

자문가와 의뢰인의 양자관계로 이루어지는 이전 단계들과는 달리, 이 단계에서는 복잡한 환경에서 의뢰인이 계획을 실제로 실행에 옮기게 된다. 자문가와 의뢰인은 계획을 실행하는 과정에서 참여자들의 역할과 책임을 확인하는 것이 도움이 된다. 구체적인 개입 전략은 의뢰인의 발달 수준과 시간 및 비용, 예상되는 저항이나 변화의 정도, 자문가와 의뢰인의 개인적 역량 및 성향 등에 따라서 달라질 수 있다. 개입 전략은 대개 내담자의 문제해결을 위한 개입과 의뢰인의 문제해결 기술 향상 및 유지를 위한 개입으로 구성된다. 자문가로서 상담교사는 잠재적인 강화물을 찾고 개입이 이루어져야 할 시간과 일정을 정하며 참여자들의 역할과 책임을 설명해 놓은 개요 문서를 작성한다. 또한 개입 전략을 실행하는 과정에서 예기치 못한 문제가 발생할 수 있음을 인식하고 필요한 경우 그에 맞추어 개입 전략을 수정하거나 조정해야 한다. 일반적으로 이 단계에서 자문가와 의뢰인이 자주 만날수록 실행에서 성공할 가능성이 높다.

(7) 평가

자문에 대한 평가는 개입 전략의 실행과 함께 진행할 수도 있고, 전략 실행이 완료된 시점에서 자문 과정 전반에 대한 평가와 개입 전략에 대한 평가를 함께 진행할 수도 있다. 개입 과정에서 이루어지는 형성평가는 의뢰인의 필요에 따라 계획을 변경하거나 조정할 수 있기 때문에 유용하다. 개입이 기대한 만큼 효과적이지 않다면, 상담교사와 의뢰인은 필요에 따라 초기 자문 단계로 되돌아가서 새로운 해결 방법을 적용하기로 합의할 수 있다. 형성평가 방법은 단순 또는 다중기초선 설계와 같은 단일대상연구 방법을 적용한다. 반면에, 누적 평가는 자문을 종료한 이후 이루어지며 개입의 효과성을 평가하는 공식적인 과정이다. 인터뷰, 설문지, 토론, 관찰 등 다양한 방법을 활용하여 자문이 의뢰인에게 효과적인 도움을 제공하였는지 확인하고 향후 자문가로서 상담교사의 발전을 위해서 필요한 정보를 수집한다. 평가 항목은 자문이 의뢰인에게 미친 영향을 중심으로 결정하되, 상담교사의 전문적 역량과 의뢰인의 만족도, 투입 자원의 질과 양, 적용된 자문 모형과 기법, 자문 결과로 일어난 변화가 기존 체제에 미친 영향, 자문 관리 등을 포함한다. 또한 상담교사는 개입의 일반화, 강화 전략의 점진적 감소, 후속 조치 등의 문제를 함께 고려해야 한다. 일반화는 내담자가 어떤 장면에서 습득한 행동을 다른 장면에도 적용하려 할 때 일어나는 것이다. 인위적인 강화물이 점차 사라지고 자연스러운 강화물로 대체될 경우 외적 강화물은 점차 줄어든다. 긍정적인 행동이 유지되려면 외적 강화물을 한꺼번에 제거하기보다는 점진적으로 감소시켜야 한다. 만일 강화 전략의 점진적 감소 과정에서 문제가 악화된다면 다시 강화 전략을 복원해야 하며, 개입 목표가 달성되지 않는 경우 후속 조치로 형성 평가를 통해 개입 전략을 점검할 수 있다(Zins & Erchul, 2002).

(8) 종결

평가에 의해서 자문의 효과가 확인되고 자문가로서 상담교사가 문제해결에 관여하는 정도가 낮아지면, 상담교사와 의뢰인은 상호 합의하여 자문을 종결한다. 자문의 종결은 원칙적으로 자문 과정이 시작될 때 논의되어야 한다. 자문 관계의 종결은 의뢰인이 개입 전략을 독자적으로 수행한다는 것을 의미한다. 자문가로서 상담교사는 자문의 종결을 갑작스럽게 진행하기보다는 점차적으로 만남의 간격을 늘리거나 전화 및 메일 등을 통해서 간헐적으로 추수지도를 하면서 의뢰인의 독립적인 문제해결 역량을 증진해야 한다. 또한 상담교사는 자문 과정에 대한 의뢰인의 피드백과 자문 결과에 대한 요약보고서를 제출하여 자문 관계가 끝나고 있다는 신호를 전달한다(Dougherty, Tack, Fullam, & Hammer, 1996). 때로 자문이 기대한 대로 진행되지 않거나 즉각적 개입을 요하는 심각한 문제가 발생하는 경우에는 조기에 종결될 수 있다.

2) 자문의 기법

상담교사는 자문의 목표를 성취하기 위해서 다양한 전략을 선택할 수 있다. 학교상담에서 자문을 수행하기 위해 효과적으로 사용할 수 있는 기본적인 행동 전략을 제시하면 다음과 같다.

(1) 자문 목표에 도달하기 위한 기본 전략

상담 목표의 도달에 중요한 상담 전략은 대부분 자문 목표에 도달하기 위한 자문 전략으로도 여전히 중요하다. 자문관계에서 사용되는 효과적인 경청, 촉진, 명료화, 지지 등 의사소통 기술은 여러 면에서 상담관계에서 발견되는 기본 기술과 유사하다. 또한 의사결정 기술은 사람들에게 목적을 확인하고 계획을 수립하며 전략을 실행하도록 조력하는 데 상담자와 자문가 모두에게 필요하다. 이 기본적인 상담 기술은 모든 형태의 자문방식에서 유용하게 사용되는 기본 전략이다. 특히 학교상담 특성상 상담교사는 자문의 역할을 수행하기 좋은 위치에 있다. 일반적으로 자문의 역할을 수행하는 상담교사에게 요구되는 핵심역량은 다음과 같다(강진령, 연문희, 2009).

- 폭넓은 지식
- 의사소통 및 상담 기법
- 문제해결 및 기관 자문 기술
- 개념 또는 새로운 정보의 해석과 설명
- 자문 과정에서 필요한 상호작용 기법과 협력적 자문의 전문성 제공
- 자문관계에 필요한 핵심 조건 형성과 전문가에 합당한 윤리적 행동 유지
- 자문관계, 목적, 바람직한 행동 변화를 유발하고 유지하기 위한 인간관계 기술

그러나 여타의 상담 기술은 자문방식에 따라 그 적용 가능성이 다를 수 있다(Baker & Gerler, 2007). 예를 들면, 자기주장, 집단상담, 위기상담 전략은 문제해결 자문방식에만 적용될 수 있고, 합리적 사고는 문제해결 자문과 중재적 자문에만 적용될 수 있으며, 대부분 형태의 자문에서 유용한 유능성 증진, 자기관리, 비언어적 기술은 중재적 자문에서는 적용하기 어렵다. 자문에서 어떤 상담 전략이 적용될 수 있느냐 하는 것은 자문 서비스를 제공하는 개별 자문가에게 달려 있다. 따라서 자문가로서 상담교사는 자문의 방식에 대해 잘 알고 있어서 상황에 적절한 기술을 선택할 수 있어야 한다. 경우에 따라서 그는 정보 제공자가 되기도 하고, 중재자 또는 조정자의 역할을 수행하기도 한다. 하지만 중요한 것은 기본적인 전략이 상담과 자문 모두에 공통적으로 적용될 수 있다는 것이다.

(2) 문제해결을 위한 자문의 기술

앞에서 언급했듯이, 자문은 일종의 협력적 문제해결 과정이다. 자문 기술은 문제해결의 단계에 따라 점진적으로 진화한다. 그 단계는 이간(Egan, 2000)이 제시한 3단계 조력 모형과 일치하고 있다. 그것은 문제의 확인 및 명료화 단계, 현실적 목표 설정 단계, 목표 성취를 위한 수행전략의 구상 및 이행 단계로 구분된다. 예를 들면, 어떤 학부모(의뢰인)가 자녀(내담자)의 성공적인 학교생활을 지원할 방법을 찾기 위해 상담교사(자문가)에게 자문을 요청했다고 하자. 이러한 자문 방식은 협동적 자문이다. 이간이 제시한 첫 번째 단계에서 상담교사는 기본적인 면접기술을 사용하여 학부모의 진술을 이끌어 내고 관련된 정서를 확인하며 이용 가능한 자원이 무엇인가를 발견하여 문제 상황 또는 기회를 확인하고 명료화한다. 두 번째 단계에서 상담교사는 문제에 대한 상호 간의 이해를 바탕으로 학부모가 현실적인 목표를 설정할 수 있도록 돕는다. 필요한 사전작업이 모두 이루어졌다고 생각되면, 세 번째 단계에서 상담교사는 학부모와 함께 목표를 성취하기 위해 채택 가능한 전략들을 확인하고 그러한 전략을 이행하기 위한 방안을 수립하게 된다.

슈미트(Schmidt, 2000)는 상담교사가 수행하는 문제해결 자문의 일반적인 형태로서 다양한 이론적 관점에 적용될 수 있는 4단계 자문 모형을 제시하였다. 그 모형은 도입, 탐색, 실행, 평가의 네 단계로 구성되어 있으며, 상담교사가 학생, 학부모, 교사, 다른 전문가들에게 관련 정보를 처리하고 구체적인 행동 계획을 실행하기 위한 동의를 공식화할 수 있도록 구조적 틀을 제공한다. 이 모든 단계를 성공적으로 이끌어 가려면 상담교사는 각각의 단계에서 특별한 자문 기술을 사용할 수 있어야 한다. 〈표 5-1〉은 문제해결 모형의 각 단계에서 상담교사가 수행하는 자문의 목표와 기술을 열거하고 있다. 물론 각각의 기술은 자

〈표 5-1〉 자문 단계별 자문의 목표와 기술

단계	목적	기술
도입	라포 형성 관심과 문제 확인 정보 수집	경청과 주의 내용과 느낌에 반응하기 명료화하기 이해에 대해 요약하기
탐색	문제 정의 선택사항 열거 가능성에 대한 동의 행동으로 전환	질문하기 구조화하기 집중하기 역할 명료화하기 자료 해석하기 교육/정보 제공하기 브레인스토밍하기
실행	전략 선택 책임 할당 목표 설정과 시간 제한	중재/협상하기 직면하기 우선순위 정하기 계획하기
평가	결과 평가 동의에 대한 추후조사 종결	관찰하기 기록하기 평가하기 요약하기

출처: Schmidt (2000), p. 273.

문의 전체 과정에서 유용하며, 제시된 단계에서 필수적일 뿐만 아니라 다른 단계에서도 발견될 수 있다.

(3) 자문관계에서 유의해야 할 사항

슈미트(Schmidt, 2000: 273-274)는 자문 기술을 사용할 때 특히 유념해야 할 사항에 대해 경고하였다. 첫째, 자문가로서 상담교사는 촉진적인 행동의 사용에 능숙하고 기술적이어야 한다. 숙달되지 않은 채 사용된 기술은 관계를 잠재적으로 손상시킨다. 둘째, 특수한 기술을 사용하는 빈도는 해당 회기나 상호작용의 성공에 영향을 줄 수 있다. 예를 들면, 자문가는 바꿔 말하기 기술을 매우 전문적이고 능숙하게 사용한다. 그러나 이 기술을 반복적으로 사용한다면, 의뢰인은 그것에 식상해할 것이며, 결국 자문 관계는 주춤해지고 자문가의 조력은 거절당하게 될 것이다. 끝으로, 자문 기술의 사용에서 세 번째 경고는 시간과 관련된다. 의도가 좋더라도 시기가 좋지 않을 때는 요점을 놓친다. 성공적인 자문은 무엇을 할지, 언제 그것을 할 것인지를 아는 것이다. 잘 의도된 질문이라 할지라도 시기가 적절하지 않다면 목적을 달성하지 못할 것이다. 마술쇼와 같이 성공적인 자문은 익숙한 기술의 사전 계획을 요구한다.

상담교사가 자문의 역할을 수행하는 경우에 내담자 또는 자문 결과에 직업적 · 윤리적 책임은 없다(강진령, 연문희, 2009). 그러나 자문가, 의뢰인, 내담자 사이의 관계를 명확히 구분하는 것은 매우 중요하다. 자문가로서 상담교사는 의뢰인(교사/학부모)과 내담자(학생)의 관계에 끼어들지 않도록 주의해야 한다. 또한 교사가 자문을 의뢰하는 경우, 상담교사는 자문을 의뢰한 교사의 지도감독자 역할을 담당할 위치에 있지 않다는 사실을 기억해야 한다. 그 대신 상담교사는 단지 교사의 업무 효과를 높이는 역할을 담당할 뿐이다. 따라서 상담교사는 교사의 전문가 역량뿐만 아니라 학생들에 대한 교사의 막중한 역할과 책임 또한 존중해야 한다. 이뿐만 아니라 자문 관계는 근본적으로 치료적인 것이 아니라는 점을 명심해야 한다. 그 교사는 자신의 개인적인 성장이나 발달을 위해 도움을 요청한 것이 아니며 전문가로서 문제를 해결하는 데 필요한 특별한 도움을 요청한 것이기 때문이다.

4. 자문 대상으로서 교사와 학부모

학교 장면에서 상담교사에게 주로 자문을 요청하는 의뢰인은 교사와 학부모이다. 자문가로서 상담교사는 자문 과정에서 의뢰인으로부터 심각한 저항 혹은 장애에 부딪치기도 한다. 주로 발생하는 장애의 원인과 대처 요령을 알아본다.

1) 교사 대상 컨설팅

상담교사와 교사 간에 이루어지는 자문은 학교조직 및 제도와 관련해서 이루어질 수 있지만, 주로 학생의 문제를 해결하고 예방하는 데 초점을 맞추고 있다. 초기에는 주로 개인을 대상으로 해서 특정 학생의 문제를 해결하는 데 있어 교사에게 도움을 주는 형태로 진행되었지만, 최근에는 경력이 짧은 교사에게 지지를 제공하거나 그의 문제해결 기술을 발달시키기 위한 집단 자문도 진행되고 있다.

자문가로서 상담교사는 문제해결을 위해서 협조적인 관계 속에서 교사에게 도움과 제안을 제공하며, 의뢰인인 교사는 상담자의 제안에 대해 수용, 수정, 거부 등 무엇이든 자유롭게 결정하고 행동할 수 있다(Dougherty, 2005). 이런 점에서 교사 자문은 장학이나 멘토링보다 훨씬 더 대등하고 협력적인 관계에서 이루어지는 활동이다. 그러나 교사가 상담전문가가 아니고 다른 영역의 전문가에게 호의적이지 않으며 시간과 학교장의 지원이 부족한 점으로 인해서 교사를 대상으로 하는 자문은 쉽지 않다(Brown, Pryzwansky, & Schulte, 2001). 따라서 교사 자문은 교사의 시간적 · 상황적 제약 및 상담훈련 정도를 고려해서 이루어져야 한다.

비록 교사 대상 자문에 대한 어떤 장애(예: 행정적 지원의 부족)는 쉽게 해결될 수 없지만, 다른 장애들은 적절한 전략을 사용하여 극복할 수 있다. 특히 집단 자문(Dinkmeyer & Carlson, 1973, 2001)과 15분 자문(Brown, Pryzwansky, & Schulte, 1991, 2001)은 이러한 장애를 극복하는 데 유용하다.

(1) 집단 자문

과업지향 집단(T-group)의 작업에 기초해서, 딩크마이어와 칼슨(Dinkmeyer & Carlson, 1973, 2001)은 교사를 위한 자문 집단(C-group)을 개발하였다. C는 자문가 혹은 집단지도자의 기능을 나타내며, 협력(collaboration), 자문(consultation), 명료화(clarification), 의사소통(communication), 응집성(cohesion), 관심(concern), 부딪치기(confronting), 보살피기(caring), 기밀성(confidentiality), 전념(commitment), 변화(change) 등을 포함한다. 그들은 C-집단을 시작하기 위한 5단계 과정을 제안하였다.

- 1단계: 관심이 비슷하거나 사례 중심인 경우, 같은 학생을 가르치는 자발적인 교사를 선발하라.
- 2단계: 이 집단에서 대다수의 교원이 칭찬하고 존경하는 교사를 선발하라. 이 집단에서 얻은 호의적인 보고는 다른 교원들에게 좀 더 많은 역량을 발휘할 것이다.
- 3단계: 면담을 통해 이 집단을 5~6명의 집단원으로 좁히라. 연령, 경험 수준, 교수법이 서로 다른 이질적 집단을 대상으로 할 때 성공 가능성이 더 높다.
- 4단계: 면담 기간 중에 집단의 목표를 명료화하라. 모든 집단원에게 C-집단 경험의 목적, 근거 및 이점을 기술하는 서면 자료를 제공하라.
- 5단계: 행정적인 승인과 지원을 받아서, 6~8주에 걸쳐 매주 1시간씩 집단 회기를 위

한 시간과 장소를 정하라. C-집단은 또한 학교에서 벗어나 하루 또는 이틀 정도의 수련회를 통해 진행될 수도 있다.

C-집단은 아들러식 행동 원리에 기초를 두고 교사들이 학생들과의 상호작용을 점검하여 그러한 상호작용을 개선할 방식을 발견할 수 있도록 조력하기 위해 설계되었다. 교사들은 학생들의 행동 패턴을 이해하고 그 행동에 반동하기보다는 반응할 전략과 자원을 제공받는다. 다른 형태의 소집단과 마찬가지로, C-집단은 상호 지지, 격려, 대인관계 학습을 제공한다. C-집단은 한정된 시간에 많은 교사에게 다가설 수 있는 실질적인 대안이 될 수 있다. 물론, 정규수업 동안에는 집단 시간을 잡기가 어려울 수 있다. 상담교사는 정규수업 전이나 그 후에 세션 진행을 고려해야 한다.

(2) 15분 자문

일차적으로 교사들의 시간 압박에 반응해서, 브라운과 동료들(Brown, Pryzwansky, & Schulte, 1991, 2001)은 15분 자문을 개발하였다. 수업 중간이나 점심시간을 이용하여 틈틈이 교사를 자문하는 것이다. 시간의 사용을 극대화하기 위해서, 브라운과 동료들은 상담교사에게 교사가 요청하는 도움의 형태와 자문 상호작용의 본질을 결정할 것을 권고하였다. 가장 먼저, 상담교사는 카플란이 제시한 유형론을 사용하여 교사의 문제를 지식, 기능, 자신감 또는 객관성의 부족으로 확인한다. 다음에 상담교사는 교사가 과업지향적인지 아니면 과정지향적인지 결정한다. 과업지향적인 교사의 경우, 상담교사는 협력자보다는 전문가로 기능하면서 문제와 구체적인 해결책에 초점을 맞춘다. 상담교사는 교사가 특정한 문제에 우선순위를 정하여 확인하도록 조력하고, 교사가 그 문제에 관한 가설을 갖고 있는지, 그렇다면 어떤 개입을 시도했었는지를 물어야 한다. 자문가는 이미 실패한 해결 대안에 관해서 이야기할 시간적 여유가 없다. 이어서 상담교사는 교사에게 제언을 한다. 그러나 이때 제언은 항상 간단한 모임에 기반을 두어야 한다는 것을 상기해야 한다. 마지막으로 상담교사와 교사는 계획에 대한 그들의 책임성에 동의하고 다음 모임 시간을 결정한다. 만일 즉석에서 어떤 제안이나 조언을 하는 것이 안전하다고 느끼지 않는다면, 상담교사는 교사의 허락을 구하여 수업 중에 그 학생을 관찰한 후 추수 모임을 계획할 수 있다. 교사와의 추수 모임은 15분 동안 개최되어야 한다.

브라운과 동료들은 15분 자문의 한계를 지적하였다. 예를 들면, 짧은 모임에서는 반대주장이 표면화되지 못할 수 있다. 또한 제한된 정보에 기초한 빠른 진단이 잘못될 수도 있는데, 이는 교사에게 계속적인 자문을 단념하게 할 수도 있고 자문가의 신뢰성에 의심을 품게 할 수도 있다. 물론 시간은 항상 상담교사에게 문제가 된다. 학교는 정신없이 바쁜 곳으로 대부분 작업이 매일 6~7시간씩 이루어진다. 종종 상담교사는 개별적인 학생을 빠르게 그리고 두 가지 긴급한 과업의 틈 사이에 만나도록 강요받는다. 학교는 거의 모든 일을 긴급한 것으로 보이게 만드는 면이 있다. 그 긴급한 일과 학생이나 교사에게 충분한 시간을 할애하는 일 사이의 긴장은 모든 상담교사가 안고 살아야 하는 업보인 것이다.

2) 학부모 대상 컨설팅

상담교사의 자문은 학부모가 자녀의 성장과 발달에 도움이 되는 환경을 조성하는 데 도움을 준다. 학부모에 대한 자문은 주로 교육적인 관심과 문제에 초점을 둔다. 대부분의 학부모는 학생들의 정상적인 발달 문제에 초점을 맞추려는 학교의 노력을 환영할 것이다. 아동의 성장과 발달에는 부모의 역할이 매우 중요하므로, 학부모에 대한 자문은 특히 초등학교 상담교사에게 중요한 역할이라고 할 수 있다. 그러므로 상담교사는 부모들이 자녀양육을 위한 기술을 습득하도록 도와야 한다. 학부모 교육이 성공적으로 이루어진다면, 학부모는 자연히 부모 역할과 인간발달에 대해 흥미와 관심이 높아질 것이다.

(1) 자문의 목표

무로와 딩크마이어(Muro & Dinkmeyer, 1977)는 학부모 상담의 목표를 네 가지로 정리하였다.

- 자녀의 행동에 영향을 주는 학부모의 역할에 대한 이해를 도모한다.
- 부모-자녀 관계 증진을 위한 체계적인 절차와 기술을 습득하도록 돕는다.
- 자녀훈육 방법과 자신의 생각에 대해 피드백 받을 수 있는 기회를 제공한다.
- 자녀양육의 문제는 자신만이 아니라 다른 부모들에게도 흔히 발견되는 것임을 자각하고 집단에서 격려와 지지를 주고받을 수 있는 기회를 제공한다.

학부모에게 자문을 요청받는 경우 상담교사는 학생에 관한 학부모의 관심과 문제를 경청하고 해결책을 탐색하도록 돕는다. 이 과정에서 문제해결에 도움이 될 만한 자료를 개발하거나 탐색한다. 때로는 사서교사와 협의하여 관련 서적에 대한 정보를 얻거나 학교의 여타 학생 서비스 전문가와 연계할 수 있다. 또한 의뢰인으로서 학부모는 자녀가 학교생활을 좀 더 잘 할 수 있도록 상담교사에게 자문을 구할 수도 있다. 자문 관계에서 학생에 대한 상담교사의 영향력은 간접적인 반면, 학부모의 영향력은 직접적이다. 상담교사는 전문성을 공유함으로써 학부모를 돕게 되고, 학부모는 상담교사로부터 자신은 물론 자녀에게도 도움이 될 만한 도움을 얻는다.

(2) 자문의 내용

학부모가 자녀의 문제로 자문을 요청해 올 때, 상담교사는 몇 가지 쟁점을 해결해야 한다. 첫째, 가족의 통제 소재를 확립하는 일이다. 이 쟁점은 '가족 중에서 누가 책임을 맡고 있는가?' 하는 간단한 질문과 관련된다. 구조적 가족치료의 창시자인 미누친과 동료(Minuchin, 1974; Minuchin & Fishman, 1981)는 역기능적인 실행하위체계를 추적하면 아동들이 드러내는 많은 행동 문제의 원인을 밝혀낼 수 있다고 제안하였다. 실행하위체계(executive subsystem)란 가족 내에서 다른 가족원을 관리할 권위를 가진 사람을 말한다(Minuchin, 1974). 어떤 이유에서든, 부모에게 정당하게 소속된 권위는 체제의 다른 부분으로 옮겨간다. 아동들이 가족에서 지나치게 많은 힘과 통제를 받게 되면, 그들은 종종 학교에서 권위에 반응하는 데 문제를 야기한다. 처음부터 상담교사는 부모-자녀 역동에서 잘못 형성된 권위의 신호를 찾아야 한다. 자문가로서 상담교사는 단순히 학부모가 자녀와 상호작용을 하는 모습을 관찰하여 그의 양육방식을 확인하거나, 학부모에게 가족생활의 전형적인 일상을 묘사하게 하여 그가 자녀에게 합리적인 한계를 설정하지 못한다고 하는 신호에 주의를 기울일 수도 있다. 의식적으로나 무의식적으로 자녀에게 권위를 양도하는 학부모는 자문가에게 전적으로 의존하거나 자문가의 제안을 모두 일축하는 경향이 있다. 자문가로서 상담교사는 어느 것에도 동조해서는 안 되며, 학부모가 자문 과정에 협력자로 참여할 수 있도록 모든 노력을 경주해야 한다. 그러기 위해서는 상담교사와 학부모는 모두 학부모가 자녀의 문제를 해결하는 데 도움이 될 수 있다고 믿어야 한다. 또한 상담교사는 학부모의 방어가 일반적으로 불안하고 자신이 없음을 알리는 신호라는 것을 기억해야 한다. 그러한 학부모는 가정에서 일관된 규칙과 규제를 확립할 때 곤란을 겪으며 결과적으로 자녀가 학교에 적응하는 데 어려움을 초래할 수 있다. 방어적인 학부모를 상대하는 열쇠는 그의 행동 원인을 인정하고 "학교는 부모님의 도움이 필요합니다."라고 말하면서 차분하게 반응하는 것이다. 목표는 학부모를 자문 과정의 협력자로 만드는 것이라는 점을 잊어서는 안 된다.

학부모 대상 자문에서 두 번째 쟁점은 경계를 설정하는 일이다. 경계(boundaries)란 학부모를 자녀와 분리시키는 물리적 및 심리적 요인을 말한다(Gladding, 2001). 미누친과 피쉬맨(Minuchin & Fishman, 1981)은 역기능적 가정에서는 경계가 너무 모호하거나 경직되어 있다고 믿었다. 모호한 경계(diffuse boundaries)는 뒤엉킨 관계를 초래한다. 모호한 경계의 신호는 가족원의 인생에 지나치게 참견하기, 말이 없어도 서로 죽이 잘 맞는 것, 사생활 부재 등이다. 모호한 경계가 문제일 때 자문가로서 상담교사는 학부모가 자녀에 대한 경계를 설정하도록 도와야 한다. 상담교사는 자녀가 건강한 발달을 지속하려면 부모가 자신과 자녀 사이에 약간의 공간이 필요하다는 점을 이해할 수 있도록 조력한다. 반면에 경직된 경계(rigid boundaries)는 가족원들이 서로 완전히 분리되는 유리된 관계를 초래한다. 여기서 문제는 서로의 인생에 대한 참견의 부재이다. 유리된 학부모와 협력하는 일은 매우 어렵다. 집에 전화를 걸어도 응답이 없고, 학교에 와 달라고 요청하면 많은 일정이 겹쳐 방문하기가 쉽지 않다. 유리된 학부모가 마침내 상담교사를 만나고 나면 상담교사는 자신이 그의 바쁘고 소중한 시간을 빼앗고 있다는 느낌을 받는다. 이와 같은 부모 행태가 반드시 자녀를 학대 또는 방임하고 있는 것이라고 볼 수는 없다. 그들은 자녀의 기본적인 신체적 욕구에 관심을 기울이지만 자녀에게 심리적 및 정서적으로 다가설 여유가 없다. 여기서 개입의 열쇠는 문제의 원천인 학부모에게 초점을 맞추는 것이다. 유리된 학부모들은 상담교사—특히 미숙한 자문가—에게 문제의 원천이 학교라고 생각하도록 만들 수 있다. 침착성을 유지하는 것 역시 중요하다. 불참은 부적절한 감정에 대한 방어일 수 있으며, 유리된 학부모를 대하는 최선의 방법은 밑에 깔려 있는 부적절한 감정 주변을 파고드는 것이다. 불참의 수준을 상대화하고 학부모가 기여할 만한 점이 있을 것이라고 가정할 수 있다. 상담교사는 유리된 학부모를 항상 참여시킬 수 있는 것은 아니지만 문제를 제자리, 곧 학부모의 자율성으로 되돌리기 위해서 모든 노력을 경주해야 한다.

끝으로, 자문가는 가족 관계의 구체적인 문제를 공략해야 한다. 보웬(Bowen, 1976)은 가족원 사이에 분화의 부재를 설명하기 위해 가족치료에 삼각관계(triangulation)의 개념을 도입하였다. 그는 삼각관계에서 미분화된 두 사람이 서로 불안을 마주할 때는 제3자에게 매달려서 자신들의 불안을 줄이려는 경향이 있다고 주장하였다. 가족에서 삼각관계는 대개 부모들의 갈등 관계에 자녀가 엮이게 되는 형태를 취한다. 삼각관계에서는 아동에게 분화가 허용되지 않으며, 이는 다시 증상 행동을 초래할 수도 있다. 픽스(Peeks, 1992)는 어떤 가족에서 삼각관계의 단계를 설정하는 여덟 가지 상황을 제안하였다. 즉, 자연적 혹은 통제 불가능한 재앙, 가족과 사회조직 간의 갈등, 가족 전환, 가족 위계의 혼란, 부부 갈등, 자녀 훈육에 대한 부모의 불일치, 부모의 별거 혹은 이혼 후에 가족이 인정할 만한 능력 부재, 개별적인 가족원의 미해결 과제가 그것이다. 자문가로서 상담교사는 그 자신이 삼각관계에 빠지지 않도록 주의해야 한다. 삼각관계는 하나의 유의미한 목적, 즉 체제의 두 집단원 간에 긴장을 줄이는 일에 봉사한다는 점을 유념해야 한다. 자문 과정에 내재된 긴장을 줄이기 위해서 부모는 상담교사를 쉽게 삼각관계에 빠뜨릴 수 있으며, 그렇게 되면 상담교사는 객관성은 물론 진짜 문제에 집중하는 것까지 모두 상실할 수도 있다.

(3) 학부모 저항

자문 과정이 성공하려면 학부모의 참여가 매우 중요하다. 그러나 학부모 저항은 보편적인 현상이다. 캠벨(Campbell, 1993)은 학교 기반 컨설팅에 대한 학부모 저항의 여덟 가지 원천을 서술하였다. 이 원천은 자발성, 학교와 부정적 연합, 개인적인 문제, 개인적 폭로에 대한 두려움, 철학적 차이, 사회문화적 쟁점, 부정, 비실제성과 관련이 있다. 디트머와 동료들(Dettmer, Dyck, & Thurston, 1999)은 학부모 자문의 초기 단계에서 교사가 잠재적 장애물이 될 수도 있다고 보았다. 어떤 교사는 학부모와의 접촉을 불필요하거나 무시해야 하는 것으로 보기도 한다. 문제를 어떻게 바라보느냐에 따라 문제에 대처하는 방식도 달라지게 마련이다(Kampwirth, 2010). 만일 학부모가 자신의 자녀는 잘못이 없다고 믿거나 학교에서 공정하게 대하면 학생들이 매우 잘 배울 것이라고 믿는다면, 도와주려는 노력에 대한 학부모의 시각은 부정적일 것이다. 마찬가지로 학부모가 과거 자신의 학교생활 경험에 대한 기억 때문에 학교를 지옥 같은 곳이라고 믿는다면, 그는 문제가 발생한 것에 대해 학교를 비난할 것이다.

자문가로서 상담교사는 학부모가 저항하고 있다는 사실을 어떻게 아는가? 때때로 그것은 분명하게 드러난다. 때에 따라 상담교사는 자신의 본능을 신뢰해야 한다. 학부모가 저항하는 방법은 다양하다. 캄프워스(Kampwirth, 2010)는 저항의 종류와 원인을 'RESISTANCE(저항)'이라는 단어의 철자를 이용하여 거절(Refusal), 지나친 기대(Expectations too high), 기술 부족(Skill inadequacy), '이미 해 봤어(I did it)', 체제 지원 부족(System lack of support), 위협(Threat), 불안(Anxiety), 강화 부재(Nonreinforcement), 자신감 부족(Confidence, lack of), 누군가에게 떠넘김(Easier)의 10가지로 요약하였다. 저항을 이해하는 것과 저항을 다루는 것은 전혀 별개의 문제이다. 캄프워스(Kampwirth, 2010)는 저항을 극복하는 핵심 단어인 'FACILITATE'를 이용하여 저항을 다루는 방법을 제시하였다. 즉, 촉진하기(Facilitate), 의뢰인의 계획 수립 돕기(Assist), 자문가의 격려와 생각 전달하기(Communicate), 대인관계 고려하기(Interpersonally relate), 상대편 입장에서 살아보기(Live in their shoes), 탐문하기(Inquire), 가르치기(Teach), 노력 인정하기(Acknowledge), 견해 차이 허용하기(Tolerate), 협력적인 노력 평가하기(Evaluate) 등이다.

5. 조정과 의뢰

1) 조정

상담교사는 많은 직접적인 학생 서비스를 제공할 뿐만 아니라 학생과 학교에 이익이 되는 많은 활동을 조정할 책임이 있다. 다른 역할과 마찬가지로, 조정은 일반적으로 복잡하고 시간소모적인 과정으로 때로는 매우 어려운 개입이 될 수 있다. 조정(coordinating)은 학교상담 프로그램과 관련된 활동을 조직하고 관리하는 것을 돕는 리더십 과정이다(ASCA, 1990, 1996). 그러므로 조정 활동에 있어서 상담교사는 학교와 지역사회의 각 기관 사이를 이어 주는 역할을 담당하게 된다. 이뿐만 아니라 또래 학습조력자 프로그램을 운영한다거나 각종 학생들의 학업 모임을 이끈다거나 그 밖에 유사한 활동을 주도적으로 계획하고 관리하는 역할을 하게 된다. 이와 같이 조정자로서 상담교사의 역할은 매우 다양하지만, 조정자의 역할은 탁월한 관계, 촉진적 기술, 조직 관리, 리더십 기술을 요구한다. 학생과 학교에 대한 간접적인 서비스 제공자로서, 상담교사는 학교 및 지역사회의 다른 전문가를 동원하여 학교상담 프로그램에 참여하게 하고 그 과정을 어떻게 진행해야 하는지 모범을 보이며 조정 활동을 효과적으로 관리할 수 있어야 한다(Sink, 2005). 상담교사는 학교가 적절하고 정확한 자료를 사용하고 최적의 본질적 서비스를 제공하며 모든 학생의 발달을 위한 학교상담 프로그램을 계획하도록 돕기 위해 다음과 같은 조정의 역할을 수행한다(Schmidt, 2000: 139-151).

(1) 자료수집과 공유

교육은 학교가 학생들의 기존 지식을 개선하기 위해 적절한 교육과정과 수업을 설계할 수 있도록 그들이 이미 무엇을 알고 있는가를 확인하는 과정으로 시작된다. 적절한 교육과정과 수업의 설계는 능력 및 학습양식을 포함하여 학생들의 여러 가지 특성에 의존한다. 학생들의 교육 이력을 통해, 학교는 교사들이 학습 관련 프로그램과 교육과정에 대해 적절한 결정을 하는 데 도움이 되는 정보를 수집한다. 상담교사는 검사와 측정에 대한 훈련을 받았기 때문에 중요한 결정을 내리기 위해 필요한 자료를 수집하는 데 도움을 제공할 수 있다. 최근에 학교가 참여했던 자료수집의 한 가지 중요한 영역은 검사이다. 초등학교에서 고등학교에 이르기까지 많은 학교는 학생들의 능력을 측정하고 그들의 성취도를 평가하기 위해 표준화된 검사를 실시한다.

학교상담 전문직이 시작된 이래로, 상담교사는 학생들의 욕구, 흥미, 지적 기능, 학업 수행을 측정하기 위한 평가도구 및 평가 과정을 사용해 왔다. 상담교사는 전통적으로 이러한 유형의 집단검사 실시를 조직하고 계획하고 조정하는 책임을 맡아 왔다. 부분적으로 이러한 책임은 학생평가로 알려져 학교상담의 본질적 기능을 구성하게 된다. 오늘날 상담교사는 표준화된 검사, 요구조사 질문지, 행동평가 척도, 관찰 및 면담 등과 같은 다양한 방법으로 학생의 특성과 학교의 향상에 대한 평가를 계속해서 조정한다. 또한 상담교사와 다른 학생 서비스 전문가들은 학생들의 발달에 미치는 환경적 요인의 영향에 관심을 가진다. 이러한 요인은 학교분위기, 교실환경, 가정환경과 가족 기능, 사회적 또래집단을 포함한다. 학생, 부모, 교사들이 적절한 계획과 판단을 하는 데 도움이 되는 자료를 수집하고 공유하는 것은 학생 발달에 영향을 미치는 환경과 사회집단에 대한 평가 없이는 불완전하다.

(2) 의뢰와 추수활동

때로는 사회적, 심리적, 재정적 또는 기타 요인으로 인해 학교에서 학생의 향상에 지장이 초래되며, 학교에서는 외부 전문가의 도움 없이 이러한 장애를 다룰 수 없다. 이 경우에 상담교사와 교사는 학생과 그 가족을 돕기 위해 지역사회의 적절한 서비스를 탐색한다. 의뢰(referral)는 학생에게 최선의 이익을 도모하기 위한 활동이다(강진령, 연문희, 2009). 상담교사는 이러한 의뢰를 조정하고 외부기관에 의해 서비스를 받고 있는 학생과 가족의 사례를 추적하기 위해 학교 직원 중에서 필연적으로 선택된 사람이다. 조정자로서 상담교사는 의뢰와 추수활동을 통해서 학부모를 도와서 자녀에게 필요한 서비스를 제공하며, 학교와 지역사회기관의 연결고리로 봉사하여 그들이 학생들을 돕기 위해 협력적으로 일할 수 있게 한다.

상담교사가 의뢰와 추수활동을 조정하여 학생들과 그 가족을 위한 서비스를 추진할 때 학교는 이중적인 노력을 피할 수 있고, 좀 더 효과적인 의뢰 과정이나 지역사회기관의 직원과 훨씬 더 협동적 관계를 이끌어 낼 수 있다. 의뢰를 조정하는 과정에서 상담교사는 전형적으로 두 가지 중요한 자원, 즉 지역사회기관과 개업한 사설 전문가를 상대한다. 대부분 지역사회에는 여러 공공기관 및 사설기관이 있어 아동·청소년과 그들의 가정에 서비스를 제공한다. 전형적으로 학교는 지역사회건강서비스, 사회적 서비스, 정신건강과 물질남용 서비스, 극심한 정서행동 문제를 위한 재가치료센터, 레크리에이션 프로그램, 그리고 학생과 학부모에게 교육적 기회를 제공하는 서비스 센터를 찾는다. 효과적인 의뢰를 위해서 상담교사는 지역사회 서비스의 전반에 익숙해야 하고, 상담 전문직의 구성원으로서 외부 기관의 서비스 제공자들과 효과적인 의사소통 및 협력적인 관계를 확립해야 한다. 또한 학교를 위한 의뢰의 조정자로서 상담교사는 학생, 학부모, 교사들이 외부 기관의 서비스에 대해 최선의 결정을 할 수 있도록 자원에 대한 최신 정보를 수집하여 제공하려고 노력해야 한다.

(3) 학교 행사

조정은 발달적 주제에 초점을 맞추는 학교의 행사를 계획하고 조직하고 실행하고 평가하는 것을 포함한다. 이 행사는 학교에서 진행 중인 프로그램의 일부분이거나, 학생들의 특별한 발달적 욕구를 다루기 위해 계획되는 특별한 활동들이다. 상담교사는 학교 행사를 계획하고 실행하는 데 책임을 공유하는 교사나 다른 교직원과 함께 이러한 행사를 조정하는 데 적극적인 역할을 맡는다. 학교상담 프로그램 자문위원회는 종종 이 특별한 행사의 계획을 제안한다. 오늘날 학교에서 추진하는 행사와 계획은 무수히 많다. 어떤 경우에는 야외학습활동과 같은 행사를 계획하고 창출하며, 다른 경우에는 외부 전문기관에 도움을 요청한다. 상담교사가 책임질 만한 학교 행사의 예로는 학생인정 활동, 진로인식 프로그램, 교사 의뢰 프로그램, 또래상담자 프로그램 등을 들 수 있다.

2) 의뢰

상담교사는 적절할 때 청소년 서비스, 사회적 서비스, 정신건강 서비스, 특수한 교육 프로그램(예: 특별교육 또는 보충교육), 고용 및 훈련 프로그램 등 학교와 지역사회의 다른 전문적 자원에 학생과 학부모를 의뢰한다. 의뢰(referral)는 학생에게 최선의 이익을 도모하기 위한 활동이다(강진령, 연문희, 2009). 의뢰는 상담교사에 의한 의뢰와 상담교사에 대한 의뢰의 두 가지 형태가 있다(Baker & Gerler, 2007: 252-281).

(1) 상담교사에 의한 의뢰

내담자에게 필요한 서비스가 학교상담의 영역이나 환경을 벗어나는 경우, 상담교사는 의뢰 과정을 통해 내담자를 돕는다. 이때 의뢰 방향은 상담교사에게서 다른 전문가에게로 옮아간다. 이것은 상담교사에 의한 의뢰이다. 장차 의뢰받을 사람은 학교상담 서비스를 자발적으로 사용하며 그렇게 하는 과정에서 그러한 서비스의 목표와 한계를 이해할 필요가 있다.

여기서 한 가지 쟁점은 다른 전문가에게 의뢰 여부를 결정할 판단 기준이 명확해야 한다는 점이다. 상담교사가 의뢰 과정에서 직면하는 두 가지 주요 문제는 내담자를 너무 일찍 의뢰하는 것과 너무 오랫동안 붙잡고 있는 것이다. 조기 의뢰는 상담교사가 과중한 상담 부담을 회피하거나 위험을 감수하지 않으려는 이기심에서 비롯되거나 상담교사의 무능력 또는 자기 능력의 부적절한 평가에 의해서 발생할 수 있다. 또한 내담자를 너무 오랫동안 붙잡고 있는 것은 상담교사가 내담자에 대해 끝까지 책임지고 치료해야 한다고 생각하는 지나친 책임감에서 비롯되거나 내담자가 상담교사에게 지나치게 의존하여 다른 전문가에게 의뢰되기를 거부할 경우에 발생할 수 있다. 상담교사가 단지 업무량을 줄이기 위해 다른 전문가에게 의뢰한다거나, 반대로 상담교사의 능력으로는 도저히 감당할 수 없는 학생을 무리하게 상담하는 것 모두 윤리에 어긋나는 행위라 할 수 있다. 이러한 의뢰의 오류를 해결하기 위해서는 상담교사는 의뢰가 단지 어음교환소를 이용할 때 사용하는 기술도 아니고 응급 상황에서만 적용하는 것도 아니라는 사실을 인식해야 하며, 그것이 실패의 인정이 아니라 내담자에게 줄 수 있는 최상의 조력을 제공하는 현명한 결정이라는 것을 깊이 인식해야 한다(Shertzer & Stone, 1981). 상담교사는 내담자에게 전문적인 조력을 더 이상 할 수 없다고 판단되면 상담을 맡아서는 안 되고 진행 중인 상담의 경우 즉시 종결해야 한다(ACA, 1995, 2005; ASCA, 1992, 2016). 학생이 의뢰를 거절하는 경우, 상담교사는 상담관계를 더 이상 지속시킬 의무가 없다(ACA, 1995, 2005).

또한 상담교사는 전문적인 도움을 더 이상 제공할 수 없을 경우에 대비하여 적절한 의뢰 자원에 대한 정보를 수집하고 적절한 대안에 관한 식견을 갖추어야 한다(ASCA, 1992, 2016). 상담교사에 의한 의뢰는 상담과 자문에 대한 이간(Egan, 2000)의 3단계 조력 모형과 같은 체계적인 접근을 요구한다. 자신의 능력과 다른 의뢰기관의 능력을 현실적으로 평가하기 위해서 상담교사는 먼저 자신과 의뢰기관에 대해 알아야 하며, 자신의 내담자에 대한 충분한 지식을 갖고서 의뢰기관에 대해 알고 있는 것에 기초하여 결정을 내려야 한다. 다음으로 상담교사는 문제의 객관적인 이해에 기초하여 현실적인 목표를 설정하고 의뢰가 필요한지 결정하도록 돕는다. 많은 학생과 학부모는 자신들이 학교 밖에서 특별한 도움을 반드시 받아야 한다고 생각하지 않는다. 그러므로 상담교사는 공감, 직면, 정보공유, 즉시성 등과 같은 감화기법(influencing skills)을 사용하여 그들이 의뢰 제안을 생각해 보고 받아들이도록 도전할 수 있다(Ivey, 1994).

어떤 경우든, 의뢰를 어디로 어떻게 하느냐가 기본적인 의뢰 목표가 되고 성공적인 의뢰를 어떻게 조정하느냐가 세 번째 기본적인 실행전략 목표가 된다. 내담자의 의뢰기관을 결정하기 위해서 상담교사는 의뢰기관에 대한 다양한 지식을 갖추고 있어야 하며, 이를 위해 전화번호부 검색, 전문가 조직의 모임 참석, 동료와의 협의, 장래 서비스 제공자 면담, 광고 평가 등 의뢰기관을 알아내고 평가하기 위한 설문 기술과 시간 및 에너지가 필요하다. 그리고 다문화에 대한 인식을 지닌 상담교사는 문화적으로 다양한 학생과 그 가족의 사회경제적 및 문화적 요구를 충족시키기 위한 교육 서비스와 지역사회 지원 서비스를 제공하는 기관에 대한 목록을 작성할 수 있다. 실제 의뢰를 제안할 때 상담교사는 두 가지 도전에 직면할 수 있다. 내담자가 의뢰 제안에 좌절감이나 거부감을 느낄 수도 있으며, 내담자가 의뢰 제안을 거부할 수도 있다. 의뢰 제안에 좌절감이나 거부감을 느끼는 내담자를 상대하려면 상담교사는 민감성과 효과적인 대화 기술을 갖추어야 하며, 내담자가 의뢰 제안을 거절할 경우 상담교사는 유연한 자세를 갖고 문제에 대한 대안을 지속적으로 강구해야 하는 문제에 직면하게 된다.

(2) 상담교사에 대한 의뢰

학교의 전문가들(예: 교사, 교장)과 학생의 복지에 관심이 있는 학교 밖 개인들(예: 학부모)은 자신의 학생이나 자녀를 돕기 위해 상담교사에게 의지하고 의뢰한다. 이 과정은 장차 의뢰받을 사람이 상담교사의 역량을 명확하게 이해하고 있을 때 가장 잘 이루어진다. 상담교사가 다른 사람에게 제공하는 서비스에 대한 정보를 제시하고 자신이 받은 의뢰를 효과적으로 처리할 때 모든 관계자가 최상의 서비스를 받게 된다.

학교의 다른 전문가 또는 학부모에게 의뢰를 받는 것은 전문가로서 만족과 동시에 좌절의 원천이 될 수 있다. 상담교사는 다른 전문가와 학부모가 자신의 서비스를 알고 인정해 줄 때 만족하게 된다. 반면에 상담교사가 제공하는 서비스가 제대로 이해되지 못하고 기대치가 비현실적이며 위탁이 부적절할 때에는 좌절이 일어난다. 상담교사는 의뢰를 진행하는 시스템을 조직해야 한다. 이는 대개 세 가지 기본적인 질문을 중심으로 조직할 수 있다(Baker & Gerler, 2007).

① 누가 내담자인가

만일 직접 상담 받아야 할 사람이 학생이라면, 그의 교사나 부모는 내담자가 되어서는 안 될 것이다. 왜냐하면 학생이 상담교사와 나눈 대화 내용은 모두 비밀에 부쳐져야 하며, 상담교사는 상담 내용을 학생의 교사 또는 학부모와 공유할 수 없기 때문이다. 이 경우 상담교사는 교사 또는 학부모 자문을 통해 그들이 학생을 직접 도와주게 한다.

② 적절한 의뢰 절차는 무엇인가

학교장이 짧은 기간에 학생의 많은 변화를 기대하고 있다면, 상담교사는 그에게 합당한 기대를 명확히 설명해야 하는 어려움에 처한다. 이 경우 무엇보다 학교장에게 의뢰받기 전에 무슨 일이 있었는지, 그가 학생에게 바라는 행동 목표는 무엇인지, 어떤 결과를 기대하는지에 대해서 명확한 정보가 필요하다. 이러한 정보는 학교장과 협상하는 주요 내용이 될 것이며, 또한 '나의 내담자는 누구인가?' 하는 상황이 된다. 실제적으로는 학교장이 상담교사에게 서비스를 제공하라고 명령한 것이다. 이 경우 상담교사는 미리 연락을 받지 않았으며 상담교사의 서비스 가능성도 추정되었고 결과에 대한 기대도 모호하다. 이런 상황에서 의뢰 체계를 명확하게 정하려면 학교장 및 동료교사들과 의사소통할 필요가 있다. 모든 관련 당사자의 요구가 반영될 수 있도록 체계적인 계획을 수립하기 위해서는 협상이 불가피하다.

③ 적법한 의뢰란 무엇인가

학교장의 명령은 상담교사가 치료 과정에 개입하는 것이 적절한지에 대해 심사숙고하게 한다. 해당 학생은 상담교사에게 도움을 요청하지 않았다. 더욱이 의뢰 목록에 따르면 교내 애정 행위와 흡연이 상담 문제인지 훈육 문제인지 아니면 지역사회 여론이나 행정기관에 의해 규제되어야 하는 사회관습 문제인지 따져야 한다. 의뢰할 때 교사 또는 다른 의뢰인의 부적절한 기대는 상담교사를 승산 없는 상황으로 몰아넣을 수 있다(Jackson & White, 2000). 이것은 두 가지 문제를 야기한다. 첫 번째 문제는 상담교사가 학생과 교사를 포함한 모든 관련 당사자가 잠정적인 의뢰 문제를 해결하는 데 관여하고 있다는 사실이다. 상담교사는 자기 자신이 기적을 일으켜 모든 의뢰 문제를 해결할 수 있는 초능력자라고 생각하는가, 아니면 교사, 학생, 학부모 등 모든 관련 당사자가 참여하여 학생에게 그의 잠재능력을 깨닫도록 도움을 주고 있다고 생각하는가? 두 번째 문제는 모든 의뢰가 행동을 표출하는 데 어떤 문제를 지닌 학생을 대상으로 이루어진다는 사실이다. 어떤 의뢰도 아주 수동적이거나 위축의 증세를 보인 학생과는 관련이 없다. 이와 같이 문제에 대한 편협한 인식은 교직원이 좀 더 광범위한 잠재적 문제 행동을 인식하고 있지 못하다는 것을 반영한다. 이러한 상황은 교직원을 위한 현직 연수를 설계할 기회를 제공한다.

또 하나의 심각한 문제는 상담교사에게 의뢰를 하지 않는 것이다. 일부 교사와 학부모는 상담교사에게 의뢰하는 것에 냉담하고, 잘 알고 있지도 못하다. 따라서 상담교사는 의뢰 체계를 구축하여 관련 당사자들에게 고지할 필요가 있다. 의뢰 체계의 구성요소는 지역사회, 학교, 상담목표들 간에 차이가 있다. 그럼에도 다음의 몇 가지 기본적인 제안은 대부분 학교 상황에 적용된다(Baker & Gerler, 2007: 278-279).

- 상담교사가 제공하는 서비스(예: 상담, 자문, 정보제공)에 대한 정보를 유포하라.
- 이런 서비스가 수행되는 방법(어떤 종류의 상담이 제공되며 기대되는 결과는 무엇인가)에 대한 예를 포함하라.
- 상담교사에게 의뢰하는 과정을 설명해 주고, 필요한 양식을 제공하여 의뢰 시스템을 일반인에게 알리라. 시스템은 간단하고 효과적이며 다문화적으로 적합해야 한다.
- 의뢰 기관에 피드백을 제공할 수 있는 절차를 포함하라.
- 비밀보장에 대한 정책을 설명하라.
- 전향적으로 시스템을 설명할 수 있는 기회(예: 교수회의, 현장 연수 프로그램, 배포 자료 등)를 찾아보라.

제6장

프로그램 개발과 평가

종합적인 학교상담 프로그램은 개별적인 상담활동과 더불어 소집단이나 교실 수업을 통해서 학생들에게 전달된다. 이 장에서는 학교상담 프로그램을 개발 · 실행하고 평가하기 위한 실제적인 절차에 대해서 고찰한다. 먼저 프로그램과 프로그램 개발의 개념을 살펴보고, 종합적인 학교상담 프로그램의 목표와 내용 영역을 개괄한다. 이어서 학교상담 프로그램의 개발 원리와 절차를 기술하고 프로그램 평가의 목적, 유형 및 방법을 비교적 상세히 검토한다.

이 장을 학습하면 여러분은 다음과 같은 학습 성과를 얻을 수 있다.

1. 프로그램과 프로그램 개발의 개념을 설명할 수 있다.
2. 학교상담 프로그램의 목표와 내용 영역을 설명할 수 있다.
3. 학교상담 프로그램의 개발 원리와 절차를 설명할 수 있다.
4. 학교상담 프로그램 평가의 목적, 유형 및 방법을 설명할 수 있다.

1. 학교상담 프로그램의 개념

프로그램이라는 용어는 매우 광범위하고 다양하게 사용된다. 학교상담 프로그램의 개발과 평가에 대해서 고찰하기 전에 프로그램과 학교상담 프로그램의 의미, 특징, 유형을 살펴본다.

1) 학교상담 프로그램의 의미

프로그램(program)이라는 말은 칙령 또는 포고를 뜻하는 희랍어 prographein에서 유래한 것으로, pro는 사전(before)을, graphein은 기술(write)을 의미한다(Webster's New Collegiate Dictionary, 1997). 그러나 끊임없이 돌아가는 역사의 수레바퀴에서 그 단어의 뜻은 몰라보게 변하였다. 『표준국어대사전』(국립국어원, 1999)에 따르면, 프로그램의 사전적 의미는 "진행 계획이나 순서"를 뜻하며, '목록' '순서' '예정 또는 계획' '진행 순서표' 등 그 의미가 매우 다양하다(이기문, 1993). 공학 분야에서는 "특정 과제를 수행하기 위해 컴퓨터 시스템의 오퍼레이션을 통제하는 일련의 지시 또는 명령"으로 정의된다(Kochkind, 2004).

프로그램에 대한 학자들의 정의를 보면, 요크(York, 1982)는 프로그램이란 "목표를 달성하기 위한 일련의 상호 의존적인 활동"이라고 하였고, 바커(Barker, 1999)는 프로그램을 "해야 할 일에 관한 계획과 지침"이라고 정의하였다. 또한 로이스와 동료들(Royse, Thyer, Padgett, & Logan, 2001)은 프로그램을 "특정 목표를 달성하기 위해 체계적으로 조직된 활동"이라고 보았다. 김창대 등(2011)은 여러 학자의 정의를 종합하여 프로그램에는 [그림 6-1]과 같이 목적과 목표, 내용 및 활동의 구성 원리, 구체적인 내용 및 활동의 세 가지 공통요소가 존재한다고 제안하였다. 좋은 프로그램을 구성한다는 것은 목적이나 목표를 적

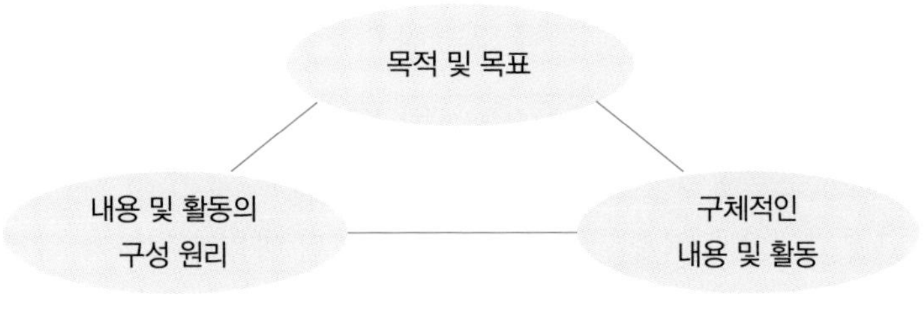

[그림 6-1] **프로그램의 세 가지 공통요소**

출처: 김창대 외(2011), p. 18.

절하게 설정하고 체계적인 구성 원리에 따라 구체적인 내용 및 활동을 구성한다는 것을 의미한다고 볼 수 있다.

한편, 프로그램은 사용되는 맥락에 따라 약간씩 다르게 정의된다. 프로그램이라는 용어는 원래 평생교육이나 사회복지 분야에서 많이 사용되어 왔다. 사회복지 분야에서 성규탁(1986)은 프로그램을 "특정한 사회복지 향상의 목적을 달성하기 위해 한 가지 또는 여러 가지 서비스를 사전 계획에 따라 전달하는 의도적이고 조직적인 활동"이라고 하였고, 평생교육 분야에서 이화정, 양병찬과 변종임(2003)은 평생교육 프로그램을 "지역사회의 교육문제를 인식하고 그것을 해결하기 위한 교육계획을 수립하며 그 계획의 목표를 효과적으로 달성하기 위해 실천하는 구체적이고 총체적인 평생교육 활동"이라고 정의하였다. 이렇게 볼 때, 학교상담 프로그램은 학교상담의 목적을 달성하기 위해 사전에 계획된 다양한 서비스를 전달하는 체계적이고 조직적인 활동이라고 정의할 수 있다. 미국상담교사협회(ASCA, 2005a)에서는 종합적인 학교상담 프로그램의 목적을 학업 발달, 진로 발달, 개인·사회성 발달 영역에서 모든 학생의 성공을 지원하는 것으로 규정하고 국가 기준과 성취 역량을 제시하였다. 따라서 학교상담 프로그램은 학생의 학업, 진로, 개인·사회성 발달을 촉진하기 위해 계획된 다양한 서비스를 전달하는 조직적인 활동을 말한다.

2) 학교상담 프로그램의 특징

프로그램은 단순한 활동의 나열이 아니라 일정한 목표와 그 목표를 달성하기 위해 계획된 일련의 활동과 순서가 있다. 따라서 프로그램의 의미를 좀 더 명확하기 정의하려면 프로그램이 갖추어야 할 조건을 이해할 필요가 있다. 변창진(1994)은 여러 학자가 열거한 프로그램의 특징을 종합하여 모든 프로그램은 다음의 다섯 가지 요건을 갖추어야 한다고 제안하였다.

- 목적성: 프로그램은 구체적인 목적 또는 목표를 갖고 있어야 하며 누구나 쉽게 이해할 수 있도록 명시해야 한다. 모든 프로그램은 목적에 맞는 내용 또는 활동과 그것을 추진하는 절차를 선정해야 한다.
- 조직성: 프로그램의 목적을 달성하기 위해 선정된 내용과 절차가 위계적이고 구조적으로 잘 조직되어 있어야 한다. 위계적이란 내용과 절차에 있어 먼저 할 것과 나중에 할 것을 계열화하는 것을 의미하며, 구조적이란 내용과 절차의 위계를 체계적으로 묶

어 전체적으로 정리하는 것을 의미한다.

- 계획성: 프로그램은 내용을 선정하고 조직할 때 사전에 철저히 준비되어야 할 뿐만 아니라 그것을 운영하는 방법과 절차도 사전에 완벽하게 계획되어야 한다. 프로그램 개발과 운영 과정에서 투입된 계획성과 준비성의 정도는 프로그램의 가치를 결정할 정도로 아주 중요한 항목이다.
- 통제성: 프로그램의 내용 구성과 운영 절차에서 계열성을 강조하고 구조성과 체계성을 신장시켜 프로그램의 목적과 관련이 적은 사항은 되도록 배제하고 약간의 지식과 경험이 있으면 누구나 쉽게 프로그램을 실시할 수 있도록 프로그램의 시행 절차가 통제되어야 한다. 프로그램의 그 목적을 효과적으로 달성하기 위해 내용의 선정과 조직 그리고 운영 절차가 효과적으로 통제될 때 프로그램의 실용성(practicality)은 그만큼 향상된다.
- 보장성: 프로그램이라는 명칭을 붙이기 위해서는 반드시 프로그램 평가를 거쳐 프로그램의 효율성이 입증되고 공인되어야 한다. 효율성이 인정되지 않은 프로그램을 운영하는 것은 약효를 알 수 없는 약을 판매하는 무책임한 행위와 다를 바 없다. 하나의 프로그램이 공인되려면 먼저 실험을 통해 프로그램이 어떤 효력이 어느 정도 있는지가 판명되고 그것을 보장할 만한 근거자료를 구비해야 한다.

한편, 김창대와 동료들(김창대, 2002; 김창대 외, 2011)은 상담교육 프로그램을 인접한 학문 분야의 프로그램과 비교하여 그 특징을 세 가지로 정리하였다.

첫째, 학교상담 프로그램의 목적은 그 대상이 되는 개인 및 집단의 여러 측면(인지적, 정서적, 태도적, 행동적 측면 등)의 문제 예방, 해결 및 발달, 그 밖의 심리교육적 욕구를 충족시키는 것이다. 사회복지 프로그램과는 달리, 상담교육 프로그램은 일차적으로 사회 내 대단위 집단이나 공동체 전체의 복지 향상보다 개인, 소집단, 또는 조직체 내 개인의 심리적 변화를 추구한다.

둘째, 학교상담 프로그램의 구성 원리는 심리학 및 교육학적 원리가 주가 된다. 물론 사회학, 경제학 등의 원리를 사용할 수 있지만, 그런 경우라도 이는 부차적인 원리가 된다. 평생교육 프로그램과는 달리, 학교상담 프로그램은 개인 또는 조직의 심리적 발달과 성장에 초점을 두고 있으며, 이를 위한 활동의 구성 원리는 개인의 자기성찰, 대인관계의 상호작용, 집단역동 등이다.

셋째, 심리교육의 활동 내용은 모둠, 소집단, 대집단 활동 중심이다. 그러나 때때로 특정 조직(학교, 기관, 기업체 등)에 적용할 수 있는 시스템이나 지역사회에 적용할 수 있는 제도도 포함할 수 있다. 활동 측면에서 상담교육 프로그램은 이러한 목적을 정책 제안, 인프라 구축, 조직 구성의 활동보다는 자기성찰, 대인관계, 집단역동 등을 활용한 개인 및 집단 활동을 통해서 성취하고자 한다.

3) 학교상담 프로그램의 유형

프로그램의 종류는 매우 많고 그것을 분류하는 방식도 다양하며, 어떤 하나의 프로그램은 분류 기준에 따라 여러 가지 유형으로 나누어질 수 있다. 프로그램을 분류하는 몇 가지 기준을 중심으로 학교상담 프로그램의 유형을 살펴보면 다음과 같다.

(1) 구조화 정도에 따른 분류

구조화 정도란 프로그램의 내용 구성과 운영 절차가 복잡한 기계에 장치되어 있는 톱니바퀴처럼 빈틈없이 짜여 있는 정도를 말한다. 이 기준에 의하면, 학교상담 프로그램은 고도로 구조화된 프로그램(high structured program)과 다소 비구조화된 프로그램(less structured program)으로 구분할 수 있다(변창진, 1994). 비구조화된 프로그램은 구조화된 프로그램에 비해 상대적으로 조직성이 떨어지고 계열화, 구조화, 체계화가 결여되어 있다. 프로그램 내용의 성질에 따라 다소 비구조화된 프로그램도 있지만 원칙적으로 프로그램은 구조화되어야 한다.

① 고도로 구조화된 프로그램

프로그램의 내용 구성과 운영 절차가 체계적으로 조직화되어 있으며, 기본적인 자질만 갖추면 누구나 쉽게 적용할 수 있다. 대표적인 예로는 자기주장 훈련 프로그램(변창진, 김성회, 1980), 가치명료화 훈련 프로그램(이수룡, 1988), 학업기술 훈련 프로그램(김남옥, 1985), 동료상담 훈련 프로그램(김용태, 김인규, 1996), 자녀의 힘을 북돋우는 부모교육 프로그램(한국청소년상담원, 2002), 학교폭력 예방을 위한 어울림 프로그램(한국교육개발원, 2013, 2014, 2015, 2016) 등이 있다.

② 다소 비구조화된 프로그램

프로그램의 내용 구성과 운영 절차가 느슨하고 조직적으로 명확하게 진술되어 있지 않으며, 프로그램에 대한 전문적인 지식과 숙련된 기술이 필요하다. 대표적인 예로는 감수성 훈련(sensitivity program) 프로그램(關計夫, 1987), 참 만남 집단(encounter group) 프로그램(Rogers, 1970; Schutz, 1988), 폭력남성을 위한 치료집단 프로그램(Bernard & Bernard, 1984; Gondolf, 1985) 등이 있다.

(2) 내용 영역에 따른 분류

학교상담 프로그램은 개인 및 집단의 태도, 가치관, 행동양식, 적응기술 등 그 범위가 넓고 다루는 문제의 심각성도 매우 다양하다. 김계현, 이윤주, 왕은자(2002)는 집단상담의 형식으로 제공된 프로그램에 대한 메타분석을 실시하여 프로그램의 내용 영역이 대인관계 향상, 불안 감소, 성교육, 심성 계발, 자기표현 증진, 자아개념 및 가치관, 잠재력 계발, 적응, 진로 및 학습 등 매우 광범위하다는 것을 확인하였다. 미국집단작업전문가협회(American Association for Specialist in Group Work: AASGW, 1991)에서는 집단 작업자의 훈련을 위한 전문직 표준을 제정하면서 네 개의 집단 전문화 영역으로 구분하고 각 영역에서 다루어야 할 구체적인 문제를 함께 제시하였다(Corey & Corey, 2000: 10-12).

① 과제 및 작업 집단

이 집단은 조직 개발, 자문, 경영 등과 같은 분야를 다룰 때 집단의 원리를 적용하여 그 과정을 효과적으로 진행할 수 있게 한다. 주로 각종 위원회, 정책입안회의, 조직, 학습 집단 등의 형태를 취한다.

② 생활지도 및 심리교육 집단

이 집단은 현재 삶의 위기에 처해 있는 것은 아니지만 앞으로 그와 같은 문제에 접할 가능성이 있는 대상에 대한 교육 및 심리장애 예방교육이다. 약물 남용 예방, 스트레스 관리, 부모효율성 훈련, 자기주장 훈련 등이 여기에 속한다.

③ 상담 및 대인문제 해결 집단

이 집단은 대인문제 해결 능력을 개발시켜 미래에 닥칠 유사한 성격의 문제를 쉽게 처리할 수 있도록 하는 것이다. 진로 발달, 교육 발달, 개인·사회성 발달의 문제를 주로 다룬다.

④ 심리치료 및 성격 재구성 집단

이 집단은 우울, 성격장애, 불안 및 정신신체장애 등과 같은 급성 또는 만성적인 정신적·정서적 문제를 다룬다. 다른 집단에 비해 비교적 오랜 시간이 걸린다.

(3) 전달 방식에 따른 분류

학교상담 프로그램은 학생에게 전달되는 방식에 따라 직접적 프로그램과 간접적 프로그램으로 나눌 수 있다(강진령, 연문희, 2009). 직접적 프로그램은 도움이 필요한 학생들에게 상담교사가 직접 계획하여 설계하고 개발해서 적용하는 프로그램을 말하고, 간접적 프로그램은 학생들을 직접 책임지고 있는 제3자(교사, 학교장, 학부모 등)가 그들에게 긍정적인 영향을 줄 수 있는 프로그램을 설계하여 실행하도록 상담교사가 도움을 제공하는 프로그램을 말한다. 직접적 프로그램과 간접적 프로그램이 균형을 이룰 때 좀 더 효율적인 학교상담 프로그램 개발이 가능해진다.

(4) 대상의 특성과 목적에 따른 분류

학교상담 프로그램은 적용 대상의 특성에 따라 다루어야 할 문제와 전달 방식이 달라질 수 있으며, 문제의 심각성 정도에 따라 문제 예방 및 발달에 집중하거나 치료 목적에 집중할 수 있다(김창대 외, 2011). 예를 들면, 아동기의 중요한 과제는 학업, 진로, 개인 및 사회적 발달에서 일정한 기준에 도달하는 것이다. 이를 위해서 상담교사는 아동들에게 자기존중, 성취동기, 학습 및 진로, 의사결정 능력, 문제해결 기술, 대인관계 기술, 대화 기술, 책임성, 다문화 사회의 적응과 같은 개인 및 사회적 역량을 향상시킬 수 있는 프로그램을 개발하여 제공할 필요가 있다. 그러나 일부 아동에게는 낮은 자존감, 실패와 좌절, ADHD, 학대와 폭력, 우울과 불안, 분노, 부모 이혼에 대한 대처 등 치료가 필요한 문제를 다룰 수 있다.

한편, 청소년기에 접어들면 학생들은 학교성적, 시험불안, 취업 등 일상적인 스트레스뿐만 아니라 성, 음주, 약물, 자살, 학교폭력 등 각종 비행 문제에 노출될 수 있다. 따라서 상담교사는 학습, 진로, 대인관계 향상을 위한 것뿐만 아니라 스트레스 관리, 자기주장 훈련, 약물, 자살 및 인터넷 예방을 위한 심리교육 프로그램을 개발하여 제공할 필요가 있다. 더불어 청소년기에는 개인적 소인과 가정, 학교 등 생태적 요인이 함께 작용하여 불안, 우울, 대인공포증 등 여러 가지 정신 장애와 알코올과 약물 남용, 성 문제, 정체감 문제 등이 발생할 수 있으므로, 상담교사는 직접적 또는 간접적인 학생 서비스를 통해서 문제 해결과 치료를 목적으로 하는 정신건강 프로그램도 다루어야 한다.

2. 학교상담 프로그램의 목표와 개발 원리

학교상담 프로그램의 목적은 학생들의 학습 과정을 신장시키고 확장하는 것이다. ASCA 국가 모형에서 볼 때, 학교상담 프로그램이 추구하는 목적은 학업 발달, 진로 발달, 개인·사회성 발달을 통해서 모든 학생이 학교에서 성공을 거두며 동시에 사회에 기여하는 구성원으로 성장하도록 공헌하는 것이다(ASCA, 2005a). 학교상담 프로그램의 목표와 개발 원리를 살펴본다.

1) 학교상담 프로그램의 목표

학교상담 프로그램의 일차적인 목적은 모든 학생의 발달을 촉진하는 일련의 서비스를 제공하는 것이다. 상담교사는 교사와 학교행정가에게 학교상담 프로그램의 직접적 및 간접적 학생 서비스가 학교의 효과성에 어떻게 기여하고 있는지 설득하기 위해 학업 발달, 진로 발달, 개인·사회성 발달의 세 가지 영역에서 학생들의 발달을 돕는 프로그램과 서비스를 계획하여 왔다. 미국상담교사협회(ASCA)에서는 학교상담 프로그램의 역할을 좀 더 분명하게 규정하고자 학업 발달, 진로 발달, 개인·사회성 발달의 세 가지 국가 기준을 개발하였다(ASCA, 1997a; Campbell & Dahir, 1997). 각 국가 기준에는 학생들의 바람직한 학습 성과를 명시하는 역량과 기준이 첨부되어 있다. 이러한 역량은 학생들이 학교상담 프로그램에 참여한 결과 얻게 될 구체적인 지식, 태도, 기술을 정의한다. 그것은 국가 기준에 기초한 학교상담 프로그램이 무엇을 강조하고 제공해야 하는가에 대한 개념 구조를 제공하며, 이와 동시에 학생이 수행한 것을 측정 가능한 지표로 개발하기 위한 기초로 사용될 수 있다.

(1) 학업 발달

학교 장면에서 상담 프로그램의 목적은 학생들의 학습 과정을 촉진하고 확장하는 것이다. 좋은 학교에 대한 기본 신념은 '모든 아이들이 배울 수 있다'는 것이다(Edmonds, 1979). 이러한 신념을 실현하기 위하여, 학교는 모든 학생들에게 학문적으로 동등한 성공 기회를 주는 분위기를 만들어야 한다. 학업 발달에 대한 국가 기준과 역량은 모든 학생이 지역, 교육청, 국가의 학업 기준을 충족시키거나 초과한다는 기본 전제를 뒷받침하는 것이다. 학생들은 성공적인 학교생활을 위한 전략을 습득하는 한편, 교육이 직업, 가정, 지역사회와 어떤 관계가 있는지를 이해할 수 있다.

학업 발달 영역의 국가 기준은 학교상담 프로그램을 통해서 각 학생들에게 학업에서 성공을 경험하고 헌신적인 노력으로 학습을 극대화하며 질적 수준이 높은 작품이나 과제를 산출하고 고등학교 이후에 넓은 선택 범위와 기회를 가질 수 있도록 지원하고 그것을 실행하게 하는 전략과 활동을 제공하기 위한 지침을 마련하고 있다. ASCA 국가 모형에서는 다음과 같이 진술하고 있다.

> 학업 발달을 위한 프로그램 기준은 학교상담 프로그램이 각 학생들의 학습 능력을 지원하고 극대화하는 전략과 활동을 수행할 수 있도록 지침을 제공해 준다(ASCA, 2005a).

학업 발달 역량은 학생들이 학교는 물론 생애 전반에 걸쳐 효과적인 학습에 기여할 수 있는 기술, 태도, 지식의 습득을 말한다. 이것은 의사결정 기술, 문제해결 기술, 목표달성 기술, 비판적 사고 및 논리적 추론 기술, 대인 의사소통 기술, 그리고 이러한 기술을 학업 발달에 적용하는 기술까지 포함한다. 다음은 학업 발달에 대한 ASCA 국가 기준과 각 기준에 도달하기 위해 갖추어야 할 역량이다(ASCA, 2005a).

- 기준 A. 학생들은 학교 및 생애 전반에 걸쳐 효과적으로 학습하는 데 기여하는 태도, 지식, 기술을 습득할 것이다.
  (역량) 학업자아개념을 증진시키는 것, 학업향상을 위한 기술을 습득하는 것, 학교에서 성공하는 것
- 기준 B. 학생들은 대학을 포함한 이후 보다 넓은 고등교육 기회를 갖기 위해서는 필수적인 학업준비를 갖추어 학교를 졸업할 것이다.
  (역량) 학습 증진을 도모하는 것, 목표 성취를 위해 계획을 세우는 것(졸업을 위한 필수 학업 준비)
- 기준 C. 학생들은 학업, 직업세계, 집과 지역사회에서의 삶의 상호관계를 이해할 것이다.
  (역량) 학업/학교를 삶의 경험에 연관시키는 것

(2) 진로 발달

학교는 학생들이 현실적이고 만족스러운 진로 목표를 발달시키는 데 지식과 기술을 사용할 수 있도록 도와야 할 책임이 있다. 진로 발달에 대한 국가 기준과 역량은 학생들이 진로에 대한 자각, 탐색, 준비 활동이라는 종합적인 계획에 참여함으로써 진로 목표를 개발할 수 있게 해 주며, 나아가 학교 성공과 미래 직업적 성공의 관계에 대하여 이해할 수 있도록 도와준다. 학생들은 진로의식을 드높이고 장래 진로 발달과 만족을 얻기 위한 전략을 습득하여 일생 동안 계속되는 진로 발달을 만족스럽게 이루어 갈 수 있다.

진로 발달 영역의 국가 기준은 학교상담 프로그램을 통해서 학생들 각자가 일에 대해 긍정적인 태도를 고취하고 학교에서 직업 세계로 나아가거나 생애 진로 과정에서 다른 직업으로 전환하는 데 필요한 기술, 태도, 지식을 개발하고 그것을 실행하게 하는 전략과 활동을 제공하기 위한 지침을 마련하고 있다. ASCA 국가 모형에서는 다음과 같이 진술하고 있다.

> 진로 발달을 위한 프로그램 기준은 학교상담 프로그램을 통해서 학생들 각자가 학교에서 직업세계로 나아가거나 특정 직업에서 다른 직업으로 성공적인 방향 전환을 하는 데 필요한 기술, 태도, 지식의 습득을 위한 토대를 제공할 수 있도록 지침을 마련해 준다 (ASCA, 2005a).

진로 발달 역량은 학생들이 학교 성공과 미래 직업 성공의 관계를 이해하는 데 기여할 수 있는 기술, 태도, 지식의 습득을 말한다. 이것은 개인적 자질, 교육과 훈련, 직업세계라는 세 영역 간의 관계에 대한 이해를 촉진시키는 것과 더불어, 장차 직업적 성공과 직업 만족에 이르기 위한 전략까지 포함한다. 다음은 진로 발달에 대한 ASCA 국가 기준과 각 기준에 도달하기 위해 갖추어야 할 역량이다(ASCA, 2005a).

- 기준 A. 학생들은 자기 자신에 대한 지식과 관련시켜 직업세계를 탐구하는 기술을 습득하게 될 것이며, 정보에 입각한 진로결정을 하게 될 것이다.
  (역량) 진로인식을 발달시키는 것, 취업에 필요한 준비를 갖추는 것
- 기준 B. 학생들은 직업 목표를 성취하고 성공과 만족을 얻을 수 있는 전략을 갖게 될 것이다.
  (역량) 직업에 대한 정보를 얻는 것, 직업 목표를 확인하는 것
- 기준 C. 학생들은 자신의 개인적 자질과 교육, 훈련, 직업세계 간의 상호관계를 이해

할 것이다.

(역량) 직업 목표에 도달하기 위해 지식을 습득하는 것, 직업 목표를 성취하기 위해 기술을 적용하는 것

(3) 개인 · 사회성 발달

개인 · 사회성 발달은 학업과 진로에서 성공적인 발달에 기여한다. 학교상담 프로그램의 개인 · 사회성 발달 영역에는 학생 자신의 목표를 달성하기 위해 합리적인 의사결정을 하고 구체적인 목표를 설정하며 적절한 방법으로 실행에 옮기도록 조력하는 과정이 포함된다. 개인 · 사회성 발달에 대한 국가 기준과 역량은 학생들이 21세기와 같이 한층 복잡하고 다양해진 세계 속에서 성공적이며 안전하게 자신의 길을 찾아 나가는 것을 배울 수 있도록 해 준다. 학생들은 각자의 개인적 성장을 극대화하며 학업 발달과 진로 발달을 확장하는 데 필요한 기술, 태도, 지식을 개발할 수 있다.

개인 · 사회성 발달 영역의 국가 기준은 학교상담 프로그램을 통해서 학생들 각자가 학교에서 성인기로 나아갈 때 필수적인 개인 · 사회성 성장의 토대를 제공하기 위한 지침을 마련하고 있다. ASCA 국가 모형에서는 다음과 같이 진술하고 있다.

> 개인 · 사회성 발달에 대한 기준은 학교상담 프로그램을 통해서 학생들 각자가 학교에서 성인기로 나아갈 때 필수적인 개인 및 사회적 성장을 위한 토대를 제공할 수 있도록 지침을 마련해 준다(ASCA, 2005a).

개인 · 사회성 발달 역량은 학생들이 자신과 타인을 이해하고 존중하는 것, 효과적인 대인 간 기술을 습득하는 것, 안전과 생존기술을 이해하는 것, 사회에 기여할 수 있는 구성원이 되는 것 등에 유용한 기술, 태도, 지식을 포함한다. 다음은 개인 · 사회성 발달에 대한 ASCA 국가 기준과 각 기준에 도달하기 위해 갖추어야 할 역량이다(ASCA, 2005a).

- 기준 A. 학생들은 자신과 타인을 이해하고 존중하는 데 도움이 되는 지식, 태도, 대인 간 기술을 습득할 것이다.

  (역량) 자신에 대한 지식을 갖는 것, 대인관계 기술을 갖는 것
- 기준 B. 학생들은 의사결정을 하고, 목표를 설정하며, 목표를 성취하기 위해 필요한 행동을 취할 것이다.

(역량) 자신에 대한 지식을 적용하는 것(의사결정, 목표설정, 목표 성취를 위한 행동)

- 기준 C. 학생들은 안전과 생존기술을 이해할 것이다.
  (역량) 개인적인 안전 기술을 습득하는 것

2) 학교상담 프로그램의 개발 원리

학교상담 프로그램은 폭넓은 대상과 광범위한 영역을 포괄하고 있기 때문에, 기존 프로그램을 활용할 수도 있지만 집단의 특성이나 문제의 성격에 적절한 형태로 수정하거나 새롭게 개발할 필요가 있다. 이를 위해서는 대상과 문제의 성격에 따른 프로그램의 기획과 설계는 물론 대상 집단의 요구를 조사하고 활동을 구성하여 실행한 다음 각 활동이 얼마나 의도한 목표를 달성했는지에 대해 전반적인 평가와 피드백을 실시하고 그 결과를 반영하여 내용을 개선하는 순환적 과정이 필요하다(Patti, 1982). 따라서 프로그램 개발은 프로그램을 기획하고 설계하는 과정은 물론 프로그램의 실행과 평가까지도 포함하는 포괄적 의미를 갖는다. 서스맨(Sussman, 2001)이 제시한 프로그램 개발의 원리와 절차를 살펴보고, 김창대 등(2011)이 제시한 학교상담 프로그램 개발의 원리와 절차를 소개한다.

(1) 프로그램 개발의 일반 원리

서스맨(Sussman, 2001)은 프로그램 개발의 네 가지 원리를 제시하였다.

- 체계적인 이론적 기반: 프로그램의 이론적 기반에 근거하여 매개변인과 조절변인을 설정해야 한다.
- 경험적이고 과학적인 방법: 경험적이고 과학적인 방법을 사용하여 매개변인과 조절변인의 영향을 검증함으로써 프로그램 효과에 대한 주관적인 편견을 줄일 수 있다.
- 개발 과정의 엄격성: 프로그램의 개발 과정이 방법적으로 엄격할 때 프로그램의 소비자나 투자자가 프로그램 효과를 합리적으로 평가할 수 있다.
- 평가 결과의 반영: 단계별로 과학적인 평가 결과를 반영할 때 프로그램의 효과가 어떻게 나타났는지 설명할 수 있고 사회적 환경이나 맥락, 대상에 따라 프로그램을 수정할 때 분명한 방향성을 제시할 수 있다.

서스맨은 프로그램 개발을 위한 이론적인 기반과 과학적이고 체계적인 평가 절차를 중시한다. 실제로 이와 같은 개발 원리를 적용하여 프로그램을 개발할 경우 프로그램 개발자는 직관이나 임의적 판단에 의해 활동을 선정하거나 효과성을 평가할 가능성을 최소화할 수 있으며 프로그램이 의도한 효과가 나타나지 않았을 경우 어느 부분에서 수정이 이루어져야 하는지도 좀 더 빨리 파악할 수 있다.

한편, 김진화(2001)는 프로그램을 개발함에 있어서 창조성, 현실성, 논리성의 세 가지 원리를 강조하였다. 첫째, 창조성은 프로그램의 내용과 방법의 혁신성 및 독특성과 관련이 있다. 프로그램의 내용과 방법이 기존의 것과 비교해 볼 때 좀 더 새롭고 참신해야 한다. 독특성이란 프로그램의 내용과 방법이 다른 기관의 프로그램과 비교하여 독특한 차별성이 있어야 함을 의미한다. 둘째, 현실성은 계획된 결과물(내용)의 실현 가능성 차원을 말한다. 무슨 계획이든지 그 결과가 주어진 자원 여건을 고려할 때 실현 가능한 것이어야 한다. 셋째, 논리성은 계획 행위의 체계성과 합리성 차원을 말한다. 프로그램 개발은 다양한 절차와 단계를 체계적이고 합리적으로 진행시켜야 전문성을 인정받을 수 있다. 김진화(2001)는 프로그램 평가의 초점은 최종 결과만 있는 것이 아니라 프로그램의 목적, 내용, 운영, 참여자 반응 등에도 있다고 보았으며, 프로그램 평가는 개발 과정에서 함께 진행되어야 할 순환적, 재생적, 계속적인 활동이고 종합성을 띤 활동이어야 한다고 주장하였다.

(2) 학교상담 프로그램의 개발 원리

김창대 등(2011)은 프로그램 개발의 원리를 강조한 여러 학자의 견해를 기초로 심리교육 프로그램을 개발하기 위한 여섯 가지 원리를 제시하였다.

- 실용성: 프로그램은 일차적으로 '연구'보다 '사용'을 위한 것이다. 따라서 프로그램 개발은 실시 대상의 요구가 무엇인지 정확하게 파악하고 이에 기초하여 이루어져야 한다.
- 모형의 체계성: 프로그램은 체계적인 이론을 근간으로 한 모형에 기반을 두고 개발할 필요가 있다. 프로그램의 목적과 목표를 구체적이고 체계적으로 설정하고 이론에 기초하여 매개변인과 조절변인의 효과를 고려해야 한다.
- 개발 절차의 객관성 및 엄격성: 프로그램 개발은 누구라도 반복이 가능한 객관적인 절차를 거쳐서 그리고 정해진 절차를 엄격하게 밟으면서 진행될 필요가 있다.
- 효과의 검증 가능성: 프로그램의 효과 검증을 위해서는 대상 집단, 실시 환경 및 제반 조건에 따라 경험적인 연구를 실시할 필요가 있다.
- 개발 과정의 순환성: 프로그램 개발은 평가와 별개로 진행되는 과정이라기보다는 순

환적인 과정이다. 각 단계별로 평가를 실시하고 그 결과를 다음 단계에 반영할 필요가 있다.

- 개발 및 운영의 예술성: 프로그램의 개발 및 운영은 이상에서 언급한 과학적 요소 외에 창의적인 요소가 필요하다. 과학적인 이론과 원리를 토대로 개발을 하더라도 프로그램의 효과가 나타나기 위해서는 개발 및 운영에 있어서 창의적인 아이디어와 진행방법이 요구된다. 예를 들면, 참여자 반응에 대한 인식과 대처, 활동을 구현하는 방식, 예상치 못한 국면이나 상황에 대한 대처 등 프로그램은 개발 및 운영 과정에서 통합적인 조화가 필요하다.

3. 학교상담 프로그램의 개발 절차

프로그램의 개발 절차는 다양한 학문 분야에서 여러 학자에 의해 광범위하게 제시되었다(김진화, 2001; 김창대, 2002; 김창대 외, 2011; 박인우, 1995; 변창진, 1994; Dick & Carey, 1979, 1993; Gagné & Briggs, 1974, 1989; Hunkins, 1980; Oliva, 1982; Sussman, 2001). 그러나 종합적인 학교상담 프로그램의 개발 과정은 계획하기, 조직하기, 실행하기, 평가하기의 네 단계(Schmidt, 2000), 또는 계획하기, 설계하기, 실행하기, 평가하기, 보강하기의 다섯 단계(Gysbers & Henderson, 2005)로 구분된다. 계획하기는 다시 준비하기 단계와 조직하기 단계로 세분화할 수 있다.

1) 계획하기

계획하기(planning)는 위원회를 조직하는 일부터 시작하여 상담교사가 학교의 목표, 학생, 학부모, 교사의 욕구를 조사하고 학교상담 프로그램의 목표와 목적을 선택하도록 돕는 절차와 결정으로 구성된다. 이 과정은 학교 전체 집단원의 정확한 평가가 이루어지는 학기 초에 가장 두드러진다. 어떤 학교 또는 교육청의 종합적인 학교상담 프로그램을 개발하여 완전히 실행하려면 신중하게 계획을 세워야 한다. 기본 모토는 두 번의 계획과 한 번의 실행이다. 이는 효과적인 변화에 필요한 조건을 이해하고 저항이 있을 수 있음을 예상하며 상담교사와 학교행정가 간에 신뢰를 발달시키기 위함이다. 계획하기 단계에서 수행해야 할 핵심 과업은 위원회를 조직하는 일과 현재 프로그램을 철저히 평가하는 것이다.

(1) 위원회 조직

두 개의 상임위원회, 즉 선발위원회와 지역사회-학교 자문위원회가 조직되어야 한다(Gysbers & Henderson, 2005).

① 선발위원회

선발위원회(steering committee)는 학교 또는 교육청의 새로운 종합적인 학교상담 프로그램을 설계하는 일에 대해 내부관리집단의 일을 맡는다. 또한 이 위원회는 하나의 체계적이고 계열적인 학교 또는 교육청 단위 프로그램을 확보하기 위한 지침을 마련하는 일을 맡는다. 선발위원회 위원은 학교의 핵심 지도자들이며 프로그램에 비전을 제시하고 타인들의 참여 동기를 유발하는 역할을 맡는다. 선발위원회는 학교 행정가와 학교 또는 교육청 및 초 · 중 · 고등학교에 소속된 상담교사로 구성되며, 교육청의 대표자가 또한 참여한다. 선발위원회의 규모는 지역에 따라 다르며, 학교의 관리자는 위원들을 공식적으로 승인한다. 통상적으로는 교육청 생활지도과에 소속된 위원이 의장이 된다. 선발위원회의 책임은 다음과 같다.

- 종합적인 학교상담 프로그램에 관하여 정통하게 되는 것
- 변화가 지역적으로 일어나는 데 필요한 조건들을 이해하는 것
- 행정부서와 교육위원을 만나서 학교 또는 교육청 프로그램의 개발 및 이행에 대한 지지와 권한을 확보하는 것
- 학교 또는 교육청의 종합적인 학교상담 프로그램을 설계하고 그 작업이 행해지는 것(결정을 내리고 우선순위를 정한다)을 지켜볼 책임을 지는 것
- 교육위원회에 중간 보고서를 제출하는 것
- 타인들은 물론 상담교사의 작업 집단을 승인하고 감독하여 학교 또는 교육청에서 종합적인 학교상담 프로그램을 완전히 이행하기 위해 해야 할 일을 달성하는 것

② 지역사회-학교 자문위원회

지역사회-학교 자문위원회(community-school advisory committee)는 관리자가 종합적인 학교상담 프로그램의 개발 및 이행에 관하여 조언과 자문을 제공할 목적으로 승인한다. 위원회는 지지와 조언을 하고 현재의 활동을 검토하며 새로운 활동을 장려하여 학교 또는 교육청의 종합적인 학교상담 프로그램의 목표를 충족시킨다. 위원회는 의사결정체가 아

니라 자문 집단이라는 점을 강조해야 한다. 위원들은 학생들과 생활지도에 대한 열정을 공유해야 한다. 자문위원회의 위원은 관리자의 승인을 받아야 한다. 잠정적인 위원을 찾을 때, 다음과 같은 사항을 고려해야 한다.

- 위원은 학교 또는 교육청의 후원자 및 업계의 다양성을 대표해야 한다.
- 학교운영위원회, 교직원, 학부모/후견인, 학생 대표자를 물색해야 한다.
- 위원회 선발에는 다양한 시각을 지닌 지역사회 위원이 포함되어야 한다.

(2) 현재 프로그램의 평가

계획 세우기 단계에서 과거에 제공된 서비스의 폭을 결정하기 위해 학교상담 프로그램의 현재 상태를 철저히 평가한다. 이것은 서비스가 제공되었던 것에 관한 자료 수집, 프로그램 결정이 이루어진 방법, 서비스를 평가하기 위해 사용된 과정, 사람들이 학교상담 프로그램을 인식하는 방법을 포함한다. 이 평가의 일부로서, 슈미트(Schmidt, 2000)는 새로운 상담교사가 학교장과 교사들에게 진학 및 취업을 위해 고려하고 있던 질문을 작성할 것을 제안하였다. 상담교사는 질문에 대한 반응을 듣고 전체 프로그램에서 어떤 변화가 시작되어야 하는지를 결정할 수 있다. 학교장과 교사들에게 묻는 몇 가지 질문의 예는 다음과 같다.

- 학교상담 프로그램을 위해 문서화된 목표나 목적이 있는 연중 계획이 있는가?
- 프로그램 운영을 위한 자문위원회가 있는가? 있다면, 위원은 어떻게 선출되었는가?
- 어떤 서비스가 학생들에게 가장 도움이 되었는가? 부모와 교사에게는 어떠한가?
- 학교상담 프로그램이 다루어야 하는 학생들의 주된 욕구는 무엇인가?
- 담임교사는 자신의 일상적 교수활동에 학교상담을 적극적으로 통합하는가?
- 학교상담 프로그램에 대한 부모와 지역사회의 참여 수준은 어떠한가?
- 상담센터의 시설은 얼마나 적절한가? 시설을 개선하는 데 장애물은 무엇인가?
- 다음 해에 증가하거나 감소되어야 할 프로그램 서비스가 있다면, 그것은 무엇인가?

학교장 및 교사들의 인식을 묻는 것 외에, 상담교사는 학교상담 프로그램의 조사에 유용한 정보를 제공할 학부모와 학생들에게도 설문지와 면담을 사용할 수 있다. 여기서 자칫 협소한 시각에서 프로그램의 중요한 요소를 변경하는 오류를 방지하기 위해서 가능한 다양한 사람의 인식을 확인할 필요가 있다. 상담교사가 프로그램의 중요한 측면에서 변화가능한 요소를 충분히 확인하고 나면, 다음 단계는 의사결정 과정에 사람들을 참여시키는 것이다.

(3) 요구평가

상담교사는 이미 알려져 있거나 다양한 사회적 요구를 명확히 하기 위해 평가와 사정 활동에 참여할 필요가 있다. 종합적인 학교상담 프로그램에 어떤 목표와 목적을 포함시킬 것인가를 결정하는 데 있어, 상담교사는 먼저 서비스를 받는 사람들의 요구를 조사해야 한다. 서비스를 받는 사람들은 대개 학생, 학부모, 교사이다. 우선 학생 개개인이 갖고 있는 문제도 중요하지만 그들의 공통적인 문제를 파악할 필요가 있다. 또한 학부모 및 지역사회가 학교 당국과 학교생활에 무엇을 기대하고 있는가를 알아본다. 예를 들어, 가정에서 자녀교육을 할 때 학부모가 직면하는 문제가 무엇인지, 학교에는 무엇을 기대하고 있는지 등을 포괄적이고 객관적으로 파악해서 학교상담 프로그램의 계획에 적극 반영한다. 그들의 요구는 학교 및 지역사회마다 다를 수 있다. 이러한 변이성은 학교의 크기, 지역사회의 사회경제적 지위 및 문화적 다양성, 학교에서 발견되는 학습 문제의 중점, 학부모의 교육적 배경, 학교 및 교육에 대한 지역사회의 태도, 학교와 지역사회의 리더십에 의존한다. 각각의 요인이 독특하고 서로 다른 방식으로 학교에 영향을 주기 때문에 학생, 학부모, 교사의 욕구는 학교상담 프로그램의 설계와 수행에 유사하게 독특한 영향력을 가진다. 예를 들면, 경제적으로 어려운 학생과 가족은 부유한 학생이나 가족과 아주 색다른 욕구를 표현한다. 이러한 차이는 전체 학교와 종합적인 학교상담 프로그램에서 제공되는 서비스에 반영되어야 한다. 이것은 초등학교, 중학교, 고등학교에서 모두 그러하다.

상담교사는 다양한 방법으로 요구를 평가할 수 있다. 한 가지 방법은 학생, 학부모, 교사를 대상으로 〈표 6-1〉~〈표 6-3〉에 제시된 것과 같은 설문지를 이용하거나 면접을 실시하는 것이다. 또는 학생 발달을 위한 국가 표준에 기초하여 좀 더 세부적으로 설문지를 구성할 수도 있다. 〈표 6-4〉는 고등학생을 대상으로 학업, 진로, 개인 및 사회적 발달을 위한 요구를 평가하기 위한 설문지의 견본이다. 또 다른 방법은 단순히 학교와 지역사회를 관찰하고서 이러한 관찰로부터 결론을 끌어내거나 학생 기록을 검토하는 것이다. 때로는 평가 절차로서 자신의 연중 프로그램 평가 결과를 사용할 수도 있다. 일단 요구평가가 완료되면, 상담교사는 목표를 설정하고 그것을 달성하기 위해 적절한 서비스를 제안하는 유용한 자원을 결정한다. 요구평가의 결과는 관심 있는 개인이나 단체에 보고되어야 한다.

〈표 6-1〉 **학생용 요구평가 설문지**

아래 설문지는 올해 학교상담 프로그램을 계획하는 데 필요한 정보를 얻기 위한 것입니다. 각 진술을 읽고, 동의(○), 반대(×), 기타(?) 의견 중 일치하는 곳에 ✓를 하십시오.

1. 나는 학교생활이 즐겁다.	○	?	×
2. 나는 책 읽기를 좋아한다.	○	?	×
3. 나는 학교 친구들과 잘 지낸다.	○	?	×
4. 나는 학교 선생님들과 잘 지낸다.	○	?	×
5. 나는 가족들과 함께 지내는 것이 행복하다.	○	?	×
6. 우리 부모님은 나의 고민거리를 잘 들어 주신다.	○	?	×
7. 나는 고민거리를 함께 이야기할 친구가 거의 없다.	○	?	×
8. 나는 공부를 좀 더 잘 할 수 있는 방법을 배우고 싶다.	○	?	×
9. 나는 직업과 진로에 대해 좀 더 많은 것을 배우고 싶다.	○	?	×
10. 나는 문제를 가진 학생을 돕는 또래상담 프로그램에 참여하고 싶다.	○	?	×

〈표 6-2〉 **학부모용(초등학교) 요구평가 설문지**

아래 설문지는 올해 학교상담 프로그램을 계획하는 데 필요한 정보를 얻기 위한 것입니다. 각 진술을 읽고, 동의(○), 반대(×), 기타(?) 의견 중 일치하는 곳에 ✓를 하십시오.

1. 우리 아이는 학교 가는 것을 좋아한다.	○	?	×
2. 우리 아이는 읽고 쓰는 것을 좋아한다.	○	?	×
3. 우리 아이는 학교 친구들과 잘 지낸다.	○	?	×
4. 우리 아이는 담임 선생님과 잘 지낸다.	○	?	×
5. 우리 아이는 집에서 책임감 있게 행동한다.	○	?	×
6. 우리 아이는 학교생활에 대해 숨김없이 이야기한다.	○	?	×
7. 우리 아이는 공부에 집중할 수 있도록 지도가 필요하다.	○	?	×
8. 나는 학부모 교육 프로그램에 참여하고 싶다.	○	?	×
9. 나는 아이 문제에 대해 상담교사와 이야기하고 싶다.	○	?	×
10. 나는 가능하다면 학교에서 자원봉사자로 일하고 싶다.	○	?	×

〈표 6-3〉 **교사용(고등학교) 요구평가 설문지**

아래 설문지는 올해 학교상담 프로그램을 계획하는 데 필요한 정보를 얻기 위한 것입니다. 각 진술을 읽고, 동의(○), 반대(×), 기타(?) 의견 중 일치하는 곳에 ✓를 하십시오.

1. 학생들에게 집단상담을 좀 더 늘려야 한다.	○	?	×
2. 학생들에게 효과적인 학습기술을 가르칠 필요가 있다.	○	?	×
3. 학생들에게 좀 더 많은 진로 정보를 제공할 필요가 있다.	○	?	×
4. 학생들에게 성교육 및 임신 예방을 위한 프로그램이 필요하다.	○	?	×
5. 학생들에게 약물사용 및 인터넷 중독 예방을 위한 프로그램이 필요하다.	○	?	×

6. 학부모의 협조를 이끌어 내기 위한 교육 프로그램이 필요하다.	○	?	×
7. 나는 효과적인 의사소통 기술을 배우고 싶다.	○	?	×
8. 나는 학생들에게 폭력을 사용하지 않고 문제 행동을 다루고 싶다.	○	?	×
9. 나는 학생지도를 위한 교사지원 집단에 참여하고 싶다.	○	?	×
10. 나는 상담교사와 공동으로 생활지도 교육과정을 운영하고 싶다.	○	?	×

〈표 6-4〉 학교상담 프로그램을 위한 학생 요구평가 설문지(고등학생용)

아래 설문지는 학교상담 프로그램의 미래 서비스를 계획하는 데 도움을 얻기 위한 것입니다. 각 진술을 읽고, 그것에 동의하는 정도를 확인하여 해당하는 숫자에 ○를 하시오.

〈요령〉 내가 생각할 때 내가 ~하는 것은 중요하다.

1	2	3	4
강하게 불일치	불일치	일치(동의)	강하게 일치
전혀 그렇지 않다	그렇지 않다	그렇다	매우 그렇다

〈학업 발달〉 내가 생각할 때 내가 ~하는 것은 중요하다.

1. 고등학교를 성공적으로 졸업하기 위해 3개년 학업계획을 유지 · 검토 · 수정하는 것	1	2	3	4
2. 나의 진로 및 교육 목표에 걸맞은 3개년 학업계획을 개발하여 추진하는 것	1	2	3	4
3. 고등학교 졸업이 나의 계속 교육과 취업 준비에 어떻게 도움이 되는지 이해하는 것	1	2	3	4
4. 나의 결정과 실행이 어떻게 특정한 결과를 초래하는지 깨닫는 것	1	2	3	4
5. 고등학교 졸업 후 공부를 계속하는 일을 중요시하는 것	1	2	3	4
6. 다양한 학업 및 사회적 상황에서 경청 기술을 개발하고 활용하는 것	1	2	3	4
7. 학업과 미래 고용에 성공하기 위해 조직 및 시간 관리를 개발하고 활용하는 것	1	2	3	4
8. 학교 공부를 수료하고 학업 목표를 달성하기 위해 가능한 자원/공학을 활용하는 것	1	2	3	4
9. 노트를 효과적으로 정리 · 활용하기 위해 필요한 공부 기술을 개발 · 활용하는 것	1	2	3	4
10. 장 · 단기 목표를 설정하는 일이 중요하다는 것을 깨닫는 것	1	2	3	4

〈진로 발달〉 내가 생각할 때 내가 ~하는 것은 중요하다.

1. 생활 여건이 나의 진로목표 성취에 어떻게 영향을 미치는지 이해하는 것	1	2	3	4
2. 나의 학업 및 진로 목표를 달성하는 데 성취동기와 장애물을 확인하는 것	1	2	3	4
3. 나의 학습양식, 흥미, 강점, 약점 등을 종합하여 교육 및 진로 계획을 수립하는 것	1	2	3	4
4. 나의 흥미, 능력, 생활양식 선택에 관계하는 진로 기회를 조사하는 것	1	2	3	4
5. 나의 진로 계획을 수립하는 데 도움이 될 만한 직업적 자원에 접근하는 것	1	2	3	4
6. 고등학교 재학 중 취업 또는 대학진학에 유리한 기술을 연마할 적절한 코스를 찾아내는 것	1	2	3	4
7. 전일제 또는 시간제 일자리를 얻고 유지하는 데 필요한 태도, 행동, 기술을 시범하는 것	1	2	3	4
8. 고등학교 졸업 후 이용할 수 있는 다양한 제도에 대한 진로 기회를 인식하는 것	1	2	3	4
9. 고등학교 졸업 후 대학 또는 직업세계로 전환하는 데 필요한 단계를 밟아 나가는 것	1	2	3	4
10. 나의 진로 흥미 분야를 정하고 명료화하는 데 도움이 될 만한 경험을 탐색하는 것	1	2	3	4

〈개인 · 사회성 발달〉 내가 생각할 때 내가 ~하는 것은 중요하다.

1. 나 자신의 성장과 발달을 이해하는 것	1 2 3 4
2. 나의 개인적인 강점과 약점을 인정하고 수용하는 것	1 2 3 4
3. 일관된 긍정적 자아상을 소유하고 유지하는 것	1 2 3 4
4. 슬픔, 스트레스, 갈등에 대처할 때 나의 감정을 적절하게 표현하는 것	1 2 3 4
5. 다양한 무대에서 적절한 분노관리, 자기통제, 갈등해결 기술을 시범하는 것	1 2 3 4
6. 나의 동료들과 상호작용할 때 책임 있는 행동을 시범하는 것	1 2 3 4
7. 성, 문화가 다르거나 장애를 지닌 사람들과 관계 맺고 함께 일하는 능력을 시범하는 것	1 2 3 4
8. 사람들에게서 차이들을 수용하고 존중하며 진가를 인정하는 것	1 2 3 4
9. 부모, 형제, 친구, 어른, 작업동료 및 이성 친구와 건강한 관계를 발전시키는 것	1 2 3 4
10. 다양한 집단 상황에서 효과적인 의사소통 기술을 사용하는 것	1 2 3 4

출처: Dimmitt, Carey, & Hatch (2007), pp. 179-181.

(4) 자원 결정

종합적인 학교상담 프로그램은 고립되어 운영될 수 없으며, 상담교사는 학교, 교육청 및 지역사회의 다양한 자원과 이용 가능한 지원 서비스를 알아 두어야 한다. 학교상담 프로그램에 대한 일차적 자원은 인적 자원, 곧 사람이다. 종합적인 학교상담 프로그램은 상담교사가 이용할 수 있는 자료, 장비, 공간에서 지원을 받을 수도 있지만 적절한 인적 자원이 없으면 다른 요소들은 그 어떠한 차이도 가져오지 못한다.

성공적인 상담교사는 동료교사의 재능을 능숙하게 배우고 직원의 지원을 창의적으로 이끌어 낸다. 그들은 학교에 봉사할 만한 유능한 자원자를 모집하고, 학교상담 프로그램에 자금과 자료를 기부할 만한 기업 및 산업체의 지원을 끌어내고, 또래상담자를 육성하여 다른 또래들과 연결망을 형성하도록 안내하며, 보건교사, 교육복지사, 학교심리학자 등과 같은 다른 학생 서비스팀 구성원들과 협력한다. 이뿐만 아니라 성공적인 상담교사는 학교가 소재하고 있는 지역사회와 공공기관의 서비스와 자원에 대해 배운다. 건강 서비스, 정신건강증진센터, 가족상담 클리닉, 레크리에이션 프로그램 등의 자원을 알아 둠으로써, 상담교사는 궁극적으로 학생들과 그 가족에게 도움이 되는 전문가 유대를 형성한다. 이러한 정보가 없으면, 상담교사는 진공 상태에서 일하는 위험에 처하고 좌절을 겪으며 학생, 학부모, 교사가 표현하는 욕구 수준에 압도될 수 있다.

종합적인 학교상담 프로그램은 또한 업무를 수행하기 위해 적절한 자료, 장비, 공간 등 물적 자원이 필요하다. 상담교사는 학교상담 프로그램의 범위에 따라 게임, 교육자료 세트, 필름, 기록, 카탈로그, 책 등 다양한 자원을 사용하며, 컴퓨터, 모뎀, 녹음기, 전화 등 다양한 장비를 활용하여 능률적이고 효과적인 서비스를 제공할 수 있다. 또한 개인적으로나 집단적으로 비밀을 유지할 수 있는 적절한 상담 공간이 필요하다.

현실적 비전을 유지하는 프로그램을 만들기 위하여 상담교사는 학생들의 발달적 욕구에 따라 인적 및 물적 자원의 적절성과 적합성을 판단한다. 학생, 학부모, 교사의 요구를 평가하고, 이러한 자료를 정확히 해석하고, 가장 효과적이고 능률적인 서비스를 제공하기 위해 어떤 자원이 이용될 수 있는가를 결정한다.

(5) 목표설정

보통 상담교사는 매 학년 초에 학생, 학부모, 교사들의 욕구를 평가하여 확인된 욕구에 따라 연중 목표 및 목적을 개발한다. 목표와 목적은 서로 교환 가능하면서도 구분되는 의미로 사용된다. 목적은 좀 더 포괄적이고 일반적인 목표를 의미하며, 목표는 이 일반적인 목적을 달성하기 위한 구체적이고 세부적인 목적, 즉 행동목표를 의미한다. 어떤 의미로 사용하건 필수 기술은 변함없다. 상담교사는 평가를 통해 확인된 필수적인 요구를 목표로 바꾸어야 한다. 예를 들면, 지역사회의 요구평가에서 10대들의 약물사용 문제에 대해 학교가 뭔가 조치를 취해야 한다는 결과가 나왔다면, 목적은 그 집단의 약물사용을 감소시키는 것이고 이에 따른 세부목표는 학생들이 약물사용을 부추기는 동료들의 압력에 좀 더 단호하게 대처하도록 자기주장기술을 가르치는 것이다.

상담교사는 학생 모집단이 달라지더라도 매년 일관되게 유지되는 몇 가지 연중 목표를 확인할 수 있다. 이러한 목표에 대해서는 학교상담 프로그램이 계속 유지된다. 예를 들면, 대부분 고등학교에서는 상담교사에게 상급반 학생들이 졸업 후 계획을 세우는 데 도움을 줄 것을 기대한다. 그러한 계획은 대학진학, 취업, 결혼 등을 포함할 수 있다. 학교의 인구집단은 매년 변할 것이며, 결과적으로 고등학교 졸업 후 학생들의 욕구가 다양할 수 있지만 학생들의 장래 계획 수립을 돕는 과정은 모든 학교상담 프로그램에서 본질적인 서비스로서 계속된다. 종합적인 학교상담 프로그램의 일반적인 목적은 자기존중감 증진, 성취동기와 책임 있는 행동 육성, 의사결정 및 문제해결 능력 향상, 의사소통 기술과 인간관계 형성 및 유지, 목표 설정과 계획 수립 기술의 습득 등이다.

그러나 학교상담 프로그램의 구체적인 목표는 매년 달라질 수 있다. 이것은 요구평가 과정이 중요한 이유이다. 그것은 종합적인 학교상담 프로그램의 세부목표를 설정하고 프로그램 개발의 다음 단계인 조직하기로 나아가는 데 도움이 된다. 학교상담 프로그램은 학교의 전반적인 교육계획과 조화를 이루도록 구체적인 목표를 설정한다. 목표가 명확할

수록 시간과 노력의 손실을 최소화하며 실행에 옮길 수 있다. 목표는 측정 가능한 단어로 기술되어야 한다. 이것은 프로그램을 이끌어 가는 사람들이 목표와 목적 달성을 평가할 수 있도록 해 준다. 다시 말해서, 약물사용의 증가 또는 감소, 자기주장 기술의 획득은 측정될 수 있다. 측정 결과는 프로그램의 목표와 목적 달성 여부의 증거로 제시된다. 목표와 목적이 측정 가능한 용어로 진술될 때 상담교사는 활동을 더 잘 할 수 있다. 목표의 진술을 측정 가능한 용어로 기술함으로써 달성 정도를 정확하게 평가할 수 있다.

(6) 활동 내용 선정

목표가 설정되었으면, 학교상담 프로그램의 활동 내용을 결정한다. 활동 내용으로는 의사소통, 의사결정, 문제해결, 인간관계 형성 등을 위한 기술 증진, 동료 조력자 훈련, 합리적인 사고 훈련, 행동연습(취업하기, 새로운 사람 사귀기 등), 자기관리 훈련, 자기주장 훈련, 스트레스 대처 훈련, 직업정보 구하기, 진로계획, 게임, 시사만화 그리기, 가치명료화 등과 같은 내용들이 있다. 상담교사는 지속적인 연구와 경험을 통해 독창적으로 내용을 수정 · 변경하여 계획에 포함시킬 수 있다. 학교상담 프로그램에 생소한 활동 내용을 포함시켜야 할 경우에는 출판물, 대중매체, 평가도구, 자문, 전문단체와의 관계, 다양한 정부지원 서비스, 사설단체의 정보 서비스 등을 통해 정보와 자료를 수집한다. 그러나 기본적인 자원은 상담교사가 대학이나 대학원, 연수에서 배운 능력을 활용하는 것이다.

(7) 참가자 모집과 선발

학교상담 프로그램은 자발성에 기초하여 제공되는 것으로, 참가자의 모집이 중요하다. 학교상담 프로그램 계획 과정에서 참가자를 선발할 때, 상담교사는 진솔한 태도로 프로그램을 설명하고 참여 동기를 부여하는 기술이 필요하다. 지원자들 중에서 주변 상황에 의해 참가자를 자연스럽게 선정하거나 상담교사가 참가자를 직접 결정한다. 때로 상담교사는 참여가 가능한 학생을 자원자로 선발하여 충분한 정보를 제공하기도 한다. 참가자의 선정에는 다시 정보를 효과적으로 제공하는 기술이 사용된다. 또한 자원자가 많을 경우에는 적절한 진단과 평가 기술을 사용하여 공평한 기회를 제공한다.

2) 설계하기

프로그램 개발 과정의 설계 국면은 학교 또는 교육청의 학교상담 프로그램을 훌륭하게 설계해야 할 시기이다. 학교상담 프로그램은 학생들을 위해 할 수 있는 활동이 명확하게 규정되고 그에 대한 구체적인 계획을 중심으로 작성되어야 한다. 이 국면은 프로그램을 전달하고 자원을 배정하기 위한 우선순위를 정하는 일을 수반한다. 학생들이 프로그램 활동에 참여하여 어떤 결과를 얻게 될 것인가, 상담교사가 시간을 어떻게 사용하고 특화된 기능(예: 생활지도, 상담, 자문, 조정, 평가, 프로그램 관리, 전문직 개발)을 어떻게 적용할 것인가, 각각의 프로그램 요소를 구성하는 특정 활동은 무엇인가, 어느 범주의 학생들이 프로그램 활동에 참여할 것인가에 대해서 우선순위가 정해져야 한다.

설계하기의 주된 목표는 학교 또는 교육청의 종합적인 학교상담 프로그램 매뉴얼을 작성하는 것이다. 다른 출판물과 마찬가지로, 매뉴얼은 종합적인 전체로서 기술하고 하나의 논리적인 계열을 지니며 일관되고 정확한 양식으로 작성되어야 한다. 작성된 내용은 학교상담 프로그램의 기본 구조를 기술하며 이후에 상담교사와 직원들이 수행할 작업 기록물이 된다. 그것은 이전의 학교상담 프로그램 편람 또는 계획을 대체한다. 매뉴얼은 구조적 요소, 설계/자원 배정에 관한 권고, 프로그램 구성요소, 부록 등 최소한 다섯 가지 항목을 포함해야 한다(Gysbers & Henderson, 2005).

(1) 구조적 요소

매뉴얼의 첫 번째 항목에는 학교상담 프로그램의 정의, 근거, 기본 가정 등 철학적 기초를 나타내는 최종 진술을 포함하며, 학교상담 프로그램을 통해서 개발해야 할 학생 역량의 목록을 함께 제시한다. 또한 학년 수준별 구체적인 성과들을 나열해야 하는데, 매뉴얼에 포함하기 어렵다면 부록이나 별도의 기록물에 충분히 열거할 수도 있다.

(2) 설계/자원 배정에 관한 권고

매뉴얼의 두 번째 항목에는 네 가지 구성요소 사이의 적절한 균형, 학생들에게 제공될 우선순위, 개발해야 할 역량, 상담교사가 사용하는 기술 등에 대한 진술을 포함한다. 이 항목은 학교상담 프로그램이 종합적이고 잘 균형 잡힌 것으로 보이려면 어떤 형태가 되어야 하는가를 계량적으로 제시해야 한다. 학교상담 프로그램의 실행 효율성을 높이기 위해서는 교직원의 소질과 능력에 따라 역할이 배정되어야 한다. 교직원의 능력과 흥미, 특히 학교상담에 대한 이해와 태도, 전문적인 훈련의 정도는 그만큼 학교상담 프로그램의 성패에 영향을 주기 때문이다. 또한 학교상담 영역의 활동, 즉 개인상담, 집단상담과 지도, 자문, 학생평가, 진로상담과 지도 등의 관계가 유기적으로 상호 밀접한 관계를 유지할 수 있어야 한다. 그리고 무엇보다 중요한 것은 학교의 인적 자원, 시설 조건, 재정 형편 등을 감안하여 무리가 생기지 않도록 해야 한다는 사실이다.

설계하기 국면은 프로그램을 전달하고 자원을 배정하기 위한 우선순위를 정하는 일을 수반한다. 예를 들면, 어떤 학년 수준의 학생들이 모두 생활지도 교육과정에 참여하지만, 개별 계획에서 각 학생을 돕기 위해 가용한 상담교사와 훈련받은 조력자가 충분하지 않을 수도 있다. 따라서 어떤 학생이 이 활동에 참여할 것인지에 관해서 우선순위를 정해야 한다. 종종 한 학교 수준에서 다음 수준으로(즉, 초등학교에서 중학교, 중학교에서 고등학교, 고등학교에서 대학교로) 전환하는 학생들이 최고의 우선순위를 부여받는다. 전형적으로 모든 학생이 정기적으로 개인 혹은 소집단 상담을 경험하기 위해 가용한 상담교사 시간이 충분하지 않을 수 있으며, 이 때문에 참여 학생들의 우선순위를 정해야 할 필요가 생기는 것이다.

(3) 포지션 가이드

세 번째 항목에는 학교상담 프로그램 직원들이 수행하는 여러 가지 직무를 기술한다. 상담교사는 물론 교사, 특수교사, 학교사회복지사 등 여타의 전문가에 대한 것도 포함한다. 또한 학교상담 프로그램의 전달에 중추적인 역할을 맡고 있는 진로센터 직원, 행정담당자, 기타 전문가(예: 사회사업가, 지역사회상담자, 학교심리학자 등)에 대한 직무도 함께 기술한다. 만일 지역사회 자원봉사자를 활용하고 있거나 활용할 계획이 있다면 그들의 포지션도 함께 기술해야 한다.

(4) 프로그램 요소

네 번째 항목에는 학교상담 프로그램의 구성요소에 대해 좀 더 상세한 내용을 기술한다. 그 각각은 구성요소의 정의로 시작하고 그것에 관해서 설계된 결정사항을 포함한다. 생활지도 교육과정의 가닥들, 개별 계획의 주요 활동, 반응적 서비스의 초점 주제, 체제 지원에서 확인된 특수한 활동을 나열하고, 각 구성요소 안에서 내용 우선순위와 그것을 뒷받침할 만한 자원을 확인한다. 각 구성요소의 실행 과정에서 상담교사, 교사, 교장, 학부모가 수행하는 역할을 정의하며, 각 활동을 이행하기 위한 지침을 상세히 기술하고, 각 구성요소에 대해서 권고되는 전달 양식(예: 반응적 서비스에 대해서는 소집단 상담, 생활지도 교육과정에 대해서는 학급규모 집단 등) 및 자원 배정(특히 상담교사의 시간 배정)을 함께 기술한다. 각 구성요소의 내용은 각 활동이 학생들에게 미칠 전반적인 영향, 각 활동의 효과성, 전문가들이 사용한 역량의 질 평가와 관련하여 기대되는 것들에 대한 진술로 마무리한다. 한 구성요소와 관련하여 프로그램 개발자가 내리는 모든 결정은 시간이 지나도 사라지지 않도록 매뉴얼에 반영해야 한다.

(5) 부록

학교 또는 교육청의 학교상담정책과 상담학회(예: ACA, KCA 등) 또는 전문가협회의 윤리 기준을 포함한다. 이것은 해당 학회의 홈페이지에서 쉽게 확인할 수 있다.

매뉴얼을 작성할 때는, 가능하면 언제든 어디서든, 학교 또는 교육청의 전체 교육 프로그램 내에 학교상담 프로그램의 중심성을 부각시키는 것이 중요하다. 학교 또는 교육청의 목표와 학교상담 프로그램의 목표 간에 연결이 좀 더 직접적일수록 프로그램은 학교 또는 교육청의 사명 진술에 좀 더 분명하게 관련될 것이다. 예를 들면, 만일 학교 또는 교육청의 사명 진술과 전략적 계획(종합적인 학교 개선 계획)이 학생들이 훌륭한 시민이 되고 자신들의 행동에 책임을 지며 정보에 기초한 선택을 하도록 조력하는 일과 같은 목표를 포함하고 있다면, 학교상담 프로그램을 작성할 때 그것이 어떻게 이러한 목표의 성취에 기여하는지 보여 줄 수 있어야 한다.

3) 실행하기

이것은 학교 또는 교육청의 종합적인 학교상담 프로그램이 완전히 가동되는 전환 국면이다. 이 단계에서는 실행 계획 수립하기, 실행으로 전환하기, 새로운 프로그램을 유지·관리하기 등 세 가지 요소에 집중한다(Gysbers & Henderson, 2005).

(1) 실행 계획 수립하기

학교상담 프로그램을 실행에 옮기기 전에 먼저 실행 계획을 수립해야 한다. 이 부분에서 첫 단계는 종합적인 학교상담 프로그램을 실행하기 위해 필요한 변화를 명세화하는 것이다. 이것은 현재의 프로그램을 설계 국면에서 개발된 바람직한 프로그램과 비교·대조하는 일이다. 현재 사용 중인 구조는 생활지도 서비스 모형(오리엔테이션, 사정, 정보, 상담, 배치, 추수지도 활동)을 따르거나 상담, 자문, 조정의 과정을 중심으로 조직될 수도 있고, 아니면 책임 목록으로 기술될 수도 있다. 이 부분에서 상담교사는 '학교 또는 교육청에서 프로그램이 달성하기를 원하는 것과 프로그램이 최근에 달성하고 있는 것 간의 불일치는 무엇인가?'라는 질문을 던지고 답할 것이다. 그런 다음 변화에 대한 목표를 정립하고 변화를 이끌어 내는 방식을 확인한다. 다음에는 프로그램의 전체적인 리더십 기반을 확장하는 일에 덧붙여서 필요한 개선을 달성하기 위한 계획을 개발한다.

상담교사는 교사들이 학교상담 프로그램을 성공적으로 수행해 나갈 수 있는 환경을 조성하기 위해 노력해야 한다. 특히 생활지도 교과가 없는 학교 장면에서 성공적인 생활지도 수업을 전개하기 위해서는 교실의 배치, 기본 계획의 적용 및 개발과 같은 활동이 이루어져야 하고 아울러 교사와 행정가에게 정보를 제공하고 협조를 구해야 하며, 도서관 사서, 연설자와 사회자, 대중매체 연출자, 관리인과 같은 지지 자원의 협조를 얻는 것이 필수적이다. 상담교사는 교사들에게 그들의 학생들이 이러한 자원을 이용하여 학교상담 프로그램과 관련된 과제를 읽고 글을 써 보게 하도록 요구할 수 있다. 예를 들면, 학교상담 프로그램의 목표와 일치하는 주제에 관한 저널을 써 보도록 하는 것이다.

(2) 실행으로 전환하기

실제 학교상담 프로그램을 실행에 옮기려면 가르치기, 시연하기, 지도하기와 같은 실제적인 수업 활동이 전개되어야 한다. 이 부분은 또한 완전한 프로그램 실행에 필요한 인적, 재정적, 정치적 자원을 개발하는 일을 포함한다. 이 각각의 영역에서 고려해야 할 주요 사항은 다음과 같다.

〈인적 자원〉

- 권장되는 학생 대 상담교사 비율 확보하기
- 상담교사의 직무 기술을 개발하기
- 상담 프로그램 지도자를 구축하는 역할과 책임을 확립하기
- 상담 프로그램에서 일하는 다른 요원에 대한 직무 기술을 개발하기
- 상담 프로그램 내에서 조직적 관계를 명료화하기

〈재정적 자원〉

- 학교/교육청 수준에서 생활지도과에 대한 예산을 확보하기
- 지역 이외의 재원마련 출처의 사용을 탐색하기
- 학교상담 구성요소 자원 가이드를 개발하기
- 생활지도 시설 표준을 확립하고 그것의 적용을 권고하기

〈정치적 자원〉

- 정책과 절차를 갱신하기
- 건물 직원에게 지원을 요청하기
- 저항하는 직원들과 함께 작업하기
- 결정적 요소인 관심 학부모를 관리하기

(3) 프로그램 유지 · 관리하기

이 부분에서는 프로그램 활동을 개선하는 일, 상담교사의 역할을 보강하는 일, 프로그램에 대한 건물 사용 계획을 개발하는 일, 프로그램 실행을 모니터하는 일에 강조점을 둔다. 한 가지 목표는 프로그램이 활동과 서비스의 올바른 균형을 성취하는 것이다. 또 다른 목표는 상담교사가 자신의 시간을 효과적으로 관리하는 것이다. 프로그램 활동을 개선하는 과정에서, 먼저 상담교사들이 학생과 학부모에게 수많은 질 높은 활동과 서비스를 제공해 왔다는 사실을 인정하는 것이 중요하다. 상담교사들이 새로운 종합적인 학교상담 프로그램의 부분이 아닌 수많은 과업을 행해 왔다는 사실을 깨닫는 것이 똑같이 중요하다.

많은 학교 또는 교육청에서 상담교사는 모임을 찾아내고 모니터하는 임무, 개인교습이나 대체수업과 같은 교수적 의무, 학생 편람이나 학과 가이드를 개발하는 일과 같은 사무적 의무를 부여받고 있다. 때때로 그들은 기본 일정 계획을 개발하는 일, 훈육 결과를 부과하는 일, 스케줄을 변경하는 일, 또는 심지어 교사를 감독하는 일을 포함하여 행정적 임무를 배정받는다. 이와 같은 과업에 대해 책임을 떠안는 일은 학생들과 부모/후견인에게 직접 생활지도 활동과 서비스를 제공하는 데 보다 유익하게 보낼 수 있는 시간을 앗아간다. 상담교사는 이와 같은 과업에 얼마나 많은 시간을 보내는가? 텍사스주에서 수행한 연구는 그 주의 상담교사가 시간의 40% 이상을 상담 외의 활동에 보낸다는 사실을 밝혀냈다(Rylander, 2002). 그 연구에 참여한 상담교사는 다른 활동에 너무 많은 시간을 보내는 것이 학교에서 학생들에게 가용한 시간을 감소시켰다고 진술하였다. 이 과업들은 대치 또는 간소화의 표적이다. 대치(displacement)는 행해지는 과업을 명시하여 제거하거나 다른 이에게 책임을 이양하는 것이다. 간소화(streamlining)는 과업을 좀 더 효율적으로 수행하기 위해 반드시 필요한 것이다. 이것은 과업을 분석하여 비효율성을 정확히 찾아내는 것이다. 예를 들면, 인터넷을 활용하여 시간 계획을 짜는 것을 좀 더 간소화할 수 있다.

학교상담 프로그램을 관리하기 위해서는 상담교사의 역할을 보강하는 일이 결정적이다. 이것은 각 건물에서 상담교사에 대한 적절한 직무 기술내용을 확립함으로써 그들이

하는 업무가 그들의 훈련 및 전문성에 부합한다는 사실을 보장하는 것을 의미한다. 또한 상담교사들이 자신들의 활동과 서비스로부터 이득을 얻을 학생들의 잠재적 수를 인식하도록 돕는다는 것을 의미한다. 끝으로, 그것은 상담교사들이 효과적인 계획수립과 일정관리를 통해서 자신들의 시간을 관리하도록 돕는다는 것을 의미한다.

이 시점에서 건물 사용 계획을 개발하기 위해 단위 학교의 종합적인 학교상담 프로그램에 계획되어 있는 제반 활동을 명시적으로 기술한다. 여기에는 학부모 교육과 교직원 자문 계획이 포함되며, 이어서 계획된 활동을 수행하기 위한 시간표를 수립한다. 이 과정에서 다음과 같은 질문이 도움이 된다.

- 각 학년 수준에서 생활지도 수업은 누구에 의해서 얼마나 많이 행해지며, 그 주제는 무엇인가?
- 각 학년 수준에서 개별 계획 활동은 어떻게 행해지는가? 그것은 어떤 주제로 어떻게 구성되며, 그 성과는 무엇이고, 과거 및 미래의 계획하기 활동과 어떻게 연관되는가?
- 각 학년 수준에서 제공되는 소집단 상담 서비스는 무엇인가? 그것은 어떤 학년 수준에서, 얼마나 많은 아동에게, 어떤 주제로 제공되는가?

이제까지 언급한 모든 사항은 단순히 종합적인 학교상담 프로그램을 실행하는 것보다 훨씬 많은 것을 요구한다. 종합적인 학교상담 프로그램의 궁극적인 목적은 실생활 적용 또는 일반화라 할 수 있다. 목적, 훈련 활동, 과제는 참가자가 배운 것을 실생활에 적용하도록 격려할 때 최고의 도움이 된다. 이는 프로그램을 계획하고 설계하는 것만큼이나 어려우며, 변화와 개선을 위한 탄력을 유지하여 프로그램이 원래의 형태로 되돌아가지 않도록 하는 것은 더더욱 어렵다. 확립된 목표를 향한 진전 상태를 모니터하고 전체적인 개선 프로그램 이행을 모니터하기 위한 체제를 개발하여 사용한다. 직원들은 계속해서 새로운 활동을 시도하도록 격려를 받고 그들의 노력 역시 보상받아야 한다. 마지막으로 변화를 모니터하는 결과로 프로그램 수정이 이루어진다.

4) 평가하기

학교상담 프로그램 개선 과정의 계획하기 및 설계하기 국면이 종결되고 실행 국면이 잘 되어 가면, 다음 국면인 평가를 논의할 차례이다. 학교상담 프로그램에 대한 책무성을 확보하려면 인사 평가, 프로그램 평가, 결과 평가 등 세 가지 종류의 체계적인 평가가 요구된다(Gysbers & Henderson, 2005).

(1) 인사 평가

인사 평가는 학교 또는 교육청의 학교상담 프로그램을 실행함에 있어서 상담교사와 그들을 지원할 여타 인사를 평가하기 위해 학교 또는 교육청이 사용하는 절차를 기술한다. 종합적인 학교상담 프로그램 실행 및 관리의 핵심 부분은 상담교사의 수행 개선 체계이다. 이 같은 체계의 기본 목적은 상담교사가 자신의 전문적 잠재능력에 도달하고 유지하도록 돕는 것이다. 이 같은 체계에는 상담교사가 자신의 직무를 정의하도록 조력하는 일, 전문적인 슈퍼비전을 제공하는 일, 공정한 수행평가를 행하는 일, 전문직 개발을 위한 목표를 설정하는 일 등이 포함된다(Henderson & Gysbers, 1998). 상담교사의 수행력을 평가하는 목적은 프로그램의 전달과 전달받은 학생들에 대한 프로그램의 영향력을 개선하는 것, 그리고 상담교사, 학교상담 프로그램 간부 지도자, 학교행정가들 사이의 의사소통을 준비하는 것이다. 인사 평가는 상담교사에게는 접촉 상태 권장사항(contact status recommendations)을 명시하고 그것의 효과성에 대하여 총합평가를 제공하며, 학교 또는 교육청에는 상담교사의 수행력에 대한 기대를 정의하고 이 기대와 비교하여 그들의 수행력을 측정하는 체계적인 수단을 제공한다.

(2) 프로그램 평가

프로그램 평가는 학교 또는 교육청에서 작성한 학교상담 프로그램을 검토하여 그것이 실제 이행된 프로그램과 유사한지를 알아보는 것이다. 프로그램 평가는 두 가지 질문을 던진다. 첫째, 학교 또는 교육청이 작성한 종합적인 학교상담 프로그램을 비치하고 있는가? 둘째, 학교 또는 교육청이 작성한 프로그램은 학교 또는 교육청의 학교 건물에서 충분히 이행되고 있는가? 이러한 질문에 대한 대답은 프로그램 평가 과정을 통해서 제공되며, 그것의 목표는 작성된 프로그램을 신중히 검토하고 기록물을 통해서 그것이 이행된 프로그램이라는 것을 증명하는 것이다. 작성된 학교상담 프로그램이 교육청에 존재하는가의 여부와 작성된 학교상담 프로그램과 실제 이행된 프로그램 간에 어떠한 불일치가 존재하는가의 여부는 프로그램 평가 과정이 전개되면서 분명해진다. 프로그램 평가에 대해서는 다음 절에서 자세히 설명한다.

(3) 결과 평가

결과 평가는 학교 또는 교육청의 학교상담 프로그램이 학생, 학교 및 지역사회에 미치고 있는 영향에 초점을 맞춘다. 일단 프로그램 평가를 통해서 학교 또는 교육청에서 훌륭하게 학교상담 프로그램이 제대로 기능을 하고 있다는 점이 확인되면, 그리고 상담교사와 다른 직원들이 학교 또는 교육청의 수행 중심 체제를 사용하여 그들의 직무 기술내용에 대해 평가를 받고 있다면, 그다음 단계는 결과 평가이다. 존슨(Johnson, 1991)은 원격 결과, 중간 결과, 직접 결과를 고려해야 한다고 제안하였다. 원격 결과(long-range result)는 학생들이 학교를 졸업한 후에 프로그램이 그들에게 어떻게 영향을 미치는가에 초점을 둔다. 중간 결과(intermediate result)는 학생들이 학교상담 프로그램 활동에 참가하고 약간의 시간이 지난 후에 학생들에게 어떤 영향을 미쳤는가에 초점을 둔다. 그리고 직접 결과(immediate result)는 특정한 생활지도 활동이 완료된 시점에서 곧바로 그 활동의 영향을 기술하는 것이다. 예를 들면, 학교폭력 예방 프로그램에 참가한 학생들이 학교폭력에 대한 건전한 태도와 대처 기술을 배워서 공격행동이 감소하고 그 결과로 학교안전성이 향상되고 훈육 건수가 감소했다면, 학교폭력에 대한 태도 변화와 대처 기술은 직접 결과이고 공격행동의 감소는 중간 결과이며 학교안전성 향상과 훈육 건수 감소는 원격 결과이다.

5) 보강하기

전환 과정의 보강하기 국면은 인사 평가, 프로그램 평가, 결과 평가에서 수집된 데이터를 사용하여 수년 동안 학교 또는 교육청에서 자리를 차지해 온 종합적인 학교상담 프로그램을 재설계하고 보강한다. 프로그램 보강 과정은 프로그램 재설계가 좀 더 높은 수준에서 전개됨에 따라 시작하기로 다시 연결된다. 프로그램 보강하기의 과정은 순환적인 것이 아니고 나선형적이다. 재설계 과정이 전개될 때마다 새롭고 좀 더 효과적인 종합적인 학교상담 프로그램이 출현한다. 학교 또는 교육청의 종합적인 학교상담 프로그램의 효과성, 그것의 인사요원, 그리고 그것의 결과에 관련된 평가 데이터는 건전한 의사결정을 위한 기초를 제공하며 또 종합적인 학교상담 프로그램을 개선하려면 어떤 변화가 필요한지를 결정하기 위해서 분석되어야 한다. 다음 내용은 평가 과정에서 나타날 수 있는 프로그램 변화에 대한 피드백 결과를 예시한 것이다(Gysbers & Henderson, 2005).

- 상담교사 시간 배정: 상담교사가 활동과 서비스를 좀 더 효과적으로 수행하기 위해서

는 종합적인 학교상담 프로그램의 여러 구성요소에 보내는 시간을 늘리거나 줄여서 시간 배정을 조정할 필요가 있다.

- 학생 역량: 변화하는 학생 요구에 반응하기 위해서는 부가적인 학생 역량을 첨가하거나 새로운 활동을 개발할 필요가 있다.
- 전문직 개발: 현재의 실무를 최상으로 유지하기 위해서는 상담교사가 전문직 개발에 할애할 수 있는 시간을 보강할 필요가 있다.
- 공식적인 관계 활동: 평가 자료는 학교 또는 교육청의 종합적인 학교상담 프로그램에 관한 지역사회의 이해가 부족함을 시사한다. 따라서 공식적인 관계 활동을 좀 더 강조할 필요가 있다.
- 생활지도 밖(non-guidance)의 활동: 평가 결과는 상담교사에게 배정된 생활지도 밖의 활동 때문에 학교 또는 교육청의 종합적인 학교상담 프로그램이 충분히 실행되지 못하고 있음을 시사한다. 따라서 프로그램을 충분히 실행하기 위해서는 생활지도 밖의 활동에 대한 재배정을 고려할 필요가 있다.
- 학생 대 상담교사 비율: 학교 또는 교육청의 종합적인 학교상담 프로그램을 충분히 실행하기 위해서는 추가 직원을 보강하여 학생 대 상담교사 비율을 개선하고 증가하는 학생 수와 그들의 요구를 채워 줄 수 있어야 한다.
- 행정적 지원: 평가 결과는 상담교사가 학교 또는 교육청의 종합적인 학교상담 프로그램을 충분히 자유롭게 실행할 수 있도록 프로그램에 대한 행정적 지원이 추가로 이루어져야 함을 시사한다.

보강하기 국면에 관련된 재설계하기 과정은 평가 자료에서 도출된 결론뿐만 아니라 또한 학교 또는 교육청의 종합적인 학교상담 프로그램을 사용함으로써 시간이 지나면서 얻게 되는 관찰내용에도 기초를 둔다. 학교 또는 교육청의 구조와 지역사회 경제적 기반의 변화 또한 재설계 과정에 영향을 미칠 수 있다. 무엇보다 중요한 것은, 재설계 과정이 프로그램의 조직 틀을 변화시키는 것과는 무관하다는 것이다. 그 대신 재설계 과정은 프로그램 내용, 활동 및 시간 배정과 같은 내적 변화를 이루어 내는 일에 관여한다. 더불어서 학교 또는 교육청의 종합적인 학교상담 프로그램에서 계획되고 있는 어떠한 변화에 대해서 충분히 정보를 전달하기 위해서 모든 국면에서 교육위원회에 제출할 연간보고서가 요청된다는 점을 상기할 필요가 있다.

4. 학교상담 프로그램의 평가

학교상담 프로그램 평가의 정의는 다소 불분명하다. 그것은 프로그램의 양과 질을 평가하는 것일 수도 있고 그로 인한 학생의 변화를 평가하는 것일 수도 있다. 프로그램 실행 후 목표와 관련하여 실행의 효과성과 적절성 여부, 계획대로 진행되었는지의 여부 등에 대한 평가는 필수 과정에 속한다. 이러한 평가를 통해 학교상담 프로그램이 교육목표 달성에 기여하고 있는지 여부와 개선방안에 대한 근거 자료를 제공함으로써 좀 더 나은 학교상담 프로그램을 계획하는 데 도움이 되어야 한다.

1) 프로그램 평가의 목적과 원칙

학교상담 프로그램 평가와 상담교사의 책무성은 요구평가로 시작하는 다양한 활동으로 구성된다. 학교상담 프로그램의 평가는 연간 계획에 의해 진행되는 종합적이고 지속적이며 순환적인 과정이다. 학생, 학부모, 교사 설문과 자기평가, 수행평가 등 다양한 평가 활동을 통해서 상담교사는 학교상담 프로그램의 효과를 입증하고 바라는 결과를 달성하지 못한 서비스를 수정하며 프로그램의 방향을 계속적으로 조정한다. 적절한 평가는 상담교사와 학교를 학생, 학부모, 교사의 요구평가와 학교상담 프로그램의 전반적인 목표로 돌아가게 한다. 이 순환적인 과정에서 학교상담 프로그램을 계속해서 계획·조직·실행·평가하며, 상담교사는 평가 결과를 기초로 프로그램의 미래 방향을 조언한다. 상담교사는 이 모든 절차를 학교장, 운영위원회, 상담 서비스의 슈퍼바이저와 협력해서 조정한다.

(1) 프로그램 평가의 목적

프로그램 평가는 분명한 목적을 가지고 시작해야 한다. 프로그램 평가의 목적은 평가자의 의도 또는 평가 절차에 따라 달라질 수 있다. 그러나 프로그램 평가의 주된 목적은 실증적 결과 자료를 통해 프로그램의 현재와 미래 방향에 대한 현명한 결정을 내리는 것이다(김창대 외, 2011). 대부분 프로그램 평가는 프로그램의 궁극적인 성공 여부 확인, 프로그램 진행 과정의 문제점 확인, 프로그램 기획 및 개발에 필요한 정보 수집 등을 포함하며, 그것을 통해 형성적 목적이나 총괄적 목적을 달성하려고 한다. 형성적 목적은 프로그램 개선을 돕는 것을 말하는 반면, 총괄적 목적은 프로그램을 계속 유지할 것인가 결정하는 것을 말한다.

프로그램 평가의 목적은 효용성 측면과 조력 전문가의 입장으로 구분해 볼 수 있다(김창대 외, 2011). 효용성 측면에서 볼 때, 프로그램 평가의 목적은 프로그램 기획 및 실행에 필요한 정보를 제공하고, 책무성을 이행하며, 이론 형성에 기여하는 것으로 개념화할 수 있다. 또한 향후 어떤 서비스를 제공할 것인지 결정해야 하는 조력 전문가의 입장에서 보면, 프로그램 평가의 목적은 프로그램의 내용과 성과로부터 피드백을 제공하며 서비스 내용과 체제를 개선하고 강화하는 것으로 볼 수 있다. 이를 위해서 평가자는 서비스 결과에 대한 수혜자의 만족 여부를 확인하고, 여타의 유사한 프로그램에 비해서 효과성과 효율성이 높은지 밝히거나 나아가 공적 지원 요청 또는 마케팅 전략 차원에서 의사결정에 필요한 정보를 제공하며, 사회 문제 전반(실업, 빈곤, 노숙, 비행, 약물 남용, 정신질환, 학대 등)에 걸쳐 새로운 사실을 인식하고 중요한 사항을 좀 더 명료화하기 위해서 프로그램 평가를 실시한다. 따라서 프로그램 평가는 프로그램의 구성, 운영 및 개입방법, 예산 배분 등의 측면에서 중요한 정보를 제공한다.

(2) 프로그램 평가의 원칙

학교상담의 책무성에 대한 여러 이론과 방법에서 강조하는 프로그램 평가의 일반적인 원칙과 지침은 다음과 같다(Schmidt, 2000: 349-351).

첫째, 평가 과정에 참여하는 모든 사람이 학교상담 프로그램의 목표를 정의하고 그에 동의해야 한다. 상담교사는 학생, 학부모, 교사의 참여를 강구하고 장학사와 학교장의 평가를 받는다. 상담교사는 프로그램의 목표를 명확히 기술해야 하고 프로그램에 참여하는 사람들이 그러한 목표를 이해하고 받아들일 수 있도록 해야 한다.

둘째, 학교상담 프로그램에 참여하여 서비스를 제공받는 모든 사람이 평가 과정에 참여해야 한다. 상담교사는 학생, 학부모, 교사를 위해 일한다. 동시에 교사는 학생 조언자로서 생활지도 활동을 통해 학교상담 프로그램에서 적극적인 역할을 수행할 것으로 기대된다. 프로그램 목표와 서비스 효과의 평가에는 상담교사, 장학사, 학교장뿐만 아니라 학생, 학부모, 교사의 의견도 포함해야 한다.

셋째, 평가 자료를 수집하는 데 사용된 도구와 과정은 학교상담 프로그램의 목표와 서비스의 평가에 타당해야 한다. 예를 들면, 조사 도구는 프로그램의 목표와 목적을 반영해야 한다. 동시에 상담교사의 기능과 역량은 상담자 연수 및 직무 기대와 관련하여 타당도와 신뢰도를 갖춘 도구로 평가해야 한다.

넷째, 프로그램 평가는 유용한 서비스와 효과적인 서비스 방법이 무엇인지 확인하는 것을 목표로 하는 지속적인 과정이다. 지속적인 평가의 수행 전략은 종합적인 학교상담 프로그램의 완전한 부분으로 평가·개발되어야 한다. 평가 과정은 단순히 결정적 순간에 의사결정자나 대중을 달래기 위한 것이 아니며, 오히려 학생, 학부모, 교사를 위한 학교상담 프로그램의 설계·개발과 서비스 제공 과정에서 절대적으로 중요한 요소로 간주된다.

다섯째, 프로그램 평가는 행동을 평가 과정에서 수집된 결과물로 간주한다. 상담교사는 학생, 학부모, 교사에게 설문지를 돌려서 프로그램을 평가할 때, 이러한 조사 결과를 반드시 검토하고 그 결과를 토대로 직업적으로 건전하고 윤리적으로 적절하게 프로그램에 변화를 준다. 마찬가지로 장학사와 학교장이 신뢰할 만하고 타당한 방법으로 상담교사의 기능과 역량을 평가할 때 평가의 장점을 충분히 살릴 수 있다. 이 목적을 달성하려면 학교는 상담교사에게 재정적인 지원을 제공함으로써 계속 연수를 받고 워크숍에 참석하여 전문적인 지식과 기술을 강화시키고 발달시키는 방법을 찾도록 도와야 한다.

끝으로, 프로그램 평가는 상담교사와 교사가 제공하는 서비스의 부족한 점뿐만 아니라 이로운 점에도 초점을 맞추어야 한다. 평가는 긍정적인 목표를 강조할 때 가장 유용하고 효과적이다. 상담교사는 부정적인 면만 아니라 긍정적인 면에도 중점을 두어 평가함으로써 균형적인 관점을 제공하고 프로그램 개선과 개인적인 발달을 촉진할 수 있다.

2) 프로그램 평가의 영역

프로그램 평가는 종합적인 학교상담 프로그램의 서로 다른 측면에 초점을 두는 다양한 과정으로 구성된다. 바루스와 로빈슨(Baruth & Robinson, 1987)은 학교상담 프로그램의 평가를 크게 과정 평가와 결과 평가의 두 가지 유형으로 나누었으며, 강진령과 연문희(2009)는 목표 평가와 효용성 평가를 추가하였다.

(1) 목표 평가

프로그램의 목표에 대한 평가는 학교의 교육목표, 전체 학생의 요구, 목표의 달성 가능성, 효용성 등을 토대로 이루어진다. 개별 프로그램의 목표는 SMART 원리(Smith, 1994)에 따라 구체적이어야 하고 달성 여부를 측정할 수 있도록 행동적 용어로 진술해야 한다. 〈표 6-5〉는 학교상담 프로그램의 목표 진술을 위한 SMART 기준과 구체적 요령을 제시한 것이다.

〈표 6-5〉 **학교상담 프로그램의 SMART 목표 진술 요령**

진술 기준		진술 요령
S (Specific Issue)	우리 학교의 데이터에 기초할 때 구체적인 쟁점은 무엇인가?	목표는 구체적이어야 한다. 목표를 정의할 때는 추상적이고 원론적인 것에 얽매여서는 안 되며, 설정된 목표는 긍정적인 용어를 사용하여 구체적으로 기술해야 한다.
M (Measurable)	우리는 개입의 효과성을 어떻게 측정할 수 있는가?	목표는 측정이 가능해야 한다. 목표를 설정할 때에는 그것의 달성도를 어떻게 따질 것인가를 미리 정함으로써 목표 달성 여부를 판단할 수 있도록 해야 한다.
A (Attainable)	우리를 긴장하게 하지만 여전히 도달 가능한 성과는 무엇인가?	설정된 목표는 성취 가능한 것이어야 한다. 그리고 무엇을 어떻게 할 것인지 행동적인 용어로 정의되어야 한다.
R (Results-Oriented)	목표는 결과 지향의 데이터(과정, 인식, 성과)로 보고되고 있는가?	목표는 결과지향적이어야 한다. 개별적 프로그램의 목표는 궁극적으로 이상적인 정신건강 상태를 지향한다. 이 점에서 프로그램은 그러한 이상적인 결과의 상태를 지향해야 한다.
T (Time Bound)	우리 목표는 언제 달성될 것인가?	목표는 시간 제한적이어야 한다. 모든 프로그램은 한시적으로 운영된다는 공통점을 갖고 있다. 따라서 목표는 제한된 시간 내에 이루어질 수 있는 것으로 정해야 한다.

출처: Smith (1994), pp. 182-187에서 발췌.

(2) 과정 평가

프로그램의 과정에 대한 평가는 프로그램이 계획한 서비스와 전략이 제대로 기능을 하고 있는지를 평가하는 것이다. 이에는 '얼마나 많은 사람이 서비스를 받았는가?' '서비스 제공에는 얼마나 많은 시간이 소비되었는가?' '얼마나 많은 회기가 열렸는가?' 등의 질문이 포함된다. 가장 일반적인 과정 평가는 학생, 학부모, 교사를 대상으로 상담교사가 제공하는 활동을 어느 정도 알고 있는지 조사하는 일이다.

(3) 효과성 평가

프로그램의 효과성에 대한 평가는 참여 학생들에게 나타난 제반 효과에 관한 일체의 자료를 수집하여 평가하는 것이다. 상담교사는 종합적인 학교상담 프로그램에서 제공하는 서비스의 결과를 평가한다. 종합적인 학교상담 프로그램은 서로 관련된 다양한 서비스로 구성된다. 서비스의 전체 목적은 학생들의 학업 발달, 진로 발달, 개인·사회성 발달을 돕는 것이다. 프로그램의 효과성 평가는 이러한 목표에 도달한 정도를 점검한다. 효과성 평가는 서비스 종료 시점에서 학교상담 프로그램의 목표 달성 여부를 파악하기 위해 수행할 뿐만 아니라 서비스 과정 기간에도 의도된 목표를 향한 진전 상태를 평가하기 위해 수행된다.

(4) 효용성 평가

프로그램을 평가할 때에는 효과성뿐만 아니라 효용성도 함께 평가한다. 상담교사는 프로그램의 수행에 들어간 비용과 노력에 비추어서 그 수행을 정당화할 수 있는지 검토해야 한다. 학교의 사정에 따라 시간, 공간, 기자재, 예산 등에 한계가 있게 마련이다. 학교상담 프로그램의 목표 달성을 위해서는 경제적인 요인을 고려해서 최소한의 경비로 최대한의 효과를 얻을 수 있도록 최선의 노력을 기울여야 한다.

3) 프로그램 평가의 방법

학교상담 프로그램 평가는 다양한 방법으로 수행될 수 있다. 프로그램 평가는 학생 성과에 대한 객관적인 방법과 주관적인 방법을 모두 포함하며(김창대 외, 2011), 상담교사가 자신의 프로그램을 평가하는 데 사용하는 과정과 결과의 범위를 모두 포함한다. 프로그램 평가의 방법은 일반적으로 목표 달성도, 학생 성과, 소비자 만족, 전문가 판단의 네 가지 형태로 구분한다(Schmidt, 2000).

(1) 목표 달성도

이것은 서비스 과정에서 설정된 프로그램 목표를 달성하기 위한 전략과 서비스 이행에 중점을 둔다. 모든 학교상담 서비스에는 궁극적으로 학교의 광범위한 교육적 사명에 기여한다는 중요한 목적을 가지고 있다는 믿음이 내재해 있으며, 이러한 목적과 목표는 상담교사가 학생, 학부모, 교사를 대상으로 실시하는 요구평가의 결과로서 선정된다. 프로그램 목표 달성은 학습 관련 목표와 서비스 관련 목표 중 어느 하나로 평가될 수 있다.

① 학습 관련 목표

학습 관련 목표를 평가하려면 상담교사는 평가 도구의 개발과 서비스 수요자에게 기대되는 구체적인 학습 성과를 측정하는 절차를 개발해야 한다. 목표 달성도 척도는 프로그램 참가자가 목표 달성도를 정해진 범위 안에서 선택하는 방식으로 구성된다. 이때 목표는 대개 요구평가를 통해 확인되며, 여러 유사한 프로그램에서 추출된 목표를 동일하게 하여 프로그램에 참가한 사람들이 응답한 달성도를 서로 비교할 수 있는 형태로 표준화한다. 예를 들면, 상담교사는 진로인식 활동에 참여하는 학생들에게 〈표 6-6〉과 같이 간단한 질문지를 만들어 사용할 수 있다.

〈표 6-6〉 **학생 직업 인식 질문지**

다음은 여러분이 참가한 진로인식 집단에 관한 생각과 감정을 알아보기 위한 것입니다. 각 질문을 읽고, 여러분의 생각과 일치하는 응답에 ㅇ표 하십시오. 감사합니다.

1. 이 집단에서 전에 몰랐던 나 자신을 좀 더 알게 되었다.	예	아니요	잘 몰라요
2. 이 집단을 통해서 나는 서로 다른 진로에 대해 알 수 있었다.	예	아니요	잘 몰라요
3. 원하는 직업을 얻는 데 필요한 교육을 좀 더 이해하게 되었다.	예	아니요	잘 몰라요
4. 상담교사는 나의 문제를 경청하고 잘 이해해 주었다.	예	아니요	잘 몰라요
5. 다른 학생들에게 이 집단을 적극적으로 권유하고 싶다.	예	아니요	잘 몰라요

학생 여러분이 관심을 갖고 있는 진로와 그 진로를 갖기 위해 성취해야 할 교육목표를 기입하십시오. (교육목표: 고등학교, 전문학교, 대학, 대학원, 대학원 이상 등)

6. 관심 있는 진로:

7. 교육목표:

출처: Schmidt (2000), p. 353.

경우에 따라서는 영리 목적으로 만든 검사나 다른 유형의 도구를 사용하여 목표 달성을 평가할 수도 있다. 그러나 프로그램 참가자가 가진 개인적인 문제는 유의미하게 다를 수 있으므로 목표 달성도 척도에 포함되는 문제는 참여 학생들과 직접 관련이 있어야 하고 프로그램을 통해 변화될 수 있는 것이어야 한다. 프로그램 참가자는 〈표 6-7〉과 같이 목표 달성도 척도를 직접 작성해 봄으로써 프로그램에 대한 현실적인 기대를 확립하고 문제를 해결하려는 노력을 촉진시키며 향상적인 작업 동기를 높이는 등의 몇 가지 이득을 얻을 수 있다(Thompson & Rudolph, 2001).

〈표 6-7〉 **개별 프로그램 참가자의 목표 달성도 척도 예시**

목표: 자존감 향상시키기			
목표달성도	학습목표 1: 체중관리	학습목표 2: 적극적인 의사표현	학습목표 3: 적극적인 과제 수행
기대를 매우 초과 (+2)	체중을 8kg 이상 감량	대규모 모임에서 자신의 의견을 발표함	과제 수행을 100% 초과 달성
기대를 약간 초과 (+1)	체중을 5~7kg 감량	소규모 모임에서 자신의 의견을 발표함	과제 수행을 80% 이상 달성
기대에 부합 (0)	체중을 2~4kg 감량	친한 친구들에게만 자신의 의견을 표현함	과제 수행을 50% 이상 달성
기대에 약간 미흡 (−1)	체중을 1kg 미만 감량	타인의 질문에만 수동적으로 대답함	과제 수행을 50% 미만 달성
기대에 매우 미흡 (−2)	체중이 증가함	의사표현을 거의 하지 못함	과제 수행을 20% 미만 달성

출처: Thompson & Rudolph (2001), p. 20.

② 서비스 관련 목표

서비스 관련 목표를 평가하기 위해서 상담교사가 선택한 평가 절차의 유형과 양식은 필요한 질문이 무엇인가에 달려 있다. 예를 들어, 상담교사는 단순히 프로그램이 제공하는 회기 수를 보고하거나 그 프로그램에 참여한 사람의 수를 셀 수 있다. 〈표 6-8〉은 회기와 참여자의 수를 세는 조합된 방법을 사용하여 작성한 초등학교용 집단상담 보고서 양식이다.

〈표 6-8〉 **상담교사의 집단상담 보고서**

( )월 집단상담 보고서

1. 이달에 실시한 집단상담의 회기 수: ________ 회
2. 이달에 집단상담에 참여한 총 학생 수: ________ 명
3. 이달에 실시한 집단 생활지도 회기 수(소집단 및 학급 생활지도): ________ 회
4. 집단 생활지도에 참여한 총 학생 수: ________ 명
5. 집단상담의 문제/주제:

____

6. 집단 생활지도의 주제:

____

출처: Schmidt (2000), p. 354.

또 다른 방법은 설문지를 통하여 특수한 프로그램에 관한 관련자의 견해를 알아보는 것이다. 〈표 6-9〉는 교사가 집단상담 서비스에 관한 견해를 보고하는 평가 양식의 예시이다.

〈표 6-9〉 **교사의 집단상담 평가**

다음 질문지는 이번 학기에 학교상담 프로그램의 일부로 실시된 집단상담을 평가하기 위한 것입니다. 각 문항을 읽고, 아래 요령에 따라 해당하는 숫자에 ㅇ을 표시하시오.

1 2 3 4 5
전혀 동의하지 않음 매우 동의함

1. 집단상담 서비스는 참여한 학생들에게 도움이 되었다.	1	2	3	4	5
2. 나는 집단상담에 참여한 학생들의 행동이 변한 것을 관찰했다.	1	2	3	4	5
3. 집단에 참여한 학생들에 대해 상담교사의 적절한 피드백을 받았다.	1	2	3	4	5
4. 집단상담 일정은 수업을 방해하지 않았다.	1	2	3	4	5
5. 상담교사는 필요한 만큼의 집단을 이끌었다.	1	2	3	4	5
6. 집단상담 회기의 초점은 적절했던 것으로 보인다.	1	2	3	4	5
7. 좀 더 많은 학생이 집단상담에 참여하기를 바라고 있다.	1	2	3	4	5
8. 집단상담에 참여한 학생들의 피드백은 대부분 긍정적이었다.	1	2	3	4	5
9. 학부모들은 집단상담에 참여하는 자녀들에게 관심을 표현했다.	1	2	3	4	5
10. 나는 이 집단에서 진행되는 것에 대해 더 많은 정보가 필요하다.	1	2	3	4	5

출처: Schmidt (2000), p. 354.

〈표 6-8〉과 〈표 6-9〉는 똑같이 집단상담의 효과를 보여 주고 있지만, 서로 다른 관점에서 그 실행을 조사하고 있다. 〈표 6-8〉의 과정 평가는 상담교사가 시간을 어떻게 사용했는지를 수량화하여 제공한 서비스의 양과 서비스를 받은 사람의 수를 보여 준다. 반면에, 〈표 6-9〉의 평가 결과는 상담교사가 어떻게 시간을 보냈는지뿐만 아니라 교사의 만족도 수준이 어느 정도인지 함께 보여 준다.

특별한 활동에 할애된 시간의 양 또는 서비스를 받는 참여자의 수와 같은 양적 평가는 상담교사에게 광범위한 대중의 욕구를 충족하는 다양한 서비스를 제공할 것을 보장한다. 상담교사가 일부 서비스만 제공하거나 협소한 대중의 욕구만 충족시킨다면 광범위한 서비스를 제공할 수 있는 종합적인 학교상담 프로그램을 설계하지 못한다. 서비스의 효과성을 수량화함으로써 상담교사는 어떻게 프로그램을 조정할 것인가와 좀 더 많은 학생, 학부모, 교사의 욕구를 충족시키기 위해 무엇을 강조할 것인가에 대한 결정을 내릴 수 있다.

(2) 학생 성과

학교상담 서비스가 학습 과정을 보완하는 것이라면, 상담교사는 학생 성과를 통해 서비스의 효과성을 평가할 수 있어야 한다. 학생 성과에 기초한 학교상담 프로그램의 평가는 다음의 세 가지 사항을 고려해야 한다(강진령, 연문희, 2009: 338).

① 프로그램의 목표가 객관적이고 관찰 가능한 행동으로 표현되어 있는가

목표 달성 척도를 잘 갖추기 위해서는 먼저 프로그램이 다루는 문제 영역과 프로그램 운영을 통해 이루려는 목표를 구체적으로 정의해야 한다. 프로그램 참가자가 가진 개인적 문제는 서로 유의하게 다를 수 있으므로, 목표 달성 척도에 포함되는 문제는 내담자와 직접 관련이 있어야 하고 프로그램을 통해 변화될 수 있는 것이어야 한다. 또한 목표 달성 척도를 구성하기 위해서는 초기 단계에서 몇 가지 구체적인 문제 영역과 목표를 결정해야 한다. 전문가들에 따르면, 구체적인 목표는 3~4개 정도가 적당하다. 프로그램은 시간적으로나 내용적으로 범위가 제한되어 있으므로 목표 설정 시 1~2개는 너무 적고 5개 이상은 너무 많다(Kireduk, Smith, & Cardillo, 1994).

② 정의된 행동을 측정하기 위한 구체적인 방법이 마련되어 있는가

학교상담 서비스는 학생들이 정보를 얻고 대처 기술을 발달시키고 행동을 조절하고 다른 목표를 달성하도록 돕는다. 이를 위해서 상담교사가 제공하는 서비스는 측정과 관찰이 가능한 어떤 결과를 산출해야 한다. 학생 성과를 객관적으로 평가하기 위해서 상담교사는 몇 가지 방법을 사용할 수 있다.

첫째, 때때로 학생 성과는 집단 전체에 일반화된다. 즉, 학교는 전체 학생집단에 적용될 수 있는 하나의 성과에 집중할 수도 있다. 예를 들면, "학생들의 결석률을 100%까지 감소시키기"라는 목표가 있다면, 서비스를 시작하기 전과 서비스를 마친 후의 결석률을 단순히 비교함으로써 이러한 목표를 측정할 수 있다. 이러한 성과 평가 유형의 한 가지 문제점은 학생 개개인이 어떻게 기능하고 있는가를 확인할 수 없다는 것이다. 이것은 단순히 전반적인 목표를 달성했는가의 여부만을 볼 수 있다. 위의 예에서는 상대적으로 잘 출석하던 학생들의 출석률이 심지어 더 높아짐으로써 결석률이 줄어든 것일 수 있다. 다른 한편, 결석률이 높았던 학생은 계속 결석하고, 전체 학교 출석률이 단순히 향상되었기 때문에 이 학생에게는 거의 주의를 기울이지 않게 될 수 있다.

둘째, 학생 개개인의 욕구를 다루기 위해서는 개인 사례와 소집단의 성과 자료를 검토해야 한다. 예를 들면, 한 초등학교 상담교사가 학교공포증을 지닌 학생을 상담한다면, 그는 그 학생에게는 개인 놀이치료를 하고, 교사에게는 수업 전략에 대해 자문하고, 학부모들과는 아침에 학교 갈 준비를 하도록 아이를 어떻게 대할 것인지에 관해 의견을 나눌 수 있다. 이러한 서비스의 성과는 상담교사가 학부모에게 자녀가 집에서 심한 불안을 경험하는 경우가 있는지 물어 보고, 교사에게는 수업 시간에 울지 않고 교실에 있는 것과 관련하여 학생의 진전 정도에 대한 피드백을 받고, 학생이 학교 일정과 학급 환경에 적응하는 것을 관찰함으로써 측정된다.

셋째, 목표 달성도 척도를 구성할 때 구체적인 목표 달성 범위를 정해야 한다. 목표 달성의 범위는 수치상으로 −2에서 +2까지 전체 리커트 척도 형식으로 작성하는 것이 좋다. 범위를 1에서 5까지 상정하여 달성의 정도를 나타낼 수도 있으나, 음수와 양수의 형식은 목표 달성 여부를 결정할 때 기준점 미만 또는 초과 여부를 시각적으로 쉽게 판별할 수 있다. 기대목표를 지향해 가면서 중재 효과 측면에서 목표 달성도를 지속적으로 점검해야 한다. 특히 프로그램 운영자는 프로그램의 종결이 가까워질수록 목표 달성도를 주의 깊게 살펴보아야 한다.

③ 목표를 성취하기 위해 계획된 구체적인 활동 및 방법이 그 목표를 달성했다는 증거를 정당화할 절차가 마련되어 있는가

학생 성과에 기초한 학교상담 프로그램의 효과성을 평가하는 방법은 몇 가지 다른 형태를 취할 수 있다. 한 가지 방법은 미리 결정되거나 범주화된 기준에 근거하여 평가를 하는 것이다. 예를 들면, "8학년 재학 중인 학생 중에 적어도 85%는 사전등록카드를 정확하게 기재할 수 있다." 이러한 유형의 성과는 학부모와 상담교사가 달성할 수 있다고 생각하는 최소한의 수용 가능한 정도에 근거한다.

그러나 학교상담 프로그램의 효과성을 좀 더 명확히 밝히기 위해서는 절차적 방법의 측면에서 평가 설계를 고려해야 한다. 일반적으로 사전-사후 평가방법과 집단비교에 의한 방법에 의존한다. 사전-사후 평가방법은 프로그램을 실시해서 일정 기간이 경과한 다음에 그 프로그램의 효과를 평가하는 방법이다. 이 방법은 실험적 방법을 통해서 수행될 수 있다. 예를 들면, 한 학기 동안 자기표현 훈련을 실시한 경우 학생들이 자기표현 훈련에 참여하기 전과 훈련을 마친 후에 각각 자기표현 능력을 관찰하여 행동 변화의 정도를 비교해서 프로그램의 효과를 평가하는 것이다. 사전-사후 관찰 결과에서 나타난 유의미한 정적 차이는 자기표현 훈련이 학생들의 자기표현 능력을 향상시켰음을 증명한다.

집단비교에 의한 방법은 프로그램의 효과를 평가하기 위해 목적에 따라 다른 집단과 비교해서 평가하는 방법이다. 대표적인 예로는 실험집단과 프로그램을 실시하지 않은 통제집단을 비교해서 프로그램의 효과를 평가하는 방법이다. 예를 들면, 학기 초 상담교사는 중학생용 학습 기술 개선을 위한 9주짜리 프로그램을 계획하고 전체 학생을 실험집단과 대기집단으로 나눈다. 먼저 실험집단 학생들에게 프로그램을 실시하여 그들의 평균 성적이 향상되었음을 확인하고, 이어서 대기집단의 학생들에게 동일한 프로그램을 반복하여 그들도 실험집단과 유사하게 평균 성적이 향상되었음을 확인한다. 이러한 결과를 통해 상담교사는 학습 기술 프로그램이 학생들의 성적 향상에 긍정적인 효과를 미쳤다고 확신할 수 있다.

(3) 소비자 만족도

만족도 평가는 수혜자 개인으로부터 주관적인 평가 정보를 수집하는 것이다. 평가의 내용은 프로그램의 목적과 구성에 따라 달라질 수 있으나 말 그대로 수혜자의 만족도를 평가의 주요 대상으로 한다. 따라서 그 자체만으로는 프로그램 질을 객관적으로 측정하기는 어려울 수 있으나, 여러 개의 성과 측정 수단 중 하나로 역시 중요하게 간주된다(Ingram & Chung, 1997). 특히 공신력 있는 기관으로 인증받기 위한 평가 항목으로 만족도 평가가 중요하게 고려된다. 내담자 만족도 평가의 중요성은 결국 평가의 유용성에서 비롯된다. 즉, 비용이 비싸지 않으면서 해석이 용이하고, 거창한 계획을 세우지 않고도 간단히 실행할 수 있으며, 은연중에 내담자의 경험과 관찰이 서비스 제공자에게 중요하다는 사실을 알려 주는 데에도 일조한다.

만족도 평가는 수혜자 지향적이며 민주적인 평가 형태이다. 기관 또는 운영자가 제공하는 프로그램의 실시 과정과 서비스의 질에 대해 프로그램 수혜자가 최고의 정보를 줄 수 있는 정보 제공자라는 가설과 믿음에서 출발하고 있다. 경우에 따라 프로그램 수혜자의 만족도 평가가 객관적인 평가를 해내지 못한다 하더라도 프로그램의 영향력이나 효용성을 밝혀 줄 수 있는 좋은 평가 자료를 얻게 해 준다는 인식에 기초한다. 프로그램 운영자나 수혜자 모두의 입장에서 높은 만족도 평가 결과는 바람직하며, 대외관계나 마케팅 차원에서도 상당한 가치가 있다(김창대 외, 2011).

대체로 만족도 평가는 프로그램 실시와 관련된 보고서 형태로 작성되고 있다. 만족도 평가도구에서 평가 문항은 프로그램의 전반적인 유용성, 하위 프로그램별 유용성 및 운영 방식 등을 고려하기 때문에 프로그램 내용과 실시기관의 특성에 따라 조금씩 다른 형태를 띤다. 〈표 6-10〉은 진로탐색 프로그램에 대한 학생의 만족도 평가지를 예시한 것이다.

〈표 6-10〉 **진로탐색 워크숍 평가서(학생용)**

평가일: _______ 년 _______ 월 _______ 일

1. 워크숍의 도움 정도

1	2	3	4	5
전혀 도움이 안 됨		보통이다		매우 도움이 됨

2. 프로그램 중 가장 도움이 된 내용과 그 이유는?
3. 프로그램 중 가장 도움이 안 된 내용과 그 이유는?
4. 강사의 운영 방식에 대한 생각은?
5. 이 외에 건의할 사항이나 하고 싶은 이야기가 있다면?

출처: 김창대 외(2011), p. 364.

상담교사는 프로그램에 대한 전반적인 만족도 수준을 평가하기 위해 여러 가지 방법을 사용하여 학생, 학부모, 교사로부터 자료를 수집한다. 비공식적으로는 학생 또는 교사와 이야기를 나누거나 학부모와 전화 통화를 할 수 있다. 전화 설문은 우편물 설문보다 더 높은 응답 비율을 나타낸다. 공식적으로는 학생, 학부모, 교사에게 질문지를 주어 학교상담 서비스에 관한 그들의 관점과 견해를 표현하도록 할 수도 있다. 마이릭(Myrick, 1993)은 "책임성에 대해 다룰 때, 학교상담 서비스의 소비자인 학생, 학부모, 교사들에게 그들이 생각하는 것을 묻는 것이 항상 바람직하다."(p. 328)고 제안하였다. 개방형 질문을 사용하면 객관식 질문으로 발견되지 않는 고객의 시각을 알게 해 주는 정보를 제공할 수 있다. 이러한 이유로, 상담교사는 이러한 소비자들이 학교상담 서비스를 어떻게 지각하는가에 대한 정보를 수집하는 방법을 사용한다. 〈표 6-11〉은 고등학교 학생 설문지 결과에 대한 요약 보고서의 예이다.

〈표 6-11〉 **요약 보고서 예시**

금년도에 여러분이 받은 상담 서비스를 어느 정도 만족하는지 해당하는 것에 ○표 하십시오.

	예	아니요	불확실
1. 올해 나는 도움이 필요할 때 상담교사를 만날 수 있었다.	77%	15%	8%
2. 상담교사는 나의 문제를 경청하고 나를 이해하는 것 같았다.	70%	20%	10%
3. 상담 회기는 내가 문제에 집중하고 결정하는 데 도움을 주었다.	67%	25%	8%
4. 상담교사는 비밀을 유지했다.	98%	1%	1%
5. 나는 상담이 필요한 다른 학생에게 상담교사를 추천할 것이다.	85%	5%	10%

출처: Schmidt (2000), p. 359.

〈표 6-11〉에서 보여 준 결과를 근거로, 거의 모든 학생이 상담교사를 쉽게 만날 수 있고 학생들의 고민을 잘 들어 주며 비밀을 유지한다고 믿고 있다고 결론 내릴 수 있다. 상담교사는 전체 33%의 학생이 결정을 내리는 데 상담이 도움을 주었다고 느끼지 않거나 확신하지 못하는 것에 주목할 필요가 있다. 그럼에도 불구하고, 서비스가 필요한 다른 학생들에게 상담교사를 추천하겠다고 대답한 학생들의 비율이 높은 것은 고무적인 사실이다.

만족도 평가는 실시 자체로 의미를 지니지만 바람직한 평가 방식과 과정을 거쳐야만 유용한 정보를 제공할 수 있다. 다양한 요인이 만족도 평가에 영향을 미치며 프로그램 수혜자의 개인 내적 특성으로 인한 영향을 통제하는 데에는 어려움이 따른다. 그러나 평가 과정과 방법을 체계화함으로써 더욱 바람직한 만족도 평가를 실시할 수 있다. 다음과 같은 방법을 고려해야 한다(김창대 외, 2011).

첫째, 평가 항목을 구체화하고 다양화해야 한다. 평가 항목을 구체화하는 것은 정확한 만족도 평가에도 도움을 준다. 프로그램 수혜자의 만족 또는 불만족은 서비스의 다양한 측면에서 나타날 수 있다. 따라서 평가 항목을 구체화할수록 평가 항목은 다양해지며, 여러 차원에서 더욱 정확한 만족도 평가가 이루어질 수 있다.

둘째, 평가 방법을 다양화해야 한다. 평가도구는 신뢰성이 담보되어 있고 다른 연구에서 성공적으로 사용된 척도를 사용하는 것이 바람직하며, 한두 개의 자유질문을 포함하는 것이 좋다. 예를 들면, "이 프로그램에서 가장 마음에 드는 점 또는 가장 나쁜 점은?"이나 "이 프로그램을 개선하기 위해 바꾸어야 하는 점은?" 등의 질문을 포함하면 프로그램 운영자가 예상하지 못한 수혜자의 불만 사항을 파악하는 데 도움이 된다.

셋째, 평가 시점을 다양화해야 한다. 끝까지 남아 있는 사람만을 대상으로 프로그램 평가를 하는 경우에는 프로그램에 불만이 있어 중도 탈락하는 사람의 의견을 얻기 어렵다. 프로그램 운영자는 프로그램 평가의 시점을 다양화함으로써 프로그램의 일부 참가자를 중도 탈락하게 만든 문제점이 무엇인지 파악할 수 있다. 프로그램을 개선하기 위해서는 서비스 시작부터 진행에 이르기까지 모든 단계에 대한 내담자의 경험을 잘 알고 있어야 한다. 이를 위해서는 정해진 기간을 두고 프로그램 중간에 만족도 평가를 실시할 수 있다. 예를 들면, 프로그램 평가를 초기, 중기, 종결기로 나누어 실시할 경우 만족도 변화를 파악할 수 있고 중도 탈락된 사람의 영향도 파악할 수 있다. 또한 평가 형태를 다양화하여 비상시적인 평가가 가능하도록 할 수도 있다. 예를 들면, 투표함 또는 건의함 방식을 사용하면 수혜자의 피드백이 더욱 자발적으로 이루어질 수 있고 평가 시점도 상시적으로 다양화할 수 있다.

끝으로, 만족도 평가를 실시할 때는 몇 가지 측면에서 균형 잡힌 시각이 필요하다. 우선 불만족한 소비자를 만족한 고객으로 바꿀 수 있다는 생각에 사로잡혀서 불만족한 소비자의 문제를 푸는 것에만 집중해서는 안 된다. 만족도 평가가 전반적으로 긍정적인 편이라는 점 때문에 오히려 애써 부정적인 입장에서 프로그램을 바라보려는 것은 바람직하지 않다. 왜냐하면 프로그램 운영자가 프로그램 수혜자를 만족시키기 위해 노력하는 경우에도 대부분의 강한 불만을 표시했던 참가자의 경우는 자신들의 불만에 대해 결코 잊어버리지 않는 경향이 있기 때문이다(Ingram & Chung, 1997). 또한 대부분의 만족도 평가는 프로그램 종결 시 현장에서 실시되는 경우가 많다. 그러나 우편 또는 전자우편을 통해 설문조사를 실시한다면, 경품을 주거나 작은 선물을 준비하여 전체 대상 인원의 50% 이상에게 응답을 끌어내기 위한 조치를 취해야 한다. 마지막으로 만족도 평가를 통해서 프로그램 비용과 접근성, 프로그램 서비스와 연관된 일반적인 또는 특정한 세부 과정의 만족도를 평가할 수 있다. 그러나 그 결과를 통해 프로그램이 효과적인가를 객관적으로 증명했다고 보기 어려우므로 만족도 평가 결과에 대해 해석할 때에는 주의를 기울여야 한다.

(4) 전문가 평가

때로는 상담교사와 장학사는 외부적 관점에서 평가 과정에 개입하는 외부 전문가의 도움을 찾는다. 외부 전문가 평가는 상담교사의 개인적 활동을 관찰하는 것부터 전체 학교의 모든 서비스에 대한 자료를 수집하는 것까지 광범위하게 전개될 수 있다. 외부 전문가가 정보를 수집하면 평가 과정의 객관성이 높아지므로, 상담교사는 좀 더 신뢰할 만한 정보를 확보할 수 있다. 외부 전문가 평가를 계획할 때, 상담교사는 몇 가지 질문을 공식화하고 그들의 반응을 진지하게 검토하여 전문가 평가의 잠재적인 가치를 확인하고 그것에 드는 시간과 비용이 자신의 서비스 프로그램에 도움이 될지 여부를 결정한다. 상담교사가 던질 수 있는 몇 가지 질문은 다음과 같다(Schmidt, 2000: 361-362).

① 무엇을 알기 원하는가

적합한 평가는 상담교사가 프로그램에 대해 무엇을 알고 싶어 하는지 명확한 질문을 던짐으로써 시작된다. 이러한 질문은 상담교사, 행정가, 교사가 함께 만들 수 있다. 일반적으로 그러한 질문은 다음과 같은 특정 관심 영역에 초점을 맞춘다.

- 상담교사가 제공하는 주요 서비스는 학생들의 욕구를 다루는 효과적인 방법인가?

- 상담교사의 학교 배정과 학생 대 상담교사 비율은 모든 수준에서 적절한가?
- 현재 제공되고 있는 서비스보다 좀 더 효율적이고 효과적인 서비스가 있는가?

② 누가 평가 계획에 참여해야 하는가

학교상담 서비스는 교육 프로그램의 통합적 부분이므로, 외부 전문가 평가를 계획할 때 학교 인구집단의 여러 대표를 골고루 포함해야 한다. 상담교사는 장학사, 학교장, 교사, 다른 서비스 전문가, 학부모와 함께 광범위한 관심 영역을 고려해야 한다. 고등학교에서는 학생 대표도 참석시켜야 한다.

③ 평가를 수행하는 외부 전문가는 누구인가

학교의 장소와 외부 자원의 이용 가능성, 재정 형편에 따라 평가위원회는 학교장에게 평가자들을 추천할 것이다. 계획 단계에서 공식화된 질문을 사용하여 위원회는 필요한 평가자의 영역을 좁힐 수 있다. 지역대학의 상담교육자, 교육부의 고문관, 이웃 학교의 상담교사나 슈퍼바이저, 유명한 사설상담전문가, 상담교사협회 임원이 외부 평가자로 참여할 수 있다. 공공기관, 상담교사협회에서 일하는 상담교육자도 포함된다. 학교장과 교육청 학교위원회에 평가자를 추천할 때에는 평가자의 자격과 비용을 고려해야 한다.

④ 평가의 부분으로서 어떤 도구와 과정을 개발할 것인가

외부 전문가를 위촉할 경우 대부분 계약의 일부로 사용할 도구와 연구계획을 포함한다. 평가위원회는 검토해야 할 중요한 문제와 이슈를 제시하고 외부 전문가는 도구와 자료 수집 과정을 계획한다. 어떤 경우에는 평가위원회가 외부 전문가를 선정하는 과정에서 연구와 견본 도구의 설계를 요구하기도 한다.

⑤ 누가 연구 결과를 피드백 받고 어떻게 그것을 사용할 것인가

학생들을 관찰하고 평가하는 것과 같은 다른 유형의 평가 과정처럼, 프로그램 평가도 자료를 주의 깊고 적절히 사용할 것을 요구한다. 평가위원회는 결과를 어떻게 보고하며 누구에게 보고할 것인지 결정할 책임이 있다. 이러한 결정은 외부 전문가 평가의 전체적인 목적과 연구계획에 포함된 질문에 따른다. 전문가 평가 보고서는 대개 학교장을 경유하여 지역사회 학교위원회와 공유한다.

제7장

학업 발달과 상담

학업은 초 · 중 · 고등학교 학생들에게 주요한 발달과업이다. 상급학교 진학과 적절한 직업이 개인의 성공과 행복을 가늠하는 중요한 요인으로 여겨지고 있는 사회 현실은 학생들에게 학업 수행의 부담을 가중시키고 있다. 이 장에서는 학업 발달을 위한 학교상담의 주요 쟁점을 다룬다. 먼저 학업 발달의 의의와 ASCA 국가 기준 및 역량을 검토하고, 학업 발달의 주요 이론적 접근을 고찰한다. 이어서 학업 문제의 유형과 평가 방법을 소개하고, 학업 문제 해결을 위한 학습상담의 목표와 주요 전략을 살펴본다.

이 장을 학습하면 여러분은 다음과 같은 학습 성과를 얻을 수 있다.

1. 학업 발달을 위한 ASCA 국가 기준을 설명할 수 있다.
2. 학업 발달과 상담에 대한 이론적 접근을 설명할 수 있다.
3. 학업 문제의 유형과 체계적인 평가 방법을 설명할 수 있다.
4. 학업 문제 해결을 위한 상담목표와 상담전략을 설명할 수 있다.

1. 학업 발달의 개념

종합적인 학교상담 프로그램의 궁극적 목표는 모든 학생이 학교에서 학문적으로 성공하도록 지원하여 미래 사회에 책임 있는 구성원으로 성장하도록 하는 것이다. 여기서는 학업과 학업 발달의 주요 개념을 간단히 고찰하고, 학업 발달에 대한 국가 기준과 역량을 알아본다.

1) 학업과 학업 발달

『표준국어대사전』(국립국어원, 1999)에 의하면, 학업은 "공부하여 학문을 닦는 일"을 뜻한다. 통상적으로 학업은 "학교에서 일반 지식과 전문 지식을 배우기 위하여 공부하는 일"을 일컫는다. 학업은 학교생활의 중핵 활동으로 상급학교 진학, 사회 진출을 위한 취업 등 진로 문제와 밀접한 관련이 있으며, 성인기 생활 전반에 커다란 영향을 미친다. 따라서 초·중·고등학교 학생들에게 학업수행은 중요한 발달과업이다. 특히 상급학교 진학과 좋은 직장이 개인의 성공과 행복을 가늠하는 중요한 요인으로 간주되고 있는 사회 현실은 학생들에게 학업 부담을 가중시키고 있으며, 그들의 학업수행을 둘러싸고 나타나는 문제는 학생 자신은 물론 부모의 높은 기대와 맞물려 많은 고민과 갈등을 유발하고 있다.

학업 발달은 학생을 직접 지도하는 교사만의 유일한 책임은 아니다(Schmidt, 2000). 학생이 최상의 성취를 이룩하려면 상담교사 역시 학생들에게 직접적인 서비스를 제공할 뿐만 아니라 학부모 지원을 통한 간접적인 서비스를 제공하고 교사 및 교직원과의 협력적인 지원 체계를 구축할 필요가 있다. 이러한 팀 노력을 통해서 상담교사는 학생의 학업 발달을 확인하고 개선하며 적당한 서비스를 계획하고 수행한다.

학교의 교육 설계는 대개 학년 간 또는 학교급 간 수준 이동을 강조한다. 그러나 이러한 강조는 장기적인 자기발전의 초점을 방해한다. 따라서 상담교사는 평생학습의 관점에서 학교 당국을 설득하여 모든 학생을 위한 필수적인 목표로서 학생들의 평생학습을 촉진하도록 이해시킬 책임이 있다. 초등학교에서 고등학교까지 거치는 동안, 모든 학생을 위한 교육적 초점은 단순히 다음 학년으로 이동하거나 학교를 졸업하고 상급학교로 진학하는 것으로 그치는 것이 아니라 오히려 일생을 통하여 배워야 한다는 것이다. 초등학교 시기는 인지적으로는 구체적인 조작 능력(Piaget, 1950, 1952)이, 심리사회적으로는 "근면성 대

열등감"의 자아상태(Erikson, 1950, 1988)가 발달하는 단계로, 상담교사는 학생들에게 학교에서 수행해야 할 과제를 구체적으로 전달하고 직접적인 개입과 간접적인 서비스를 통하여 그들이 그 과제를 해결하고 성취감을 경험할 수 있도록 바람직한 공부습관을 길러 주어야 한다. 또한 학습장애, 자폐스펙트럼장애, ADHD 등과 같이 발달적인 장애가 있는 학생들은 교과학습을 본격적으로 시작하면서 어려움을 경험하고 문제 증상을 드러낼 수 있다. 따라서 상담교사는 이와 같은 문제 증상에 대한 정확한 평가와 효과적인 개입 전략을 제시할 수 있어야 한다.

중학교와 고등학교 시기에는 학습 결과에 대한 평가 기준이 더욱 엄격해지면서 학생들은 교과지식의 탐구라는 학습의 본래 목적 외에 성취 경쟁에서 우위를 점해야 한다는 압박감에 시달린다. 학업에 대한 스트레스는 학년이 올라갈수록 점차 가중되어 대학 입시라는 최종 목표를 앞둔 시점에서 최고조에 달한다. 이 시기에는 또한 청소년기 자아중심성(Elkind, 1967, 1981)과 결부되어 학생들의 자의식과 불안감이 고조되며, 계속되는 학업 실패는 부정적인 자아개념과 학습된 무기력을 조장하고 자아정체감 형성을 방해할 수 있다. 따라서 이 시기 학업 문제는 단순히 학업 성적의 하락이나 학습부진에 국한되지 않고 전반적인 학교생활과 일상생활에서 적응 문제를 야기할 수 있으며, 그러한 문제는 학업 수행의 당사자인 학생은 물론 학업 수행의 가장 큰 조력자인 학부모와 다른 가족에게도 커다란 영향을 미친다. 따라서 상담교사는 학부모에게 학생들의 발달적 변화와 그것이 학업 수행에 미치는 영향을 파악할 수 있도록 조력해야 하며, 학업 문제를 지닌 학생들을 상담할 때도 인지 영역은 물론 정서·행동 영역을 포괄하여 문제의 원인을 구체적이고 심도 있게 탐색하고 다양한 수준에서 적절한 개입을 모색할 수 있어야 한다(Schmidt, 2000).

2) ASCA 학업 발달의 기준과 역량

종합적인 학교상담 프로그램의 일차적인 목표는 모든 학생이 학교에서 학문적으로 성공하도록 지원하는 것이다. 이를 위해서 미국상담교사협회(ASCA)는 모든 학생의 학업 발달에 대한 국가 기준과 핵심 역량을 구체적인 지표와 함께 제시하고 있다. 그것은 학생 각자의 학습능력을 지원하고 극대화하는 전략과 활동을 수행할 수 있도록 지침을 제공한다. 이러한 학습능력은 의사결정, 문제해결, 목표달성, 비판적 사고 및 논리적 추론, 대인 간 의사소통, 그리고 이러한 기술을 학업 발달에 적용하는 기술을 포함한다. 다음은 학생의 학업 발달에 대한 ASCA 국가 기준의 역량과 지표이다(ASCA, 2004a, 2005a).

(1) 기준 A

학생들은 학교 및 생애 전반에 걸쳐서 효과적으로 학습하는 데 기여하는 태도, 지식, 기술을 습득할 것이다.

① 역량 A1. 학업자아개념 증진하기

- 학습자로서 유능감과 자신감을 표명한다.
- 학습에서 긍정적인 흥미를 드러낸다.
- 작업과 성취에서 긍지를 갖는다.
- 실수를 학습 과정의 본질적인 부분으로 수용한다.
- 성공적인 학습을 이끄는 태도와 행동을 확인한다.

② 역량 A2. 학업 향상을 위한 기술 습득하기

- 시간 관리 및 과제 관리 기술을 적용한다.
- 노력과 인내가 학습에 어떻게 긍정적 영향을 미치는지 입증한다.
- 의사소통 기술을 사용하여 도움을 요청해야 할 때와 요령을 안다.
- 학습양식의 지식을 적용하여 학교 수행에 긍정적인 영향을 미친다.

③ 역량 A3. 학교에서 성공하기

- 자신의 행위에 책임을 진다.
- 독립적으로는 물론 다른 학생과 협력하여 공부하는 능력을 입증한다.
- 광범위한 흥미와 능력을 개발한다.
- 신뢰성, 생산성, 주도성을 입증한다.
- 지식을 공유한다.

(2) 기준 B

학생들은 고등학교 졸업 후 보다 넓은 고등교육 기회를 갖기 위해서 필수적인 학업 준비를 갖추어 학교를 졸업할 것이다.

① 역량 B1. 학습 향상을 도모하기

- 개인적인 잠재력을 성취하려는 동기를 입증한다.

- 비판적 사고 기술을 학습하여 적용한다.
- 각 수준에서 학업 성공에 필요한 공부 기술을 적용한다.
- 교사, 직원, 가족, 또래 등에게 정보와 지지를 추구한다.
- 다양한 출처에서 얻은 학업 정보를 조직하고 적용한다.
- 학습양식의 지식을 활용하여 학교 수행에 긍정적인 영향을 미친다.
- 자기주도적이고 독립적인 학습자가 된다.

② 역량 B2. 목표 성취를 위한 계획 세우기
- 초·중·고등학교에서 도전적인 학업 목표를 수립한다.
- 교육 계획을 수립함에 있어서 평가 결과를 활용한다.
- 연간 공부 계획을 개발하고 이행하여 학업 능력과 성취를 극대화한다.
- 적성 및 흥미에 대한 지식을 목표 설정에 적용한다.
- 문제해결 및 의사결정 기술을 사용하여 교육 목표에 대한 진전도를 평가한다.
- 교실 수행과 학교 성공 간의 관련성을 이해한다.
- 흥미, 성취, 적성, 능력과 일치하는 중등교육 후의 선택지를 확인한다.

(3) 기준 C

학생들은 학업, 직업세계, 가정과 지역사회에서 삶의 상호관계를 이해할 것이다.

① 역량 C1. 학교와 인생 경험을 연관 짓기
- 학교, 공부, 과외 활동, 여가 시간, 가족생활의 균형을 이루는 능력을 입증한다.
- 병행교육과정과 공동체 경험을 추구하여 학교 경험을 강화한다.
- 학습과 작업 간의 관련성을 이해한다.
- 인생 목표를 추구·획득·유지하는 데 본질적인 부분으로 평생학습의 가치를 이해하고 있음을 입증한다.
- 학교 성공이 학생 신분에서 지역사회 구성원으로 전환하기 위한 준비라는 것을 이해한다.
- 학교 성공과 학업 성취가 어떻게 미래 진로와 직업 기회를 강화하는지 이해한다.

2. 학업 발달에 대한 이론적 접근

학업 발달의 전형적인 지표는 학습의 결과로 나타나는 학업성취도이다. 학습과 학업성취도를 설명하는 주요 이론적 접근은 행동주의 관점, 인지적 관점, 사회인지적 관점으로 구분할 수 있다.

1) 행동주의 관점

행동주의자(behaviorist)는 관찰 가능한 행동의 변화에 집중하고 있으며 학습이란 자극과 반응 연합의 결과라고 주장한다. 학습에 관한 초기 연구는 반사행동과 자극의 연합이 미치는 영향에 집중하였다. 파블로프(Pavlov, 1999)는 고전적 조건화의 원리를 제안하였다. 이 원리에 따르면, 중립자극(예: 종소리)은 생리적 반사행동을 일으키는 무조건자극(예: 음식물)과의 연합을 통해 조건화된 반응(예: 소화액 분비)을 유발할 수 있다. 그는 핵심적인 학습 원리로 중립자극과 무조건자극의 근접성(proximity)에 기초한 시간의 법칙을 강조하였다. 그는 또한 유기체가 반복적인 경험을 통해서 다양한 자극에 대해 상이한 반응(변별) 또는 유사한 반응(일반화)을 할 수 있다고 설명하였다.

다른 학자들은 유기체의 방출 행동에 초점을 맞추어 조작적 조건화의 원리를 제안하였다. 손다이크(Thorndike, 1913)는 현재 행동의 결과(보상)가 미래 행동의 선택에 결정적이라고 하는 효과의 법칙을 강조하였으며, 스키너(Skinner, 1953, 1957)는 행동과 후속 자극의 관계에 관한 연구를 계속하여 강화이론(reinforcement theory), 즉 강화와 벌이 행동을 결정한다고 주장하였다. 강화(reinforcement)는 행동의 발생 빈도를 증가시키는 반면, 벌(punishment)은 그것을 감소시킨다. 조작적 조건화에서는 반응행동과 후속자극의 유관성(contingency)을 더 강조한다. 스키너는 다양한 강화계획을 설명하고 행동조형, 상표제도, 용암법 등 체계적인 행동수정 전략을 제안하였다.

행동주의자들은 수업 과정에서 학생의 바람직한 행동을 증가시키고 바람직하지 못한 행동을 감소시키는 데 매우 효과적인 원리를 제공하고 있으며, 교사에게 학생의 행동을 변화시키려고 하는 전략의 운영자가 될 것을 제안하고 있다. 이런 이유로 행동주의 학습 원리는 교실에서 가장 많이 사용되어 왔다. 행동주의 교육이론가는 학습 결과를 시간의 함수로 설명하고 학습과제 분석과 피드백을 교사의 핵심 역할로 강조한다.

(1) 학교학습모형

캐롤(Carroll, 1963)은 학습을 위해 필요한 주요 변인으로 '시간'을 강조하는 학교학습모형(model of school learning)을 제안하였다. 그는 학습 결과란 학습에 필요한 시간의 양에 대비하여 학습에 실제 투입한 시간의 양의 함수라고 제안하고 다음과 같이 공식화하였다.

$$\text{학습 결과} = \frac{(\text{학습에 투입한 시간})}{(\text{학습에 필요한 시간})}$$

이 모형에 따르면, 학습에 필요한 시간은 적성, 이해 능력, 교수의 질에 의존하며, 학습에 실제로 투입한 시간은 학습기회와 지속성에 의존한다. 이 가운데 적성, 능력, 지속성은 학습자 변수이고, 학습 기회와 교수의 질은 학습환경 변수이다. 적성은 최적의 수업조건에서 학습하기 위해 필요한 시간의 양을 말하고, 이해 능력은 일반지능에 관련된 이해의 정도를 말하며, 지속성은 학생이 학습활동에 능동적으로 몰입하는 시간의 양을 말한다. 또한 학습 기회는 학습 활동을 위해 할당된 시간을 말하고, 교수의 질은 개인의 요구에 일치시키려는 교수의 적합성과 함수관계에 있다. 이 모형에서는 학습 결과를 시간의 함수로 정의한다.

(2) 완전학습이론

블룸(Bloom, 1968)은 학교학습모형을 확장하여 완전학습이론(mastery learning theory)을 제안하고, 학생 특성, 교수, 학습 성과를 세 가지 기본 변인으로 제시하였다. 학생 특성은 다시 인지적 투입 변인과 정의적 투입 변인으로 구분된다. 전자는 특정 학습과제를 수행하기 위해 필요한 사전 지식과 기초 학습기술의 숙달을 포함하고, 후자는 학습동기와 학교 상황 이외의 가족적 또는 사회적 요소를 포함한다. 교수의 질은 중요한 교수 변인으로, 단서, 참여, 강화, 피드백, 교정 등에 의해 좌우된다. 학습 성과는 성취의 형태와 수준, 학습 속도, 정서적인 결과 등으로 평가된다. 블룸은 학습 성과가 학생 특성보다 교수의 질과 더 밀접하게 관계되어 있다고 제안하고, 적당한 시간과 적절한 교수가 주어진다면 대부분의 학생이 완전학습에 도달할 수 있다고 주장하였다.

(3) 빠른 학습자와 느린 학습자

학교학습모형과 완전학습이론은 학습과 학습자를 보는 전통적인 관점에 근본적인 변화를 초래하였다. 전통적인 관점에 따르면, 개인의 학습 능력은 비교적 고정적이고 학업성취도 역시 성장하는 동안 안정적으로 유지되며 지능이나 적성에 의해 어느 정도 예측할 수 있는 것으로 인식되었다. 이 관점에서 보면, 우수한 학습자와 열등한 학습자가 있다(황정규, 1998). 우수한 학습자는 선천적으로 공부를 잘하도록 되어 있으며 복잡하고 어렵고 추상적인 문제를 잘 해결한다. 반면에 열등한 학습자는 공부를 못하도록 되어 있으며 단순하고 구체적이고 쉬운 문제밖에 다루지 못한다.

반면에 행동주의 관점에서 보면 학습자가 학습에 필요한 만큼 실제로 시간을 투자하면 누구나 완전학습에 도달할 수 있다. 따라서 학습자는 단지 빨리 배우는 학습자와 느리게 배우는 학습자가 있을 뿐이다. 개인의 학습능력은 시간의 함수이며, 가르치는 방법과 공부 시간을 개인의 요구에 적절히 맞춰 주기만 하면 누구나 일정한 성적을 거둘 수 있다. 이러한 관점은 인지학습 관점과 자기조절학습 관점에 의해 더욱 확장된다.

그러나 학습장애와 같이 학습을 심각하게 저해하는 부가적인 요인은 학습을 위해 필요로 하는 시간을 급격히 증가시키며, 그러한 시간이 지나치게 증가하면 정상적인 학습 과정에서 학습을 이루기 어려운 '일탈학습자(dissociated learner)'(Kavale & Forness, 1985)가 되기 쉽다. 따라서 학습장애로 진단되거나 추정된 여러 문제로 인하여 학습부진 집단 중에서 매우 낮은 성취를 보이는 학생은 학습시간을 많이 필요로 하는 특수교육 대상자로 볼 수 있다.

(4) 학습과제 분석과 피드백(강화)

행동주의 학습이론의 가장 큰 매력은 잘못 형성된 습관을 재학습을 통해서 더 바람직한 행동으로 변화시킬 수 있다는 것이다. 행동주의 학습이론의 기본 가정은 특정 자극 상황에서 요구하는 행동을 습관화하는 일이다. 그러나 새로운 행동을 습관화하려면 먼저 이전에 잘못 형성된 행동 습관에서 벗어나야 한다. 즉, 학습은 차별화된 자극 사태에 대한 특정한 반응의 습관화 또는 탈습관화로 정의될 수 있다. 이 이론에서는 특히 자극의 차별화와 유관성에 기초한 지속적인 강화가 중요하다.

자극의 차별화는 복잡한 학습 과제를 단순하고 구체적인 자극으로 세분화하는 것이다. 이러한 발상은 교육목표분류학(Bloom, Engelhart, Furst, Hill, & Krathwohl, 1978; Krathwohl, Bloom, & Masia, 1978)이나 학습과제분석(Gagné, 1965, 1999)으로 발전하였다. 이는 학습자가 학습해야 할 과제와 학습 성과를 세분화하고 학습 과정에서 드러내야 할 학습 행동을 명시함으로써 차별적 교수를 설계하고 실행하기 위한 기반을 제공한다. 이처럼 세분화된 특정 과제는 비교적 명확한 특정 반응을 요구하기 때문에 학습은 특별한 전략을 요구하지 않으며 모델링과 연습을 통해 쉽게 이루어질 수 있다. 따라서 학습 성과는 특수한 자극 사태에서 요구되는 비교적 단순한 반응을 얼마나 오랫동안 반복적으로 유지할 수 있는가에 의존한다. 말하자면, 학습 성과는 학습시간, 특히 특정 학습 과제에 집중한 시간의 함수이다.

한편, 유관성에 기초한 연속 강화의 원리는 학습자의 동기를 유발하고 학습 행동을 개선하기 위한 피드백의 기초를 형성한다. 행동주의 관점에서 교사의 중요한 역할은 학습자의 학습 행동에 효과적으로 반응하는 것이다. 유능한 교사는 학습을 촉진하는 학습자 행동에는 강화 원리에 의거하여 긍정적인 피드백을 제공하고, 학습을 방해하는 학습자 행동에는 벌 또는 소거 원리에 의거하여 적절히 대처할 수 있어야 한다. 무엇보다 학습자의 장점을 발굴하여 부각시키는 것은 그에게 씌워진 낙인을 제거하고 인생을 긍정적으로 인식하도록 전환하는 데 매우 효과적인 전략이다.

학습자가 학습과제를 수행하는 동안 교사가 제공할 수 있는 피드백은 매우 다양하지만 크게 정의적 피드백과 정보적 피드백으로 구분된다(Gagné, 1985; Gagné, Yekovich, & Yekovich, 2005). 정의적 피드백(affective feedback)은 강화의 원리에 기초하여 제공되는 피드백으로, 학습자가 과제 수행에 성공했을 때 적극적으로 칭찬하거나 보상하여 학습자의 기분을 고양시킴으로써 학습 행동을 더욱 촉진하는 것이다. 반면에 정보적 피드백(informational feedback)은 과제 수행의 정확성에 기초하여 제공되는 피드백으로, 학습자가 과제 수행에 실패했을 때 성공적인 과제 수행에 필요한 정보를 제공함으로써 과제 수행의 오류를 수정하도록 안내하는 것이다. 정보적 피드백은 격려와 같은 지지기법을 통해 학습자의 학업 불안을 제거한 후 적용할 때 효과적이다.

2) 인지적 관점

인지적 관점은 사고의 변화에 초점을 두며, 학습이 일어나는 동안에 정보를 처리하고 표상하는 정신기제를 강조한다는 점에서 행동주의와는 다르다. 학습에 대한 인지적 접근은 형태심리학에 뿌리를 두고 있다. 형태심리학자들(Gestalt psychologists)은 기억에서 지각의 역할과 학습에서 기억의 역할을 강조함으로써 지각이 학습에 가장 중요하다고 주장하였다(Wertheimer, 1945). 또한 문제를 구성하는 요소들의 구조적 관계를 어떻게 인식하느냐에 따라 문제를 해결하는 데 결정적인 차이를 가져온다고 강조하였다(Köhler, 1925). 초기 인지적 관점은 행동주의 관점에 밀려났지만 컴퓨터 유추에 의한 인간정보처리모형이 등장하면서 화려하게 부활하였으며, 점차적으로 읽기, 쓰기, 수학 등 특정 학습과제의 문제 해결 과정을 추론하기 위한 특수정보처리모형으로 확장하였다.

(1) 인간정보처리모형

초기의 인간정보처리모형은 브로드벤트(Broadbent, 1958)의 청지각 연구에서 처음 제안되었으며, 앳킨슨과 쉬프린(Atkinson & Shiffrin, 1968)에 의해 감각등록기, 단기기억, 장기기억의 세 가지 저장소로 구성된 3단계 기억모형으로 발전하였다. 연구가 진행되면서 기억장치는 단순한 저장소라기보다 작업공간으로 인식되었으며, 일부 학자는 단기기억 대신 작업기억이라는 용어를 더 선호한다(Baddeley, 1986, 2007). [그림 7-1]은 이러한 연구 경향을 반영하여 인간정보처리모형을 재구성한 것이다.

감각등록기(sensory register)는 환경에서 들어오는 모든 정보를 수용하지만 정보가 머무는 시간은 매우 짧으며(Sperling, 1960), 주의를 기울인 소수의 정보만이 단기기억 또는 작업기억으로 전달된다(Massaro & Loftus, 1996). 단기기억은 동시에 저장할 수 있는 정보의 양이 제한되어 있고(Miller, 1956), 정보가 머물 수 있는 시간도 비교적 단기간이다(Peterson & Peterson, 1959). 그러나 이러한 한계는 정보를 좀 더 큰 단위로 묶거나 계속해서 되뇌게 되면 어느 정도 극복할 수 있다. 작업기억(working memory)은 의식적인 사고가 발생하는 마음의 작업대이며(Klatzky, 1975), 새롭게 등록된 정보가 기존 정보와 통합되는 곳이다. 의미화된 정보는 장기기억으로 전달된다.

장기기억(long-term memory)은 모든 가용 정보를 유지할 수 있는 대규모 저장소이다(Nolen-Hoeksema, Fredrickson, Loftus, & Wagenaar, 2011). 장기기억은 명시적 기억과 암

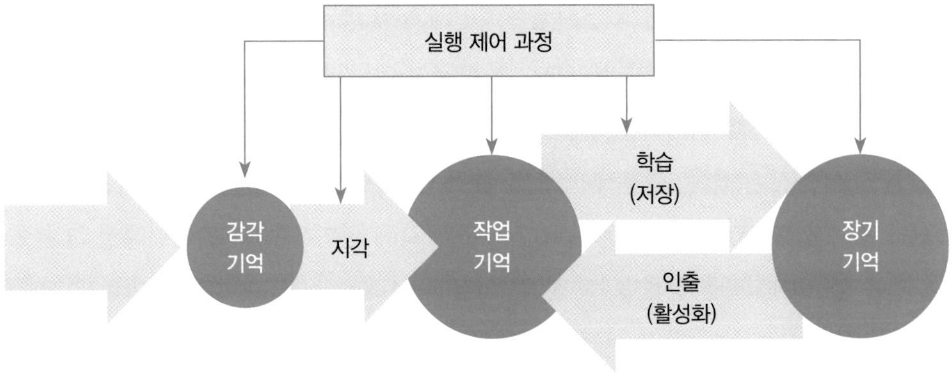

[그림 7-1] **인간정보처리모형**

출처: 송재홍(2019), p. 135.

묵적 기억을 포함하며, 명시적 기억은 다시 의미기억과 일화기억으로 구분된다(Tulving, 1972, 2002). 의미기억(semantic memory)은 단어 의미, 도시 위치, 수학 공식 등과 같이 사실, 개념, 원리에 관련되며, 일화기억(episodic memory)은 사물, 사건, 대화 등과 같이 특정한 경험과 관련된다. 암묵적 기억(implicit memory)은 신발끈 묶기와 같이 의식하지 못하지만 행동에 영향을 미친다(Schacter, 1987, 1993). 그 밖에 방정식을 해결하는 것과 같이 특정한 절차에 관련된 기억도 있다.

또한 인간정보처리모형은 부호화, 저장, 인출의 세 가지 형태의 조작을 가정한다(Nolen-Hoeksema, Fredrickson, Loftus, & Wagenaar, 2011: 159). 부호화(encoding)는 입력 정보를 의미 있는 단위로 변환하여 표상을 형성하는 것이다. 저장(storage)은 부호화된 정보를 계속해서 유지하는 것이고, 인출(retrieval)은 기억 속에 저장된 정보에 접근하여 그것을 끄집어 내는 것이다. 이러한 기억의 세 단계는 연속적인 과정으로 볼 수 있으며, 어느 단계에서든 조작의 오류는 기억 실패, 곧 망각을 초래할 수 있다.

(2) 특수정보처리모형

효과적인 학습을 위해서는 일반정보처리 과정을 이해하고 학습전략을 터득하여 활용하는 것도 중요하지만, 구체적인 학습방법은 교과영역에 따라 서로 다르게 마련이다. 특히 읽기, 쓰기, 수학적 이해와 같은 기초학습기능 문제를 파악하기 위해서는 특수정보처리 과정을 이해해야 한다.

① 읽기

읽기 과정은 크게 단어재인과 읽기 이해로 구성된다(김동일, 2013). 단어재인(word recognition)은 문자를 해독하는 것이고, 읽기 이해(reading comprehension)는 글의 내용을 이해하는 것을 말한다. 효과적인 학습을 이끌어 내기 위해서는 무조건 닥치는 대로 책을 읽기보다는 읽기의 인지적 과정을 잘 이해하고 그에 따라 학습방법을 바꾸는 것이 중요하다. 읽기 과정은 해독, 사전적 이해, 추론적 이해, 이해 조정의 네 가지 요소로 이루어진다(Just & Carpenter, 1987). 해독(decoding)은 글자에 의미를 부여하기 위해서 그 부호를 판독하여 발음하는 것을 말한다. 사전적 이해(literal comprehension)는 단어의 의미를 모으고 문법적 분석을 통해 문장을 이해하는 것이고, 추론적 이해(inferential comprehension)는 글의 표면적인 내용에 대한 이해를 넘어서 통합, 요약, 정교화 등의 과정을 통해 글의 심층적인 내용을 더욱 폭넓게 이해하는 것을 말한다. 끝으로 이해 조정(comprehension monitoring)은 읽기의 목표 설정, 전략 선택, 목표 확인, 교정 등 읽기의 전 과정을 통해 읽기의 목표를 효과적으로 달성하고 있는지를 확인하고 읽기 능력을 개선하기 위한 고차적인 과정이다.

발달하는 동안 읽기 활동은 '읽기를 위한 학습(learning to read)'에서 '학습을 위한 읽기(reading to learn)'로 기능의 변화를 거친다(김동일, 2018; Bruning, Schraw, & Norby, 2011). '읽기를 위한 학습' 활동에서는 단어재인의 정확성과 읽기 유창성이 강조되며, '학습을 위한 읽기' 활동에서는 내용의 이해를 위한 다양하고 효과적인 읽기 전략의 활용이 강조된다. 따라서 단어재인 또는 해독과 사전적 이해는 읽기 학습을 시작하는 초기 단계에서 중요하며, 이러한 초기 과정이 자동화되어야 고차적인 추론적 이해와 이해 조정이 가능하다.

② 쓰기

쓰기란 언어적 전달 내용을 특정한 부호로 전환하는 것이며, 언어의 소리를 정확한 철자 형태를 갖춘 문자기호로 나타내는 과정을 말한다(김동일, 2013). 쓰기는 일반적으로 습자(handwriting), 철자법(spelling), 작문(composition)의 세 가지 영역으로 구분할 수 있다. 좋은 글을 쓰기 위해서는 쓰기 과정을 알고 효과적인 글쓰기 요령을 익혀야 한다. 쓰기 과정은 크게 계획, 번역, 검토의 세 과정으로 이루어진다(Flower & Hayes, 1981, 1984; Hayes & Flower, 1980). 계획(planning)은 글 쓰는 목적을 설정하고 아이디어를 생성·조직하는 것을 말한다. 훌륭한 작가가 되려면 무엇보다 많은 독서를 통해 풍부한 생각을 지녀야 한다. 번역(translating)은 머릿속에 든 아이디어를 일련의 단어로 바꾸는 것을 말한다. 쓰기는 작가의 경험이나 생각을 독자가 이해할 수 있는 기호(단어)로 부호화하는 것이며, 이는 변형할 수 있는 능력을 요구한다(Moffett & Wagner, 1983). 이러한 변형에는 경험을 생각으로 바꾸고, 생각을 음성언어로 바꾸고, 마지막으로 음성언어를 문자언어로 바꾸는 과정이 포함된다. 끝으로 검토(reviewing)는 이미 글로 쓴 것을 평가하고 수정하는 것을 말한다. 쓰기는 말하기보다 더 복잡한 문법적 구조와 명확한 문단 설정과 간결한 형식을 갖추어야 한다.

글을 잘 쓰는 사람은 계획, 번역, 검토의 과정에서 미숙한 작가보다 탁월하다. 숙련된 작가는 계획 단계에서 글의 의미를 제대로 전달하는 것을 목표로 설정하고 풍부한 아이디어를 글에 반영하며 글의 응집력과 일관성을 유지하는 데 관심을 둔다. 또한 번역과 검토 단계에서도 철자법, 문법, 구두점 등의 기능이 이미 자동화되어 있어 글의 응집력과 의사전달에 초점을 둔다. 따라서 학생들은 쓰기 과정과 그에 연관된 특징을 알고 꾸준히 연습한다면 쓰기 능력을 향상시킬 수 있다.

③ 수학

수학 능력은 계산 능력과 문제해결 능력의 두 가지 요소로 구성된다(Howell, Fox, & Morehead, 1993; Silbert, Carnine, & Stein, 1990). 계산 능력은 사칙연산뿐만 아니라 대수 또는 함수에서 일정한 규칙에 따라 결과를 도출하는 것을 말한다. 그것은 문제해결 능력의 필요조건으로 수학 학습의 기초가 된다(Geary, 1990). 어떤 학생은 단순한 계산 문제는 잘 해결하지만 동일한 계산 절차를 요구하는 문장제(story problem)를 잘 해결하지 못하는 경우가 있다. 이러한 학생은 일차적으로 수학적 개념에 대한 이해력이 부족하여 수학적 정보처리 과정의 비효율성을 초래한다(Montague, 1997; Parmar, Cawley, & Frazita, 1996).

수학의 문장제를 해결하기 위해서는 해독, 번역, 편집, 계산, 점검 등 일련의 정보처리 단계를 거친다(송재홍, 1991; Mayer, 1982, 1986; Mayer, Larkin, & Kadane, 1984). 해독(decoding)은 문장제의 텍스트에서 수학적 명제를 추출하는 과정을 말한다. 대수 문장제의 경우, 수학적 명제는 지정명제, 비교명제, 질문명제로 구분된다. 지정명제는 특정 변수의 값을 지정하는 진술이고, 비교명제는 두 개 이상의 변수에 대하여 값의 대소 관계를 제시하는 진술이며, 질문명제는 변수의 값이 지정되어 있지 않은 상태로 남겨진 진술이다. 예를 들면, "직각삼각형에서 밑변의 길이가 4cm이고, 높이는 밑변보다 2cm가 더 길다. 이 삼각형의 면적을 구하라."라는 문장제가 있다고 하자. 이 문장제의 첫 번째 진술은 지정명제이고, 두 번째 진술은 비교명제이며, 마지막 진술은 질문명제이다. 문장제를 해결하려면 먼저 각각의 수학적 명제를 파악하여 수학적 기호와 수식으로 전환해야 한다. 번역(translating)은 해독 과정에서 추출된 각각의 명제를 수학적 기호와 간단한 수식으로 전환하는 과정을 말하며, 편집(editing)은 간단한 수식을 전체로 묶어서 하나의 복잡한 수식으로 통합하는 과정을 말한다. 각 진술은 '(밑변)=4, (높이)=(밑변)+2, (면적)=?'과 같이 수학적 기호와 간단한 수식으로 번역되고 '(면적)={(밑변)×(높이)}÷2={(밑변)×((밑변)+2)}÷2={4×(4+2)}÷2'와 같이 하나의 수식으로 통합되며, 그 결과는 '(면적)={4×(4+2)}÷2=24÷2=12'가 된다. 이처럼 문장제의 해결은 일련의 수학적 정보처리과정을 거친 다음, 계산 과정을 통해 최종적으로 질문명제에서 요구하는 미지수의 값을 구하며 최종 단계에서 점검을 통해 수학적 문제해결에 오류가 없는지 확인하는 것으로 이루어진다.

수학 문장제를 성공적으로 해결하기 위해서는 기본적으로 읽기 능력과 계산 능력을 갖추어야 한다(Geary, 1994; Swanson, 1993). 계산 능력은 수량에 관한 능력을 신장하고 이것을 실제 생활에 적용하는 것을 목적으로 하는 학습 영역이다. 계산 능력을 결정하는 중요한 두 가지 요소는 정확성과 속도이다(Gagné, 1999). 학생이 계산할 때 주어진 과제에 부적절한 절차를 사용하거나 사전에 학습되어야 할 하위 기능을 충분히 학습하지 못할 때에는 정확한 계산을 하지 못하고 실수를 하게 된다. 또한 계산에서는 속도가 중요하며, 학생은 부단한 연습과 피드백을 통하여 관련된 하위 기능에 숙달하고 복잡한 절차를 좀 더 적은 단계의 절차로 통합한다면 계산 능력을 향상시킬 수 있다.

또한 수학 문장제에 대한 성공적인 해결을 위해서는 수학적 개념에 대한 지식 기반을 구축해야 한다. 수학적 개념에 대한 이해력이 부족한 이유는 그 분야의 수학적 지식이 잘 조직화되거나 구조화되어 있지 못하기 때문이다. 이 경우 학생은 수학적 문제를 이해하는 데 어려움을 겪고, 특히 주어진 응용문제를 수학적으로 해결하기에 용이하도록 표현하는 능력이 부족하다(Hutchinson, 1993; Montague & Applegate, 1993). 수학을 잘하는 전문가는 초심자에 비해서 수학적 개념의 구조화가 잘 되어 있다(Schoenfeld & Herrmann, 1982). 그들은 수학적 개념의 관계를 수학 교과서의 개념 구조와 유사한 방식으로 구조화하는 경향이 있다. 따라서 학생이 교과서에 있는 수학적 개념과 원리를 충분히 이해하고 이를 통해 주어진 응용문제를 수학적으로 해결하기 쉽게 표현할 수 있다면 수학적 문제해결 능력의 향상을 기대할 수 있다. 단순하게 무조건 수학 공부에 많은 시간을 보낸다거나 많은 수학 문제를 다루어 보는 것만으로는 수학 능력의 향상을 기대하기 어려울 수도 있다.

(3) 초인지와 효과적인 학습전략

어떤 과제를 학습하고 기억할 때 학생은 의도적으로 어떤 전략을 사용하여 자신의 생각과 학습을 어느 정도 통제할 수 있다. 초인지(metacognition)는 사고에 대한 사고, 즉 자신의 사고 과정에 관해서 지니고 있는 지식을 말한다. 그것은 인지 지식(knowledge of cognition)과 인지 조절(regulation of cognition)을 포함한다(Brown, 1980, 1987). 인지 지식은 자신의 기억과 사고 과정에 관해서 알고 있는 것이고, 인지 조절은 자신의 인지 과정을 통제하는 방법을 말한다.

학습전략(learning strategy)은 학습자가 새로운 정보를 선택하고 획득하고 조직해서 저장하는 방식에 영향을 미치는 제반 정신적 조작 활동을 말한다(Dansereau, 1988; Weinstein & Mayer, 1986). 학습전략은 보통 공부방법, 공부기술, 학습기술 등과 혼용되기도 하지만, 넓은 의미로 인지 전략 이외에 정의적 전략, 동기화 전략, 학습 유지 전략 등 낮은 수준에서 높은 수준에 이르는 정보처리 활동을 모두 포함하기도 한다.

맥키치, 핀트리치, 린(McKeachie, Pintrich, & Linn, 1986)은 학습전략을 인지 전략, 초인지 전략, 자원관리 전략으로 구분하였다. 인지 전략은 시연, 조직화, 정교화 등 정보를 부호화하여 저장하고 인출하는 데 사용되는 기억술과 읽기요령(예: SQ3R, PQ4R)이나 노트정리와 같은 체계적인 학습전략을 포함한다. 시연(rehearsal)은 정보를 반복적으로 되뇌어서 작업기억에 유지하는 것을 말하고, 조직화(organization)는 정보를 의미 있는 단위로 위계화 또는 범주화하여 재조직하는 것을 말한다. 정교화(elaboration)는 새로운 정보를 기존의 정보와 연관시키거나 심상과 같이 정보의 형태를 바꾸어 구체화하는 것이다. 또한 SQ3R과 PQ4R 같은 읽기 전략은 텍스트의 이해를 촉진하는 학습전략이다(Thomas & Robinson, 1972). SQ3R은 조사(Survey), 질문(Question), 읽기(Reading), 암송(Recite), 복습(Review)의 첫 글자를 모아 놓은 것이고, PQ4R은 사전조사(Preview), 질문(Question), 읽기(Reading), 반영(Reflect), 암송(Recite), 복습(Review)의 첫 글자를 모아 놓은 것이다.

초인지 전략은 계획, 점검, 조절 등 전반적인 인지과정을 인식하고 조정하며 통제하는 전략이다(Brown, 1987; Brown, Bransford, Ferrara, & Campione, 1983; Pintrich & Garcia, 1991). 계획(planing)은 효율적인 학습을 위해 필요한 인지 전략을 계획하고 구성하는 것을 말하며, 학습목표 세우기, 교재를 읽기 전에 대강 훑어보거나 질문하기, 문제를 풀기 전에 과제 분석하기 등을 포함한다. 점검(monitoring)은 학습 과제를 수행하는 동안 자신의 주의집중과 과제 이해 정도를 지속적으로 확인하는 과정을 말하며, 조절(regulation)은 앞의 점검 활동을 거쳐 현재 자신이 사용하고 있는 인지 전략의 적절성을 검토한 후 전략을 수정하거나 조정하는 과정을 말한다. 조절의 예는 책을 읽을 때 어려운 부분에 대해 독서 속도를 줄이거나 이해가 되지 않은 부분에 대해 다시 읽는 활동이 있다. 또한 자원관리 전략은 학습활동을 지속할 수 있도록 지지하는 전략으로 공부환경 관리하기, 시간 및 노력 관리하기, 타인의 조력 추구하기 등을 포함한다.

정보처리모형을 비롯한 인지적 관점의 강점은 객관주의의 전통을 유지하면서 학습의 효율성을 강조한다는 것이다. 즉, 동일한 학습과제라 하더라도 효과적인 학습전략을 사용하면 학습시간을 단축시킬 수 있다(Gagné, Yekovich, & Yekovich, 2005). 효과적인 학습전략은 학습과제의 성질에 따라 좌우되기 때문에 여기서도 학습과제의 유형화는 중요하다. 학습과제는 크게 선언적 지식과 절차적 지식으로 구분될 수 있으며, 선언적 지식은 다시 복잡한 텍스트와 간단하게 요약 정리된 항목들로 세분화되고, 절차적 지식은 지적 기능과 운동 기능으로 세분화될 수 있다. 텍스트와 같은 비교적 복잡한 학습 과제는 SQ3R이나 PQ4R과 같은 체계적인 읽기전략을 요구하는 반면, 잘 요약 정리된 항목들로 구성된 비교적 단순한 학습과제는 시연이나 심상, 조직화, 정교화 등 체계적인 기억술(mnemonics)을 활용한다. 반면에 절차적 지식, 즉 기능의 학습은 절차화와 자동화를 통해 학습의 능률을 극대화할 수 있다. 이러한 가정에 기초해서 읽기, 쓰기, 수학적 문제해결에서 정보처리 과정에 대한 분석이 이루어졌으며, 효과적인 지도전략이 개발되어 교과교육에 반영되고 있다(Bruning, Schraw, & Norby, 2011).

(4) 지식 표상과 이해를 위한 학습

현대의 인지심리학자들은 장기기억에서 지식의 표상에 더 많은 관심을 갖고 있으며, 학습할 때 이중부호화 전략을 사용하는 것과 선행학습 또는 도식(schema)을 새로운 학습 과제와 연계시키는 일의 중요성을 깊이 인식하고 있다(Gagné, Yekovich, & Yekovich, 2005). 그들은 또한 학생들이 새로운 자료와 선행지식을 연결시킬 수 있고 정보를 선택적으로 조직할 수 있으며, 학생들이 만족하는 형태로 정보를 제시할 때 장기적인 학습이 촉진된다고 주장한다(Bruning, Schraw, & Norby, 2011).

이 주장은 발견학습(Bruner, 1966) 또는 설명식 수업(Ausubel, 1968)과 같은 새로운 교실 수업모형의 이론적 기초를 공고화하였으며, 오늘날 구성주의(constructionism)라고 불리는 획기적인 학습이론으로 진화하였다. 학습은 암기를 위한 학습(learning for remembering)과 이해를 위한 학습(learning for understanding)으로 구분할 수 있다(Bruning, Schraw, & Norby, 2011). 교사와 학생 모두 학습한 것을 단순히 암기하는 것뿐만 아니라 그것을 제대로 이해하여 나중에 이용할 수 있기를 바란다면 인지학습의 원리를 이해하는 것이 중요하다. 적절한 이해 없이 기억된 지식은 쓸모없는 지식이 되기 쉽다. 기억이 학습에서 핵심 요소이기는 하지만 학습 내용을 이해하는 요령을 알지 못한 채 암기하는 것은 불완전한 학습을 의미한다. 따라서 유능한 교사는 교과를 가르칠 때 학생들에게 유의미한 학습내용을 제시하고 가능하다면 그들의 삶에 관련되도록 노력할 필요가 있다.

3) 사회인지적 관점

사회인지적 관점은 행동주의 관점과 인지적 관점을 연결하는 것이다. 초기에는 사회학습 또는 관찰학습에 초점을 맞추었지만, 점차로 학습자의 자기성찰능력과 자기조절능력을 강조하는 사회인지이론으로 진화하였다.

(1) 관찰학습

반두라와 동료들(Bandura, 1965, 1969; Bandura, Ross, & Ross, 1961, 1963)은 아동들이 공격

적인 상황에 노출되는 것만으로도 공격적인 행동을 학습할 수 있다고 주장하였다. 사회학습이론(social learning theory)은 다른 사람의 행동과 그 행동의 결과를 관찰함으로써 행동의 변화가 일어날 수 있다고 주장한다(Bandura, 1984). 사회학습은 일종의 간접적인 학습으로 다른 사람을 관찰함으로써 일어나는 학습이기 때문에 관찰학습 또는 대리학습이라고 불리기도 한다. 반두라(1984)는 [그림 7-2]와 같이 관찰학습의 과정을 주의집중, 파지, 운동재생산, 동기화의 네 단계로 제시하였다.

[그림 7-2] **관찰학습모형**

주의집중(attention)은 모델의 행동에 능동적으로 주의를 기울이는 단계를 말하며, 이는 모델의 특수성, 행동의 유인가, 개인의 자신감과 같은 성격 특성에 의해 영향을 받는다. 파지(retention)는 관찰된 행동이 기억 속에 유지되는 단계로, 관찰된 내용은 심상적 방법과 언어적 방법에 의해 상징적인 기호의 형태로 저장된다. 운동재생산(reproduction)은 학습된 것이 수행으로 나타나는 것을 말한다. 인간은 인지적으로 많은 것을 학습할 수 있지만 그 모든 것을 행동으로 변환하지는 않는다. 반두라(Bandura, 1984)는 학습과 수행을 구분하였다. 학습(learning)은 파지를 통해 인지체계에 변화가 일어나는 것을 말하고, 수행(performance)은 변화된 인지체계가 운동재생 단계를 거쳐 외현적인 행동으로 나타내는 것을 말한다. 모방하려는 행동을 파지하는 것만으로는 불충분하며 그것을 실제 행동으로 옮겨 봄으로써 학습의 효과를 높일 수 있다. 동기화(motivation)는 강화를 통해서 행동의 동기를 높여 주는 단계이다. 관찰을 통해서 학습된 행동은 강화를 받을 때 지속적으로 유지되지만, 관심을 끌지 못하거나 벌을 받는다면 사라질 것이다. 반두라(Bandura, 1984)는 교실 사태에서 대리강화 또는 대리처벌과 같은 전략이 어떻게 다른 학생의 행동에 영향을 미칠 수 있는지 설명하고, 학생들이 자신의 수행에 대한 기대를 갖고 스스로 강화하는 것을 배워야 한다고 제안하였다.

(2) 자기조절학습

사회인지적 접근은 상호결정론, 자아성찰능력, 자기조절능력의 세 가지 기본 원리로 구성된다(Bandura, 1984, 1986). 상호결정론(reciprocal theory)은 자아체계 내에서 행동, 개인

성향, 환경 사태가 서로 상호작용하며 영향을 미치는 결정인자라고 가정한다. 자아성찰능력은 학습자가 종종 자신에 대해 곰곰이 생각하거나 성찰한다는 것으로, 인간은 자신의 생각을 점검하고 행동의 결과를 통해 그 생각의 적절성을 스스로 판단한다. 반두라(Bandura, 1977, 1982, 1997)는 인간이 자신에 대해 행하는 모든 판단 가운데 가장 중요한 것은 자기효능감이라고 하였다. 자기효능감(self-efficacy)이란 자신이 과제를 성공적으로 수행하기에 얼마나 유능한가 또는 얼마나 능력이 있는가에 대한 믿음을 말한다. 그것은 활동의 선택 및 노력의 정도, 어려움에 대한 인내의 정도, 불안과 자기 확신 중 어느 것을 가지고 과제에 접근할 것인가에 영향을 미친다(Bandura, 1982). 자기조절능력은 인간 스스로 행동 통제 능력을 가지고 있다는 것으로, 학습자는 자신만의 내적 기준과 동기에 의하여 공부 및 수면 시간, 음식 선택, 게임 여부, 대인 행동, 과제 이행 여부 등 행동을 스스로 선택하고 통제하며, 타인들의 반응 양식에 영향을 받지만 주된 책임은 스스로 진다(Bandura, 1982).

한편, 자기조절학습 이론가들은 대부분 학습이란 개인(인지적 및 정서적), 행동, 맥락의 세 가지 구성요소를 포함하는 다차원적인 과정이라고 본다(Zimmerman, 1986, 1989). 어떤 학업기술을 숙달하려면, 학습자는 적절한 맥락 상황에서 어떤 과제에 인지적 전략을 행동적으로 적용해야 한다. 짐머만(Zimmerman, 2008)은 학습이란 학습 전 사고, 수행 및 의지 통제, 자기성찰의 세 가지 주요 국면에서 발생하는 하나의 개방적인 과정으로서 (학습자에게) 순환적 활동을 요구한다고 주장하고, [그림 7-3]과 같이 학문적 자기조절학습모형을 제시하였다.

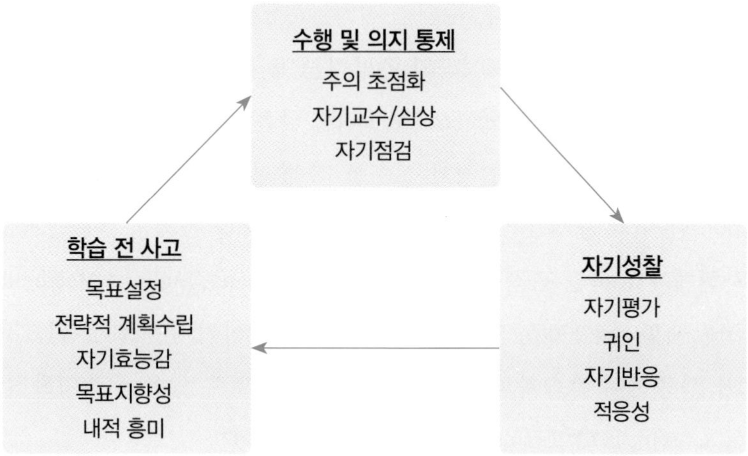

[그림 7-3] 학문적 자기조절학습 회로의 제 국면

출처: Zimmerman (2008), p. 3.

① 학습 전 사고

학습 전 사고(forethought)는 학습하려는 활동에 앞서서 그와 같은 학습의 단계를 설정하는 영향력 있는 과정과 신념을 말하며, 목표설정, 전략적 계획수립, 자기효능감, 목표지향성, 내적 흥미의 다섯 가지 형태를 포함한다. 목표설정(goal setting)은 학습의 구체적인 성과를 결정하는 것을 말하며(Locke & Latham, 1990, 2002), 전략적 계획수립(strategic planning)은 바라는 목표에 도달하기 위해 설계된 학습전략이나 방법을 선정하는 것을 말한다(Zimmerman & Martinez-Pons, 1992). 이 두 가지 형태의 사고 과정은 학습자의 자기효능감, 목표지향성, 과제에 대한 내적 흥미와 가치화 등 개인적 신념의 영향을 받는다. 자기효능감이 높은 학생은 스스로 높은 목표를 설정하고(Zimmerman, Bandura, & Martinez-Pons, 1992) 자기효능감이 낮은 학생보다 쉽게 효과적인 학습전략을 선택한다(Zimmerman & Bandura, 1994). 또한 숙달목표지향성(mastery goal orientation)을 지닌 학생은 경쟁적인 성과보다는 오히려 학습 진보에 집중하고 수행목표지향성(performance goal orientation)을 지닌 학생보다 더 효과적으로 학습한다(Ames, 1992; Elliot, 1997). 어떤 과제에 내적 흥미(intrinsic interest)를 보이는 학습자는 눈에 띄는 보상이 없을 때조차도 학습에 지속적으로 노력을 기울인다(Deci, 1975; Ryan & Deci, 2000).

② 수행 및 의지 통제

수행 및 의지 통제(performance or volitional control)는 학습 활동 기간 중에 발생하며 정신집중과 수행에 영향을 미치는 과정을 말하며, 주의 초점화, 자기교수 또는 심상 지도, 자기점검의 세 가지 형태를 포함한다. 주의 초점화(attention focusing)와 관련하여 의지 이론가들은 학습자들이 주의산만이나 여타의 솟구치는 욕구로부터 자신들의 학습 의도를 보호할 필요가 있음을 강조한다(Zimmerman, 2008). 낮은 성취자들은 과제에 주의를 덜 기울이며 높은 성취자들보다 사전 결정과 실수를 더 많이 반추하는 경향이 있다. 자기교수(self-instruction)란 수학 문제를 해결하는 것처럼 어떤 학습 과제를 행하는 동안에 진행하는 방법을 자신에게 말하는 과정을 말한다(Biemiller, Shany, Inglis, & Meichenbaum, 2008; Graham, Harris, & Troia, 2008). 일부 학자들은 정신적 이미지를 형성하는 것과 같은 심상(imagery)을 사용하여 학습자의 학습과 회상을 촉진할 수 있음을 증명하였다(Pressley, 1977; Pressley & Levin, 1977; Zimmerman & Rocha, 1984, 1987).

자기검검(self-monitoring)은 학습의 오류를 점검하여 바로잡을 수 있는 기회를 제공하므로 매우 중요하지만, 몇 가지 이유로 논란의 여지가 있다. 자기점검은 학습자에게 학습 과정(또는 학습 부재)에 대한 정보는 제공하지만 전략적 이행 과정을 간섭할 수 있다(Winne, 1995). 특히 운동 과제에서는 자기점검을 반드시 핵심 과정이나 성과에만 제한하도록 권장하고 있다(Singer & Cauraugh, 1985). 또한 학습 기능이 획득되면 의도적인 자기점검을 덜 요구할 수 있다. 학습 과정이 자동화(automatization) 또는 일상화(routinization)되면 일부 학생은 더 이상 자신의 학업 수행을 점검할 필요성을 느끼지 못할 수 있다. 그러나 다른 학생들은 자신들의 자기점검을 좀 더 보편적인 수준으로 이동해 간다. 예를 들면, 숙련된 작가는 더 이상 자신의 문법을 꼼꼼히 점검하는 일을 걱정할 필요가 없게 되었을 때에는 창작한 산문의 은유적 성질에 좀 더 주의를 기울인다(Carver & Scheier, 1981).

③ 자기성찰

자기성찰(self-reflection)은 학습 활동 후에 발생하고 그러한 경험에 대한 학습자의 반응에 영향을 미치는 과정을 말하며, 자기평가, 귀인, 자기반응, 적응성의 네 가지 형태를 포함한다. 자기평가(self-evaluation)는 대체로 이 국면 기간 중에 최초로 발생하는 자기성찰 과정의 하나이다. 자기조정 학습자들은 자신들이 얼마나 신속하고 정확하게 행하고 있는지를 평가하고 싶어 하며, 그래서 공식적 표준을 이용할 수 없을 때에는 자신들의 수행을 타인들과 비교하는 것에 의지할 것이다(Festinger, 1954). 전형적으로, 자기평가는 낮은 수행이 자신의 제한된 능력에서 기인하는지 아니면 불충분한 노력에서 기인하는지와 같이 결과에 인과적인 의미를 부여하는 귀인(attributions)의 원인이 된다(Weiner, 1979, 1985). 자기조절학습자들은 실패를 교정 가능한 원인에 귀인하고 성공을 개인적인 유능성에 귀인하는 경향이 있다. 이 자기보호적인 귀인은 심지어 미흡한 학습 결과가 오랜 기간 지속되더라도 긍정적인 자기반응(self-reactions)을 하게 한다.

특히 전략 귀인은 긍정적인 자기반응을 강화시킬 뿐만 아니라 학습 오류의 원천을 확인하고 자신의 수행을 조율하는 과정에서도 도움이 된다(Zimmerman & Martinez-Pons, 1992). 그것은 학습자들이 최종적으로 자신들에게 가장 잘 작용하는 전략을 발견할 때까지 접근 방법의 체계적인 변화를 도모한다. 중요한 학업기술의 경우 이러한 적응(adaptation)은 수많은 연습을 요구할 수 있다. 자기조절학습자는 또한 자신의 수행을 더 적절하게 평가하기 때문에 학습에 더 잘 적응한다. 유익한 자기반응은 순환적으로 학업기술의 궁극적인 숙달에 대해 더 큰 자기효능감, 더 강력한 숙달목표지향성, 과제에 대해 더 큰 내적 흥미를 갖는 등 학습자로서 자기 자신에 대해 긍정적인 학습 전 사고를 강화시킨다. 이렇게 해서 자기조절학습 회로가 완성된다.

(3) 유능한 자기조절학습자와 미숙한 자기조절학습자

모든 학습자는 어떤 식으로든 자신의 학문적 학습과 수행을 자기조절하려고 시도하지만, 학생들 사이에는 그 방법과 자기 신념에서 극적인 차이가 존재한다. 예를 들면, 유능한 자기조절학습자는 학습목표가 위계적으로 잘 조직되어 있고 전략적으로 학습계획을 수립하며 높은 자기효능감과 숙달목표지향성을 지니고 있다. 〈표 7-1〉은 자기조절학습의 제 국면에서 미숙하고 세련되지 못한 학습자와 유능하고 총명한 학습자의 차이점을 제시하고 있다.

〈표 7-1〉 **자기조절 과정에서 미숙한 학습자와 유능한 학습자의 차이**

자기조절 국면	미숙한 자기조절학습자	유능한 자기조절학습자
학습 전 사고	구체적이지 못한 지엽적 목표 무계획적 수행목표지향성 낮은 자기효능감 흥미가 없는	구체적인 위계적 목표 전략적 계획수립 숙달목표지향성 높은 자기효능감 내적 흥미가 있는
수행 및 의지 통제	집중력 분산 자기가해 전략 성과 자기점검	수행에 집중 자기교수/심상 과정 자기점검
자기성찰	자기평가 회피 능력 귀인 부정적인 자기반응 비적응적	자기평가 추구 전략/연습 귀인 긍정적인 자기반응 적응적

출처: Zimmerman (2008), p. 9.

(4) 학습동기와 생산적인 학습 환경 만들기

동기(motivation)는 목표를 향해 행동을 유발하고 방향을 제시하는 힘을 말한다(Schunk, 1991). 통상적인 의미로 동기는 무엇을 행하게 하고, 계속하게 하며, 어디로 가려고 하는지를 결정하게 한다. 그것은 개인의 욕구가 행동의 방향과 강도에 미치는 영향이다. 동기는 학습 과정에서 필수 요소이며, 학습동기는 능력 다음으로 학습자의 학습 행동과 성취 결과에 영향을 미치는 강력한 요인이다. 많은 연구는 동기와 성취도 간에 상관이 있음을 잘 나타낸다. 동기화된 학생은 학교에서 성취를 더 잘하는 경향이 있다. 그들은 학교에서 좀 더 오래 머물고 학습하기를 좋아하며 시험 성적도 좋다. 그래서 유능한 교사는 수업 전에 학생의 학습동기를 촉진시켜야 하고 그것을 어떻게 지지할 것인지 결정해야 한다. 또한 유능한 교사는 성차 또는 집단에 따라 동기를 부여하는 방법을 다르게 사용할 수 있으며, 교실 목표 달성을 위해 학생들이 함께 노력하는 협동학습 구조를 창안하는 데 심혈을 기울인다.

기대-가치 이론의 관점에서 보면, 무엇을 성취하고자 하는 개인의 동기는 성공의 가능성에 대한 추정의 결과와 성공에 부여하는 가치에 달려 있다고 가정된다(Wigfield & Eccles, 1992, 2000). 동기는 성공 가능성이 적절한 수준에서 최대가 된다. 기대는 동기유발의 필수적인 요소이다. 반두라(Bandura, 1977, 1997)는 자기효능감에 의해 노력의 정도와 지속 기간이 달라진다고 주장하였다. 그는 적절한 모델링과 언어적 설득을 이용하여 도전적인 과제에서 성공 경험을 증가시킴으로써 학습자의 자기효능감을 향상시킬 수 있음을 입증하였다. 와이너(Weiner, 1980, 1985)는 귀인이론(attribution theory)을 제안하여 사람이 지각하는 행동(성공 또는 실패)의 원인이 후속 행동에 어떤 영향을 미치는가를 설명하고자 하였다. 성취도 수준이 높은 사람들은 성공 원인을 내적이고 안정적인 요소에서 찾는다. 그들은 스스로 똑똑하며 또 노력하면 성공할 수 있다고 믿는다. 그는 재귀인(reattribution) 훈련을 통해 노력 귀인을 강화함으로써 학습자의 학습동기를 향상시킬 수 있다고 제안하였다.

또한 학습자의 성취목표지향성에 따라 학습 행동의 차이가 드러난다(Pintrich, 2000; Urdan & Mestas, 2006). 숙달목표지향성이 강한 학습자는 배우는 기술에서 능력을 얻는 것을 공부 목표로 삼고, 도전적인 과제를 선택하고 능동적이고 지속적인 학습 행동을 나타내는 경향이 있다. 반면에 수행목표지향성이 강한 학습자는 우선적으로 자신의 능력에 대한 부정적인 판단을 피하고 긍정적인 판단을 추구하는 것을 공부의 목표로 삼으며, 경쟁적인 상황에서 좋은 점수를 얻는 데 초점을 두고 쉬운 과목을 택하거나 도전적인 과제를 회피하는 경향이 있다. 이와 같이 성취목표지향성이 다르면 학습자는 전반적인 지능이 비슷하더라도 학습과제 수행에서 확연하게 다를 수 있다. 숙달목표를 지향하는 학습자는 장애물을 접해도 노력을 지속하는 경향이 있으며, 학습에 대한 동기와 수행이 실제로 증가할 수 있다. 그러나 수행목표를 지향하는 학습자는 장애물을 만나면 쉽게 좌절하는 경향이 있고 학습과제의 수행이 심각하게 방해를 받으며, 실패 경험을 되풀이하게 될 경우 학습된 무기력(learned helplessness)에 처하게 되고 부정적 피드백을 받지 않기 위해서 '방어적인 비관론' 또는 '자기위해 전략'을 드러낼 수도 있다.

따라서 교사는 학생들이 학습동기를 극대화하여 학습 활동에 적극적으로 참여할 수 있도록 생산적인 학습 환경을 조성할 필요가 있다. 특히 학급은 학생들의 학습에 중요한 영향을 미친다. 교실의 넓이나 구조, 온도, 책상의 크기나 형태와 같은 물리적 환경도 중요하지만 좀 더 중요한 것은 사회적 환경이다. 경쟁을 강조하는 분위기인지 또는 협동을 강조하는 분위기인지, 학업성적에 대한 상대평가의 의미를 강조하는지 또는 절대평가의 의미를 더 중시하는지, 학업에 대해 자율권을 어느 정도 허용하는지 등 학업과 관련된 학교의 정책적 방향은 학교의 문화와 조직을 결정하고 학생들은 결국 그 영향을 받을 수밖에 없다.

매어와 미드글리(Maehr & Midgley, 1991, 1996)는 특히 학생들에게 학습과 관련된 주요한 결정을 할 때 학생들의 자율권을 얼마나 허용하느냐 하는 것이 그들의 학습동기를 향상시키고 자발적으로 학습전략을 사용하도록 하는 데 상당한 영향을 끼친다고 보았다. 이는 자발적인 참여를 통해 책임감과 독립심을 키울 수 있다고 보았기 때문이다. 그러나 상급학교 진학에 매달리는 학교 교육의 현실을 고려할 때 이와 같은 학급 분위기 조성은 쉽지 않다. 눈앞에 도달해야 하는 목표, 즉 입시 부담이 가중되는 상급학교로 진학할수록 이러한 경향은 더욱 높아지는 것이 현실이다. 교사는 그럴수록 학생들에게 학습동기 향상과 자발적인 참여를 가능하게 하는 학급 분위기에서 멀어질 수 있다는 것을 염두에 두어야 한다.

3. 학업 문제의 이해와 평가

학업에 성공하는 학생은 몇 가지 공통적인 특징을 지니고 있지만, 실패하는 학생은 그 특징이 매우 다양하다. 학업 문제는 학습부진을 보이는 특정 학생에게만 국한된 것이 아니며, 성적의 높고 낮음에 상관없이 많은 학생과 학부모는 학업 문제를 호소하고 그것을 해결하기를 원한다. 학업 문제의 유형에 대한 정확한 이해는 학습상담의 목표를 설정하고 효과적인 전략을 개발하는 데 도움이 된다.

1) 학업 문제의 유형

학업 문제의 유형은 원래 청소년 문제행동 유형 분류 체계의 하위 영역으로 연구되기 시작하였으며(김병석, 이명우, 명대정, 이명경, 1998; 김진숙, 강진구, 2000; 김창대, 이정윤, 이영선, 남상인, 1994; 김태성, 김형수, 이영선, 박정민, 임은미, 2001), 상담 이론가들에 의해서 더욱 정교화되었다(김계현 외, 2009; 김동일 외, 2011; 홍경자, 김창대, 박경애, 정미경, 2002; 황매향, 2009). 학업 문제의 유형은 크게 학습자의 호소 문제에 따른 분류와 학습부진의 발생 원인에 따른 분류로 나누어 볼 수 있다.

(1) 학습자의 호소 문제에 따른 분류

김창대 등(1994)은 청소년 문제행동 유형 분류 체계 중에서 학업과 관련된 호소 문제를 시험불안, 공부에 대한 회의, 집중력, 걱정과 스트레스, 공부 방법, 공부에 대한 반감, 노력해도 성적 미향상, 능력 부족, 공부 습관 미형성, 동기 부족, 성적에 대한 집착, 대인관계, 낮은 학습효능감, 다른 활동과의 관계의 14가지 형태로 구분하였으며, 황매향(2009)은 여기에 신체적/물리적 환경 요인을 추가하였다. 김계현 등(2009: 102-104)은 학업 문제의 유형을 다음과 같이 다섯 가지 유형으로 구분하였다.

① 성적 저하로 인한 걱정과 스트레스

학생과 학부모 모두 성적 변화에 매우 민감하다. 학업성적은 학생들에게 매우 중요한 심리적 의미를 지닌다. 그것은 부모, 교사, 친구로부터 자신의 가치를 인정받는 주요한 근거가 된다. 따라서 학생들은 시험 때마다 시험성적에 신경을 곤두세우며, 특히 성적이 떨어지거나 기대 이하의 결과가 나왔을 때 심한 좌절과 불안을 경험하게 되고, 성적 저하로 인해 부모나 교사에게 꾸중과 질책을 받게 되면 심리적 충격은 더 커져서 자칫 정서·행동 문제로 확대될 수 있다.

② 시험불안

많은 학생이 시험, 특히 중요한 시험을 볼 때 매우 심한 불안을 느낀다. 어떤 학생은 시험이 다가오면 불안하고 초조하여 주의집중이 안 되고 잠을 잘 이루지 못하며 두통과 소화불량 등 여러 가지 신체적 증상을 호소한다. 시험불안(test anxiety)이란 시험 상황에서 실패를 기대하는 경향을 말하며(Nicholls, 1967), 개인이 중요하다고 인식하는 순간부터 시험이 끝난 후까지 자신의 능력을 평가받는 것에 대해 나타나는 것으로 걱정이나 두려움 등과 같은 인지적, 생리적, 정서적, 행동적 반응을 의미한다(Sieber, 2008). 시험불안을 심하게 느끼는 학생은 시험을 치를 때 긴장으로 인하여 손, 팔, 어깨가 굳어져서 답안지 작성에 어려움을 겪을 뿐만 아니라, 심리적 불안과 혼란이 심하여 시험지를 대할 때 글자가 잘 보이지 않거나 주의집중력과 기억력이 순간 급격히 저하되어 평소 실력을 발휘하지 못한다. 이러한 시험불안은 성적에 대한 지나친 집착과 성적 저하에 대한 두려움과 관련되어 있다.

③ 학업능률의 저하

학업에 대한 동기도 높고 실제로 많은 시간을 투자하여 열심히 공부하는 데에도 불구하고 성적이 오르지 않거나 부진하다고 호소하는 학생이 많다. 이러한 문제를 지닌 학생은 스스로 좌절감에 휩싸이게 되며, 부모 역시 안타까움과 실망감을 느끼게 된다. 이렇게 학업능률이 저하되는 학생들의 문제는 주의집중 곤란, 비효율적인 공부 방법, 잘못된 공부습관, 낮은 지능수준 등 다양한 원인에서 비롯될 수 있다.

④ 공부에 대한 회의와 동기 저하

이 유형의 학생들은 학업에 대한 동기가 부족하다. 그들은 공부가 싫고 무의미하다고 느껴 소홀히 하는 경향이 있다. 이 유형의 학업 문제는 학생 자신보다는 부모나 교사들과 갈등을 일으키는 경우가 많다. 공부보다는 다른 놀이나 활동에 많은 시간을 보내고 성적 역시 저하되기 때문이다. 이러한 학생 중에는 과도한 공부압력에 대한 반발심이나 불건전한 활동의 탐닉으로 인하여 공부에 무관심한 학생도 있지만, 문학, 취미, 예체능, 종교 등 학업 외의 활동에 더 큰 가치를 부여하여 상대적으로 공부를 소홀히 하는 학생도 있다. 특히 후자의 경우 학업 문제는 부모나 교사와 학생의 가치관이 서로 다르기 때문에 나타날 수 있으며, 이러한 문제를 지닌 학생의 경우에는 학업 문제뿐만 아니라 자아정체감 및 가치관 문제가 복합적으로 관련되어 있을 수 있다.

⑤ 학업과 관련하여 파생되는 기타 문제들

학업에 대한 지나친 몰두나 집착으로 인하여 교우관계를 맺지 못하거나 소홀히 하게 되어 친구들에게 따돌림과 소외를 당하거나, 지나친 성적 경쟁으로 인하여 교우관계에서 갈등과 질투가 발생하고, 성적이 부진한 학생을 무시하고 놀리는 현상이 발생하고, 또는 저하된 학업성적으로 인하여 부모-자녀 갈등이 생기는 등 여러 가지 문제가 학업과 관련하여 파생될 수 있다.

(2) 학업부진의 발생 원인에 따른 분류

학업부진(underachievement)은 특정 아동에게 기대되는 지적 능력에 비해 학업성취도 수준이 현격하게 뒤떨어지는 상태를 말하며, 일반적으로는 정상적인 학교학습을 할 수 있는 잠재능력이 있으면서도 환경 요인이나 그것의 영향을 받은 개인의 성격, 태도, 학습습관 등 다양한 요인으로 인해 교육과정에 설정된 교육목표에 비추어 최저 학업성취도 수준에 도달하지 못한 경우에 해당한다. 교육 현장에서는 학습부진 학생을 기초학습부진 학생과 교과학습부진 학생으로 구분하고 있다. 기초학습부진 학생은 초등학교 3학년 수준의 읽기, 쓰기, 기초수학 능력에 도달하지 못한 학생을 말하고, 교과학습부진 학생은 국어, 수학, 영어, 사회과, 과학 등 해당 학년의 교육과정에서 제시하고 있는 최저 수준의 학업성취 기준에 도달하지 못한 학생을 일컫는다. 학업부진의 원인은 지적 능력 부족, 인지기능 손상, 정서행동문제, 학습동기 결여, 학습 환경 결손 등 매우 다양할 수 있다(송재홍, 2018a: 22-23).

① 지적 능력 부족에 따른 학업부진(학습지진)

낮은 지적 능력은 학업부진의 주된 원인이다. 이처럼 지적 능력의 저하로 인하여 학업성취가 뒤처지는 상태를 학습지진(slow learner)이라고 일컫는다. 대개 개인지능검사에서 보통 이하의 지능 수준을 보이며, 언어능력은 물론 공간능력, 운동능력, 대인관계, 정서 등 대부분의 영역에서 발달이 느리고 모든 교과목에서 저조한 성취를 보인다.

② 인지기능 손상에 따른 학업부진(학습장애)

인지기능 손상은 특정 영역에서 학업부진을 보이는 주된 원인이 될 수 있다. 지능 수준은 보통 이상이지만 발달 영역 간에 불균형한 발달 패턴을 보이며, 읽기, 쓰기, 수학 등 특정 영역에서 학업부진이 지속적으로 나타날 수 있다. 이와 같이 개인 내적 결손, 즉 지각장애, 신경 체계의 역기능 및 뇌 손상과 같은 기본적인 정보처리과정의 장애로 인해 학습에 부적응을 보이는 현상을 특히 학습장애(learning disability)라고 부른다(김동일, 2018). 학습장애를 지닌 학생은 일생 동안 듣기, 말하기, 주의집중, 지각, 기억, 문제해결 등 발달 학습이나 읽기, 쓰기, 수학의 기초학습 영역 중 하나 이상에서 심각한 곤란을 겪는다. 그러나 정서 · 행동 문제를 수반하지 않을 수 있으며, 특정 교과에서는 좋은 성취를 나타낼 수 있다.

③ 정서 · 행동 문제에 따른 학업부진

어떤 학생은 정상적인 수준의 지적 능력을 지니고 있음에도 불구하고 정서 · 행동 문제로 인해 학습과제를 완성하는 데 어려움을 겪는다. 읽기능력, 기억력 등 기본 인지기능에서는 정상적인 학생과 차이가 없으나, 과도한 스트레스, 시험불안, 우울증, ADHD, 자폐성향 등과 같은 정서 · 행동 문제로 인해 갑작스러운 학업부진이 발생할 수도 있다. 실제로 학습장애를 지닌 학생은 정서 · 행동 문제를 함께 갖고 있는 경우가 적지 않다.

④ 학습동기 결여에 따른 학업부진

학생은 일상의 과업을 수행함에 있어서 무엇을 중점적으로 지향하는가에 따라서 학습형, 놀이형, 또래형, 심리장애형 등 다양한 유형으로 구분할 수 있다(이화진, 부재율, 서동엽, 송현정, 1999). 어떤 학생은 주어진 여건 속에서 학교의 학습을 중심으로 살아가지만, 다른 학생은 놀이나 또래들과의 관계를 중심으로 살아간다. 후자의 학생들은 학업 외의 활동에 과도한 관심을 보이며 학업에는 아무런 재미를 느끼지 못하거나 전혀 의욕을 보이지 않기도 하며, 결과적으로 학업부진을 나타낼 수 있다.

⑤ 학습 환경 결손에 따른 학업부진

어떤 학생은 가난, 주변 소음, 학원 부재 등 열악한 학습 환경으로 인해서 자신의 잠재능력을 발휘할 수 있는 학습기회를 충분히 얻지 못하여 학업부진을 보인다. 다른 학생은 가정 해체, 이사, 전학 등으로 변화된 새로운 환경에 제대로 적응하지 못하여 갑작스럽게 학업부진을 나타내기도 한다. 또 다른 학생은 주변의 관심과 지원 부족으로 인해서 학교에서 거듭된 실패와 좌절을 경험함으로써 학업부진이 누적되어 학습은 물론 놀이나 또래 어디에도 관심을 가지지 않은 채 무기력하게 생활한다. 이 유형은 사회적 배경에서 비롯되기 때문에 '사회적 학습부진'이라고 일컫기도 한다(이화진, 부재율, 서동엽, 송현정, 1999). 이 유형에 속하는 학생은 대체로 가정형편이 열악한 데다가 초등학교 시절부터 지속적으로 학업부진이 누적됨으로써 더 이상 삶의 희망을 찾지 못하며 매시간 멍한 상태로 지내고 점심시간이나 쉬는 시간에도 활발하게 뛰어놀지 않으며 때로는 아예 등교하지 않은 채 집에 머물러 있기도 한다.

2) 학업 문제의 평가와 진단

학업 문제에 대한 상담을 효과적으로 진행하려면 문제의 원인을 체계적으로 평가하고 진단해야 한다. 학생의 지적 수행과 관련된 심리적 문제를 평가할 때에는 체계적인 면담, 질문지, 심리검사 등을 이용하여 면밀한 관찰과 객관적인 평가가 요구된다. 일반적으로 상담교사는 부모가 제공한 배경 정보, 교사가 기록한 내용, 학생이 수행한 성과물 분석, 학령 초기의 학업상태, 성취도 · 지능 · 성격 등 각종 심리검사 결과, 직접적인 면담 및 관찰 결과 등을 종합적으로 검토해야 한다. 이를 통해서 상담교사는 학업 문제가 일반적인 학습부진의 문제인지, 다른 장애로 인해 발생한 문제인지, 환경적 문제(예: 부모 갈등, 가정경제 붕괴 등)가 복합적으로 관련된 문제인지 등을 파악하고 문제 유형에 맞는 개입 전략을 수립할 수 있다. 구체적인 학업 문제를 확인하기 위해서는 일차적으로 학생의 호소 문제와 그것의 내력에 대한 탐색과 교육성취도, 학습습관 및 학습태도에 대한 점검을 실시하고, 문제가 심각한 경우에는 심리적 기능 발달의 평가와 진단을 병행한다(송재홍, 2013: 127-132).

(1) 호소 문제와 내력의 탐색

학생에게서 지적 수행의 문제가 발견되면, 일단 그가 불편을 호소하는 문제에 귀를 기울이고 그러한 문제의 내력을 체계적으로 탐색해야 한다. 면접 전에 정보 수집을 위해 간단한 질문지를 이용하면 면접 시간을 단축하고 평가의 효율성을 높일 수 있다. 질문지에는 주요 호소 문제와 변화에 대한 기대, 신체적 질병이나 의학적 조치 여부, 학업성취도 및 학업태도의 변화 추이, 부모의 바람과 지원, 형제자매의 학업상태, 학교와 교사에 대한 태도, 교우관계, 환경 및 문화적 맥락 등을 포함시킬 수 있다. 학생의 호소 문제와 그 내력을 탐색할 때에는 특히 두 가지 사항을 유념해야 한다. 첫째, 가정생활 및 학교생활과 관련해서 평소와 다르게 행동하는 이상 전조를 살핀다. 가령, 수다를 떨던 학생이 말이 없어지거나 얌전하던 학생이 갑자기 짜증을 부릴 수도 있다. 둘째, 학생이 불편을 호소하는 심리적 문제에 관심을 기울이고 그 내력을 탐색한다. 그에게 불편을 느끼게 한 구체적 사건이 무엇인지를 찾아내고 그 사건과 연합된 느낌과 생각을 명료화한다. 그 학생에게 어떤 낙인이 씌워져 있는가를 함께 살펴본다.

(2) 교육성취도에 대한 평가와 행동 관찰

학생의 호소 문제와 내력을 탐색하고 나면, 심리평가와 행동 관찰을 통해 교육성취도와 학습습관을 점검한다. 학생의 지적 수행에 관련된 문제를 체계적으로 이해하기 위해서는 일차적으로 교육성취도에 관한 자료를 면밀히 검토할 필요가 있다. 상담교사는 학생이 수행한 성과물을 분석하거나 과거의 학업상태를 참고하여 교육성취도를 평가할 수 있다. 특히 학생이 산출한 쓰기, 수학, 작품 자료는 유용한 정보원이 되며, 유치원이나 초등학교 저학년의 성취도는 학생의 지적 상태를 파악하는 데 좋은 실마리를 제공한다. 학생이 드러내는 주요 학업 문제는 기초학습기능의 불완전한 숙달, 기정사실이나 지식 습득의 어려움, 과제 완성의 어려움, 교과학습에 필요한 개념이나 원리의 이해 부족, 주어진 과제에 체계적인 접근의 어려움, 과제 수행에 요구되는 양과 속도의 미흡 등이며, 이것들은 때로 중복하여 나타난다(Levine, 2002).

〈표 7-2〉 학생의 학습 프로필 양식

학생의 학습 프로필	
이름: ______________ (남 · 여) 교사: ______________ (남 · 여)	생년월일: _____년 ___월 ___일 검 사 일: _____년 ___월 ___일
각각의 아래 항목에 대해 지난 1주 동안 위 학생의 수행을 평가하여 적당한 곳에 ○하시오.	
1. 다른 학생들과 비교해서 완성한 산수쓰기 숙제의 백분율	~49, 50~69, 70~79, 80~89, 90~
2. 다른 학생들과 비교해서 완성한 언어쓰기 숙제의 백분율	~49, 50~69, 70~79, 80~89, 90~
3. 완성한 산수쓰기 과제의 정확도	~59, 60~69, 70~79, 80~89, 90~
4. 완성한 언어쓰기 과제의 정확도	~59, 60~69, 70~79, 80~89, 90~
5. 지난 1주 동안 학생은 학습과제의 질을 어떻게 유지했는가?	나빠짐 1 2 3 4 5 좋아짐
6. (전체 수업에서) 학생은 교사 지시와 학급토론에 얼마나 정확히 따르는가?	아니다 1 2 3 4 5 그렇다
7. (소집단 읽기 수업에서) 학생은 교사 지시와 학급토론에 얼마나 정확히 따르는가?	아니다 1 2 3 4 5 그렇다
8. (주제문 이해하기에서) 학생은 새로운 내용을 얼마나 빨리 습득하는가?	느리다 1 2 3 4 5 빠르다
9. 학생의 쓰기 상태는 어떠한가? (글씨는 깨끗한가?)	불량함 1 2 3 4 5 우수함
10. 학생의 읽기 상태는 어떠한가? (정확히 읽는가?)	불량함 1 2 3 4 5 우수함
11. 학생의 말하기 능력은 어떠한가? (또박또박 말하는가?)	불량함 1 2 3 4 5 우수함
12. 학생은 과제를 수행할 때 얼마나 자주 조급하게 서두르는가?	아니다 1 2 3 4 5 그렇다
13. 학생은 과제를 수행할 때 얼마나 자주 동료보다 느리게 진행하는가?	아니다 1 2 3 4 5 그렇다
14. 학생은 교사 지시가 없이도 얼마나 자주 집중할 수 있는가?	아니다 1 2 3 4 5 그렇다
15. 과제를 정확히 수행하기 위해서 얼마나 자주 교사의 도움이 필요한가?	아니다 1 2 3 4 5 그렇다
16. 얼마나 자주 교사 지시를 이해하기도 전에 쓰기 작업을 시작하는가?	아니다 1 2 3 4 5 그렇다
17. 전날 배운 것을 회상하는 데 얼마나 자주 어려움을 겪는가?	아니다 1 2 3 4 5 그렇다
18. 사회적 상황에서 얼마나 자주 상대를 뚫어지게 쳐다보는가?	아니다 1 2 3 4 5 그렇다
19. 사회적 상황에서 얼마나 정서적 반응이 부족한 것으로 보이는가?	아니다 1 2 3 4 5 그렇다

출처: Sattler (1992), p. 354.

학생의 지적 수행에서 이러한 문제점이 두드러지게 나타나면 상담교사는 학생의 학습 프로필을 좀 더 상세하게 파악하기 위해서 체크리스트를 활용할 수도 있다. 〈표 7-2〉는 학생의 학습 프로필 양식을 예시한 것이다.

(3) 학습태도에 대한 평가와 행동 관찰

학생의 교육성취도는 그의 지적 수행에 연관된 심리적 과정뿐만 아니라 다양한 내적·외적 요인이 관여하고 있다. 따라서 학업 문제를 상담할 때에는 학생이 학습에 임하는 태도와 행동을 면밀히 관찰하고 학습행동에 관여하는 내적·외적 요인을 파악할 필요가 있다.

학생의 지적 수행 문제는 학업부진의 발생 시기와 진행 경과에 따라 다양한 원인을 파악할 수 있다. 만일 학생의 학업부진 현상이 어렸을 때부터 지속적으로 누적된 것이라면 그의 지적 장애 유무와 심리적 기능의 발달 상태를 면밀히 평가하고 진단해야 할 것이다. 그러나 학생의 학업부진이 특정한 시기에 비교적 갑작스럽게 발생한 것이라면 우선 학습태도와 관련된 문제를 체계적으로 관찰하고 점검할 필요가 있게 된다. 구체적인 예는 가정사, 친구관계, 공부 환경의 변화로 인한 학업 소홀, 과도한 성취압력이나 불확실한 진로 또는 거듭된 실패로 인한 낮은 자존감이나 시험불안과 같은 동기 저하, 그리고 과제 수준의 변화에 따른 미숙한 대처 능력 등 학습전략의 부재를 들 수 있다.

이러한 문제들에 대해서는 적절한 체크리스트나 비교적 간단한 심리검사를 활용하면

〈표 7-3〉 **학습부진의 가능한 원인과 요구되는 평가도구**

가능한 원인	평가도구
1. 공부 환경의 변화로 인한 학업 소홀	가정 및 학교 상황 질문지
2. 학습 의미 및 동기의 저하	
1) 과도한 성취 압력으로 인한 실패에 대한 두려움	문장완성검사, 기질 및 성격검사
2) 거듭된 실패로 인한 낮은 자존감과 시험불안	학업자아개념검사, 시험불안검사
3) 학습을 위한 노력을 저해하는 비합리적 신념	학업동기검사(효능감, 귀인, 목표지향성 등)
4) 장래에 대한 불확실성으로 인한 흥미와 욕구 상실	흥미 및 진로탐색검사
3. 공부 방법 및 대처 요령의 미숙	
1) 학습 환경 및 자원 관리의 미숙으로 인한 학업 실패	자기조절학습 질문지
2) 효율적인 학습 및 공부 요령의 미숙으로 인한 학업 실패	학습전략검사

출처: 송재홍(2013), p. 132.

학업 문제의 심각성과 원인을 파악하거나 개입 전략을 수립하는 데 유용한 정보를 얻을 수 있다. 예를 들어, 가정사나 친구관계 또는 공부 환경의 변화를 알아보기 위해서는 가정 및 학교 상황 질문지(예: HOME)를 활용할 수 있고, 학습동기 저하의 원인을 파악하기 위해서는 학생의 학업내력 질문지를 이용하거나 학업자아개념검사, 시험불안검사, 학업동기검사, 진로탐색검사 등을 활용할 수 있다. 또한 자기조절학습 질문지나 학습전략검사를 활용하면 학생의 공부 방법을 점검하고 적절한 개입 전략을 수립하는 데 필요한 정보를 얻을 수 있다. 〈표 7-3〉은 학습상담 장면에서 자주 발생하는 학업 문제의 가능한 원인을 파악하는 데 유용한 평가도구를 제시한 것이다.

(4) 학습장애의 선별과 진단

학생의 호소 문제에 대한 내력을 탐색하고 교육성취도 및 학습태도에 관한 자료를 검토하는 일을 통해서 그에게 씌워진 부정적인 평판이나 낙인을 확인하고 미처 부각되지 않은 강점을 찾아내어 학생의 복합적인 특성에 대한 이해를 촉진할 수 있다. 그러나 학생이 지적 수행에서 드러내는 약점의 원인을 구체적으로 이해하기 위해서는 그러한 지적 수행에 연관된 심리적 과정을 이해하려는 노력이 뒤따라야 한다.

다양한 영역의 지적 수행에는 한 개인의 내적 심리과정에 연관된 무수한 인지적, 정의적 및 신체운동적 요소들이 관여하고 있다(Silver & Hagin, 1989). 특히 학습장애와 같은 특수한 요구를 지닌 아동을 선별하기 위해서는 좀 더 체계적이고 세련된 절차가 뒤따라야 한다. 일반적으로 학습 맥락에서 심리적 기능 발달에 대한 평가는 표준화심리검사와 몇 가지 신경심리학적 검사를 조합한 평가 전략이 제안되고 있다(곽금주, 2002). 그러나 학습장애의 구체적인 선별 과정은 선별 기준에 따라 달라질 수 있다.

학습장애 선별 및 진단 방법 중 일선학교에서 특별히 전문가를 필요로 하지 않으면서도 학습장애를 비교적 타당하고 신뢰할 만하게 선별하고 진단할 수 있는 대표적인 방법은 능력-성취 불일치 접근, 개입 반응 접근, 인지처리과정 결합 접근의 세 가지이다(김동일, 2018: 126-128).

① 능력-성취 불일치 접근

능력-성취 불일치(ability-achievement discrepancy) 접근은 학습장애에 대한 전통적인 정의에서 논리적으로 파생된 것으로, 최근까지 학습장애의 선별과 진단을 위한 대표적인 기준으로 사용되어 왔다. 전통적으로 학습장애는 보통 수준의 지능을 지녔음에도 불구하고 학습을 담당하는 뇌신경 계통의 문제 이외에는 뚜렷한 원인을 찾을 수 없는 심각한 학습부진 현상으로 정의되었다. '능력-성취 불일치'란 지적인 잠재능력에서 기대되는 학업성취도 수준과 실제 성취도 수준 간의 차이 정도를 말한다. 이러한 기준은 잠재능력과 학업성취도 수준을 구체적으로 어떻게 표시하느냐에 따라 다양할 수 있다.

첫 번째 방식은 또래들로부터의 지체 정도를 학년 수준으로 표시하는 것이다. 주목할 점은 학년이 올라가면서 누적되는 학습량을 고려하여 학년 수준에 따라 기준을 달리 적용한다는 점이다. 예를 들면, 초등학교 중급 학년의 경우에는 1.5학년 이상의 차이, 중등학교의 경우에는 2학년 이상의 차이, 그리고 고등학교의 경우에는 2.5학년 이상의 차이를 기준으로 한다(Richek, Caldwell, Jennings, & Lerner, 1996). 두 번째 방식은 표준점수에 근거해서 잠재능력과 현재 성취 수준의 불일치를 비교하는 것이다. 즉, 양쪽 점수를 모두 표준점수로 변환하여 표준점수 간의 차이를 비교하며, 보통 그 차이가 1 내지 2표준오차 이상이면 학습장애로 간주한다. 이 방법은 다양한 점수 간 비교를 가능하게 한다는 장점이 있지만 평균으로의 회귀 현상을 통제하지 못한다는 한계가 있다. 세 번째 방식은 회귀분석에 근거해서 잠재능력과 현재 성취 수준과의 불일치를 비교하는 것이다. 이는 학생의 현재 지능지수를 근거로 회귀방정식을 사용하여 통계적으로 좀 더 정확한 기대 수준 범위를 결정한 다음 그 학생의 현재 성취 수준이 그 범위에 포함되는가 여부를 알려 주기 때문에, 정상분포곡선의 양 끝에 위치하는 학생들의 성취 수준이 중앙으로 회귀하는 현상을 통제할 수 있다. 이상에서 제시한 세 가지 방식 중에서 표준점수 비교 방식에 비해 회귀분석에 의한 불일치 비교 방식을 적용할 때 학습장애 판별의 일치 비율이 좀 더 높은 것으로 나타났다(홍성두, 김동일, 2006).

② 개입 반응 접근

학습장애를 정확히 판별하는 목적은 무엇보다도 학습장애 현상을 정확하게 이해하여 궁극적으로 학습장애 아동에게 적절한 교육 프로그램을 제공하기 위한 것이다. 개입 반응(Response to Intervention: RTI) 접근은 능력-성취 불일치 접근의 대안으로 제시되었으며, 효과적인 수업에 얼마나 반응하는가 하는 정도에 따라 학습장애 여부를 판단하는 방법이다(Fuchs, Fuchs, & Speece, 2002; Vaughn & Fuchs, 2003). 그것은 일단 학습 문제를 해결하기 위한 중재를 하면서 진단을 하는 '선(先) 중재 후(後) 진단'의 접근이다. 핵심 절차는 교육과정중심측정을 통해 특별한 문제가 없는 평상시의 통합교육에 각 학생이 어떻게 반응하는지 점검한다. 반응도는 반응속도와 학업성취 수준의 두 가지 측면을 함께 고려한다. 교육과정중심측정(Curriculum-Based Measurement: CBM)이란 수업 의사결정을 위한 정보를 수집하기 위한 기초로 어떤 학생의 교육과정 수행에 대한 직접적인 관찰 및 기록 결과를 사용하는 일종의 측정 절차를 말한다(Deno, 1985, 1987). 그것의 주된 목적은 교사가 학생 개개인에게 제공할 수업의 효과성을 평가할 수 있도록 돕는 것이다. 교사는 교육과정중심측정을 사용하여 어떤 학생이 읽기, 쓰기, 수학 등 기초학습영역에서 어떠한 진전을 보이는지 파악할 수 있다(Deno, 2003). 교육과정중심측정은 학업 기술에 대한 직접적인 평가를 통해 학생 개개인의 학습 진전 상태를 점검하는 방법이다. 그것은 교사가 실제로 가르친 내용을 기초로 간편하지만 어느 정도 타당도와 신뢰도를 갖춘 평가도구를 이용하여 측정하는 일종의 형성평가라고 할 수 있다.

개입 반응 접근에서 학습장애 선별 및 진단 절차는 다음과 같이 네 단계를 거친다(김동일, 2018: 128-131). 각 단계에서 학습장애를 선별하고 진단하는 기준은 해당 학교의 사회・문화적 여건에 따라 융통성 있게 적용되어야 한다.

제1단계에서는 교육과정중심측정 절차를 적용하여 특정 교과에서 대상 아동의 또래집단에 대한 상대적 위치를 파악한다. 예를 들어, 교사가 BASA 기초학습기능수행평가체제(김동일, 2000)를 활용하면 1분 동안 아동의 읽기 기능을 간편하게 측정하여 그 아동이 전체 집단에서 차지하는 상대적인 위치, 학습의 진전도와 읽기 관련 곤란 부분을 밝혀내고, 학습효과를 확인하고 이에 맞게 진도나 교수계획을 수립하는 데 도움을 얻을 수 있다. 일단 제1단계에서 또래에 비해 심각하게 낮은 학업수행 정도를 보이면 제2단계로 보내는데, 심각한 차이의 정도는 평균으로부터 떨어진 정도나 백분위 점수를 활용한다.

제2단계에서는 또래에 비해 심각하게 반응도가 낮은 학생들을 대상으로 일정 기간(보통 10~15주 정도) 효과적인 수업을 체계적이고 집중적으로 투입하면서 역시 표준화된 교육과정중심측정을 사용하여 반응도를 계속 추적한다. 효과적인 수업(effective instruction)이란 경험적으로 효과가 어느 정도 입증되고 통합학급의 교사가 매일 감당할 수 있으며 또한 대상 학생을 위해 집중적이고 체계적인 교수노력이 가미된 교육을 의미한다. 그 핵심은 포착된 학업부진이 통합학급의 효과적인 중재로 해결될 수 있을 만큼의 경미한 것인가 아니면 그 이상인가를 확인하는 것이다. 2단계 과정에서 동등한 지적 능력을 소유한 또래들에 비해서 효과적인 수업에 반응하는 정도가 심각하게 낮을 경우 이를 잠재적 학습장애로 규정한다. 읽기, 쓰기, 기초수학 영역을 중심으로 각 교과 영역별로 또래들보다 심각하게 낮은 성취 수준(예: 백분위 25 이하 또는 −1 내지 −2표준편차 이상)의 차이를 보이는 아동을 잠재적 학습장애 아동으로 선별한다.

제3단계에서는 심각하게 학습부진을 보인 아동 중에서 학습장애 제외준거에 해당하는 아동을 제외시킨다. 학습장애 제외준거는 ① 불충분한 또는 부적절한 교육으로 인한 학습부진, ② 감각적 결손으로 인한 학습 부진, ③ 학습에 부정적인 영향을 미칠 사회·정서적 어려움, ④ 미세한 뇌 기능상의 결함 이외에 학습과 관련된 심각한 수준의 신경학적 문제 등이다. 학습장애 제외준거에 해당하지 않는 아동은 제4단계 임상적 진단평가의 과정을 거친다.

제4단계에서는 임상적 진단평가 결과에 따라 또래 아동과 비교해서 수행 수준이 유의미하게 낮은 아동은 '○○교과 학습장애아동' 또는 '○○ 학습기능장애아동'으로 분류될 수 있다. 진단평가의 목적은 학습부진을 보이는 교과 영역별로 장애를 보이는 학습 기능을 규명하고 나아가 중재를 위한 교수활동 계획 수립에 필요한 자료를 확보하는 것이다. 이를 위해서는 먼저 학습부진을 보이는 각 교과영역별로 기초학습기능을 타당하고 신뢰성 있게 측정할 수 있는 검사를 확보해야 한다. 읽기 분야에서는 낱글자, 단어(두 글자 단어, 세 글자 단어 등, 글자 수별 단어 범위 포함), 문장, 문단 등을 포함하여 문자 해독과 독해 능력 모두를 측정하며, 또한 반드시 음운론적 인식능력을 검사한다. 특히 낱글자나 단어 읽기에서는 반드시 무의미 단어를 포함하도록 한다. 무의미 단어를 통해 읽기능력의 결정적 요소인 음운론적 인식능력을 가장 잘 측정할 수 있다(Siegel, 1999). 쓰기 분야에서는 낱글자나 단어의 받아쓰기 능력과 베껴 쓰기 능력을 모두 측정한다. 이때에도 역시 유의미한 단어와 무의미 단어를 모두 제시하도록 한다. 작문능력을 측정하기 위해서는 객관적이고 신뢰할 만한 작문능력 평가 방법이 개발되어야 한다(Jentzsch & Tindal, 1991). 글자체, 작문한 단어의 수, 아이디어의 조직이나 구성, 맞춤법, 문법, 기타 구두점 등 항목별로 양적·질적 측정을 할 수 있다. 김동일(2002)은 쓰기능력 측정과 관련하여 구체적이면서도 유용한 방법들을 제시하였다. 수학 분야에서는 단순 연산능력과 수학 문제해결능력, 공간지각능력 등을 모두 측정한다. 특히 단순 연산능력을 측정할 때에는 정확성과 신속성을 모두 그 측정 대상으로 한다.

이 단계에서는 각 교과 영역별 하위 검사 이외에도 주의집중력, 지각-협응 능력, 학습 자아개념, 기본적인 정보처리능력 등 학습장애 아동들이 전통적으로 보였던 특성을 함께 평가한다. 이 영역들은 이후 교육 프로그램을 중재할 때 참고로 활용할 수 있다.

③ 인지처리과정 결함 접근

인지처리과정 결함(Intrinsic Processing Deficits: IPD) 접근은 인지처리과정의 결함을 학습장애 현상의 핵심 원인으로 간주하고 그러한 과정의 특징을 평가한 후 개인 내 또는 개인 간 차이를 비교 분석하여 학습장애 여부를 판별하는 방법이다(Bradley, Danielson, & Hallahan, 2002). 인지처리과정은 정보처리 관점에서 시간의 흐름에 따라 자극으로 들어온 정보를 변형시키고 조작하여 특정 형태로 반응하는 일련의 정신적 행위나 조작을 말한다. 인지처리과정 결함 접근은 인지적 처리과정 변인이나 해당 교과 기본 학습 기능의 수행 정도를 바탕으로, 개인 내 또는 개인 간 여타 기능의 수행 정도와 어떤 차이가 있는지, 그리고 그러한 차이가 해당 교과의 학업성취도 차이를 얼마나 설명하는지 등을 확인한다(이대식, 2007; Fletcher, Morris, & Lyon, 2003; Torgesen, 2002). 예를 들면, 읽기 부진을 보이는 학생의 경우 글자 해독에 문제가 있는 것인지 아니면 단어 또는 문단 이해 수준에서 문제가 있는지를 확인해야 한다. 또, 어떤 학생의 쓰기 결과는 단지 그의 지식 상태와 언어 능력만을 나타내는 것이 아니며, 유능한 산출물을 내려면 주의력과 기억력 그리고 사고력은 물론 쓰기 활동에 수반되는 미세한 운동기능이 적절히 조화를 이루어야 한다(Levine, 2003). 만일 학생이 이처럼 다양한 심리적 기능의 어느 한 가지 이상에서 문제를 안고 있다면 그의 작문능력은 매우 제한될 수밖에 없다.

심리적 기능의 평가에서 빼놓을 수 없는 것이 바로 신경심리평가(neuropsychological assessment)이다. 신경심리평가란 기억력을 비롯하여 뇌의 여러 기능이 정상적으로 발달하고 있는지 확인하는 과정이다(Crawford, Parker, & McKinlay, 1995). 평가 결과는 신경병리학에 관련된 학습장애와 주의력결핍장애를 진단하는 데 유용하며, 학업부진 학생의 인지기능과 적응 한계에 대한 이해를 증진하는 데 도움이 된다(Levine, 2002). 지적 수행의 과정에서 심각한 어려움을 겪고 있는 학습장애 학생에게 전문적인 도움을 제공하기 위해서는 우선 신경발달기능의 강점과 약점에 대한 정확한 밑그림을 파악하고 지적 산출을 가로막는 특별한 문제점을 찾아내는 일이 중요하다. 레빈(Levine, 2002, 2003)은 학습장애 학생이 지적 수행의 과정에서 드러내는 문제점과 연관된 신경발달기능의 평가 영역을 다음과 같이 제시하였다.

- 운동기능: 철자, 쓰기 속도, 필기구 잡기, 타자, 소근육 운동
- 언어기능: 생각 표현, 단어 회상, 어법, 부연 설명, 문어 사용
- 기억기능: 사물 기억, 규칙 · 사실 · 세부사항 인출, 철자 · 절차 인출
- 주의조절기능: 숙면 · 각성 유지, 시작 · 마무리, 작업 속도, 계획 · 점검
- 고등사고기능: 아이디어 생성 · 통합, 개념 활용, 문제 해결, 결과 산출

- 순서정렬기능: 마감시간, 소요시간 예측, 시간 배분, 작업 순서, 생각 배열
- 공간정렬기능: 소지품 관리, 물품 보관, 자료 기억, 문서 정리, 작업공간 정리
- 사회적 사고기능: 만족–불만족, 사회성 주의산만

4. 학업 문제의 개입과 상담

학습상담이란 개인이 무엇인가를 배우고 익히는 과정에서 겪는 문제를 보다 체계적이고 통합적으로 해결하여 유능한 학습자가 되도록 조력하는 과정이다(이재규, 2013). 좀 더 구체적으로 말하면, 학습상담은 학생들이 학습과 관련하여 자신이 원하는 것을 명확하게 인식하고 실현하기 위해 자신의 잠재력을 인식하고 활용하도록 돕는 과정이다. 학습상담을 통해 학생들은 학습과 관련하여 자신의 사고, 행동, 전략을 객관적으로 파악하고 좀 더 유익하고 효과적인 사고, 행동, 전략을 구성하고 실천하며, 그 과정에서 경험하는 좌절에 의연하게 대처하여 자신이 원하는 것을 달성할 수 있게 된다.

1) 학습상담의 목표

학습상담의 궁극적인 목적은 학생들의 학업성취도를 향상시키는 것이지만, 학습상담의 목표는 다양한 형태로 기술할 수 있다. 존슨(Johnson, 1991)은 학교상담의 결과를 직접 결과, 중간 결과, 원격 결과로 구분하였다. 직접 결과(immediate result)는 특정한 학교상담 활동이 완료되는 시점에서 즉시 나타나는 효과를 기술하는 것이다. 중간 결과(intermediate result)는 학생들이 학교상담 활동에 참가하고 얼마간 시간이 지난 후에 그들에게 어떤 영향을 미쳤는가에 초점을 두며, 원격 결과(long-range result)는 학생들이 학교를 졸업한 후에 프로그램이 그들에게 어떻게 영향을 미치는가에 초점을 둔다. 예를 들면, 학업 능력 향상을 위해 공부기술과 자기대화 기술을 훈련하여 시험성적과 자기효능감이 향상되었고 전국학력평가에서 우수한 성적이 기대된다면, 두 가지 기술의 수행은 직접 결과이고 시험성적과 자기효능감의 향상은 중간 결과이며 전국학력평가의 향상은 원격 결과이다.

디미트, 캐리, 해치(Dimmitt, Carey, & Hatch, 2007)는 학습상담의 결과로 나타날 수 있는 다양한 변화를 인식의 측면과 결과의 측면으로 구분하였다. 학습상담의 목표는 인식의 측면에서 지식, 기술, 태도 등 학습 역량을 향상시키는 것이며, 결과의 측면에서 성취 관련

〈표 7-4〉 **학습상담에서 기대되는 변화의 형태**

인식의 변화	➡	결과의 변화	
학습 역량		성취 관련 행동	학업성취도
• 태도 −매일 등교 & 숙제 완성의 중요성 인식 • 기술 −공부기술 시범 −시험 전략 활용 −갈등해결기술 시범 • 지식 −졸업학점 요건 −목표설정단계 확인	행동변화	• 출석 증가 • 정학률 • 훈육 감소 • 음주, 흡연, 약물 등 • 학부모 참여 • 숙제 완성 • 교과 외 활동 • 코스 등록 패턴	• 전국학력평가 통과 • 표준화 성취도검사 점수 • SAT/ACT 점수 • 대수학 통과 • 성적 평균 • 대학합격 • 대학신입생 치료교육 • AP 검사 점수(통과) • 대학 준비요건 완성

출처: Dimmitt, Carey, & Hatch (2007), p. 45.

행동을 개선하여 장 · 단기 학업성취도를 향상시키는 것이다. 〈표 7-4〉는 학습상담에서 나타날 수 있는 다양한 결과를 정리한 것이다.

이재규(2013)는 학습상담의 목표를 최종 목표와 과정 목표로 구분하였다. 최종 목표는 학업성취도를 향상시키기 위한 것이며, 과정 목표는 이 학업성취도에 영향을 미치는 개인적 및 환경적 요인을 변화시키기 위한 것이다. 학업성취도는 단기적으로 중간고사 또는 기말고사의 성적부터 장기적으로 대학수학능력시험 성적까지 다양한 형태로 나타날 수 있다. 학업성취도에 영향을 미치는 개인적 요인은 학업자아개념, 자기효능감, 목표지향성, 귀인성향 등 학습동기, 주의집중, 읽기, 쓰기, 셈하기 등 학업수행 행동, 시간 계획, 자기통제, 좌절대처 등 자원관리 행동을 포함한다. 또한 환경적 요인은 양육방식, 성취압력, 사회경제적 지위 등 가정 변인, 학교 풍토, 교실 분위기, 교사 수업방식 등 학교 변인, 또래의 상호작용과 모델 행동, 학교교육과 사교육에 대한 지역사회 정서, 국가의 평가제도 및 대입제도 등 다양한 변인이 포함된다. 따라서 학습상담의 과정 목표는 개인적 측면에서 학생들의 학업자아개념과 학습동기를 개선하고 학업수행 행동을 효율화하며 학습자원을 적절히 관리하도록 조력하는 것이며, 환경적 측면에서는 가정, 학교, 또래, 지역사회, 국가 등 생태학적 특징을 인식하고 적절히 대처하도록 조력하는 것이라고 할 수 있다. 학습상담의 최종 목적은 학생들의 학업성취도 향상에 있지만, 이를 달성하기 위해서는 여러 가지 개인적 문제와 환경적 문제를 극복해야 한다.

2) 학습상담의 주요 전략

학습부진은 기초학습 또는 선수학습의 결핍으로 인한 학습내용의 부족뿐만 아니라 학습전략, 주의집중력, 학습동기, 사회적 기술, 시험불안 등 학습과정에 연루된 개인적 특성의 결함에서 기인하는 경우가 많다. 따라서 학습부진 학생에 대한 효과적인 지도 방안을 수립하기 위해서는 이러한 결함 요인을 확인하여 적절한 개입 전략을 마련해야 한다. 학업 문제의 유형에 따른 주요 상담 전략은 다음과 같다.

(1) 기초학습 능력을 향상하기 위한 전략

읽기, 쓰기, 셈하기 등 기초학습기능의 심각한 결손과 이로 인한 교과학습의 결손은 학교 부적응을 유발하는 근본 원인이 될 수 있다. 이와 같은 기초학습 능력이 부진한 학생의 상담이 효과를 거두기 위해서는 조기 발견 및 개입이 무엇보다 중요하다. 그 이유는 조기 개입을 통해서 학생이 학업을 효율적으로 수행할 수 있도록 돕고 학업 문제로 인하여 발생할 수 있는 이차적인 심리 문제를 예방할 수 있기 때문이다(송재홍, 2013: 440-443).

① 읽기

읽기는 내용학습을 위한 중요한 도구의 역할을 수행하기 때문에 매우 중요한 의미를 갖는다. 이러한 읽기 능력은 크게 단어재인 능력과 읽기 이해력으로 나누어 볼 수 있는데, 학습장애 학생의 경우 두 기능 모두에서 심각한 문제를 보인다. 구체적으로 읽기 문제에는 생략(문장을 읽을 때 단어나 단어의 일부분을 빠뜨리기), 첨가(제시 문장에 없는 단어나 문장을 추가하기), 대치(주어진 단어를 다른 말로 바꾸기), 도치(문자나 단어의 좌우를 바꾸어 읽기) 등과 같은 외형적인 특징과 낮은 읽기 이해 능력이 포함된다. 또한 학습장애를 지닌 아동은 글자와 소리의 대응관계 학습이 느리고 결과적으로 낱말 읽기와 문장 읽기에 어려움을 보인다. 비슷한 단어를 서로 혼동하거나(예: 그러나-그런데, 소풍-소품) 단어를 읽는 속도와 정확성이 또래에 비해 현저히 낮다(김동일, 2013). 이러한 문자해독 능력의 결함은 다른 교과의 내용을 파악하지 못하여 해당 교과의 학습에 심각한 악영향을 미치므로, 체계적인 중재 학습을 통하여 문자해독 능력을 향상시킬 수 있는 프로그램을 제공할 필요가 있다. 상담교사는 학습장애 학생들의 읽기 능력에 대한 체계적인 평가와 효과적인 중재를 통해서 그들 각자가 읽기 과정을 잘 이해하고 자신의 읽기 전략을 개선할 수 있도록 지도해야 한다.

또한 독해 능력을 체계적으로 지도하기 위해서는 학습장애 학생들이 읽기나 내용 학습을 시작하기 전에 새로운 학습 활동의 핵심이 되는 어휘력을 습득할 수 있도록 하는 적절한 프로그램이 제공되어야 한다. 읽기 활동에서는 글자 그대로 쓰여 있는 내용을 이해하는 것뿐만 아니라, 개인적 경험과 직관을 통해서 글 속에 내재해 있는 사건들의 관련성을 파악하거나 뒤따르는 이야기에 대한 가설을 형성할 수 있는 추론 능력을 향상시킬 수 있도록 체계적인 지도가 이루어져야 한다. 이 과정에서 상담교사는 학습상담 시 충분한 연습과 다양한 적용 경험을 계획 · 실행하여 학습장애 학생이 필요한 인지 전략을 자율적으로 일반화하여 적용할 수 있도록 조력할 필요가 있다.

② 쓰기

쓰기 과정은 크게 철자법과 작문으로 구분할 수 있으며, 쓰기 문제를 지닌 학습장애 아동은 두 과정에서 모두 심각한 문제를 보인다. 쓰기에서 학습장애를 지닌 학생은 전반적으로 글자의 크기, 간격, 글자 간의 조화가 심한 불균형을 보이며 글자의 모양이 심하게 왜곡되어 있는 경우가 많다. 또한 받아쓰거나 베껴 쓰는 속도가 느리고 작문할 때 구두점, 맞춤법 등 기술적인 측면은 물론 주제에 일관되게 글을 조직하거나 적절하면서도 풍부한 어휘를 구사하는 데 어려움이 많다. 읽고 쓰는 것뿐만 아니라 남의 말을 듣고 이해하는 능력도 또래에 비해 심한 차이를 보인다. 일상적인 대화에서도 적절한 단어를 적절한 억양과 속도로 표현하는 데 어려움을 보일 수 있다. 결국 일차적인 음성언어의 문제가 쓰기 과정의 문제를 예측한다고 볼 수 있다(김동일, 2018).

쓰기 능력을 체계적으로 지도하기 위해서는 기획, 초안, 수정, 편집, 발표 등 쓰기 활동의 단계를 참고할 필요가 있다(Mercer, 1991; Mercer & Mercer, 2005). 기획 단계에서는 먼저 글의 주제를 정하고 글의 목적이나 독자의 특성에 적합한 글의 형식을 선택하도록 지도한다. 초안 단계에서는 먼저 글의 전체적 구성을 조직하고 각 부분별로 내용 전달을 위해 사용될 소재의 적합성을 검토하도록 지도한다. 전체적인 글의 구성과 글을 구성할 소재가 결정되면 철자나 문법을 지나치게 의식하지 않으면서 내용에 대한 글쓰기를 시작한다. 수정 단계에서는 먼저 전체적인 글의 구성에 대해 스스로 다시 한번 검토하고 다른 사람에게 피드백을 받으며, 이러한 결과를 근거로 전반적인 글의 조직, 내용의 타당성, 문법적 오류 등에 대하여 수정 작업을 수행할 수 있도록 지도한다. 편집 단계에서는 철자나 문법의 오류는 물론 글의 형식에 대한 편집이 이루어지도록 지도하고, 마지막 발표 단계에서는 작성한 글을 동료, 부모, 교사 앞에서 발표할 수 있는 장을 마련하여 쓰기 활동에 대한 동기를 높이는 데 초점을 맞추어야 한다.

③ 기초수학

기초수학 능력은 크게 계산 능력과 수학적 문제해결 능력으로 구분할 수 있으며, 기초수학 문제를 지닌 학습장애 아동은 두 가지 능력에서 모두 심각한 문제를 보인다. 단순연산뿐만 아니라 수학 응용문제 해결, 기본 수학 개념 이해 등 여러 수학 영역에 걸쳐 매우 낮은 학업성취도를 보인다(Carnine, Jones, & Dixon, 1994; Cawley & Parmar, 1994; Mercer & Miller, 1992). 수학 학습의 입문기인 학령기 초기에 처음 경험하는 수학 학습의 대상은 수와 연산이다. 수와 연산은 실생활에서 양을 표현하고 그 관계를 다루는 도구인 동시에 수단이 된다. 또한 수학 학습의 기초인 동시에 수학의 뼈대로서 수학의 다른 영역과 교과학습을 위한 필수적인 도구이기도 하다(김동일, 이대식, 신종호, 2016). 특히 수학 영역에서 학습장애를 지닌 학생은 숫자를 쓰거나 읽는 데 어려움을 보이며, 숫자를 시간적 · 공간적으로 조직하는 능력이 부족하여 자릿값에 따른 숫자의 배열에 어려움을 느낀다든지 모양이 비슷한 숫자(예: 6과 9, 12와 21)를 혼동하는 경우가 있다.

기초수학 영역에서 심각한 학습 결손을 보이는 학생들은 또한 사물의 분류, 계열화, 일대일 대응관계, 보존성과 같은 기본적 개념이 부족한 것으로 보고되고 있다(Mercer & Miller, 1992). 이러한 개념들은 수의 이해, 연산, 측정, 집합 등과 관련해 중요한 개념적 역할을 수행한다. 따라서 기초수학 영역에서 학습장애를 지니고 있는 학생은 학습상담을 통해서 수학 기능을 수행하는 데 기초가 되는 기본 개념을 파악할 수 있도록 조력을 받아야 한다. 상담교사는 학생들이 단순히 반복적인 연습을 통해 기본 기능을 습득하기보다는 각 기능에 내재해 있는 개념적 이해를 할 수 있는 방향으로 중재 프로그램을 계획하고 제공할 필요가 있다(김동일, 2013).

(2) 학습전략을 개선하기 위한 전략

학습전략 부족으로 인해 학습부진을 보이는 학생을 돕기 위한 개입 전략은 인지전략 및 초인지 향상을 위한 개입과 자원관리 능력 향상을 위한 개입으로 나누어 살펴볼 수 있다(송재홍, 2018a: 53-56).

① 인지전략 및 초인지 향상을 위한 개입 전략

상담교사는 학습부진 학생이 사용하는 학습전략을 파악한 다음, 노트정리, 밑줄 긋기, 요약하기, 개요작성(outlining), 개념도 작성(concept mapping), 읽기 요령(예: SQ3R, PQ4R 등) 등 학습전략을 가르쳐 줄 필요가 있다. 학습하는 방법에 관한 전략을 가르치는 일은 곧 학생에게 이용 가능한 학습기술을 제공해 줌으로써 학생의 심리적 및 인지적 사고과정을 변화시켜서 정보처리 과정을 최적화시키는 데 기여할 수 있다. 또한 상담교사는 학생이 학습전략의 유용성, 사용할 시기 및 방법을 인지하고, 정보를 효율적 · 효과적으로 처리하는 '유능한 전략 실행자' 또는 '자기조절학습자'가 되도록 도움을 주어야 한다. 학습전략을 가르치는 데 효과적인 교수 원리를 제안하면 다음과 같다(이신동, 최병연, 고영남, 2011).

첫째, 상담교사는 학생들의 사전지식에 근거해서 학습전략을 소개하여야 한다. 학습전략과 관련된 사전지식 또는 경험은 학생들의 전략 습득에 많은 영향을 준다. 사전지식의 활성화는 학생들이 현재의 정보와 관련된 자신의 선행지식을 조직화하고 정교화하는 데 도움을 준다. 따라서 사전검사나 관찰을 통해서 학생이 전략적 지식을 지니고 있는지와 그것을 어느 정도 사용하고 있는지를 먼저 평가해야 한다.

둘째, 상담교사는 학습전략의 가치를 설명해 주어야 한다. 전략의 가치에 대한 학생의 이해는 그의 자아체계와 학습기대에 긍정적인 영향을 줄 것이다. 또한 학습전략에 대한 가치인식은 전략사용의 전이를 결정하는 데 중요하다. 학생이 학습한 전략을 사용할 수 있는 능력이 있다고 해도 학습전략의 가치를 인지하지 못한다면, 그는 그러한 전략을 사용하려고 하지 않을 것이다.

셋째, 상담교사는 학습전략에 대해 명시적이고 분명하게 설명해 주어야 한다. 즉, 전략을 학습해야 하는 이유, 전략을 사용하는 방법, 그 전략이 어떻게 가르쳐질 것인지 설명하여야 하며, 설명에는 가르칠 전략에 대한 교사의 시범(mental modeling)이 포함되어야 한다. 또한 교사는 생각 말하기(think aloud)와 같은 방법으로 문제해결 과정을 시범할 수도 있다.

넷째, 학습전략을 가르칠 때는 한번에 2~3개 정도만 집중적으로 연습하는 것이 좋다. 과다한 학습량은 작업기억에 인지적 과부하를 가져올 수 있을 뿐 아니라, 학생의 동기유발에도 부정적인 결과를 초래할 수 있다. 또한 다양한 연습을 통하여 학습전략의 선정 및 실행을 자동화한다면 작업기억의 용량을 좀 더 효율적으로 활용할 수 있을 것이다.

다섯째, 학습의 책임이 점진적으로 학생에게 이양되어야 한다. 학습의 책임을 학생들에게 점진적으로 이양하는 것은 학생들에게 학습전략을 스스로 구성할 수 있는 기회를 제공해 주는 것이며, 학생들은 이러한 과정을 통해서 자기조절 학습자가 될 수 있을 것이다.

여섯째, 학습전략의 전이 및 일반화 촉진에 중점을 두어야 한다. 학습전략을 가르치는 목적 중의 한 가지는 학생들이 학습한 전략을 유사한 과제 또는 문제 상황에 자발적으로 사용하도록 하는 것이다.

② 자원관리 능력 향상을 위한 개입 전략

자원관리 전략은 공부환경 관리, 시간 및 노력 관리, 타인의 조력 등 학습활동을 지속할 수 있도록 지지하는 전략이다. 특히 시간 계획과 시간 관리는 능동적인 학습을 위한 핵심 전략이다. 시간 계획(time scheduling)은 학생들이 시간을 어떻게 보내고 있는지를 점검하고 학습목표를 정하여 학습시간을 마련하는 것을 말하며, 고정된 시간 계획부터 여가 시간의 확보까지 포함한다. 또한 시간 관리(time management)는 학생들이 자신의 목표가 무엇인지를 알고 우선순위를 정하며 미래 요구와 가능한 변화를 예상하여 자기 자신을 시간의 통제 안에 두고 학습을 계획대로 수행하는 것이다. 시간을 더 체계적으로 계획하고 관리하기 위해서 고려해야 할 점은 다음과 같다(전명남, 2007, 2013).

첫째, 학생의 시간 사용 습관을 점검하여 시간을 불필요하게 낭비하고 있지 않은지 점검한다. 철저한 시간 관리의 가장 큰 적은 미루는 습관인 지연행동이다. 특히 중요한 공부를 미루는 습관이 발견되는 경우 그에 대한 이유를 밝히고 지연을 극복하는 방법을 찾아 실천해야 한다. 먼저 미루는 행동이 좋지 않은 결과를 초래한다는 것을 인식하고, 헛된 결심이나 백일몽과 같이 미루는 행동을 합리화하는 이유를 경계한다. 또한 과제를 작은 단위로 나누어 미리 해결하거나 싫어하는 일을 먼저 하고 귀찮은 일은 재미있는 일로 만들어 공부에 대한 저항을 줄인다. 끝으로 계획 완수에 대한 강박관념을 버리고 과제를 완수하면 보상이 주어지도록 계획한다.

둘째, 시간을 좀 더 알차게 보내기 위해서 시간 계획을 세우고 실천한다. 먼저 학습목표를 점검하여 실천 가능성이 높은 행동목표로 전환하고 목표 달성을 위해 필요한 행동목록을 나열한다. 제한된 시간을 좀 더 효과적으로 사용하기 위해서는 학습목표의 중요도와 긴급도에 따라 우선순위를 정하고 각 활동에 소요되는 예상 시간을 추정하여 주별 시간 계획을 세우고 이에 따라 일일 시간 계획 및 점검표를 작성한다. 끝으로 시간 계획이 수립되면 시작하는 방법을 먼저 다루고 이어서 계획한 대로 실천할 수 있도록 관리한다. 계획을 시작할 때에는 일단 비판을 삼가고 마음의 지도를 그려서 정신적 · 신체적으로 준비하고, 어떤 장소에서든 어떤 방식으로든 출발한다. 시간 계획이 성공하려면 처음에는 작게 시작하고 한 번에 한 가지씩 행하며, 그 계획이 성공했을 때와 실패했을 때의 결과를 떠올리고 자신의 시간 계획을 주변 사람에게 알리며, 스스로에게 보상을 약속하고 예상치 못한 일에 대비하여 하루 중에 여백을 남겨 두거나 틈틈이 쉬는 법을 배워야 한다.

셋째, 시간을 알차게 보내는 또 다른 방법은 자투리 시간이나 낭비된 시간을 효과적으로 활용하는 것이다. 통학시간이나 점심시간을 유용하게 활용할 수도 있고, 효과적인 공부전략을 사용하거나 동시에 처리할 수 있는 것들을 조직하여 행하는 습관을 기르면 시간 낭비를 줄일 수 있다. 또한 우선순위를 정하여 중요한 일을 먼저 처리하거나 시간이 적게 걸리는 일을 먼저 시작할 수 있으며, 수첩이나 스마트폰을 이용하여 다이어리를 작성하거나 자신과 관련된 일정을 성격이나 중요도에 따라 색상으로 분류하여 정리하고, 자주 사용하거나 쉽게 정보를 얻을 수 있는 사이트를 분류하여 정리하는 것도 도움이 된다.

(3) 주의집중력을 향상하기 위한 전략

주의집중력이 부족한 학생을 위한 교육적 중재방안이 다양하게 제시되었으며, 특히 학교와 학습클리닉에서 광범위하게 사용 중인 프로그램이 많다. 주의집중력 부족의 원인은 생물학적 원인과 환경적 원인으로 나누어 볼 수 있다. 생물학적 원인은 주의가 산만하고 활동 성향이 강한 선천적 기질로서, 이러한 학생은 어릴 때부터 높은 에너지 수준과 많은 활동량을 보이며 호기심이 많은 특성을 보인다. 환경적 원인은 부모의 무관심과 부주의로 인해 교육적·문화적 자극이 지나치게 적거나 과다하게 제공될 경우 나타나는 학습에 대한 흥미 및 동기 결여, 환경으로부터 가중되는 심리적 불안과 스트레스, 무질서하고 체계화되지 못한 생활습관이나 공부 환경 등이 있다.

따라서 주의집중력 부족으로 인해 학습부진을 나타내는 학생은 인지적, 정서적, 행동적 측면에서 환경적 원인을 분석하여 그에 알맞은 개입 전략을 강구할 필요가 있다. 학습 환경을 개선하여 자극을 단순하게 하는 전략과 자기통제력을 향상시켜 주의집중력을 높이는 전략을 알아보고, 주의집중력을 높이기 위한 강화 전략을 소개한다. 이 밖에 다른 절에서 설명하는 학습전략을 개선하거나 학습동기를 향상시키는 전략도 주의집중력을 높이는 데 기여한다(송재홍, 2018a: 57-61).

① 과제 환경 개선을 통한 개입 전략

주의집중력이 낮은 학생은 환경 내에 존재하는 다양한 자극 중에서 학습에 중요한 자극과 덜 중요한 자극을 변별하지 못하거나 변별하더라도 사소한 자극에 의해 쉽게 산만해지는 특성을 나타낸다. 이러한 학생에게는 공부 환경을 점검하여 방해 요인을 제거하거나 집중해야 할 과제에 대한 매력을 높여 주어야 한다.

우선 가능한 한 방해 자극이 없는 조용하고 깨끗한 공간에서 학습하도록 한다. 공부를 시작하기 전에 책상 위에 있는 불필요한 물건을 치우거나 주변 소음을 차단하고 공부 장소에서는 공부 이외의 다른 활동을 하지 않도록 하는 노력이 필요하다. 책상은 잘 정리하고 너저분한 물건이 없도록 하고, 과제나 놀이가 끝나면 사용된 물건을 즉시 치운다. 소음을 줄이기 위해 커튼을 달거나 바닥에 카펫을 깔아 주고, 캐비닛이나 가리개가 달린 선반을 사용하여 잡다한 물건이 눈에 띄지 않게 정리한다. 특히 소리에 너무 민감한 아동은 귀마개를 하거나 귀에 솜을 끼우도록 한다.

다음엔 사려 깊은 과제 부과하기를 통해 집중해야 할 과제에 대한 매력을 높여 준다. 한 가지 방법은 좋아하는 것부터 작은 단위로 나누어 시작하는 것이다. 주의집중력이 낮은 학생에게는 쉽게 도전할 만한 재미있는 과제를 더 많이 경험하게 하는 것이 필요하다. 처음에는 좋아하는 물건이나 과제를 제시하고 점차적으로 덜 좋아하는 것을 하도록 계획을 짠다. 무엇보다 한꺼번에 너무 많은 과제를 주지 않는 것이 중요하다. 너무 많은 과제를 부여하면 산만함이 증대될 수 있다. 또한 과제는 보다 구체적으로 부여한다. 처음에는 짧고 구체적인 과제를 끝내는 방식으로 학생 스스로가 성공적인 경험을 하도록 돕는다. 더불어서 초기에 짧은 과제를 마친 후에 그보다는 긴 시간 동안 놀이나 휴식을 하도록 해 주고, 학생이 보다 긴 시간 동안 집중할 수 있게 되면 과제를 수행하는 시간을 점차 늘려 간다. 과제를 마치거나 휴식의 끝에 대한 신호로서 알람시계를 이용하는 것이 효과적이다. 또한 시작 시간과 끝 시간, 그리고 과제를 수행하는 데 걸린 시간을 스스로 기록하도록 해 보는 것이 좋다.

때로는 집중력을 개발하기 위해서 특별히 제작된 교구를 활용하는 방안을 고려한다. 예를 들면, 그림에서 빠진 부분 찾기, 문장에서 틀린 말 찾기, 몇 장의 삽화를 이야기 순서로 나열하기, 집중력 훈련을 목적으로 고안된 컴퓨터 프로그램을 이용하기 등의 방법을 사용하면 집중력 훈련에 큰 도움이 된다.

② 자기통제력 향상을 위한 개입 전략

자기통제력은 목표를 달성하기 위해 순간의 충동적인 욕구나 행동을 억제할 수 있는 능력을 말하며, 유혹에 저항하는 능력, 만족을 지연하는 능력, 충동을 억제하는 능력을 필요로 한다. 주의집중력이 높은 사람은 자기통제력이 높고 장기적인 목표를 위해 즉각적인 만족을 연기할 수 있으며, 충동적으로 행동하기보다는 심사숙고하여 상황적 요구에 대응하여 적절히 행동할 수 있는 사려성을 갖추고 있다. 또한 겉으로 드러나지 않는 내적 언어(혼잣말)를 통해 자신의 사고와 감정을 조절하는 전략을 활용한다. 따라서 내적 언어를 사용하여 자기통제력을 향상시키면 주의집중력을 효과적으로 높일 수 있다.

자기통제력을 향상시키기 위해 적용할 수 있는 한 가지 방법은 과제를 수행하는 각 단계마다 필요한 언어를 내재화함으로써 자신의 행동을 조절하도록 하는 것이다. 대표적인 접근법으로는 자기교시 훈련과 생각 말하기 훈련이 있다. 자기교시(self-instruction) 훈련은 마이켄바움과 동료(Meichenbaum, 1985; Meihenbaum & Goodman, 1971)가 개발한 것으로, 학생은 문제정의, 주의집중, 자기평가, 자기강화 등 인지적 과제를 수행하는 동안 거치게 되는 각 단계마다 외현적 모델링에서 시작해서 안내를 통한 외현적 모델링, 외현적 시연, 속삭임을 통한 시연을 거쳐 내적 시연에 이르는 일련의 언어 내재화 과정을 학습한다. 캔달과 동료들(Kendall, 2010; Kendall & Braswell, 1985; Kendall & Finch, 1976)은 사회적 문제해결 상황에서 언어적 자기교시를 통한 문제해결 전략을 제시하였다. 그것은 문제 정의('무엇을 해야 하는가?' '문제는 무엇인가?'), 문제에 대한 접근('모든 가능한 해결책을 살펴보자.' '내가 지금 하고 있는 것만 살펴보자.' '집중하자.'), 해결책 선택('해결책을 하나 고르자.'), 해결책 검토('해결책을 검토하자.'), 자기강화('아, 잘했어.' 또는 '아, 실수했군. 다음에는 더 천천히 그리고 더 집중하자.')의 다섯 단계를 거친다.

생각 말하기(think aloud) 훈련은 인지적 문제해결에서 내적 언어를 활성화시키는 자기교시 훈련과 사회적 문제해결 과정을 언어화하는 문제해결 훈련을 적절히 병행한 접근법이다(Hogan, 1999). 이명경(2007)은 이러한 자기통제를 위한 내적 언어를 재구성하여 학습 상황에서 주의집중력을 높이고자 하였다. 그는 주의집중력 개발을 위한 5단계 접근법을 제시하였다.

- 1단계(문제 정의): 해결해야 할 문제는 무엇인가? ("무엇을 해야 하지?")
- 2단계(계획 수립): 구체적인 계획은 무엇인가? ("어떤 방법으로 할까?")
- 3단계(중간 점검): 계획을 제대로 활용하고 있는가? ("계획대로 하고 있나?")
- 4단계(실행 후 점검): 문제를 계획한 대로 해결하였는가? ("어떻게 했지?")
- 5단계(칭찬과 격려): 문제해결 행동에 대해 자기강화를 시도한다. ("잘했어, 열심히 노력한 덕이야." / "괜찮아, 다음엔 더 노력하자.")

그 밖에도 자기조절을 가르치는 방법을 활용하여 자기통제력을 향상시킬 수 있다. 예를 들면, "일단 멈추고, 쳐다보고, 듣는다."라는 생각을 심어주거나, "남들이 그만두라고 해도 나는 하던 일을 계속 해야 된다."와 같이 스스로에게 말하기 훈련을 시킬 수 있다. 또한 근육이완법이나 복식호흡법을 가르쳐서 어떻게 긴장을 풀 수 있는지, 그리고 그처럼 긴장을 푸는 것이 얼마나 주의집중에 도움이 되는지를 경험하게 하는 것도 도움이 된다. 이 방법은 특히 활동량이 많고 산만한 아이들에게 효과적이다.

③ 주의집중력을 높이기 위한 행동적 전략

주의집중력을 높이기 위해서는 주의집중을 유도하고 학생이 주의집중을 할 때 그 행동을 적절히 강화할 필요가 있다(안동현, 김세실, 한은선, 2004; DuPaul & Stoner, 2007).

첫째, 선택적인 주의를 가르치고 강화한다. 실제로 초등학교 시절 이후의 학습 성취는 선택적으로 집중하는 능력과 산만함을 조절하는 능력에 달려 있다. 집중력이 늘어나는 것에 대한 관심과 격려를 통해 어느 정도 주의집중 기술(attending skill)에 문제가 생기는 것을 막을 수 있다. 한 가지 과제를 끝내지 않고 다른 행동으로 옮기는 경우에는 이런 행동을 무시하거나 약간은 제지할 필요도 있다.

둘째, 효과적인 전략을 미리 알고 사용한다. 지시를 할 때는 분명하고 구체적으로 말한다. 불필요한 군더더기 말을 줄이고 학생과 눈을 마주친 상태에서 항상 관찰하면서 지시를 내린다. 이때 학생에게 스스로가 선택할 수 있는 기회를 주거나 동기를 유발하는 말을 함께 해 주면 좋다. 한 가지 유용한 전략은 STOP이다. 일단 멈추고(Stop) 생각하면서(Think) 대안을 제시하고(Options) 계획을 세워 실행에 옮긴다(Plan).

셋째, 학생 스스로 집중하고 산만해지지 않으려는 노력을 보상한다. 학생들의 주의력에 부모나 교사가 주의집중을 한다는 것이 필수적이다. 가끔은 아이가 집중을 하는 것보다는 산만한 행동을 할 때 주위 어른들의 관심을 받는다. 이런 현상을 줄이기 위해 산만한 행동에는 무관심한 태도를 보이고 주의를 기울이는 행동에는 칭찬과 보상을 주어 점차 주의집중 시간을 늘려 간다. 또한 집단에서 집중을 잘하는 다른 학생에게 보상과 칭찬을 해 주는 것도 주의력이 떨어진 학생에게 치료적인 효과가 있다.

끝으로, 규칙 만들기 방법과 결과 가르치기를 활용한다. 예를 들면, 아침에는 일정 시간에 기상하고, 방과 후에 집에 오면 바로 숙제부터 하고, 숙제를 끝내야 TV를 보거나 컴퓨터를 할 수 있다. 이런 규칙은 매일 일관되게 지속되어야 한다. 부모나 다른 가족도 이런 규칙을 잘 지키는 모범을 보여 준다. 규칙을 말로만 정하는 것보다는 글로 써 놓고 부모와 자녀가 같이 서명을 하거나 칠판에 써 놓는 것이 효과적이다. 이때, 일과계획표를 작성하는 것도 요령이다. 체크리스트를 만들어서 할 일을 마친 경우에는 학생 자신이 스스로 표시를 하도록 해 준다. 또한 규칙을 위반할 때에는 결과 가르치기를 활용한다. 예를 들면, 숙제를 하지 않았을 경우 그 결과로 수행평가에서 불이익을 받도록 놔두고, 딴청을 피우느라 지나치게 긴 시간 식사를 한다면 일정 시간이 지나면 음식을 치우는 식으로 자신의 행동에 대한 자연적인 결과를 알도록 가르친다. 제때 해야 할 일을 마치지 못하면 TV시청 시간이나 노는 시간이 줄어들고 그 시간에 마치지 못한 일을 해야 한다는 것을 가르친다.

(4) 학습동기를 유발하기 위한 전략

학습부진 학생의 학습동기를 유발시킬 수 있는 전략은 학습동기 이론에 따라 다양하다. 대표적인 학습동기 이론에 따른 동기 유발 전략을 제시하면 다음과 같다(송재홍, 2018a: 61-65).

① 귀인 이론에 따른 개입 전략

상담교사는 학업 성패에 대한 학생의 귀인 성향이 바람직하지 못할 경우 귀인 재훈련(attribution retraining)을 통해서 좀 더 바람직한 방향으로 성패의 원인을 돌릴 수 있도록 도와준다. 즉, 실패의 원인을 능력 부족과 같은 요인에 귀인하려는 성향을 불충분한 노력이나 부적절한 학습전략의 사용과 같이 교정 가능한 요인에 귀인하도록 유도하는 것이다(Weiner, 1980, 1986). 귀인 재훈련 프로그램에서는 또한 일련의 체계적인 경험, 사회화, 모델링, 연습, 피드백을 통하여 실패에 대한 걱정보다는 현재의 과업에 집중하며 실패 시에는 수행과정을 점검하여 오류를 탐색하고 문제를 분석하여 대안적인 방법을 찾도록 지도한다(Foersterling, 1985).

전략귀인은 실패를 능력으로 귀인하여 학습된 무기력에 빠지거나 많은 노력을 했음에도 불구하고 실패하여 더 이상 노력을 하지 않으려는 학생들에게 실질적인 도움을 줄 수 있다. 학업상황에서 실패한 학생에게 문제해결 과정에서 전략을 활용하는 데 집중하도록 한다면 학생의 노력을 인정하면서도 문제를 해결하기 위하여 대안적인 접근을 할 필요가 있다는 긍정적이고 건설적인 암시를 전달해 주는 것이다. 따라서 교사는 학생들이 긍정적인 신념을 갖도록 해 줄 뿐만 아니라 인지전략, 초인지 전략, 시험 치르기 전략, 시간관리 전략 등과 같은 전략귀인과 관련된 피드백을 제공해 주어야 한다.

② 자기효능감 이론에 따른 개입 전략

자기효능감은 목표추구 행동뿐만 아니라 성취와 관련된 행동, 사고, 정서적 반응에도 영향을 미친다(Bandura, 1977, 1997). 자기효능감이 높으면 목표를 높게 잡고 도전적인 과제를 선택하고, 과제 수행에 자신감을 갖고 몰두하게 되며, 나아가서 두려움과 불안을 감소시킨다. 반두라(Bandura, 1977, 1997)는 학생들이 직접경험, 대리경험, 언어적 설득(타인의 칭찬이나 격려), 그리고 생리적 및 정서적 상태 등 네 가지 정보원을 통해서 자기의 능력을 평가한다고 보았다. 상담교사는 다음과 같은 방법으로 학생의 자기효능감을 높여 줄 수 있다.

첫째, 도전적인 과제 수행에서 성공 경험은 학생들의 자기효능감을 높일 수 있다. 상담교사는 다양한 학습 상황에서 학생들이 성공을 경험할 수 있는 기회를 제공함으로써 자신도 스스로 잘할 수 있다는 확신을 갖도록 해 줄 필요가 있다.

둘째, 또래 모델을 활용하여 자기효능감을 향상시킬 수 있다. 학생들은 자신과 연령이나 성별 또는 능력이 유사한 모델의 성공적인 수행을 관찰함으로써 자신도 그러한 과제를 수행할 수 있다는 신념을 갖게 된다. 또래모델은 특정한 과제에 대한 자신의 수행능력을 의심하거나 그것으로 인해 스트레스를 경험했던 학생들에게 특히 효과적이다.

셋째, 다양한 형태의 언어적 피드백을 통하여 학생들의 자기효능감을 높일 수 있다. 상담교사는 성공적으로 과제를 수행한 학생에게 능력이나 노력에 귀인하도록 함으로써 자신의 능력을 높게 지각하도록 할 수 있다. 또한 학습전략과 관련된 상담교사의 피드백은 학생의 자기효능감을 향상시킬 수 있다. 학습전략이 성공적인 과제수행에 도움이 된다고 지각하는 학생들은 자기효능감이 향상되고 그에 따라 추후과제에서도 그러한 전략을 기꺼이 사용하려고 할 것이다.

넷째, 정서적 흥분을 긍정적으로 해석하고 대처할 수 있는 기술을 제공해야 한다. 예를 들어, 학생들은 심하게 긴장하고 불안하면 얼굴이 빨개지고 손에 땀이 나며 심장 박동이 빨라지는데, 이런 현상을 능력이 부족하고 실패가 두렵기 때문에 생기는 것으로 지각하면 자기효능감이 떨어지게 된다. 따라서 이러한 긴장이나 불안을 긍정적인 이유로 귀인하도록 유도하고 긴장이나 불안에 대처하는 기술을 훈련시키는 것이 필요하다.

③ 성취목표 이론에 따른 개입 전략

성취목표 이론은 학생이 자신의 학습행동에 어떤 목표를 부여하는가에 따라 학습동기가 달라진다고 본다. 이 이론에서는 성취를 위한 학습행동의 목표를 숙달목표와 수행목표로 구분한다(Ames, 1992; Ames & Archer, 1988). 현실적으로 학생들이 수행목표를 지향하는 것은 불가피하지만, 장기적인 측면에서 학생이 숙달목표를 지향할 때 학습과 수행의 가능성을 높여 준다. 상담교사는 다음과 같은 방법으로 학생이 숙달목표를 지향하도록 유도할 수 있다(Ormrod, 2011).

- 특정 주제의 숙달이 학생의 장기적인 목표와 어떻게 관련되는지 제시하라.
- 학생에게 단순암기보다 수업자료를 이해하는 것이 중요하다는 것을 강조하라.
- 효과적인 학습은 많은 시행착오와 노력을 통해 가능하다는 신념을 갖게 하라.

- 학생이 달성해야 할 단기적이고 도전적인 목표를 구체적으로 제시하라.
- 학생 스스로 근접학습목표를 설정하도록 촉진하라.
- 학생 스스로 진전도를 평가하도록 하고 주기적으로 피드백을 제시하라.
- 학생이 향상을 이룩할 수 있는 방법을 구체적으로 제시하라.
- 또래와 경쟁을 부추기지 말고 내용의 숙달에 초점을 맞추어 칭찬하라.

(5) 시험불안을 극복하기 위한 전략

정서 문제는 학습에 중요한 영향을 미친다. 많은 학생은 발표불안이나 시험불안과 같은 학습 관련 문제를 호소한다. 시험불안을 극복하기 위한 대표적인 전략으로는 체계적 둔감법, 신념재구성 전략, 시험기술 훈련을 들 수 있다.

① 체계적 둔감법

시험불안은 극도의 긴장상태에서 발생하는 것으로 이완상태와는 공존할 수 없다(Wolpe, 1958). 이 기법은 시험 상황에서 발생하는 신체의 긴장상태를 체계적으로 이완함으로써 시험불안을 극복하도록 돕는 방법으로 다음의 세 단계를 거친다. 첫 번째 단계에서는 시험과 관련하여 불안을 유발하는 구체적인 상황을 찾아서 위계적으로 목록을 작성한다. 다음 단계에서는 근육이완 훈련(Jacobson, 1938)과 같은 절차를 이용하여 신체적 긴장을 완화한다. 먼저, 편안한 자세로 앉아서 눈을 감고, 상담교사의 지시에 따라서 신체의 각 부위에서 근육을 수축한 다음 숨을 깊이 들이마셨다 내쉬면서 근육에 일어난 긴장을 이완시키는 동작을 계속한다. 심신이 완전히 이완될 때까지 마음속으로 온몸과 마음이 편안하고 느긋해진다고 말하면서 근육의 수축-이완 훈련을 반복한다. 마지막 단계에서는 첫 단계에서 작성한 위계목록에서 가장 낮은 긴장을 유발하는 상황부터 시작하여 점차 높은 긴장을 유발하는 상황으로 이동하면서 이완 훈련을 실시한다. 처음에는 긴장을 유발하는 상황을 상상하여 불안이 고조되면 근육이완 훈련을 실시하여 불안이 사라질 때까지 계속하고, 가장 높은 긴장을 유발하는 상황에서도 충분히 심신 이완을 경험하게 되면 실생활에 적용하는 것이 중요하다.

② 신념재구성 전략

때로는 비합리적 생각이 시험불안을 가중시킬 수 있다. 예를 들면, "이번에 시험을 망칠 것 같아." "시험에 실패하면 내 인생은 끝장이야."와 같은 부정적이고 완벽주의적인 생각은 자칫 시험에 대한 과도하게 지각하고 왜곡되게 사고하며 파국적인 결과를 예측하여 불안을 야기한다. 상담교사는 이러한 학생들이 갖고 있는 비합리적인 사고를 합리적인 사고로 대치함으로써 시험불안을 극복하도록 조력할 수 있다(Ellis, 1962, 2004). 먼저 시험불안을 느꼈던 상황을 떠올리고, 그 상황에서 가지고 있던 비합리적 사고를 찾아서 그것의 인지적 오류와 근거를 확인한 다음, 인지적 논박과 인지행동 연습을 통해 비합리적 사고를 합리적 사고로 전환한다. 때로는 사고기록지(Beck, 1967; Beck, Rush, Shaw, & Emery, 1996)를 활용하여 시험불안을 유발하는 상황에서 부지불식간에 떠오르는 자동적 사고와 기분을 기록한 다음 대안적 사고를 찾고 기분을 재평가하도록 도울 수 있다. 특히 신념재구성 전략에 기초하여 시험 상황에서 유용한 자기대화(self-talking)를 연습하여 실천하면 시험불안을 극복하는 데 도움이 될 수 있다(이자영, 2013). 시험 직전에는 "잘 치를 수 있어." 또는 "걱정하면 오히려 못할 수도 있어."라고 자신에게 속삭이고, 시험 동안에는 "잘 치를 수 있어." "집중해서 천천히 풀자." "내가 어려우면 다른 사람들도 어려울 거야."라고 속삭인다. 그리고 시험이 끝난 후에는 "이미 끝났어. 걱정한들 달라지는 건 없어." "괜찮아, 다음에 더 잘 하면 돼."라고 말한다.

③ 시험기술 훈련

시험은 아동의 학습 결과를 평가하는 정형화된 수단이다. 시험불안은 때로는 학습전략 또는 시험기술의 부족에서 비롯될 수 있다. 이 경우 학생들에게 학습전략이나 시험기술을 훈련하는 것이 시험불안을 극복하는 데 효과적인 전략이 될 수 있다. 시험을 잘 치기 위해서는 다양한 시험에 대비하는 데 필요한 시험 준비, 시험 치르기, 심리적으로 대처하기 등의 기술을 익혀서 효과적으로 사용할 수 있어야 한다(변영계, 김석우, 2002). 시험 준비를 위해서는 시험 범위 내 읽기과제를 검토하고 정리한 노트를 복습하기, 기억술을 이용하여 핵심정보 기억하기, 공부 모임을 만들어 시험정보 교환하기, 자기테스트와 스케줄 관리를 통해 시험 준비상태 점검하기 등 시험 전에 미리 시험 계획을 세우고 주변의 공부환경을 점검하여 시험 칠 내용을 검토하고 익힌다. 시험을 치는 동안에는 문제 풀이에 집중하기, 문제를 두 번 이상 꼼꼼하게 읽어서 질문 내용을 이해하기, 쉬운 문제부터 풀고 시간이 남으면 다시 검토하기 등 시험 문제를 풀 때 직접 적용할 수 있는 기술을 익혀서 실천하고 시간관리를 조직적으로 하여 시험시간이 끝날 때까지 최선을 다한다. 그리고 평상시에 시험에 대해 긍정적으로 사고하기, 시험에 대한 불안감 표출하기, 시험 중에 심신을 이완하여 편안한 상태 유지하기 등 시험불안에 효과적으로 대처하는 요령을 익혀서 실천하면 지나치게 긴장해서 실수하는 것을 예방할 수 있다.

제8장

진로 발달과 상담

오늘날 중 · 고등학교의 진로교육과 상담에서 진학지도가 차지하는 비중은 다른 어떤 것보다도 높다. 그러나 진로상담과 지도는 진학지도 그 이상이며, 초등학교 때부터 시작되어야 한다. 이 장에서는 초 · 중 · 고등학생의 진로 발달과 진로 선택을 돕기 위한 진로상담에 대해서 고찰한다. 먼저 진로발달의 의의와 ASCA 국가 기준 및 역량을 검토하고, 진로 발달과 상담에 대한 주요 이론을 고찰한다. 이어서 진로 문제의 유형을 살펴보고 진로상담의 목표와 주요 기법을 제시한다. 끝으로, 학교급별 진로상담의 주요 쟁점과 실천 방법을 제시한다.

이 장을 학습하면 여러분은 다음과 같은 학습 성과를 얻을 수 있다.

1. 진로 발달을 위한 ASCA 국가 기준을 설명할 수 있다.
2. 진로 발달과 상담에 대한 이론적 접근을 설명할 수 있다.
3. 진로 문제의 유형과 진로상담의 목표 및 전략을 설명할 수 있다.
4. 각급 학교에서 수행되는 진로교육의 목표와 활동을 설명할 수 있다.

1. 진로 발달

종합적인 학교상담 프로그램의 두 번째 목표는 모든 학생이 자신의 학업 발달을 진로 목표와 연결시키도록 돕는 것이다. 여기서는 진로와 진로 발달의 주요 개념을 간단히 고찰하고, 진로 발달에 대한 국가 기준과 역량을 알아본다.

1) 진로와 진로 발달

『표준국어대사전』(국립국어원, 1999)에 따르면, 진로(career)는 "앞으로 나아갈 길"을 뜻한다. 통상적으로 진로는 직업, 진학, 취업 등을 포괄하는 개념이다(장대운, 김충기, 박경애, 김진희, 1996). 직업은 생계를 유지하기 위하여 자신의 적성과 능력에 따라 일정 기간 동안 계속하여 종사하는 일을 뜻하고, 진학은 상급학교에 가서 학문의 길에 나아가 배우는 것을 말하며, 취업은 일정한 직업을 잡아 직장에 나아가는 것을 말한다. 따라서 진로는 단순히 학교를 졸업한 후 직장을 찾아 나서는 것을 뛰어넘어 일생 동안 지속된다. 종합적인 학교상담 프로그램을 통해서 상담교사는 학생, 학부모, 교사, 기타 교직원에게 모든 학생을 위한 필수적인 목표로서 학생들의 평생학습을 촉진하도록 이해시킬 책임이 있다. 초등학교에서 고등학교까지 거치는 동안, 모든 학생은 일생을 통하여 배워야 한다는 것이다. 이 일생을 통한 학습과정은 학교상담의 두 번째 목적인 진로 발달과 밀접하게 관련되어 있다.

진로 발달(career development)은 전 생애(life-span)을 통해서 직업정체성의 확립과 진로계획의 실현을 위한 발달과정을 말한다(김계현 외, 2009). 이는 종합적인 학교상담 프로그램의 핵심적인 부분으로 남아 있다. 진로 발달을 통해서 학생들은 자기 자신에 대한 지식과 관련시켜 직업 세계를 탐구하고 체계적인 정보에 기초하여 합리적인 의사결정을 하게 될 것이다. 이뿐만 아니라 그들은 장래의 직업 목표를 성취하여 성공과 만족을 얻을 수 있는 전략을 갖춤으로써 일생 동안 지속되는 진로 발달을 만족스럽게 이루어 갈 수 있다. 진로 발달에서 얻게 되는 성공과 만족은 인생의 다른 많은 측면에 지대한 영향을 미친다. 개인심리학의 창시자 아들러(Adler, 1969)는 일, 우정, 사랑을 인생의 세 가지 핵심 과제로 기술하였다. 개인이 직업 세계에서 성취한 성공과 만족은 사회적 관계와 사랑 관계에 가장 강력하게 영향을 미친다. 따라서 만족스러운 진로를 계획하고 선택하며 그 과정에서 성공과 만족을 얻는 것은 인간 발달의 본질적인 부분이다.

2) ASCA 진로 발달의 목표와 역량

종합적인 학교상담 프로그램의 두 번째 목표는 학생이 자신의 학업 발달을 진로 목표와 연결시키도록 돕는 것이다. 이를 위해서 미국상담교사협회(ASCA, 2004a)는 모든 학생의 진로발달에 대한 국가 기준과 핵심 역량을 구체적인 지표와 함께 제시하고 있다. 그것은 종합적인 학교상담 프로그램을 통해서 학생 각자가 학교에서 직업 세계로 나아가거나 특정 직업에서 다른 직업으로 방향을 성공적으로 전환하는 데 필요한 지식, 기술, 태도를 습득하기 위한 토대를 제공할 수 있는 지침을 마련하고 있다(ASCA, 2005a). 진로 발달을 통해서 학생들은 자기 자신에 대한 지식과 관련시켜 직업 세계를 탐구하는 기술을 습득하게 될 것이며, 체계적인 정보에 기초하여 진로의사결정을 하게 될 것이다. 이것은 또한 개인적 자질, 교육과 훈련, 직업 세계라는 세 영역 간의 관계에 대한 이해를 촉진시키는 한편, 장차 직업적 성공과 직업 만족에 이르기 위한 전략을 포함한다. 그러므로 학교는 학생들이 이러한 지식과 기술을 사용하여 현실적이고 만족스러운 진로 목표를 개발하도록 조력할 필요가 있다. 이를 위해서 상담교사는 학생들에게 직업 세계에 대한 정확한 정보와 진로 기회를 제공하고, 학생의 흥미와 적성을 평가하고 그 결과를 공유하여 그들이 적절한 진로를 선택할 수 있도록 안내하며, 그들에게 직업 시장의 미래 변화에 대한 대비책으로 그들의 진로 선택을 확장하도록 촉진할 수 있다.

다음은 학생의 진로 발달에 대한 ASCA 국가 기준의 역량과 지표이다(ASCA, 2004a, 2005a).

(1) 기준 A

학생들은 자기 자신에 대한 지식과 관련시켜 직업 세계를 탐구하는 기술을 습득하게 될 것이며, 정보에 입각한 진로 결정을 하게 될 것이다.

① 역량 A1. 진로인식을 발달시키기

- 진로 정보의 위치를 찾아서 평가하고 해석할 기술을 개발한다.
- 전통적 및 비전통적인 직업의 다양성에 관해 학습한다.
- 개인적인 능력, 기술, 흥미, 동기에 대한 인식을 개발한다.
- 팀에서 협력적으로 상호작용하고 일하는 방법을 학습한다.
- 의사를 결정하는 법을 학습한다.
- 목표를 설정하는 법을 학습한다.

- 계획 수립의 중요성을 이해한다.
- 관심 분야의 역량을 추구하고 개발한다.
- 취미와 직업적 흥미를 개발한다.
- 일과 여가 시간의 균형을 잡는다.

② 역량 A2. 취업에 필요한 준비를 갖추기
- 팀에서 작업하기, 문제해결 및 조직화 기술과 같은 취업능력을 습득한다.
- 직무 준비 기술을 적용하여 고용 기회를 추구한다.
- 변화하는 일터에 관한 지식을 입증한다.
- 고용자와 피고용자의 권리와 책임성에 관해서 학습한다.
- 일터에서 개인적인 독특성을 존중하는 법을 학습한다.
- 이력서를 작성하는 방법을 학습한다.
- 일과 학습에 대한 긍정적인 태도를 개발한다.
- 일터에서 책임성, 신뢰성, 시간엄수, 통합성, 노력의 중요성을 이해한다.
- 시간 및 과제 관리 기술을 활용한다.

(2) 기준 B

학생들은 직업 목표를 성취하고 성공과 만족을 얻을 수 있는 전략을 갖게 될 것이다.

① 역량 B1. 직업에 대한 정보를 얻기
- 진로계획 수립, 코스 선택, 진로 전환에 의사결정 기술을 적용한다.
- 개인적인 기술, 흥미, 능력을 확인하여 현재의 진로 선택에 연결한다.
- 진로계획 수립 과정에 대한 지식을 입증한다.
- 직업을 분류할 수 있는 다양한 방식을 안다.
- 연구 및 정보 자원을 이용하여 진로 정보를 얻는다.
- 인터넷을 이용하여 진로계획 수립 정보에 접근하는 법을 학습한다.
- 전통적 및 비전통적인 직업 선택지들과 그것들이 진로 선택에 관계하는 방식을 기술한다.
- 변화하는 경제적 및 사회적 욕구가 어떻게 고용 동향 및 미래 훈련에 영향을 미치는지를 이해한다.

② 역량 B2. 직업 목표를 확인하기

- 진로 목표를 성취하는 데 필요한 교육 및 훈련에 대한 인식을 입증한다.
- 진로 목표를 지지하기 위해 자신의 교육 계획을 평가하고 수정한다.
- 인턴십, 멘토링, 섀도잉(shadowing), 여타 작업 경험에서 취업능력과 직무 준비도를 사용한다.
- 진로 흥미와 관계있는 코스 작업(course work)을 선택한다.
- 진로계획 수립 포트폴리오(portfolio)를 유지한다.

(3) 기준 C

학생들은 자신의 개인적 자질과 교육, 훈련, 직업세계 간의 상호관계를 이해할 것이다.

① 역량 C1. 직업 목표에 도달하기 위한 지식 습득하기

- 교육 성취와 진로 성공 간의 관계성을 이해한다.
- 일이 개인의 성공과 만족을 성취하는 데 어떻게 도움이 될 수 있는지 설명한다.
- 진로 선택 및 성공에 영향을 미치는 개인적 기호와 흥미를 확인한다.
- 변화하는 일터가 평생 학습과 새로운 기술 습득을 요구한다는 것을 이해한다.
- 생활양식에 미치는 일의 영향을 기술한다.
- 진로 선택에서 공평과 접근의 중요성을 이해한다.
- 일이 개인적인 표현의 중요하고 만족스러운 수단이라는 것을 이해한다.

② 역량 C2. 직업 목표를 성취하기 위한 기술 적용하기

- 흥미, 능력, 성취가 개인적, 사회적, 교육적 및 진로 목표의 달성에 어떻게 관계하는지 입증한다.
- 또래와 성인들에게 갈등 관리 기술을 사용하는 방법을 학습한다.
- 팀 구성원으로서 타인들과 협력적으로 일하는 법을 학습한다.
- 인턴십, 멘토링, 섀도잉(shadowing)과 같은 작업 기반 학습 상황에서 학업 및 취업 기술을 적용한다.

2. 진로 발달과 상담에 대한 이론적 접근

진로지도의 전문화를 주창한 이래로 진로 발달 및 선택 모형들은 개인의 진로 선택을 이해하도록 돕는 데 초점을 맞추어 왔다. 그러나 진로 선택을 위한 일련의 의사결정 과정을 어떤 시각에서 보느냐에 따라 그 접근방법이 달라질 수 있다. 진로 선택에 중점을 둔 이론과 진로 발달에 중점을 둔 이론으로 나누어 살펴보고 최근에 새롭게 제안된 이론을 함께 고찰한다.

1) 선택이론적 접근

진로선택이론에는 윌리엄슨(Williamson, 1939)의 특성요인이론, 로(Roe, 1956)의 욕구이론, 홀랜드(Holland, 1966, 1973, 1997)의 직업성격유형이론, 다위스와 롭퀴스트(Dawis & Lofquist, 1984; Lofquist & Dawis, 1969, 1991)의 직업적응이론 등이 있다.

(1) 특성요인이론

특성요인이론(trait-factor theory)은 진로 선택 이론 중에서 가장 오래된 것으로, 일반적인 상담이론으로 분류되기도 한다. 이 접근은 프랑크 파슨스가 주장한 것으로 1950년대까지만 해도 대표적인 진로발달이론으로 인정받았다. 파슨스(Parsons, 1909)는 개인 분석, 직업 분석, 과학적 조언을 통한 짝짓기를 주장하였다. 즉, 자신의 강점과 약점을 포함한 개인적 성향을 충분히 이해하고 주어진 직업의 성공 조건과 보상 및 승진에 관한 정보를 알아야 하며, 입수한 정보를 바탕으로 선택 과정에서 '진실한 추론'을 해 나가야 한다는 것이다. 파슨스에 의하면, 현명한 직업 선택은 자기 자신에 대한 분명한 이해(자신의 적성, 능력, 흥미, 포부, 가치, 환경 등의 이해), 제반 직업 조건과 요구의 인식(직업의 자격요건, 장점과 단점, 보수, 취업기회, 장래 전망 등), 그리고 이 두 가지 요소가 가지고 있는 정보에 대한 정확한 추리에 근거를 두고 출발한다.

윌리엄슨(Williamson, 1939)은 진로 문제를 ① 진로 무선택, ② 불확실한 진로선택, ③ 흥미와 적성의 모순된 선택, ④ 어리석은 진로선택으로 유형화하였으며, 내담자를 도와주기 위한 상담 과정을 '분석–종합–진단–처방–상담–추수지도'의 여섯 단계로 분류하였다. 분석은 여러 가지 자료를 참고하여 태도, 흥미, 가족 배경, 지식, 성적 등 세부적인 자료를 수집하는 것이고, 종합은 사례연구나 심리검사를 통해 수집한 자료를 요약하여 내담자의 개별성을 탐지하는 것이다. 진단은 내담자의 교육적 및 직업적 능력과 특성을 비교하여 문제의 원인을 탐색하고 분류하는 것이고, 처방은 조정 가능성과 문제의 가능한 결과를 판단하고 대안적인 조치를 모색하는 것이다. 상담은 현재 혹은 미래의 바람직한 적응을 위해 구체적으로 해야 할 일을 논의하는 것이고, 추수지도는 새로운 문제 발생 시에 내담자가 바람직한 행동 계획을 수행하도록 지원하는 것이다. 이것은 비단 진로 문제뿐만 아니라 심리적인 문제를 해결하기 위한 체계적인 전략으로 적용되었다.

특성요인이론은 직업 선택 시 개인의 특성을 고려해야 한다는 점을 부각시켰으며, 표준화검사 개발과 직업 세계의 분석 과정이 매우 유용하다. 그러나 예언타당도가 충분히 밝혀져 있지 않고 진로상담이 1회적 행사로 그칠 수 있으며 발달 과정을 무시한다는 비판을 받고 있다. 또한 개인의 특성과 직업 세계를 짝짓는 구체적인 지침이 미흡하다.

(2) 욕구이론

로(Roe, 1956)는 개인의 욕구가 직업 선택에 지대한 영향을 미친다고 보고, 매슬로(Maslow, 1992)의 욕구위계이론을 기초로 초기 인생경험과 직업 선택의 관계를 규명하고자 하였다. 욕구이론의 기본 전제는 다음과 같다.

- 개인이 지니는 잠재적 특성의 발달에는 한계가 있고 그 정도는 개인에 따라 다르다.
- 개인의 유전적 특성의 발달 정도와 발달 통로는 개인의 독특한 경험에 영향을 받으며, 또한 가정의 사회경제적 배경과 사회의 문화적 배경에 의해 영향을 받는다.
- 흥미와 태도 등 유전적 제약을 비교적 적게 받는 개인의 경험을 주로 따른다.
- 심리적 에너지는 흥미를 결정하는 중요한 요소가 되고, 개인의 욕구와 만족 및 강도는 성취동기의 유발 정도에 따라 결정된다.

그는 초기 인생경험은 주로 가정환경, 특히 부모와의 관계에서 영향을 받기 때문에 발달 초기 부모 행동에 관심을 기울였다. 발달 초기 자녀에 대한 부모의 행동은 정서집중형, 회피형, 수용형으로 구분될 수 있다. 자녀에 대한 정서적인 집중은 과잉보호적이거나 과잉요구적이 될 수 있고, 자녀에 대한 회피는 감정적 무시와 거부로 표현되며, 자녀에 대한 수용은 태평스러운 수용과 애정적인 수용으로 나타난다.

로는 미네소타직업평가척도(MORS)를 기초로 흥미에 대한 요인분석을 실시하여 8개 직업군과 각각의 직업목록을 작성하였으며, 각 직업군을 책임, 능력, 기술의 정도를 기준으로 6단계의 수준으로 구분하였다. 8개의 직업군은 서비스(Ⅰ), 비즈니스(Ⅱ), 조직활동(Ⅲ), 기술(Ⅳ), 옥외활동(Ⅴ), 과학(Ⅵ), 일반 문화(Ⅶ), 예술(Ⅷ)이다.

이러한 직업군의 선택은 부모-자녀 관계 속에 형성된 개인의 욕구위계체제로 결정된다. 즉, 발달 초기의 부모-자녀 관계는 개인의 욕구 충족 방식을 결정하며, 이는 다시 직업군의 선택에 영향을 미친다. 예를 들면, 따뜻한 부모-자녀 관계는 사람과의 접촉을 통해 욕구를 충족하는 인간지향적인 성격을 형성하여 서비스직, 비즈니스직, 조직활동직, 문화직, 예능직 등을 선택하게 되는 반면, 차가운 부모-자녀 관계는 다른 수단을 통해 욕구를 충족하는 비인간지향적인 성격을 형성하여 기술직, 옥외활동직, 과학직 등을 선택하게 된다.

로의 욕구이론은 인간의 성격과 직업 분류를 통합하였으며, 부모-자녀 관계 질문지(PCR I)를 개발하기 위한 이론적 토대를 형성하였다. 반면에 실증적 근거가 결여되어 있어 검증이 곤란하고 구체적인 상담 절차가 제시되어 있지 않다는 문제점이 있다.

(3) 직업성격유형이론

성격에 관한 홀랜드(Holland, 1966, 1973, 1997)의 연구는 유형론에 초점을 두고 있다. 그는 직업의 선택을 각 개인의 성격 표현으로 보고 성격 유형과 진로 선택의 관계를 강조하였다. 그는 개인의 직업적 흥미는 보편적인 성격의 일부라고 전제하고, 서로 다른 흥미를 지닌 학생들은 서로 다른 성격 특성을 지닌다고 역설하였다. 그의 직업성격유형이론은 다음의 네 가지 가정을 기초로 하고 있다(Holland, 1966, 1997). 첫째, 사람들은 대부분 여섯 가지 유형 중 하나의 범주로 분류될 수 있다. 둘째, 환경에는 여섯 가지 유형이 있으며, 각 환경에는 그 성격 유형에 일치하는 사람들이 머물고 있다. 셋째, 사람들은 자신의 능력과 기술을 발휘하고 자신의 태도와 가치관을 표출하며 취향에 맞는 역할을 수행할 수 있는 환경을 찾아다닌다. 넷째, 개인의 행동은 성격과 환경의 상호작용에 의해 결정되고 설명될 수 있다.

홀랜드(Holland, 1997)는 이 가정에 근거하여 사람들은 성격이나 흥미, 진로, 의사결정 등을 발달시키게 된다고 보았다. 그는 각 개인은 현실형, 탐구형, 예술형, 사회형, 진취형, 관습형 등 여섯 가지 기본 성격 유형 중 어느 한 가지 유형과 유사하다고 주장한다. 또한 여섯 가지 성격 유형이 있듯이 여섯 가지 환경 유형이 있는데, 이것도 성격과 같이 확실한 속성과 특성에 따라 설명될 수 있다고 본다. 환경은 그것에 속해 있는 사람들에 의해 특징이 나타난다. 예를 들면, 학교에서 근무하는 사람들의 성격 유형은 기업체에서 일하는 사람들의 성격 유형과는 다르다.

사람들은 여섯 가지 성격 유형으로 분류될 수 있다. 우리가 살아가는 환경에도 성격유형과 같이 현실적(Realistic), 탐구적(Investigative), 예술적(Artistic), 사회적(Social), 기업가적(Enterprising), 관습적(Conventional) 등 여섯 가지 유형이 있다. 홀랜드의 이론은 첫 글자를 따서 RIASEC 이론 또는 육각형 모형이라고 불린다. 각 유형의 직업적 특성은 다음과 같다(Holland, 1997).

- 현실형(R): 솔직하고, 성실하며, 검소하고, 단순하다. 지구력이 있으며, 신체적 기술을 잘 활용하고, 말이 적으며, 고집이 세고, 직설적이다. 반면에 교육적인 활동이나 치료적인 활동은 좋아하지 않는다.
- 탐구형(I): 탐구심이 많고, 논리적, 분석적, 합리적이며, 정확하고, 지적 호기심이 강하다. 비판적이고, 내성적이며, 수줍음을 잘 타고, 신중하다.
- 예술형(A): 상상력이 풍부하고, 감수성이 강하며, 자유분방하다. 개방적이고, 감정이 풍부하며, 독창적이고, 개성이 강하다. 반면에 협동적이지 못하며, 명쾌하고 체계적이거나 구조화된 활동에는 흥미를 느끼지 못한다.
- 사회형(S): 사람들과 어울리기를 좋아하고, 친절하고, 이해심이 많으며, 남을 잘 도와주고, 봉사적이고, 감정적이며, 이상주의적이다. 반면에 기계, 도구, 물질이나 질서정연하고 체계적인 활동에는 별 흥미가 없다.
- 기업가형(E): 지배적이고, 통솔력이나 지도력이 있으며, 말을 잘하고, 설득력이 있고, 경쟁적이고, 야심적이다. 성격이 외향적, 낙관적, 열정적이다. 그러나 관찰적이거나 상징적 · 체계적인 활동은 좋아하지 않는다.
- 관습형(C): 정확하고 빈틈이 없으며, 신중하고, 세밀하며, 계획성이 있다. 새로운 것이나 변화를 좋아하지 않으며, 완고하고, 책임감이 강하다. 그러나 창의적 · 자율적 · 모험적 · 비체계적인 활동은 회피한다.

사람들은 자신의 능력과 기술을 발휘하고 태도와 가치를 표현하며 자신에게 알맞은 역할을 수행할 수 있는 환경을 찾는다. 예를 들면, 사회적 성격 유형은 사회적 환경을 추구하고, 관습적 성격 유형은 관습적 환경을 추구하게 된다. 그러므로 사람들은 자신의 성격 유형에 따른 일반적인 방법에 의해서 진로결정이나 진로전환을 하게 된다. 따라서 개인의 성격 유형과 작업 환경 유형이 일치할수록 진로 선택이 잘 이루어질 것이고, 더 나아가 직업에서 성취감을 맛볼 수 있고 만족감을 보일 것이다.

홀랜드의 직업성격유형이론은 강력하면서도 단순화된 육각형 모형을 제시하여 직업 세계를 해석하는 방식을 제안하였으며, 진로 선택을 위한 정보를 수집하는 유용한 검사도구를 개발하는 이론적 토대가 되었다. 반면에 성격 이외의 개인 요인과 환경 요인을 간과하였고, 성격 발달의 과정에 대한 구체적인 언급이 없으며, 상담 절차가 구체적으로 제시되지 않은 문제점이 있다.

(4) 직업적응이론

직업은 개인이 조화를 이루려고 하는 가장 주된 환경이다. 직업적응이론(psychological theory of work adjustment)은 개인의 직업 행동을 설명하기 위해 미네소타 대학교의 연구 집단을 중심으로 시작되었으며(Dawis & Lofquist, 1984), 적용 대상을 가족 문제 등으로 확장하면서 개인-환경 조화이론(person-environment correspondence theory)으로 수정되었다(Dawis, 2002; Lofquist & Dawis, 1991). 이 이론에 따르면, 직업적응이란 개인이 직업 환경과 조화를 이루어 만족하고 유지하도록 노력하는 계속적이고 역동적인 과정이다(Lofquist & Dawis, 1969). 개인 욕구의 만족과 직업 요구의 충족은 개인과 직업 환경이 얼마나 조화를 이루는가를 나타내는 두 가지 지표이다. 개인과 환경의 적응과정은 각각의 성격 구조는 물론 유연성, 적극성, 반응성, 인내 등의 적응양식에 의해서 영향을 받는다.

직업적응이론은 개인의 직업적응양식의 차원들의 관계를 설명하고 있다. 즉, 개인은 개인-환경 간의 부조화 정도를 받아들일 수 있거나 노력을 통해 극복할 수 있는 수준이면 직업 환경에 적응하지만 적응 범위를 넘어서면 이직을 고려하게 된다. 직업적응을 위한 진로상담은 개인과 직업 환경의 평가로 시작해서 개인-환경의 조화 정도를 평가하고 부조화를 해결하기 위한 대처 전략을 수립하여 실행하는 순서로 진행된다. 상담교사는 먼저 개인의 가치 프로파일과 직업강화인 패턴의 조화 정도와 개인의 능력 프로파일과 직업적성 패턴의 조화 정도를 평가하고, 미네소타 만족 질문지와 미네소타 충족 질문지를 통해 직업적응양식을 평가하며, 개인-환경 간 조화가 충분함에도 학생의 만족도가 낮다면 가족, 또래, 다른 중요한 타인과의 관계 문제를 평가한다. 이러한 평가를 통해 학생의 문제가 밝혀지면, 상담교사는 변화를 위한 개입을 진행한다. 개인-환경 간 부조화가 일어나고 있는 영역과 그 정도에 대한 평가를 기반으로 부조화를 줄일 수 있는 적응 전략을 탐색한다. 적응 전략은 개인의 변화와 환경의 변화라는 두 가지 측면에서 요구되는 노력이 무엇인가에 초점을 맞춘다.

2) 발달이론적 접근

진로발달이론에는 긴즈버그(Ginzberg, 1972, 1984)의 진로선택발달이론, 수퍼(Super, 1953, 1957, 1980, 1990)의 생애진로발달이론, 타이드만(Tiedeman, 1961, 1980; Tiedeman & O'Hara, 1963)의 진로의사결정이론, 갓프레드슨(Gottfredson, 1981, 2003, 2005)의 진로포부발달이론 등이 있다.

(1) 진로선택발달이론

긴즈버그(Ginzberg, 1972, 1984)는 진로의사결정은 시간의 흐름에 따라 변화하는 일련의 발달적 현상이라고 가정하여 1세대 진로발달이론을 발표하였다. 긴즈버그(Ginzberg, 1972)는 진로의사결정 과정에서 이루어지는 초기 결정의 중요성을 강조하고, 진로의사결정은 한번 정해지면 되돌릴 수 없는 비가역적 과정이라고 주장하였다. 그는 진로발달 단계를 환상기(6~11세), 잠정기(11~17세), 현실기(17세~성인 초기)의 세 단계로 구분하고 직업의 선택을 일종의 타협 과정이라고 보았다. 환상기(fantasy stage)는 현실 여건, 능력, 실현 가능성을 고려하지 않고 어린 시절의 우상과 동일시하며, 자기가 원하면 무엇이든 다 할 수 있다고 믿는 단계이다. 이 시기에는 일과 관련된 다양한 상징적 놀이를 통해 직업세계를 경험하며, 진로의사결정은 직업에 대한 단편적이고 유아기적인 환상에 근거한다. 잠정기(tentative stage)는 청소년 시절에 자신의 흥미, 능력, 가치는 고려하지만 현실적인 요인은 고려하지 않고 진로를 잠정적으로 정해 보는 기간이다. 이 시기는 다시 발달 연령에 따라 흥미, 능력, 가치의 순으로 수집된 정보에 근거하여 잠정적인 진로를 선택한다. 마지막 현실기(realistic stage)에는 자신의 흥미, 능력, 가치, 기회는 물론 직업의 요구조건, 교육기회, 개인적 요인 등을 고려하여 현실적으로 실현 가능한 진로를 탐색하고 선택한다. 이 시기에는 관심 분야의 구체적인 직업을 탐색하고, 특정 진로의 내적 요소와 외적 요소를 종합하여 결정화하며, 진로결정을 좀 더 세밀하게 구체화한다.

(2) 생애진로발달이론

수퍼(Super, 1953, 1957, 1980)는 진로 발달이 인간의 총체적 발달의 일부라는 점을 강조하는 생애진로발달이론을 발표하여 가장 포괄적인 진로발달이론을 제안하였다. 그는 긴즈버그의 초기 이론에 이의를 제기하고 진로 발달이 개인과 환경의 상호작용에 의한 적응과정으로 아동기부터 노년기까지 전 생애에 걸쳐 진행되는 과정이라고 보았으며, 진로 발달을 직업선택과 구분하여 일의 세계와 관련된 다양한 삶의 영역과 역할을 포괄적으로 기술하였다.

생애진로발달이론의 핵심 개념은 진로자아개념, 전 생애 이론, 생애역할이론 등이다. 수퍼(Super, 1957, 1980)는 진로 발달이란 진로에 관한 자아개념의 발달이라고 정의하고, 진로자아개념이 놀이, 학습, 취미 등 다양한 경험을 통해 형성된다고 주장하였다. 그는 진로자아개념 형성에 영향을 미치는 주요 요인을 설명하기 위해 아치웨이 모형(archway model)을 제시하였다. 이 모형은 개인적 요인(적성, 능력, 흥미, 가치, 지능 등)과 직업적 요인(가정, 학교, 또래집단, 사회적 상황, 경제 상황, 노동시장 등)을 포함한다. 수퍼는 또한 진로자아개념이 사회학습의 산물인 동시에 성장과 쇠퇴의 변화 과정을 겪는다고 역설하였다. 즉, 발달단계에 따라 여러 가지 역할의 변화를 경험하고 그 과정에서 자아개념도 변화한다. 이러한 자아개념의 변화에는 주관적 특성과 객관적 특성이 동시에 내포되어 있다.

수퍼(Super, 1957, 1980)는 진로 발달이 인간의 발달과정과 마찬가지로 인생의 초기에 시작되어 일정한 단계를 거치면서 인생의 말기까지 이어지는 연속적인 과정이라고 보았다. 진로 발달은 일종의 전 생애적 발달 과정이며, 다양한 사회적 환경과의 상호작용 속에서 이루어지는 일종의 사회적 발달이다. 모든 사람은 전 생애 동안 진로에 관한 일련의 발달과업에 직면하고 그 과정에서 자신이 원하는 사람이 되는 방식으로 발달과업을 수행하려고 한다(Super, 1980). 수퍼는 진로 발달 단계를 성장기, 탐색기, 확립기, 유지기, 은퇴기의 다섯 단계로 구분하였다. 그는 특히 탐색기와 확립기의 진로 발달이 중요하다고 보았는데, 이는 그 단계가 직업 세계에 대해 구체적인 선택을 하고 그 직업에서 안정과 발달을 이루면서 자아개념을 완성해 가는 시기이기 때문이다.

- 성장기(growth stage; 0~14세): 자아개념과 관련된 능력, 태도, 흥미, 욕구 등이 발달하는 시기이다.
- 탐색기(exploration stage; 15~24세): 직업 선택이 구체적이지만 확정적이지 않은 잠정적 단계로서 다양한 활동을 통해서 자아를 검증하고 역할을 수행하며 직업 탐색을 시도하는 시기이다. 탐색기는 다시 결정화, 구체화, 실행의 세 가지 하위 단계로 구분된다.
- 확립기(establishment stage; 25~44세): 일에 대한 경험을 통하여 시행하고 안정화되는 시기로 정착, 공고화, 발전의 세 가지 하위 단계로 세분화된다.
- 유지기(maintenance stage; 45~64세): 직업에서 신분과 지위가 상승함으로써 계속적으로 적응해 가는 시기로 보유, 갱신, 혁신의 세 가지 하위 단계로 구분된다.

- 은퇴기(decline stage; 65세 이상): 조기 은퇴를 고려하고 일의 양을 줄이며 은퇴를 기정 사실로 받아들이는 시기이다.

수퍼(Super, 1983, 1990)는 또한 생애진로무지개모형을 통해 자녀, 학생, 여가인, 시민, 직업인, 주부/배우자/부모의 여섯 가지 측면에서 진로 발달의 특정 시기에 발생할 수 있는 생애역할을 제시하고, 특정 시기에 몇 가지 생애역할이 중요하게 부각되면서 역할갈등이 야기되고 진로 문제가 발생한다고 보았다. 예를 들면, 확립기에 있는 기혼 직장인 여성의 경우에는 학생 역할은 감소하지만 직업인과 주부/부모 역할이 부각되는 반면, 유지기에 있는 성인 직장인 남성의 경우에는 여가인, 시민 역할과 새로운 자녀 역할(부모 봉양)이 부각된다. 수퍼는 또한 진로성숙도와 진로적응의 개념을 강조하였다. 청소년기 진로발달과업의 이행 정도를 나타내기 위해서 채택된 진로성숙은 특정 단계의 진로발달과업에 성공적으로 대처하기 위해 개인이 보유하고 있는 심리적 자원을 말한다. 직업 선택에 대한 태도, 정보 수집 및 계획의 구체성, 직업적 선호의 일관성, 개인적 특성의 분화 및 통합, 직업적 선호의 현실성 등 5가지 차원에서 진로성숙도를 평가한다. 또한 진로적응은 끊임없이 변화하는 일의 세계와 자신을 둘러싼 환경의 요구에 대처하는 준비 상태를 말하는 것으로, 성인기 진로 발달의 주요 평가 준거가 된다.

수퍼의 생애진로발달이론은 삶의 구조, 발달과업 이행 수준, 자원, 직업 정체감 확립, 진로행동 패턴의 다섯 가지 평가 단계로 구성된 '진로 발달 측정 및 상담을 위한 모형(C-DAC)'을 제안하여 과학적 진로상담의 토대를 마련하였으며, 발달과업에 기초한 진로교육 프로그램을 개발하고 보급하는 데 기여하였다. 반면에 이론 검증에 한계가 있고 하위 구성개념이 복잡하여 측정에 어려움이 있으며, 진로 발달의 맥락성과 개별성을 간과했다는 문제점이 있다.

(3) 진로의사결정이론

타이드만(Tiedeman, 1961)은 인간 의식을 실현함에 있어서 의사결정 과정에 초점을 맞추어 진로 발달을 연구하기 시작하였다. 나중에 타이드만과 오하라(Tiedeman & O'Hara, 1963)는 진로 발달이란 직업정체감을 형성해 가는 연속적인 과정이라고 전제하고 자아의 발달과 의사결정의 개별화 과정을 중요하게 생각하였다. 직업정체감(vocational identity)이란 개인이 자신의 특성을 파악하고 자신의 자아를 실현할 수 있는 일이 무엇인지에 대한 생각을 말한다. 개인은 새로운 경험을 쌓고 분화와 통합을 거치면서 자아정체감을 형성하며, 이러한 자아정체감은 직업정체감 형성에 중요한 요인이 된다. 또한 개인은 어떤 문제에 직면하거나 결정을 내려야 할 때 의사결정 단계에 돌입하게 된다. 결국 진로 발달은 자아정체감의 분화와 통합, 발달과업의 수행, 심리적 위기의 해결로 이어지는 일련의 진로의사결정 과정인 것이다. 이러한 진로의사결정 과정은 체계적인 문제해결 패턴을 통해서 이루어지고 전체적인 인지능력의 발달을 요구하며 개인 및 직업 세계와의 고유성이 모두 일치될 때 가능하다.

진로의사결정 과정은 크게 예상기와 실천기로 구분된다(Tiedeman & O'Hara, 1963; Tiedeman & Miller-Tiedeman, 1985). 예상기(anticipation period)는 의사결정의 절차와 내용에 관한 개인의 사전인식 단계로 탐색기, 구체화기, 선택기, 명료화기로 세분화된다. 실천기(implementation period)는 실행에 대한 상상과 선택의 변화, 자신과 외부 현실 간에 일어나는 현실적 적응과 선택이 수행되는 단계로 순응기, 개혁기, 통합기로 세분화된다. 따라서 개인은 진로를 선택할 때 '탐색기-구체화기-선택기-명료화기-순응기-개혁기-통합기'의 연속 과정을 거치게 되며, 이를 통하여 진로의식과 직업적 자아개념을 발달시킨다. 진로의사결정 과정은 연령과 관계없이 문제의 성질에 따라 일생 동안 순환적으로 반복될 수 있다. 그러나 연령이 증가하고 경험이 쌓이면서 개인은 자신의 직업정체성을 형성해 간다.

(4) 진로포부발달이론

갓프레드슨(Gottfredson, 1981, 2003, 2005)은 일생을 통해 진로포부도 함께 발달한다고 전제하며, 특히 진로포부의 발달에서 사회계층 배경을 중요한 요소로 간주하고 있다. 진로포부(career aspiration)란 서로 다른 수준의 직업에 대한 인식과 선호를 말한다. 개인은 진로에 관한 포부를 형성할 때 일련의 과정을 거치면서 스스로 포부 수준을 제한하고 타협하게 된다. 이때 제한(circumscription)이란 성(性)과 사회적 지위에 주로 근거하여 개인이 수용하기 어려운 직업적 대안을 제거하는 과정을 의미하며, 타협(compromise)이란 취업능력과 같은 제한 요인에 근거하여 진로 선택을 조정하는 과정을 의미한다(Gottfredson, 1981). 개인은 사회계층 배경을 비롯하여 직업의 사회적 가치, 성 역할, 직업 종사자의 공통된 특징 등을 종합적으로 고려하여 이른바 직업 인지도(cognitive map of occupations)를 형성하고 자신의 진로포부 수준을 결정한다. 또한 진로포부와 관련된 직업선호의 발달과정은 규모와 힘 지향 단계(3~5세), 성 역할 지향 단계(6~8세), 사회적 가치 지향 단계(9~13세), 내적인 자아 지향 단계(14세 이후) 등 네 단계를 거친다. 앞의 세 단계는 제한 단계이고, 마지막 단계는 타협 단계라고 할 수 있다.

갓프레드손(Gottfredson, 2003, 2005)은 학생의 진로 발달을 효과적으로 촉진하기 위해서는 자아개념이 결정화되고 진로가 구체화하기 전에 성과 사회적 지위에 의해 배제했던 진로포부를 다시 점검하는 의식적인 과정이 필요하다고 제안하였다. 상담교사는 학생들이 하나 이상의 진로선택지를 말할 수 있는지, 선택한 직업이 흥미와 능력에 적합한지, 구체화한 진로대안에 만족하는지, 자신의 진로대안을 부당하게 제한하지 않는지, 선택한 직업을 이해하는 과정에서 장애물을 현실적으로 인식하고 있는지 등을 검토하게 하여 자신의 수용 가능한 진로포부의 하한선과 수용 가능한 노력의 상한선을 탐색하고 예상되는 장벽과 맥락 요인을 현실적으로 인식할 수 있도록 조력한다.

3) 사회구성이론적 접근

진로발달과 상담에 대한 사회구성주의 관점에는 크럼볼츠(Krumboltz, 1975, 1996, 2009)의 사회학습진로이론과 해켓과 동료들(Hackett & Betz, 1981; Lent, Brown, & Hackett, 1994, 2000, 2008)의 사회인지진로이론, 사비카스(Savickas, 2002, 2005)의 생애설계이론 등이 있다.

(1) 사회학습진로이론

크럼볼츠(Krumboltz, 1975, 1994, 1996)는 반두라(Bandura, 1984)의 사회학습이론과 진로의사결정을 통합하여 체계적인 진로이론을 정립하였다. 그의 이론은 교육적 및 직업적 선호 및 기술이 어떻게 획득되며, 교육 프로그램, 직업 현장의 일들이 어떻게 선택되는가를 설명하기 위해서 발달된 것이다. 미첼과 크럼볼츠(Mitchell & Krumboltz, 1996)는 초기 사회학습이론을 확장시켜 진로상담의 학습이론(Learning Theory of Career Counseling: LTCC)을 제안하였다. 이 이론은 진로 선택에 영향을 주는 생애사건에 기초하여 진로 선택의 과정을 간단하게 접근하려고 한 이론이다. 그들은 진로 발달 과정에 영향을 주는 요인으로 각 개인의 타고난 재능과 특수능력, 환경적 조건과 사건, 학습경험, 과제접근 기술의 네 가지 요소를 제시하였다.

또한 크럼볼츠(Krumboltz, 2009)는 진로상담의 네 가지 기본 가정을 제시하였다. 첫째, 상담목표는 하나의 진로의사결정을 내리기보다는 내담자가 좀 더 만족스러운 진로와 인생을 위해 행동하는 것을 배우도록 하는 것이다. 둘째, 개인적 특성과 직업적 요구를 짝짓기보다는 학습을 촉진하기 위해 진로심리검사를 활용한다. 셋째, 탐색활동에 집중하면서 우연히 일어난 일을 유용하게 활용할 수 있다는 점을 자각하는 것이 중요하다. 끝으로, 상담의 성공 여부는 상담실 밖의 현실에서 내담자가 무엇을 이루었는가에 달려 있다.

사회학습진로이론에 의하면, 상담목표는 끊임없이 변화하는 직업 환경 속에서 내담자가 스스로 자신의 삶을 충족시키기 위해 필요한 기술, 흥미, 신념, 업무 습관, 개인적 자질 등을 학습할 수 있도록 촉진하는 것이다(Krumboltz, 1994, 1996). 상담자의 역할은 내담자의 학습을 촉진하는 것으로 내담자의 기대에 대해 안내하는 일, 내담자의 관심을 출발점으로 확인하여 만족을 찾는 일, 계획하지 않은 일이 현재의 기반이 된 내담자의 성공 경험을 활용하는 일, 잠재적인 기회를 알아차릴 수 있는 내담자의 감수성을 키우는 일, 장애 요인(예: 건설적인 행동을 방해하는 역기능적 신념)을 극복하도록 조력하는 일 등을 포함한다.

(2) 사회인지진로이론

사회인지진로이론은 해켓과 동료들(Brown & Lent, 1996; Hackett & Betz, 1981; Lent, Brown, & Hackett, 1994, 2000, 2002, 2006, 2008)이 개발한 맥락주의 관점이다. 그들은 사회학습이론에 기초하여 인구학적 특성(성, 인종, 사회계층)과 그것이 개인에게 이익과 불이익을 주는 환경적 배경이 개인의 진로 발달 및 선택에 미치는 영향을 설명하고자 하였다. 이 이론의 핵심 개념은 자기효능감, 결과기대, 선택 목표 등이며, 근접맥락(예: 진로장벽)과 배경맥락(예: 인종차별)도 함께 강조한다. 자기효능감(self-efficacy)은 어떤 행동을 수행할 수 있는 자신의 능력에 대한 신념이다. 결과기대는 어떤 행동이 수행된다면 무슨 일이 일어날 것인가에 관한 신념이다. 선택 목표는 특수한 과제를 수행하거나 어떤 성과를 산출할 것이라는 개인의 결정이다(Bandura, 1986). 이 세 변인은 일관되고 복잡하게 상호작용(interplay)한다. 진로장벽은 개인의 진로 목표 실현을 방해하거나 가로막는 내적 및 외적 요인을 말한다.

사회인지진로이론은 흥미모형, 선택모형, 수행모형으로 설명된다(Brown & Lent, 1996; Lent, Brown, & Hackett, 1994, 2002, 2008). 흥미모형에 따르면, 특정 시점에서 개인의 직업 및 학업 흥미는 그의 자기효능감과 결과기대를 반영한다. 또한 개인의 직업 흥미는 그의 직업 능력 정도에 의해 영향을 받지만, 자기효능감이 이 둘의 관계를 매개한다. 선택모형에 의하면, 자기효능감과 결과기대는 선택할 목표와 활동에 직·간접적으로 모두 영향을 미친다. 사람들은 자신에게 가장 흥미로운 영역의 직업/학문 세계(목표)에 들어가고 싶어 한다. 사람들은 만약 목표를 정하여 명확한 용어로 말하고 실제 진입할 수 있는 지점에 근접한다면, 자신이 선택한 목표와 일치하는 영역의 직업/학문 세계에 들어가려고 시도한다. 홍미는 목표 선택을 매개로 진입 행동(활동)에 간접적인 영향을 미친다. 마지막 수행모

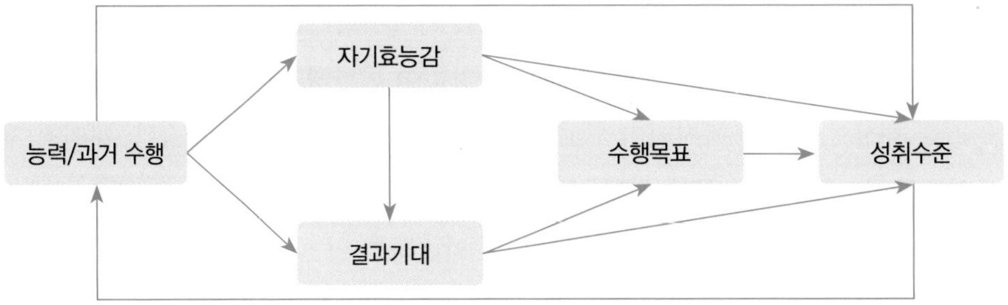

[그림 8-1] 사회인지진로이론의 수행모형
출처: Lent, Brown, & Hackett (1994, 2002, 2008).

형에 따르면, 자기효능감은 수행목표를 통해 진로와 학업 수행에 직·간접적으로 모두 영향을 미친다. 능력/적성은 자기효능감을 통해 진로와 학업 수행에 직·간접적으로 모두 영향을 미친다. [그림 8-1]은 사회인지진로이론의 수행모형을 도식적으로 나타낸 것이다.

진로상담 전략은 부적절한 자기효능감을 발견하고 비현실적인 결과기대를 확인하도록 조력하는 것이다(Brown & Lent, 1996; Lent, Brown, & Hackett, 1994). 자기 능력에 대한 이해 부족은 낮은 자기효능감을 초래하고 잘못된 직업 정보는 낮은 결과 기대를 초래한다. 따라서 상담목표는 내담자의 흥미, 가치, 능력과 일치하는 직업을 발견하도록 돕는 것이다.

이를 위해서 상담자는 정확한 자기이해를 촉진하여 자기효능감을 증진하고 객관적인 직업 정보를 습득하여 결과기대를 현실화하도록 조력한다. 상담자는 세 가지 기본 지침을 따른다(Lent, Brown, & Hackett, 1994, 2002, 2008). 낮은 자기효능감과 결과기대로 인해 제외된 진로 대안을 확인하는 것, 가능한 진로를 너무 일찍 제외하게 한 진로장벽을 확인하고 평가하는 것, 내담자의 잘못된 직업정보와 부적절한 자기효능감을 수정하는 것이 그것이다. 이를 위해서 진로상담은 세 가지 주요 과정을 거친다(Lent, Brown, & Hackett, 1994, 2002, 2008). 첫째, 제외된 진로대안을 확인하는 것으로, 직업분류카드를 이용하여 자기효능감과 능력 간의 차이와 결과기대와 직업 정보 간의 차이를 확인한다. 둘째, 진로장벽에 대한 지각을 분석하는 것으로, 의사결정 대조표를 작성하여 각 진로장벽의 가능성을 예측하고 극복하기 위한 전략을 수립한다. 셋째, 자기효능감의 변화를 촉진하는 것으로, 새로운 성공 경험, 과거 경험의 재해석, 재귀인에 도움이 되는 자료를 수집하여 제공한다.

(3) 생애설계이론

생애설계이론은 사비카스(Savickas, 2002, 2005)가 수퍼의 생애진로발달이론을 현대적으로 확장한 것으로, 생애설계에 초점을 둔다. 이 이론은 실재의 표상을 구성하는 것이 아니라 우리 스스로 실재를 구성한다고 하는 인식론적 구성주의에 기초를 두고 있으며, 발달은 내적 구조의 성숙보다 환경 적응 과정을 통해 이루어진다고 하는 맥락주의 세계관을 채택하고 있다. 상담목표는 발달의 가소성 및 발달 주체로서 개인에 대한 인식을 향상시키는 것으로, 내담자에게 의미 있는 경험을 찾도록 촉진함으로써 자신만의 진로이야기를 작성하도록 조력하는 것이다. 진로이야기란 생애주제를 담은 개인의 진로 관련 경험담을 말한다. 이 이론의 기본 가정은 다음과 같다(Savickas, 2002, 2005).

- 사회는 사회적 역할을 통해 개인의 삶의 과정을 구성한다.
- 직업은 핵심적인 역할을 부여하고 성격조직의 중심이 된다.
- 개인의 진로유형=f(부모의 SES/교육수준, 능력/자아개념, 기회에 대한 적응능력)
- 능력, 성격, 자아개념 등 직업 관련 특성에는 개인차가 존재한다.
- 각 직업이 요구하는 직업 관련 특성도 서로 다르다.
- 사람들은 다양한 직업을 가질 자질을 지니고 있다.
- 직업 성공은 일 역할이 자신의 탁월한 직업 관련 특성과 맞는 정도에 좌우된다.
- 만족감은 직업적 자아개념의 실현 가능성에 비례한다.
- 진로 구성 과정이란 직업적 자아개념의 발달 및 실현의 과정이다.
- 자아개념과 직업적 선호는 계속 변한다.
- 진로는 성장, 탐색, 확립, 유지, 쇠퇴의 과정을 순환한다.

이 이론의 주요 개념은 직업적 성격, 진로적응도, 생애주제 등이다. 직업적 성격은 진로와 관련된 각 개인의 능력, 욕구, 가치, 흥미 등을 말한다. 진로적응도는 자신을 일에 맞추어 나가는 과정에서 동원되는 개인의 자원(태도, 능력, 행동)을 말하며, 진로성숙도(발달과업의 수행 정도)는 진로적응도(발달과업을 수행할 수 있는 준비도)에 영향을 미친다. 생애주제는 일을 통해 자신(자아개념)을 드러내는 진로 관련 행동의 이유를 말하며 진로이야기의 줄거리를 구성한다. 구성주의 진로상담의 과정은 내담자의 여러 진로 이야기를 통합하여 생애주제를 찾아 나가는 과정이다. 주요 상담 전략은 스토리텔링 기법을 활용하여 진로이야기를 재구성하도록 안내하는 것이다. 표준화 검사의 사용이나 검사 결과의 해석은 최소화되고, 직업적 성격의 파악, 직업적응도 프로파일의 확인과 개입전략, 생애주제 확인, 성격 유형과 생애주제의 비교 등의 측면에서 전략 개발에 초점을 둔다. 때로는 진로유형검사(career style inventory)를 실시하여 내담자의 생애주제를 끌어내고 직업적 성격과 진로적 응도를 파악하기 위한 자료를 수집한다. 진로유형검사는 시작 질문(준비도), 역할모델, 잡지/TV, 책/영화, 여가와 취미, 명언, 교과목, 생애초기기억 등 8개 질문으로 구성된 구조화된 면접을 통해 내담자의 진로이야기를 끌어내는 구체적인 방법이다.

3. 진로 문제의 이해와 진로상담

진로 발달을 위한 활동을 효과적으로 전개하기 위해서는 진로상담에 관한 기본적인 이해가 필요하다. 일반적으로 진로상담은 내담자가 처한 사회경제적 환경의 영향력을 더 많이 고려한다는 특징이 있다. 그러나 많은 진로 문제는 심리 문제와 중첩될 가능성을 배제할 수 없기 때문에 때로는 두 가지 유형의 상담을 병행할 수도 있다. 여기서는 진로 문제의 유형을 기술하고 진로상담의 목표와 주요 전략을 소개한다.

1) 진로상담의 의의

진로상담은 개인이 자기 자신에 대한 정보와 사실을 탐색하여 수용하고 자기에 관해서 확인된 사실을 토대로 적절한 직업을 선택하고 직장생활에 잘 적응하도록 도와주는 활동을 의미한다. 진로상담은 초등학생의 진로인식 고취, 중·고등학생의 상급학교 진학, 학급 졸업 후의 취업, 직업적응, 진로변경, 실직, 계속적인 직업능력 개발이라는 무거운 주제를 다루어야 하는 비중 있는 영역으로 변모하고 있다(김봉환 외, 2013, 2018). 진로상담의 유형은 주제의 성격에 따라서 진학상담, 구직상담, 직업적응상담, 진로전환상담 등으로 나눌 수 있다. 이 가운데에서 직업적응상담과 진로전환상담은 진로의 문제라기보다는 취업 후 발생하는 적응의 문제에 가깝다고 볼 수 있다.

진로상담은 내담자의 생활사와 생활환경을 관련시켜 진행해야 하므로 단순히 개인과 직업을 짝짓는 작업은 아니다. 진로상담은 직업과 학업에 관한 계획과 의사결정에 초점을 둔다는 점을 제외하면 일반 상담과 별 차이가 없다. 스완슨(Swanson, 1995)은 진로상담을 상담자와 내담자가 만나 서로 대화를 통해 이루어지는 상호작용이라고 정의하였다.

그러나 진로 문제를 호소하는 내담자는 진로상담을 잘못 인식하는 경우가 적지 않다(이장호, 1986). 예를 들면, 모든 문제에는 완벽한 과학적 해결책이 존재한다고 믿거나 단 한

번의 상담으로 바라는 진로목표를 찾을 수 있다고 여길 수도 있고, 또는 흥미만 있으면 일을 잘 해낼 수 있다고 생각하거나 검사 결과를 지나치게 신뢰하여 사고과정에서 융통성을 상실할 수도 있다. 그 밖에도 진로 계획을 수립할 때 철저한 단계를 거쳐 결정해야 한다거나 그러한 결정의 결과를 '완전 성공' 아니면 '완전 실패' 식으로 생각할 수도 있고, 또는 시간이 문제를 해결해 줄지도 모른다는 막연한 기대를 갖고 '1년쯤 지내고 보자'는 식으로 생각할 수도 있다. 이와 같은 편견은 부분적인 정보에 의존하거나 왜곡된 사고에서 비롯된다. 따라서 진로상담의 기능을 충분히 수행하기 위해서는 먼저 이러한 편견을 바로잡은 후에야 진로에 대한 의사결정을 진행할 수 있다.

2) 진로 문제의 유형

진로상담에서 다루는 문제의 성격은 매우 다양하며, 그에 따라서 상담이나 조력의 방법도 달라질 수 있다. 진로상담 이론가들은 역사적으로 진로 문제의 진단에 많은 노력을 기울여 왔으며, 이는 문제나 상태를 조사하고 파악한다는 의미로서 상담이나 조력을 위한 일종의 지침으로 사용되어 왔다. 상담교사는 진로 문제에 관한 다양한 진단체계를 가지고 임할 때 진로상담의 방향과 목표를 비교적 쉽게 설정할 수 있다.

(1) 기술적 분류체계

윌리엄슨(Williamson, 1939)은 대학생의 진로 · 직업 문제를 상담분류체계의 주요 영역으로 간주하고, 이를 다시 다음의 네 가지 하위 문제로 세분화하였다.

- 진로 무선택: 내담자가 진로를 결정한 바가 없거나 또는 선호하는 진로가 몇 가지 있기는 하지만 어느 것을 선택할지 모르는 경우이다.
- 불확실한 진로선택: 선택한 진로가 있으나 자신감이 없으며 타인으로부터 자기가 그 직업에서 성공할 것이라는 위안을 받으려고 한다.
- 흥미와 적성의 모순된 선택: 흥미를 느끼는 직업이 있으나 그 직업을 가질 능력이 부족하다. 적성이 있는 직업에는 흥미가 적고, 흥미가 있는 직업에는 적성이 낮다.
- 어리석은 진로선택: 저능력, 저동기인 사람이 고능력, 고동기를 요하는 직업을 원한다. 특별한 재능을 요하는 직업을 가지려 하지만 그러한 특수재능이 부족하다. 흥미가 별로 없는 분야를 선택한다. 자리가 많지 않은 직업을 원한다. 자신의 능력보다 훨

씬 낮은 능력을 요하는 직업을 선택한다.

(2) 정신역동적 분류체계

보딘(Bordin, 1946)은 진로 문제의 분류가 상담 전략을 세우는 데 도움이 되기 위해서는 문제의 진단에서 심리적 원인이 드러나도록 해야 한다고 주장하고, 진로 문제를 다음의 다섯 가지 유형으로 분류하였다.

- 의존성: 자신의 진로 문제를 해결하고 책임지는 것을 어렵다고 느낀다. 내담자는 의존적인 갈등 때문에 문제해결이나 의사결정을 위해 적극적인 노력을 하지 못한다.
- 정보 부족: 적합한 정보를 접하지 못해 현명한 선택을 하지 못하는 경우이다. 체험 폭의 제한, 체험의 부적절함, 필요한 기술을 습득할 기회의 부족 등도 여기에 포함된다.
- 내적 갈등: 내부 심리적 요소 간의 갈등이나 자아개념과 환경의 차이가 심하다.
- 선택에 대한 불안: 여러 가지 대안 가운데 선택을 하지 못하고 불안해한다. 특히 자신이 하고 싶어 하는 일과 중요한 타인이 기대하는 일이 다를 경우 불안과 갈등을 심하게 느끼게 된다.
- 확신의 결여: 진로를 선택은 하였으나 스스로 확신을 갖지 못하고 타인에게 확신을 구한다.

(3) 내담자의 진로결정 상태에 따른 분류체계

샘슨, 피터슨, 리어든(Sampson, Peterson, & Reardon, 1989)은 내담자의 진로결정 상태에 따라서 진로결정자, 진로미결정자, 우유부단자의 세 가지로 분류하였다. 상담자는 내담자의 진로결정 상태에 따라 상담목표가 달라질 수 있음을 인식할 필요가 있다.

- 진로결정자(decided client): 자신의 선택이 잘 된 것인지 명료화하기를 원하는 경우, 자신의 선택을 이행하기 위해 도움을 필요로 하는 경우, 결정된 것처럼 보이나 실제로는 미결정에 가까운 경우 등이다.
- 진로미결정자(undecided client): 자신의 이해 부족과 직업 또는 의사결정을 위한 지식이 부족한 경우, 다양한 능력으로 지나치게 많은 욕심을 갖게 되어 도움이 필요한 경우, 성격적인 문제를 가지고 있지 않은 경우 등이다. 완버그와 무친스키(Wanberg & Muchinsky, 1992)는 진로미결정의 이유를 자기이해와 명료화 부족, 직업정보 부족, 결

단성 부족, 진로선택의 중요성에 대한 인식 부족 등으로 구분하였다.

- 우유부단자(indecisive client): 역기능적인 불안을 동반하는 경우와 일반적으로 문제해결에서 부적응적인 성격을 가지고 있는 경우가 이에 해당한다.

3) 진로상담의 목표

진로상담의 주된 목적은 피상담자로 하여금 자신의 진로를 객관적이고 합리적으로 인식하도록 도와주는 데 있다. 다시 말해서, 진로지도와 상담을 통하여 개인이 자신을 좀 더 정확하게 이해하고 주변 여건을 충분히 감안하여 자신에게 적합한 진로를 선택하여 개척해 나감으로써 자기 자신은 물론 지역사회에 공헌할 수 있는 기틀을 마련해 주자는 것이다. 필립스(Phillips, 1992)는 진로상담의 주제를 자기탐색과 발견, 선택을 위한 준비, 의사결정 과정, 선택과 결정, 실천의 다섯 가지로 제시하였는데, 상담자가 어떤 사례를 접했을 때 이 다섯 가지 주제 중에서 어느 것에 해당되는지를 판단해 보면 진로상담의 목표가 좀 더 분명해질 수 있다. 진로상담의 목표를 좀 더 구체적으로 설명하면 다음과 같다(강진령, 연문희, 2009: 258-259; 김계현 외, 2020: 150-153).

(1) 자기이해 증진

학생들이 제대로 된 진로를 선택하려면 먼저 자기 자신을 올바로 이해할 수 있어야 한다(Parsons, 1909). 학생 개개인은 자신의 소질, 적성, 흥미, 재능, 능력, 경험, 가치관, 성격, 포부, 기회, 생활양식 등과 같은 요소들에 대해서 객관적으로 파악하고 있어야 한다. 개인의 특성에 알맞은 직업을 선택하느냐의 여부는 그만큼 직무만족도에도 영향을 준다. 상담교사는 학생 개개인의 특성과 잠재능력을 객관적인 방법으로 확인해 줌으로써 보다 합리적인 진로계획과 의사결정을 촉진할 수 있다.

(2) 직업 세계에 대한 이해 증진

진로상담의 한 가지 목표는 학생 개개인으로 하여금 일의 세계, 즉 직업의 종류와 근로조건, 직업 세계의 구조와 특성, 고용 기회와 경향, 업무의 형태, 피고용자와 고용자의 관계 등에 관하여 학생의 이해를 도모함으로써 진로 계획과 준비를 돕는 것이다. 일의 세계에 대한 탐색은 학생 개개인이 흥미를 느끼는 직업군에 대해 분석을 하고, 그 직업을 선택하는 데 요구되는 사항들을 계획하고 조직하는 것이다. 학생들은 갖가지 표준화검사와 비표준화검사 방법을 통해 자기 자신에 대한 정보와 자료를 수집할 수 있다. 또한 상담교사는 학생들에게 직업의 종류와 특성에 대한 이해를 돕기 위해 노동부에서 출판된 직업사전을 활용하여 직업의 세계를 살펴볼 수 있다.

(3) 진로계획에 대한 책임과 의사결정 능력 함양

자신의 진로를 스스로 계획하고 추진해 나갈 권리와 의무를 자각하고, 자율적인 진로계획을 통해서 선택의 자유를 보장하고 선택의 폭을 확장한다. 또한 자신의 진로를 현명하게 계획하고 추진하기 위해서는 상황을 정확히 판단하고 최선의 것을 선택할 수 있는 수준 높은 의사결정 능력이 요구된다. 상담교사는 학생들과 진로의사결정 시에 고려해야 할 요소, 의사결정의 우선순위를 정하는 법, 의사결정에 필요한 정보를 제공하고 활용하는 방법 등을 습득하도록 도와야 하며, 최종적인 결정은 스스로 하도록 배려해야 한다.

(4) 정보 탐색 및 활용 능력 함양

고도로 정보화된 지식 사회에서 바람직한 삶을 영위하려면 정보를 신속하게 수집 · 분석 · 가공하고 적절하게 활용하는 능력을 갖추어야 한다. 현대 사회에서는 매일같이 수많은 직업이 생성 · 소멸되고 정보의 수명 역시 매우 짧아서 상담교사 혼자서 그 많은 직업정보를 수집해서 학생이 원하는 상태로 가공하여 제공해 주는 것은 현실적으로 불가능하다. 따라서 상담교사는 학생들에게 필요한 정보를 제공해야 하겠지만 무엇보다도 학생 스스로 필요한 정보를 탐색하여 활용하는 방법을 알려 주고 실행에 옮길 수 있도록 안내할 필요가 있다.

(5) 일에 대한 긍정적인 태도 형성

진로상담의 마지막 목표는 학생 개개인이 일에 대한 긍정적인 태도를 형성하도록 도와주는 것이다. 모든 일이 다 존재 가치가 있고, 그로 인해 사회 전체가 유기적으로 돌아갈 수 있다. 각 직업은 몸의 지체와도 같이 나름대로 중요한 역할을 담당하고 있고, 상호관계를 맺고 있으며, 유기적으로 기능하기 때문에 저마다 필요하다. 따라서 사회 구성원들이 저마다 자신의 특성과 능력에 따라 선택한 일에 긍정적인 자세로 전념하는 태도를 형성하는 것은 개인적으로나 사회적으로 가치 있는 일이다. 상담교사는 학생 개개인이 일에 대한 가치관과 태도를 명료화함으로써 직업 선택과 직업 생활에 있어서 능동적 자세를 갖도록 돕는다.

진로상담의 목표에는 학생들이 교육과 진로목표를 탐색하는 일, 관심 있는 직업과 관련된 기술을 습득하며 일생에 걸쳐 진로와 직업의 기회에 대해 배우는 일, 직업 세계를 통해서 타인들과 협동적이고 긍정적인 관계를 유지하는 데 필요한 사회적 기술과 태도를 증진하는 일 등이 포함될 수 있다.

4) 진로상담의 주요 전략

진로상담 기법은 진로상담이론에 따라 다양하지만, 진로상담의 목표와 과정에 따라 진로목표 수립을 돕기 위한 전략, 내담자 특성 파악을 돕기 위한 전략, 진로의사결정을 돕기 위한 전략 등으로 나누어 볼 수 있다.

(1) 진로목표 수립을 돕기 위한 전략

상담목표는 상담자와 내담자가 기울여야 하는 노력의 방향을 제시하고 상담자에게 적절한 조력 방법을 선택하기 위한 자료를 제공하며 상담자와 내담자의 조력 결과를 평가하기 위한 기준을 제공한다. 진로상담에서 상담자는 면담 안내 또는 현실치료의 WDEP와 같은 도구를 사용하여 내담자의 진로목표 수립을 효과적으로 도와줄 수 있다.

① 면담 안내

면담 안내(interview lead)는 상담자가 적절한 질문을 통해 내담자의 욕구와 가치 정보를 표현하도록 돕는 기법이다(Gysbers & Moore, 2005). 목표 설정을 위한 면담 안내 기술의 예는 "당신은 진로상담의 결과가 무엇이기를 원하십니까?" "진로상담 후 당신이 달성하고자 하는 것은 무엇입니까?" "진로상담이 종결되었을 경우를 상상해 보십시오. 당신이 원하는 모습은 어떤 모습입니까?" "현재의 상황이 어떻게 달라지기를 원하십니까?" 등이 있다.

② WDEP 기법

WDEP 기법은 현실치료에서 내담자의 바람과 행동을 탐색하고 행동의 효과성을 평가하며 새로운 계획을 세워서 실천하도록 안내하기 위해 개발된 질문기법이다(Glasser, 1965, 1984). W(want) 관련 질문은 "무엇을 원하는가?" "어떤 직업을 갖고 싶은가?" "당신의 삶이 어떻게 되기를 원하는가?" 등이고, D(doing) 관련 질문은 "지금 원하는 직업을 얻기 위해 무엇을 하고 있는가?" "직업에서 보람을 느꼈을 때는 어떤 행동을 했는가?" "일/공부와 관련해서 재미있었을 때는 어디에서 누구와 무엇을 하고 있었는가?" 등이다. 또한 E(evaluation)와 관련해서는 "직업을 얻기에 적절한 행동을 하고 있는가?" "그런 활동을 계속하면 어디로 갈 것 같은가?" "그런 행동을 계속하면 원하는 것을 얻을 수 있는가?" 등을 질문할 수 있고, P(planning)와 관련해서는 "무엇을 언제부터 하면 원하는 것을 얻게 될까?" "지금 바로 실천할 수 있는 것으로 무엇이 있는지 찾아볼 수 있는가?" 등을 질문할 수 있다.

(2) 내담자 특성 파악을 돕기 위한 전략

내담자 특성을 파악하는 일은 상담목표를 확인하여 명료화하는 기능을 하며, 문제해결 및 개입전략을 수립하기 위한 기초가 된다. 내담자의 성격, 능력, 가치는 물론이고 내담자가 문제를 인식하는 방식, 가족 내에서 내담자가 차지하는 위치와 가족 환경에 초점을 둔다. 내담자 특성을 파악하는 것을 돕기 위해서 상담자는 생애진로사정, 진로가계도, 직업카드 분류법, 진로심리검사 등을 활용한다.

① 생애진로사정

생애진로사정(Life Career Assessment: LCA)은 아들러의 개인심리학에 기초를 두고 있으며, 내담자가 일(공부), 사랑(사회적 관계), 우정의 세 가지 생활영역에서 자신의 경험을 정리하면서 생활양식을 알아 가는 과정이다(Dinkmeyer, Pew, & Dinkmeyer, 1979). 이 기법은 주로 내담자 정보수집 단계에서 사용되며, 구조화된 면접을 통해서 30~45분 정도 진행된다. 생애진로사정은 진로 탐색, 일상적인 하루, 강점과 장애물, 요약 등으로 구성된다(Gysbers, Heppner, & Johnston, 2017). 진로 탐색은 직업 경험, 교육과 훈련, 인간관계와 우정 등을 탐색하고 여가활동에서 좋았던 점 또는 싫었던 점을 확인한다. 일상적인 하루는 생활양식이 독립적인지 아니면 의존적인지, 체계적인지 아니면 임의적인지 등을 확인한다. 강점과 장애물은 세 가지 주요 강점과 약점을 찾고 문제와 장애물 및 대처자원을 확인한다. 마지막으로 요약은 생애진로사정에서 무엇을 배웠는지 점검한다. 그 목적은 내담자의 언어를 사용하여 생애진로주제에 대한 합의에 도달하고 상담목표를 수립하고 문제를 해결하기 위해 수집한 정보를 관련짓는 것이다.

② 진로가계도

진로가계도(career genogram)는 보웬(Bowen, 1980)의 가계도에 '진로'라는 단어를 첨가하여 내담자 가계의 진로정보에 초점을 맞추고 3대에 걸친 가족의 진로와 그것의 영향을 가계도 형식으로 작성한다(Dagley, 1984). 이 기법은 정보수집 단계에서 내담자에 대한 정보를 수집하는 질적 평가방법이며, 대체로 목적 공유하기, 작성하기, 분석하기의 세 단계를 거쳐 진행된다(Gysbers, Heppner, & Johnston, 2017). 첫 번째 단계는 내담자와 진로가계도의 목적을 공유하는 단계로, 상담자는 내담자가 진로가계도 작성 활동의 목적을 이해하도록 안내한다. 두 번째 단계에서 상담자는 내담자에게 진로가계도 작성 방법을 설명하고 작성하도록 한다. 범례에 따라 3대에 걸친 가족들의 과거와 현재 직업을 구체적으로 작성한다. 세 번째 단계에서 상담자는 내담자와 함께 진로가계도를 검토하면서 내담자 진로에 대해 영향을 미친 것들을 탐색한다. 이 마지막 단계에서 상담자는 가족 중 내담자의 진로기대 형성에 중요한 역할을 한 사람이 누구인지 또한 확인한다.

③ 직업카드 분류법

직업카드 분류법(job-cards sorting)은 직업카드를 개발하고 분류하는 활동을 통해 직업 흥미를 탐색하는 방법이자 도구이다(강은의, 2018). 이 기법은 타일러(Tyler, 1961)에 의해 처음으로 제안되었으며, 시중에는 적용 목적에 따라 다양한 종류의 직업카드가 출판되어 사용되고 있다(김봉환, 조유미, 2003; 김봉환, 최명운, 2003; 김희수, 2011; 김희수, 이윤우, 2011). 이 기법의 기본 전제는 진로상담에서 내담자들은 자신이 무엇을 원하는지 인식하고 이야기할 필요가 있다는 것이다. 직업카드 분류 절차를 적용하는 데에는 대략 1시간 정도 소요된다. 상담자는 내담자의 연령에 따라 알맞은 카드를 선정한 다음 내담자의 흥미, 욕구, 가치, 능력, 선호에 따라 분류하여 우선순위를 정하도록 안내한다. 먼저 직업카드를 선호하는 것(LIKE), 무관심한 것(NEUTRAL) 비선호하는 것(DISLIKE)으로 분류한 다음, 각 부류의 직업을 몇 개의 하위 파일로 분류하고 그 이유를 탐색하며, 하위 파일의 직업 중에서 직업의 성격을 분석하여 선호하는 직업에 관한 일반적인 주제와 구체적인 하위 주제를 파악한다. 예를 들면, 숫자 관련 직업 중에서 명예, 돈, 봉사 등으로 직업의 성격을 구분할 수 있다. 직업카드 분류법은 비표준화 접근법으로, 내담자의 능동적 참여를 유도할 수 있고, 다양한 집단에 적용이 가능하며, 상담 목적에 맞게 다양한 용도로 활용이 가능하다.

④ 진로심리검사

때로는 표준화된 심리검사를 통해서 내담자가 자신을 좀 더 잘 이해하고 특정 환경에 적합한지 여부를 확인하도록 조력할 수 있다(송재홍, 2018c). 이 접근법의 기본 전제는 내담자가 자신의 직업탐색 과정에 최적의 도구를 사용하기를 원한다는 것이다. 적성, 흥미, 성격 등 직업과 관련하여 다양한 특성을 평가하기 위해서 개발된 표준화된 심리검사를 통해서 진로상담의 진행과 결과를 향상시킬 수 있으며 과학적인 상담이 가능하다. 상담교사와 학생이 함께 상의하여 적절한 검사도구를 선택한다.

(3) 진로의사결정을 돕기 위한 전략

진로의사결정은 진로와 관련하여 어떤 결정을 내리기 위해 여러 가지 대안을 검토하고 최선의 대안을 선택하여 실행하는 것이다. 의사결정 능력은 개인의 일생을 통해서 성취해야 할 가장 중요한 과업의 한 가지이며(Tolbert, 1980), 진로지도의 중요한 목적은 학생에게 훌륭한 의사결정을 하도록 돕는 것이다(Gelatt, 1962). 상담교사는 몇 가지 기법을 사용하여 학생의 진로의사결정을 효과적으로 도울 수 있다(강은희, 2018: 163-174).

① 검사도구 활용

진로의사결정을 돕는 한 방법은 검사도구를 사용하는 것이다. 겔라트(Gelatt, 1962)는 상담교사가 학생들의 의사결정 유형을 탐색하여 결정 능력을 향상시켜야 한다고 역설하였다. 하렌(Harren, 1984)은 양자택일식('예/아니요') 응답형식의 30문항으로 구성된 진로의사결정유형검사를 개발하였다. 이 검사는 합리적 양식, 직관적 양식, 의존적 양식 등 세 개의 하위 요인을 측정한다. 합리적 양식은 의사결정을 할 때 논리적이고 체계적으로 접근하는 유형이고, 직관적 양식은 내적 감정에 의해 결정하는 유형이며, 의존적 양식은 타인의 기대나 사회적 승인에 의해 결정을 내리는 유형이다.

② 진로자서전 쓰기

진로의사결정을 돕기 위해 사용되는 또 다른 방법은 진로자서전 쓰기이다. 레흐프스(Rehfuss, 2009)는 진로 상담 전·후에 내담자의 직업 및 인생 이야기에서 질적인 변화를 확인하고 평가하고자 미래 진로자서전 쓰기를 개발하였다. 미래 진로자서전(Future Career Autography: FCA)은 시간의 흐름에 따라서 개인의 직업 이야기에서의 변화 또는 변화 부재의 정도를 파악하기 위해 고안된 내러티브 도구이다. 이 기법은 내담자가 자신의 학교 선택, 고등학교 졸업 후 직업 훈련, 시간제 일을 통한 경험, 고등학교에서 배운 지식과 기술들, 중요한 타인들에 대해 스스로 기술한 내용을 토대로 과거에 진로와 관련하여 어떻게 의사결정을 했는지를 파악한다. 예를 들면, 학교에 대한 내용의 경우, 학교생활 중에 가장 기억에 남는 선생님은 누구이며 왜 그런지, 학교에서 나는 어떤 부류의 사람이며 친구들과의 관계는 어떠한지, 학업적인 면에서 가장 좋아하는 과목과 싫어하는 과목은 무엇이며 왜 그런지, 학교생활 중에 가장 즐거웠던 기억과 좌절했던 기억은 무엇인지, 재량활동 시간에 선택한 활동은 무엇인지 등을 확인하고, 자신이 인생에서 어떤 곳에 속하고 싶은지와 향후 5년간 직업적으로 무슨 일을 하고 싶은지를 탐색한다. 내담자는 미래 진로자서전 쓰기를 통해서 자신의 미래 진로에 대한 이야기를 새롭게 재구성할 수 있다(Rehfuss & Fabio, 2012).

③ 주관적인 기대 효용의 활용

진로의사결정을 돕는 과정에서 상담교사는 학생의 주관적인 기대 효용을 활용하여 진로의사결정 시 타인의 기대나 사회적 승인보다 자신의 행복감, 즐거움, 만족감을 충족하는 선택을 하여 주관적인 기대 효용을 최적화하도록 조력한다. 모든 의사결정은 먼저 목표를 정하고 난 후 마음에 드는 항목을 중심으로 선택 범위를 정하고 그중에서 최종 선택을 내리는 세 가지 과정을 거친다. 상담교사는 또한 엘리스(Ellis, 1962, 1995)가 제안한 A-B-C-D-E 모델을 활용하여 진로와 관련하여 근거 없는 믿음을 찾아내고 논박을 통해 합리적인 신념으로 전환함으로써 학생의 진로신화를 파악하거나 합리적인 결정을 하도록 조력할 수도 있다. 진로신화란 "나는 앞으로 어떤 종류의 일은 하고 싶지 않을 것이라고 믿어요."와 같이 어떤 일을 해 보지도 않고 그렇게 될 것이라고 확신하는 것이다(Lewis & Gilhausen, 1981).

④ 은유 활용

마지막으로 상담교사는 은유를 사용하여 의사결정 과정에서 저항감을 드러내는 학생들과 상호작용할 수 있다. 진로상담에서 전혀 동기화되어 있지 않거나 저항감을 나타내는 학생의 경우, 책임에 대한 두려움을 극복하고 수용하는 기법을 통해 의사결정을 조력할 수 있다. 이 접근의 기본 전제는 내담자의 저항 뒤에는 책임에 대한 두려움이 있는 경우가 많다는 것이다(Gordon, 1978). 내담자에게 잠재적인 책임감을 느끼게 하는 위협요소 등을 확인하여 인식하게 한 후, 상담교사는 은유를 사용하여 학생의 저항을 줄이고 의사결정을 도울 수 있다. 진로상담에서 은유를 활용할 때는 가급적 은유의 단순하고 직설적인 측면을 강조하는 것이 좋다. 은유는 시, 소설, 동화, 우화, 노래, 영화, TV 광고 등에서 가져올 수 있다. 은유는 경험의 한 가지 방법으로 이야기 속에서 자신과 유사한 경험을 탐색하는 데 도움이 될 뿐만 아니라, 비슷한 문제를 해결한 타인의 경험을 제공함으로써 학생은 희망을 갖고 문제해결을 모색하게 된다.

(4) 정보의 탐색 및 활용을 돕기 위한 전략

합리적인 의사결정과 진로 및 교육 계획 수립을 위해서는 다양한 진로정보를 탐색하고 활용하는 능력이 필요하다. 진로정보(career information)란 진로에 대한 다양한 정보를 말하며, 교육정보(교육과정, 특별과정, 입학 · 수학 · 졸업 조건, 교육 및 훈련 기회 등), 직업정보(노동력, 산업 및 직업 분류, 취업 조건과 근무 요건, 구인 · 구직, 졸업생 취업 상황 등), 개인 · 사회적 정보(신체 발달, 기본적 욕구와 행동 · 정서 · 사고, 인성 및 정신위생, 사회적 관계, 성과 성역할 등)를 포함한다(Norries, Hatch, Engelkes, & Winborn, 1985). 정보의 탐색과 활용을 지원하기 위한 상담 전략은 다음과 같다.

① 진로정보센터 구축

학생들은 직업 세계를 이해하고 진로 및 교육 계획을 수립하기 위해서 다양한 정보를 원한다. 진로정보센터(career resource center)는 일정한 장소를 마련하여 각종 진로 정보를 수집 · 보관하고 원하는 사람에게 열람할 수 있도록 보급하는 곳이다(장대운, 김충기, 박경애, 김진희, 1996). 진로정보센터에는 직업 정보는 물론, 진로의사결정, 교육 및 재정 지원, 정치 및 구직, 각종 평가 도구와 시뮬레이션 키트, 교육과정과 과외 활동에 관한 정보를 보유해야 한다. 주요 정보원은 상급학교, 직업훈련기관, 정부기관(중앙고용정보관리소, 인력은행, 고용안정센터, 노동부지방사무소 등), 기업체와 기업주, 직업종사자, 사회단체, 대중매체, 서적(한국직업사전, 한국직업전망서 등), 인터넷 등이며, 각종 인쇄물과 시청각 매체를 비롯하여 탐색 활동(게임, 역할극 등), 시뮬레이션 견학 등 다양한 방법을 통해 정보를 제공할 수 있다.

② 컴퓨터와 인터넷 이용

컴퓨터와 인터넷이 보급되면서 학생들의 진로 및 교육 계획 수립에서 차지하는 비중이 크게 높아졌다. 우선 컴퓨터는 진로정보를 수집 · 가공 · 분류 · 제공 · 관리하는 데 매우 유용한 도구이다. 컴퓨터의 힘을 빌리지 않고 수시로 변화하는 수많은 직업정보와 진학 · 취업 정보를 관리하는 것은 불가능하다. 특히 인터넷을 이용하면 정보 수집은 물론 학생들에게 스스로 정보를 탐색할 수 있는 능력을 향상시킬 수 있다.

외국에서는 SIGI PLUS(The System of Interactive Guidance and Information PLUS), CHOICES, DISCOVER, CIS(Career Information System), GIS(Guidance Information System), O'NET 등과 같은 컴퓨터 소프트웨어를 활용하여 학생들의 진로 및 교육 계획 수립을 지원

하고 있다(Sciarra, 2004). 우리나라에서도 김영혜(1997)가 처음으로 '컴퓨터보조진로상담 프로그램'을 개발한 바 있으며, 최근에 진로 및 교육 계획 수립을 위해 이용 가능한 주요 웹 사이트를 소개하면 다음과 같다.

- 워크넷(https://www.work.go.kr): 방대하고 다양한 구직 관련 정보를 접할 수 있으며, 온라인 직업상담과 직업심리검사를 받거나 해외 구인 · 구직 신청도 가능하다.
- 커리어넷(https://www.career.go.kr): 학생과 성인들에게 다양한 학과 · 직업 관련 정보를 제공하며, 진로 · 직업 관련 심리검사를 통하여 구체적인 진로 탐색이 가능하다.
- 에듀넷(http://www.edunet.net): 사이버 가정학습, 문제풀이 등 다양한 학업 관련 자료를 제공하며, 진학상담, 청소년 고민상담, 교직 · 교권상담도 가능하다.

③ 학교 행사와 현장 견학

학교 행사는 학교 전체를 대상으로 하여 학생들의 진로인식을 고취하고 직업 세계에 대한 정보 탐색과 진로 및 교육 계획 수립을 지원할 목적으로 실시된다. 대표적인 예는 '진로의 날' '진로 박람회' '진로주간' 행사 등이 있다(김계현 외, 2009; Hughey, 2005; Sciarra, 2004). 이러한 행사는 치밀한 사전조사와 준비가 필요하며, 행사가 끝난 후에는 평가회를 개최하여 행사의 성과와 부족한 점, 계속 발전시킬 사항에 관하여 논의하고 다음 행사를 계획할 때 충분히 반영되도록 한다.

학교에서는 매월 '진로의 날(career day)'을 정하고 선배와의 대화, 직장인 초청 강연, 영상자료 상영 등 다양한 활동을 운영하여 학생들에게 자기이해와 각종 직업에 대한 이해도를 높이고 책임의식과 올바른 작업 습관의 중요성을 인식할 수 있도록 지원한다. 행사가 형식적으로 흐르지 않도록 하려면 사전에 행사 목적을 분명히 하고 목적 달성에 적합한 활동을 구상해야 하며 학부모의 참여가 필요하다. 초등학교에서는 차량이동 진로의 날(career-on-wheels day)을 지정하여 여러 명의 근로자가 학교에 장비와 도구를 직접 가지고 와서 소집단 학생과 자신의 일에 관해 대화를 나누고 시범을 보임으로써 학생들이 일자리에 좀 더 친숙해질 수 있다(Beale & Williams, 2000). 상담교사는 학생들이 다양한 수준의 교육(예: 대학, 기술학교, 직업훈련 등)과 연관된 일자리를 체험하고 일자리와 그것에 대한 학과목의 중요성을 학습할 수 있게 지원한다.

또한 지역의 사업가들이 참여하는 작은 일자리 박람회(mini-job fair)를 개최하여 학생들에게 취업 지망자가 갖추어야 할 특징과 직업 성공에 필요한 기술을 소개하거나, 다문화 진로 박람회(multi-cultural career fair)를 개최하여 학생들에게 다양한 문화의 직업을 소개할 수도 있다. 다문화 진로 박람회에서는 특히 전형적인 직장인은 물론 비전형적인 분야에서 일하는 남성과 여성 모델을 초청하여 학생들이 일자리에 대한 성 고정관념에서 벗어나도록 도와야 한다(Herring, 1998; Murrow-Taylor, Faltz, Ellis, & Culberston, 1999; Sellers, Satcher, & Comas, 1999).

'진로주간(career week)' 행사는 한 학기에 1회 정도로 학생들이 관심 있는 대학이나 직장을 방문하여 직접 알고 싶은 내용을 확인하고 체험할 수 있도록 안내한다. 대학을 방문할 경우 대학 설립 목적, 설치된 학과, 교육과정, 교수진, 시설, 졸업 후의 진로상황 등을 확인한다. 직장을 방문할 경우에는 취업에 필요한 조건, 취업 후의 업무 성격, 작업환경, 보수, 사용하는 기자재와 프로그램, 장래 직업전망, 직업의 보람과 직원들의 만족도 등을 확인하여 보고서를 작성토록 지도한다. 때로는 한국키자니아(서울, 부산), 한국잡월드(경기 성남), 키즈-앤-키즈(서울), EBS 리틀소시움(대구) 등 체험기관을 방문하거나 지역에서 실시하는 진로 박람회를 다녀올 수도 있다. 그 밖에도 기업인사와의 면담, 토론회, 전시회, 각종 심리검사의 실시, 다양한 진로지도 프로그램의 실시 등을 행사에 포함시킬 수 있다.

4. 학교에서 진로교육과 진로상담

학생들의 진로 발달은 종합적인 학교상담 프로그램의 자연스런 부분이다. 학교의 진로상담 프로그램은 학생들에게 직업 세계에 대한 준비, 성장과 발달, 학습동기 유발에 대한 학교의 기여도를 높이거나 촉진하는 역할을 한다(김계현 외, 2009). 우리나라에서는 2015년도에 학생에게 다양한 진로교육 기회를 제공함으로써 변화하는 직업세계에 능동적으로 대처하고 학생의 소질과 적성을 최대한 실현하여 국민의 행복한 삶과 경제사회 발전에 기여함을 목적으로 「진로교육법」이 제정되었다. 이 법에 따르면, 진로교육은 국가 및 지방자치단체 등이 학생에게 자신의 소질과 적성을 바탕으로 직업세계를 이해하고 자신의 진로를 탐색·설계할 수 있도록 학교와 지역사회의 협력을 통하여 진로수업, 진로심리검사, 진로상담, 진로정보 제공, 진로체험, 취업지원 등을 제공하는 활동을 말한다.

진로 발달의 궁극적인 목적은 모든 학생이 학교와 직업에서 성공하도록 지원하는 것이다. 따라서 진로 발달을 위한 종합적인 학교상담 프로그램은 전체 학교교육 프로그램에 통합적으로 계획되고 실행되어야 한다. 이는 형식적인 교육 내용 안에 학생의 진로목표,

진로계획, 진로의사결정 등을 포함해야 하며 상담교사와 교사가 학생의 진로 발달을 위해 협력적으로 일해야 한다는 것을 의미한다. 강진령과 연문희(2009)는 학교교육이 진로상담 및 지도와 통합적으로 운영되어야 할 이유를 세 가지로 정리하였다.

첫째, 개인의 흥미, 능력, 적성, 포부에 맞는 직업 선택의 폭을 넓혀 주어야 한다. 이는 개인적으로 잠재능력을 구현하는 사람이 되어 만족스러운 인생을 살게 될 것이고, 사회적으로 생산적인 사회 집단원이 될 것이기 때문이다.

둘째, 국가의 인력 수급과 경제력의 필요 충족을 위해서 진로상담과 지도가 절실히 요망된다. 현재 우리나라는 기능공의 인력난으로 산업 현장이 어려움을 겪고 있는 반면, 4년제 대학 졸업생의 실업률이 누적되고 있어 진로상담과 지도가 절실하다.

셋째, 진로상담과 지도가 효율적으로 이루어지면 학교교육의 중요성을 인식하게 되어 학생의 학습동기 유발을 촉진할 수 있다. 우리 사회는 '먹고살기 위해' 일하던 시대에서 '자기실현을 위해' 일하는 시대로 넘어가고 있다. 따라서 좁은 의미의 직업교육이나 상급학교 입시 준비를 위한 주지주의 교육에서 벗어나서 진로상담과 지도에 힘써야 하겠다.

2015 개정 교육과정에 따르면, 진로교육의 목표는 "학생 자신의 진로를 창의적으로 개발하고 지속적으로 발전시켜 성숙한 민주 시민으로서 행복한 삶을 살아갈 수 있는 역량을 기른다."이고, 하위 목표는 다음과 같다(교육부, 2016).

첫째, 긍정적인 자아개념을 형성하고 소질과 적성에 대하여 정확하고 객관적으로 이해하며, 타인과 적절하게 관계를 맺고 소통할 수 있는 역량을 기른다.

둘째, 일과 직업의 중요성과 가치, 직업 세계의 다양성과 변화를 이해하고 건강한 직업의식을 배양한다.

셋째, 자신의 진로와 관련된 교육 기회 및 직업정보를 적극적이고 체계적으로 탐색하고 체험하며 활용하는 역량을 기른다.

넷째, 자기이해와 다양한 진로 탐색을 바탕으로 자신의 진로를 창의적으로 설계하고 적절한 계획을 수립하여 준비하는 역량을 기른다.

학생들의 진로 발달을 위한 종합적인 학교상담 프로그램이 성공하려면 전체적인 교육과정 속에 통합되어야 할 뿐만 아니라 학생들이 갖추어야 할 핵심 역량을 중심으로 교육과정을 계획하고 실행하여야 한다. 우리나라 초·중등학교의 진로교육은 2015 개정 교육과정에서 추구하는 인간상과 창의융합형 인재로서 갖추어야 할 핵심 역량에 기초하여 자기이해와 사회적 역량, 일과 직업 세계 이해, 진로 탐색, 진로 디자인과 준비 등 네 가지 역량을 대영역으로 설정하였다(장윤경, 김나라, 방혜진, 이윤진, 김가연, 2016). 이는 자기이해, 직업 세계의 이해, 진로 탐색 및 합리적인 연결이라는 전통적인 진로교육의 이론적 근거를 토대로 구성된 것이며, 진로 디자인과 준비 역량은 현대 사회의 다양한 변화에 적응하고 효과적으로 대응하기 위하여 자신의 진로를 적극적으로 설계하고 구성한다는 의미를 반영한 것이다.

진로교육의 목표는 모든 발달 단계에 있는 학생들에게 공통적으로 필요하다. 그러나 진로 발달 단계에 따라 성취해야 할 과업이 다르듯이, 학교 수준에 따라 학생들이 달성해야 할 구체적인 기준과 진로교육과 진로상담의 내용 및 방법이 다르다. NOICC(1992)는 초등학교 진로 발달의 주요 영역으로 자기이해, 교육 및 직업 탐색, 진로계획 수립의 세 가지를 제시하였고, 준커(Zunker, 2002)는 중학교 진로지도에서 다루어야 할 내용으로 의사결정과 문제해결 기술의 증진, 자아개념과 교육 및 직업적 목표의 연결, 학생의 장점과 능력 발굴, 직업 탐색의 네 가지를 제안하였다. 또한 다이켄맨과 동료들(Dykeman et al., 2001)은 고등학교 진로교육의 범주를 작업기반 교육(직무 섀도잉, 멘토링), 조언(학업계획, 진로상담, 진로평가), 소개(진로의 날, 진로지도활동), 교육과정기반 교육(진로교육과정, 진로 아카데미)으로 분류하였다. 따라서 각 학교 수준에서 중점을 두어야 할 진로교육의 목표와 활동은 학생의 발달 단계를 고려하여 계획되고 이행되어야 한다. 초등학교에서는 진로에 관한 의식 형성, 중학교에서는 다양한 진로 탐색, 고등학교에서는 진로 설계와 준비에 좀 더 중점을 두어야 할 것이다. 그러나 실제적인 진로교육과 진로상담은 각 학교급별 해당 영역은 물론 여러 영역의 활동을 동시에 계획하고 수준을 달리해서 실행할 필요가 있다.

여기서는 학교 수준에 따른 진로교육과 진로상담의 발달적 쟁점, 진로교육의 세부목표와 성취기준, 구체적인 방법에 대해 살펴보기로 한다.

1) 초등학교의 진로교육과 진로상담

초등학교 아동은 구체적 조작기와 근면성 대 열등감의 발달 단계에 해당하며 진로 발달에서는 환상기와 흥미기 그리고 성역할 및 사회적 가치를 지향하는 시기이다. 초등학교 진로교육의 발달적 쟁점과 교육목표 및 상담 방법을 논의할 것이다.

(1) 발달적 쟁점

초등학교 아동을 위한 진로교육의 목표를 설정하고 진로상담의 방법을 계획하고 실천할 때에는 그들의 독특한 발달 특징을 고려해야 한다. 우선 초등학교 아동은 구체적 조작기의 인지발달 특징을 보인다. 특히 저학년의 경우 형식적 조작이 불가능하므로 진로지도를 할 때에는 견학, 모의실험, 시범, 게임, 역할극, 인형극, 비디오 상영 등 구체적인 방법을 이용하고 다양한 체험 활동을 통하여 학생들이 가능한 한 직접 보고 만지며 행동으로 표현해 볼 수 있도록 하는 것이 효과적이다.

또한 초등학교 아동은 아직 진로 발달의 초기 단계에 머물러 있어 실현 가능성을 고려하지 않고 개인의 취향이나 환상에 근거하여 자신이 원하면 무엇이든 할 수 있다고 믿으며(Ginzberg, 1984; Super, 1990), 부모 또는 우상과 동일시하는 경향이 강하여 자신의 부모가 가장 만족해한다고 지각하는 일을 선호하는 경향이 있다(Trice & Knapp, 1992; Trice & Tillapaugh, 1991). 따라서 이 시기 진로교육과 진로상담은 자기이해와 진로인식을 높이는 데 중점을 둘 필요가 있으며, 부모 참여가 매우 중요하다. 부모는 자녀의 진로 발달에 대한 자신의 영향력을 좀 더 인식하고 특히 초등학교 아동의 진로인식은 성 역할 및 사회적 가치를 지향하며(Gottfredson, 1981, 2005), 성 역할 고정관념이나 사회경제적 지위에 따른 제한적인 직업 노출은 그들의 미래 진로 선택을 제약할 수 있다(서옥형, 황매향, 2016; Phillips, Cooper, & Johnson, 1995; Valadez, 1998). 상담교사는 다양한 직업을 가진 부모나 지역사회 인사를 초청하여 그들의 직업을 소개하는 시간을 갖는 것이 중요하며, 이때 비전통적인 역할 모델을 제시하여 성 역할이나 기타 고정관념을 제거해야 한다(Herting-Wahl & Blackhurst, 2000).

(2) 진로교육의 목표

초등학교 진로교육의 목표는 자신과 일에 대한 이해와 긍정적 가치를 형성하고 다양한 진로 탐색과 체험을 바탕으로 자신의 꿈을 찾고 진로를 설계할 수 있는 진로개발 역량의 기초를 배양하는 것이다. 초등학교 진로교육의 영역별 세부목표와 성취기준은 다음과 같다(교육부, 2016).

① 자아이해와 사회적 역량

긍정적 자아개념을 형성하고 자신의 흥미와 적성을 탐색하며 타인을 배려하고 의사소통하는 역량의 기초를 기른다.

중영역	세부목표	성취기준
1. 자아이해 및 긍정적 자아개념 형성	자신이 소중한 존재임을 안다.	• 자신을 긍정적으로 받아들이는 태도를 가질 수 있다. • 가정과 학교 등 여러 환경 속에서 나를 소중히 여기는 생활을 실천할 수 있다.
	자신의 장점 및 특성을 찾아본다.	• 자신의 흥미와 적성을 찾아 자신의 특성을 알아볼 수 있다. • 자신이 잘하는 것과 좋아하는 것을 계발할 수 있도록 노력할 수 있다. • 자신의 장점을 통해 자신감을 갖고 행동할 수 있다.
2. 대인관계 및 의사소통 역량 개발	대인관계의 중요성을 이해하고 타인을 배려할 수 있다.	• 가족, 친구, 이웃 등 주위 사람과 친밀하게 지낼 수 있다. • 나와 같이 다른 사람도 소중함을 알고 행동할 수 있다. • 서로 다른 생각, 감정, 문화 등을 이해할 수 있다.
	대인관계에서 의사소통의 중요성을 이해하고 의사소통할 수 있다.	• 대인관계에서 의사소통의 중요성을 알 수 있다. • 대화 상대와 상황에 맞게 잘 듣고 적절하게 말할 수 있다.

② 일과 직업 세계 이해

일과 직업의 의미와 역할, 직업 세계의 다양성과 변화를 이해하고 일에 대한 긍정적이고 개방적인 태도를 형성한다.

중영역	세부목표	성취기준
1. 변화하는 직업세계 이해	일과 직업의 의미와 역할을 이해한다.	• 주변의 직업들이 없는 자신의 생활을 상상해 보고 모든 일과 직업의 소중함을 이해할 수 있다. • 일과 직업의 다양한 역할과 기능을 설명할 수 있다.
	일과 직업의 다양한 종류와 변화를 이해한다.	• 생활 속의 다양한 직업을 찾아보고 각 직업이 하는 일을 설명할 수 있다. • 현재의 직업들이 변화해 온 모습을 이해할 수 있다.
2. 건강한 직업의식 형성	직업에 대한 긍정적인 태도를 형성한다.	• 자신의 일을 즐기는 직업인의 사례를 통해 좋아하는 일을 하는 것의 기쁨과 보람을 이해할 수 있다. • 자신이 직업을 가져야 하는 이유와 이를 통해 얻을 수 있는 긍정적 가치를 말할 수 있다.
	맡은 일에 최선을 다하는 태도를 기른다.	• 자신이 맡은 일에 최선을 다한 사람의 사례를 탐색할 수 있다. • 가정과 학교에서의 자신의 역할과 책임을 알아보고 최선을 다하는 태도를 기를 수 있다.
	직업에 대한 편견과 고정관념을 극복하여 개방적인 인식을 형성한다.	• 직업에 대해 떠오르는 생각을 통해 자신이 지닌 고정관념이나 편견이 무엇인지 설명할 수 있다. • 직업에 대한 편견과 고정관념을 극복한 사례를 통해 직업에 대한 개방적인 태도를 기를 수 있다.

③ 진로 탐색

진로에서 학습의 중요성을 이해하고 바른 학습 태도를 가지며 다양한 방법과 체험을 통해 직업 정보를 탐색하는 능력을 키운다.

중영역°	세부목표	성취기준
1. 교육 기회의 탐색	진로에서 학습이 중요함을 이해하고 바른 학습 태도를 갖는다.	• 자신의 미래 진로를 위해 공부를 해야 하는 이유를 설명할 수 있다. • 공부에 대해 긍정적이고 적극적인 태도를 기를 수 있다. • 자신에게 효과적인 학습방법을 알아볼 수 있다.
	학교의 유형과 특성을 이해하고 탐색한다.	• 초등학교 이후의 학습경로를 알 수 있다. • 학교의 유형이 다양하다는 것을 알 수 있다.
2. 직업 정보의 탐색	여러 가지 방법으로 직업정보를 탐색하고 수집한다.	• 책, TV, 인터넷 등에서 접한 다양한 직업에 대해 탐색할 수 있다. • 존경하거나 닮고 싶은 인물의 직업경로를 알아본다.
	다양한 체험활동을 통해 직업을 이해한다.	• 체험활동의 의미와 구체적인 방법을 알 수 있다. • 다양한 체험활동을 통해 알게 된 직업의 특징과 소감을 말할 수 있다.

④ 진로 디자인과 준비

자기 이해와 다양한 진로 탐색을 바탕으로 자신의 진로를 설계하고 계획할 수 있는 기초적인 의사결정과 계획수립 역량을 기른다.

중영역	세부목표	성취기준
1. 진로의사결정 능력 개발	다양한 의사결정 방식을 안다.	• 일상생활에서 의사결정이 필요한 상황을 알아본다. • 여러 가지 의사결정 방식과 특성을 이해할 수 있다.
	다양한 상황에서 스스로 의사결정을 내릴 수 있다.	• 일상의 여러 문제에 대해서 스스로 의사결정을 내릴 수 있다. • 자신의 주요 의사결정 방식을 알고 그에 대한 장단점을 이해할 수 있다.
2. 진로 설계와 준비	진로 계획 수립의 중요성을 이해한다.	• 계획을 세워 진행한 일과 그렇지 않은 일의 차이를 이해할 수 있다. • 일상의 여러 가지 일을 계획을 세워 실천해 보고 계획의 중요성을 말할 수 있다.
	자신의 꿈과 끼에 맞는 진로를 그려 본다.	• 자신이 좋아하는 일, 잘하는 일을 찾아볼 수 있다. • 자신의 꿈과 관련된 미래의 자신의 모습을 그려 볼 수 있다. • 자신의 꿈을 담아 진로계획을 세워 본다.

(3) 진로상담의 내용 및 방법

초등학교 진로상담의 일차적인 목표는 학생들의 자기 지식을 향상시키고 직업 세계에 대한 이해를 통해 그들의 진로 선택지를 확장하는 것이다. 상담교사는 초등학교 학생들의 진로인식을 개선하기 위해서 그들의 발달 수준을 고려하여 다양한 활동을 계획하고 실행할 수 있다. 그는 계획된 교육과정을 통해서 학생들에게 서로 다른 직업에 종사하는 일꾼들에 관한 이야기를 읽고 토의하거나 TV 또는 일상에서 만나는 일꾼들의 목록을 작성하고 현장 견학을 가서 그들이 행하는 역할을 논의하게 할 수 있다(Herr & Cramer, 1996). 특히 현장 견학은 진로인식을 높이는 데 매우 유익한 활동이다. 지역의 기업이나 관공서, 공공기관을 견학함으로써 진로에 대한 관심을 불러일으킬 수 있다. 예컨대, 병원이나 음식점을 방문하기 위해서는 사전 준비, 현장 방문, 사후 평가 등 여러 가지 활동이 수행된다(Beale, 2000; Beale & Nugent, 1996). 상담교사는 또한 학생들에게 인형극이나 역할극을 통해서 서로 다른 직업의 책무와 역할을 연기하도록 하거나, 지역사회 인사나 산업체 요원을 초청하여 직업에 대한 강연을 듣게 하고, 부모나 다른 역할 모델을 수업에 초청하여 그들의 직업에 관해서 인터뷰할 수 있다(Drummond & Ryan, 1995).

전체 학생을 대상으로 진로 행사를 개최하여 다양한 활동을 통합적으로 운영할 수 있다(Hughey, 2005). 진로의 날(career day) 또는 차량이동 진로의 날(career-on-wheels day)을 지정하여 학생들이 다양한 수준의 교육(예: 대학, 기술학교, 직업훈련 등)을 대표하는 일자리를 체험하고 일자리와 그것에 대한 학과목의 중요성을 학습할 수 있게 지원한다(Beale & Williams, 2000). 또한 지역의 사업가들이 참여하는 작은 일자리 박람회(mini-job fair), 다문화 진로 박람회(multi-cultural career fair) 등을 개최하고 전형적 · 비전형적인 분야에서 일하는 남성 및 여성 모델을 초청하여 학생들이 일자리에 대한 성 고정관념에서 벗어나도록 도와줄 수 있다(Herring, 1998; Murrow-Taylor et al., 1999; Sellers et al., 1999).

초등학교 학생들에게 다양한 직업을 인식하고 탐색하며 잘 준비하도록 격려하는 일은 중요하다. 그러나 그것은 진로교육의 목표와 역량에 기초한 단원 수업계획을 통하여 지속적으로 이루어져야 한다. 길리스, 맥마혼, 캐롤(Gillies, McMahon, & Carroll, 1998)은 10차시 수업지도안을 제시하였다. 이 수업은 자기 자신과 다양한 직업 세계에 대한 학생들의 이해를 증진하고 그들의 진로 발달을 촉진하기 위한 것이었다. 황매향 등(2018)은 역량 중심 초등학교 진로교육을 위한 다양한 수업 활동을 소개하였다. 자기이해와 사회적 역량 개발을 위한 활동으로는 자존감과 자기효능감을 증진하기(예: "괜찮아"를 읽고 장점 찾기)와 직업적 흥미의 탐색을 신장하기(예: 광고 영상을 시청하고 좋아하는 것 찾기)가 있고, 일과 직업 세계 이해를 위한 활동으로는 내적인 직업가치의 추구를 촉진하기(예: 도서관과 급식실에서 하는 일을 찾아서 역할극 하기)와 역할 모델의 이해를 돕기(예: 양성평등에 관한 애니메이션을 시청하고 O× 퀴즈 풀기)가 있다. 또한 진로 탐색을 위한 활동으로는 직업카드 활동(예: 직업카드를 살펴보고 나의 역할 모델 찾기)과 진로체험 활동(예: 직업현장을 체험하고 경험 공유하기, 잡월드 방문을 위한 사전 계획 세우기)이 있으며, 진로 디자인과 준비를 위한 활동으로는 미래 조망 증진하기(예: 과거-현재-미래 직업세계의 변화에 대비하여 준비할 것 알아보기)와 의사결정능력 개발하기(예: 의사결정 경험을 공유하고 의사결정 과정 알아보기)가 있다.

어떤 교과서도 창의적인 진로활동 프로그램을 모두 서술할 수는 없다. 중요한 것은 학생들이 진로교육의 목표와 역량을 성취하는 데 도움이 될 만한 활동들을 찾거나 개발하는 것이다. 상담교사는 무엇보다도 학생들의 진로인식을 발달시키려는 자신의 노력이 그들의 미래 진로 선택에 실질적인 차이를 가져올 수 있다는 믿음을 가져야 한다.

2) 중학교의 진로교육과 진로상담

중학교는 형식적 사고와 자아정체감 형성의 초기 발달 단계에 해당하며, 진로 발달에서는 전환의 시기이다. 중학교 진로교육의 발달적 쟁점과 교육목표 및 상담 방법을 살펴본다.

(1) 발달적 쟁점

중학교는 전환의 시기이다. 중학교 진로교육의 목표는 학생들이 그들 자신과 직업 세계에 관해서 학습하고 이러한 학습을 나중의 중등 교육을 위한 교육 계획으로 전환하는 것이다(Niles & Harris-Bowlsbey, 2002; Sciarra, 2004). 청소년 초기에는 급격한 신체 변화로 당혹감을 느끼고 많은 적응 문제를 야기할 수 있다. 중학교 학생들은 외모에 관심이 많고 또래 압력에 매우 취약하다. 그들은 주변 또래들과 함께 있을 때 더 안전하다고 느끼며, 독립성과 자율성을 억압하는 권위적인 인물에 자주 저항한다. 더욱이 청소년기 자기중심적 사고 특징 때문에 자의식이 강하고 타인의 평가에 특히 민감하다. 중학교 학생들은 추상적인 사고가 가능하지만 그들의 논리적 사고는 아직 완전한 수준에 도달하지 못하고 있다. 따라서 중학교의 진로 발달 프로그램은 학생들의 발달적 욕구에 맞추어 계획되고 실행되어야 한다.

성 고정관념을 다루고 여학생의 진로 가능성을 확장하는 일은 중학교 진로교육에서도 여전히 중요한 부분이다(Niles & Harris-Bowlsbey, 2002). 특히 문화에 기초한 성 역할 고정관념은 여학생들에게 전통적으로 남성이 지배하던 직업을 탐색하지 못하게 가로막을 수 있다. 초등학교 진로상담에서 제안된 몇 가지 전략은 중학교 학생들에게도 똑같이 유익하며, 진로 탐색을 제약하는 문화적 갈등은 부모의 참여를 요구할 수도 있다.

또한 중학교는 학생들이 진로 및 교육 계획을 탐색하기 위한 결정적인 시기이다. 중학생의 진로 발달에서 핵심 과제는 학생 자신의 능력, 성취, 흥미를 현실적으로 평가하는 법을 배우고 교육 결정과 미래 진로 계획 간 연결 관계를 이해하는 것이다(Zunker, 2002). 학생들은 진로와 직업 세계에 관한 기본적인 개념에 대해 배워야 하며, 다양한 교육 및 직업 선택지를 탐색하고 잠정적으로나마 교육 및 진로 목표를 수립할 수 있는 기회를 제공받아야 한다. 이러한 학습 경험은 학생들이 고등학교에 진학하여 구체화할 진로 및 교육 계획 수립의 토대가 된다. 학생들과 상담교사는 학부모와 함께 이러한 계획을 매년 점검할 필요가 있다.

(2) 진로교육의 목표

중학교 진로교육의 목표는 초등학교에서 함양한 진로개발역량의 기초를 발전시키고, 다양한 직업 세계와 교육 기회를 탐색하여 중학교 생활 및 이후의 진로를 설계하고 준비하는 것이다. 중학교 진로교육의 영역별 세부목표와 성취기준은 다음과 같다(교육부, 2015).

① 자아이해와 사회적 역량

긍정적 자아개념을 강화하고 자신의 특성에 대한 이해의 폭을 넓히며 다양한 사회적 관계에서의 대인관계능력 및 의사소통역량을 발전시킨다.

중영역	세부목표	성취기준
1. 자아이해 및 긍정적 자아개념 형성	자아존중감을 발달시켜 자기효능감을 갖도록 노력한다.	• 진로의 의미를 알고, 행복한 삶에 대해 자신의 의견을 말할 수 있다. • 자신이 가족, 친구, 주변 사람들에게 중요한 존재임을 설명할 수 있다. • 자신의 능력이나 특성, 강·약점 등을 존중할 수 있다. • 자신에게 주어진 과제와 행동을 성공적으로 수행할 수 있다는 자신감을 갖고, 그런 예를 설명할 수 있다.

	자신의 흥미, 적성, 성격, 가치관 등 다양한 특성을 탐색한다.	• 다양한 방법으로 자신의 직업 흥미와 적성을 탐색할 수 있다. • 다양한 방법으로 자신의 성격과 가치를 탐색할 수 있다. • 자신의 여러 가지 특성을 종합하여 설명할 수 있다.
2. 대인관계 및 의사소통 역량 개발	대인관계의 중요성을 이해하고, 대상과 상황에 맞는 대인관계 능력을 함양한다.	• 대인관계의 중요성을 이해하고, 가족, 친구, 선생님, 이웃 등 주변 사람들과 적절한 관계를 맺을 수 있다. • 다른 생각, 감정, 문화를 가진 사람을 존중하는 태도를 기를 수 있다. • 진로체험 과정에서 만나는 사람들을 존중하고 배려하는 태도를 지닐 수 있다.
	사회생활에서 의사소통의 중요성을 이해하고, 효과적인 의사소통 방법을 이해하고 활용한다.	• 사회생활에서 팀워크와 의사소통의 중요성을 이해할 수 있다. • 경청, 질문, 설득 등을 상황에 맞게 활용하여 효과적으로 의사소통할 수 있다.

② 일과 직업 세계 이해

직업 세계의 다양함과 역동적인 변화의 모습을 이해하고 직업에 대한 건강한 가치관과 진취적 태도를 갖춘다.

중영역	세부목표	성취기준
1. 변화하는 직업세계 이해	직업의 역할을 알고 다양한 종류의 직업을 탐색한다.	• 직업의 개인적 · 사회적 역할을 설명할 수 있다. • 다양한 직업을 분야별로 분류하고 각 직업이 하는 일을 설명할 수 있다.
	사회변화에 따른 직업세계의 변화를 탐색한다.	• 다양한 사회변화가 직업세계에 미치는 영향을 이해할 수 있다. • 사회적 변화에 따라 새롭게 등장한 직업과 사라진 직업에 대해 설명할 수 있다. • 10년 후에 나타날 새로운 직업이나 일의 유형을 상상할 수 있다.
	창업과 창직의 의미를 이해하고 관련 모의 활동을 해 본다.	• 다양한 진취적 역량(창의성, 협업능력, 창업가정신 및 리더십 등)들을 이해할 수 있다. • 다양한 창업과 창직 사례를 탐색할 수 있다. • 새로운 종류의 직업이나 사업을 상상하고 만드는 모의 활동을 할 수 있다.

2. 건강한 직업 의식 형성	직업 선택에 영향을 주는 다양한 가치를 탐색한다.	• 직업이 자신에게 주는 긍정적 가치(자아실현, 보람 등)를 이해할 수 있다. • 자신이 어떠한 삶을 살고 싶은지를 관심 직업과 연결 지어 그려 볼 수 있다.
	직업인으로서 가져야 할 직업윤리 및 권리를 이해한다.	• 직업인이 공통적으로 갖추어야 할 직업윤리를 이해할 수 있다. • 직업인의 기본적인 권리를 이해할 수 있다.
	직업에 대한 편견과 고정관념을 성찰하고 개선방법을 찾아본다.	• 직업에 대한 사회의 여러 가지 편견과 고정관념을 제시하고 이에 대한 문제점을 설명할 수 있다. • 직업에 대한 편견과 고정관념을 개선하기 위한 여러 가지 노력과 방법을 탐색해 볼 수 있다.

③ 진로 탐색

다양한 정보원을 활용하여 중학교 이후의 교육 및 직업 정보를 파악하고, 관심 분야의 진로경로를 탐색하는 역량을 기른다.

중영역	세부목표	성취기준
1. 자아이해 및 긍정적 자아개념 형성	진로에서 학습의 중요성을 이해하고 자기주도적 학습 태도를 갖는다.	• 진로에서 학습의 중요성을 이해하고 설명할 수 있다. • 자기주도적으로 학습 계획을 세우고 실천할 수 있다.
	고등학교의 유형과 특성에 대한 다양한 정보를 탐색한다.	• 다양한 방법으로 고등학교 및 학과의 유형 및 특성을 탐색할 수 있다. • 고등학교 및 학과 선택을 위한 적절한 기준을 제시할 수 있다.
2. 대인관계 및 의사소통 역량 개발	다양한 방법과 체험활동을 통해 구체적인 직업정보를 탐색한다.	• 다양한 직업정보원(교과서, 위인전, 잡지, 서적, 인터넷 등)을 알고 구체적인 직업정보를 탐색할 수 있다. • 체험활동의 방법을 이해하고 적극적인 태도를 가질 수 있다.
	직업에 대해 수집한 정보를 분석하여 직업 이해에 활용한다.	• 탐색한 직업정보와 자신의 특성을 비교하고 분석할 수 있다. • 관심 직업 분야의 다양한 진로경로를 탐색할 수 있다. • 관심 직업 분야에 종사하는 인물들의 특성과 진로경로를 탐색할 수 있다.

④ 진로 디자인과 준비

자신에게 적합한 진로목표를 수립하고, 중학교 이후의 진로를 다양하고 창의적으로 설계하고 실천하기 위한 역량을 기른다.

중영역	세부목표	성취기준
1. 진로의사결정 능력 개발	진로의사결정 능력을 함양한다.	• 진로의사결정의 과정과 절차를 이해할 수 있다. • 진로의사결정에 필요한 정보와 조언을 수집할 수 있다.
	진로를 선택하는 데 영향을 주는 진로장벽 요인을 알아보고 해결 방법을 찾는다.	• 진로선택에 장애가 되는 진로장벽 요인에 대해 알아보고 설명할 수 있다. • 자신의 진로장벽 요인을 파악하고 해결방안을 모색할 수 있다.
2. 진로 설계와 준비	자신의 특성을 바탕으로 미래 진로에 대해 잠정적인 목표와 계획을 세운다.	• 관심 있는 직업을 2~3가지 정하고, 그 직업에 관심을 갖는 이유를 말할 수 있다. • 잠정적인 진로목표(직업, 학과 등)를 세울 수 있다. • 잠정적인 진로목표와 관련된 다양한 교육, 진로경로를 계획할 수 있다. • 자신의 진로목표와 관련된 학교 활동을 계획하고 참여할 수 있다.
	진로목표에 따른 고등학교 진학계획을 수립하고 준비한다.	• 자신이 원하는 진로와 관련 있는 고등학교를 선택할 수 있다. • 지망하는 고등학교의 입학정보를 알아보고 필요한 조건을 갖출 수 있다. • 고등학교 생활에 적응하기 위해 계획을 세우고 준비할 수 있다. • 자기 관리의 여러 가지 방법을 알고 실천할 수 있다. • 자신의 진로설계를 위해 담임교사, 진로교사 등에게 도움을 요청할 수 있다.

(3) 진로상담의 내용 및 방법

중학교 진로 발달의 핵심 과제는 학생들이 자신들의 능력, 성취, 흥미를 현실적으로 평가하는 법을 배우고 교육 결정과 미래 진로 계획 간 연결 관계를 이해하는 것이다(Zunker, 2002). 초등학교와 마찬가지로, 중학교 상담교사는 교실 수업과 소집단 활동을 통해서 이행할 수 있는 교육과정을 개발해야 한다. 중학교의 진로 발달 교육과정은 학생들이 제반 학업 결정을 그들의 미래 진로 계획에 연결함으로써 고등학교에서 내려야 할 학업 결정을 하도록 준비시키는 것이어야 한다. 중학교는 진로 탐색의 시기이지 의사결정의 시기가 아니다. 학생들은 여전히 자신들의 강점과 약점에 대한 현실적인 평가를 하고 자신들의 진로목표를 성취하기 위해서 해야 할 일에 대한 현실적인 이해에 도달해야 한다. 자기이해 및 진로 탐색을 촉진하기 위한 독립적인 수업과 특정 교과(예: 수학, 과학 등)와 연계한 진로 수업을 포함하는 광범위한 진로 프로그램을 계획·실행하여 학생들의 진로의식과 진로효능감을 향상시킬 수 있다(O'Brien, Dukstein, Jackson, Tomlinson, & Kamatuka, 1999). 또한 한 학기 동안 제공하는 선택과정을 통해서 학생들의 진로 및 교육 계획 수립을 촉진할 수 있다(Hughey, 2005). 흥미검사와 진로정보를 수집하고 일자리를 연구하여 발표 자료를 준비하거나 직장인을 추적하여 그의 활동에 대한 보고서를 작성할 수 있다.

상담교사는 '진로의 날' '진로 박람회' '진로 주간' 같은 행사를 계획 · 실행하여 학생들의 진로의식을 고취시킬 수 있다. 진로의 날을 계획할 때 상담교사는 다양한 비전통적인 직업에 종사하는 남성 및 여성 모델을 초청하여 전통적인 고정관념을 차단하는 일에 집중해야 한다(Herring, 1998). 학생들은 한쪽 부모의 일터를 찾아서 함께 보내거나 대학 캠퍼스를 방문하여 수업을 관찰하고 입학관리처를 방문할 수 있으며, 또한 산학협력을 통해 산업체 또는 지역사회 기관과 학교가 팀을 이루어 학생들에게 정보와 역할 모델을 제공할 수 있다(Sears-Jones, 1995). 또한 교내외 자원봉사활동(예: 신입생 안내, 급식실 보조 등)을 통한 진로체험 활동이나 진로 게임(예: The Real Game)을 통한 역할 연기 활동은 학생들에게 직장인의 역할과 직업에 대한 책임감을 배울 수 있는 기회를 제공한다(Barry, 2001; Jarvis & Keeley, 2003).

중학교는 학생들이 진로 및 교육 계획 수립 과정을 시작하기 적절한 시기이다. 상담교사는 진로 포트폴리오(Bushweller, 1995; Milone, 1995)와 개별적인 진로상담(Gray & Herr, 1995; Herting-Wahl & Blackhurst, 2000)을 통해 이러한 계획 수립 과정에서 학생들과 그들의 부모를 효과적으로 도울 수 있다. 진로 포트폴리오(career portfolio)란 학생들의 진로 흥미, 탐색 활동, 학업 성취, 교과 외 활동 등에 대한 전반적인 기록을 말한다. 포트폴리오 작성은 고등학교 졸업 후 진로 계획을 마무리할 때 중요한 자료가 될 수 있다. 상담교사는 학생들이 자신들의 미래를 효과적으로 준비하기 위해 도전적인 공부 프로그램을 계획하도록 격려해야 한다. 부모 역시 자녀의 진로 및 교육 계획 수립 과정을 이해하고 지원할 방법을 학습할 필요가 있다.

진로 평가는 중학교에서 핵심 역할을 한다. 특히 흥미 검사 결과는 학교의 적성 및 성취도 검사 결과와 함께 여기서 유용하다. 홀랜드의 유형학은 중학교 학생들이 자신들의 흥미를 정의하는 데 도움이 될 수 있다. 상담교사는 추수활동으로 학생에게 각자 자신의 홀랜드 직업성격 유형 중 한 가지에서 일하는 근로자를 면담하라고 요청하거나, 현장 견학을 계획하여 작업 현장에서 직접 상이한 직업 유형을 소개할 수 있다.

3) 고등학교의 진로교육과 진로상담

고등학교는 형식적 사고기와 자아정체감 형성의 발달 단계에 해당하며, 진로발달에서는 잠정적으로 구체적인 진로를 탐색하고 내적 자아를 지향하는 시기이다. 고등학교 진로교육의 발달적 쟁점과 교육목표 및 상담 방법을 살펴본다.

(1) 발달적 쟁점

고등학교 학생들은 개인의 욕구, 흥미, 능력, 가치관 등을 고려하여 진로를 선택하지만, 이러한 선택은 현실적인 요인이 고려되지 않았기 때문에 진로계획은 여전히 잠정적인 것이다. 그러나 그들은 학교를 졸업한 후에 직면하게 될 현실을 심각하게 고려하지 않을 수 없다. 고등학교 학생들은 계속 교육을 받기 위해 상급학교에 진학할 것인지 아니면 직업세계에 입문할 것인지를 결정해야 한다. 고등학교의 진로교육은 고등학교 졸업 후의 학업 및 진로 교육 계획에 주된 강조점을 두어야 한다(Gray & Herr, 1995). 그러나 학생들의 발달 수준(예: 진로 성숙도)은 다양하며, 일부 학생은 다음 단계의 결정을 내렸을 수도 있지만 모든 학생이 구체적인 진로 또는 교육을 결정한 상태로 고등학교를 졸업하는 것은 아니다. 따라서 초등학교와 중학교에서 시작된 교육 및 진로계획 수립을 계속하는 일은 여전히 중요하다.

대다수의 고등학생은 교육 및 진로 결정이 심각한 결과를 가져온다는 점을 잘 알고 있으며, 그것으로 인해 압박감이나 두려움을 느낄 수도 있다. 또한 학생들은 자신의 진로목표와 능력 및 기술 간 불일치로 인해 갈등을 느끼거나, 자신의 생각과 다른 부모의 기대나 압력으로 인해 마찰을 빚는다.

(2) 진로교육의 목표

고등학교의 진로교육 목표는 미래 직업 세계와 변화에 대한 이해를 바탕으로 자신의 진로목표를 세우고 구체적인 정보 탐색을 통해 고등학교 이후의 진로계획을 수립하고 실천하기 위한 역량을 개발하는 것이다. 특히 특성화고등학교의 경우에는 산업 수요와 미래 직업 세계의 변화에 대한 이해를 바탕으로 자신의 진로목표를 세우고 구체적인 정보 탐색을 통해 고등학교 이후의 진로계획을 수립하고 실천하기 위한 역량을 개발한다.

일반고등학교 및 특성화고등학교 진로교육의 영역별 세부목표와 성취기준은 다음과 같다(교육부, 2015).

① 자아이해와 사회적 역량

자신에 대한 종합적인 이해를 통해 긍정적인 자아정체감을 형성하고 직업생활에 필요한 대인관계 및 의사소통역량을 발전시킨다.

중영역	세부목표	성취기준
1. 자아이해 및 긍정적 자아개념 형성	자아정체감을 갖고 자기효능감과 자신감을 향상시킨다.	• 자신의 특성을 이해하고 긍정적 자아정체감을 가질 수 있다. • 자신의 진로목표를 성공적으로 이루어 나갈 수 있다는 자신감을 가질 수 있다.
	관심 진로에 대한 자신의 강점과 능력을 평가하고 향상시키려고 노력한다.	• 자기 평가와 타인 평가를 종합하여 자신의 강·약점과 능력을 객관적으로 알 수 있다. • 자신의 강점을 발전시키고, 약점을 보완하는 방법을 찾아 노력할 수 있다.
2. 대인관계 및 의사소통 역량 개발	자신의 대인관계 능력을 점검하고 향상시킨다.	• 친구, 가족, 동료 등 주변 사람을 대하는 자신의 태도와 관계를 성찰하고, 부족한 부분을 개선할 수 있다. • 사회생활에서 대인관계의 중요성을 인식할 수 있다. • 진로체험이나 협동과제 수행에서 다른 사람들과 협력적인 관계를 맺을 수 있다.
	직업생활에서 의사소통의 중요성을 이해하고, 효과적인 의사소통 능력을 향상시킨다.	• 직업생활에서 팀워크와 의사소통의 중요성을 이해할 수 있다. • 상황(대화, 발표, 회의 등)에 맞는 의사소통 방법을 알고 활용할 수 있다. (특성화고등학교의 경우 아래 항목 추가) • 직업생활에서 문서, 메일 등을 정확하게 읽고 작성하며, 자신의 의견을 명확히 제시하고, 타인과 의견을 조율할 수 있다.

② 일과 직업 세계 이해

미래 직업 세계의 변화가 자신의 진로에 미치는 영향을 파악하여 대비하는 역량을 기르고 건강한 직업의식과 태도를 갖춘다.

중영역	세부목표	성취기준
1. 변화하는 직업세계 이해	미래 직업세계의 변화와 인재상을 탐색한다.	• 미래 사회의 모습과 변화를 상상하여 설명할 수 있다. • 미래 직업세계의 변화에 따른 새로운 직업과 인재상을 탐색한다.
	직업세계의 변화가 자신의 진로에 미치는 영향을 파악한다.	• 직업세계의 변화가 자신의 진로 선택에 미치는 영향을 설명할 수 있다. • 직업세계의 변화에 맞추어 자신과 관련된 학과, 전공 및 자격의 변화를 예측하고 탐색할 수 있다.

	창업과 창직의 필요성을 이해하고 관련 계획을 세워 본다.	• 다양한 진취적 역량(창의성, 협업능력, 창업가정신 및 리더십 등)의 의미와 중요성을 설명할 수 있다. • 관심 분야의 동향 및 전망을 파악하고 관련 창업과 창직 사례를 탐색할 수 있다. • 관심 있는 분야의 직업이나 사업을 구상하고 계획하는 모의 활동을 할 수 있다.
2. 건강한 직업의식 형성	직업 선택을 위한 바람직한 가치관을 형성한다.	• 직업이 자신에게 주는 긍정적 가치(자아실현, 보람, 경제적 독립 등)를 우선순위를 두어 설명할 수 있다. • 직업생활을 통한 개인적 독립의 중요성을 인식하고 주체적인 삶의 자세를 가질 수 있다.
	직업생활에 필요한 직업윤리 및 관련 법규를 파악한다.	• 자신이 관심을 가지고 있는 분야에서 갖추어야 할 직업윤리와 중요성을 설명할 수 있다. • 근로자의 법적 권리와 관련 제도 및 기관을 알아보고 활용할 수 있다.

③ 진로 탐색

자신의 관심 직업, 전공, 고등교육 기회에 대한 구체적인 정보를 탐색하고 활용하는 역량을 기른다.

중영역	세부목표	성취기준
1. 교육 기회의 탐색	진로에서 학습의 중요성을 이해하고 자기주도적 학습 태도를 향상시킨다.	• 진로목표를 위해 자신의 학업성취 수준을 점검하고, 향상의 동기를 가질 수 있다. • 자신의 학습방법을 점검하고 효과적인 학습방법을 찾을 수 있다. • 자기주도적 학습계획을 세우고 지속적인 실천 노력을 할 수 있다.
	대학 및 전공에 대한 다양한 정보를 탐색한다.	• 다양한 방법으로 대학의 유형 및 전공 계열에 대한 정보를 탐색할 수 있다. • 대학과 전공 계열을 선택하기 위한 합리적 기준을 제시할 수 있다.
	지속적인 진로개발을 위한 평생학습의 중요성을 이해하고 여러 기회를 탐색한다.	• 지속적인 진로개발을 위한 평생학습의 의미와 중요성을 이해할 수 있다. • 자신의 진로개발과 관련 있는 평생학습의 기회를 탐색할 수 있다.

2. 직업 정보의 탐색	관심 직업에 대한 구체적인 직업정보와 경로를 탐색한다.	• 관심 직업의 현황, 전망, 산업구조 등 구체적인 정보를 수집할 수 있다. • 관심 직업의 직무, 직업경로, 학업 및 자격조건 등을 구체적으로 설명할 수 있다. • 취업과 학업을 병행하거나 '선취업 후진학'하는 방안을 탐색할 수 있다.
	수집한 직업정보를 선별하고 활용한다.	• 수집한 정보를 분석하고 평가하여 자신의 진로설계에 필요한 정보를 선별할 수 있다. • 체험활동이나 현장실습을 통해 관심 직업 및 학과에 대한 이해를 심화할 수 있다. • 관심 진로(학과, 직업)와 자신의 특성을 비교·분석할 수 있다.

④ 진로 디자인과 준비

자신의 진로목표를 바탕으로 고등학교 이후 진로에 대하여 체계적인 계획을 수립하고 상황 변화에 대응하는 역량을 기른다.

중영역	세부목표	성취기준
1. 진로 의사결정 능력 개발	자신의 진로의사결정 방식을 점검하고 개선한다.	• 자신의 진로의사결정 방식과 과정을 점검한다. • 잠정적인 진로의사결정의 결과를 점검하고 자신이 처한 상황에 맞게 수정·변경할 수 있다.
	자신의 진로장벽 요인을 해결하기 위해 노력한다.	• 자신의 진로목표를 이루는 데 영향을 미치는 진로장벽 요인을 이해할 수 있다. • 진로장벽을 해결한 사례를 알아보고 자신의 진로장벽 요인을 해결하기 위해 적절한 방안을 찾아 노력한다.
2. 진로 설계와 준비	진로목표를 세우고, 구체적인 계획을 수립한다.	• 자신의 진로목표를 구체화할 수 있다. • 자신의 진로목표와 관련 있는 직업·대학·학과를 탐색할 수 있다. • 자신의 진로목표를 이루기 위한 중·장기적인 계획을 수립할 수 있다. • 자신의 진로목표와 관련된 학교 활동을 계획하고 참여할 수 있다.
	상황변화에 맞추어 진로계획을 재점검하고 보완한다.	• 개인 및 직업세계의 변화를 검토하고, (현장실습 경험을 반영하여) 자신의 진로계획을 재점검하고 수정할 수 있다. • 진로계획 수정 시에 결과보다 과정이 중요함을 인식하고 실패에서도 진로 대안을 찾을 수 있다.

	고등학교 이후의 진로 계획을 수립하고 실천하도록 노력한다.	(일반고등학교) • 진로목표와 관련된 대학, 학과(전공)를 선택할 수 있다. • 관심 있는 대학의 입학정보를 알아보고 필요한 조건을 갖출 수 있다. • 취업과 관련된 다양한 진로대안을 탐색하고 취업에 필요한 정보를 수집할 수 있다. • 자기관리능력을 갖고 생활에 적용할 수 있다.
		(특성화고등학교) • 자신의 진로목표를 고려하여 취업 또는 진학 여부를 선택할 수 있다. • 희망 직종의 구인정보를 찾고, 희망 취업처의 근로조건, 해당 직무 등을 이해할 수 있다. • 이력서 및 자기소개서 쓰기, 면접 등 구직기술과 방법을 알고 자신에게 알맞게 적용할 수 있다. • 관심 있는 대학의 입학정보를 알아보고 필요한 조건을 갖출 수 있다. • 자기관리능력을 갖고 생활에 적용할 수 있다.

(3) 진로상담의 내용 및 방법

학생들에게 미래를 준비시키는 일은 고등학교 관계자의 중요한 책임이다. 그들은 학생들이 고등학교에서 그 다음 수준으로 진로를 전환할 때 그들의 다양한 욕구를 반영해야 한다. 초등학교나 중학교와는 달리, 고등학교 학생들은 졸업 후 대학에 진학하지 않는 경우 사회에 진출하게 된다. 고등학교 진로상담의 방법은 중학교에서 실시하던 방법 외에도 졸업 후 준비를 위한 지원 전략을 포함해야 한다.

고등학교의 진로 발달 프로그램은 계속해서 교육목표와 진로 역량에 기초한 교육과정을 계획·실행해야 한다. 진로 탐색은 계속되지만 좀 더 세련되어야 한다. 고등학교 학생들은 자신들의 능력, 기술, 태도, 흥미를 이해해야 하며, 그들의 진로 선택은 최종적인 것은 아닐지라도 범위를 좀 더 좁혀서 구체화하여야 한다. 고등학교 진로발달 프로그램은 다가오는 미래에 중점을 둔다. 학생들은 서로 다른 선택지를 연습할 것이다. 어떤 학생은 군대에 가고 다른 학생은 직장에 들어가며, 많은 학생은 2년제 또는 4년제 대학에 진학할 것이다. 상담교사는 교사와 공동으로 교육과정을 운영하여 학습 활동을 촉진할 수 있다. 예를 들면, 고등학교 저학년에서 제공되는 단원 수업은 학생들에게 직업 및 교육 선택지에 관한 정보를 탐색하고 수집할 수 있는 기회를 제공한다(Hughey, Lapan, & Gysbers, 1993; Lapan, Gysbers, Hughey, & Arni, 1993).

진로 계획을 수립하는 것은 고등학교 때 실행해야 할 결정적인 과제이며, 이상적으로는 중학교 때 시작해야 한다. 학생들이 준비할 때 도전적인 공부 프로그램을 채택하도록 격려하는 것이 중요하다(Bottoms, Presson, & Johnson, 1992). 진로 아카데미(career academy) 또는 진로 경로(career pathways)의 개발은 학생들이 자신의 진로 발달 프로그램을 조직하는 데 도움이 된다. 또한 진로 포트폴리오는 고등학교 학생들의 진로 및 교육 계획 수립을 조력하는 데 유용한 도구이다(Herting-Wahl & Blackhurst, 2000). 포트폴리오의 형태는 다양할 수 있으며, 어떤 경우에는 초등학교 때 시작하여 중학교를 거쳐 고등학교 때까지 계속하여 한 학생을 추적한다. 포트폴리오를 효과적으로 사용하려면 학생들은 계획적인 활동들을 실행할 수 있어야 하며, 때로는 부모가 참여할 수도 있다. 드루몬드와 라이언(Drummond & Ryan, 1995)은 고등학교 학생의 진로 포트폴리오에는 학교 활동 목록(클럽, 스포츠, 사회봉사 등), 취미와 여가 활동 목록, 능력 · 적성 · 성취와 여타 검사에서 얻은 프로파일, 작업 경험 목록(시간제 및 여름철 일자리), 이수 과목 및 학점 목록, 진로 계획과 고등학교 졸업 후 프로그램에 대해 수집된 정보, 상담교사 또는 다른 조력자들과 함께 주최한 진로 관련 면담 기록, 이력서 등의 내용을 포함할 것을 권장하였다.

일부 학생은 교육 및 진로 계획을 수립하는 과정에서 개별적인 상담을 요구할 수도 있다(김영빈, 2018). 그들은 내적 및 외적 도전 또는 장벽을 공략하고, 다중의 선택지에서 선택해야 한다는 압박을 받으며, 부모가 기대하는 것과 자신이 생각하는 것 사이에서 갈등을 느낄 수도 있다. 또는 자신의 진로의사결정에 영향을 미치지만 개별적인 상담으로 가장 잘 다룰 수 있는 다른 진로 문제들(예: 흥미, 가치, 신념)이 있을 수도 있으며, 고등학교 졸업 후에 어느 교육기관에 등록할 것인지를 선택하는 과정에서 도전을 경험할 수도 있다. 상담교사는 개별적인 학생이나 그의 부모와 효과적으로 일하고, 필요하다면 적절한 의뢰를 할 수 있어야 한다.

진로의사결정 기술을 학습하고 진로 및 교육 계획을 세울 때, 학생들에게는 직업 및 교육 선택지에 관해서 정확하고 의미 있는 최신 정보가 필수적이다(Hughey, 2005). 학생들은 정보를 얻기 위해서 다양한 자원과 전략에 친숙해져야 하며, 미래를 준비하려면 이러한 자원과 전략을 효과적으로 사용할 수 있도록 가르침을 받아야 한다. 최근에는 컴퓨터를 이용한 진로계획 및 의사결정을 돕기 위한 프로그램들이 줄을 이어 개발되고 있으므로 효과적으로 활용하는 것이 바람직하다. 우리나라에서는 워크넷(www.work.go.kr), 커리어넷(www.career.go.kr) 등의 인터넷 연결망을 통해 청소년의 진로 탐색을 지원하고 있다. 상담교사는 상급학교 진학이나 취업에 대한 정보와 자원을 적극 활용하여 학생 개개인의 고용 가치를 높이도록 지도해야 한다.

진로 평가 활동은 고등학교에서도 계속되어야 하며, 저학년에서 특히 유용하다. 상담교사는 각종 검사도구와 방법을 활용하여 학생들의 적성, 흥미, 가치관, 성격 등을 파악함으로써 상급학교 진학 및 취업에 있어서 현명한 의사결정을 내릴 수 있도록 돕는다.

마지막으로, 학생들에게 다음 단계들을 준비시키기 위해서는 구직 활동에서 구체적인 도움을 제공해야 한다(강혜영, 2018). 특히 상급학년 학생들은 졸업 후 자신들의 계획이 무엇이건 상관없이 이력서 쓰기, 취업지원서 작성하기, 일자리 찾기, 인터뷰하기 등과 같은 구직 기술을 갖추어야 한다. 상담교사는 교실 수업이나 소집단 활동을 통해서 이러한 기술을 가르칠 수 있다.

제9장

사회 · 정서 발달과 상담

학생들이 개인적으로 그들 자신을 이해하고 받아들이지 않거나 이러한 이해를 바탕으로 다른 사람들과 원만한 관계를 맺지 못한다면, 성공적인 학업 수행과 진로 선택은 불가능할 것이다. 이 장에서는 학생들의 사회 · 정서 발달을 촉진하고 정서 · 행동 문제를 해결함에 있어서 학교상담의 쟁점을 다룬다. 먼저 사회 · 정서 발달의 의의와 ASCA 국가 기준 및 역량을 검토하고, 사회 · 정서 발달에 대한 주요 이론적 접근을 고찰한다. 이어서 정서 · 행동 문제의 유형을 살펴보고 정서 · 행동 문제의 평가 방법을 소개한다. 끝으로 정서 · 행동 상담의 목표와 주요 전략을 제시한다.

이 장을 학습하면 여러분은 다음과 같은 학습 성과를 얻을 수 있다.

1. 사회 · 정서 발달을 위한 ASCA 국가 기준을 설명할 수 있다.
2. 사회 · 정서 발달과 상담에 대한 이론적 접근을 설명할 수 있다.
3. 정서 · 행동 문제의 유형과 체계적인 평가 방법을 설명할 수 있다.
4. 정서 · 행동 문제의 상담목표와 효과적인 상담 전략을 설명할 수 있다.

1. 사회 · 정서 발달의 개념

종합적인 학교상담 프로그램의 세 번째 목표는 모든 학생의 개인 · 사회성 발달을 촉진하는 것이다. 여기서는 정서와 사회 · 정서 발달의 주요 개념을 간단히 고찰하고, 사회 · 정서 발달에 대한 국가 기준과 역량을 알아본다.

1) 정서와 사회 · 정서 발달

『표준국어대사전』(국립국어원, 1999)에 따르면, 정서는 사람의 마음에 일어나는 여러 가지 감정, 또는 감정을 불러일으키는 기분이나 분위기를 뜻한다. 심리학에서는 '감정' '기분'과 같은 단어를 학술적 용어로 잘 사용하지 않는다. 정서(emotion)는 특정 자극에 대한 생리적 · 심리적 반응을 말하며, 인지적 평가, 주관적 느낌, 생리적 변화, 행위 경향성 등 네 가지 측면을 포함하는 복합적인 개념이다(Shiota & Kalat, 2015). 정서는 영어 'emotion'의 학술적 번역어이다. 그것은 '밖으로'를 뜻하는 e와 '동작'을 뜻하는 motion의 합성어로 "밖으로 향하는 운동"이라는 뜻을 내포하고 있다(Webster's New Collegiate Dictionary, 1997). 정서는 개인적 또는 사회적 상황에 의해 야기될 수 있으며, 개인의 행동에 동기를 부여한다.

사회 · 정서 발달은 자기와 타인에 대한 인식으로부터 시작해서 자아개념과 자아정체감 형성 그리고 또래, 가족, 학교 등 사회적 관계 전반에 대한 인식과 행동의 변화를 포함한다(Mayer & Salovey, 1997; Merrell & Gueldner, 2011). 사회 · 정서적으로 유능한 학생은 자신의 정서와 사고를 정확하게 인식하고 효과적으로 표현하고 관리하며, 자신의 선택에 대해 책임을 지고 개인적 목표를 달성하기 위해 적극적으로 자기를 개발한다. 또한 그러한 학생은 사회적으로 타인의 정서와 생각을 인식하고 차이를 인정하며 만족스러운 대인관계를 유지하기 위하여 소통하고 협력하며 상호 지지를 주고받을 수 있다.

정서유능성과 사회유능성은 상호 밀접한 연관성을 갖고 발달한다. 정서적으로 유능한 학생은 사회적 관계는 물론 학교생활 전반에 걸쳐 성공적으로 적응하고 섭식, 흡연과 같은 건강 관련 행동을 관리하는 능력도 탁월하다(박영애, 김경은, 2005; 현채송, 2010; Ciarrochi & Scott, 2006; Jennings & Greenberg, 2009; Trinidad & Johnson, 2002). 초등학교 학생들은 유아기에 발달한 자기인식을 바탕으로 자아개념을 확장하고 친밀성의 욕구가 강하여 친구를 적극적으로 찾아 나선다. 그러나 자기중심성이 강하고 사회적 조망 수용 능력이 미숙하여 또래와 자주 갈등을 빚게 된다. 중학교 시기에는 신체적 변화와 성적 발달에 민감하고 자의식이 강하며 부모에게서 벗어나 친구들과 함께 어울리려는 성향이 강하다. 이 시기 또래 학생의 사회적 수용과 거절은 미래의 교육과 진로는 물론 사회적 선택에 중요한 의미를 가진다. 중학교에서 사회적 수용을 얻는 데 어느 정도 성공한 학생은 고등학교로 부드럽게 전환한다. 그러나 초 · 중학교에서 별다른 어려움 없이 지낸 학생들도 고등학교에서 극복하기 힘든 도전에 직면할 수 있다.

많은 학생은 학업 발달에서는 어느 정도 성공하지만 개인 · 사회성 발달에서는 실패한다. 때로는 이성 친구와의 갈등이 좀 더 심각해지며, 이러한 갈등 해결의 실패는 학업 이탈, 불안과 우울증, 대인관계 실패와 사회적 고립, 학교폭력 같은 정서 · 행동 문제를 야기하고 극단적으로 자살과 같은 비극적인 결과를 초래하기도 한다(송재홍, 2016b). 또한 성병, 임신, 물질남용, 집단폭력 등 사회적 문제는 개인 · 사회성 발달을 위태롭게 할 수 있다. 종합적인 학교상담 프로그램은 학생들에게 사회 · 정서 발달을 촉진하여 정서 · 행동 문제와 비극적인 삶을 예방하고 만족스러운 삶을 영위할 수 있도록 도움을 주기 위해서 다양한 활동을 계획하고 실행한다. 이는 긍정적인 자기인식과 자아개념을 발달시키고 자아정체감을 형성하며 효과적인 사회적인 기술을 습득하여 건전한 대인관계를 유지하도록 돕는 것을 포함한다.

2) ASCA 사회 · 정서 발달의 목표와 역량

종합적인 학교상담 프로그램의 세 번째 목적은 모든 학생의 개인 · 사회성 발달을 촉진하는 것이다. 이를 위해서 미국상담교사협회(ASCA)는 모든 학생의 개인 · 사회성 발달에 대한 국가 기준과 핵심 역량을 구체적인 지표와 함께 마련하고 있다. 그것은 종합적인 학교상담 프로그램을 통해서 학생 각자가 학령기를 거쳐 성인기로 나아갈 때 필수적인 개인적 · 사회적 성장을 위한 토대를 제공할 수 있는 지침을 마련하고 있다(ASCA, 2005a). 이 기준은 학생들이 자신과 타인을 이해하고 존중하는 것, 자신에 대한 지식을 적용하여 목표를 세우고 성취하는 것, 효과적인 대인기술을 습득하는 것, 안전과 생존 기술을 이해하는 것, 사회에 기여하는 구성원이 되는 것 등에 유용한 지식, 기술, 태도를 포함하며, 학업 발달과 진로 발달의 성공에 기여한다.

다음은 학생의 개인 · 사회성 발달에 대한 ASCA 국가 기준의 역량과 지표이다(ASCA, 2004a, 2005a).

(1) 기준 A

학생들은 자신과 타인을 이해하고 존중하는 데 도움이 되는 지식, 태도, 대인 간 기술을 습득할 것이다.

① 역량 A1. 자신에 대한 지식(self-knowledge)을 얻기

- 독특하고 가치 있는 인간으로서 자기에 대한 긍정적 태도를 개발한다.
- 가치, 태도, 신념을 확인한다.
- 목표 설정 과정을 학습한다.
- 변화가 성장의 일부임을 이해한다.
- 감정을 확인하고 표현한다.
- 적절한 행동과 부적절한 행동을 구분한다.
- 개인적인 경계, 권리 및 사생활 욕구를 인지한다.
- 자기통제에 대한 필요와 그것을 실천하는 방법을 이해한다.
- 집단에서 협력적인 행동을 입증한다.
- 개인적인 강점과 자산을 확인한다.
- 변화하는 개인적 및 사회적 역할을 확인하고 논의한다.
- 변화하는 가족 역할을 확인하고 인지한다.

② 역량 A2. 대인관계 기술을 익히기

- 모든 사람은 각자 권리와 책임을 갖고 있다는 것을 인지한다.
- 대안적인 관점을 존중한다.
- 개인차를 인지하고 수용하며 존중하고 인정한다.
- 민족적 · 문화적인 다양성을 인지하고 수용하며 인정한다.
- 다양한 가족 형태의 차이를 인지하고 존중한다.
- 효과적인 의사소통 기술을 사용한다.
- 의사소통은 말하기, 듣기, 비언어적 행동을 포함한다는 것을 안다.
- 친구를 사귀고 유지하는 방법을 학습한다.

(2) 기준 B

학생들은 의사결정을 하고 목표를 설정하며 그것을 성취하기 위해 필요한 행동을 취할

것이다.

① 역량 B1. 자신에 대한 지식을 적용하기

- 의사결정 및 문제해결 모형을 사용한다.
- 결정 및 선택의 결과를 이해한다.
- 문제에 대한 대안적 해결책을 확인한다.
- 문제를 다루기 위해 효과적인 대처 기술을 개발한다.
- 문제해결과 의사결정 시 언제, 어디서, 어떻게 도움을 구할지 입증한다.
- 갈등 해결 기술을 적용하는 방법을 안다.
- 개인차 및 문화 차이를 존중하고 인정한다.
- 또래 압력이 언제 어떤 결정에 영향을 미치는지를 안다.
- 장기적인 목표와 단기적인 목표를 확인한다.
- 목표를 성취하는 대안적인 방식을 확인한다.
- 지식과 기술을 획득하는 과정에서 끈기와 인내심을 발휘한다.
- 현실적인 목표를 세우고 그것을 성취하기 위해 실행 계획을 개발한다.

(3) 기준 C

학생들은 안전과 생존 기술을 이해할 것이다.

① 역량 C1. 개인적인 안전 기술을 습득하기

- 개인 정보의 지식(예: 전화번호, 집 주소, 비상연락처 등)을 입증한다.
- 법규, 안전과 개인 권리 보호 간의 관계성을 학습한다.
- 적절한 신체 접촉과 부적절한 신체 접촉의 차이를 학습한다.
- 개인적인 경계, 권리, 사생활을 설정/주장할 수 있음을 입증한다.
- 또래의 지지가 필요한 상황과 성인의 도움이 필요한 상황을 변별한다.
- 학교 및 지역사회의 자원인사를 찾아서 도움을 구하는 방법을 안다.
- 문제해결 및 의사결정 기술을 활용하여 안전하고 건강한 선택을 한다.
- 약물 사용 및 남용의 정서적 · 신체적 위험성에 관해서 학습한다.
- 또래 압력에 대처하는 방법을 학습한다.
- 스트레스와 갈등을 관리하는 기법을 학습한다.

• 생활 사건을 관리하기 위한 대처 기술을 학습한다.

2. 사회 · 정서 발달에 대한 이론적 접근

사회적으로나 정서적으로 유능한 아동은 사회적 적응은 물론 학업에서도 성공적이라는 사실이 확인되면서, 최근에 아동들의 사회정서유능성을 증진하기 위해 다양한 접근이 시도되어 왔다. 이 접근은 크게 자기의 발달에 대한 전통적인 심리학적 관점과 신경과학적인 관점, 정서지능교육, 사회정서학습 프로그램 등 매우 다양하다.

1) 자기의 발달

학교는 물론 일상생활에서 개인의 사회 · 정서 발달은 보편적으로 그의 자아개념과 결합된 정체성의 영향을 받는다(Eggen & Kauchak, 2011: 117). 연구자들은 건강한 자아개념과 자아정체감의 형성은 사회 · 정서 발달의 중심이 된다고 말한다(Davis-Kean & Sandler, 2001). 또한 개인의 선천적인 기질과 애착 형성은 사회 · 정서 발달과 밀접하게 관련된다.

(1) 기질과 애착 형성

영아는 각자 독특한 기질을 갖고 태어나며 성장 과정에서 부모 또는 양육자와 특수한 정서적 유대 관계를 맺으면서 사회 · 정서 발달의 기초를 형성한다. 기질(temperament)은 유아의 선천적인 행동양식을 말하며, 타고난 정서, 운동, 주의 반응과 자기조절에서 개인차로 정의한다(Rothbart & Bates, 1998). 대부분의 유아는 쉬운 아이, 까다로운 아이, 또는 더딘 아이로 분류될 수 있으며(Thomas & Chess, 1977), 쉬운 아이에게는 부모의 민감한 보살핌이 필요하고, 까다로운 아이와 더딘 아이는 양육자에게 많은 인내심을 요구한다.

애착(attachment)은 두 사람 간의 친밀하고 상호적인 정서적 유대 관계로서, 특정한 사람을 가까이하려는 유아의 경향성을 말한다(Bowlby, 1980). 원숭이 대리모 실험에서 할로우와 짐머만(Harlow & Zimmerman, 1959)은 새끼 원숭이는 먹이뿐만 아니라 어미와의 부드러운 접촉을 필요로 하며, 이는 정서 발달에 지대한 영향을 미친다고 주장하였다. 또한 유아는 일차 양육자와 상호작용하면서 내적 작동 모델을 형성한다. 내적 작동 모델(internal working model)이란 양육자와의 상호작용으로부터 구성되는 자기 자신과 타인에 대한 인지적 표상을 말하며, 유아는 이를 통해 사회적 상황을 해석하고 인간관계의 특성에 대한 기대를 형성한다(Bowlby, 1980). 부모의 양육 방식은 타인에 대한 작동 모델을 형성하고, 유아의 욕구에 대한 양육자의 반응 양식은 자기에 대한 작동 모델을 형성한다. 유아의 욕구에 대한 양육자의 민감한 반응성(sensitive responsiveness)은 안정 애착을 초래하고 자신과 타인에 대해 긍정적인 작동 모델을 형성하여 건강한 자아 발달과 대인관계를 촉진한다.

(2) 자아인식과 자아개념의 발달

초등학교 아동의 사회 · 정서 발달에는 자아개념과 자존감이라는 주요 개념이 포함되어 있다(Swann, Chang-Schneider, & McClarty, 2007). 자아개념과 자존감은 흔히 혼동되어 쓰이지만 실제로는 상당히 다른 개념이다. 자아개념(self-concept)은 자신의 신체적, 사회적, 지적 능력에 대한 인지적 이해를 뜻하는 반면, 자존감(self-esteem)은 자신에 대한 정서적 반응이나 평가를 의미한다(Eggen & Kauchak, 2011: 123). 자아개념은 자신의 장점, 단점, 능력, 태도, 가치를 인식하는 방법을 말하고, 자존감은 자신의 기능과 능력을 어떻게 평가하는가를 뜻한다(Slavin, 2013: 65). 자존감이 높은 사람은 자신이 본래 가치 있는 사람이라고 생각한다. 건강한 자아개념과 자존감 형성은 사회 · 정서 발달의 중심이 된다(Davis-Kean & Sandler, 2001).

자아개념은 태어날 때부터 발달하기 시작하며 경험을 통해 지속적으로 분화한다. 유아는 생애 초기부터 자신을 타인에게 반응하고 영향을 줄 수 있는 독립적인 존재로 인식하며, 점차로 신체적 특징, 나이, 성별, 외모, 유능성 등을 기준으로 자신이 어떤 집단에 소속하고 있는지를 판단하여 자신을 인식하고 자아개념을 발달시킨다(임효진, 선혜연, 황매향, 2016).

초등학교 시기에는 자아개념이 점차 구체적인 것에서 추상적인 것으로 발달하고 어휘력과 경험이 증가하면서 좀 더 다양한 범주로 자기를 묘사하기 시작한다. 특히 고학년에서는 심리적 특성을 이용하여 자신을 묘사할 수 있으며, 외모, 인기도, 성적, 운동 능력의 측면에서 또래들과의 사회적 비교를 통해서 자아개념을 형성한다(Slavin, 2013).

청소년기가 되면 자아개념이 변한다. 청소년은 자신에 대해서 성격 특성(다정한, 불쾌한), 감정(우울한, 격앙된), 개인적인 신념(진보적인, 보수적인)과 같이 추상적인 표현을 사용한다(Harter, 1998). 그러나 청소년의 자아개념은 더욱 분화한다. 마쉬(Marsh, 1993)는 자아개념을 언어, 수학, 부모관계, 동성, 이성의 다섯 가지로 범주화하였고, 하터(Harter, 1998)는 학문적 유능감, 직업적 유능감, 운동적 유능감, 신체적 매력, 사회적 수용, 깊은 우정,

낭만적 매력, 품행의 여덟 가지 형태로 구분하였다.

자존감은 자신의 가치와 만족감에 대한 전반적인 느낌이다(Arnett, 2007). 그것은 자기가치(self-worth)라고도 하는데, "나는 인간적으로 좋은 사람인가?"에 대한 대답으로서 자신의 가치에 대한 판단과 느낌을 포함한다. 로젠버그(Rosenberg, 1986)는 비교적 안정적이고 지속적인 기초 자존감(baseline self-esteem)과 생각, 경험, 상호작용에 따라 하루에도 몇 번씩 변하는 기압 자존감(barometric self-esteem)을 구분하였다.

자존감 또한 청소년기에 커다란 변화를 겪게 된다. 청소년 초기에는 기압 자존감의 변화가 특히 심하다. 어린 아동은 높은 자존감과 때로 비현실적일 만큼 긍정적인 자아개념을 갖고 있다(Eggen & Kauchak, 2011). 그러나 사춘기가 시작되고 중학교에 들어가면 자존감은 전반적으로 낮아진다(Jacobs, Lanza, Osgood, Eccles, & Wigfield, 2002; Simmons & Blyth, 1987). 이러한 현상은 중학교 여학생에게서 가장 극적으로 나타나고 오래 지속되며, 일반적으로 자존감은 여학생이 남학생보다 낮다(Jacobs et al., 2002; Marsh, 1993; Simmons & Blyth, 1987). 전반적인 자존감은 신체적 매력에 의해 가장 큰 영향을 받으며, 다음으로는 또래의 사회적 수용에 의해 영향을 받는 것으로 알려져 있다(Slavin, 2003, 2013). 고등학교 때 자존감은 다시 증가하며, 남학생이 여학생보다 더 크게 증가한다(Twenge & Campbell, 2001). 자존감은 개인의 감정, 행동, 적응 방식, 우울 · 불안 등 심리적 문제에 영향을 준다는 점에서 매우 중요하다(임효진, 선혜연, 황매향, 2016: 233). 특히 청소년기의 낮은 자존감은 성인이 되었을 때 건강 악화, 범죄 행동, 제한적인 경제관념을 예측하는 중요한 변인이다(Baumeister, Campbell, Krueger, & Vohs, 2005; Trzesniewski et al., 2006).

(3) 청소년기 자아정체감의 확립

초기 청소년기의 첫 신호 중 하나는 성찰성의 출현이다. 성찰성(reflectivity)이란 자신의 마음속에서 무슨 일이 일어나고 있는가에 대해 생각하고 자신에 대해 연구하는 성향을 뜻한다(Slavin, 2013: 70). 청소년들은 자신을 더 자세히 관찰하고 자신을 다르게 정의하며, 자신이 생각하고 느끼는 것과 자신의 행동 간에 차이가 있다는 것을 인식하기 시작한다. 또한 가능성을 고려할 수 있는 인지능력이 발달하면서 자신에 대해 불만스럽게 생각하기 쉽다. 그들은 자신의 개인적인 특성을 비판하고 자신을 다른 사람들과 비교하며 자신의 모습을 바꾸기 위해 노력한다.

청소년들은 사람들이 자신처럼 세상을 바라보고 생각하는지 고민하기 시작한다(Phelan, Yu, & Davidson, 1994). 자신이 다른 사람들과 다르게 독립적이고 독특한 존재라는 것을 조금씩 인식하며, 자신이 생각하고 느끼는 것을 다른 사람들이 충분히 알지 못한다는 것도 알게 된다. 청소년기에는 자신의 참 모습을 알고 자신의 신념과 관점을 개발하는 것이 중요하다(Johnson, Buboltz, & Seemann, 2003).

따라서 청소년기에는 자아정체감의 형성이 중요한 발달 과제로 대두된다. 자아정체감(ego identity)이란 자신이 누구이고 자신의 존재 의미가 무엇이며 인생을 통해 무엇을 성취하고자 하는지에 관한 생각이다(Erikson, 1950, 1988). 그것은 자기 자신에 대한 이미지, 호불호, 희망, 기대 등을 포함한다. 개인의 진로 선택, 성적 취향, 주변 세상에 대한 믿음은 모두 자아정체성에서 비롯된다. 청소년들이 자신의 지적, 사회적, 도덕적, 성적인 측면을 통합하는 것이 통일된 자아정체감을 개발하는 데 도움이 된다(Harter, 1998).

에릭슨(Erikson, 1950)은 자아정체감을 사회적 환경과 그 문화의 요구 속에서 한 개인이 가지고 있는 개성의 핵심이라고 보았다. 그는 또한 개인이 사회 환경 속에서 살아가는 가운데 자연스럽게 일어나는 발달적 위기를 해결하는 여러 단계(신뢰감 vs. 불신감, 자율성 vs. 수치심, 주도성 vs. 죄의식, 근면성 vs. 열등감)를 거치면서 자아정체감을 형성한다고 보았다. 이 위기를 처리하고 도전해 나가는 과정에서, 사람들은 기능의 숙달, 성격의 통합, 지각의 정교성 등 더 큰 자기실현(self-actualization)을 향해 성장하거나 아니면 좀 더 유아기적인 단계로 퇴행한다.

에릭슨은 청소년기의 자아정체감이 대체로 안정적으로 발달해 간다고 주장한다. 그러나 일부 청소년은 실제로 자아 발달의 이전 단계로 회귀하며, 많은 청소년은 후기 청소년기에 도달해서도 여전히 자아정체감을 형성하지 못한다. 마샤(Marcia, 1980, 1988, 2002)는 "정체감에 관한 위기를 탐색했는가?"와 "그러한 도전이 성공했는가?"에 따라 청소년의 자아정체감을 네 가지 상태로 구분하였다. 정체감 혼미(identity diffusion)는 자신의 미래(학업, 직장, 결혼 등)를 생각할 때 느끼는 혼란스러운 상태를 말한다. 자신의 미래에 대해 생각했지만 아직 결론에 도달하지 못한 청소년도 있고, 완전히 선택을 회피하는 청소년도 있다. 정체감 유실(identity foreclose)은 자신의 가능성을 탐색하지 않고 이미 정해진 경로(예: 가업)를 선택하고 그것에 헌신하는 상태를 말한다. 이러한 정체감은 대개 외부의 힘에 의해 떠밀린 것이기 때문에 제대로 작용하지 않으면 미래에 커다란 혼란을 겪을 수 있다.

정체감 유예(identity moratorium)는 청소년들이 나아갈 최고의 직업적 · 이상적 방향을 찾기 위해 고민하고 있는 상태를 말한다. 그들은 새로운 것을 탐색하고 시도하면서 가장 좋은 직업적 또는 이념적인 방향을 찾기 위해 고민하고 있다. 이 상태에 있는 청소년은 현재 특정한 방향에서 배우고 있을 수 있으나 아직 그 상태를 확정 지을 만큼 준비된 상태는 아니다. 마지막 정체감 성취(identity achievement)는 일정 기간의 갈등과 의사결정의 과정 후에 자신이 몰두할 목적이나 방향을 결정하면서 나타난다. 이 상태에 도달한 청소년은 실험을 하고 탐색을 했으며 최소한 현 상태에서 자신의 삶에서 무엇을 원하는지 알고 있다.

자아정체감의 발달은 긍정적 또는 부정적 양상으로 나눌 수 있다. 정체감 유예는 건강한 상태이고 정체감 성취로 이어질 수 있다. 반면에 정체감 혼미와 정체감 유실은 덜 건강한 상태로, 이 상태의 청소년은 자신의 인생에서 중요한 결과를 초래할 만한 선택을 하지 못한다(임효진, 선혜연, 황매향, 2016).

2) 정서와 신경과학

정서는 신체 각성과 표현 행동 그리고 사고와 감정을 포함한 의식 경험의 혼합체이다(Myers & DeWall, 2015). 정서에 대한 초기 관심은 신체적 각성과 정서의 관계에 집중하였다. 제임스(James, 1884)와 랑게(Lange, 1912)는 비슷한 시기에 신체적 각성이 정서에 선행한다고 주장하였고, 캐넌(Cannon, 1927)과 그의 제자 바드(Bard, 1934)는 신체적 각성과 정서가 동시에 발생한다고 반박하였다. 나중에 샥터와 싱어(Schacter & Singer, 1962)는 정서를 경험하려면 그 정서를 의식적으로 해석하고 이름을 붙여야 한다고 믿었다. 그러나 최근에 학자들은 정서적 경험에 관여하는 구성요소들의 관계를 규명하거나 정서적 경험을 뇌 구조나 신경회로와 연결하여 이해하려고 시도해 왔다(Damasio, 2000; Lazarus, 1991; Le Doux, 2000, 2006).

(1) 관계적 모형

관계적 모형에 의하면, 정서는 행위에 대한 준비성을 발생시키는 복합적이고 다중요소적인 과정이다(Frijda, 1986; Lazarus, 1991). 즉, 정서는 인지적 평가, 주관적 경험, 사고-행위 경향성, 내적 신체 변화, 얼굴 표정, 정서에 대한 반응 등 최소한 여섯 가지 구성요소를 포함한다. 인지적 평가는 어떤 사람의 현재 환경에 대한 개인적 의미의 평가를 말한다. 주관적 경험은 사적 경험을 채색하는 감정 상태 또는 느낌을 말하고, 사고-행위 경향성은 특정 방식으로 생각하거나 행동하려는 충동을 말한다. 또한 내적 신체 변화는 호흡, 맥박, 땀 분비 등과 같은 자율신경계를 포함하는 생리적 반응이고, 얼굴 표정은 빰, 입술, 코, 눈썹 등 얼굴의 여러 부위를 특정 형태로 움직이는 근육 수축으로 나타난다. 마지막 정서에 대한 반응은 사람들이 자신들의 정서와 그 정서를 일으키는 상황을 조절하거나 그것에 대

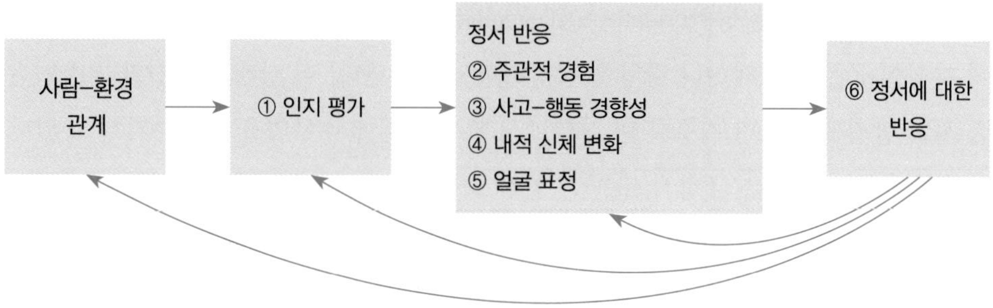

[그림 9-1] **정서 과정의 여섯 가지 구성요소**

출처: Lazarus (1991); Nolen-Hoeksema, Fredrickson, Loftus, & Wagenaar (2011), p. 408에서 재인용.

해 반응하거나 대처하는 방식을 일컫는다. [그림 9-1]은 정서 과정에 포함되는 여섯 가지 구성요소를 도식적으로 나타낸 것이다.

(2) 정서 조절 모형

그로스(Gross, 1998a, 2002)는 초기 관계적 모형(Lazarus, 1991)을 발판으로 정서 조절의 과정 모형(process model of emotion regulation)을 제안하였다. 이 모형은 정서가 전개되는 과정에 대한 몇 가지 가정으로부터 시작된다. 즉, 개인은 특정한 상황에 진입하고, 그 상황의 어떤 측면에 선택적으로 주의를 기울이며, 특정한 정서 반응을 촉진시키는 방향으로 그 상황의 선택된 측면을 평가한다. 그리고 후에 신체적 변화, 행동적 충동, 주관적 감정 등 전체적인 정서를 경험한다. 이 모형을 활용하면 한 개인이 정서 과정에서 어느 단계에 위치하고 있는가에 따라 정서 조절 전략을 분류할 수 있고, 이러한 분류를 통해 전략의 차이가 다른 의미와 결과를 초래한다는 것을 이해할 수 있게 된다.

그로스(Gross, 1998b, 2002, 2008)는 정서 과정의 개입 시점에 따라 정서 조절 전략을 세 가지 범주로 구분하였다. 상황 초점 전략(situation-focused strategies)은 상황 진입 단계에서 두 가지 상황 중 하나를 선택하거나 어떻게든 그 상황을 변화시킴으로써 그 상황을 통제하기 위해 활용된다. 상황 선택의 경우에는 단순히 특정 정서를 유발할 것 같은 상황에 들어갈 것인지 아닌지를 결정하기만 하면 되고, 상황 수정의 경우에는 일단 해당 상황에 들어가되 이를 변화시키는 조치를 취한다. 우리는 단지 상황을 통제할 수 있다는 생각을 갖는 것만으로도 스트레스를 크게 줄일 수 있다. 인지 초점 전략(cognition-focused strategies)은 선택적 주의와 평가 단계에서 상황의 어떤 측면에 주의를 기울이거나 인지적 재평가를 통해서 그 상황에 관해 생각하는 방식을 변화시킴으로써 어떤 정서를 북돋거나 다른 정서를 차단한다. 한 가지 특히 유용한 재평가 전략은 부정적 사건에 주의를 기울이되 이 사건을 좀 더 유익한 방식으로 해석하려고 노력하는 것이다. 마지막으로 반응 초점 전략(response-focused strategies)은 이미 작동하기 시작한 정서의 효과를 변경시키는 것을 말한다. 이 전략은 개인이 이미 특정 정서를 경험하고 있으며 해당 정서의 어떤 부분을 변화시키기를 원하고 있다고 가정한다. 한 가지 방법은 자신이 경험하는 정서를 경험하고 표현하거나 억제할 수도 있다.

좀 더 최근에 셰프스, 수리, 그로스(Sheppes, Suri, & Gross, 2015)는 초기 정서 조절 모형에 주요 정서 조절 단계를 첨가하여 확장된 정서 조절 과정 모형을 제안하였다. 주요 정서 조절 단계는 정서 조절 욕구의 확인, 이용 가능한 조절 책략의 선정, 선정된 조절 책략의 이행, 이행된 정서 조절의 모니터링 등 네 단계로 구분되며, 각 단계는 내적 및 외부 세계와 연관된 지각, 가치화, 행위의 세 가지 핵심 구성요소를 포함한다. 그들은 각 단계의 핵심 구성요소에서 발생할 수 있는 정서 조절의 잠재적 실패를 기술하고 이러한 실패와 연합된 임상적 조건, 즉 증상이나 장애를 함께 제시하였다. 그 내용을 요약하면 〈표 9-1〉과 같다.

〈표 9-1〉 **확장된 정서 조절 과정 모형의 조절 단계에 따른 임상적 조건**

조절단계	조절요소	잠재적 실패와 연합된 임상적 조건
정서 조절 욕구 확인	지각	• 공황엄습: 현재 정서 상태의 모호한 신호들을 너무 나타냄 • 불안의 탈피 편향: 확장된 시간 동안 위협 정보를 너무 나타냄 • 정서표현불능증: 정서 상태를 너무 나타내지 않음
	가치화	• 경험 회피: 정서 상태의 대가를 과대평가함 • 의존적 성격장애의 매달리는 행동: 내면적 조절의 이득을 과소평가함
	행위	• 우울증의 학습된 무기력: 보편적 조절 목표를 행위로 전환하는 데 실패함
조절 책략 선정	지각	• 폭식 및 자살 행동의 자기 도피: 부적응적 조절 책략을 너무 나타냄
	가치화	• 비자살적 자기손상 및 물질사용: 부적응적 조절 범주를 긍정적으로 평가함
	행위	• 자폐증의 인지적 변화: 적응적 조절 범주들을 활성화하는 능력이 손상됨
조절 책략 이행	지각	• ADHD의 장기적 책략: 적응적 조절 책략을 너무 나타내지 않음
	가치화	• 일반화된 불안장애의 걱정: 부적응적 조절 책략을 긍정적으로 판단함
	행위	• 주요 우울증의 긍정적 기분전환: 적응적 조절 책략을 활성화하는 능력이 손상됨
모니터링	중지	• 우울증의 반추: 부적응적 조절 책략을 너무 늦게 중지함 • 사회불안의 낮은 자기조절효능감: 적응적 조절 책략을 너무 일찍 중단함
	교체	• 우울증, 불안, 강박장애: 비효율적으로 이행된 책략을 너무 늦게 교체함 • 양극성 장애의 조증 상태: 적응적 조절 범주들을 너무 일찍 교체함

출처: Sheppes, Suri, & Gross (2015).

(3) 신경과학적 모형

정서의 생물학적 기초를 연구하는 신경과학자들은 인간의 두뇌에서 정서 반응의 기초가 될 만한 여러 부분을 확인하였다(Davidson, 2000). 특히 편도체는 감정 처리의 일차 중추로 알려져 있으며, 편도체와 해마 사이에는 다양한 연결회로가 존재하며 두 영역이 긴밀하게 협력한다는 강력한 증거가 있다(LeDoux, 2000, 2006; McGaugh, 2004).

다마시오와 동료들(Damasio et al., 2000)은 양전자방출단층촬영술(PET)을 이용하여 공포, 행복, 슬픔, 노여움 등 인간의 상이한 정서에 관여하는 신경 지도를 발견하였다. 그들은 섬피질, 이차체감각영역, 대상피질, 뇌간과 시상하부의 신경핵들과 같은 피질 또는 피질하 영역에서 신체적 항상성은 물론 감정 조절 및 표현과 관련하여 서로 다른 패턴이 활성화되거나 탈활성화되는 것을 확인하였다. 그러한 정서 경험은 외부 자극의 지각이나 얼굴 표정 또는 운동 표현 없이 내적으로 발생하였다. 그들은 이러한 결과를 바탕으로 다양한 신경 패턴이 상이한 정서에 대한 신경학적 상관인자라고 주장하였다.

르두(LeDoux, 2006)는 공포 자극의 지각에서 편도체로 가는 두 가지 입력 경로를 각각 '아랫길'과 '윗길'로 명명하였다. '아랫길(low road)'은 수용기에서 시상을 거쳐 편도체로 가는 빠른 길이며 대뇌피질을 건너뛴다. 이 시상-편도체 경로(아랫길)는 자극에 대한 저해상도의 공간 처리만 가능하기 때문에 간단한 자극이나, 아니면 복잡한 자극의 전체적인 특징에 대해서만 반응할 수 있다. 이 '빠르고 개략적인' 처리 과정은 위협적으로 보이는 어떤 자극에 대해 미처 어떤 반응을 할지 생각할 여유가 없을 때 그 자극의 대체적인 윤곽에 대해 자동적이고 무의식적인 반응을 일으키게 한다. 시상-피질-편도체 경로(윗길)는 다소 길지만 복잡하고 상황에 맞는 자극을 처리할 수 있고 연속적으로 의식적이고 정교한 반응을 가능하게 한다. '윗길(high road)'은 사회적이고 개인적인 의사결정 과정의 영향을 더 많이 받는 경로이며 문화 특징적인 감정 반응을 반영할 수 있다.

최근 뇌신경학에 따르면, 인간은 정서적 경험을 처리함에 있어서 두 개의 신경 회로를 이용하는 것으로 알려져 있다(LeDoux & Phelps, 2008). 하나의 회로는 시상을 통과한 후 감각피질, 측두엽, 두정엽을 거쳐 전두엽으로 이어지는 이성적이고 논리적인 회로이며, 이는 윗길(high road) 또는 차가운 인지(cool cognition)라고 알려져 있다. 다른 회로는 시상을 통과한 후 감각피질을 거쳐 곧바로 변연계의 편도체로 이어지는 감성적이고 직관적인 회로이며, 이는 아랫길(low road) 또는 뜨거운 인지(hot cognition)라고 알려져 있다. 특히 뜨거운 인지는 정서와 밀접히 관련되어 있으며 위협적인 상황에서 자신의 안전을 유지하기 위해 신속하고 적극적인 적응 기제로 인식되고 있다. 이러한 구분은 복잡한 뇌의 신경 회

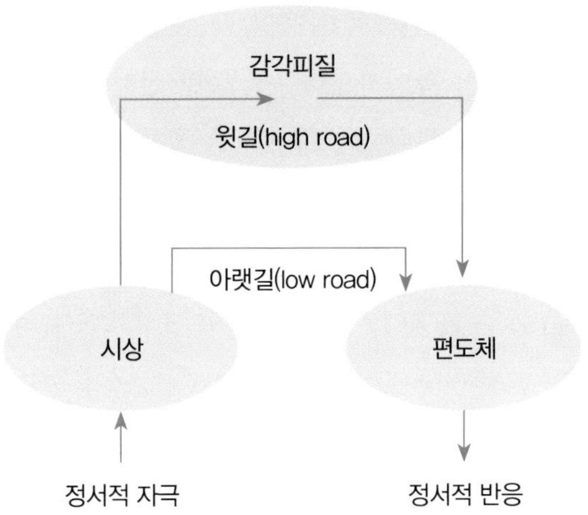

[그림 9-2] **정서적 경험을 처리하는 뇌신경 회로**

출처: LeDoux & Phelps (2008).

로를 지나치게 단순화하는 경향이 있으나 무의식적 행동이나 조건화된 행동을 이해하는 데는 도움이 된다. [그림 9-2]는 정서적 경험을 처리하는 신경 회로를 도식화한 것이다.

르두(LeDoux, 2006)는 편도체와 해마 간 연결이 없으면 해마 형성체는 감정을 잃게 될 것이라고 제안하였다. 그러나 편도체는 피질 및 감각수용기와 직 · 간접적으로 연결되어 있으므로 감각 정보와 정서 간 연결은 의식적 자각 없이도 성립될 수 있다. 그는 또한 편도체와 해마가 작동하는 데 다양한 수준의 스트레스가 미치는 영향을 기술하였다. 스트레스 수준이 높아질 때는 노르아드레날린이 방출되면서 편도체가 좀 더 효과적으로 작용하도록 자극한다. 스트레스가 중간 수준일 때는 의식적인 해마 반응과 무의식적인 비해마 반응이 동시에 일어난다. 그러나 만성적인 스트레스나 스트레스 반응이 과도한 경우에는 노르아드레날린의 과다 방출로 인해 편도체의 처리과정은 촉진되지만 해마의 기능은 저하되어 의식적 처리과정과 이야기 기억의 효율성이 떨어지는 동시에 편도체에서 극단적으로 강한 정서 반응과 자극 간 연합이 증가된다.

콜라사와 엘버트(Kolassa & Elbert, 2007)는 외상후스트레스장애(Post Traumatic Stress Disorder: PTSD)를 경험한 사람의 해마와 편도체가 정상인과는 다르게 반응한다는 사실을 확인하였다. 해마는 사건의 맥락 정보와 함께 삽화 기억을 형성하고 정서 조절을 돕는 반면, 편도체는 스트레스가 행동에 미치는 영향을 매개하고 해마 기능을 조절하는 중심 역할을 한다. 따라서 여러 가지 심각한 스트레스에 노출될 경우 정신건강 문제를 위협할 가능성이 높아진다. 좀 더 최근에 알다오와 메닌(Aldao & Mennin, 2012)은 일반화된 불안장애자와 일반 성인이 적응적 정서 조절 전략을 사용할 때 심장 적응성(cardiac flexibility)에서 상반된 결과를 보여 준다는 사실을 확인하였다. 즉, 일반 성인이 유연한 심장 적응성을 나타냄으로써 이득을 얻는 반면, 일반화된 불안장애자는 심장 적응성이 떨어지는 것으로 나타났다.

3) 정서지능과 사회정서학습

최근에 와서 개인의 정서와 사회성을 자연스럽게 드러나는 개인적 성향으로 간주하기보다는 체계적인 교육과 훈련을 통해 학습이 가능한 역량과 기술로 이해하고 정서유능성 또는 사회유능성을 육성하려는 시도가 이어지고 있다. 브라운, 존스, 라루소, 아버(Brown, Jones, LaRusso, & Aber, 2010)는 읽기(Reading)와 쓰기(Writing)에 집중된 학교교육의 학문학습 편중 현상을 극복하기 위해 핵심 교육목표에 존중(Respect)과 갈등해결(Resolution)을 포함하는 4Rs 프로그램으로 수업의 질을 개선할 것을 제안하였다. 미국에서는 각 주마다 「아동정신건강법」을 제정하여 학교급별 교육과정에 아동의 사회 · 정서 발달을 촉진하는 노력을 포함시켰다(Merrell & Gueldner, 2011). 최근 우리나라에서도 「인성교육진흥법」을 제정하여 인성교육의 목적과 기본 방향을 제시하였는데, 이 역시 학교교육의 학문학습 편중 현상을 극복하려는 시도라고 볼 수 있다. 정서지능과 사회정서학습은 학생들의 정서유능성을 개발하고 사회 · 정서 발달을 촉진하기 위한 학교상담 프로그램 개발의 이론적 기반을 제공한다.

(1) 정서지능

정서지능은 학자에 따라 다양하게 정의되고 있다. 일부 학자는 개인적 특성 또는 성향을 강조하고, 다른 학자는 개인의 능력을 강조한다. 골맨(Goleman, 1995)은 정서지능을 바람직한 성격 유형이나 성격 특성으로서 설명하여 자아개념, 동기 등 여타의 심리적 구인과 구별하기 어렵게 하였다. 바온(Bar-On, 1997, 2000)은 정서지능이란 자신과 타인의 이해, 동료 및 가족과의 관계 형성, 변화하는 환경에의 적응 등에 관련된 능력, 유능성 및 기술이라고 정의하였다.

인지적 능력이라는 관점에서 메이어와 살로비(Mayer & Salovey, 1997)는 정서지능이란 자기 자신과 타인의 감정을 확인, 이해, 표현, 관리, 사용하는 잠재능력이라고 정의하고, 정서의 지각과 표현, 정서에 기초한 사고의 촉진, 정서적 정보의 이해와 활용, 정서의 성찰적 조절 등 네 가지 요인에 관련된 능력을 포함하는 정서지능의 4×4 개념 모형을 제안하였다(Mayer & Salovey, 1997; Mayer, Salovey, & Caruso, 2004). 〈표 9-2〉는 메이어와 살로비가 제안한 정서지능의 네 가지 요인과 그 하위 요소를 요약한 것이다.

〈표 9-2〉 **정서지능의 4×4 개념 모형**

하위 영역	지능요소
정서의 지각 및 표현	• 자신의 신체 및 정신 상태에 깃들어 있는 정서를 확인하는 능력 • (언어, 소리, 모양, 행동을 통해) 타인이나 사물의 정서를 확인하는 능력 • 정서를 정확하게 표현하고 그 정서와 관련된 욕구를 표현하는 능력 • 정서를 정확한/부정확한 표현, 정직한/부정적인 표현을 변별하는 능력
정서를 통한 사고의 촉진	• 대상, 사건 및 타인들과 연합된 감정에 기초해서 사고의 우선순위를 정하는 능력 • 생생한 정서를 생성/모방하여 정서에 관한 판단과 기억을 촉진하는 능력 • 기분의 변화(희노애락)에 편승하여 다중의 관점을 고려하고 통합하는 능력 • 정서 상태(예: 행복감)를 이용하여 문제해결과 창의성을 촉진하는 능력
정서의 이해와 활용	• 정서를 명명하고, 상이한 정서들(예: '좋아함' '사랑함')의 관계를 이해하는 능력 • 감정의 원인과 귀결(예: "슬픔은 상실 뒤에 온다.")을 지각/해석하는 능력 • 혼합 정서(예: 경외심) 혹은 모순된 정서와 같이 복잡한 감정을 해석하는 능력 • 정서 변환(예: '화'에서 '만족'으로, '화'에서 '수치심'으로)을 인식/예측하는 능력
정서의 성찰적 조절	• 유쾌한 감정과 불쾌한 감정 모두에 개방적일 수 있는 능력 • (자신과 타인에 관한) 정서를 사려 깊게 감지하고 성찰하는 능력 • 정보성, 유용성 판단에 따라 정서에 관여하거나 초연할 수 있는 능력 • (정서에 담긴 정보를 억압/과장하지 않고) 자신과 타인의 정서를 관리하는 능력

출처: Mayer & Salovey (1997).

정서지능교육은 정서유능성을 증진하기 위해 개발된 프로그램의 대표적인 형태이다. 외국의 경우 정서지능교육은 주로 대인관계 기술이나 창의적 갈등해결 능력을 향상시키기 위한 목적으로 개발된 포괄적인 프로그램의 한 요소로 다루어졌다(Radford, 2003). 캘리포니아 발달연구소에서 개발한 아동발달 프로젝트, 뉴욕 창의적 문제해결 국립연구소에서 개발한 갈등해결 프로그램, 시카고 일리노이 대학교에서 개발한 예일 뉴해븐 사회적 능력 증진 프로그램 등이 대표적인 예이다.

국내에서도 정서지능 계발을 위한 프로그램이 많이 개발되었다(곽윤정, 2005; 김광수 외, 2007; 문용린, 1999; 장정주, 2009; 정숙경, 2005; 최은실, 2010). 그러나 일부를 제외하면 이론적 타당성을 확보한 예는 많지 않다. 문용린(1999)은 메이어와 살로비(Mayer & Salovey, 1997)의 정서지능 개념모형을 토대로 정서지능 계발 프로그램을 개발하여 인성교육의 일환으로 활용하고자 하였다. 그는 정서지능과 인성교육에 대한 선행연구에 기초하여 다음과 같이 정서지능의 다섯 가지 구성요소를 추출하였다.

- 정서의 자각과 표현 능력: 자신과 타인의 감정과 기분을 정확히 이해하고 표현할 수 있는 능력(예: EQ 출석부, 나만의 EQ 앨범)
- 감정이입 능력: 타인의 감정과 기분을 마치 자신의 것처럼 느낄 수 있는 능력(예: 내가 겪은 사건 기록, 생각하는 의자)
- 정서의 사고 촉진 능력: 중요한 사건에 주의를 기울이게 하여 사고를 형성하고 촉진시킬 수 있는 능력(예: 감정 용돈 기입장, 감정의 분리수거)
- 정서 지식의 이해 능력: 정서를 이해하고 정서 정보가 담고 있는 지식을 활용할 수 있는 능력(예: 감정의 색깔들, 좋아하는/싫어하는 마음)
- 정서 조절 능력: 정서적 및 지적 성장의 향상을 위하여 정서를 의식적으로 조절하는 능력(예: 감정 저울/라디오, 화 안 낼 수 있어요.)

곽윤정(2005)은 정서지능 계발을 위한 국내 · 외의 다양한 프로그램을 비판적으로 검토하고 통합적인 프로그램을 개발하여 그 효과를 검증하였으며, 김광수 등(2007)은 초등학생의 정서지능을 육성하기 위해서 용서 프로그램 개발 모형을 제안하고 그 효과를 검증하였다. 최근에 이보경(2017)은 가트맨(Gottman) 박사가 제안한 감정 코칭 5단계에 기초하여 교실 속에서 아이들의 감정 조절 능력을 육성하기 위한 정서교육 실천 프로그램을 개발하였다. 감정 코칭의 기본은 아이의 감정에 대한 부모나 교사의 인식이며, 이것을 마음으로 느끼는 것이 공감이고 이 마음을 적절히 표현하는 것이 감정에 대한 교육의 시작이라는 것이다. 교실 속 정서교육 실천 프로그램은 숨바꼭질, 소꿉놀이, 인형놀이, 경도놀이, 마피아 게임 등 다양한 놀이 속 정서지능 요소 발현하기, 언어 및 동화 속 정서어휘 및 긍정 언어 활용 교육하기, 비폭력 대화 훈련 속 관찰, 느낌, 욕구, 부탁의 힘 체험하기, 미술 감상을 통한 명화 속 감정 찾기 등 다양한 정서지능 교육방법을 포함하였다. 가트맨 박사가 제안한 감정 코칭 5단계는 다음과 같다.

- 1단계: 아이의 감정을 인식한다.
- 2단계: 감정이 일어나는 순간을 좋은 기회로 삼는다.
- 3단계: 아이의 감정에 공감하고 경청한다.

• 4단계: 아이가 감정을 표현하도록 도와준다.
• 5단계: 스스로 문제를 해결할 수 있게 한다.

(2) 사회정서학습

사회정서학습(Social and Emotional Learning: SEL)은 발달적 · 문화적으로 적절한 교실수업을 통해서 그리고 학습을 일상생활에 응용함으로써 이루어지며, 이를 통해 학생들은 자신의 정서를 인식 · 관리하고 타인의 관점을 이해하며 긍정적인 목표를 세우고 책임 있는 결정을 내리며 대인관계 상황을 처리하는 능력을 학습한다(Merrell & Gueldner, 2011). 사회정서학습의 사회적 측면은 또래, 가족, 교사 등 타인과의 긍정적인 관계를 촉진하는 데 초점을 두며 개인의 대인적 발달을 반영한다. 정서적 측면은 정서(또는 감정) 그리고 그것과 연결된 인지(또는 사고)에 관련된 자기인식과 자기지식의 증진에 초점을 두며 개인적 발달을 반영한다. 사회정서학습의 학습 측면은 학문학습과 마찬가지로 사회 및 정서적 영역의 성장과 적응이 수업, 연습, 피드백을 통해 가르치고 학습될 수 있으며, 학교를 비롯한 교육 장면에서 대인적 발달과 개인적 발달의 목적을 달성하기 위해 구체적인 교수활동에 적용할 수 있음을 시사한다. 사회정서학습 프로그램이 추구하는 다섯 가지 기술을 요약하여 정리하면 다음과 같다(Merrell & Gueldner, 2011).

• 자기인식: 자신의 정서, 인지, 가치, 강점, 요구를 확인할 수 있는 능력(예: 한 학생이 어려운 수학 문제를 풀면서 좌절을 느끼고 있는데, 이 좌절감이 부정적이며 비현실적인 사고를 초래함을 인식한다.)
• 사회적 인식: 타인의 입장, 차이, 정서를 인식하는 능력(예: 야구할 때, 칭찬을 받은 팀원은 더 열심히 경기하며 더 행복해한다는 것을 인식한다.)
• 책임 있는 의사결정: 도전을 인식하고 효과적인 문제해결 절차를 시행하는 능력, 자신의 행위를 평가하고 숙고하는 능력, 개인적 책임감을 발달시키는 능력(예: 한 학생이 몇 주 안에 제출해야 하는 어려운 학기말 프로젝트를 완성하기 위해 시간 계획표를 짠다.)
• 자기관리: 개인적 목표를 달성하기 위해 자신의 감정, 충동, 행동을 감독 · 통제하는 능력(예: 시험을 치르면서 심한 좌절과 불안을 느끼는 학생이 긴장을 풀기 위해 심호흡을 한다.)
• 관계관리: 만족스러운 대인관계를 이루기 위하여 의사소통하고 협동하며 타협하고 지지를 주고받는 능력(예: 규칙을 둘러싸고 부모와 갈등을 겪으면서 가정에서 힘든 시간을 보내고 있는 한 학생이 부모와 규칙에 대해 상의하고 타협한다.)

사회정서학습 프로그램은 유치원생이나 초 · 중 · 고등학교 학생을 대상으로 학교풍토 개선과 학교폭력 예방을 위한 것(예: Caring School Community, I Can Problem Solve, Second Step 등)부터 사회적 기술과 의사결정능력을 개선하기 위한 것(예: PATHS, Social Decision Making/Social Problem Solving, Strong Kids 등)까지 매우 다양하다(Merrell & Gueldner, 2011). 또한 프로그램은 정서 인식 및 조절, 공감과 배려 등 친사회적 기술과 의사결정, 문제해결 등 체계적인 전략을 활용하여 학생들의 사회정서유능성을 증진하기 위해서 기존 교과교육과 연계하여 운영하거나 독립된 교육과정으로 개발 · 운영될 수 있다.

신현숙(2011)은 학업수월성을 지향하는 우리나라 학교 장면에서 사회정서학습의 도입 필요성과 지속 실천 가능성을 검토하고, 집단상담 형태의 독립된 교육과정보다는 교과학습과 연계하는 방법이 좀 더 현실적이고 적용 가능성이 높다고 추정하였다. 최근에 신현숙과 동료들(2015)은 사회정서학습 모형(CASEL, 2013)에 기초하여 초등학교와 중학교 학생들을 대상으로 학급 단위의 사회정서학습 프로그램을 개발하였다. 이 프로그램은 듀이(Dewey, 1979)의 진보주의 교육, 비고츠키(Vygotsky, 1994)의 사회적 구성주의, 반두라(Bandura, 1984)의 사회인지이론, 벡(Beck, 2017)의 인지행동치료이론, 글라서(Glasser, 1992)의 현실치료이론 등을 이론적 토대로 하고 메릴과 동료들(Merrell, Carrizales, Feuerborn, Gueldner, & Tran, 2007a, 2007b, 2007c)이 개발한 'Strong Kids'의 기본 틀을 참조하여 사회정서학습의 다섯 가지 기술을 향상시키기 위한 차시별 주제와 학습목표 및 활동을 제시하고 있다. 프로그램의 내용은 시작하기, 나와 너 이해하기, 나를 다스리기, 좋은 관계 맺기, 마무리하기의 다섯 부분으로 구성되어 있다.

3. 정서 · 행동 문제의 이해와 평가

정서와 행동은 밀접한 관련이 있으며 많은 행동 문제는 정서 문제를 수반한다. 정서 · 행동 문제의 개념과 유형을 살펴보고 정서 · 행동 문제를 지닌 아동을 이해하고 선별하기 위한 체계적인 평가 방법을 소개한다.

1) 정서 · 행동 문제의 정의

정서 · 행동 문제는 정서장애, 정서행동장애, 문제행동 등 여러 가지 용어로 사용되어 왔으며, 통일된 정의가 없다(Hallahan & Kauffman, 2003; Forness & Knitzer, 1992). 이는 인간의 정서와 행동을 측정하기 위한 공통된 기준을 개발하기 쉽지 않고 인간 행동을 정상과 이상으로 분류하기 위한 경계가 불분명하기 때문이다(이소현, 박은혜, 2011). 정서 · 행동 문제에 대한 정신보건 정의와 특수교육 정의를 소개하고 교육학적인 관점에서 포괄적인 정의를 살펴본다.

(1) 정신보건 정의

미국정신보건서비스센터(Center for Mental Health Services: CMHS)에서는 "현재 또는 과거 12개월 내에 『정신장애 진단 및 통계 편람(Diagnostic and Statistical Manual of Mental Disorders: DSM)』으로 진단 가능한 정신적, 행동적 또는 정서적 장애로 인해 가정이나 학교, 지역사회에서 역할을 수행함에 있어 상당한 기능적 장애를 갖고 있는 18세 이하의 아동 및 청소년"을 일컬어 '심각한 정서장애(Serious Emotional Disorder: SED)' 아동 및 청소년으로 규정하였다(Friedman, Kutash, & Duchnowski, 1996). 이 정의에 의하면, '심각한 정서장애'의 범위는 상당히 포괄적이어서 단순히 정서장애뿐만 아니라 행동 및 기능장애도 포함한다. 세계보건기구(WHO, 2018)의 『국제질병분류(International Classification of Disease, 11th ed: ICD-11)』에서는 아동 및 청소년기에 대개 발병하는 정신장애를 일컬어 '심각한 정서장애' 대신 '행동 및 정서 장애(Behavior and Emotional Disorders: BED)'라는 용어를 채택하고 있다. 아동의 정신장애는 한 인간의 생각, 행동, 정서 조절 이상으로 인하여 발생하며 내적 고통과 갈등, 대인관계 및 적응 곤란, 타인과 사회에 대한 가해, 일상생활 및 학업 지장, 발달과업 미이행 등의 증상으로 나타난다(홍강의, 2008).

(2) 특수교육 정의

미국에서는 1997년부터 '심각한 정서장애' 대신 '정서장애(emotional disturbance)'라는 용어를 채택하여 왔다. 2004년에 개정된 「장애인교육법(Individuals with Disabilities Education Act: IDEA)」에서는 정서장애를 "다음 특성들 중 한 가지 이상이 오랜 시간 동안 눈에 띌 정도로 나타남으로써 교육적 성취에 부정적인 영향을 미치는 상태"로 정의하고 있다. 정서장애에는 정신분열증이 포함되며, 정서장애가 나타나지 않는 한 사회적 부적응을 보이는 아동에게는 적용되지 않는다.

• 지적 · 감각적 · 건강상의 요인으로 설명할 수 없는 학습상의 무능력

- 또래 및 교사와 만족할 만한 상호적인 관계를 형성하고 유지하지 못함
- 정상적인 환경에서 나타나는 부적절한 형태의 행동이나 감정
- 일반적이고 전반적인 불행감이나 우울감
- 개인적 또는 학교 문제와 관련해서 신체적 증상이나 두려움을 보이는 경향

미국특수교육협회(Council for Exceptional Children: CEC)에서는 공식적으로 '행동장애(behaviorally disordered)'라는 용어를 채택하고 있다. 이 용어는 객관적인 관찰이 가능한 대상 학생의 일탈된 행동 문제에 초점을 맞춘다는 장점이 있으나, 정서 문제의 부분을 포괄하지 못하는 제한점을 갖고 있다. 학자들 사이에는 학생의 정서 문제와 행동 문제 중 한 가지 또는 두 가지 모두를 표현할 수 있는 용어를 채택할 필요가 있다는 주장이 제기되어 왔다(Cullinan, 2007; Kauffman & Landrum, 2009; Kavale, Forness, & Mostert, 2005). 하지만 미국에서는 아직까지도 '정서행동장애'라는 용어를 공식적인 법적 용어로 채택하지 못하고 있다.

반면에 우리나라에서도 최근까지 '정서장애(자폐포함)'라는 용어를 채택하여 자폐적 특성을 지닌 학생을 정서장애에 포함시켰으나, 2007년 제정된 「장애인 등에 대한 특수교육법」에서 자폐성 장애를 독립된 영역으로 분류하고 '정서행동장애'라는 용어를 채택하였다. 이 법에서는 정서행동장애를 "장기간에 걸쳐 다음 각 항목의 어느 하나에 해당함으로써 특별한 교육적 조치가 필요한 사람"으로 정의하고 있다.

- 지적 · 감각적 · 건강상의 이유로 설명할 수 없는 학습상의 어려움을 지닌 사람
- 또래나 교사와의 대인관계에 어려움이 있어 학습에 어려움을 겪는 사람
- 일반적인 상황에서 부적절한 행동이나 감정을 나타내어 학습에 어려움이 있는 사람
- 전반적인 불행감이나 우울증을 나타내어 학습에 어려움이 있는 사람
- 학교나 개인 문제에 관련된 신체적인 통증이나 공포를 나타내어 학습에 어려움이 있는 사람

이 정의는 각 항목의 행동 특성을 '학습상의 어려움'과 연계시킴으로써 정서 · 행동적 어려움이 학습에서까지 어려움을 겪는 경우에만 정서행동장애로 그 적격성을 인정받을 수 있게 하였다(이소현, 박은혜, 2011).

(3) 정서 · 행동 문제를 가진 학생에 대한 정의

정서 · 행동 문제는 문제를 바라보는 관점과 주요 대상에 따라서 여러 가지 정의가 가능하며 용어를 명명하는 방식도 달라질 수 있다(박지연, 조윤경, 김미선, 2004). 영국의 교육부(Department For Education, 1993)에서는 아동 · 청소년의 정서 · 행동 문제를 사회적으로 방해가 되는 외현적 문제부터 정서적 · 사회적으로 위축되는 내재적 문제까지 모두 포함하는 개념으로 정의하고 있다. 아헨바흐와 에델브록(Achenbach & Edelbrock, 1983)은 아동의 문제행동을 통계적으로 분석하여 내면화 문제와 외현화 문제로 구분하고, 다시 내면화 문제(internalized problem)는 정신분열증, 신체화, 강박증, 우울증으로 세분화하고, 외현화 문제(externalized problem)는 과잉행동, 공격성, 비행 등으로 세분화하였다.

김태은 등(2013)은 여러 가지 정의를 종합하여 '정서 · 행동 문제'를 정서장애와 행동장애 그리고 문제행동의 내면화 문제와 외현화 문제로 인하여 학습에 곤란(학습부진)을 느끼는 상태 또는 교사가 지도하기 어려운 상태의 학습 상황에 국한하여 정의하였다. 그들은 학생들이 경험하는 정서 · 행동 문제를 장애로 규정하기보다는 교육적 지원과 학생을 둘러싼 환경의 적극적인 개선 노력을 통해서 해결할 수 있다는 관점에서 바라보았으며, '정서 · 행동 문제를 가진 학생'의 범주를 정신보건과 특수교육 분야에서 정의하는 정서장애와 행동장애는 물론 아동의 문제행동에서 추출된 내면화 문제와 외현화 문제를 모두 포함하는 개념으로 포괄적으로 적용하였다.

2) 정서 · 행동 문제의 유형

정서 · 행동 문제의 유형을 구분하는 기준은 『정신장애 진단 및 통계 편람 제5판(Diagnostic and Statistical Manual of Mental Disorders, 5th ed.: DSM-5)』(APA, 2015)에 의한 정신의학적 분류와 아헨바흐(Achenbach, 1991)의 아동행동체크리스트(Child Behavior Checklist: CBCL)에 기초한 아동문제행동 분류, 초등교사의 면담 내용에 기초한 행동특성 분류 등이 있다. 교실 상황에서는 정신의학적 분류보다 학생의 행동특성에 따라 중재를 하는 것이 좀 더 현실적이다.

(1) 정신의학적 분류

『정신질환의 진단 및 통계 편람 제5판(DSM-5)』에 따르면, 아동 · 청소년의 정서 · 행동 문제와 관련된 장애는 ① 주의력결핍과잉행동장애(주의력 결핍 · 과잉행동장애, 품행장애, 적대적 반항장애), ② 섭식장애(이식증, 반추장애, 급식장애), ③ 틱장애(뚜렛장애, 만성운동/음성 틱, 일과성 틱장애), ④ 배설장애(유뇨증, 유분증, 분리불안, 선택적 함구증, 반응성 애착장애, 상동형 운동장애)가 있다.

(2) 아동문제행동 분류

아헨바흐(Achenbach, 1991)는 교육학 체계에 기초하여 아동행동체크리스트를 개발하고, 이를 통해서 아동과 청소년들이 주로 나타내는 문제행동의 유형을 파악하였다. 그는 비행, 공격성 등의 증상을 포함하는 외현화 문제행동과 불안/우울, 위축, 신체화, 주의집중 문제 등의 증상을 포함하는 내면화 문제행동을 추출하고, 구체적인 문제행동을 ① 위축, ② 신체화, ③ 불안/우울, ④ 과잉행동, ⑤ 미숙행동, ⑥ 정신분열, ⑦ 비행, ⑧ 공격행동, ⑨ 성문제 등 아홉 가지로 유형화하였다. 이러한 분류는 학교 현장에서 마주치는 학생들의 정서 · 행동 문제 유형과 좀 더 근접한 것으로 볼 수 있다.

(3) 초등학생의 행동특성 분류

최근 한국교육과정평가원에서는 우리나라 초등학교 교사를 대상으로 초점집단 면접(Focus Group Interview: FGI)을 실시하여 교실 현장에서 지도하기 어려운 학생의 정서 · 행동 특성을 정리하여 초등학교 학생들의 정서 · 행동 문제를 분류하였다(김태은 외, 2013). 이와 같이 정서 · 행동 문제를 행동특성에 따라 범주화하는 접근은 교실에서 어려움을 보이는 학생들의 문제행동을 분류하는 데 유용하다. 이 분류체계는 아헨바흐가 분류한 아동행동 문제를 대부분 포함하고 있으며, 그 밖에도 선택적 함묵증, 자살충동 등 내면화 정서 · 행동 문제와 게임/매체 중독, 권력에의 복종 또는 역이용, 학교 거부, 언어기술 부족 등의 외현화 정서 · 행동 문제를 추가로 포함하고 있다. 정서 · 행동 문제의 하위 범주와 행동특성을 정리하면 〈표 9-3〉과 같다.

〈표 9-3〉 **초등학교 교사가 묘사한 정서 · 행동 문제를 가진 학생의 문제행동 유형**

구분	하위 범주	행동특성 및 관련 코드	비고
내면화 문제	심한 감정 기복	(1) 감정의 기복이 심함	○
	불안감	(2) 불안감이 있음	○
	선택적 함묵증	(3) 말을 하지 않음	
	우울	(4) 우울함	○
	위축감	(5) 위축되어 있음 (7) 두려움이 많음 (8) 강박관념이 있음 (9) 항상 긴장해 있음	○
	자살충동	(6) 자살충동을 느낌	
외현화 문제	게임/매체 중독	(1) TV/컴퓨터게임/인터넷 중독	
	공격행동	(2) 공격적/폭력적 행동을 함 (5) 폭력적 도구 소지 또는 사용 (13) 파괴적 행동을 보임(물건 던지기 등) (19) 친구를 괴롭힘	○
	과잉행동	(3) 과잉행동(가만히 앉아 있지 못함, 심한 장난) (8) 괴성을 지름 (11) 교실 이탈 행동 (16) 돌발 행동 (27) 지속적인 울음 (28) 이상한 소리를 냄 (32) 자해행동	○
	고자질/거짓말	(4) 고자질을 함 (6) 거짓말을 함	○
	자기 미조절	(7) 고집을 부림 (30) 자기조절이 안 됨 (31) 자기중심적 행동	○
	반항/욕설	(9) 교사에게 반항 및 욕설을 함 (12) 규칙을 지키지 않음 (18) 욕설 및 범죄 언어 사용	○
	권력에의 복종/역이용	(10) 교사의 호의를 역이용함 (20) 교사에 따라 다르게 행동함	
	자폐적 성향	(14) 눈을 맞추지 못함 (17) 특정 행동의 반복	○
	도벽	(15) 도벽 증상	○
	주의력 결핍	(24) 산만한 행동/주의집중이 안 됨 (26) 정리정돈이 안 됨	○
	학교거부	(21) 지각/결석/등교거부	
	성(性)적인 행동	(22) 성(性)적인 행동을 함	○
	부정적 반응/자기방어	(23) 습관적인 부정적 반응 (29) 자기방어 태도	○
	언어기술 부족	(25) 언어 문제(부정확한 발음, 말더듬, 단답형 대답)	

* ( ) 안의 숫자는 관련 코드이며, 비고는 아동문제행동분류(Achenbach, 1991)와의 연관성을 나타냄

출처: 김태은 외(2013).

3) 정서 · 행동 문제의 평가

정서 · 행동 문제를 평가하기 위해서는 아동의 문제행동을 관찰하여 그 기능을 분석하거나 진단용 체크리스트나 표준화된 질문지를 사용할 수 있다.

(1) 문제행동의 기능 분석과 평가

행동주의적 접근에서는 모든 인간의 행동이 학습된 결과라고 가정한다. 기본적으로 학습은 A－B－C 원리로 설명된다. 즉, 개인의 행동(Behavior)은 선행사건(Antecedent)과 후속결과(Consequence)에 따라 형성되고 유지되며 증가 또는 감소할 수 있다. 기능평가란 행동(B)과 기능적으로 연관된 선행사건(A)과 후속결과(C)가 무엇인지 알아보는 것이다. 행동은 유목적적이다. 그러나 유사한 행동이 나타날지라도 그것을 통해 얻으려는 목적은 사람마다 다를 수 있다. 기능평가의 목적은 문제행동의 선행사건과 후속결과에 대한 정보를 가능한 자세하게 수집하여 행동과 환경 변인 간의 관계에 대한 가설을 설정하고 입증하는 것이다. 문제행동에 효과적으로 대처하기 위하여 이와 같은 과정은 무엇보다 중요하다. 문제행동의 기능을 분석하기 위한 평가방법은 직접관찰법, 간접관찰법, 실험법 등이 있다.

① 직접관찰법

직접관찰법은 문제행동이 일어날 때마다 선행사건과 후속결과를 관찰하고 기록하는 것으로, 'ABC 관찰'이라고도 한다. ABC 관찰은 관찰자가 대상 학생의 문제행동 발생 시 구체적인 상황을 기술하는 것을 말한다. 관찰에 앞서 관찰자는 대상 학생의 문제행동이 언제 가장 잘 일어나는지에 대한 정보를 파악하기 위해서 문제행동분포도를 작성하고, 문제행동의 발생시간 또는 상황을 먼저 분석한 후 그 시간대에 ABC 관찰을 실시한다. 관찰자는 문제행동을 직접 관찰하고 'A－B－C 관찰일지'(Bijou, Peterson, & Adult, 1968)를 사용하여 일반적인 상황과 선행사건, 문제행동, 후속결과 등을 기술한다. ABC 관찰 결과 문제행동의 기능은 '관심 끌기' '자기자극' '과제 회피'의 세 가지로 분석될 수 있다(노원경, 2018). '관심 끌기'는 활동 참여 또는 과제 수행을 제지당한 경우 자신의 관심을 표현하거나 타인에게 자신의 요구를 들어주도록 하는 경우에 해당하며, 목적이 달성되어야만 문제행동을 멈추게 된다. '과제 회피'는 과제 수행을 피하기 위해 타인이 요구하는 활동에 참여하기를 거부하거나 과제를 회피하기 위해 자해행동을 보이는 경우에 해당한다. '자기자극'은 자위행위를 하거나 책상을 '톡톡' 치면서 소리를 즐기는 것과 같이 어떤 문제행동에서 그 자체로 즐거움을 얻는 경우에 해당한다.

② 간접관찰법

간접관찰법은 대상 학생을 잘 아는 사람(부모 또는 교사)이 면접용지나 질문지에 응답함으로써 이루어지는 방법이다. 한 가지 방법은 '문제행동 발생 동기평가척도(Motivation Assessment Scale: MAS)'를 활용하는 것인데, 이 척도는 개인이 특정한 방식으로 행동하는 상황을 알아내기 위해 고안된 질문지이다(Durand & Crimmins, 1988). 관찰자는 먼저 구체적인 문제행동(예: "옆 짝꿍을 손으로 때린다.")과 그것이 일어난 상황을 기술하고, 그러한 행동에 대해서 16개 질문으로 구성된 각 진술을 읽고 '전혀 그렇지 않다(0)'에서 '항상 그렇다(6)'까지 7점 척도로 평정한다. 질문 내용은 '감각자극' 변인(예: "장시간 혼자 있게 될 때 계속해서 나타난다."), '탈출' 변인(예: "어려운 자극을 하라고 요구하게 되면 나타난다."), '관심' 변인(예: "교사가 다른 학생에게 말을 걸면 이에 대한 반응으로 나타난다."), '물질적 보상' 변인(예: "자신이 갖고 싶거나 하고 싶을 때 누군가 '안 돼!' 하면 나타난다.") 등 문제행동에 영향을 주는 변인과 관련된다. 결과 분석을 통해 평가자는 문제행동 발생에 대한 환경적 요인과 대처양상을 확인하고 해당 학생의 문제행동을 유지시키는 요인을 밝혀낼 수 있다. 즉, 점수가 가장 높은 변인을 해당 학생의 문제행동에 가장 중요한 영향을 미치는 것으로 해석하면 된다.

③ 실험법

실험법은 대상 학생의 문제행동에 영향을 미치는 선행사건과 후속결과 변인을 조작하여 행동과 환경 변인과의 기능적 관계를 밝히는 것이다. 예를 들어, 철수의 물건 던지기 행동의 기능이 관심 또는 과제회피로 의심되는 경우, 무관심 조건과 과제 제시 조건을 설정하고 문제행동을 측정해 볼 수 있다.

(2) 정서 · 행동 문제 학생의 평가와 선별 도구

학생들의 정서・행동 문제를 평가하기 위해서 다양한 형태의 표준화검사가 개발되어 활용되어 왔다. 학교에서 1차 선별검사로 활용되는 학생정서・행동특성검사와 진단용 표준화검사인 ASEBA 아동・청소년행동평가척도 및 한국아동인성평정척도를 소개한다.

① 학생정서 · 행동특성검사

학생정서・행동특성검사는 학생들의 성장 과정에서 흔히 경험하게 되는 정서・행동 발달상의 어려움을 조기에 확인하고 해결할 수 있도록 도움을 제공하기 위하여 초등학교 1, 4학년 학부모와 중학교 1학년, 고등학교 1학년 학생 및 교사를 대상으로 실시하는 1차 선별검사이다(교육부, 2018). 주요 목적은 검사 결과 분석 후 정상적인 학생과 심층평가 대상 학생을 선별하는 것이며, 학교에서는 검사 결과 관심군(일반관리군, 우선관리군)으로 분류된 학생을 대상으로 전문기관에 의뢰하여 심층평가와 개별상담을 받을 수 있도록 안내한다.

2018학년도부터 수정하여 적용되는 학생정서 · 행동특성검사는 초등학생용 CPSQ-II와 중 · 고등학생용 AMPQ-III의 두 가지 종류로 되어 있다(교육부, 2018). 두 검사 모두 개인성격특성(성실성, 자존감, 개방성, 타인이해, 공동체의식, 사회적 주도성 등)을 평가하는 검사와 정서 · 행동 문제를 평가하는 검사로 나뉘어 있고, 위험문항(학교폭력, 자살 관련)과 기타 문항을 포함하고 있다. 관심군을 선별할 때에는 오직 정서 · 행동 문제의 평가 결과만을 기준으로 한다. CPSQ-II의 정서 · 행동 문제 하위 요인은 집중력 부진, 불안/우울, 학습/사회성 부진, 과민/반항성 등이며, AMPQ-III의 정서 · 행동 문제 하위 요인은 심리적 부담, 기분문제, 불안문제, 자기통제부진 등이다. 평가자는 각 문항의 진술과 일치하는 정도에 따라 '전혀 아니다'(0), '조금 그렇다'(1), '그렇다'(2), '매우 그렇다'(3) 등으로 반응하며, 점수가 높을수록 해당 요인의 성향이 높을 가능성을 의미한다. 검사 결과, 정서 · 행동특성 총점에 따라 관심군과 정상군으로 판정된다. 관심군의 기준은 성별과 연령에 따라 달라지며, 평균에서 1.5SD(표준편차)를 벗어나는 경우에 해당한다. 구체적인 판정 기준은 〈표 9-4〉와 같다.

〈표 9-4〉 **학생정서 · 행동특성검사 결과의 관심군 판정 기준**

구분	CPSQ-II		AMPQ-III	
	초등학교 1학년	초등학교 4학년	중학교 1학년	고등학교 1학년
일반관리군	남: 20~22점 여: 17~19점	남: 21~24점 여: 19~21점	남: 31~36점 여: 33~38점	남: 33~38점 여: 31~36점
우선관리군	남: 23점 이상 여: 20점 이상	남: 25점 이상 여: 22점 이상	남: 37점 이상 여: 39점 이상	남: 39점 이상 여: 37점 이상

출처: 교육부(2018), p. 20.

관심군으로 분류될 경우 정서나 행동상의 어려움을 호소할 가능성이 높기 때문에 해당 하위 요인의 문제에 대해 세심한 관심과 심층평가가 필요하며, 특히 우선관리군에 속할 경우에는 우선적인 개입이 필요할 수도 있다.

② ASEBA 아동 · 청소년행동평가척도

이 척도는 아헨바흐 연구팀이 구축한 ASEBA(Achenbach System of Empirically Based Assessment) 학령기용 검사(Achenbach & Roscorla, 2001)를 토대로 우리나라 실정에 맞게 번안하여 표준화된 것으로, 부모용, 교사용, 청소년 자기보고용의 세 종류가 있다(오경자, 김영아, 2010). 부모용(CBCL 6-18)과 교사용(TRF)은 6~18세 아동과 청소년을 대상으로 자녀 또는 학생의 사회적 적응과 학업 수행 그리고 정서 · 행동 문제를 평정하도록 되어 있으며, 청소년 자기보고용(YSR)은 중 · 고등학교 학생들이 직접 반응하도록 구성되어 있는 자기보고식 척도이다.

ASEBA 아동 · 청소년행동평가척도는 크게 적응척도와 문제행동척도로 구성되어 있다. 적응척도는 사회성, 학업수행, 긍정자원 척도를 포함하고, 문제행동척도는 문제행동증후군척도, DSM진단척도, 문제행동특수척도를 포함한다. 문제행동증후군척도는 불안/우울, 위축/우울, 신체증상, 규칙위반, 공격행동, 사회적 미성숙, 사고문제, 주의집중문제, 기타문제 등 9개 하위 척도, 그리고 불안/우울, 위축/우울, 신체증상을 포함하는 내재화 문제와 규칙위반, 공격행동을 포함하는 외현화 문제의 2개 상위 척도를 포함하고 있다. 또한 DSM 진단척도는 정서문제, 불안문제, 신체화문제, ADHD, 반항행동 문제, 품행문제의 6개 소척도를 포함하고, 문제행동특수척도는 강박증상, 외상후스트레스문제, 인지속도부진의 3개 소척도를 포함하고 있다.

척도의 문항 수는 부모용(CBCL 6-18)과 교사용(TRF)이 각각 120문항씩이고, 청소년 자기보고용(YSR)은 105문항이다. 평가자는 각 문항의 진술 내용에 동의하는 정도에 따라 '전혀 아니다'(0), '가끔 그렇다'(1), '자주 그렇다'(2) 중에서 한 가지를 선택하도록 되어 있다. 반응에 대한 분석 결과는 상위 척도와 하위 척도별 백분위점수와 T점수로 제시되며, 점수가 높을수록 해당 요인의 문제성향이 높을 가능성을 의미한다. 검사 결과, 상위 척도 및 하위 척도의 백분위점수 또는 T점수에 따라 정상범위와 준임상범위 및 임상범위로 판정된다. 상위 척도의 경우 T점수 60 미만은 정상범위, 60~63은 준임상범위, 64 이상이면 임상범위로 보며, 하위 척도의 경우 T점수 65미만은 정상범위, 65~69는 준임상범위, 70 이상은 임상범위로 본다. 준임상범위로 분류될 경우 정서 · 행동 문제를 지니고 있을 가능성이 높으며, 특히 임상범위에 속할 경우에는 우선적인 개입이 필요할 수도 있다. ASEBA 아동 · 청소년행동평가척도의 상위 척도 및 하위 척도의 내용 설명과 문항 수를 제시하면 〈표 9-5〉와 같다.

〈표 9-5〉 ASEBA 아동 · 청소년행동평가척도의 하위 척도별 특징

하위 척도	내용	문항 수		
		CBCL	YSR	TRF
내재화 문제	소극적이고 지나치게 통제된 행동 (불안/우울, 위축/우울, 신체증상을 합한 점수)	(32)	(31)	(33)
불안/우울	정서적으로 우울하고 지나치게 걱정이 많거나 불안해하는 것과 같은 문항(예: "잘 운다." "신경이 날카롭고 곤두서 있거나 긴장되어 있다." 등)	13	13	16
위축/우울	위축되고 소극적인 태도, 주변에 대한 흥미를 보이지 않는 것 등과 관련된 문항(예: "즐기는 것이 매우 적다." "말을 하지 않으려 한다." 등)	8	8	8
신체증상	의학적으로 확인된 질병이 없음에도 불구하고 다양한 신체증상을 호소하는 것과 관련된 문항(예: "어지러워한다." "별다른 이유 없이 지나치게 피곤해한다." 등)	11	10	9
외현화 문제	외현화되고 과소 통제된 문제 (규칙위반과 공격행동을 합한 점수)	(35)	(32)	(32)
규칙위반	규칙을 잘 지키지 못하거나 사회적 규범에 어긋나는 문제행동을 충동적으로 하는 것과 관련된 문항(예: "잘못된 행동을 하고도 잘못했다고 느끼지 못한다." "집, 학교 또는 다른 장소에서 규율을 어긴다." 등)	17	15	12
공격행동	언어적 · 신체적으로 파괴적이고 공격적인 행동이나 적대적인 태도와 관련된 문항(예: "말다툼을 많이 한다." "자기 물건을 부순다." 등)	18	17	20
사회적 미성숙	나이에 비해 어리고 미성숙한 면, 비사교적인 측면 등 사회적 발달과 관련된 문항(예: "어른들에게 붙어 있으려 하거나 너무 의존적이다." "다른 아이들과 잘 어울려 지내지 못한다." 등)	11	11	11
사고 문제	특정한 생각이나 행동을 지나치게 반복하거나, 환시 또는 환상 등의 비현실적이고 기이한 사고 및 행동과 관련된 문항(예: "어떤 생각들을 마음에서 떨쳐 내지 못한다." "이상한 생각을 한다." 등)	15	11	10
주의집중 문제	주의력 부족이나 과다한 행동 양상, 계획을 수립하는 것에 곤란을 겪는 것 등과 관련된 문항(예: "자기가 시작한 일을 끝내지 못한다." "집중력이 없고 어떤 일에 오래 주의를 기울이지 못한다." 등)	10	9	26
기타 문제	앞에 제시된 8개 증후군에는 포함되지 않지만 유의미한 수준의 빈도로 나타나는 문제행동과 관련된 문항(예: "손톱을 깨문다." "체중이 너무 나간다." 등)	17	10	8

출처: 오경자, 김영아(2010), pp. 14, 16-17.

③ 한국아동인성평정척도

한국아동인성평정척도(Korean Personality Rating Scale for Children: KPRC)는 김승태 등(2001)이 개발한 한국아동인성검사(Korean Personality Inventory for Children: KPI-C)를 개정한 것으로, 아동의 정신건강이나 심리적인 문제를 포괄적으로 평가하여 상담 및 심리치료 장면에서 선별진단뿐만 아니라 학교 장면에서 심리적 도움을 필요로 하는 아동을 조기 발견하고 예방 프로그램을 수립하는 데 도움을 주기 위한 것이다(김지혜, 조선미, 박혜연, 홍창의, 황순택, 2005). 한국아동인성평정척도는 처음에는 부모평정용으로 개발되었으며, 동일한 검사 문항을 사용하여 개발된 한국아동인성평정척도 아동보고용(Korean Personality Rating Scale for Children-Child Report Foam: KPRC-CRF; 홍상황, 황순택, 2006)과 한국아동인성평정척도 교사용(Korean Personality Rating Scale for Children-Teacher Form: KPRC-TF; 홍상황, 우순연, 황순택, 2005)이 있다. 이 세 가지 검사도구는 척도의 구성 내용과 측정 영역이 동일하므로 한 아동을 대상으로 동시에 실시하면 각각의 장면에서 아동의 문제행동을 전반적으로 평가할 수 있을 뿐만 아니라 평가자 간 견해 차이를 좀 더 분명하게 파악할 수 있다.

KPRC는 타당성 척도와 자아탄력성 척도 및 임상척도로 구성되어 있으며, 문항 수는 총 177문항이다. 타당성척도는 무응답(?), 검사-재검사(T-R), 허구(L), 빈도(F)의 4개 척도를 포함하며, 임상척도는 언어발달(VDL), 운동발달(PDL), 불안(ANX), 우울(DEP), 신체화(SOM), 비행(DLQ), 과잉행동(HPR), 가족관계(FAM), 사회관계(SOC), 정신증(PSY) 등 10개 척도를 포함하고 있다. 평가자는 각 문항의 진술에 동의하는 정도에 따라 '전혀 아니다'(0), '조금 그렇다'(1), '그렇다'(2), '매우 그렇다'(3) 중에서 한 가지를 선택하도록 되어 있다. 반응에 대한 분석 결과는 하위 척도별 T점수로 제시되며, 점수가 높을수록 해당 척도의 성향이 높을 가능성을 의미한다. 검사 결과, 하위 척도의 T점수가 65 이상이면 임상 수준으로 판정된다. KPRC 하위 척도의 내용 설명과 문항 수를 제시하면 〈표 9-6〉과 같다.

〈표 9-6〉 **한국아동인성평정척도의 하위 요인별 특징**

구분	내용	문항 수
타당성 척도		
?	평정자가 응답하지 않거나 두 가지 이상으로 응답한 문항 수	
T-R	수검자가 각 문항에 대해 얼마나 일관성 있게 반응하였는가를 알아보기 위한 척도	18
L	일반적으로 아동에게서 흔히 나타나는 문제행동을 부정하고 매우 바람직한 방향으로 기술하려는 방어적인 태도를 측정	12
F	의도적이거나 비의도적인 증상의 과장이나 무선반응과 같은 일탈된 반응태세를 가려내기 위한 척도	30
자아탄력성 척도		
자아탄력성(ERS)	여러 가지 심리적 문제에 대한 아동의 대처능력이나 적응 잠재력을 측정	18
임상척도		
언어발달(VDL)	언어적 능력에서 발달지체나 기능손상을 측정	12
운동발달(PDL)	정신운동기능이나 동작 능력에서 발달지체나 기능손상을 측정	13
불안(ANX)	자연현상이나 동물, 대인관계, 사화관계에서의 두려움이나 불안, 긴장을 측정	15
우울(DEP)	우울한 기분, 자신감 결여, 활동성 저하, 가정불화, 흥미 감소, 사회적 철회 등과 같은 우울 관련 특징을 측정	15
신체화(SOM)	심리적 문제를 신체 증상으로 나타내는 신체화의 경향을 측정	15
비행(DLQ)	반항과 불복종, 공격성과 적대감, 거짓말, 도벽 등 비행이나 품행상의 문제를 측정	15
과잉행동(HPR)	주의산만, 과잉행동, 충동성과 이에 수반되는 문제 등을 측정(주의력결핍과잉행동장애 아동을 가려내기 위한 척도)	19
가족관계(FAM)	가정불화와 가정 내 긴장, 부모-자녀 관계, 부부관계의 위기, 자녀에 관한 무관심 등을 측정(가족 내 역동이 아동의 부적응이나 정신병리에 영향을 미치는 정도를 평가)	18
사회관계(SOC)	또래관계나 어른들과의 관계 등 아동의 사회관계에서 어려움과 또래관계에서의 소외 등을 측정	14
정신증(PSY)	상동행동, 부적절하고 특이한 언행, 망상과 환각, 비현실감 등 언어 · 사고 · 행동의 특이함이나 현실 접촉의 어려움을 측정(정신병적 증상이 있는 아동을 가려내기 위한 척도)	19

출처: 김지혜 외(2005), pp. 10-17에서 발췌.

4. 정서 · 행동 상담의 목표와 전략

학생들의 개인 · 사회성 발달과 정서 · 행동 문제 해결을 촉진하여 모든 학생이 학교와 직업에서 성공할 수 있도록 지원하는 것은 종합적인 학교상담 프로그램의 중요한 기능이다. 상담교사는 학생들의 정서 · 행동 문제 해결을 조력하기 위해서 적절한 상담목표를 수립하고 효과적인 중재전략을 개발해야 한다.

1) 정서 · 행동 상담의 목표

학교 장면에서 정서 · 행동 상담의 궁극적인 목표는 학생들의 정서 · 행동 문제를 해결하고 정상적인 삶의 기능을 회복하도록 조력하는 것이다. 그러나 정서 · 행동 문제의 주요 원인을 무엇으로 바라보느냐에 따라 구체적인 상담목표는 달라질 수 있다. 예를 들면, 정신분석적 이론을 채택하는 상담교사는 내면에 억압된 무의식적 충동을 의식화하여 취약한 자아를 강화함으로써 내적 갈등을 해결할 수 있다고 가정한다. 반면에 행동주의 상담이론을 채택하는 상담교사는 조건화의 원리를 이용하여 부적응적인 문제 행동을 감소시키고 바람직한 행동을 증가시키려고 시도한다. 이러한 목표는 이론적 관점에서 문제의 원인을 파악하고 해결전략을 수립하는 데에는 중요하지만, 상담 수혜자의 관점에서는 관념적이고 추상적인 것으로 생각되기 쉽고 자신의 문제와 현실적으로 어떻게 연결될 수 있을지 막연하게 느껴질 수 있다. 따라서 정서 · 행동 상담의 목표는 상담 수혜자의 관점에서 당면하고 있는 현실적인 문제에 맞게 재구성될 필요가 있다. 학생들이 현실적으로 당면하고 있는 정서 · 행동 문제를 해결하기 위한 정서 · 행동 상담의 공통적인 목표는 다음과 같다.

(1) 감정 정화와 마음 추스르기

정서 · 행동 문제를 지닌 학생들은 우선 문제 상황에서 정서적 혼란을 경험하며 자신의 감정을 과도하게 억제하거나 격앙된 감정과 부적절한 행동을 드러내는 경향이 있다. 이러한 경향은 문제 상황에 대한 객관적인 인식과 합리적인 대처를 어렵게 함으로써 사태를 더욱 악화시킬 수 있다. 개인은 갑작스럽게 정서적 혼란과 당혹감을 경험하게 되면 문제 사태를 지나치게 위협적인 것으로 인식하여 부지불식간에 사태를 피하거나 파괴적인 행동을 드러낸다. 따라서 정서 · 행동 상담의 일차적인 목표는 혼란스럽고 과도하게 억압되었거나 격앙된 감정을 안전하게 표현하여 마음을 추스름으로써 문제 사태를 합리적으로 인식하고 대처할 수 있도록 돕는 것이다.

(2) 자각 증진과 자존감 회복

정서 · 행동 문제를 지닌 학생들의 경우 대체적으로 자신의 정서와 욕구를 분명하게 자각하지 못하고 자존감이 낮아 한 인간으로서 자기 자신을 있는 그대로 받아들이지 못하며 자의식이 강하여 타인의 관점에서 자신의 삶을 바라보고 타인의 정서와 욕구에 맞추려는 의존적 성향이 강하다. 이러한 성향은 학습이나 과업을 수행함에 있어서 자신감을 저하시켜 주저하게 하고 대인관계에서 자기 자신의 생각과 감정을 억압하거나 왜곡할 수 있으며 심적 갈등과 욕구 불만의 원천으로 작용하여 정서 · 행동 문제를 야기할 수 있다. 따라서 정서 · 행동 상담의 중심적 목표는 학생이 자신의 정서와 욕구를 분명하게 자각하고 자존감을 회복하여 자기 자신의 생각과 감정을 왜곡하지 않고 있는 그대로 바라보고 표현할 수 있도록 조력하는 것이다.

(3) 책임감 있고 능동적인 삶의 선택

정서 · 행동 문제를 지닌 학생들은 또한 자신의 욕구와 생각보다는 타인의 요구나 결정에 의존하여 자신의 진로와 행동을 선택하며 그러한 선택의 결과에 대해 현실적인 책임을 회피하는 경향이 있다. 또한 낮은 자존감과 강한 자의식으로 인하여 삶의 문제에 능동적으로 접근하기보다는 회피하려는 성향이 강하게 작용한다. 이러한 성향은 과업을 미루거나 소홀히 하여 실패와 좌절을 경험하게 하고 인간관계에서 과도하게 책임을 떠안거나 타인에게 전가하여 심리적 갈등과 불안을 야기하고 우울과 분노를 유발할 수 있다. 따라서 정서 · 행동 상담의 목표는 학생이 학습 및 과업 수행과 인간관계에서 의존적이고 회피하려는 삶의 자세에서 벗어나 좀 더 능동적이고 책임감 있는 삶의 자세와 행동을 선택할 수 있도록 안내하는 것이다.

(4) 스트레스 관리 및 회복탄력성 증가

정서 · 행동 문제를 지닌 학생들은 다른 학생들에 비해서 스트레스에 대처하는 기술이 부족하고 도전적인 상황에서 쉽게 포기하고 좌절하는 경향이 있다. 탄력성(resilience)은 개인이 실패나 외상으로 인하여 정상적인 삶의 궤도에서 이탈하여 성장을 멈추고 일상적인 생활을 유지하기 어려운 상황에서 다시 일상적인 기능을 회복하고 정상적인 삶의 궤도로 진입하여 성장을 계속하는 성향을 말한다. 따라서 정서 · 행동 상담의 목표는 학생이 정서 · 행동 문제를 야기하는 스트레스의 원인과 대처 기술을 이해하고 연습함으로써 일상적인 생활에서 스트레스를 효과적으로 관리하고 위기 상황에서 신속히 정상적인 기능을 회복할 수 있도록 조력하는 것이다.

(5) 타인과 세상에 대한 인식의 변화와 관계 회복

정서 · 행동 문제를 지닌 학생들은 자신은 물론 타인과 세상에 대해 부정적인 인식이 강하며 그들과 우호적이고 생산적인 관계를 유지하는 데 어려움을 겪는 경우가 많다. 사회적 정보처리이론에 따르면, 한 인간의 사회적 행동은 사회적 상황에서 주어진 사태를 어떻게 인식하고 처리하느냐에 따라 극명하게 달라질 수 있다. 예를 들면, 어떤 사람이 타인의 말과 행동을 긍정적 또는 호의적인 것으로 인식하게 되면 개방적 또는 우호적으로 반응하지만 부정적 또는 공격적인 것으로 인식하게 되면 방어적 또는 적대적으로 대처할 가능성이 크다. 따라서 정서 · 행동 상담의 목표는 학생이 자신은 물론 타인과 세상을 바라보는 인식을 점검하여 긍정적이고 우호적으로 개선함으로써 왜곡되거나 단절된 관계를 회복할 수 있도록 안내하는 것이다.

2) 정서 · 행동 상담의 전략

정서 · 행동 문제를 지닌 학생을 상담할 때 직면하는 가장 큰 어려움은 이러한 학생들의 문제행동을 어떻게 다루어야 하는지와 효과적인 학습지도를 어떻게 할 수 있는지에 대한 것이다. 주로 사용되는 전략은 학교 차원의 긍정행동지원, 신념의 재구성과 사회정보처리 개선, 정서의 자각과 효율적 관리, 사회적 기술 훈련 등이다.

(1) 학교 차원의 긍정행동지원

학생들의 문제행동은 자칫 교사의 교육활동을 방해할 뿐만 아니라 다른 학생들의 학업수행에 큰 악영향을 미친다. 문제행동에 대한 훈육과 처벌 위주의 전통적인 접근방식은 문제행동의 재발을 방지하고 파괴적 행동을 보이는 학생을 제외시켜 다른 학생들에게 이득을 줄 수 있다고 가정한다(Bambara & Kern, 2008). 메이어와 동료들(Mayer, 1995; Mayer & Butterworth, 1979; Mayer, Butterworth, Nafpaktitis, & Sulzer-Azaroff, 1983)은 엄격한 학교 훈육이 궁극적으로 공공시설 파괴, 무단결석, 지각, 공격성을 증가시킬 수 있음을 확인하였다.

이와 같은 연구결과를 통해 제안된 대안적인 접근이 학교 차원의 긍정적 행동지원이다.

학교 차원의 긍정행동지원(school-wide positive behavior support)은 전통적인 훈육이나 처벌에 대한 하나의 대안적인 접근으로, 학생들의 사회적 행동을 보다 긍정적으로 변화시키고 궁극적으로는 학생들의 삶의 방식을 변화시키기 위해 학교와 가정, 지역사회 교육역량을 총체적으로 증진시키기 위한 시스템적 접근을 말한다(Dunlap, Sailor, Horner, & Sugai, 2009). 그동안 학교 차원의 행동지원은 문제행동을 보이는 일부 학생에게만 제공되었다(Sugai & Horner, 2002). 그러나 많은 학자(Dunlap, Goodman, McEvoy, & Paris, 2010; Larson, 1994; National Research Council & Institute of Medicine, 1999; Shonkoff & Phillips, 2000; Walker, Horner et al., 1996; Walker & Shinn, 2002)는 모든 학생을 위한 예방 노력과 개별적 학생을 위한 집중적인 행동지원을 통합하기 위한 하나의 시도로서 '행동지원 예방 모형(prevention model of behavior support)'을 제안하였다. 이 모형의 총체적인 형태는 [그림 9-3]과 같다.

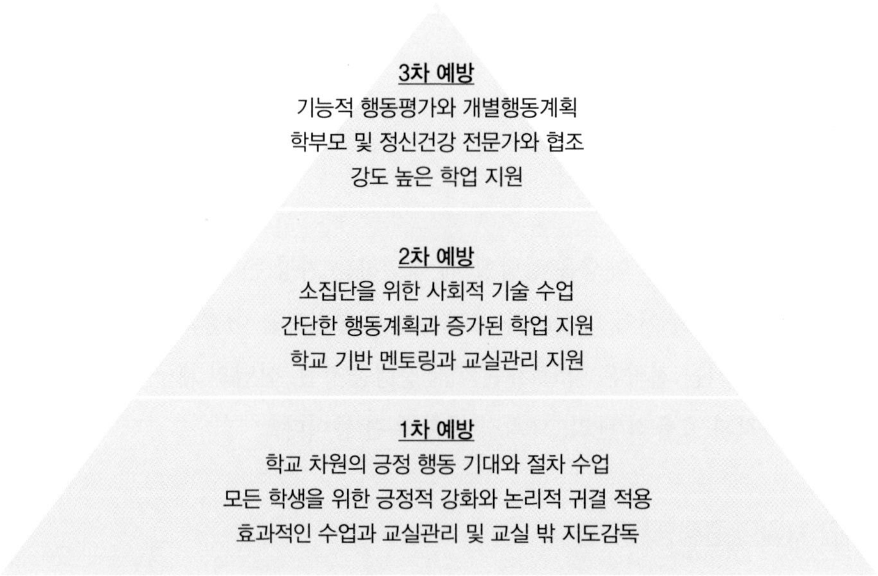

[그림 9-3] 학교 차원의 긍정행동지원을 위한 3단계 모형

출처: Dunlap, Goodman, McEvoy, & Paris (2010), p. 4.

① 1차 예방

1차 예방(primary prevention)은 모든 학생과 교직원 및 환경을 위한 학교 차원의 체계를 말한다. 그것은 모든 학생을 대상으로 하며 학교의 모든 교직원이 모든 상황과 시간에 긍정적인 행동을 적극적으로 가르치고 강화하는 것을 목적으로 한다. 모든 학생은 효과적인 수업과 학급관리는 물론 교내외 생활지도를 통해 어떤 행동이 허용되고 그렇지 않은지를 명확하게 배우며 적절한 행동을 할 때 인정받고 문제행동을 할 때는 논리적 결과를 얻을 수 있어야 한다.

② 2차 예방

2차 예방(secondary prevention)은 위험 행동 잠재력을 지닌 소규모 학생을 위한 전문적인 집단 체계를 말한다. 이는 문제행동을 일으킬 가능성이 있지만 집중적인 개별 중재가 덜 요구되는 학생을 위한 것이며, 1차 예방보다 행동지원이 더 많이 필요한 학생을 위해 행동지원의 강도를 증가시킨다. 2차 예방의 대상 학생은 학업실패, 가족과 지역사회의 지원제한, 일탈된 또래집단 구성원, 장애학생, 건강 관련 문제, 빈곤 등과 관련된 문제행동을 보인다.

③ 3차 예방

3차 예방(tertiary prevention)은 고위험 행동 문제를 지닌 소수의 학생을 위한 전문적이고 개별화된 체계를 말한다. 이는 가장 집중적인 행동지원을 필요로 하는 학생을 위한 것이다. 이러한 학생에게는 행동기능평가와 개별화된 행동 계획을 실시하며 부모 및 정신건강 전문가와 협조하여 강도 높은 학업적 지원을 제공한다.

(2) 신념의 재구성과 사회적 정보처리 개선

개인의 정서 · 행동 문제는 사건을 바라보는 그의 생각이나 신념과 밀접히 관련되어 있으며, 그러한 것을 변화시키는 것은 정서 · 행동 문제를 해결하는 데 도움이 될 수 있다. 신념의 변화를 위한 상담전략을 제시하면 다음과 같다.

① ABC 분석과 비합리적 신념의 논박

엘리스(Ellis, 1962, 1995)는 비현실적이고 비실제적이며 비합리적인 신념이 부정적인 정서와 부적응적인 행동의 주된 원인이라고 믿고 사고방식을 변화시키는 데 중점을 두었다. 그는 A−B−C 모형을 고안하여 인간의 정서 · 행동 문제가 어떻게 발생하고 어떻게 해결될 수 있는가를 설명하였다. A는 정서 · 행동 문제를 일으키는 선행사건(Antecedent)이고, B는 선행사건을 인식하는 신념(Belief)이며, C는 부정적인 정서와 역기능적 행동을 초래하는 후속결과(Consequence)이다. 인간의 정서 · 행동 문제를 야기하는 것은 외부에서 발생하는 선행사건 그 자체가 아니라 그 사건에 대한 개인의 지각과 그에 수반되는 비합리적 신념인 것이다. 비합리적 신념은 비논리적, 비현실적, 비실용적인 사고를 의미하며(Dryden & DiGuiseppe, 1990), 당위적 사고, 지나친 과장 또는 재앙화(catastrophizing), 자기 및 타인 비하, 좌절에 대한 인내심 부족 등을 포함한다(Ellis & Dryden, 1997).

정서 · 행동 문제를 해결하기 위해서는 그것을 일으키는 사건을 중심으로 A−B−C 분석을 실시하여 선행사건(A)과 후속결과(C)를 매개하는 비합리적 신념(B)을 파악하고 그것을 합리적인 신념으로 변화시켜야 한다. 엘리스(Ellis, 1962)는 기본적으로 논박(Depute)을 통해서 신념으로 변화시킬 수 있다고 제안하였다. 비합리적 신념은 논리성, 현실성, 실용성을 결여하고 있기 때문에, 소크라테스 대화법을 이용하여 비합리적 신념의 모순과 한계를 논박할 수 있다. 그것은 대개 다음과 같은 질문 형식을 취한다.

- 논리성: 그것은 서로 모순이 없으며 타당한가?
- 현실성: 그것은 현실적으로 증명할 수 있는가? 보편적인가?
- 실용성: 그것은 나와 타인들에게 도움이 되는가? 유익한 결과를 초래하는가?

엘리스와 동료들(Ellis, 2004; Ellis & Dryden, 1997; Ellis & Ellis, 2011)은 논박 이외에 비합리적 신념을 합리적 신념으로 변화시키기 위해 적용할 수 있는 다양한 상담 기법을 제시하였다. 이 기법은 크게 인지적 기법, 정서적 기법, 행동적 기법을 포함한다. 인지적 기법은 적극적이고 직접적인 인지 과제 수행, 내담자 언어 변화시키기, 다양한 유형의 책, DVD, 자료를 소개하여 심리교육방법을 적용하는 것 등이다. 정서적 기법은 불완전성에 대한 무조건적 수용, 합리적 · 정서적 심상(rational-emotive imagery), 합리적 · 정서적 역할 연습, 수치심 공략(shame-attacking) 훈련, 유머 사용 등이 있다. 행동적 기법은 내담자가 실제 해보면서 깨닫게 하는 방법(예: 역할연기, 역할 바꾸기), 습득한 내용을 실제 생활에 적용하고 그에 대한 피드백을 받도록 하는 방법(예: 행동실험, 여론조사), 모델링, 이완법과 홍수법, 강화계획의 적용 등이 포함된다.

② 자동적 사고와 인지 왜곡의 수정

엘리스와 마찬가지로, 벡(Beck, 1967, 2017)은 우울이나 사회적 불안과 같은 정서 문제에는 역기능적인 사고가 깊이 관여한다고 보았다. 그러나 그는 당위성이나 평가적 신념보다는 개인의 정보처리 과정에서 나타나는 사고의 오류와 왜곡이 부적응을 더 초래한다고 보았다. 그는 특히 자신과 타인 그리고 세상을 바라보는 사고의 왜곡이 정서 · 행동 문제를 야기하는 자동적 사고를 유발한다고 보고, [그림 9-4]와 같은 사고기록지(thought records)를 활용하여 자동적 사고와 인지 왜곡을 찾아서 바로잡고자 하였다. 자동적 사고(automatic thought)란 한 개인이 어떤 상황에 대해 내리는 즉각적이고 자발적인 평가를 의미한다(Pretzer & Beck, 1996). 인지 왜곡은 추론에서 나타나는 체계적 오류를 의미한다. 여기서 인지치료의 상담목표는 자동적 사고를 중심으로 체계적 오류를 탐색하여 인지 왜곡을 바로잡는 것이다.

〈사고기록지〉

날짜	상황	정서 (0~100%)	자동적 사고	합리적 사고	결과 정서 (0~100%)

[그림 9-4] **사고기록지 양식**

출처: Beck, Rush, Shaw, & Emery (1996), p. 463.

벡(Beck, 1967, 2017)은 사고기록지를 통해 특히 자동적 사고를 찾아내는 데 중점을 두었다. 자동적 사고는 정서 · 행동 문제를 야기하는 핵심 인지 왜곡을 찾아내기 위한 정보원이다. 상담교사는 자동적 사고를 중심으로 인지 왜곡을 탐색한다. 벡과 동료들(Beck, Rush, Shaw, & Emery, 1996)은 부정적인 자동적 사고를 유발하는 인지 왜곡을 다음과 같이 여섯 가지로 정리하였다.

• 이분법적 사고(dichotomous thinking): 모든 경우를 한두 개의 범주로만 이해하고 '중

간지대' 없이 흑백논리로 현실을 파악하는 것이다.

- 임의적 추론(arbitrary inference): 어떤 결론을 지지하는 증거가 없거나 그 증거가 결론에 위배됨에도 불구하고 그러한 결론을 내리는 것이다.
- 선택적 추상화(selective abstraction): 다른 중요한 요소들은 무시한 채 사소한 부분에 초점을 맞추고 그 부분적인 것에 근거하여 전체 경험을 이해하는 것이다.
- 과잉일반화(overgeneralization): 한두 개의 고립된 사건에 근거해서 일반적인 결론을 내리고 그것을 서로 관계없는 상황에 적용하는 것이다.
- 과대평가 · 과소평가(magnification · minimization): 어떤 개인이나 경험이 가진 특성의 한 측면을 그것의 실제적인 중요성과 무관하게 과대평가하거나 과소평가하는 것이다.
- 개인화(personalizaton): 자신과 아무런 관련이 없는 외부 사건을 자신과 관련시키는 성향으로, 실제로는 다른 원인으로 생긴 일을 자신의 책임으로 가정하는 것이다.

③ 사회적 정보처리의 개선

정서 · 행동 문제를 지닌 학생이 드러내는 다양한 형태의 인지 왜곡은 사회적 정보처리 이론에 따라 좀 더 단순하고 효율적으로 변화시킬 수 있다. 사회적 정보처리이론은 사회적 상황에 대한 인식에서 행동의 선택에 이르는 일련의 과정을 부호화 단계, 해석 단계, 추론 단계, 반응 단계로 구분하여 설명하고 있다(Dodge, 1993). 정서 · 행동 문제를 지니고 있는 학생들은 부호화 단계에서 실무율적으로 접근하고(이분법적 사고), 해석 단계에서 부정적 정보를 선택하며(선택적 추상화, 과잉일반화), 추론 단계에서 파국적인 결과를 예측하고(임의적 추론, 개인화), 반응 단계에서 극단적인 행동(예: 자살 또는 포기)을 선택하는 경향이 있다. 따라서 사회적 정보처리의 각 단계에서 사고의 왜곡을 수정함으로써 정서 · 행동 문제의 출현을 감소시킬 수 있다. 예를 들면, 부호화 단계에서는 흑백논리보다 회색지대를 설정하여 다양한 정보를 탐색하고, 해석 단계에서는 긍정적 정보에 관심을 기울이며, 추론 단계에서는 현실 검증을 시도하고, 마지막 반응 단계에서는 대안적인 행동을 찾아서 실행에 옮길 수 있다.

(3) 정서의 자각과 효율적 관리

정서 · 행동 문제를 해결하기 위해서 때로는 정서를 직접 다루기도 한다. 로저스(Rogers, 1942, 1957, 2007)는 진정성을 갖고 내담자의 감정을 수용하고 공감하여 반영하는 것만으로도 내면의 잠재력을 일깨우고 자기실현을 이룩하도록 도와줄 수 있다고 제안하였다. 좀 더 최근에는 행동 문제를 해결하기 위해 억압된 욕구를 알아차리고 정서를 효과적으로 조절하도록 돕기 위한 노력이 증가하고 있다.

① 알아차림과 자신감 증진

펄스(Perls, 2013)는 미해결 과제로 남아 있는 정서와 욕구를 알아차리도록 조력함으로써 심리적 문제를 극복하게 할 수 있다는 게슈탈트 치료이론(Gestalt therapy theory)을 주창하였다. 게슈탈트(Gestalt)란 원래 '전체' '형태' '모습' 등을 의미하는 독일어로서, 상담이론에서는 개체의 욕구나 감정이 하나의 의미 있는 전체로 조직된 상태를 의미한다. 게슈탈트 치료이론에서 중요한 개념은 접촉, 알아차림, 미해결과제 등이다. 접촉(contact)은 개체가 현재를 있는 그대로 경험하고 환경과 상호작용하는 행위를 말하고, 알아차림(awareness)은 개체가 자신의 욕구나 감정을 자각하고 그것을 게슈탈트로 형성하여 전경으로 떠올리는 행위를 뜻하며, 미해결 과제(unfinished business)는 개체가 게슈탈트를 형성하지 못했거나 형성된 게슈탈트가 적절히 해소되지 못하여 배경으로 물러나지 못한 상태를 의미한다. 따라서 궁극적인 목표는 내담자가 알아차림을 확장하고 미해결 과제를 해결하여 접촉을 유지하고 '지금-여기'의 삶에 충실하도록 돕는 것이다. 즉, 그것은 단순한 증상의 완화보다는 내담자가 자신을 둘러싸고 있는 환경은 물론 자신의 감각 · 감정 · 경험 · 행동을 좀 더 알아차리고 수용함으로써 그것을 받아들이고 책임지도록 돕는 것이다.

펄스와 연구자들(Levitsky & Perls, 1970; Polster & Polster, 1974; Yontef & Jacobs, 2004)은 욕구와 감정에 대한 알아차림을 증진하고 내적 경험을 통합하도록 돕기 위하여 다양한 창의적 기법을 제안하였다.

첫째, 알아차림을 증진하는 기법으로 욕구 · 감정 · 신체 · 환경 · 책임 · 언어 · 행동습관 등을 알아차리기 위한 질문, '왜' 대신 '무엇' 또는 '어떻게' 질문, 감정에 머물러 있기 등이 있다.

둘째, 내면적 경험을 촉진하는 기법으로 빈 의자 기법, 과장하기, 꿈 작업 등이 있다. 빈 의자(empty chair) 기법은 일종의 역할 바꾸기 기법으로, 2개의 의자를 사용하여 내담자가 양쪽을 왔다 갔다 하면서 한 의자에 앉아서는 자신의 욕구와 소망을 말하고 다른 의자에 앉아서는 타인의 입장에서 자신의 생각을 말함으로써 타인의 생각이나 감정에 대한 자신의 환상을 의식세계로 가져올 수 있다.

셋째, 내면에 있는 상반된 욕구, 감정, 생각 등의 통합을 촉진하기 위한 기법으로 자기

부분과의 대화와 상전-하인 기법이 있다. 상전-하인(topdog-underdog) 기법은 종종 둘 사이의 대립에 초점을 맞추는 것으로, 그동안 거부해 왔던 성격의 반대되는 측면을 통합하고 수용하는 데 도움이 된다. 상전은 도덕적으로 옳고 권위주의적이며 도덕주의자처럼 굴고 요구적이고 대장처럼 굴며 다른 사람을 조종하는 데 능숙하다. 이는 '비판적 어버이'로서 당위성(shoulds)과 의무(oughts)로 못살게 굴고 파국이라는 것으로 위협하며 조종한다. 하인은 방어적이고 미안해하며 무기력하고 약하며 힘이 없는 체함으로써 희생자의 역할을 연기한다. 이는 수동적이고 책임감이 없으며 변명거리를 찾는 모습이다. 상전과 하인은 통제의 문제로 항상 갈등하며, 이 갈등은 왜 결심과 약속이 종종 이행되지 않는지, 왜 미루는 버릇이 계속 유지되는지를 설명하는 데 도움이 된다. 상전은 '그러므로-그래서'로 요구하는 독재자인 반면에, 하인은 반항적이며 순종하지 않는 아동이다. 서로 통제하기 위한 투쟁의 결과, 개인은 지배자와 피지배자로 분열되며, 이 두 측면의 내전은 양측 모두가 자신의 존재를 위해 싸우는 것이므로 계속된다. 이 작업은 타인(보통 부모)의 어떤 면을 자신의 성격으로 가져옴으로써 개인의 성격 통합을 가로막는 내사(introjection)를 알아차리는 데 도움이 된다.

넷째, 실제 생각했던 어떤 행동이 환경 조건에 잘 맞는지 결정하거나 행동영역을 넓히기 위한 방법으로 실험 및 현실 검증, 한 바퀴 돌기, 반대로 하기 등이 있다.

또한 톰슨과 루돌프(Thompson & Rudolph, 2001)는 아동을 대상으로 자각을 촉진하기 위한 기법과 자신감을 향상시키기 위한 기법을 구분하여 제시하였다. 아동의 자각을 촉진하기 위한 기법으로는 현재의 피부감각 자각하기, 맛보기, 거울 속 들여다보기, 미술활동(예: 핑거페인팅, 찰흙조각, 회화 등)이 있으며, 아동의 자신감을 향상시키기 위한 기법으로는 다양한 형태의 쓰다듬기(예: 포옹, 다독임, 악수 등)와 집단놀이(예: 등을 맞대고 팔짱을 낀 채 일어서기, 앞 사람 어깨에 마사지하기 등)를 통한 마주치기 게임, 박수! 박수!(바닥에 둥글게 앉아서 한 명씩 자신의 이름을 외치면 큰 소리로 환호하며 박수치기), 자신감 코스(예: 구덩이 점프, 경사면 균형, 상자 열기, 원통 채우기, 사다리 오르기, 줄타기 등 장애물 코스) 등이 있다.

② 정서 조절 훈련

그로스(Gross, 1998b, 2002)는 관계적 모형(Lazarus, 1991)에 기초하여 정서 과정의 개입 시점에 따라 정서 조절 전략을 세 가지 범주로 구분하였다. 첫 번째 상황 초점 전략(situation-focused strategies)은 두 가지 상황 중 하나를 선택하거나 어떻게든 그 상황을 변화시킴으로써 그 상황을 통제하기 위해 활용된다. 상황 선택(situation selection)에서는 단순히 특정 정서를 유발할 것 같은 상황에 들어갈 것인지 아닌지를 결정하기만 하면 된다. 상황 수정(situation modification)에서는 일단 해당 상황에 들어가는데, 다만 원하는 정서 상태를 촉진하기 위해 우리가 처해 있는 상황을 변화시키는 조치를 취하게 된다. 때로는 상황을 통제할 수 있다는 생각을 갖는 것만으로도 스트레스를 크게 줄일 수 있다(Salomons, Johnstone, Backonja, & Davidson, 2004). 그러나 실제 도움이 되려면 영광을 가져올 만한 일을 마음속에 그려 보거나 어떤 도전에 직면할 때 무엇을 할 것인지를 상상하고 직접 통제력을 발휘하는 것이다(Taylor, Pham, Rivkin, & Armor, 1998). 또한 스스로 약한 형태의 스트레스 상황에 노출시키면 심리적 면역(psychological inoculation)을 기르고 통제력을 얻을 수 있다(Janis, 1983; Meichenbaum, 1985).

두 번째로 인지 초점 전략(cognition-focused strategies)은 상황의 어떤 측면에 주의를 기울이거나 상황에 관해 생각하는 방식을 변화시켜 어떤 정서를 북돋거나 다른 정서를 차단하기 위한 것이다. 한 가지 방법은 주의집중 통제(attentional control)이다. 이는 특정 정서를 불러일으킨 부정적 사건으로부터 주의를 다른 곳으로 돌리는 데 유용하게 사용될 수 있으나(Ayduk, Mischel, & Downey, 2002), 많은 정신적 에너지를 요구하여 쉽게 피로해지거나 오랫동안 사용하면 주의집중을 통제하는 능력이 소진될 수 있다(Engle, Conway, Tuholski, & Shisler, 1995; Kane, Poole, Tuholski, & Engle, 2006). 다른 방법은 인지적 재평가(cognitive reappraisal)이다. 이는 어떤 상황에 관해 생각하는 방식을 변화시킴으로써 어떤 정서를 북돋거나 다른 정서를 차단한다. 특히 유용한 재평가 전략은 긍정적 재평가(positive reappraisal) 또는 이점 찾기(benefit findings)와 같이 부정적 사건에 주의를 기울이되 이 사건을 좀 더 유익한 방식으로 해석하려고 노력하는 것이다(Giuliani & Gross, 2009; Gross & Thompson, 2007).

마지막으로 반응 초점 전략(response-focused strategies)은 이미 작동하기 시작한 정서의 효과를 변경시키는 것을 말한다. 이 전략은 개인이 이미 특정 정서를 경험하고 있으며 해당 정서의 어떤 부분을 변화시키기를 원하고 있다고 가정한다. 한 가지 방법은 자신이 경험하는 정서를 경험하고 표현하거나 억제할 수도 있다. 예를 들어, 매일 30분 정도 자신이 겪은 문제에 대해 탐색하고 자신이 느꼈던 생각과 감정을 글로 써 보는 것은 긴장 해소뿐만 아니라 건강과 학업 향상에도 도움이 된다(Pennebaker, 1997, 2002). 또한 문제에서 벗어나기 위한 방법으로 약물이나 알코올을 섭취하여 정서적 경험으로부터 도피할 수도 있다. 그러나 이러한 방법은 역시 지나치면 부작용이 따른다(Waters, Hill, & Waller, 2001a, 2001b). 좀 더 유용한 방법은 신체적 활동이다. 적당한 운동을 하거나 이완 훈련을 하여 생리적 반응을 조절할 수 있다. 적당한 운동을 지속하면 우울증이나 불안을 예방하는 데 도움이 된다(Byrne & Byrne, 1993; Craft & Landers, 1998). 때로는 조용한 곳을 찾아서 명상을 하면 스트레스를 해소할 수 있는데, 한 가지 그럴듯한 가설은 명상이 이완을 증가시켜 준다는 것이다(Holmes, 1987).

(4) 사회적 기술 훈련

학습부진 학생을 위한 사회적 문제해결 전략은 그가 어떠한 사회문제 속에 있는가, 발달단계는 어떠한가에 따라 다양한 형태로 나뉠 수 있다. 사회적 기술(social skill)이란 사회적으로 특수한 상황에서 보여 주는 의미 있는 행동을 말하며 아동이나 청소년의 중요한 사회적 결과를 예측한다(Gresham, 1983). 사회적으로 유능한 아동은 새로운 친구를 맞을 때 반갑게 인사를 건네고 직절한 질문을 던지거나 다른 아동의 놀이집단에 자연스럽게 끼어드는 것과 같이 사회적 관계를 맺을 때 부드럽게 시작하고, 타인과 상호작용할 때 친사회적 행동(예: 관심을 보이고 웃어 주기, 미소를 짓고 피드백 주기 등)을 좀 더 많이 드러내며, 말다툼이 일어날 때는 적절한 주장기술과 설득기술은 물론 사회적 규범과 규칙을 활용하여 대인갈등을 효과적으로 해결한다(Asher, Renshaw, & Hymel, 1982). 반면에 사회적 기술이 부족하거나 적용에 실패하는 경우 정서 · 행동 문제를 드러내고 학교중퇴 또는 사회적 범죄에 취약할 수 있다(Parker & Asher, 1987).

그레샴(Gresham, 1982, 2002)은 사회적 기술 훈련이 ① 기술 습득을 촉진하기, ② 기술 수행을 향상시키기, ③ 문제행동을 감소시키거나 제거하기, ④ 사회적 기술을 유지하고 일반화하도록 돕기의 네 가지 주요 목표를 가진다고 보았으며, 훈련 프로그램의 시작 단계부터 일반화를 함께 통합하는 것이 중요하다고 역설하였다. 골드스타인, 스파킨, 거쇼, 클라인(Goldstein, Sparfkin, Gershaw, & Klein, 1980, 1983)은 사회적 기술의 일반적인 유형을 ① 기본 사회적 기술(경청하기, "감사합니다." 하고 말하기), ② 고차적 사회적 기술(건설적으로 협력하기, 사과하기), ③ 감정 처리 기술(감정 표현하기, 타인의 감정 이해하기), ④ 공격성을 대체하는 기술(협상하기, 자기조절하기), ⑤ 스트레스 대처 기술(위기 상황을 예측하고 대비하기, 친구 변호하기), ⑥ 계획수립 기술(정보 수집하기, 문제의 원인 파악하기)의 여섯 가지로 구분하여 제시하였다.

사회적으로 유능한 아동은 인사와 소개, 대화의 시작과 지속, 화제의 선택, 질문과 대답, 요청과 수용 또는 거절과 같은 기초적인 대화 기술을 지니고 있으며, 좋은 친구관계를 형성하고 유지 · 발전시킬 수 있는 여러 가지 사회적 기술을 지니고 있다(송재홍, 2006, 2013).

새로운 친구를 사귀기 위해서는 새로운 친구를 초대하고 그에게 호감을 보이는 것, 그에게 무엇인가 함께 하자고 요청하고 칭찬 또는 격려를 보내는 것, 때때로 그에게 필요한 도움을 찾아서 제공하는 것 등 다양한 사회적 기술을 습득하고 실천할 필요가 있다. 이러한 기술은 또한 좋은 친구관계를 유지하는 데 도움이 된다. 더불어 좋은 친구관계를 유지하기 위해서는 친구의 말을 경청하고 공감하기, 자신의 감정과 생각 전달하기, 친구를 배려하고 돌봐 주기, 자신의 마음을 다스리기, 용서하고 화해하기 등 좀 더 세련된 사회적 기술을 배우고 익혀야 한다. 결국 사회적으로 유능한 아동이 되기 위해서는 의사소통 능력, 대인관계 능력, 자기통제 능력과 같은 사회적 기술을 배우고 익혀서 다른 사람과의 관계를 형성하고 유지하는 데 효과적으로 적용할 수 있어야 한다.

한국교육과정평가원에서는 경상북도교육청과 함께 학교생활 적응에 어려움을 겪

〈표 9-7〉 **S-MATES 사회성 기술 훈련 프로그램의 구성**

모듈	주제	활동명	활동 목표
상호작용 기술 (Membership)	1. 경청하기 2. 사과하기 3. 도움 주고받기 4. 협동하기	• 내 귀는 토끼 귀 • 사과 먹을래? • 좋은 친구 되기 • 함께 해서 즐거워요.	• 경청의 의미 알고 기술 습득하기 • 실수나 잘못에 대해 사과하기 • 상황에 어울리게 도움 주고받기 • 서로 협동하여 문제 해결하기
자기관리 기술 (Attunement)	1. 외모 관리하기 2. 분노 관리하기 3. 시간 계획하기 4. 시간 관리하기	• 나는야, 멋쟁이! • 나는야, 도전 왕! • 도전, 시간 관리의 달인 • 꿈을 이루어 가는 알찬 하루	• 학교 상황에 맞게 외모 관리하기 • 예의 바르게 분노 통제하기 • 시간 관리를 위한 계획 세우기 • 시간 우선순위에 따라 하루 관리
성공적인 학교적응 기술 (Triumph)	1. 지시 따르기 2. 과제에 집중하기 3. 수업 준비하기 4. 공간 정리하기	• 범인을 찾아라. • 나도 집중할 수 있어요. • 공부할 준비는 되었나요? • 기분 좋은 공간	• 교사 지시에 따라 수행하기 • 주어진 과제에 집중하기 • 수업 준비물 챙기기 • 수업을 위해 주변 정리하기
효과적인 의사표현 기술 (Efficiency)	1. 주도적으로 관계하기 2. 긍정적으로 거절하기 3. 효과적으로 주장하기 4. 올바르게 요구하기	• 내가 먼저 말할래요. • 이렇게 말하여 거절해 볼까? • 차분하고 용기 있게 • 소원을 말해 봐!	• 상황에 맞게 적절한 말 걸기 • 긍정적인 방법으로 거절하기 • 자기주장을 효과적으로 표현하기 • 자신의 요구를 정당하게 말하기
감정 펼치기 기술 (Strength)	1. 차이 인정하기 2. 자기상 개선하기 3. 감정 표현하기 4. 칭찬하기	• 우린 모두 달라요. • 짱 좋은 나! • 솔직한 게 최고야! • 함께 가꾸는 칭찬나무	• 서로의 차이를 인정하기 • 자신의 장점을 발견 · 인식하기 • 자신의 감정을 바르게 표현하기 • 바른 칭찬법 알고 타인 칭찬하기

출처: 노원경, 이화진, 이명진, 정은주(2014).

고 있는 초등학교 3~4학년을 대상으로 사회성기술을 개발하기 위한 프로그램 매뉴얼 『S-MATES를 위한 디딤돌』을 제작하여 학교 현장에 보급하였다(노원경, 이화진, 이명진, 정은주, 2014). S-MATES 프로그램은 상호작용 기술(Membership), 자기관리 기술(Attunement), 성공적인 학교적응 기술(Triumph), 효과적인 의사표현 기술(Efficiency), 감정 펼치기 기술(Strength) 등 5개의 모듈로 구성되어 있으며, 각 모듈에는 4차시의 하위 주제가 포함되어 있어 총 20차시 분량이다. 〈표 9-7〉은 S-MATES 프로그램의 모듈별 활동주제와 활동목표를 제시한 것이다.

S-MATES 프로그램은 열기, 펼치기, 다지기, 나누기의 4단계 과정을 통해 명시적이고 구체적인 상황에서 문제를 좀 더 현실성 있고 쉽게 해결할 수 있도록 안내한다. '열기' 단계에서는 주제에 따른 사회적 기술을 학습하기 위해 동기유발을 하고 절차나 방법을 상세하게 안내한다. '펼치기' 단계에서는 학습할 사회적 기술의 실례를 제시하고 학습 방법과 절차를 세부적인 단계로 나누어서 직접 시범이나 역할연습을 통해 사회적 기술을 정확하고 실감 나게 학습한다. '다지기' 단계에서는 안내된 연습을 통해 사회적 기술을 다른 상황에 적용하여 보고 여러 상황에서 스스로 문제를 해결하면서 다른 사람의 의견과 행동을 존중하고 자신의 행동이 다른 사람에게 어떠한 영향을 미칠 것인지 생각하고 실연한다. '나누기' 단계에서는 연습과 실연을 통해 습득한 사회적 기술을 서로 공유하면서 일반화하고 내면화한다.

제10장

자살 행동과 상담

매년 수많은 학생이 자해 행동을 시도하고 극단적인 선택을 한다. 자살 예방은 종합적인 학교상담 프로그램의 중요한 측면이다. 이 장에서는 청소년 자살의 심각성과 자살에 대한 보편적 인식을 살펴보고, 우울증을 비롯하여 청소년 자살의 위험 요인과 보호 요인을 기술한다. 이어서 청소년 자살 행동의 조기 경고 신호와 위기 수준에 대한 평가를 알아보고, 학교 기반 예방적 개입 프로그램과 학생 자살 후속조치에 대해 논의한다.

이 장을 학습하면 여러분은 다음과 같은 학습 성과를 얻을 수 있다.

1. 청소년 자살 행동의 심각성을 설명할 수 있다.
2. 청소년 자살 행동과 우울증의 관계를 설명할 수 있다.
3. 청소년 자살 행동의 조기 경고 신호와 위기 평가를 설명할 수 있다.
4. 청소년 자살 행동에 대한 예방적 개입과 후속조치를 설명할 수 있다.

1. 청소년 자살 행동의 이해

전 세계적으로 매년 수십만 명이 일시적일 수 있는 문제의 해결책으로 극단적인 선택을 한다(WHO, 2020). 우리나라의 경우 자살은 운수 · 사고와 더불어 청소년 사망의 주된 원인이다(통계청, 여성가족부, 2020). 자살 예방을 위한 노력은 자살에 대한 일반적인 인식을 개선하는 일부터 시작해야 한다. 청소년 자살의 심각성과 일반적 인식 그리고 위험 요인을 알아본다.

1) 자살과 자살 행동

자살(suicide)이란 스스로 자기 생명을 끊는 행위로서, '자기 자신'을 뜻하는 sui와 '죽인다'를 뜻하는 caedo라는 단어에서 그 어원을 찾을 수 있다(황순길, 박재연, 이혜정, 2016). 세계보건기구(WHO, 1983)에서는 자살을 '치명적인 결과를 초래하는 자해 행위'라고 정의하고 있으며, 자해 행위란 "어느 정도의 자살의도를 가지고 그 동기를 인지하면서 자기 자신에게 가한 상해"라고 하였다. 통계청(2020)에서도 자살의 사망원인을 분류할 때 '고의적 자해(자살)'라는 명칭을 사용하고 있다.

청소년의 자살 행동은 자살 생각, 자살 시도, 죽음에 이르는 자살 등 적어도 세 가지 유형의 행동을 포함하고 있다고 가정되거나(Sandin, Chorot, Santed, Valiente, & Joiner, 1998), 자살 생각, 자살 계획, 자살 시도, 자살 사망의 네 차원으로 보기도 한다(Reynolds, 1998). 자살 생각(suicidal ideation)이 자살에 대한 생각, 계획 등 사고의 측면에 초점을 두고 있는 반면, 자살 시도(suicidal attempt)는 구체적인 행동으로 표현된 경우이다. 일반적으로 자살 생각은 자살 계획과 자살 시도보다 먼저 나타나고 자살 시도의 중요한 예측지표가 된다(Carlson & Cantwell, 1982). 따라서 자살 생각을 감소시키면 자살 시도를 예방할 수 있다(Beck, Rush, Shaw, & Emery, 1996; Beck & Wenzel, 2008; Simons & Murphy, 1985). 자살 시도는 죽음에 이르기 위해 고의적으로 자신에게 고통을 주는 행위이다. 이러한 행동의 의도는 개인마다 자살 시도에 대한 개념이 달라서 정확하게 정의하기는 어렵지만 종종 생을 끝내기보다는 '도움을 청하는 외침'으로 자신의 생활을 바꾸거나 자기 주변에 있는 중요한 사람을 변화시키기 위해서 행해지는 경우가 많다. 따라서 자살로 인한 사망과는 근본적으로 다른 목적이 있기도 하다(지승희 외, 2007).

일부 학자는 '자살 의도'를 주요한 개념으로 보고, "자살로 인한 치명적 결과를 예상하고 이러한 결과를 얻으려는 의도"가 포함된 자발적인 상해 행동을 '자살 시도'로 정의하여 자살 의도가 없는 '비자살적 자해'와 구분한다(Bryan & Rudd, 2006; Rudd, Joiner, & Rajab, 2001; Silverman, Berman, Sanddal, O'Carroll, & Joiner, 2007). 비자살적 자해(Nonsuicidal Self-Injury: NSSI)란 죽으려는 의도 없이 자신의 신체에 직접적이고 고의적으로 위해를 가하는 행동을 말한다. 자살 시도와 비자살적 자해는 심리적인 고통을 드러내는 의도적 행동이라는 공통점을 갖고 있으나, 두 가지 행동에는 분명한 차이점이 존재한다(Walsh, 2006). 자살 시도는 심각한 치명성을 가지고 스스로에게 해를 가하여 죽음으로써 심리적 고통을 끝내려는 고의적 의도가 있는 반면, 비자살적 자해는 자살 의도 없이 자신에게 영향을 주고 사회적으로 부적합한 방식으로 자기 신체에 가벼운 해를 가함으로써 심리적 고통을 줄이기 위해 행해진다. 자살 행동의 목적이나 동기를 고려해 볼 때, 모든 자살 행동의 목적이나 동기가 반드시 자신의 목숨을 끊기 위한 것은 아니다(임영식, 1999).

자살은 일종의 의식적인 행위이다. 슈나이드만(Schneidman, 1981, 1987)에 따르면, 자살은 의식적인 자멸(self-induced annihilation) 행위로서, 절박한 개인의 다차원적인 막연한 불안으로 가장 잘 이해될 수 있으며, 당면한 문제에 대한 최선의 해결책으로 지각되는 경향이 있다. 자살은 또한 자존감 형성, 문제해결, 의사소통 등과 같은 생활 기술의 실패로 간주되기도 한다(Kalafat, 1990). 충동적인 개인에게서 자살 위험이 더 많지만, 궁극적으로 자살은 하나의 의식적인 행위이고 많은 경우 예방이 가능하다. 특히 청소년의 경우 스트레스나 어려움을 피하려는 충동적 욕구, 또는 자신을 부당하게 대했다고 생각하는 가족이나 친구에 대한 보복이 주요 동기로 작용할 수 있다(Glaser, 1981).

2) 청소년 자살의 심각성

우리나라 자살률은 매우 높은 편이며, 청소년의 경우에는 특히 심각하다. 2019년 자살 사망자 수는 13,779명으로 1일 평균 자살 사망자 수는 37.8명이며, 자살률은 인구 10만 명당 26.9명으로 나타났다. 이는 OECD 회원국 평균인 11.3명보다 2배 이상 높은 수준이며, 2003년 이후 줄곧 우리나라 자살률은 OECD 국가 중 1위를 차지하였다(통계청, 2020a).

청소년의 경우, 그 심각성은 더욱 크다. 9~24세 청소년 자살은 2007년 이후 청소년의 사망 원인 중 연속 1위로 나타났다. 2020년도 청소년 통계(통계청, 여성가족부, 2020)에 따르면, 2018년 9~24세 청소년의 사망 원인은 '고의적 자해(자살)'(9.1‰), '운수 · 사고'

(4.6‰), '악성신생물(암)'(2.9‰) 순으로 나타났다. 이 세 가지 요인에 의한 사망률은 인구 10만 명당 16.6명으로, 이 가운데 자살에 의한 사망률이 9.1명으로 절반을 넘는다.

한국청소년정책연구원(김기헌, 2013)에 따르면, 1990~2010년 OECD 주요 회원국의 10~24세 청소년 자살 사망률은 전체적으로 감소했지만 우리나라의 경우 오히려 증가한 것으로 나타났다. 성별 자살 사망률을 보면, 여자는 2.18배 증가하고 남자는 1.30배 증가하여 특히 여자 청소년의 자살 사망률이 큰 폭으로 증가하였다. 2012년 우리나라 남자 청소년의 자살 사망률은 10만 명당 10.0명으로 OECD 평균 9.5명과 큰 차이가 없으나 여자 청소년의 자살 사망률은 8.7명으로 OECD 평균 2.5명과 큰 차이를 나타내고 있다.

이와 같이 우리나라 청소년의 자살 문제는 소수 청소년에게 국한된 문제가 아니라 국가 차원에서 적극적인 예방 대책을 마련해야 하는 중대한 사회문제라는 점이 드러나고 있으며, 특히 여자 청소년의 자살 행동에 대한 적극적인 대책을 마련할 필요가 있음을 알 수 있다. 궁극적으로 청소년 자살 예방을 위한 체계적이고 효과적인 국가정책이나 전략이 수립 · 시행되어야 할 것이다.

자살 사망은 자살 관련 행동에 따른 결과가 명백한 죽음으로 드러나는 반면, 자살 시도는 자살 사망과 달리 공식적으로 보고되지 않아 정확한 수치를 알기 어렵지만 자살 사망보다 훨씬 높을 것으로 추정된다(Cohen, Spirito, & Brown, 1996; Hawton, 1986). 자살 시도는 일반적으로 나타나는 현상이지만, 자살 사망에 이르는 가장 위험한 요인이며(Moscicki, 2001) 정서적 스트레스의 중요한 지표이다(Harris & Barraclough, 1997; Kessler, Borges, & Walters, 1999; Neeleman, Wessely, & Wadsworth, 1998; Nordentoft et al., 1993). 성인에 비해 청소년의 자살은 충동적인 경우가 많아서 실제 자살 행동으로 이어질 가능성이 높으며, 이에 대한 세심한 주의가 필요하다. 그러나 역설적으로 말하면, 이는 청소년들이 자살 충동을 느끼는 결정적 순간에 주변의 누군가가 함께 고민을 나누고 문제해결을 돕는 것만으로도 자살 행동이 많이 줄어들 수 있음을 시사한다.

3) 자살에 대한 오해와 진실

자살에 관해서는 많은 오해가 존재한다. 예를 들면, 아동기는 삶에 대한 걱정이 없는 시기이고 죽음이 인생의 끝이라는 것을 이해하지 못하며 따라서 자살을 시도하거나 그것에 성공하지 못한다는 것이다(Granello & Granello, 2007). 이러한 오해는 학교 기반 자살 예방 프로그램의 중요성을 감소시키고 좀 더 건강한 학습 환경을 만들고자 하는 종합적인 학교

상담 프로그램을 개발 · 실행하는 데 심각한 결과를 초래할 수 있다. 따라서 자살 행동을 예방하기 위해서는 자살에 대한 잘못된 인식을 찾아서 바로잡는 일이 우선되어야 한다.

(1) 자살에 대한 일반적 오해와 진실

자살에 관해서는 많은 오해가 있으며, 이것이 사실이라면 예방 노력을 결집할 수 있다 (Capuzzi, 1989: 5-8).

① 자살 경향은 유전된다.

하지만 자살의 유전론에 대한 지지 근거는 없다. 가족 중 한 사람 이상이 자살하거나 자살을 시도하더라도, 이는 유전보다는 가족 역기능에서 기인할 가능성이 더 크다.

② 자살은 부유한 자 또는 가난한 자의 저주이다.

하지만 사회경제적 지위가 자살의 핵심 변수라는 것을 보여 주는 연구는 아직 없다. 자살은 사회경제적 지위가 다른 모든 집단에 비슷한 정도로 영향을 미친다.

③ 대부분의 자살은 나쁜 날씨 또는 봄, 축제일, 야간에 발생한다.

하지만 날씨와 계절 및 시간은 청소년을 자살 위험에 처하게 하는 것도 아니고 자살 위험을 증가시키지도 않는다.

④ 자살을 시도하는 사람은 정신병자이거나 정신질환이 있다.

정신중적 문제의 내력은 자살 위험 요인이기는 하지만, 자살이 모두 정신질환의 결과인 것은 아니다. 많은 사람은 자신의 대처 기제에 실패할 때 자살을 선택한다.

⑤ 한번 자살 충동에 사로잡히게 되면 그는 끝까지 자살 충동에 전념한다.

하지만 자살 충동에 사로잡힌 청소년에 관한 진실은 그들이 오직 제한된 시간 동안만 그러한 상태로 남아 있다는 것이다.

⑥ 자살에 뒤따르는 개선(improvement)은 위기가 끝난다는 것을 의미한다.

하지만 자살 위기 후 어떤 학생이 갑자기 활기가 넘치는 듯해 보인다면, 실제 증가된 에너지는 자살 충동에 사로잡힌 청소년에게 자살에 성공할 힘이 될 수 있다.

(2) 청소년 자살에 대한 오해와 진실

청소년 자살에 대한 오해는 청소년 자살 문제의 해결을 어렵게 할 수도 있다. 청소년 자살에 관해서 존재하는 일반적인 오해와 진실은 다음과 같다(Junke, Granello, & Granello, 2015; Sciarra, 2004).

① 자살에 관해서 이야기하는 것은 청소년의 자살 시도 위험을 증가시킨다.

이러한 주장은 신빙성이 전혀 없는 위험한 오해로, 청소년이 신뢰하는 성인들에게 자살, 정신건강, 죽음 등에 대한 자신의 생각을 말하지 못하게 막는다. 청소년은 자신의 자살 생각을 성인들보다 친구들에게 이야기할 가능성이 더 높으며, 학생들에게 자살과 적절한 도움 추구 행동에 대해 교육하는 것은 자살을 방지할 수 있다. 상담교사는 학생에게 "자살을 생각해 본 적이 있니?"라고 묻기를 망설이면 안 된다. 학생이 '아니'라고 하면 "없구나!" 하고 간단히 받아넘기고, '그렇다'고 하면 "그것에 관해서 이야기하자."고 말문을 연다.

② 자살을 시도하는 청소년은 대부분 죽기를 원한다.

자살을 시도하는 사람의 심리상태는 매우 복잡미묘하여 한마디로 단정짓기 어렵다. 그는 죽기를 원한다기보다는 그냥 자신의 고통이 끝나기를 바라는 게 더 크다. 하지만 자살 청소년은 현 상태에서 벗어날 수 있는 다른 방법을 찾지 못한다. 중요한 것은 대다수 자살 청소년이 죽기를 원치 않으며 결국에는 자살하지 않는다는 것이다. 청소년 자살은 고통의 신호, 곧 도움과 관심에 대한 외침인 경우가 더 많다. 자살 예방의 한 가지 목표는 학생들에게 안전하게 도움을 요청하는 방법을 가르치는 것이다.

③ 청소년은 단순히 관심을 끌려고 '자살'이라는 단어를 사용한다.

많은 경우 자살에 대해서 언급하는 것은 관심을 끌기 위한 외침이지만, 어떤 이가 자살에 관해 말한다고 해서 그것을 절대 하지 않을 것이라는 보장은 없다. 자살하는 청소년은 대부분 그가 무엇을 행하려고 계획하고 있는지에 관해서 언어적 단서 또는 행동적 단서를 남긴다. 따라서 '자살'이라는 단어는 항상 심각하게 받아들여야 한다. 어떤 청소년이 비록 관심을 끌기 위해 그 용어를 사용했다고 할지라도 자살에 대해 언급한다는 것은 도움을 요청하는 것이며, 자살 시도와 그에 따른 죽음으로 이어질 수도 있는 매우 중대한 위험 요소이다.

④ 자살하는 청소년은 우울증을 앓고 있다.

우울증은 빈번히 자살을 동반하지만, 자살하는 청소년이 모두 우울한 것은 아니다. 자살은 개인적인 대처 기제의 궁극적 실패인 것이지, 반드시 우울증의 귀결인 것은 아니다. 자살을 시도하는 사람 중 90% 가까이는 자살 당시 정신건강 문제를 가지고 있지만, 그것은 우울증이 아닐 수도 있다. 그들의 정신질환은 대부분 진단이나 치료를 받지 못한 경우이다. 또한 청소년의 우울증은 분노와 짜증으로 표현되는 경우가 많아 어른들이 우울증을 앓고 있는 청소년을 알아보지 못할 수도 있다.

⑤ 자살을 시도했다가 살아난다면 청소년은 다시는 시도하지 않을 것이다.

어떤 이를 자살 위험에 빠뜨리는 가장 큰 단일 요인은 이전의 자살 시도이다. 실제 자살한 사람의 80%는 전에 이미 시도한 적이 있다. 따라서 최초의 자살 시도를 예방하려는 노력은 이미 자살을 시도한 적이 있는 청소년을 대상으로 하는 작업보다 자살 위험을 훨씬 더 많이 감소시킨다.

⑥ 청소년 자살을 예방하는 것은 기존의 예방 프로그램으로도 충분하다.

하지만 현재의 자살 예방 프로그램은 청소년의 자살을 감소시키는 데 큰 영향을 미치지 못하고 있다. 한 가지 희망적인 사실은 학교에서 실시하는 자살 예방 프로그램이 긍정적인 효과를 나타내고 있다는 것이다. 그러나 대부분의 학교에서는 자살 예방 프로그램이 정착되어 있지 않으며, 그러한 프로그램을 계획 · 실행하는 경우도 많지 않다.

⑦ 상담자는 청소년의 자살 의도를 철저히 함구해야 한다.

직업윤리와 법규는 상담자에게 청소년이 자신이나 타인을 해치는 것을 예방하기 위해서 가능한 한 모든 것을 행하라고 요구하고 있다. 어떠한 경우에도 비밀을 유지하는 것이 안전을 지키는 것보다 우선할 수는 없다.

(3) 학교 체제 안에서 존재하는 자살에 대한 오해

그라넬로 부부(Granello & Granello, 2007)는 자살에 대해서 학교 체제 안에서 존재하고 있는 오해를 다음과 같이 제시하였다.

① 학교는 자살을 예방하는 곳이 아니다.

하지만 분명히 학교는 지역사회 및 가정과 더불어 자살 시도 청소년을 확인하고 학생과 그 가족들에게 정보를 제공하는 곳이다. 자살 예방 프로그램은 학교가 청소년 정신건강 유지에 적극적인 역할을 할 수 있도록 권한을 부여한다. 몇 가지 이유로 학교가 청소년 자살을 예방하기 위한 이상적인 활동 장소임은 분명하다. 가정, 지역사회에 비해서 학교에서는 학생들의 문제(예: 학업, 또래관계 등)가 좀 더 명확하게 드러나며 자살 위험 신호가 더 빈번하게 나타난다. 또한 학교에서 학생들은 도움을 얻을 수 있는 사람들(예: 교사, 상담교사, 보건교사, 또래 친구 등)과 쉽게 접촉할 수 있으며, 학교와 연결되어 있다고 생각하는 학생들(예: 교사가 자신을 좋아한다고 믿거나 다른 학생과 가깝게 느끼며 학교의 일원으로 생각함)은 자살 행동에 덜 관여한다. 무엇보다 많은 연구에서 학교가 1차 및 2차 자살 예방을 위한 이상적인 활동 장소라고 보고하였다.

② 자살에 대해 이야기하는 것은 자살 원인이 된다.

이러한 오해는 상당히 위험한 생각이다. 이러한 믿음이 퍼져 나가는 것은 무책임할 뿐만 아니라 실제로 학생들과 학교의 자살 방지 노력에 찬물을 끼얹을 수 있다. 자살 생각과 자살 관련 느낌을 이야기하는 것은 자살 시도자의 괴로움을 크게 줄일 수 있고, 누군가 자신을 돌보고 있으며 혼자가 아님을 느끼게 한다. 실제로 학급에서 자살 예방 프로그램을 접한 후, 자살 시도 경험이 있는 청소년은 전보다 화가 줄고 자살에 대한 생각을 덜 하게 되었다고 보고하였다(Gould et al., 2005).

③ 학교가 자살 예방 프로그램을 시행하면 소송을 당할 수 있다.

실제로는 그 반대가 맞는 말이다. 즉, 학교가 학생들의 생명과 관련된 주요한 요소를 무시한다면 소송을 당할 수 있다. 자살 예방에 있어서 학교의 역할과 관련하여 진행된 법정 소송 사례에서 재판관은 교직원의 부적절한 대처가 학생의 죽음을 초래하였다고 판결하였으며(Kelson vs. The City of Springfield, Illinois, 1985), 또 다른 사례에서는 학교 당국이 자살 예방 지침을 만들지 않아서 학생의 자살 시도를 제때 부모에게 알리지 못했다고 판결하였다(Wyke vs. Polk County School Board, 1997). 이러한 판결은 학교의 운영자와 교사가 자살 위험이 있는 학생을 식별하고 보고하는 데 책임이 있음을 명확히 하였으며, 자살 위험에 대한 교직원 훈련의 필요성을 확실하게 강조하였다.

④ 자살 예방 프로그램은 전염성이 있고 모방 자살을 이끈다.

모방 자살은 발생할 수 있지만, 그것을 초래하는 것은 1차 예방 프로그램이 아니라 학교나 지역사회의 자살 사망자에 대한 노출이다. 우울증을 앓거나 자살 위험 신호를 보내는 사람, 이전에 자살 시도 경험이 있는 사람과 같이 자살에 대해 취약성을 갖고 있던 사람들은 학교 안에서 자살이 일어나면 자극을 받을 수 있다. 따라서 가장 기본적인 예방 프로그램은 학교 안에 이미 존재하는 모방 자살에 대한 위험을 경감시키는 것이다.

4) 청소년 자살의 위험 요인과 보호 요인

자살 위험은 매우 복잡하고, 자살 위기로 이어지는 경로는 매우 다양하다. 자살 위험 요인들은 자살 충동을 느끼는 사람들이 대부분 공유하고 있는 주요 관심사를 이해하는 데 도움을 주지만, 일반적으로 자살 문제를 이해하는 정도까지만 중요하다. 좀 더 중요한 점은 이런 위험 요인과 가능한 자원을 알고 위기에 처한 청소년과 열린 대화를 할 수 있어야 한다는 것이다.

(1) 위험 요인

위험 요인은 자살 생각이나 자살 시도의 확률을 증가시키는 한 개인의 특징 또는 조건을 말하며, 생물학적 측면과 환경적 측면을 포함한다. 이 요인들은 매우 다양하고 서로 상호작용하며, 좀 더 많고 좀 더 강할수록 자살 위험은 더 크다. 일반적으로 언급되는 주요 위험 요인은 다음과 같다(황순길, 박재연, 이혜정, 2016; Capuzzi & Gross, 2000; Junke, Granello, & Granello, 2015; Sciarra, 2004).

① 생물학적 요인

여러 요인이 학령기 아동 사이에서 자살 및 자살 시도의 비율에 영향을 미친다. 가장 중요한 것은 연령과 성차이지만 가족력과 유전적 요인 역시 자살 시도의 일반적인 위험 요인이 될 수 있다.

- 연령과 성별: 통계청(2020a)이 발표한 「2019 사망원인 통계 결과」에 의하면, 자살은 10대, 20대, 30대의 사망 원인 1위이며, 40대와 50대에서는 사망 원인 2위이다. 특히 10대의 경우 자살 생각과 자살 계획은 중학생이 고등학생보다 더 심각하며, 자살 시

도 역시 꾸준히 증가하고 있다(교육부, 보건복지부, 질병관리본부, 2019). 일반적으로 자살 시도는 여자가 남자보다 더 빈번하지만 자살률은 남자가 여자보다 월등히 높다. 이는 부분적으로 남자가 여자보다 더 치명적인 방법을 사용하기 때문일 수 있다(Popenhagen & Qualley, 1998). 그러나 청소년의 경우 성별에 관계없이 약물 과다복용이 가장 보편적이다(Capuzzi & Gross, 2000). 자살한 여자 청소년은 남자 청소년보다 생전에 대인관계 스트레스를 더 많이 보고하는 경향이 있다(Ang, Chia, & Fung, 2006).

- 가족력과 유전적 요인: 과거에 자살한 가족이 있는 청소년은 자살을 시도할 가능성이 더 높으며, 그 자살 사건이 최근(특히 1년 이내)에 일어난 경우 더욱 그렇다(Kiriakidis, 2008). 그러나 이것이 생물학적 연관성 때문인지 아니면 모델링의 효과인지는 분명하지 않다. 일란성 쌍둥이는 이란성 쌍둥이보다 약물 남용, 우울증, 공격성 등과 같은 자살 위험 요인에서 상관이 높을 가능성이 있다(Cho, Guo, Iritani, & Hallfors, 2006). 실제 특정 정신질환(예: 우울증, 조울증, 불안장애, 정신분열증)은 집안 내력이라는 증거가 많으며, 자살로 죽은 사람 중 90%가 어떤 선천적인 정신질환을 가지고 있었다.

② 정서적 요인

일부 청소년에게 자살 시도와 자해는 극심한 정서적 고통을 표현하는 하나의 방법이다. 어떤 학생이 정신건강상태에서 심각한 문제를 보이는 경우 자살 위험이 높다. 또한 여러 가지 정서 · 행동 및 성격 특성은 자살 위험이 있는 학생을 식별하고 예방하는 데 도움이 될 수 있다.

- 정신질환: 일반적으로 정신질환을 진단받은 청소년은 그렇지 않은 경우보다 자살충동 사고와 행동을 훨씬 더 많이 한다. 구체적으로 조울증이나 주요 우울증, 정신분열, 알코올 또는 물질사용 장애, 불안장애(과도한 걱정, 강박관념, 공황발작 등), 섭식장애나 품행장애가 있는 청소년은 일반적인 정신건강 문제를 가지고 있는 청소년보다 훨씬 더 위험하다. 이미 언급했듯이, 청소년의 정신질환은 대부분 진단되지 않거나 치료받지 못한 채 지속되는 경향이 있다. 따라서 자살 예방의 중요한 요소는 적절한 정신건강 서비스를 강화하는 것이다.
- 절망감과 무기력: 자살은 자신의 문제에 대해 다른 해결책을 찾는 데 실패하여 절망감과 무기력을 느끼는 청소년에게 하나의 선택지이다(Cull & Gill, 1982; Kovas, Beck, & Weissman, 1975; Peck, 1983). 특히 심한 우울증을 앓고 있는 사람이 나아질 희망이 없

다고 믿으면 더 큰 위험에 처할 수 있다. 죽음이 자살의 핵심은 아니며, 자살 충동을 느끼는 사람은 심리적 고통이 심하다. 자살학(suicidology)의 아버지로 알려진 슈나이드만(Schneidman, 1981)은 이러한 고통을 '극통(psychache)'이라고 불렀다. 절망감에 시달리는 사람은 항상 이렇게 괴로울 것이라고 믿으면서, 평생을 이런 고통 속에서 살아야 하는 끔찍한 모습을 상상할 수는 없다고 말한다.

- 충동적이고 공격적인 행동: 성인과는 달리 아동·청소년은 충동적인 자살이 많고 시간을 갖고 자살 시도를 계획할 가능성이 적다(O'Donnell, Farmer, & Catalan, 1996; Simon et al., 2001; Stillion & McDowell, 1996). 그들에게 자살은 죽고 싶다는 우울한 바람이 아니라 위기와 갈등을 해결하는 하나의 방볍이 될 수 있다. 또한 충동적인 아동은 스트레스 상황에 공격적이며 뇌 손상이나 ADHD 진단을 받았을 수 있다. 하지만 자살 청소년은 사전에 가출, 무단결석, 비협조적 행동 등 경고 신호를 보낸다. 분노조절 집단은 이러한 학생의 자살 예방에 기여할 수 있다.
- 낮은 자존감: 낮은 자존감은 자살의 위험을 증가시킨다(Beautrais, Joyce, & Mulder, 1999; Cull & Gill, 1982; Stillion, McDowell, & Shamblin, 1984). 자존감 형성 집단은 이러한 학생들에게 매우 훌륭한 개입이 될 수 있다.

③ 인지적 요인

정신질환을 비롯한 정서적 위험 요인은 인지적 결함, 스트레스 대처 기술과 문제해결 능력 결함, 완벽주의 등 인지적 위험 요인과 밀접하게 관련된다.

- 인지적 결함: 학습장애와 같은 인지적 결함은 자살 위험을 증가시킬 수 있다. 어떤 학생이 일부 무능력을 상실로 간주한다면, 우울증을 앓고 자살 위험을 동반할 수 있다. 학습장애 학생은 의사소통 기술이 부족하여 자신의 생각과 감정을 제대로 표현하지 못함으로써 좌절감과 자살 위험이 증가한다(Capuzzi & Gross, 2000). 상담교사는 학습장애 학생이 자존감에 상처를 받지 않도록 그들을 각별히 지지하고 양육하는 일에 힘써야 한다.
- 스트레스와 대처 기술 결함: 스트레스가 높고 대처 기술이 부족하면 자살 위험을 증가시킬 수 있다(Capuzzi & Gross, 2000). 통계청(2020b)의 사회조사에 따르면, 학업성적, 진로, 취업 등 연령마다 당면한 문제로 인한 스트레스가 가장 심각한 자살 충동의 원인으로 보고되고 있다. 더욱이 우울한 아동과 청소년은 우울한 성인보다 대처 기술과 문제해결 능력이 더 낮은 경향이 있다. 따라서 이러한 학생에게는 당면한 문제를

해결하기 위해 개인적·사회적 대처역량을 강화하는 방안이 마련되어야 하며, 상담교사는 스트레스 관리집단을 고려해야 한다.

- 완벽주의: 모든 일을 완벽하게 처리해야 한다고 생각하거나 성취 욕구가 지나치게 높은 청소년은 자살 위험이 증가한다. 완벽주의와 과잉성취는 모두 낮은 자존감을 보상하려는 것으로 생각된다. 하지만 카푸지와 그로스(Capuzzi & Gross, 2000)는 모든 고성취 학생을 자살 위험이 있다고 생각하는 것은 어리석은 짓이라고 지적하였다. 따라서 과잉성취는 상이한 관찰 맥락에서 평가되어야 한다. 이 요인은 스트레스와 밀접하게 관계된다. 완벽주의 성향을 지닌 학생은 대체로 모범생이고 인기도 많으며 미래지향적이다. 하지만 위기에 봉착하고 스스로 기대를 충족하지 못할 때에는 잘 대처하지 못하고 자살을 유일한 해결책으로 떠올릴 수 있다. 아동과 청소년은 성인보다 흑백논리에 빠질 가능성이 더 크며, 스트레스 상황에서 심리적 고통이 지속되는 것을 원치 않을 때 그것을 완화하는 하나의 방법으로 자살을 생각할 수 있다. 이렇게 자살을 '해결책'으로 보기 시작하면, 문제를 해결할 다른 방법을 찾지 않는다. 따라서 학생의 상황에 대한 편견을 버리고, 그들이 자살 생각을 하지 않을 것이라고 단정 짓지 않는 것이 중요하다. 인지행동치료는 이처럼 자신이 완벽해야 한다고 생각하는 학생의 비합리적 신념을 바꾸는 데 효과적일 수 있다.

④ 행동적 요인

청소년의 충동적 행동과 약물 남용은 심한 부상이나 죽음을 초래할 수 있는 무모하고 위험한 행동과 관련된다(김민경, 조경원, 2019). 이러한 행동의 예는 익스트림 스포츠에서 음주운전, 도박, 불안정한 성관계, 도로 질주까지 다양하다. 이러한 행동은 낮은 자존감, 부모의 감시 소홀, 학업 실패 등과 관련이 있다. 자살 위험과 관련이 있는 행동은 다음과 같다.

- 러시안 룰렛: 회전식 권총의 탄창에 총알을 한 개 넣고 여러 명이 돌아가면서 머리에 방아쇠를 당기는 식으로 목숨을 건 게임이다. 남자 청소년들 사이에서는 이런 식으로 죽음을 맞는 일이 있다(Shields, Hunsaker, & Stewart, 2008).
- 무호흡 쾌감(autoerotic asphixiation): 성도착증의 하나로, 의도적으로 숨을 참고 뇌에 산소 공급을 차단하여 성적 흥분이나 쾌감을 얻고자 하는 것이다. 머리에 비닐봉지를 씌우거나 목을 조르거나 가스, 솔벤트 등 여러 가지 방법을 사용한다. 이런 행동을 하는 청소년이 자살을 원하는 것은 아니지만 결국 심각한 부상이나 죽음에 이를 수 있

다. 실제 미국에서는 무호흡 쾌감으로 매년 약 1,000명이 사망하는 것으로 추정되는데, 이들은 주로 어린 남성이다(Downs, 2005).

- 질식놀이(choking game): 뇌에 산소 공급을 차단하여 황홀감이나 쾌락을 느끼고자 하는 것으로, 무호흡 쾌감과는 다르게 주로 사람 손이나 벨트, 넥타이 등의 도구로 압력을 가한다. 또 다른 방법으로는 한 사람이 숨을 깊이 들이마시고 참고 있으면, 다른 사람이 그가 어지러워서 기절할 때까지 뒤에서 안은 채로 잡고 있는 것이다. 정신적인 문제를 가지고 있거나 약물 남용을 하는 청소년의 경우는 그렇지 않은 청소년에 비해 질식놀이에 참여할 가능성이 9배나 높다(Ramowski, Nystrom, Chaumeton, Rosenberg, & Gilchrist, 2010).
- 이 외에도 자살 위험과 높은 관련이 있는 특정 행동의 위험 요소로는 여러 명의 파트너와 벌이는 위험한 성행위와 폭음, 폭력 등이다. 특히 비행으로 단기보호소에 수용된 적이 있는 청소년은 더 취약하다. 또한 팔목을 긋거나 화상을 입히는 것과 같은 비자살적 자해를 하는 경우도 자살 위험과 높은 연관성이 있다.

⑤ 환경적 요인

정서 · 행동 및 성격 특징이 청소년의 자살 위험에 기여할 수 있지만, 자살은 관계 단절, 가족 위기, 친척이나 친구의 자살, 중요한 상실과 그것의 추념일 등 모종의 위기에 대한 즉각적인 반응이다(Friedrich, Matus, & Rinn, 1985). 이전의 자살 시도와 비자살적 자해, 과거의 학대받은 경험과 가족 역기능(알코올 및 약물 남용, 가족 갈등, 정신질환 등), 가정을 떠나 있음 등도 위험 요인이 될 수 있으며, 소득 수준이 낮고 정신건강 지원이 부족한 지역에 거주할 경우 그 위험은 더 크다. 특히 청소년기는 소속감의 욕구가 매우 큰 시기이다. 이들에게 수치심이나 죄책감을 안겨 주거나 사회적 고립을 초래하는 환경적 요인은 자살 위험을 초래할 가능성이 크다(Capuzzi & Gross, 2000). 따라서 상담교사는 수치심이나 죄의식이 만연한 학생에게 관심을 기울여야 하고 장기간 치료가 필요한 경우 외부 기관에 의뢰해야 한다. 또한 어떤 식으로든 사회적 관계로부터 철회하는 모습을 보이는 청소년의 경우(특히 이전에 강한 사회적 관계를 맺었던 경우)라면 자살 위험이 있을 수 있다는 것을 기억해야 한다. 소집단 상담은 청소년의 사회적 기술을 향상시키기 위한 하나의 탁월한 개입이다.

(2) 보호 요인

보호 요인은 한 사람의 자살 위험을 감소시키는 데 도움이 될 수도 있는 특징이나 조건이다. 자살에 대한 보호 요인은 위험 요인만큼 많이 알려져 있지 않다. 더욱이 보호 요인은 자살 가능성을 제거하지는 않으며, 위험 요인을 지니고 있는 청소년에게는 특히 그렇다. 그러나 보호 요인은 자살 위험을 완화시킬 수 있으며, 회복탄력성, 즉 인생 전반에 걸쳐 맞닥뜨리는 좌절을 극복하는 능력을 높이는 데에는 도움이 된다. 자살에 대한 보호 요인은 다음과 같다(황순길, 박재연, 이혜정, 2016).

① 개인적 요인

높은 자존감과 자아탄력성은 자살 위험을 감소시킨다. 또한 개인이 스트레스 상황에 요구되는 대처 기술과 문제해결 능력을 갖추고 있거나 사회로부터 지지를 받고 있다고 지각하는 경우에도 자살 위험을 줄일 수 있다.

② 환경적 요인

가족, 친구, 교사와 우호적이고 긍정적인 관계를 맺고 신앙생활과 동아리 활동에 참여하거나 지역사회의 정신건강 서비스를 받는 경우 자살 위험은 급격히 감소한다. 또한 건강한 역할 모델과 함께 대처 기제, 안전 계획, 자기관리 전략 등을 개발하거나 상호 연결과 자기탐색을 장려하는 문화적 · 정신적 신념을 갖고 있다면 자살 유혹에서 쉽게 벗어날 수 있다. 환경적 보호 요인을 좀 더 구체적으로 세분화하면 다음과 같다.

- 가족 요인: 가족의 지지, 부모와의 개방적인 의사소통, 부모의 긍정적인 양육태도
- 학교 요인: 원만한 교우관계, 친구와 교사의 지지, 교사와의 긍정적인 관계
- 사회적 요인: 지역사회와의 결속력, 사회적 지원, 자살수단 접근 제한 정책, 자살 예방 및 정신건강 교육

2. 청소년 우울증과 자살

자살하는 청소년이 모두 우울한 것은 아니지만, 우울증을 겪은 사람은 일반인보다 자살의 위험도가 적어도 5배 이상 높다(Bostwick & Pankratz, 2000). 우울증에 깊이 빠져 있을 때는 에너지와 결단력이 부족하여 자살을 시도하는 경우가 드물지만, 회복기에 접어들어 우울을 이겨 나갈 수 있게 될 때 위험성이 증가한다. 따라서 청소년 우울증의 증상을 인지하

고 그러한 증상을 드러내는 학생을 조력하는 일은 모두 중요하다.

1) 청소년 우울증의 발병률

아동·청소년의 대략 10% 내지 15%는 우울증의 일부 증상을 갖고 있으며, 9~17세 청소년의 약 5%는 주요 우울증 진단을 받는다(Guida, 2001). 그러나 실제 청소년 우울증 발병률은 과소평가될 수도 있다. 그것은 청소년 혼란과의 혼동과 가면우울증의 인지 실패 때문이다(McWhirter, McWhirter, Hart, & Gat, 2000). 청소년 혼란(adolescent turmoil)은 청소년의 정상적인 발달로 생각되는 불온한 행동들을 기술하는 데 광범하게 사용되며 우울증의 고전적인 증상과 많이 겹친다(Offer & Sabshin, 1984). 가면우울증(masked depression)은 신체적 불만, 빈약한 사회화, 불량한 학업수행, 학교공포, 물질남용, 비행, 공격성 등 청소년 우울증의 증상이 성인들과 다르며 다소 드물게 진단되는 경향이 있음을 함축한다(Aseltine, Gore, & Colten, 1998; Windle & Windle, 1997). 특히 아동·청소년 우울증은 종종 불안, 행동장애, 주의결함장애, 물질남용, 섭식장애를 동반하여 혼란을 가중시킨다(Birmaher, Ryan, Williamson, Brent, & Kaufman, 1996; Son & Kirchner, 2000).

〈표 10-1〉 **청소년 우울증의 주요 증상**

영역 구분	증상
행동 및 태도의 변화	• 일반적으로 느림 • 책임과 외모에 무관심 • 빈약한 기억과 집중력 문제 • 짜증(무난히 해결하곤 했던 일에 대한 불평)
서로 다른 감정 및 지각	• 정서적 공허감(plotless or emptiness) • 어느 것에서도 기쁨을 찾지 못함 • 절망감과 자존감 상실 • 가족 및 친구에 대한 온정 상실 • 극단적인 자기책망 또는 죄책감 • 자살 사고 또는 실행
신체적 불평	• 수면 왜곡(너무 일찍 깨어남, 잠이 너무 많거나 부족함) • 만성적인 피로와 에너지 부족 • 식욕 상실 또는 몸무게 상승 • 설명되지 않는 두통 또는 등 통증 • 소화장애(복통, 메스꺼움, 소화불량, 배변습관 변화)

출처: Sciarra (2004), p. 250.

아동 · 청소년 우울증을 치료하는 일은 상담교사의 권한 범위를 벗어나지만, 그것의 동반 질환에 민감한 것, 증상들을 인지하는 것, 부모에게 도움을 받으라고 자문하는 것은 확실히 상담교사의 역할 범위 안에 있다. 청소년 우울증의 행동적, 정서적 및 신체적 증상을 요약하면 〈표 10-1〉과 같다.

2) 우울증의 유형

우울증의 주요 증상은 정도, 강도, 지속기간 등이 다양할 수 있다.

(1) 우울의 정도와 지속기간에 따른 구분

램지(Ramsey, 1994)는 우울증의 심각성과 지속기간에 따라 네 가지 유형을 확인하였다.

① 정상적인 우울

정상적인 우울은 가장 덜 심각한 상태로, 심리사회적 기능의 발현을 그저 미미하게 방해한다. 대개는 누구나 어떤 외부 실망에 대한 반응으로 시시각각 나타낼 수 있다. 예를 들면, 학생이 곤경에 처하거나 불량한 성적을 받을 때 또는 친구와 언쟁을 벌일 때 야기될 수 있다. 우울증의 주요 증상이 매우 가벼운 형태로 나타나며, 지지와 공감을 받으면 빠르게 회복될 수 있다.

② 만성적인 우울

만성적인 우울은 상태라기보다는 특성에 더 가깝다. 만성적으로 우울해하는 청소년은 모종의 외부 사건에 대한 반응이 없거나 아무런 분명한 이유 없이 침울해하는 경우가 많다.

③ 위기의 우울증

위기의 우울증은 외부 사건에 대한 반응이며, 심리사회적 기능 발현을 상당히 방해한다. 우울증의 주요 증상이 상당한 정도로 나타나며, 알코올이나 약물을 지나치게 사용하기 시작할 수도 있다(Ramsey, 1994). 이 학생들은 무기력하고 절망감을 느끼며 자살 생각에 사로잡힐 수 있다(Dixon, 1987). 상담교사는 이러한 학생을 지지하고 감시하여 증상이 나타나는 기간 동안 세심한 관심을 기울여야 하며, 증상이 2주 이상 지속되면 임상적 우울증이 아닌지 살펴보고 도움을 받도록 의뢰하는 것을 숙고해야 한다.

④ 임상적 우울증

임상적 우울증은 가장 심각한 우울증으로, 심리사회적 기능 발현이 상당히 손상되어 있으며 자살 생각이 보편적이다. 위기의 우울증처럼 흔히 외부 사건에 의해 야기되지만, 위기의 우울증과는 달리 학생이 언제, 어느 정도까지 정상 상태로 복귀할지는 분명하지 않다. 임상적 우울증을 발견하면, 상담교사는 학생을 외부 치료기관에 의뢰하여 장기 치료를 받도록 해야 한다.

(2) 우울증의 지배적 증상에 따른 구분

우울증의 지배적인 증상을 분류하면 상담교사가 학생들의 우울증을 파악하는 데 도움을 줄 수 있다. 레이놀즈(Reynolds, 1986)는 우울증을 일차적으로 걱정과 불안이 지배하는 정동적 우울증, 자기비하가 지배하는 인지적 우울증, 철수 또는 수행 감소가 지배하는 동기적 우울증, 또는 신체 증상이 지배하는 식물적 우울증으로 나눌 수 있다고 생각하였다. 맥콘빌과 브루스(McConville & Bruce, 1985)는 레이놀즈가 제시한 세 가지 유목을 활용하여 아동·청소년의 우울증을 슬픔과 무기력이 지배하는 정동적 유형(affective type), 의기소침과 낮은 자존감이 지배하는 자존감 유형(self-esteem type), 죄의식과 자기파괴적 행동이 지배하는 죄의식 유형(guilt type)으로 구분하였다. 정동적 유형과 자아존중 유형은 상담교사가 개인상담, 집단상담, 또는 학급활동을 통해 개입하기에 적절하다. 죄의식 유형은 훨씬 더 심각하며, 임상적 개입을 요구한다(Hart, 1991; McConville & Bruce, 1985).

3) 우울증의 평가

상담교사는 임상적 우울증을 지닌 아동·청소년을 대상으로 작업할 시간이 없으며 그러한 젊은이들은 외부 상담에 의뢰해야 한다.

(1) 평가 도구

상담교사가 의뢰 여부를 결정할 때 도움이 될 만한 몇 가지 평가도구는 다음과 같다.

① Reynolds Depression Scales(RDS)

레이놀즈(Reynolds, 1987)는 13~18세 청소년용 Reynolds Adolescents Depression Scale(RADS)을 개발하였다. RADS 척도는 우울증 및 기분부전증(dysthymia) 증상에서 도

출한 30문항으로 되어 있다. 응답은 1점(거의 없음), 2점(가끔), 3점(때때로), 4점(대개 있음)으로 채점되고, 점수 범위는 30~120점이다. 이어서 레이놀즈(Reynolds, 1989)는 3~6학년 아동용 Reynolds Child Depression Scale(RCDS)를 개발하였다. RCDS는 30문항으로 구성되어 있으며, 한 문항을 제외하고는 모두 4점 척도로 평정된다. 30번 문항은 행복에서 슬픔까지 상이한 정서를 나타내는 일련의 얼굴을 5점 척도로 표시하며, RCDS의 점수 범위는 30~121점이다. RADS와 RCDS는 실시하기 쉽고 완성하는 데 약 10분 걸리며, 예방을 위한 개인, 소집단, 또는 대집단 선별에 효율적이고 경제적인 방법을 제공한다(Ramsey, 1994). 우울증 위험 점수(77점 이상)를 받은 모든 학생은 6주 후에 다시 검사를 받아야 하며, 상담교사는 높은 점수를 유지하는 학생과 면담 시간을 갖고 외부 처치를 계획할 수 있다(Reynolds, 1986).

② Beck Depression Inventory(BDI)

벡과 동료들(Beck & Steer, 1993; Beck, Ward, Mendelson, Mock, & Erbaugh, 1961)이 청소년 및 성인을 대상으로 우울증의 심각성을 평가하기 위해 고안한 것으로, 1993년 개정된 BDI-II는 우울증의 정동적, 인지적, 동기적, 신체적 증상에 관계된 21문항으로 구성되어 있다. 수검자는 각 문항의 진술을 읽고 심각성의 정도에 따라 0, 1, 2, 3으로 평정한다. 점수 범위는 0~63점이며, 0~9점은 사소한 우울증, 10~16점은 경미한 우울증, 17~29점은 중간의 우울증, 30~63점은 심각한 우울증을 나타낸다. BDI는 개별 또는 집단으로, 구두 또는 서면 형식으로 실시될 수 있으며, 수기 또는 컴퓨터로 채점할 수 있다.

(2) 오진 위험

우울증 평가도구는 상담교사가 아동 · 청소년의 우울증을 다른 문제와 구별하는 데 도움이 될 수 있다. 그러나 청소년의 우울증은 쉽게 오진된다. 한 연구에서는 학습장애로 진단 받은 아동의 71%가 실제는 우울증으로 고통을 겪고 있는 것으로 밝혀졌고, 우울증 치료를 받았을 때 그들의 학습능력은 극적으로 향상되었다(Colbert, Newman, Ney, & Young, 1982). 다른 연구에서는 품행 문제를 지닌 아동의 33%가 우울증을 앓고 있는 것으로 밝혀졌고, 우울증 치료를 받고 나서 그들의 품행은 개선되었다(Puig-Antich, 1985). 따라서 학습 또는 행동 문제를 드러내는 학생과 맞닥뜨릴 때 상담교사는 그러한 문제의 가능한 원인 중 하나로서 우울증을 신속히 제거해야 한다.

4) 우울증의 원인과 개입 모형

맥위터 등(McWhirter et al., 2000)은 우울증의 원인을 다섯 가지 모델로 구분하였다. 즉, 생물학적, 정신역동적, 행동적, 인지적, 가족체제 모델이다.

(1) 생물학적 모델

우울증의 생물학적 모델은 유전적 모델과 생화학적 모델의 두 가지 유형이 있다. 유전적 모델(genetic model)은 유전적 요인이 기분 장애 분산의 대략 50%를 설명한다고 주장한다(Birmaher, Ryan, Williamson, Brent, & Kaufman, 1996). 우울증 부모를 둔 아동은 약 3배 정도 더 우울증을 경험하는 경향이 있다. 생화학적 모델(biochemical model)은 우울증을 호르몬 불균형으로 설명한다(Hart, 1991; Puig-Antich, 1985). 다른 학자들은 생화학적 불균형이 우울증의 원인이기보다는 오히려 그것의 결과라고 주장한다(Geddes & Butler, 2002; Hazell, 2002). 최근에 정신약물 개입이 아동 · 청소년에게 인기를 끌면서 생화학적 모델은 점차적으로 대중화되었다. 하지만 약물치료가 우울증을 겪는 젊은이에게 긍정적인 효과를 갖는다는 근거는 발견되지 않고 있다(Birmaher et al., 1996; Brent et al., 1996; Sommers-Flanagan & Sommers-Flanagan, 1996). 그럼에도 약물이 여전히 처방되고 있고, 상담교사는 그것이 무엇이며 어떤 종류의 부수 효과를 갖게 될지를 알아야 한다.

(2) 정신역동적 모델

전통적인 정신역동 이론은 우울증을 내부를 향한, 자기를 향한, 판단하고 통제하는 초자아에 연결된 분노로 기술한다. 아동 및 청소년기는 여전히 초자아 형성 단계이기 때문에, 프로이트학파는 이 연령층에서는 우울증이 나타나지 않는다고 추론하였다(Hart, 1991). 최근의 정신역동적 모델은 젊은이들의 우울증을 아동기 무기력과 일차 양육자와 정서 유대의 붕괴에서 비롯되는 상실로 기술한다. 그 결과는 자존감의 상실이다. 아동 또는 청소년은 내적 자기가치감이 전혀 없고, 그 대신 외부 원천에 의지하여 그의 자기가치를 확인하며, 외부 원천이 상실될 때 우울해진다(Capuzzi & Gross, 2000). 정신역동적 관점을 채택하지 않더라도, 상담교사는 우울증을 정서 유대의 상실로 이해하고 우울증을 앓고 있는 학생들과 양육적인 관계를 육성하여 초기 정서적 상실 경험을 중화하도록 도움을 줄 수 있다(Hart, 1991).

(3) 행동적 모델

행동주의자들은 정상으로 보이는 행동에 대한 정적 강화의 결여가 우울증의 주요 원인이라고 주장한다. 우울증을 앓는 학생은 시간이 흐르면서 점점 더 정적 강화를 결과하는 행동을 덜 하게 된다. 그러나 이러한 행동은 주변 사람들의 주의를 끌게 되어 자신이 상황을 통제하고 있다는 느낌을 갖게 한다. 그렇다면 우울증 증상들은 정적 강화 결핍의 원인이자 귀결인 셈이다. 치료의 열쇠는 우울증 행동을 강화하는 것이 아니라 과제 수행과 사회적 기능 발현에서 모두 향상을 보여 주는 제반 행동에 대해서 칭찬과 격려를 제공하는 것이다(Bauer, 1987). 상담교사는 교사와 협력적으로 작업해야 하며, 사회적 기술이 부족하여 고립된 학생들을 위해 사회기술훈련 집단을 운영할 수 있다.

학습된 무기력(learned helplessness)은 문제 해결 또는 상황 개선을 위한 노력에서 일련의 연속적인 실패에 대한 반응이다(Seligman, 1974). 아동과 청소년의 학습된 무기력은 흔히 학업을 중심으로 진행되며, 대부분의 인생 맥락에 일반화된다. 그들은 자신의 학업을 개선하기 위해 수많은 시도를 하지만 성공하지 못한 채 포기하고 절망감과 우울증에 빠진다. 그들은 외적 통제소재(예: “자신의 인생은 외부 힘에 의해 통제된다.”)와 내적 책임소재(예: “자신을 스스로 책망한다.”)를 갖고 있으며, 자신이 무엇을 시도하건 아무런 변화도 가져올 수 없다고 확신하게 된다. 슐로스(Schloss, 1983)는 학생들이 학습된 무기력을 극복하도록 돕기 위한 몇 가지 전략을 다음과 같이 제안하였다.

- 작업 과제를 작은 단계로 나누어 점진적으로 제시하여 학생에게 숙달 및 성공의 감각을 부여하고 항구적인 실패의 감각을 피할 수 있게 돕는다.
- (작업 부과 또는 자기보상을 선택하는 일에서처럼) 선택과 힘을 얻기 위한 기회를 제공하여 무기력을 중립화한다.
- 원인과 결과를 알아보는 능력이 부족한 우울증 학생에게는 언어적 피드백과 설명을 좀 더 많이 제공한다.
- 자신감을 키우기 위해서, 학생이 스스로 행동과 성과를 확인할 수 있게 격려한다.

(4) 인지적 모델

인지적 모델에 따르면, 우울증은 부정적 또는 비합리적 사고의 직접적인 결과이다. 벡(Beck, 1967)은 우울증의 인지이론을 개발한 최초의 인물이며, 그 후 그와 동료들(Beck, Rush, Shaw, & Emery, 1996)은 우울증을 앓고 있는 사람의 세 가지 특징, 곧 인지 삼제를 기술하였다. 인지 삼제(cognitive triad)는 자기, 세계, 미래에 대한 세 가지 부정적 생각 패턴으로 구성되어 있다. 시간이 지나면서, 이러한 생각 패턴은 도식(schemas)으로 발전한다. 도식은 개인의 인지적 구성의 일부가 되며, 마치 성격 특성과 같이 환경 자극을 여과하고 자신의 부정적 식견에 맞도록 왜곡한다. 심지어는 가장 긍정적인 경험조차도 왜곡한다. 예를 들어, 우울증 아동은 좋은 성적으로 칭찬을 받아도 "선생님은 아마도 실수했다고 느낄 거야."라고 반응할 수도 있다. 우울증 아동은 "나는 항상 실패해." "나는 아무것도 잘 못해." "아무도 나를 좋아하지 않아."와 같이 부정적인 자기진술(self-talk)을 자주 한다.

우울증을 앓고 있는 학생을 상담할 때, 첫 단계는 그 학생이 부정적인 자기진술을 긍정적인 자기진술로 대치하도록 가르치는 것이다. 상담교사는 보통 학생에게 "네 자신에게 '나는 나쁜 사람이야.'라고 생각할 때마다, '나는 좋은 사람이야.'라고 말하여 자기진술을 수정했으면 해."와 같이 말하고 연습하도록 과제를 부과한다. 다른 접근은 교육과정 수업을 통해 생각과 감정의 관계성을 가르치는 것과 역할놀이 활동을 통해 아동기 우울증의 증상(또래 거부, 죄의식, 실패 감각 등)에 집중하는 것이 있다(Clarizio, 1985). 렘(Rehm, 1977)은 우울증이 자기감시, 자기평가, 자기강화 등 세 가지 인지과정 결함의 산물이라고 설명하였다. 우울한 아동은 오직 부정적인 사건에만 주의를 기울이며, 종종 긍정적인 자기평가에 대해서는 높은 표준을 적용하고 부정적인 자기평가에 대해서는 낮은 표준을 적용하여 부정적으로 자기를 평가한다. 또한 우울한 아동은 사건의 원인을 외적 통제소재와 내적 결함으로 돌리는 부정적인 귀인 양식을 지니는 경향이 있다. 따라서 개입의 주요 목표는 학생이 좀 더 많은 자기통제감을 갖도록 조력하는 것이다. 상담교사는 그 학생에게 작고 다루기 쉬운 과제를 부과하고 그 과제를 달성할 때 긍정적 강화를 사용하거나, 학생들의 자기통제감을 증진하기 위한 집단 상담을 운영할 수 있다.

(5) 가족체제 모델

가족체제 이론가들은 우울증의 징후 행동과 같은 아동의 행동이 가족체계의 균형(동질정체)을 유지한다고 믿는다(Bowen, 1976; Satir, 1991). 그들은 단지 아동만 치료하는 것을 용인하지는 않으며, 가족이 치료를 받아야 한다고 주장한다. 상담교사는 우울증을 앓고 있는 학생과 작업하는 과정에서 가족 역동을 고려해야 한다. 상담교사는 학부모를 자문하는 동안에 그녀가 자녀의 우울증을 어떤 식으로 이용하고 있다는 단서들을 찾을 수 있다. 예를 들어, 아동의 질환은 부모가 해결해야 할 다른 문제보다 자녀에게 정신 에너지를 집중하도록 만든다. 아동의 우울증이 가족체제에서 어떤 기능을 하고 있다는 증거가 발견된다면, 상담교사는 조심스럽게 가족 상담을 제안할 수 있다.

(6) 집단 개입

앞에서 언급한 대부분 모델에서 개입의 초점은 아동 개개인의 자존감 발달을 조력하는 일에 집중되어 있다. 그러나 우울증을 앓고 있는 학생은 또한 빈약한 사회적 기술을 갖고 있는 경우가 많으며, 이러한 문제에는 집단상담이 도움이 될 수 있다. 집단은 인지적 및 행동적 구성요소를 모두 포함한다(Sommers-Flanagan, Barrett-Hakanson, Clarke, & Sommers-Flanagan, 2000). 주요 회기는 기분 탐색, 기쁜 일들, 긴장 해소, 강점 폭격, 긍정적 사고, 문제 해결, 우정 기술, 목표 설정 등을 포함할 수 있으며, 또한 각 회기에는 과제를 부과하여 학생들이 배운 것을 실천하도록 도와야 한다. 상담교사는 이러한 주제와 아이디어를 확장하기 위해 다양한 활동을 전개할 수 있다. 집단 과정에서 단순히 타인들과 함께하면서 경험을 공유하는 것만으로도 학생들은 자신이 좀 더 행복하다고 느끼게 될 수 있다.

3. 청소년 자살 행동의 조기 발견과 예방

청소년 자살에 대한 최선의 해결책은 자살 행동을 예방하는 것이다. 청소년은 자살을 시도하기 전에 자신의 위기를 알리는 언어적 및 행동적 단서를 나타낸다. 상담교사는 자살의 조기 경고 신호를 잘 인식하고 자살 위험을 평가하며 범 학교 차원에서 자살 예방 프로그램을 개발하여 적용할 수 있어야 한다.

1) 청소년 자살의 경고 신호

자살을 시도하거나 성공하는 청소년들에게, 자살은 자신을 지킬 수 없는 상황에서 유일한 출구이다(Peach & Reddick, 1991). 그러한 상황에서 바로 벗어나거나 도움을 요청하지 않을 수도 있지만, 10대는 거의 항상 자신의 심정을 말이나 행동으로 암시한다. 청소년이 자살을 시도할 때는 다음 변수 중 몇 가지가 함께 겹쳐서 그에게 자살이 유일한 출구라는 것을 확신하게 한다.

(1) 언어적 단서

실제로 일부 청소년은 "나 죽을 거야." "그냥 죽고 싶어."와 같이 자신의 자살 의도를 직접 전달한다. 하지만 대부분은 "집에 가고 싶어." "난 더 이상 여기에 없을 거야." "그들은 나에게 한 짓을 미안해할 거야." "몹시 피곤해." "죽음이 어떤 건지 궁금해." "그들은 내가 얼마나 심각한지 알게 될 거야." "사정이 결코 더 나아지진 않을 거야." "항상 그러한 느낌이 들어." "아무도 신경 쓰지 않아." "나 없으면 사람들은 좀 더 나아지겠지."와 같이 흔히 은유적 언어를 사용하여 자신의 의도를 교묘하게 전달한다(Capuzzi & Gross, 2000; Kalafat, 1990). 이것은 단지 몇몇 예에 불과하다. 어떤 학생이 이상하게 받아치거나 다양하게 해석할 수 있는 어떤 말을 할 때, 상담교사는 그에게 재빨리 "'그들이 미안해할 거야'라는 말이 무슨 뜻인지 좀 더 이해할 수 있게 도와줄 수 있겠니?"라고 물어서 명료화해야 한다.

상담교사는 또한 청소년들의 생각을 알아차릴 만한 주제에 민감해야 한다. 카푸지와 그로스(Capuzzi & Gross, 2000)는 청소년의 입장에서 자살에 대한 생각을 신호하는 아홉 가지 주제를 열거하고, 이를 다시 세 가지 주요 자살 기능 중 한 가지로 범주화하였다. 모든 자살은 어느 한 가지에 기여한다.

- 어려운 상황을 피하려는 것: 곤란한 상황을 피하려고 함, 처벌을 피하려고 함, 해결 불가능한 것처럼 보이는 갈등을 종식시키려 함
- 자신의 삶을 통제하려는 것: 어떤 이를 조종하려고 함, 죽음이 언제 어떻게 일어날 것인지 통제하려 함, 가족 또는 친구의 관심을 끌려고 함
- 고통을 전달하려는 것: 죽은 사람에게 합류하려고 함, 처벌 받기를 원함, 복수를 원함

(2) 행동적 단서

상담교사는 또한 자살 의도의 신호가 될 만한 행동에 주의를 기울여야 한다. 카푸지와 그로스(Capuzzi & Gross, 2000)는 우려할 만한 원인이 되는 몇 가지 행동을 확인하였다. 상담교사는 이러한 행동을 모두 확인할 수는 없으며, 종종 교사, 학부모, 또래에게서 얻은 정보에 의지한다.

- 개인적 행복에 관한 관심의 부재: 빈번히 청소년은 자신을 위험에 빠뜨림으로써 자살 경향성을 누설한다. 예를 들면, 무모하게 운전하거나 친구들에게 대담한 짓을 하거나 자신을 상처 내거나 칼로 긋는다. 상담교사는 아이들이 고통스럽지만 그것을 표현하

지 못할 수도 있음을 이해해야 한다.

- 사회적 패턴의 변화: 사회적으로 적극적이던 학생이 갑자기 고립적인 아이가 되고, 평소 고분고분하던 학생이 논쟁적이고 반항적이 되거나, 어떤 학생이 친구 집단을 떠나서 좀 더 대담하고 반항적인 다른 집단에 합류할 수 있다. 상담교사는 이러한 학생의 갑작스러운 행동 변화를 주목해야 한다.
- 학업성취도의 저하: 어떤 모범적인 학생이 갑자기 학업에 흥미를 잃는다면, 이는 그 자체가 우울증의 한 증상일 수 있다. 성적이 급격히 떨어진다면 자포자기를 의미할 수 있다. 또한 어떤 학생이 어떤 문제에 관해서 모호한 태도를 보이거나 말하기를 거절한다면, 상담교사는 모른 체하면 안 된다.
- 집중하고 분명하게 생각하기 어려움: 이러한 어려움 역시 우울증의 증상이며, 어떤 학생이 자신의 에너지를 자살을 계획하는 일에 집중하고 있음을 나타낼 수 있다.
- 섭식 및 수면 패턴의 변화: 섭식 및 수면 장애의 원인은 많으며, 우울증과 자살 경향성도 그 원인 중 한 가지이다. 상담교사는 체중의 극적인 감소나 증가를 주시해야 하며 교사들에게 수업 중에 꾸벅거리는 학생들을 주시하라고 요청해야 한다.
- 사생활을 정리 또는 보상하려는 시도: 어떤 청소년이 신변을 정리하려고 시도한다면, 이는 그가 죽으려고 준비하고 있다는 신호가 될 수 있다. 종종 오랜 친구에게 전화를 걸어서 깨졌던 관계성을 회복하려고 하거나, 또는 중요한 물건을 나누어 주거나 미루었던 프로젝트를 충동적으로 끝내려고 한다.
- 알코올 또는 약물의 사용/남용: 지속적인 약물 사용은 청소년에게 자살 생각을 억제하는 심리적 방어기제를 무력화할 수 있다. 물질 남용은 충동성을 증가시키는 동시에 의사소통 기술을 감소시킨다. 그렇다면 약물 남용 청소년에게는 특정한 시점에서 자살이 하나의 실행 가능한 옵션으로 보일 수 있다.
- 타인의 문제 또는 생각에 대한 과도한 관심: 자신의 고통에 대한 하나의 방어로서, 자살 청소년은 타인이 어떻게 느끼고 생각하는가에 과도한 관심과 반응을 나타낼 수 있다. 이처럼 타인에게 열중함으로써 자신의 문제보다 다른 문제에 좀 더 집중하거나 자신의 고통을 역설적으로 전할 수 있게 된다.
- 죽음 및 폭력의 주제에 대한 몰두: 파괴, 죽음, 임종을 소재로 한 영화, 서적, 음악, 비디오 게임, 회화, 저술은 자살 경향성을 부추길 수 있다. 많은 청소년은 이러한 미디어를 통해서 죽음이나 폭력의 유혹에 이끌리며, 그러한 주제에 주요 관심을 보일 때 상담교사는 주의를 기울일 필요가 있다.

- 우울한 시기 후에 찾아오는 갑작스러운 호전: 이런 증상을 보이는 학생은 자살 위험성이 높다. 그는 자살을 결행하기로 결심하고 그 계획을 실행하려 움직이고 있는 것이다. 이러한 신호는 우울증이 사라지고 있음을 알리는 점진적인 호전이 아니라 갑작스럽고 극적인 변화인 것이다.
- 성적 활동의 갑작스러운 시도 또는 증가: 청소년이 난잡한 성적인 활동을 시도하거나 이러한 활동이 증가한다면, 이는 흔히 자살에 대한 생각 및 감정에서 주의를 돌리는 방식이다. 원치 않는 임신이나 난잡한 행위에 대한 죄책감은 청소년의 자살 경향성을 증가시킬 수 있다.

2) 자살 위험의 평가

일단 개인적인 관찰이나 교사, 학부모, 다른 학생에게서 파악한 정보로부터 어떤 학생이 자살을 시도할 수도 있다고 인지하면, 상담교사는 그 학생의 실제 위험 수준을 평가하고 그에 따라 개입의 방향과 정도를 결정해야 한다.

(1) 자살 면접

상담교사는 청소년의 자살 위험을 평가하기 위해 자살 면접을 계획할 수 있다. 평가는 자살 생각, 자살 의지, 자살 계획, 자살 시도 내력의 네 가지 차원에서 이루어진다(Sciarra, 2004). 〈표 10-2〉는 학생의 자살 위험을 평가하기 위한 자살 면접의 실제적인 지침을 개괄한 것이다. 이는 상담교사가 자살 위기에 질서정연하고 전문적으로 대처하는 데 도움이 될 것이다.

(2) 보호 요인

자살 위기를 평가할 때는 보호 요인도 함께 고려해야 한다. 상담교사는 몇 가지 질문을 던져서 보호 요인을 파악할 수 있다(Junke, Granello, & Granello, 2015). 현재 환경에서 학생들의 안전을 지켜 주는 것은 무엇인가? 그들은 가족이나 친구로부터 지지를 받고 있는가? 그들이 현재 치료를 받고 있거나 과거에 치료를 받은 경험이 있는가? 그렇다면, 부모나 치료사를 만나서 진행 중인 개입을 파악할 수 있는가? 그들은 위기 상황에서 도움이 될 만한 자원을 찾을 수 있는가? 학생들이 알 수 있는 강점은 무엇인가? 마지막으로 삶의 이유에 대한 평가가 포함되어야 한다. 삶의 이유("무엇이 그의 삶을 지속하게 하는가?")를 묻는 것만

〈표 10-2〉 **자살 면접의 개요**

차원	내용
1. 자살 생각 (suicidal ideas)	자살 생각의 빈도, 지속기간 및 강도에 있어서 변이성은 위험 수준의 한 가지 지표이다. 어떤 학생의 자살 생각이 빈번하고 오랜 시간 지속되며 그 학생의 일상을 방해할 때 그 학생의 자살 위험은 증가한다. 자살 생각의 빈도, 지속기간 및 강도를 결정하려면, 상담교사는 다음과 같은 질문을 던져야 한다. • 하루 동안에 자신을 해치는 것을 얼마나 자주 생각하는가? • 자신을 해치는 것에 대한 생각이 들 때, 그 상념은 얼마나 오래 머물러 있는가? 당신은 얼마나 오래 그러한 상념에 빠져 있는가? • 이러한 생각이 들 때 당신은 하던 일을 계속할 수 있는가, 아니면 이러한 생각이 당신의 모든 활동을 방해하는가? 어떤 학생의 자살 생각이 빈번하지 않고(예: 오직 하루 한 번) 오래 지속되지 않으며(예: 단지 몇 분) 그 학생이 자신의 일상을 계속할 수 있다면, 그의 자살 위험은 낮다. 이 경우 상담교사는 단순히 학부모에게 알리고 고립 또는 변덕의 증가나 방에 처박혀 있는 것과 같은 증상 목록을 제시하여 지켜보게 해야 한다.
2. 자살 의지 (suicidal volition)	핵심 질문은 "너 자신을 해치길 원하니?"이다. 대부분 학생은 "아니요."라고 답하고, 자신은 단지 그것에 관해서 생각만 할 뿐이라고 대답한다. 학생이 자신을 해치고 싶다고 말할 때, 자살의 위험은 자동적으로 최소한 보통 수준으로 증가한다. 상담교사는 부모에게 즉각 알리고 학교에 나오라고 요청하며 가까운 병원에 데려가서 정신과 평가를 받아 보라고 지시해야 한다.
3. 자살 계획 (suicide plan)	자살 계획을 세우는 일은 자살의 위험을 증가시킨다. 상담교사는 "자신을 해쳤다면, 그것을 어떻게 했을까?"라고 질문한다. 학생이 "몰라요." 또는 "그것에 관해서 실제로 생각한 적이 없어요."라고 대답하거나, 또는 언제, 어떻게 시도할 것인지 구체적인 자살 계획을 제시할 수 없다면, 자살의 위험은 좀 더 낮다. 여기서 고려해야 할 또 다른 요인은 자살 방법의 치명성(예: 흉기 vs. 알약)이다. 자살 의지와 자살 계획이 더해지면 자살의 위험을 높은 수준까지 증가시킨다. 상담교사는 일단 진행 상황을 학부모와 교장에게 알리고 119에 전화하여 학생이 즉각 정신과 진단을 받도록 조치해야 한다. 극단적인 경우, 자살의 위험이 급박하다고 결정했을 때에는, 상담교사는 우선 학생을 병원에 후송한 후 학부모에게 전화를 걸 수도 있다.
4. 자살 시도 내력 (a history of attempted suicide)	자살 시도의 내력은 자동적으로 학생의 현재 위험을 증가시킨다. 스피리토와 동료들(Spirito, Plummer, Gispert, & Levy, 1992)은 자살을 시도한 사람의 10%가 3개월 내에 또다시 그렇게 한다는 사실을 밝혀냈다. 상담교사는 항상 "과거에 자신을 해치려고 시도한 적이 있니?"라고 질문하고, 있다면 이전 시도의 치명성을 탐문해야 한다. 약간의 알약을 복용하는 것과 심각한 부상으로 병원에 실려 가는 것 간에는 유의미한 차이가 존재한다. 자살 생각은 있고 자살 의지는 없을 때, 즉 어떤 자살 학생이 전에 언젠가 자신을 해치려고 시도했다면, 상담교사는 현재의 위험이 보통 수준은 된다고 간주해야 한다.

출처: Sciarra (2004), p. 262.

으로도 자살 위기에 처한 학생의 마음에 풍부한 통찰을 주고 위험 수준을 알 수 있는 중요한 단서를 얻을 수 있다.

(3) 자살 평가 체크리스트

자살 위험에 대한 질문을 안내하기 위해 개발된 체크리스트는 단지 평가 면접을 돕는 것이지 그 자체로 자살 위험을 평가하는 완벽한 도구는 아니다. 따라서 체크리스트를 사용할 때에는 다음의 두 가지 사항을 유념해야 한다(Junke, Granello, & Granello, 2015). 첫째, 자살 위험 평가 면접을 할 때 부자연스럽고 틀에 박힌 접근을 한다면 라포를 형성하는 데 부정적인 영향을 미칠 것이다. 둘째, 체크리스트의 점수 산출을 중단하고 제시된 질문을 일반적인 지침으로만 다루어야 한다. 자살 위험 수준을 산출하기 위해 객관적인 점수 체계를 제시하는 것은 지극히 위험하며 부적절한 사용을 조장할 수 있다.

(4) 'IS PATH WARM' 체크리스트

때로는 줄임말을 사용하면 면접자가 자살 위험 평가 면접에서 다루어야 할 중요한 영역을 상기하는 데 도움이 될 수 있다. 'IS PATH WARM'은 미국자살학회(American Association of Suicidology: AAS, 1998)가 추천한 약어로, 각 글자는 중요한 자살 위험 요소를 표기하는 영단어의 첫 문자를 나타내고 있다. 자살 평가를 위한 다른 줄임말도 있지만 'IS PATH WARM'은 공인된 말이다. 약어의 각 지표와 구체적인 위험 징후는 다음과 같이 연결되어 있다(Junke, Granello, & Lebron-Striker, 2007).

- I(Ideation): 자살에 대한 생각, 자살이나 죽음에 대한 글이나 말을 포함
- S(Substance abuse): 술, 약물과 같은 물질 남용, 특히 그 빈도의 증가

- P(Purposelessness): 무의미함, 살아야 할 이유도 삶의 의미도 없음
- A(Anxiety): 불안, 짜증, 불면(또는 과다수면), 안절부절못함, 극심한 심적 동요
- T(Trapped): 갇혔다는 느낌, 현재 상황에서 벗어날 방법이 없으며 극심한 심리적 고통 속에서 사는 것과 죽음 이외에는 다른 선택지가 없음
- H(Hopelessness): 절망과 무기력, 자신 · 타인 · 미래에 대한 부정적인 관점

- W(Withdrawal): 이전에는 즐거움을 주었던 친구, 가족, 사회 또는 활동과의 단절

- A(Anger): 화, 분노, 통제할 수 없는 격분, 복수하고자 함
- R(Recklessness): 무모함, 아무런 생각 없이 위험한 행동에 참여함
- M(Mood change): 극적이고 변덕스러운 기분의 변화

(5) 자살 사고 질문지

표준화된 평가도구는 상황에 대해서 좀 더 명확한 그림을 보여 주는 부가적인 정보를 제공할 수 있다. 자살 사고 질문지(Suicide Ideation Questionnaire: SIQ)는 중학교와 고등학교 청소년의 자살 생각을 측정하기 위해 개발되었다(Reynolds, 1988). 중학생용은 15문항으로 구성되어 있고, 고등학생용은 30문항으로 구성되어 있다. 학생은 지난 한 달 동안 자신이 자살 관련 각 문항에 관해서 얼마나 자주 생각했는지를 7점 척도(1=전혀 없음, 7=거의 매일)로 평정한다. 질문지에는 특정한 자살 계획을 갖고 있는 것에 관계되어 있는 8개 문항이 포함되어 있으며, 이 결정적인 문항은 즉각적인 추가적 선별이 필요함을 지적한다. SIQ는 완성하는 데 대략 10분 정도 걸린다. 그것은 단지 선별도구일 뿐이다. 상담교사는 질문지를 사용하여 대규모 집단을 선별하고 난 후 점수가 높은 학생을 대상으로 추수 평가를 실시할 수 있다. 또한 SIQ는 범 학교 차원의 자살 예방 프로그램에 대한 요구를 평가하는 데 사용될 수 있다. 하지만 많은 자살 평가 도구는 신뢰도와 타당도가 낮거나 검증되지 않았으며, 자살 예방에 대한 일반적 접근에서 사용되는 자살 선별 도구를 제외하고는 학교 현장에서는 거의 사용되지 않는다.

3) 학교 기반 자살 예방 프로그램

자살 예방 프로그램이 없다면 학교는 학생들이 자살 행동에 관하여 비밀로 해야 하는 장소가 될 수 있고, 교사는 학생들의 문제 행동을 보아도 무슨 말을 해야 할지 불확실하며, 자살에 대한 잘못된 믿음이 일반적인 기준이 되어 버릴 수 있다(Junke, Granello, & Granello, 2015). 학교는 청소년의 자살을 예방하는 데 핵심적인 역할을 수행한다. 학교 기반 자살 예방 프로그램을 통해 자살 시도 위험이 있는 학생의 생명을 구할 수 있을 뿐만 아니라 평생을 통해 지속되는 도움 추구 행동이나 친사회적 행동을 가르칠 수 있다. 긍정적이고 생산적인 학습 환경을 통해 위기 학생들의 위험 신호를 감지하고 개입하며, 또한 학생들의 개인적, 사회적, 정서적 욕구에 반응하는 프로그램과 자원을 제공함으로써 아동·청소년을 자기파괴 행위로부터 안전하게 지킬 수 있다. 자살 예방 프로그램이 학생들의

정신건강을 증진시키려는 노력의 일부가 될 때 극적인 결과를 가져올 수 있다(Aseltine & DeMartino, 2004).

(1) 자살 예방 프로그램의 세 단계

학교 기반 자살 예방 프로그램은 학생, 학부모, 교사, 교직원을 대상으로 선별, 교육, 기술에 기초한 훈련을 실시하는 것이다. 이러한 접근은 예방을 위한 보편적 개입, 위험군을 위한 선택적 개입, 고위험군을 위한 개별적 개입의 세 단계로 구분하는 정신건강 개념에 뿌리를 두고 있다(Junke, Granello, & Granello, 2015).

① 보편적 개입

보편적 개입(universal interventions)은 학생, 학부모, 교직원 등 학교 전체를 대상으로 한다. 이러한 개입의 내용은 자살에 대한 위험 신호와 위험 요소, 도움을 추구하는 방법, 잠재적 자살 위험이 있는 학생이나 동료를 대하는 방법 등에 대해 교육과 훈련을 실시하는 것, 자살에 대한 낙인을 줄이고 교내 도움 추구 행동과 지지 반응을 이끌어 내는 것, 포괄적인 대처 기술과 보호 요인에 대해 교육하는 것, 구성원의 소속감(연대의식)과 학교 공동체 참여를 강화하는 것, 자살 위험이 있거나 정신건강 문제가 우려되는 사람을 선별하는 것 등을 포함한다.

② 선택적 개입

선택적 개입(selective interventions)은 전환기에 있는 학생, 부적절한 대처 기술을 가지고 있는 학생, 자살에 노출된 적이 있는 학생과 같이 특정한 위험 요소를 지닌 일부 집단을 대상으로 한다. 이러한 개입의 내용은 대처 기술을 강화하기 위한 심리교육, 회복력과 도움 추구 행동을 증진하기 위한 프로그램, 자살 위험에 대한 평가와 선별, 지역사회 자원과의 연계 등을 포함한다.

③ 개별적 개입

개별적 개입(indicated interventions)은 선별 절차에서 고도의 자살 위험이 있는 것으로 확인된 사람을 대상으로 한다. 이러한 개입의 내용은 포괄적이고 지속적인 자살 위험 평가, 지역사회 자원의 연계 또는 의뢰, 개인, 부모, 정신건강 전문가와의 지속적이고 열린 대화, 일과 수행 중 위기를 모니터링할 수 있는 프로토콜과 확산을 막기 위한 절차 확립 등을 포함한다.

청소년 자살 문제에 대한 개입은 위험 수준에 따라 달라진다. 자살 청소년에게는 일반적으로 긴급 처방과 장기 처방이 요구된다. 긴급 처방은 위기에 대한 대응을 말하며, 상담교사는 매뉴얼에 따라 자살 위험(낮음, 중간, 높음)을 평가하고 상황을 진정시키기 위해 개입을 설계할 책임이 있다. 장기 처방의 경우, 상담교사는 학부모에게 연락하여 자녀가 외부 전문기관의 치료를 받을 수 있도록 의뢰해야 한다.

(2) 자살 예방 프로그램의 구성요소

상담교사가 자살 청소년을 발견하여 개입하는 것은 중요하지만 학교 기반 자살 예방 프로그램의 단지 한 부분일 뿐이다. 학교상담 프로그램은 상황적이고 반응적인 것이 아니라 종합적이고 선도적인 것이 되어야 한다. 말리, 쿠시, 보고(Malley, Kush, & Bogo, 1994)는 청소년용 종합적인 자살 예방 프로그램의 구성요소를 다음과 같이 제시하였다.

- 공식적인 자살 정책과 자살 위기 학생을 다루는 서면 절차
- 교사와 다른 교직원을 위한 현직 훈련과 학급에서 자살 예방 토의
- 현장의 정신건강 전문가와 정신건강 팀
- 학부모 및 학생 배포용 자살 예방 자료
- 위험에 처한 학생을 식별하기 위한 선별 프로그램
- 위험에 처한 학생을 위한 정신건강 상담
- 상담교사를 위한 자살 예방 및 개입 훈련과 의뢰 자료
- 상담교사가 잠재적 자살의 치명성을 평가할 때 사용할 특정 준거의 서면 진술
- 종합적인 자살 예방 프로그램을 평가하는 방법을 기술하고 있는 서면 정책
- 실제 자살 사건에서 사후조치에 대한 구성요소

(3) 협력 체계 구축하기

자살 예방은 상담교사의 단독 책임이 아니며, 교사, 학부모, 또래 학생 역시 위기에 처한 학생과 친한 관계를 맺고 있기 때문에 학교 기반 자살 예방 프로그램에서 중요한 역할을 한다. 각 집단이 자살 예방 프로그램에서 담당해야 하는 독특한 역할은 다음과 같다(Sciarra, 2004).

① 교사와 함께 작업하기

교사는 낮 동안 다른 성인보다 학생과 함께 있는 시간이 더 많기 때문에 어떤 학생이 자살 위험에 처해 있음을 나타내는 행동 변화를 인지하는 최초의 사람일 수도 있다. 하지만 대부분 학교에서는 교직원에게 자살 탐지 및 예방에 대한 현직연수를 거의 제공하지 않는다(Malley et al., 1994). 교사가 청소년 자살을 예방함에 있어서 핵심 역할을 수행하는 데 필요한 정보는 1~2시간의 현직연수로 대부분 전달될 수 있다(Kalafat, 1990). 학교에 서면 자살 정책이 마련되어 있다면 그것을 배포하고, 청소년 자살에 대한 자료, 오해, 위험 요인, 경고 신호, 일반적인 프로파일을 담은 유인물을 함께 설명한다. 중요한 것은 어떤 학생이 자살 위험에 처해 있다고 느낄 때 교사의 첫 번째 책임은 그 학생을 상담교사에게 의뢰하여 평가를 받도록 하는 것이다. 또한 청소년 자살 예방의 핵심 요인은 교사가 학생들과 긍정적인 관계를 발달시키는 것이라는 점을 강조할 필요가 있다. 포펜하겐과 퀄리(Popenhagen & Qualley, 1998)는 교사가 학생들과 긍정적인 관계를 발달시키기 위해서 다음 사항에 각별히 유념할 것을 제안하였다.

- 학생들을 공감적으로 경청하라.
- 정기적으로 모든 학생을 긍정적으로 강화하라.
- 학생들이 좀 더 나은 대처 및 의사결정 기술을 학습하도록 조력하라.
- 자살을 논의할 때 하나의 난제로서 자신의 무능력이 자살 생각이나 자살 행동을 알리려는 어떤 학생의 노력을 이해하는 데 방해가 될 수 있음을 자각하라.
- 학생들에게 비현실적인 목표를 강요하려고 애쓰지 말고, 학생의 모습을 있는 그대로 수용하라.
- 학생 문제의 심각성을 인지하고, 학생이 귀찮아하는 것을 결코 무시하거나 억지로 들추려 하지 말라.

② 부모와 함께 작업하기

학부모 역시 모든 학교 기반 자살 예방 프로그램에서 협력자가 되어야 한다. 그러나 자살이라는 논제는 많은 사람을 놀라게 하며, 상담교사는 역시 학부모와 자살 문제에 관해서 대화할 때는 민감할 수밖에 없다. 학부모는 자신의 위기를 털어놓을 수 있는 학생이 자신에게 해를 끼치지 않고 그러한 위기를 더 쉽게 관리하는 경향이 있음을 이해해야 한다.

자살에 대한 학부모의 두려움은 학교의 자살 예방 노력에 대한 저항을 불러일으킬 수 있다. 이러한 저항을 극복하는 데 가장 유용한 도구는 정확한 정보이다. 교직원을 위한 현직연수 프로그램에 포함된 많은 자료는 학부모를 대상으로 한 워크숍에서도 사용될 수 있다. 또한 상담교사는 상담실에 학부모용 자살 관련 팸플릿을 비치할 수 있다. 자살에 대한 학부모의 오해를 바로잡는 것은 특히 중요하며, 자살의 위험 요인과 경고 신호에 대한 지식을 알면 자녀 친구들에게 도움을 줄 수 있다고 말하여 참여를 유도해야 한다. 일부 10대는 자신의 문제를 자기 부모보다는 친구 부모와 좀 더 쉽게 공유한다.

자기 자녀든 다른 사람의 자식이든 자살 청소년을 의식하게 되면, 학부모는 해야 할 일을 알고 있어야 한다. 그 청소년이 학생이라면, 그는 상담교사에게 알려야 하며 또한 지역사회의 자원 목록을 갖고 있어야 한다. 학부모가 이러한 정보를 계속 비밀로 감추는 것은 아동에게 도움이 되지 않는다. 자살 위기에 처한 청소년이 학생이 아니라면, 어른은 그의 부모와 접촉하여 무엇이건 그에게 필요한 자원을 제공하고 도움을 요청하도록 해야 한다. 이 네트워킹은 양쪽 모두에게 유의미한 상승효과를 가지며, 청소년 자살에 관한 정보를 지역사회에 유포하여 학교의 예방 노력을 확대하는 상담교사의 직무를 좀 더 중요한 것으로 만든다.

③ 또래와 함께 작업하기

청소년은 자신의 문제를 성인보다 또래와 좀 더 쉽게 공유하며, 자살에 관한 그의 생각도 예외가 아니다. 따라서 자살 예방 프로그램은 학교의 전체 학생에게 확대되어야 한다. 여기서 또한 가장 중요한 메시지는 자살 문제에 대해서는 기밀을 유지할 수 없다는 것이다. 상담교사는 가능한 모든 수단을 동원하여 학생들에게 친구의 자살 생각을 계속해서 비밀로 하면 그를 위험에 빠뜨리고 있는 것이라는 점을 납득시켜야 한다. 한 가지 효과적인 전략은 그들에게 친구가 자살을 시도했지만 그것을 예방하기 위해 아무런 노력도 기울이지 않았던 것을 상상하게 하는 것이다.

교사나 학부모와 마찬가지로, 학생들은 자살 위험에 놓인 또래를 찾아내는 방법과 문제를 인지할 때 처리하는 방법을 훈련받아야 한다. 자살 위험 요인과 오해 그리고 도움을 얻는 방법에 관해서 좀 더 많이 알수록, 학생들은 좀 더 쉽게 자신과 또래를 위해 도움을 요청할 것이다(Centers for Disease Control and Prevention, 1992; King, Price, Telljohann, & Wahl, 2000). 이런 종류의 정보는 매우 유용하기 때문에 수업 중에 제공해야 하며, 학생들은 그것에 접근할 자유로운 시간을 포기해서는 안 된다. 청소년 자살은 다른 문제들(예: 약물 남용, 임신, 부모와의 갈등 등)과 상관이 있으며, 이러한 주제를 둘러싸고 있는 수업 역시 자살 예방에 기여한다. 하지만 관련 문제들에 대한 수업이 특별히 자살 예방에 관한 수업을 대체할 수는 없다.

상담교사가 학급 집단을 준비하고 지지와 전문가 지식을 제공할 수 있지만, 정보를 제공하는 것은 주로 담임교사이며 교사 역시 자살 예방 훈련을 받아야 한다. 사실상 이러한 접근법은 교사가 학생들과 긍정적이고 신뢰하는 관계를 맺을 때는 언제든지 지시된다. 학생들은 드물게 만나는 상담교사보다 자신들에게 친숙하고 신뢰하는 교사에게 자신을 드러내기가 좀 더 편할 수 있다(Kalafat, 1990).

④ 지역사회 지도자와 함께 작업하기

상담교사는 또한 학교의 자살 예방 프로그램을 지원하기 위해 지역사회의 가용 자원을 조사해야 한다. 자살 예방에 대한 지역사회의 지원이나 인식이 부족하다고 생각되면, 상담교사는 지역사회의 청년 노동자, 성직자, 법률 전문가 등을 포함시켜 학교의 자살 예방 노력을 확장시킬 수 있다.

(4) 프로그램 평가

상담교사가 수행하는 모든 프로그램은 그것의 효과성, 즉 목표를 충족하고 있는지를 평가할 필요가 있다. 자살 예방 프로그램도 별반 다르지 않다. 그러나 자살 예방 프로그램의 효과에 대해 제대로 된 평가가 거의 이루어지지 않고 있다. 프로그램이 끝난 후 간단한 설문지를 통해서 참가자의 의견을 수렴할 수 있다. 설문지에는 다음의 질문이 포함될 수 있다.

- 이 프로그램에서 당신이 얻은 중요한 메시지는 무엇인가요?
- 프로그램에 참여한 후, 자살/우울 또는 자살 문제나 우울증을 겪고 있는 사람을 바라보는 시각이 달라졌나요? 그렇다면 어떻게 달라졌나요?

〈표 10-3〉은 상담교사가 학교 기반 자살 예방 프로그램이 얼마나 포괄적인지 결정하고 누락된 구성요소가 없는지 확인하며 필요한 경우 프로그램을 수정하기 위한 조치를 취할 때 사용할 수 있는 체크리스트이다.

〈표 10-3〉 **학교 기반 자살 예방 프로그램의 평가: 상담교사용 체크리스트**

프로그램 구성요소	예	아니요	잘 모름
프로그램 구성			
실시에 의해 프로그램에 대한 지지가 주어졌다.	☐	☐	☐
교육청 위원회가 프로그램을 승인하였다.	☐	☐	☐
잠재적인 자살 학생에 대한 개입 절차를 기술한 정책이 출간되었다.	☐	☐	☐
의뢰, 훈련, 자문을 위한 지역사회 정신건강 자원이 확인되었다.	☐	☐	☐
자살에 관하여 교사 및 학생의 지식과 태도를 결정할 요구평가가 수행되었다.	☐	☐	☐
자살 예방 프로그램의 일부로 다학문 팀이 구성되었다.	☐	☐	☐
외부 정신건강 자문가가 확보되었다.	☐	☐	☐
교사, 상담교사 및 직원에게 자살에 관한 현직 훈련을 실시하였다.	☐	☐	☐
청소년 자살에 특수한 자격을 갖춘 외부 전문가를 확보하여 위기 발생 시 이용할 수 있도록 하였다.	☐	☐	☐
위기 예방			
행정가는 심리측정 선별을 실시하여 위기에 처한 학생을 확인하고 그에게 적절한 추수지도를 수행한다.	☐	☐	☐
물질, 학업, 가족 문제가 있는 학생을 식별하고 있다.	☐	☐	☐
위기에 처한 학생은 지지적인 상담을 이용할 수 있다.	☐	☐	☐
자살 학생은 정신건강 전문가에게 즉각 의뢰되고 있다.	☐	☐	☐
자살 예방에 유능한 기술을 지닌 정신건강 전문가가 10대 자살에 대하여 교실 및 집단 토의를 진행하고 있다.	☐	☐	☐
학생과 학부모에게 자살 예방 정보를 담은 유인물, 팸플릿, 카드를 배포하였다.	☐	☐	☐
사후조치			
학생들에게 개인 및 집단 상담을 제공한다.	☐	☐	☐
특수한 자문단이 학교의 예방 팀과 함께 작업한다.	☐	☐	☐
단일의 대변인이 언론매체를 대한다.	☐	☐	☐
교사는 학생들에게 죽음에 관하여 준비된 서면 진술을 읽어 준다.	☐	☐	☐
학생의 죽음을 인정하는 추모 활동은 학교 관습을 벗어나지 않을 것이다.	☐	☐	☐
죽음에 대해 토론하기 위한 집회는 개최하지 않는다.	☐	☐	☐
장례식에 참석하고 싶은 학생은 부모 허락을 받아 참여할 수 있다.	☐	☐	☐
학교는 장례식에 참석하지 않은 학생들에게 열어 둔다.	☐	☐	☐
'자살 생존자'를 위하여 상담을 의뢰한다.	☐	☐	☐

출처: Sciarra (2004), p. 268.

4. 청소년 자살의 개입과 사후조치

가혹한 현실은 학교, 학부모, 지역사회의 노력에도 불구하고 일부 청소년이 자살하려고 한다는 것이다. 프로그램이 아무리 훌륭하고 참여자들이 아무리 보살피더라도, 일부 학생은 죽음을 맞이한다. 따라서 자살 예방을 위한 차선책은 학교가 어떤 학생의 자살 행동 직후를 처리하기 위하여 잘 설계된 예방 계획을 마련하는 것이다. 학생의 자살에 뒤따르는 사후조치에 대해 살펴본다.

1) 학교 복귀 프로그램

학교 복귀 프로그램은 각 학생에게 개별적인 방안이 필요한 복잡하고 다단계적인 과정이다. 자살 시도 후 또는 다른 정신건강의 위기로 장기간 학교를 결석한 학생이 다시 학교로 돌아왔을 경우에 학교의 올바른 대처는 매우 중요하면서 어려운 일이다. 대개는 비밀에 부치려고 노력하지만 다른 학생들이 그 사건에 대해 이미 상세하게 알고 있는 경우가 많으며 확인되지 않은 소문 또한 자자하다. 결국 학교로 돌아온 학생은 친구들로부터 비웃음, 조롱, 따돌림을 당하거나 어떤 경우에는 불편할 정도의 과도한 관심이나 경외심까지 받을 수 있는데, 이러한 상황은 아직 정서적으로 취약한 상태에 있는 학생에게 또 다른 위기를 초래할 수 있다.

(1) 성공적인 복귀를 방해하는 요소

성공적인 복귀를 위해서 가장 바람직한 접근은 학생의 학교 복귀에서 가장 흔하게 나타나는 방해 요소에 선제적으로 대처하는 것이다(Junke, Granello, & Granello, 2015: 104-106).

① 원활한 의사소통의 부재

학교, 가정, 지역사회 병원 간에 의사소통 부재는 학생이 학교로 순조롭게 들어오는 데 매우 큰 장애물이다. 위기 상황에서 가족은 종종 자녀에게 너무 집중하여 다른 이들과 연락하거나 접촉하는 것을 제한한다. 그들은 자녀의 학업이 더 이상 우선시될 필요가 없다고 생각하여 학교와의 연락을 늦출 수 있다. 또한 자녀의 자살 시도를 수치스럽게 여기고 교직원과 이야기하기를 꺼리거나 이 힘든 대화를 나눌 만한 교직원을 찾기 어려워할 수 있다. 결국 정보가 없는 교직원들은 어떤 식으로 일을 진행하여 학생과 가족을 가장 잘 도울 수 있을지 모르는 상황이 된다.

가정, 학교, 담당의사 간에 의사소통이 원활하게 이루지려면 학부모가 정보공개허가서(releases of information)를 작성해야 한다. 이런 허가서가 없으면 교직원이 학생의 복귀를 돕는 데 필요한 중요한 정보를 얻지 못하는 상황이 발생할 수 있다. 자녀의 정보가 모두에게 공개되는 것을 두려워하는 부모를 안심시키기 위해서는 허가서에 특정 교직원만 포함시킬 수도 있다.

② 부족한 정보와 훈련

교칙, 법적 · 윤리적 기대, 전환에 대한 적절한 지침 정보나 교직원 훈련이 부족한 경우 성공적인 학교 복귀에 방해가 될 수 있다. 학교와 일을 하다 보면 학교로 돌아오는 학생을 위해서 대체로 '옳은 일'을 하고 싶어 하는 교직원을 만날 수 있다. 반면, 교직원이 소문이나 험담에 가세하고 다른 학생에게 부적절하게 정보공개를 하거나, 당사자 학생에게 과도한 질문 또는 관심을 보여 학생이 도움 받기를 꺼리게 만드는 경우도 있다.

교사와 교직원은 학교로 복귀하는 학생을 어떻게 대해야 하는지 고심한다. 그들은 어떤 상황에서든 그 학생에 대한 비밀을 유지하고 따돌림이나 놀림을 당하지 않도록 보호해야 한다. 이러한 상황에 대한 교육이나 훈련은 특정한 상황에서 급박하게 만들기보다는 미리 마련하여 상시 준비해야 효과적이다.

③ 도움이 되지 않거나 비협조적인 교칙

가끔 학교 규칙과 절차는 특정한 사건의 결과로 수립된 후 다시 제대로 검토되지 않는 경우가 있다. 오래전부터 전해 내려온 자살 위험과 관련된 낡은 교칙을 고수하는 학교 교직원에게는 기존의 교칙에 수정 또는 변화가 필요하지 않은지 면밀히 검토하도록 권고할 필요가 있다.

(2) 학교 복귀를 위한 지침

자살 시도 후, 학교로 돌아온 학생은 적응 기간에 정서적으로 특히 더 취약하다. 특히 자살 시도 후 첫 3개월에서 1년 동안은 또 다른 자살 시도의 위험이 높은 기간이다. 적절한 학교 복귀 프로그램은 이런 추가적인 자살 시도의 위험을 감소시킬 수 있다. 학교 복귀에 대한 전반적인 계획을 수립하기 위한 일반적인 지침은 다음과 같다(Junke, Granello, &

Granello, 2015: 106-108). 한 가지 명심해야 할 점은 특정 학생의 요구에 맞는 개별 방안을 수립할 수 있도록 융통성을 갖추고 있어야 한다는 것이다.

① 위기를 의식하는 순간, 학부모에게 최대한 빨리 연락을 취한다.

학생이 다시 학교로 돌아올 준비가 되기 전이라도 직접 부모와의 면담을 요청한다. 가족에게 도움이 될 만한 정보나 조언을 제공하고, 학생이 수업에 뒤처지지 않도록 학업과제를 모아서 학생에게 전달할 방법을 상의한다. 학생이 학교로 복귀하는 것에 대비하여 계획을 마련하고, 학교를 떠나 있는 동안에도 계속 소통하여 복귀 후 학교생활에 쉽게 적응할 수 있도록 한다.

② 학교로 복귀하기 전에, 학생이 학교로 돌아와도 좋다는 정신건강 전문가의 승인을 요청할지 고려한다.

모든 학교에서 이 과정이 필요한 것은 아니다. 어떤 사람은 이 과정이 다른 학생을 보호하고 학교의 관리 범위를 넘어서는 위험 수준의 학생에 대한 관찰을 요청받지 않았다는 것을 확인하는 데 도움이 될 것이라고 믿는다. 다른 사람은 이러한 요청이 학생에게 낙인이 되고 재입학에 걸림돌이 될 것이라고 믿는다. 어쨌든 학생의 위기사항이 발생하기 전에 이러한 절차가 학교 재입학 정책의 일부가 될 것인지 결정해야 한다.

③ 학교와 학부모 그리고 치료기관 사이에 연락을 담당할 사람을 지정한다.

이 사람은 원활한 의사소통 과정을 위해 모든 정보를 공개적으로 확인할 수 있어야 한다. 연락책은 학생의 요구를 반영하여 상담교사가 맡거나 교사, 관리직, 신뢰할 만한 직원 중에서 선정해야 한다. 학생이 연락책과 대화를 하는 것을 불편하게 느낀다면, 절차와 프로토콜이 아무리 좋아도 비효과적일 것이다. 연락담당자는 대체로 다음과 같은 역할을 담당한다.

- 학생의 비공개 건강기록의 일부가 되는 서류 자료를 살펴보고 정리한다.
- 학생에 대한 사례 담당자 역할을 한다. 자살 시도에 빠져들게 한 것은 무엇인지, 또 다른 시도에 빠져들게 만드는 신호가 무엇인지 이해해야 한다. 사례의 실제적인 측면, 예를 들면 약물 복용량 또는 학업 분량(전일제로 공부할 것인지, 시간제로 공부할 것인지)에 대한 권고 등을 숙지해야 한다.

- 학생의 복귀 절차에 도움을 준다. 복귀 과정을 모니터링하고 위험 징후가 또다시 나타날 때 주의를 기울여야 하는 다른 직원에게 연락을 취하여 도움을 준다.
- 학부모(또는 양육자)와 연락을 취한다. 학부모가 서명한 정보공개허가서를 가지고 학생에 대한 외부 도움이나 정신건강 서비스를 지원한다.
- 학생이 복귀하기 전에 적절한 자리를 마련하여 가능한 서비스 절차를 논의하고 개별적인 복귀 계획을 수립하기 위한 토론을 진행한다. 가급적이면 학생이 병원에서 퇴원하기 전에 가족을 만나는 것이 좋다.

④ 학생의 전반적인 발달 정도에 따라 학생이 전일제 또는 시간제로 학업을 진행할 수 있는지 담임교사에게 알려 준다.

담임교사는 임상적 정보나 구체적 치료 경과가 아니라 필요한 경우에 어떻게 협력하거나 고쳐 나갈 수 있는지에 대한 특정한 정보를 원한다. 학생을 직접 지원하는 교직원과는 학생의 치료 및 지원 요구에 관해서 상의하고, 다른 직원과 이야기를 나눌 때는 꼭 알아야 할 사안이나 학생을 대할 때 유념해야 할 내용만 엄격하게 다룬다.

⑤ 학교 복귀에 대한 학생의 요구를 이해하기 위해 그와 이야기를 나눈다.

학생들은 각기 다른 수준의 지원을 원하며, (안전이 보장된 범위 내에서) 개별적인 차이는 존중되어야 한다. 학교로 복귀할 때, 학생은 상담교사에게 상담을 요청할 수 있다.

⑥ 매일 학생들과 함께 점검한다.

학교의 작업 범위 내에서, 연락담당자와 학생은 최소한 하루 한 번씩 간단한 확인 작업(1~2분 정도)을 해야 한다. 이러한 활동은 의사소통을 원활하게 하며, 학생에게 학교생활 적응을 돕는 옹호자가 있다는 것을 상기시킬 수 있다.

⑦ 형제자매의 요구를 이해하기 위해 가족과 함께 작업한다.

학교 재적응 기간에 학생의 형제자매 역시 가족의 위기에 처할 때 다른 지원과 보살핌이 필요하다. 자살 위기에 처한 자녀의 부모는 때로 다른 자녀들의 정서적 요구를 이해하는 데 어려움을 겪으며, 교직원은 이들에게 특별히 관심을 기울여야 한다.

⑧ 필요한 만큼 학생을 모니터한다.

학생의 기능 상태, 감정, 행동에 변화가 일어나면 부모에게 즉각 알린다. 교직원은 학생이 일상적으로 기능할 때까지 점진적이고 안정적인 복귀를 위해 도움의 손길을 점차 줄여나가는 접근방식을 원할 것이다. 예를 들어, 한 달 동안은 매일 연락을 취하고, 다음 한 달 동안은 한 주에 세 번, 그리고 그다음 한 달 동안은 한 주에 한 번씩 연락한다.

2) 사후조치

학교는 학생 자살 후 위기대응 서비스를 제공해야 한다. '사후조치(postintervention)'란 자살로 영향을 받은 사람들을 위한 위기 중재, 지지, 지원을 말한다(AAS, 2003: 1). 자살 사건이 발생하기 전에 이미 학교가 포괄적인 사후조치 지침을 수립해 놓았다면, 교직원은 그것을 토대로 즉시 건강하고 안전한 환경을 촉진하는 전략을 시행할 수 있다. 교직원은 위기 상황에서 무엇을 해야 할지 우왕좌왕하지 않고 위험을 줄이기 위해 고안된 프로토콜을 따르면 된다.

학교는 네 가지 목표에 따라 포괄적인 자살 후속조치 전략을 수립한다(Junke, Granello, & Granello, 2015: 145-153). 첫째, 모방 자살의 위험을 줄이고, 둘째, 남겨진 사람들이 비극적인 자살 사건에 잘 대처하고 슬픔을 표현할 수 있도록 지원하며, 셋째, 자살과 관련된 사회적 낙인에 대처하고, 넷째, 사실적 정보를 제공하여 억측을 차단해야 한다(Weekley & Brock, 2004). 사후조치 과정 동안 교직원은 학생과 교사들이 학업에 집중하고 건강하고 안전한 학교 환경을 유지할 수 있도록 도와야 한다. 포괄적인 사후조치 계획은 자살 사건에 대응하는 구체적인 행동을 서술하고 있다. 훌륭한 포괄적인 사후조치 계획은 사후조치 팀, 정보 관리 절차, 적절한 상담 및 추모활동을 포함한다(Sciarra, 2004).

(1) 사후조치 팀

자살 사후조치 팀은 자살이 발생하기 전에 구성해야 한다. 팀 요원은 학교 안팎에서 참여할 수 있다. 학교 요원은 상담교사, 학교심리학자, 자살연수를 이수한 교사를 포함할 수 있다. 외부 요원은 아동보호센터 대표자, 경찰요원, 사설 치료사 및 심리학자, 지역사회 정신건강센터, 성직자를 포함할 수 있으며, 이들 역시 청소년 자살연수를 이수하여야 한다(Park & Boyd, 1998). 학교가 사후조치 팀을 배치하여 자살 신고를 받는 즉시 출동할 채비를 갖추는 것이 중요하다는 사실은 아무리 강조해도 지나치지 않는다. 여론과 학생들의 반응을 살피는 데 낭비할 시간적 여유가 없다. 청소년 자살을 둘러싸고 있는 한 가지 두려움은 "전염(contagion)", 곧 어떤 청소년의 자살이 또래집단의 모방 자살로 이어질 수 있다는 생각이다. 그러한 두려움을 정당화하는 배경 또한 잘 알려져 있다. 예를 들어, 청소년의 자살은 고통을 받고 있는 타인들의 행위를 정상화할 수 있다(McWhirter, 1998). 또한 청소년 자살을 묘사하는 TV 프로그램이나 영화가 집단 자살을 초래할 수 있으며(Capuzzi & Golden, 1988), 특히 미국의 원주민 거주자들 사이에서는 집단 자살이 일어날 수 있는 문제라는 것도 잘 알려져 있다(Tomlinson-Keasey & Keasey, 1988).

(2) 정보 관리

학생의 자살에 대해 알게 되면 학교장은 담당자에게 지시하여 사후조치 계획을 이행하는 업무를 맡도록 해야 한다. 그 사람은 사후조치 팀을 동원하고 자살에 관한 정보를 관리한다. 여기서 정보 관리(managing information)는 정확한 정보를 시의적절한 방식으로 직원, 학부모, 학생들과 매체에 유포한다는 것을 의미한다.

① 사실 규명

첫 번째 과제는 죽음에 관해서 정확한 사실을 되도록 많이 알아내는 것이다. 최상의 정보원은 그 사건을 수사하고 있는 법 집행기관이다(Roberts, 1995). 일단 정보의 관련성을 조사했으면, 정보 관리팀장은 서면 논평, 즉 자살에 관한 학교의 공식적 진술문을 준비한다. 정보 관리팀장은 말해야 할 내용과 말해서는 안 될 내용에 관한 가족의 소망을 고려해야 하지만, 가족 역시 정확한 정보를 제공하는 일이 중요함을 이해해야 한다.

② 외부인의 전화에 응대하기

정보 관리팀장은 죽음이나 자살에 관해서 질문하는 전화 요청에 응할 때 말해야 할 내용에 관한 학교 기밀을 전달해야 한다. 학교 기밀이란 발신자의 이름과 전화번호를 적고 학교에서 누가 발신자에게 연락할지 말하는 것이다. 전화가 많이 온다면 정보 관리팀 요원은 콜백(callbacks)을 분담할 수 있다. 그들은 죽음에 관한 정보를 확인하고 가족이 정보 공개에 동의하면 곧바로 전화를 걸기 시작한다. 모든 이에게 동일한 정보를 제공하는 것이 매우 중요하다. 그것은 소문을 잠재우는 최선의 방식이다.

③ 가족에게 알리기

학생 자살은 대부분 학교가 문 닫을 시간대(예: 저녁, 주말, 공휴일)에 일어난다. 시엘(Siehl, 1990)에 따르면, 교장이나 관리팀장은 전화 연락망을 개시하여 교직원에게 통지하고, 다음 날 수업을 시작하기 전 회의 시간을 정해야 한다. 그 회의에서 교사와 직원에게 그 학생의 죽음을 둘러싸고 있는 사실을 전하여 대낮에 소문이 떠도는 것을 잠재우고 스케줄의 변화를 고지한다(Siehl, 1990). 사후조치 팀의 모든 요원은 회의에 출석한다.

④ 학생들에게 알리기

수업 전 회의에서 정보를 전달받은 후, 교사는 학급에 학생의 죽음 사실을 공지하고 그 죽음에 관해서 알려진 내용을 설명한다(Siehl, 1990). 그는 질문에 대답하고 소문을 잠재우며, 무엇보다 학생들에게 그날 자신이 어디에 있을지 말해야 한다. 또한 학생들이 서로 감정과 우려를 공유하도록 허용하는 것은 중요하지만, 교사는 토론의 경계를 정하고 가능한 한 즉시 교육 의제로 복귀하는 것이 좋다.

⑤ 매체 보도

매체를 대할 때, 학교는 학생의 사망 사실에 관해서 그리고 죽은 학생에 관해서 신중을 기해야 할 책임이 있다. 어떠한 상황에서도 자살 학생과 그의 행실을 미화해서는 안 된다. 가족 역시 학생의 죽음에 관한 정보를 통제해야 하며, 학교는 그 가족과 함께 보도되는 정보가 생존자들을 해치지 않는다는 점을 확실히 할 책임이 있다. 준케와 그라넬로 부부(Junke, Granello, & Granello, 2015)는 매체 대응 담당자가 준수해야 할 사항과 행해서는 안 되는 사항을 제시하였다. 〈표 10-4〉는 그 내용을 요약하여 정리한 것이다.

〈표 10-4〉 **자살 사건 담당자의 매체 대응 요령**

준수해야 할 사항	행해서는 안 되는 사항
• 학교와 매체가 상호작용하는 일련의 절차를 자살 사건 발생 이전에 만들어 둔다. • 기자와 인터뷰하기 전에 주요 사항을 기입하고 기자와 공유해도 되는 학교 관련 기본 정보를 준비한다. • 자살한 학생의 가족에 대해 적절한 애도를 표한다. • 적합하고 실제적인 정보를 제공한다(흔히 연령과 학년 정보). • 자살에 대해 인정한다(의학 검시관이 자살을 공식적으로 선언했다면). 하지만 자살 방법이나 장소 등 자세한 언급은 피한다. • 기자가 자살에 초점을 맞추기보다는 대중에게 자살의 위험 요소나 경고 신호를 알리는 정보를 제공할 수 있도록 한다. • 자살 예방 및 위기 개입과 관련한 지역과 학교의 자원에 대한 정보를 제공한다. • 자살 보도가 신문의 헤드라인이나 생방송으로 다루어지기보다는 이후에 보도되거나 신문 안쪽에 위치하도록 한다. • 자살한 사람을 '좋은 사람이었으나 잘못된 선택을 한 사람'으로 바라본다. 자살은 복잡하고 왜 사람들이 이러한 선택을 하는지 그 이유가 간단하지 않다는 것을 인정한다. • 균형 잡힌 시각을 제공하기 위해 자살 학생의 삶의 긍정적인 측면을 포함하고 또래의 지나친 동일시를 줄이도록 한다.	• 자살에 대해서 지나치게 단순하게 제시해서는 안 된다. 자살은 결코 한 가지 이유나 사건 때문에 일어난 것이 아니다. • 자살을 지나치게 선정적으로, 낭만화하거나 명예로운 것으로 만들어서는 안 된다. • 자살 사건의 사진을 사용해서는 안 된다. • 신문기사의 헤드라인에 '자살'이라는 단어를 사용해서는 안 된다. • 슬퍼하는 친구, 가족, 교사, 급우의 모습을 묘사함으로써 자살의 영향을 드라마틱하게 나타내는 것을 해서는 안 된다. 이것은 자살을 확산시킬 수 있다. • TV나 신문 매체에 또래나 급우가 자살이나 자살 시도와 관련한 경험을 이야기하도록 해서는 안 된다. 이것은 지나친 동일시를 가져올 수 있다. • 자살에 대해 상세하게 묘사하지 않아야 한다. • '고통을 끝내는 방법'으로 자살을 묘사하면 안 된다.

출처: Junke, Granello, & Granello (2015), pp. 162-163.

(3) 사후조치 상담

사후조치 상담에는 단기 서비스와 장기 서비스가 있으며(Carter & Brooks, 1990), 사별한 학생들을 대상으로 집단 작업을 실시할 수 있다.

① 단기 서비스

자살 생존자를 위한 단기 서비스의 목표는 비탄과 상실에 대한 그들의 반응을 처리하여 그들을 안정화시키는 것이다. 상담교사는 죄의식과 책망의 감정에 동조한다. 일부 학생은 죽음을 예방하기 위해서 뭔가를 했으리라고 느낄 수도 있고, 다른 학생은 학교를 책망할 수도 있다. 또한 사후조치 상담교사는 슬픔, 분노, 수치심 등의 감정을 다룰 준비가 되어 있어야 한다. 중요한 것은 사후조치 상담교사가 솔선하여 찾아 나서야 하며, 학생들이 위기 센터에 찾아오기를 단순히 기다려서는 안 된다는 것이다. 많은 학생은 정신건강 서비스가 필요하다는 오명을 남길까 봐 도움을 요청하기를 망설인다(Carter & Brooks, 1990). 선제적인 노력은 죽은 학생의 가장 친한 친구들을 표적으로 삼는다(Roberts, 1995).

학생들과 이야기를 나누는 과정에서, 상담교사는 10대 사이의 전염 요인을 분명히 의식할 필요가 있다. 그는 자살이 대처 기제의 실패라는 것, 곧 죽은 사람은 자살이 유일한 출구라고 믿었다는 점을 강조한다. 그다음 상담교사는 "그 친구가 자신의 문제를 다루는 방식에 대한 여러분의 반응은 무엇인가?"라고 묻는다. 이 질문은 이중 목적으로 작용한다. 첫째, 그것에 대한 학생의 반응을 통해 상담교사는 그가 자살 위험에 처해 있는지 파악할 수 있다. 둘째, 그것은 자살을 논의하고 그 학생의 대처 기제를 화제로 올릴 기회를 제공한다.

② 장기 서비스

자살 직후를 다루는 학생들에 대한 단기 상담은 3회기까지 지속할 수 있다. 만일 3회기 후에 어떤 학생이 여전히 어려움을 갖고 있다면, 그는 장기 서비스를 받도록 의뢰해야 한다. 모든 서비스는 교내 또는 외부에서 개별적으로 또는 집단으로 제공될 수 있다. 시간과 전문성을 갖고서 자살 문제를 편하게 이야기할 수 있다면, 상담교사는 학생들에게 집단을 운영하는 것을 고려할 수 있다. 학부모는 자살에 관해 이야기하는 것이 학생들에게 자살 생각을 심어 줄 것이라는 잘못된 믿음을 갖고 있을 수 있으며, 상담교사는 자살 생존자 집단에 대한 학부모 저항을 예견해야 한다(Carter & Brooks, 1990). 이러한 저항을 제거하는 최선책은 공감적 경청과 심리교육을 통한 것이다. 또한 이별에 대한 대처 기술을 배우는 것은 사후조치 집단에도 효과적이며, 집단은 의사결정 과정에 초점을 둘 수 있다. 심지어 집단이 끝난 후에도, 상담교사는 죽은 학생과 각별히 친했던 학생들에 대해서는 사후 18개월까지 계속 감시해야 한다.

③ 집단 작업

학생들과 작업할 때 집단상담의 기본 원리는 학생들의 애도 집단을 지지하는 데 적용될 수 있다. 여기에서는 사별한 학생들을 대상으로 하는 집단 작업에 대한 구체적인 제안을 검토한다(Sciarra, 2004). 먼저, 사별지지집단(Bereavement Support Group: BSG)을 구성하기 위해서 집단원을 선발하기 전에 상담교사는 스스로 많은 질문을 해야 한다. 첫 번째 질문은 "슬퍼하는 학생들이 그득한 방에 앉아서 사랑하는 사람의 죽음에 관해 이야기를 나누는 것에 대해서 나는 어떻게 느끼는가?"이다. 죽음과 임종을 대상으로 작업하는 상담교사는 자신의 아동기, 죽음에 대한 자신의 쟁점, 슬퍼하는 아동들의 지지집단에서 그들을 리드하는 자신의 마음상태 등을 먼저 점검해야 한다. 이러한 질문에 답했으면, '사별지지집단이 필요한가?' '얼마나 많은 학생이 가족의 죽음을 경험했는가?' '교사와 행정가는 이런 종류의 집단에 호의적인가? 그리고 나는 이런 종류의 집단을 운영하는 것이 좋을 것이라고 충분히 강하게 느끼고 있는가?'와 같은 몇 가지 질문이 더 남아 있다. 오직 이러한 질문들에 긍정적인 답을 얻을 때만 상담교사는 선별 및 선발 과정을 시작할 준비가 된다.

그 다음, 상담교사는 집단의 잠재적 구성원을 선별하고 작업동맹을 구축한다. 사별지지집단의 구성원은 5~8명이 적당하다. 상담교사는 가만히 앉아서 타인들에게 귀 기울이며 자신을 적절히 노출할 수 있는 학생들을 찾아내야 한다. 구성원들은 비슷한 연령이어야 하며, 죽음이 얼마나 근접한지와 애도 과정에서 어디쯤 있는가를 고려해야 한다. 선별 면접에서, 상담교사는 집단의 구조(시간, 장소, 지속기간 등)와 집단 과정을 간단히 설명하고 집단상담에 관한 오해(예: '그것은 미친 사람을 위한 것이다.' '집단원은 이상한 짓을 행한다.')를 일소해야 한다. 상담교사는 집단에 관해서 긍정적으로 이야기하고, 예비 집단원에게 집단 과정—특히 첫 번째 회기—이 고통스러울 수 있지만 종국에는 그것이 도움이 된다는 것을 알게 될 것이라고 충고해야 한다.

집단 회기 동안 구성원에게 간식을 제공하는 것은 좋은 생각이 될 수 있다. 정서적으로 스스로를 비우라고 요구받는 아동들에게 음식은 커다란 균형자(balancer)이다. 또한 좀 더 어린 아동에게는 그들 자신의 안전 품목(예: 견디기 힘든 문제를 이야기해야 할 때 위로를 얻기 위해 선호하는 동물인형)을 가져오게 할 수 있다. 첫 회기에서 지도자는 집단의 목표와 규칙을 점검하고 비밀유지, 출석, 구성원의 권리를 강조한다. 사별지지집단의 주요 내용은 죽음에 관련하여 각자 경험한 사실과 그에 연합된 감정을 공유하는 일, 사랑하는 사람이 죽은 후에 인생이 어떻게 달라졌는지 살펴보는 일, 추도식을 거행하는 일, 죽은 사람이 떠나고 없는 상태에서 특별한 날(예: 생일날, 결혼기념일 등)을 어떻게 보낼 것인지 정리하며 미래로 나아가기 위한 계획을 세우고 전략을 구상하는 일, 집단의 전체 과정을 되돌아보고 성과를 평가하는 일 등을 포함한다. 그것은 또한 참여자의 발달 수준에 맞추어 조정될 수 있다.

(4) 추도식

학교가 자살하여 죽은 학생에게 추도식을 계획해야 하는가에 관해서는 의견이 엇갈리고 있다. 가핀켈과 동료들(Garfinkel et al., 1988)은 생존자들이 추도식을 자살에 대한 찬양으로 바라볼 수도 있으며, 이는 전염 현상에 기여할 수도 있을 것이라고 주장하였다. 반면에 시엘(Siehl, 1990: 55-56)은 추도식 또는 특별 행사가 마무리하는 데 도움이 되며 고인이 된 학생의 인생에 있어 친구, 가족 및 유의미한 타인에게 건강한 정서를 도모한다고 말하여 반대 의견을 제시하였다. 카푸지(Capuzzi, 2002)는 추도식을 개최한다면 학교 밖에서 개최해야 한다고 권고하였다.

추도식(memorial service)은 건강한 애도에 기여할 수 있지만, 그것이 슬픔을 일거에 해소할 수 있는 마법적인 묘약이라고 생각해서는 안 된다. 애도(grieving)는 하나의 과정이며, 죽은 학생의 친구와 학생들은 자신의 상실을 훈습하는 데 몇 개월이 걸릴 수도 있다. 여타의 추모 활동과 마찬가지로, 추도식이 결코 자살 행위를 미화하는 것으로 둔갑해서는 안 된다. 제대로 된 추도식의 규칙은 그 방법을 용서하지 않고 죽음을 애도하는 것이다.

제11장

학교폭력과 상담

오늘날 학교폭력은 학교의 안전성, 곧 건전한 학습 환경의 조성을 위협하는 가장 심각한 문제로 인식되고 있다. 학교폭력은 피해자와 가해자는 말할 것도 없고 그들의 가족과 주변 학생들의 정신건강에 심각한 위협을 초래할 뿐만 아니라 일부 학생에게 극단적인 선택을 강요한다. 이 장에서는 학교폭력의 개념을 개관하고, 학교폭력에 대한 주요 접근과 정부 정책, 학교폭력 징후의 조기 발견과 예방적 개입, 학교폭력 발생에 따른 사안 처리 및 사후 조치에 대해 고찰한다.

이 장을 학습하면 여러분은 다음과 같은 학습 성과를 얻을 수 있다.

1. 학교폭력의 개념적 특징을 설명할 수 있다.
2. 학교폭력에 대한 주요 접근과 정부 정책을 설명할 수 있다.
3. 학교폭력의 조기 발견과 예방적 개입 전략을 설명할 수 있다.
4. 학교폭력 발생 시 사안 처리 절차와 후속 조치를 설명할 수 있다.

1. 학교폭력의 개념

학교폭력의 개념을 이해하기 위해서 먼저 정의, 유형, 원인 등에 대해 간단히 살펴보기로 한다.

1) 학교폭력의 정의

학교폭력에 대한 정의는 매우 다양하다. 학교폭력은 학문적 정의와 법률적 정의로 구분하여 생각해 볼 수 있다.

(1) 학문적 정의

학교폭력에 대한 개념 정의는 상당한 논란이 있어 왔고, 학자마다 다양하게 정의하고 있다. 일부 학자(Astor & Meyer, 2001; Thomas, 2006)는 신체적 · 심리적 상해나 재산상의 피해를 가져오는 의도적이고 부주의한 행동으로 정의한다. 다른 학자들은 학교를 중심으로 발생하는 것으로서 정신적 · 신체적으로 나약하여 외부의 압력에 대해 스스로를 방어할 능력이 없는 아동에 대하여 힘이 강한 개인이나 집단이 고의적으로 단기간 또는 장기간에 걸쳐 가하는 물리적 및 심리적 공격(김종미, 1997) 또는 학교 교내, 주변, 등하굣길, 집 주변, 학원 주변 등 물리적인 장소는 물론이고 교육과 관련된 장소 및 현장에서 부모와 교사를 제외한 모든 사람이 학생에게 행사한 정도가 심각한 유형 · 무형의 모든 폭력(김준호, 2006; 노순규, 2012)으로 정의하기도 한다.

대체로 학교폭력으로 규정할 수 있는 행동에는 고의성, 반복성, 힘의 불균형 등 세 가지 성립요건이 있다(Coloroso, 2003). 고의성(intentional)은 실수가 아닌 고의적으로 해를 입히거나 괴롭히는 말과 행동을 말하고, 반복성(repeated)은 어쩌다 한번 일어난 행동이 아니고, 반복적으로 되풀이되는 행동을 말한다. 또한 힘의 불균형(imbalance)은 힘이 더 센 학생이 약한 학생을, 상급생이 하급생을, 다수의 학생이 한두 명의 학생을 괴롭히는 것으로, 어떤 행동이 이 항목들 중 한 가지 이상의 요건을 갖추게 되면 학교폭력으로 간주될 수 있다. 요컨대, 학문적으로 보면 학교폭력이란 교내 또는 교외에서 학생을 대상으로 발생하는 부정적인 의도를 지닌 신체적 · 물리적 · 심리적 공격 및 폭력 행동으로, 한 명 또는 여러 명의 학생이 힘의 불균형 상황에서 자기보다 약한 상대나 집단의 암묵적인 규칙을 어긴자를 폭행, 협박, 따돌림 등에 의하여 신체적, 정신적 또는 재산상의 피해를 수반하는 행동으로 정의할 수 있다(정종진, 2016).

(2) 법률적 정의

현재 우리나라에서 법률적으로 규정하고 있는 학교폭력의 정의는 “학교 내외에서 학생을 대상으로 발생한 상해, 폭행, 감금, 협박, 약취 · 유인, 명예훼손 · 모욕, 공갈, 강요 · 강제적인 심부름 및 성폭력, 따돌림, 사이버 따돌림, 정보통신망을 이용한 음란 · 폭력 정보 등에 의하여 신체 · 정신 또는 재산상의 피해를 수반하는 행위”(「학교폭력예방 및 대책에 관한 법률」 제2조 제1항)이다.

2) 학교폭력의 유형

학교폭력의 유형을 구분하는 것은 이를 지도하는 데 있어서 매우 의미가 있다. 학교폭력은 크게 신체적 유형과 심리적 유형으로 구분할 수 있다(Rigby, 1996). 신체적 유형에는 때리기, 발로 차기 등이 포함되고, 심리적 유형에는 언어적 학대, 별명 부르기, 위협적인 몸짓, 몰래 따라다니는 행동, 악의적인 전화 걸기, 반복적으로 다른 사람의 물건 감추기, 단체 활동에서 따돌리기, 악의적인 소문을 퍼뜨리기 등이 포함된다.

혼과 동료들(Horne, Bartilomucci, & Newman-Carson, 2003)은 학교폭력을 신체적 폭력, 언어적 폭력, 관계적 폭력의 세 가지 유형으로 구분하고 있다. 신체적 폭력은 신체적으로 해를 가하거나 재산상의 손실을 가져오는 행동을 말하며, 구체적인 예는 때리기, 발 걸기, 밀기, 치기, 찌르기, 침 뱉기, 가혹행위, 옷/물건 망가뜨리기 등이 있다. 언어적 폭력은 말이나 글을 사용하여 심리적인 괴로움을 주는 행동을 말하며, 구체적인 예는 놀리기, 모함하기, 비난하기, 협박 메일 보내기, 욕하기, 고함치기, 모욕하기, 위협하기(말/쪽지/이메일), 거짓 소문 퍼뜨리기 등이 있다. 끝으로 관계적 폭력은 친구관계를 깨뜨리거나 사회적으로 고립시키는 소위 따돌림 행동을 말하며, 구체적인 예는 소외시키기, 거부하기, 무시하기, 대답 안 하기, 째려보기, 비웃기, 코웃음 치기 등이 있다.

우리나라에서 많이 발생하고 있는 학교폭력의 유형은 신체폭력, 언어폭력, 금품갈취, 강요, 따돌림, 성폭행, 사이버폭력, 폭력서클 등이다(정종진, 2016).

(1) 신체폭력

신체폭력은 신체를 손, 발로 때리는 등 고통을 가하는 행위(상해, 폭행), 일정한 장소에서 쉽게 나오지 못하게 하는 행위(감금), 강제로 일정한 장소로 데리고 가는 행위(약취), 상대방을 속이거나 유혹해서 일정한 장소로 데리고 가는 행위(유인)를 말한다. 때리기(머리, 빰 등), 발 걸기, 밀치기, 도구나 흉기로 때리기, 가혹행위, 장난을 가장한 때리기, 감금 등이 이에 속한다.

(2) 언어폭력

언어폭력은 여러 사람 앞에서 상대방의 명예를 훼손하는 구체적인 말(성격, 능력 등)을 하거나 그런 내용의 글을 인터넷, SNS(Social Networking Service) 등으로 퍼뜨리는 행위(명예훼손), 여러 사람 앞에서 모욕적인 용어(외모 놀림, '병신' '바보' 등 비하하는 내용)를 지속적으로 말하거나 그런 내용의 글을 인터넷, SNS 등으로 퍼뜨리는 행위(모욕), 신체 등에 해를 끼칠 만한 언행과 문자메시지 등으로 겁을 주는 행위(협박)를 말한다. 욕설, 비웃기, 은어로 놀리기, 겁주기 · 위협 · 협박, 별명 부르기, 신체 일부분을 장난 삼아 놀리기 등이 언어폭력에 속한다.

(3) 금품갈취

금품갈취는 돌려줄 생각이 없으면서 돈을 요구하는 행위, 옷이나 문구류 등을 빌리고 나서 돌려주지 않는 행위, 일부러 물품을 망가뜨리는 행위, 돈을 걷어 오라고 하는 행위 등 학교 내외에서 억지로 금전을 뜯거나 옷, 문구류 등의 물품을 빼앗는 행위(공갈)를 말한다.

(4) 강요

강요는 속칭 빵 셔틀, 와이파이 셔틀, 과제 대행, 게임 대행, 심부름 강요 등 의사에 반하는 행동을 강요하는 행위(강제적 심부름), 폭행 또는 협박으로 상대방의 권리행사를 방해하거나 의무 없는 일을 하게 하는 행위(강요)를 말한다.

(5) 따돌림

따돌림은 학교 내외에서 집단적으로 의도적이고 반복적으로 신체적 또는 심리적 공격을 가하여 상대방이 고통을 느끼도록 하는 일체의 행위를 말한다. 싫어하는 말로 바보 취급 등 놀리기, 빈정거림, 면박이나 핀잔주기, 겁주는 행동, 골탕 먹이기, 비웃기, 다른 학생들과 어울리지 못하도록 막기, 말을 따라 하며 놀리기 등이 따돌림에 속한다.

(6) 성폭력

성폭력은 강제적인 성행위, 신체적 접촉행위, 수치심을 주는 행위 등을 말한다. 성적인 말과 행동을 하여 상대방이 성적 굴욕감과 수치감을 느끼도록 하는 행위(성희롱), 폭행과 협박을 하여 성적 모멸감을 느끼도록 신체적 접촉을 하는 행위(성추행), 폭행과 협박을 하여 성행위를 강제하거나 성기에 이물질을 삽입하는 행위(성폭력), 음란전화, 성기노출 등이 성폭력에 속한다.

(7) 사이버폭력

사이버폭력은 속칭 사이버모욕, 사이버명예훼손, 사이버성희롱, 사이버스토킹, 사이버 음란물 유통, 대화형 테러, 인증놀이, 게임 강요 등 정보통신기기를 이용하여 괴롭히는 행위를 말한다. 즉, 특정인에 대한 모욕적 언사나 욕설 등을 인터넷 게시판, 채팅, 카페 등에 올리는 행위(사이버모욕), 특정인에 대한 허위 내용의 글이나 개인의 사생활에 관한 사실을 인터넷, SNS 등을 통해 불특정 다수에 공개하는 행위(사이버명예훼손), 성적 수치심을 주거나 위협 · 조롱하는 내용의 글, 그림, 동영상 등을 정보통신망을 통해 유포하는 행위(사이버성희롱), 공포심이나 불안감을 유발하는 문자, 음향, 영상 등을 정보통신망을 통해 반복적으로 전송하는 행위(사이버테러)를 말한다. 인터넷이나 핸드폰 등으로 협박 · 비난 · 위협하기, 헛소문 퍼뜨리기, 사이버머니 또는 아이템 훔치기, 악성 댓글 달기, 원치 않는 사진이나 동영상을 찍거나 유포시키기 등이 이에 속한다.

3) 학교폭력의 원인

학교폭력은 그 정도나 양상이 갈수록 다양해지고 예측할 수 없는 상황에서 돌발적으로 발생하고 있는 경우가 많아 그 원인을 정확하게 밝혀내기가 어렵다. 그것은 학교폭력이 어느 한 가지 요인에 의해서 발생한다기보다는 여러 가지 요인이 복합적으로 작용하여 발생하기 때문이다. 따라서 학교폭력을 예방하고 대처하기 위해서는 생태학적 관점(Bronfenbrenner, 1992)에서 학교폭력에 영향을 미치는 다양한 요인을 통합적으로 고려하여 접근해야 한다.

(1) 학교폭력의 원인에 대한 생태학적 관점

생태학적 관점에서 학교폭력을 유발하는 원인에 대해서 실제적이고 구체적으로 다루고 있는 모형으로 벤비니쉬티와 애스터(Benbenishty & Astor, 2005)의 학교폭력 다중계층구조 경로모형을 들 수 있다. 그들은 학교폭력을 학교에 있는 사람들과 그들 및 학교의 자산을 물리적 또는 정서적으로 해치려고 의도한 행동이라고 정의하고, [그림 11-1]과 같이 다중계층구조(nested structure) 맥락에서 학교폭력을 나타내는 경로모형(heuristic model)을 개발하였다.

이 모형은 학교폭력이 여러 하위 체계, 예컨대 학교, 가정, 지역사회 및 더 큰 사회적 맥락과 같은 생태학적 요인의 영향과 어떻게 관련되는가를 보여 주고 있다. 즉, 학교 외부의 요인뿐만 아니라 학교정책, 제반 절차, 학교풍토, 교사반응, 또래집단 등과 같은 학교 내부의 요인이 학생들의 학교폭력 수준에 직접적 또는 간접적으로 영향을 미치고 있다. 학교는 사회생태학적 다중계층구조 맥락(학교환경을 둘러싸고 있는 원) 내에서 구체화된다. 학생들이 경험하는 학교폭력의 피해는 학생들의 개인적 특성(예: 성, 연령)과 학교 및 지역사회 특성(예: 범죄, 빈곤), 가정환경(예: 교육수준, 사회경제적 지위), 문화적 맥락(예: 인종, 종교)과 같은 보다 넓은 사회적 맥락에 의해서 영향을 받는다. 그리고 학교 외부의 요인이 미치는 영향은 학교 내부의 요인에 의해 조정되며 직접 영향을 받는다.

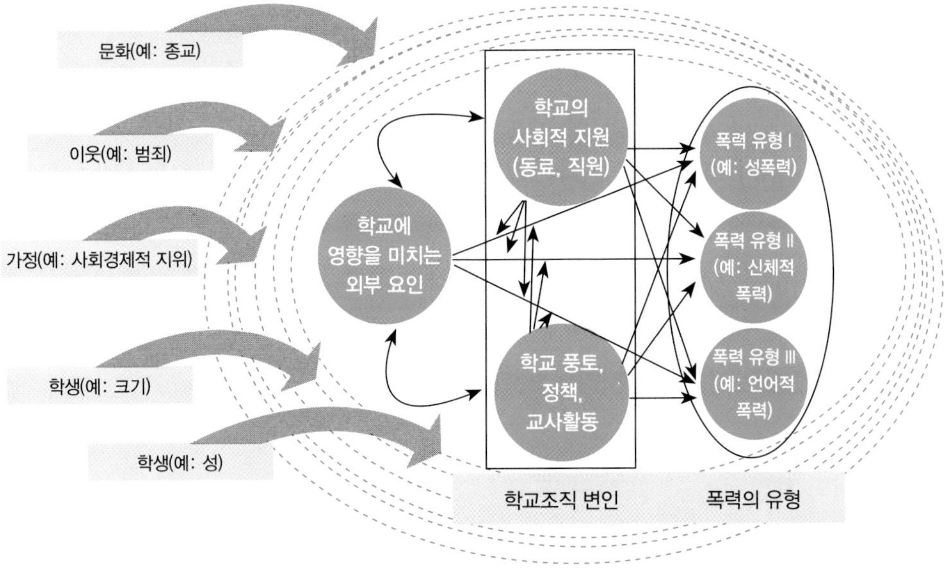

[그림 11-1] 학교폭력 관련 요인들에 대한 생태학적 경로모형

출처: Benbenishty & Astor (2005).

(2) 학교폭력의 주요 요인

생태학적 관점에서 학교폭력의 주요 요인을 살펴보면 다음과 같다(Sciarra, 2004).

① 학교 요인

학교는 또래집단을 사귀고 자신의 학문적 · 사회적 능력과 한계를 경험하는 장소이자 학생들이 가장 많은 시간을 보내는 곳이며, 또한 폭력이 발생할 가장 위험한 장소이기도 하다. 학교폭력의 관련 요인에 대한 생태학적 모형에서 개인보다 학교를 모형의 중앙에 위치시키고 있는 것은 학교폭력의 진원지가 바로 학교이기 때문이다. 교사와 학교 당국의 폭력 문제에 대한 관심과 인식 부족, 학교폭력에 대한 미온적 반응, 안전하고 평화롭지 못한 부정적인 학교풍토, 과밀한 학교와 학급의 학생 수, 폭력 가해 또래집단과의 접촉 등이 학교폭력을 유발할 수 있는 학교 위험 요인으로 확인되고 있다.

② 개인 요인

성별(남학생), 신장과 체격, 공격성과 충동성, 불안과 우울 및 자존감, 대인문제해결 기능의 부족, 신체적 · 정신적 장애, 타인에 대한 공감 능력의 부족 등이 학교폭력을 유발할 수 있는 개인적 위험 요인으로 확인되고 있다.

③ 가정 요인

가정은 개인의 성격과 행동을 형성하는 데 매우 중요한 영향을 미치며, 부적절한 가정환경은 학교폭력을 유발할 수 있는 중요한 위험 요인이 될 수 있다. 가정 요인은 사회경제적 지위와 같은 구조적 특성과 부모의 자녀양육방식과 같은 기능적 특성으로 구분해 볼 수 있다. 처벌적이고 권위주의적인 자녀양육방식, 부정적인 부모-자녀 관계와 태도, 부부 또는 가족 간의 불화, 위협적인 가정 분위기, 긍정적인 변화를 유도하기 위한 방법에 관한 부모의 무지, 부모의 지시 또는 감독 부재 등이 학교폭력을 유발할 수 있는 가정 위험 요인으로 확인되고 있다.

④ 지역사회 요인

아동과 청소년이 성장하고 발달하는 이웃과 지역사회는 그들의 폭력 행동 유발에 매우 중요한 영향을 미치는 요인이다. 대중매체의 폭력 노출, 유해환경, 빈곤과 범죄율, 폭력 행동에 대한 방관, 경쟁적인 사회 풍토, 여가활동을 위한 기회 또는 시설의 부족 등이 학교폭력을 유발할 수 있는 지역사회 위험 요인으로 확인되고 있다.

2. 학교폭력 예방 및 해결을 위한 접근

그동안 학교폭력을 예방하고 해결하기 위해 다양한 접근이 시도되었다. 일반적으로 학교폭력과 같은 심리사회적 갈등 문제의 해결을 위해서는 긍정행동지원을 위한 3단계 예방 접근이 널리 보급되고 있다. 최근에는 엄벌주의 대신 회복적 정의를 강조하는 추세이다. 여기서는 긍정행동지원을 위한 3단계 예방 접근과 회복적 정의 모형에 기초한 접근을 소개한다.

1) 긍정행동지원을 위한 3단계 예방 접근

아동과 청소년들은 학교에 있는 동안 공격성과 폭력에 노출되기 쉽다. 그 원인은 인지적 요인(예: 조망수용의 결여, 사회적 단서의 잘못된 해석, 빈약한 사회적 문제해결 기술 등)이나 발달적 요인(예: 아동의 빈약한 충동 통제력, 청소년기에 사회적 지위를 획득하기 위한 수단 등)에서 기인할 수도 있고, 공격성을 적절하고 효과적인 갈등해결 수단으로 인식하는 가정이나 이웃 환경, 또는 이성 친구를 둘러싸고 대립하거나 학문적 · 사회적으로 좌절을 겪을 수

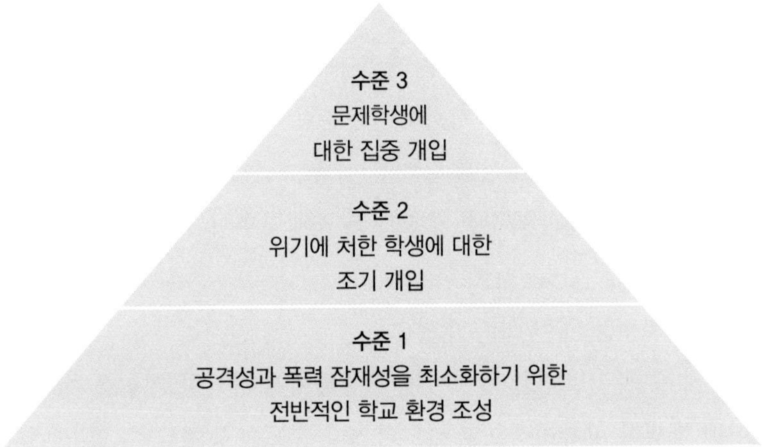

[그림 11-2] **공격성과 학교폭력 예방을 위한 세 가지 수준 접근**

출처: Dwyer & Osher (2000), p. 3.

밖에 없는 학교 문화에서 기인할 수도 있다. 이유가 무엇이든 간에, 학교 안에서는 어떤 형태의 공격성이나 폭력도 허용되어서는 안 된다. 신체적으로나 심리적으로 안전이 보장될 때, 학생들은 최적 수준의 학습성과를 이룰 수 있다.

학교폭력과 같은 행동문제에 대하여 훈육과 처벌 중심의 전통적 접근이 한계를 보이면서 학교 차원의 긍정행동지원이 새로운 접근으로 시도되고 있다. 이에 따르면, 학교에서 공격성과 폭력을 효과적으로 예방하려면 [그림 11-2]와 같이 세 가지 수준에서 단계적으로 접근해야 한다(Dwyer & Osher, 2000).

(1) 수준 1: 전체 학생을 대상으로 한 보편적 접근

첫 번째 수준은 공격성과 폭력을 최소화하는 평화롭고 비폭력적인 학교 환경을 창조하는 것이다. 학교는 모든 학생의 학문적 · 사회적 성공을 지원하는 일에 헌신하고 신뢰 있는 교사-학생 관계를 형성하며, 학교 의사결정에 학생들을 참여시키고 지역사회 기관이나 가족과 긴밀한 공조관계를 수립해야 한다. 또한 안전 문제에 대한 개방적인 토론을 유도하여 학생들이 자신의 관심사를 허심탄회하게 의사소통할 수 있는 개방적인 풍토를 조성해야 한다.

(2) 수준 2: 위기 학생에 대한 조기 개입

두 번째 수준은 학문적 · 사회적으로 실패의 위기에 처한 학생들에게 조기 개입하는 것이다. 사회적으로 위기에 처한 학생들은 친구가 거의 없고 동료에게 괴롭힘을 당하거나 자신들이 학교라는 사회생활에서 배제되고 있다는 느낌을 가질 수 있다. 이들에게는 동료와 효과적으로 상호작용하고 교사와 좋은 작업 관계를 수립하며 학교 공동체의 진정한 일원이 되도록 조력할 모종의 개입(예: 사회적 기술 훈련, 과외활동 참여, 응용행동분석이나 긍정행동지원에 기초한 생산적 행동의 조성 및 강화 등)이 필요하다. 이러한 개입은 일방적인 접근이 되어서는 안 되고, 학생들의 특수한 강점과 욕구에 맞추어 조정되어야 한다.

(3) 수준 3: 문제 학생에 대한 집중 개입

마지막 세 번째 수준은 말썽을 일으키는 학생들에게 강력한 개입을 제공하는 것이다. 예를 들면, 어떤 학생이 비합리적으로 사고하거나 충동을 통제할 수 없고 매사 좌절에 적절히 대처할 수 없을 정도로 심각한 정신적 고통을 겪고 있다면, 학교는 지역사회의 정신건강센터, 보호관찰소, 사회복지기관 등과 긴밀한 협력 관계를 유지하여 조직적이고 체계적인 조력을 제공해야 한다. 개입은 학생들이 반사회적 행동의 터널 안으로 들어가기 전에 이루어지고 교사와 여러 분야의 전문가가 참여하는 다학문 팀(multidisciplinary team)에 의해서 개발될 때 가장 효과적이다.

교사는 학생들과 가장 자주 접촉하기 때문에 강력한 개입이 필요한 학생을 찾아서 학문적 · 사회적 성공의 궤도에 복귀시킬 수 있는 가장 이상적인 위치에 있다. 교사는 특히 학교폭력의 조기 경고 신호를 경계할 필요가 있다. 이는 사회적 철수, 지나친 고립, 거부와 박해의 감정, 학업 수행의 급격한 하락, 어설픈 대처 기술, 분노 통제의 결여, 우월감과 자기중심성 및 공감의 결여, 사무친 원한, 폭력적인 주제의 그림이나 글, 개인 및 집단 차이에 대한 과민반응, 폭력과 공격성 및 여타 훈육 문제의 역사, 폭력적인 동료와의 연합, 부적절한 역할 모델, 빈번한 음주 또는 약물 사용, 화기나 무기에 대한 부적절한 접근, 폭행의 위협 등을 포함한다.

하지만 학교에서는 극단적인 폭력은 극히 드문 현상이며, 앞에서 언급한 경고 신호를 한두 가지 드러낸다고 해서 폭력적인 학생이 되지는 않는다. 자칫 잠재적인 학교폭력에 불합리하게 접근하면 학생들과 효과적으로 공부하는 일에 방해가 될 수도 있다. 무엇보다 교사는 경고 신호를 특정 학생을 불공정하게 대하거나 고립시키며 벌하기 위한 구실로 삼아서는 안 되며, 더욱이 다른 학생들이 모두 누리는 교육적 혜택에서 제외시키기 위한 근거로 사용해서는 결코 안 될 것이다.

2) 회복적 정의 모형

최근 한국청소년정책연구원에서 발표한 보고서에서는 정부가 발표한 '학교폭력근절 종합대책'(관계부처합동, 2012)과 '현장 중심 학교폭력 대책'(교육부, 2013)이 모두 엄벌주의와 분리주의의 정책기조를 벗어나지 못함으로써 학교폭력을 근본적으로 해결하지 못한다고 지적하고 '회복적 정의 모형'이라는 새로운 모형을 제안하고 있다(이유진, 이창훈, 강지명, 2014). 이 모형은 학교폭력을 해결하기 위해서는 가해학생에 대한 처벌 중심의 엄벌주의를 강조하는 응보적 정의의 관점에서 벗어나 폭력의 피해를 회복하고 깨진 관계를 복원하는 것에 초점을 맞추어야 한다고 전제하고 있다. 이 모형은 학교폭력 처리의 모든 단계에서 도입하여 적용할 수 있다. 회복적 정의 모형의 주요 특징을 정리하면 다음과 같다.

(1) 목표

회복적 정의 모형의 목표는 학교폭력으로 인해 발생한 모든 피해와 상처 그리고 깨진 관계를 회복하는 것이다. 회복적 정의 모형에서는 각 대상에 따라 관계 회복을 위한 목표를 제시한다. 가해학생과 부모의 목표는 '반성과 사과 및 원인 치료'이고, 피해학생과 부모의 목표는 '용서와 치유 및 피해 회복'이며, 이들을 둘러싼 다른 학생들과 교사의 목표는 '평화로운 학교문화' 속에서 생활하는 것이고, 지역사회의 목표는 '안전한 환경 조성'이다. 이러한 대상별 목표를 통해 '갈등 해결과 관계 회복'이라는 회복적 정의 모형의 궁극적인 목표가 달성될 수 있다.

(2) 학교 차원의 도입 방안

학교 차원에서 학교폭력에 대한 접근은 예방활동, 갈등조정, 조치결정의 세 단계로 구분된다(이유진, 이창훈, 강지명, 2014).

① 예방활동 단계

예방활동 단계에서는 현행 학교폭력 예방교육의 횟수를 증가시키고, 학생 자치활동의 기본 교육 내용에 회복적인 갈등 해결을 반영하도록 해야 한다.

② 갈등조정 단계

갈등조정 단계에서는 또래조정을 통해 화해가 이루어진 사안에 대해서는 심의위원회에 회부하지 않고 종결할 수 있도록 담임종결 사안을 확대하고, 또래조정의 전면 확대를 위해 '또래조정지원센터'를 설립할 필요가 있다. 또한 분쟁조정의 결과 당사자 간 합의가 있고 화해가 이루어진 사안에 대해서는 학교폭력대책심의위원회에 회부하지 않고 학교 자체적으로 종결할 수 있어야 한다.

③ 조치결정 단계

조치결정 단계에서는 회복적 정의의 이념에 반하는 조치인 학생기록부 기재 지침을 철회하고, 가해학생 조치와 교우관계 회복기간 제도의 운영을 위해 가해학생에 대한 회복적 생활지도를 병행해야 하며, 피해학생에 대해서는 담임교사 및 상담교사의 지속적인 관심과 상담 등 심리적 지원이 필요하다.

(3) 교사의 역할

회복적 정의 모형에서 교사는 학생들에게 고도의 관심을 가지고 갈등 해결을 위해 개입하고 가해학생의 잘못에 대해서는 엄격하게 대처해야 한다. 그리고 갈등 해결의 과정은 교사의 일방적인 조정이 아니라 교사와 학생이 함께 대화를 통해 화해의 결과를 도출해 나가는 것이어야 한다. [그림 11-3]은 교사의 관심도와 엄격성을 중심으로 현재 학교에서 학교폭력 해결을 위해 대처하고 있는 방법을 네 가지 유형으로 구분하고 있다. 첫 번째 유형은 교사의 관심도와 엄격성이 모두 낮은 경우로, 이는 교사가 아무것도 하지 않는 무관심 상태이다. 두 번째 유형은 교사의 관심도는 높지만 엄격성이 낮은 경우로, 이를 회복적 정의라고 오해하는 경우가 있으나 회복적 관점에서 보면 교사는 아무것도 하지 않는 상태인 셈이다. 세 번째 유형은 교사의 관심도는 낮지만 엄격성이 높은 경우로, 전통적 처벌 방법인 '응보적 정의'에 따른 해결방법이 이에 해당한다. 마지막 네 번째 유형은 교사의 관심도와 엄격성이 모두 높은 경우로, 바로 '회복적 정의'에 따른 해결방법이다.

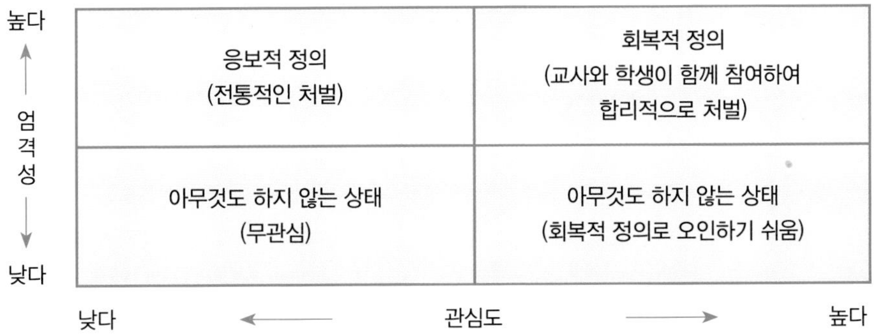

[그림 11-3] **교사의 관심도와 엄격성에 따른 학교폭력 해결 모형**

출처: 이유진, 이창훈, 강지명(2014), p. 209.

(4) 단계별 도입

학교폭력 예방 단계부터 학교 처리 단계, 사법 절차 단계, 교정 단계까지 학교폭력 처리 절차의 모든 단계에서 학교, 지역사회, 경찰, 검찰, 법원, 교정시설 등 모든 기관이 담당하고 있는 시점과 상황에서 회복적 정의 모형을 도입해 주도적이고 자발적으로 수행해 갈 수 있다. [그림 11-4]는 학교폭력 해결을 위한 회복적 정의 모형의 단계별 흐름도를 제시한 것이다.

[그림 11-4]는 학교폭력 처리절차의 단계별로 기존에 운영되고 있는 제도 중에서 회복적인 개선이 필요한 제도와 회복적 정의의 관점에서 새롭게 도입해야 할 제도를 보여 주고

[그림 11-4] **학교폭력 해결을 위한 회복적 정의 모형의 단계별 흐름도**

출처: 이유진, 이창훈, 강지명(2014), p. 211.

있다. 학교 차원에서 회복적 정의의 관점이 적용되고 있지만 개선이 필요한 제도로는 학교 예방활동 단계의 학교폭력예방교육과 학생자치활동이 있고, 갈등조정 단계의 또래조정과 분쟁조정이 있으며, 조치결정 단계에서는 학교폭력대책심의위원회의 가해 · 피해 학생에 대한 조치와 교우관계 회복기간 운영 제도 등이 있다. 사법기관 차원에서는 검찰 단계의 형사조정과 법원 단계의 화해권고가 있다. 또한 회복적 정의의 관점에서 새롭게 도입해야 할 제도로 학교 차원의 갈등조정 단계에서 담임교사와 상담교사의 조정제도를 인정할 필요가 있다. 또한 사법기관 차원에서는 경찰 단계의 회복적 훈방과 촉법소년(만 10세 이상 14세 미만의 형사미성년자로서 형벌을 받을 범법행위를 한 사람)에 대한 회복적 선도, 검찰 단계의 회복적 조건부 기소유예, 법원 단계의 청소년회복센터, 교정 단계의 회복적 감독과 회복적 사회복귀 프로그램 등이 있다.

(5) 사법절차상의 도입 방안

경찰 단계에서는 「소년법」을 개정하여 '회복적 훈방' 제도를 도입하고 촉법소년에 대해 회복적 선도 프로그램을 운영해야 하며, 검찰 단계에서는 형사조정 대상 사건에 학교폭력 사안을 확대 적용하고 '회복적 기소유예' 제도를 운영할 필요가 있다. 법원 단계에서는 화해권고에 따라 화해가 되면 학교폭력대책심의위원회에 통보하여 조치결정을 면제하고, 청소년회복센터와 같은 '사법형 그룹홈'을 설립하여 가해학생의 회복을 도와야 한다. 또한 교정 단계에서는 가해학생에 대한 보호관찰을 통해 회복적 절차에 따른 협의결과 이행 상태를 감독하고, 소년원이나 소년교도소에 수용된 가해학생에 대해 회복적 사회복귀 프로그램을 운영할 필요가 있다.

(6) 지원체계 구축 방안

시설 인프라 구축을 위해서 회복적 지원기구인 지역중심 '갈등중재센터'를 설립하고, 전문적인 조정인력을 양성해야 한다. 또한 「학교폭력예방 및 대책에 관한 법률」에 회복적 정의와 관련하여 필요한 예산을 수립할 수 있도록 명시적 규정을 신설해야 하고, 통일된 운영 매뉴얼을 개발해야 한다. 더불어 회복적 정의에 관한 사회적 인식을 제고하고 저변을 확대하기 위해 지속적인 노력을 기울여야 한다.

3) 우리나라의 학교폭력 대응 정책

정부는 2004년에 「학교폭력예방 및 대책에 관한 법률」을 제정하고 2005년부터 '학교폭력 예방 대책 5개년 기본 계획'을 수립하여 시행해 왔다(관계부처합동, 2005, 2009, 2014). 특히 2012년에는 관련 부처가 합동으로 '학교폭력근절 종합대책'을 제안하였고, 2013년에는 '현장 중심 학교폭력 대책'을 내놓았다. 학교폭력을 '4대 범죄'의 하나로 규정하고 예방 중심의 '현장 중심 학교폭력 대책'(2013. 7. 23.)을 추진하여 학교폭력 감소 등 가시적인 성과가 나타나기 시작하였으나, 학교폭력 문제의 근원적 해소를 위한 지속적인 정책적 노력의 일환으로 2020년부터 '제4차 학교폭력 예방 및 대책 기본 계획'에 착수하게 되었다. 그동안 정부가 평가한 성과와 한계를 고찰하고 주요 추진과제를 알아본다.

(1) 기본 계획의 이행 성과와 한계

정부는 '제4차 학교폭력 예방 및 대책 기본 계획'을 수립하기 위해 '제3차 학교폭력 예방 및 대책 기본 계획'의 이행 성과와 한계를 평가하였다. 제2차 및 제3차 기본 계획의 이행 성과와 한계를 요약하면 다음과 같다.

① 제2차 기본 계획의 이행 성과와 한계

'제2차 학교폭력 예방 및 대책 기본 계획'의 이행 성과와 한계는 다음과 같다(관계부처합동, 2014).

- 제2차 기본 계획의 이행 성과로는 학교폭력 안전 인프라의 양적 확충, 단위학교의 대응능력 및 책무성 제고, 피해자 치유 및 가해자 선도 시스템의 질 향상, 존중과 배려의 학교문화 조성, 지역사회와 함께 하는 학교안전망 구축 등을 들 수 있다.
- 여전히 남아 있는 미해결 과제는 학교폭력 안전 인프라의 질적 제고의 필요, 학부모, 교원 등 학교 구성원 전체가 참여하는 예방교육의 부재, 학교폭력 신고 후 조치에 대한 불만, 가정과 사회의 공동 노력을 통한 폭력문화 개선의 필요 등이다.

② 제3차 기본 계획의 이행 성과와 한계

'제3차 학교폭력 예방 및 대책 기본 계획' 이행 성과와 한계는 다음과 같다(교육부, 2020b).

- 제3차 기본 계획은 학교폭력 예방 교육을 확산하고 학생 안전 및 상담 · 지원 기반을 확충하여 학교폭력 예방과 대응을 위한 제반 여건을 강화하는 데 초점을 두었다. 그 결과 '어울림 프로그램' 등 학교폭력 예방 교육의 강화로 학교폭력에 대한 학생들의 민감도가 높아지고, 학교 CCTV 설치 등 인프라 확충으로 물리적 유형의 학교폭력 비중이 감소하는 성과가 있었다. 또한 피해학생 전담 지원기관 확대 등 피해학생 보호 · 치유를 위한 기반이 마련되었다.

- 개선이 필요한 사항으로 학교폭력 피해경험 연령이 낮아지고 언어폭력, 사이버폭력 등 정서적 폭력의 비중이 증가하는 추세에 대한 대응 방안을 강구할 필요가 있다. 또한 피해학생 보호 · 치유를 위한 지원을 확대 · 내실화하고 가해학생 재발 방지를 위한 조치를 강화해야 할 필요성이 개선 과제로 남아 있다.

(2) 제4차 기본 계획의 추진 방향 및 세부 내용

'제4차 학교폭력 예방 및 대책 기본 계획'은 '존중과 배려를 바탕으로 한 학교문화 조성, 학교의 신뢰 제고, 가정과 사회의 역할 강화'를 목표로 5개 영역에 걸쳐 14개 추진과제를

비전	모두가 함께 만드는 행복한 학교
목표	• 존중과 배려가 가득한 학교문화 • 적극적 보호와 교육으로 신뢰받는 학교 • 민주시민의 성장을 돕는 가정과 사회

	5대 정책영역		14개 추진과제
1	학교공동체 역량 제고를 통한 학교폭력 예방 강화	1	학교 · 학급 단위의 학교폭력 예방교육 내실화
		2	학생 참여 · 체험 중심의 학교폭력 예방활동 확대
		3	학교폭력 유형 · 추세 대응 예방활동 강화
		4	전 사회적 협력을 통한 학교폭력 예방문화 조성
2	학교폭력에 대한 공정하고 교육적인 대응 강화	5	학교폭력 조기 감지 및 대응체계 강화
		6	학교의 교육적 해결역량 제고
		7	사안처리의 공정성 · 전문성 확보
3	피해학생 보호 및 치유 시스템 강화	8	피해학생 맞춤형 보호 · 지원체계 강화
		9	사후지원 강화 및 학교 안팎 협력체계 구축
4	가해학생 교육 및 선도 강화	10	가해학생 교육 · 선도 내실화
		11	중대한 학교폭력 가해학생에 대한 엄정대처
5	전 사회적 학교폭력 예방 및 대응 생태계 구축	12	가정의 교육적 역할 강화
		13	지역사회의 역할 및 책무성 강화
		14	전 사회적 대응체계 강화 및 대국민 인식 제고

[그림 11-5] **'제4차 학교폭력 예방 및 대책 기본 계획'의 추진 방향**

출처: 교육부(2020b), p. 7.

제시하였다([그림 11-5] 참조). 각 분야별 새롭게 추진되는 과제를 중심으로 그 내용을 살펴보면 다음과 같다(교육부, 2020a).

① 공동체 역량 제고를 통한 학교폭력 예방 강화

공동체 역량 제고를 통한 학교폭력 예방을 강화하기 위해서 '학교 · 학급 단위 학교폭력 예방 교육 내실화' '학생 참여 · 체험 중심 학교폭력 예방활동 확대' '학교폭력 유형 및 추세에 따른 대응 예방 활동 강화' '전 사회적 협력을 통한 학교폭력 예방문화 조성'의 4개 추진과제를 선정하였으며, 중점 추진 사항은 다음과 같다.

- 교육과정과 학교폭력 예방교육의 연계를 확대하고 학생 참여 · 체험형 예방 활동을 내실화하는 등 학급 · 학생 중심 학교폭력 예방교육을 강화한다.
- 초등학교 학교폭력 피해율 및 사이버폭력 비중 증가 등 학교폭력 유형 · 추세 변화에 대응하는 맞춤형 예방교육 · 활동을 강화한다.

② 학교폭력에 대한 공정하고 교육적인 대응 강화

학교폭력에 대한 공정하고 교육적인 대응을 강화하기 위해서 '학교폭력 조기 감지 및 대응체계 강화' '학교의 교육적 해결 역량 제고' '사안처리의 공정성 · 전문성 확보'의 3개 추진과제를 선정하였으며, 중점 추진 사항은 다음과 같다.

- 학교폭력 감지 시 신속하게 대응하기 위해 대응체계를 강화하고, 학교 및 교육(지원)청의 사안처리 전문성 제고를 통해 학교폭력 대응 절차의 엄정성을 강화한다.
- '학교장 자체해결제도' 정착 및 학생 간 관계 회복을 지원하는 등 학교폭력에 대한 학교의 교육적 해결 역량을 제고한다.

③ 피해학생 보호 및 치유 시스템 강화

피해학생 보호 및 치유 시스템을 강화하기 위해서 '피해학생 맞춤형 보호 · 지원체계 강화'와 '사후지원 강화 및 학교 안팎 협력체계 구축'의 2개 추진과제를 선정하였으며, 중점 추진 사항은 다음과 같다.

- 학교폭력 피해 발생 초기부터 학생을 신속하게 보호하기 위한 대응체계 구축 및 피해

학생 전담 지원기관 확대 · 내실화를 통해 맞춤형 보호 · 지원을 강화한다.

• 피해학생의 요구를 토대로 한 지원체계 구축 및 외부기관 연계를 통해 사후지원을 강화한다.

④ 가해학생 교육 및 선도 강화

가해학생 교육 및 선도를 강화하기 위해서 '가해학생 교육 · 선도 내실화'와 '중대한 학교폭력 가해학생에 대한 엄정 대처'의 2개 추진과제를 선정하였으며, 중점 추진 사항은 다음과 같다.

• 중대한 학교폭력 발생 시 신속한 피 · 가해학생 분리조치 시행 및 학교폭력 재발방지를 위한 가해학생 교육 · 선도 조치를 내실화한다.
• 「소년법」 적용 사건 수준의 중대한 학교폭력에 대한 엄정한 대처를 강화한다.

⑤ 전 사회적 학교폭력 예방 및 대응 생태계 구축

전 사회적 학교폭력 예방 및 대응 생태계를 구축하기 위해서 '가정의 교육적 역할 강화' '지역사회의 역할 및 책무성 강화' '전 사회적 대응체계 강화 및 대국민 인식 제고'의 3개 추진과제를 선정하였으며, 중점 추진 사항은 다음과 같다.

• 가정, 지역사회 등 전 사회적 학교폭력 예방 · 대응 역량을 강화한다. 학부모 대상 예방교육 수강 활성화를 위한 교육이수 인센티브를 부여하고 '청소년 안전망 팀' 구축을 통한 지역 단위 학교폭력 예방을 강화한다.

3. 학교폭력의 조기 발견과 예방

학교폭력이 가져오는 심각하고 파괴적인 부작용에 비추어 볼 때 학교폭력 문제에 있어서 가장 중요한 최선의 정책과 대응방안은 학교폭력을 사전에 예방하는 것이다. 또한 학교폭력의 징후를 조기 발견하여 적절히 대처하여 그 피해를 완화하거나 제거해야 한다.

1) 학교폭력의 조기 감지

학교폭력 조기 감지란 문제 행동을 사전에 예방하기 위해서 '누가 학교폭력 문제 행동에 관련될 가능성이 있는가?'를 사전에 예측하는 것을 말한다. 학교폭력이 피해자, 가해자, 가족, 교사, 학교 모두에게 가져오는 심각한 영향에 비추어 볼 때 학교폭력 행동의 체계적 예측에 따른 사전 개입, 예방 대처는 매우 중요하다. 학교폭력 문제행동을 조기에 감지하기 위해서는 두 가지 방법을 사용할 수 있다. 한 가지는 교사나 부모의 지속적인 관찰을 통하여 잠재적인 폭력의 신호를 찾아내는 것이고, 또 다른 방법은 학생 개인이나 학급을 대상으로 하는 진단 평가를 통하여 집단따돌림이나 학교폭력을 감지하는 것이다.

(1) 지속적 관찰을 통한 잠재적 폭력 신호의 조기 감지

1998년에 미국 교육부와 법무부는 『조기 경고와 시의적절한 반응: 학교안전지침(Early Warning, Timely Response: A Guide to Safe Schools)』을 출간하여 호평을 받았다(Dwyer, Osher, & Warger, 1998). 그 문서는 공격적이고 폭력적인 행동의 16가지 조기 경고 신호를 나열하고 있다. 전문상담교사는 사무실 벽에 이 경고 신호들을 열거하여 부착하거나 학생용, 교사용, 부모용 유인물을 만들어 상담실의 잡지꽂이에 비치하여 이용하게 할 수 있다. '학교안전지침'에 명시된 조기 경고 신호를 간단히 설명하면 다음과 같다(Dwyer, Osher, & Hoffman, 2000).

- 사회적 철수(social withdrawal): 우울감, 거부감, 박해, 무가치함, 자신감 부족 등으로 인한 사회적 접촉에서 점진적으로 또는 완전히 철수한다.
- 과도한 고립감과 외로움(excessive feelings of isolation and being alone): 고립되어 친구가 없는 것처럼 보이는 대부분의 아동은 폭력적이지 않으나, 어떤 경우에는 고립감과 친구 부족이 공격성과 폭력의 위험 요인이 된다.
- 과도한 거부감(excessive feelings of rejection): 종종 어려움을 겪는 아이들은 또래들에게서 고립된다. 지원이 없으면, 그들은 폭력으로 정서적 고통을 표현할 위험에 처할 수 있다. 어떤 사람은 자신의 폭력적인 성향을 강화하는 공격적인 친구를 찾기도 한다.
- 폭력 피해(being a victim of violence): 신체적 또는 성적 학대를 포함하여 폭력 피해자는 때때로 자신이나 타인에게 폭력을 행사할 위험이 있다.
- 따돌림과 핍박을 당하는 느낌(feelings of being picked on and persecuted): 따돌림, 놀

림, 괴롭힘, 조롱, 굴욕감 등을 느끼는 청소년은 사회적으로 위축될 수 있다. 적절한 지원이 없으면, 어떤 아이들은 공격이나 폭력을 통해 이러한 감정을 발산할 수 있다.

- 학교에 대한 무관심과 낮은 학업 성취도(low school interest and poor academic performance): 성취도가 낮은 사람이 좌절감, 무가치감, 모멸감을 느끼거나 징계를 당할 때 공격적으로 행동할 수 있다. 학업 수행 변화에 대하여 정서적 및 인지적 이유를 평가하는 것이 중요하다.
- 폭력적인 글 또는 그림(expression of violence in writings and drawings): 글이나 그림에서 특정 개인(가족, 또래, 기타 성인)에 대한 폭력의 과도한 표현이 지속적으로 나타나면 정서적인 문제와 폭력 잠재력의 신호가 될 수 있다.
- 통제되지 않는 분노(uncontrolled anger): 경미한 자극에 반응하여 분노를 자주 강렬하게 표현하면 자신이나 타인에 대한 잠재적인 폭력 행동의 신호가 될 수 있다.
- 충동적이고 만성적인 구타, 협박, 괴롭힘(patterns of impulsive and chronic hitting, intimidating, and bullying behaviors): 아동들은 종종 밀치거나 경미한 공격 행동에 가담한다. 하지만 어린 시절에 흔히 볼 수 있는 구타나 괴롭힘과 같은 경미한 공격 행동을 방치하면 더 심각한 행동으로 이어질 수 있다.
- 훈육 문제 이력(history of discipline problems): 학교와 가정에서 고질적인 행동과 훈육 문제는 충족되지 못한 정서적 욕구를 암시할 수 있다. 이는 아동이 규범이나 규칙을 위반하고 권위를 무시하며 학교를 떠나거나 다른 아동 및 성인에게 공격적인 행동을 가할 수 있는 무대가 될 수 있다.
- 과거 폭력적·공격적인 행동 이력(past history of violent and aggressive behavior): 지원 및 상담이 제공되지 않는 한, 다른 개인에게 공격적이고 폭력적인 행동을 했거나 동물 학대 또는 방화와 같은 이력을 지닌 청소년은 위험할 수 있다. 인생 초기에 여러 상황에서 빈번하게 반사회적 행동을 보였던 청소년은 특히 위험하다. 내면적 행동(예: 도둑질, 기물 파손, 속임수, 방화 등)은 물론 외현적 행동(예: 괴롭힘, 일반화된 공격성, 반항 등)은 좀 더 심각한 공격적 행동의 위험을 나타낸다. 어릴 때 공격성과 약물 남용에 가담한 아동은 나중에 폭력성을 보일 가능성이 더 크다.
- 차별과 편견적인 태도(intolerance for differences and prejudicial attitudes): 인종, 민족, 종교, 언어, 성별, 성적 취향, 또는 외모에 근거한 강한 편견은 다르게 인식되는 사람들에 대한 공격으로 이어질 수 있다. 혐오 집단의 구성원이거나 장애 또는 건강 문제가 있는 사람들을 기꺼이 희생시키려는 의지도 경고 신호로 간주되어야 한다.

- 약물 사용 및 음주(drug use and alcohol use): 약물 사용과 음주는 자제력을 감소시키고 아동과 청소년을 가해자, 피해자, 또는 둘 다로 폭력에 노출시킨다.
- 폭력배와 어울림(affiliation with gangs): 강탈, 협박, 폭력 행위 등 반사회적 가치와 행동을 지지하는 폭력배들은 다른 학생들에게 두려움과 스트레스를 유발한다. 그들의 행동을 흉내 내고 모방하거나 그들과 어울리는 청소년은 이러한 가치를 채택하고 특정 상황에서 폭력적이거나 공격적으로 행동할 수 있다.
- 무기의 부적절한 접근, 소지, 사용(inappropriate access to, possession of, and use of firearms): 무기를 부적절하게 소지하거나 접근하는 아동과 청소년은 폭력 위험을 증가시킬 수 있다. 가족은 아동의 무기 접근을 제한하거나 관리 · 감독함으로써 부적절한 접근과 사용을 줄일 수 있다. 특히 공격성, 충동성 또는 다른 정서적 문제의 이력이 있는 아동은 무기에 접근해서는 안 된다.
- 심각한 폭력 위협(serious threats of violence): 청소년이 자신이나 타인에게 위험한 행동을 할 가능성이 있다는 가장 신뢰할 만한 지표 중 하나는 폭력 사용에 대한 상세하고 구체적인 위협이다. 최근 일어난 사건들은 자신이나 타인에게 폭력을 가하겠다는 위협을 매우 심각하게 받아들여야 한다는 것을 분명히 보여 주고 있다. 이러한 위협의 본질을 이해하고 방지하기 위한 조치를 취해야 한다.

하지만 이러한 것들 중 어느 것도 그 자체로는 학교폭력의 정확한 예측인자가 되지 못한다. 상담교사는 여러 신호를 드러내는 학생들을 찾아내서 그들의 마음을 끌려고 시도하며, 좀 더 초점적인 평가를 실시해야 한다. 어떤 학생이 다급한 경고 신호를 보일 때 반응은 매우 다르다. 즉, 심한 몸싸움 또는 심각한 기물파괴를 하기도 하고 겉보기에 사소한 이유로 심각한 분노를 보이거나 구체적인 폭력 및 치사를 위협하기도 하며, 여타의 자해 행동이나 자살 위협을 하는 것 등은 자신이나 타인에게 위험한 행동을 할 우려가 있음을 가리키는 경고 신호들이다(Dwyer, Osher, & Warger, 1998). 학생이 학교에서 무기를 사용하여 위협하거나 타인을 해치거나 죽이려는 상세한 계획(시간, 장소, 방법)을 진술한다면 즉시 경찰을 불러야 한다. 여타 긴급한 신호에 반응해서는 즉시 학부모에게 알리고 아동 · 청소년 상담 및 가족 서비스나 지역사회 정신건강 서비스에 배정할 수 있도록 도와야 한다.

(2) 검사 · 진단 평가를 통한 학교폭력 조기 감지

학생들의 잠재적인 공격성과 폭력을 임상적으로 평가하는 것은 심리학자의 과업이다. 그러나 상담교사는 임의로 몇 가지 간단한 도구를 사용하여 특수한 학생에 관한 자신의 우려를 검증하고, 그 우려가 현실적으로 타당한 것으로 판명되면 그의 부모에게 알려서 정신의학적 평가를 받도록 의뢰할 수 있다. 〈표 11-1〉에 제시된 체크리스트는 국가학교안전센터(National School Safety Center: NSSC, 1998)에서 학교폭력 관련 사망에 대한 점검 결과 어떤 학생이 자신이나 타인을 해칠 가능성을 나타내는 20가지 행동 목록을 제시한 것이다. 만일 어떤 학생이 이러한 행동 중에서 한 가지 이상을 나타낸다면, 상담교사는 학부모를 만나거나 치안당국을 포함하여 적합한 지역사회 서비스에 의뢰하는 등 적절한 조치를 취해야 한다.

〈표 11-1〉 **학교폭력 관련 사망을 야기하는 젊은이의 특징에 대한 NSSC의 체크리스트**

___ 1.	발끈하거나 통제 못하는 분노 폭발의 역사가 있다.
___ 2.	유별나게 욕설이나 악담 또는 혐오적인 언어를 해댄다.
___ 3.	화날 때에는 습관적으로 폭력적인 위협을 가한다.
___ 4.	전에 학교에 무기를 갖고 온 적이 있다.
___ 5.	학교나 지역사회에서 심각한 훈육 문제를 가진 이력이 있다.
___ 6.	약물이나 알코올 또는 다른 물질 남용이나 의존의 이력이 있다.
___ 7.	친한 친구가 전혀 또는 거의 없고 동료 집단의 가장자리에 머물러 있다.
___ 8.	무기나 폭발물 또는 다른 방화 기구에 정신이 팔려 있다.
___ 9.	전에 무단결석을 하거나 정학 또는 퇴학을 당한 적이 있다.
___ 10.	동물들에게 잔인한 행동을 드러낸다.
___ 11.	부모나 보호자의 지도감독이나 지지를 거의 또는 전혀 받지 못하고 있다.
___ 12.	가정에서 주시를 받거나 학대 또는 무관심의 피해자가 된 적이 있다.
___ 13.	동료나 나이 어린 아이들에게 따돌림을 당하거나 따돌림시킨 적이 있다.
___ 14.	자신이 어떤 문제나 어려움에 처할 때 타인들을 비난하는 경향이 있다.
___ 15.	폭력적인 주제와 행위를 드러내는 TV 쇼나 영화 또는 음악을 일관되게 선호한다.
___ 16.	폭력적인 주제, 의식 및 학대를 다루는 읽기 자료를 선호한다.
___ 17.	학교 수필이나 작문 프로젝트에 분노, 욕구좌절, 그리고 인생의 어두운 면을 반영한다.
___ 18.	동료 수용의 언저리에서 어떤 폭력배나 반사회적 집단에 연루되어 있다.
___ 19.	자주 우울해하거나 기분이 변덕스럽다.
___ 20.	자살을 위협하거나 시도한 적이 있다.

출처: National School Safety Center (1998).

2) 학교폭력 조기 감지에 따른 사전 개입 및 예방

교사나 부모가 학교폭력 관련 문제행동 단서를 감지했을 경우 어떻게 사전 대처를 하고 이를 예방하고 다루어 나갈 것인가가 중요한 과제이다. 조정실과 차명호(2010)는 학교폭력 사전 감지 및 사전 대처 · 예방 기법으로 인식(Recognition), 탐색(Exploration), 선별(Screen), 예방교육(Teaching)의 네 단계 대응법을 제안하였는데, 각 단계의 첫 글자를 따서 REST라고 한다. 각 단계를 요약하면 다음과 같다.

(1) 인식 단계

어떤 현상이 일어나고 있는가를 교사와 학부모가 인식하는 단계를 말한다. 교사나 학부모는 조사나 관찰 등을 통해서 학교 및 가정, 또래관계 등에서 어떠한 일이 일어나고 있으며, 학교폭력과 관련하여 어떤 행동 단서를 보이는가를 인식할 필요가 있다.

(2) 탐색 단계

학교폭력의 단서가 될 만한 행동을 면밀하게 탐색하는 단계로 단서행동이 더욱 심각해지거나 빈번해지는 현상이나 징후행동의 양과 빈도가 증가하는 정도를 탐색할 필요가 있다. 교사나 학부모는 눈치채지 않게 관망하면서 특정 행동이 어떻게 변화되어 가는지를 주의 깊게 살펴보고 학교폭력의 단서를 발견한 후 어떻게 대처하는 것이 보복이나 괴롭힘 등 문제를 확대하지 않고 해결할 수 있을지를 고심해야 한다. 사실 확인을 위해 주변 친구에게 캐묻거나 바로 가해자, 피해자, 교사의 삼자대면을 하게 되면 자칫 문제가 확대될 수 있으니 주의하고, 피해 학생을 보호하고 "폭력을 절대 용인하지 않겠다."는 단호한 해결의지를 보여 주면서 학생들에게 신뢰를 심어 줄 필요가 있다.

(3) 선별 단계

사태가 심각한 상황으로 발생하기 전에 단서를 중심으로 사전대응을 하는 단계이다. 교사나 학부모는 단서 행동의 변화하는 양상을 따라 학교와 가정에서 수용되는 행동과 수용되지 않는 행동을 구분하고 특정 행동에 대한 입장을 전달하고 이에 대한 대안행동을 제공할 필요가 있다. 학생들의 힘에 의한 저항이나 반항 행위에 권위나 성적 등을 앞세워 대응하는 대칭적인 방법 대신에, 수용적인 태도로 비대칭적인 방법을 사용하여 학생들과 신뢰관계를 구축하는 것이 중요하다. 구체적인 대응방법으로 신뢰감 형성과 문제해결 의사 표시하기, 초기 괴롭힘 발견 시 명확한 대처와 사실 조사하기, 피해학생에게 신뢰감을 심어주고 신변 보호하기, 반 전체를 대상으로 학교폭력에 관해 교육하기 등을 들 수 있다.

(4) 예방교육 단계

학교나 가정에서 공개적으로 폭력 행동에 대해 교육을 시키는 단계로 학교폭력에 대한 관점과 바람직한 수용행동을 육성하고 책임지는 자세를 가르칠 필요가 있다. 학교폭력 예방 교육을 통하여 폭력은 어떤 이유로든 나쁘고, 폭력행동은 다른 학생의 행복권을 파괴하는 행위임을 인식하고, 폭력 행동을 하지 않겠다는 다짐을 하는 행동 각서를 반 학생들에게 작성하게 할 수 있다. 또한 학생들 사이에서 나와 다른 것이나 나름 특이한 행동, 약점 등(잘난 척, 예쁜 척하는 행동, 말이나 행동이 느리거나 어눌하거나 취약성이 있는 것 같은 모습 등)을 무시·배척하고 나쁘게 보며 오해하는 태도가 학교폭력이나 따돌림의 주요 이유가 되는 점에 비추어 볼 때, 나와 다른 것이 틀린 것이나 무조건 나쁜 것이 아니며 나와 다른 것을 수용하고 존중하고 인정하며 다른 사람과 원만한 관계를 맺고 지혜롭게 유지하는 방법을 갖도록 조력할 필요가 있다.

3) 학교 기반 폭력 예방에 대한 종합적 접근

학교의 폭력 예방은 종합적이고 협력적이어야 한다. '종합적(comprehensive)'이라는 말은 그것이 모든 아이, 즉 폭력의 잠재력을 전혀 보이지 않는 아이들, 폭력의 위기에 처한 것으로 보이는 아이들, 그리고 긴급한 폭력 신호를 보이는 아이들을 모두 표적으로 삼아야 한다는 것을 의미한다. '협력적(collaborative)'이라는 말은 폭력 예방 노력이 학교를 넘어서 가족과 지역사회로 확대되어야 한다는 것을 의미한다. 많은 연구는 학교폭력을 예방하는 일에 대한 다단계 접근을 지지한다(Cunningham & Sandhu, 2000; Keys, Bemak, Carpenter, & King-Sears, 1998; U. S. Department of Education and Justice, 2000). 스키아라(Sciarra, 2004)는 학교폭력 예방을 위한 기본 단계를 다음과 같이 제시하고 있다.

(1) 1단계: 문제를 확인하고 측정하라

종합적인 폭력 예방 프로그램을 개발함에 있어서 첫 번째 단계는 문제를 정의하고 측정하는 것이다. 과거 수년간의 사건 보고서와 학교생활기록부로부터 내부 자료를 수집해야 한다. 이것은 행정가들이 사실을 포장하기 위한 시간이 아니다. 학생과 교직원의 입장에서, 상담교사는 다음과 같은 질문을 사용하여 학교 전체 조사를 실시할 수 있다(Callahan, 2001).

- 학교에서 얼마나 안전하다고 느끼는가?
- 괴롭힘을 당하거나 신체적으로 폭행과 위협을 당하고 공격을 받거나 상해를 입은 적이 몇 번이나 있는가?
- 무기를 사용한 적이 몇 번이나 있는가? 다른 학생을 성적 · 신체적으로 괴롭히거나 폭행 또는 위협을 가한 적이 있는가?
- 다른 어떤 학생이 무기를 소지하거나 훔치거나 성적으로 추근대거나 폭력배에 연루되어 있다는 사실을 알게 된 적이 몇 번이나 있는가?

한편, 상담교사는 국가 및 지방 정부의 통계에 의존해서 외부 자료를 얻을 수 있다. 지방경찰청과 지역사회기관 또한 학교에는 없는 중요한 자료를 갖고 있을 수 있으며, 또 이는 청소년 폭력 예방 프로그램을 개발하는 데 기초가 되어야 한다. 또한 정보 공유하기는 협력적 프로그램의 결정적 구성요소인 관련 기관과의 중요한 첫 접촉이다. 상담교사가 처음에 수집하는 자료는 프로그램의 일차적인 초점을 결정할 것이다. 하지만 관심사에 대한 새로운 영역을 확인하고 또 궁극적으로는 프로그램의 효과성을 평가하기 위해서는 지속적으로 자료를 수집해야 한다.

(2) 2단계: 파트너십을 확립하라

학교폭력의 원인 규명에서 학부모의 역할이 밝혀진다면, 어떤 종합적인 폭력 예방 프로그램이든 이 후원자를 포함시켜야 한다. 만일 학부모가 참여하기를 주저한다면, 상담교사는 자녀에 대한 그들의 영향력이 중요하다는 것과 상담교사 자신에게 그들의 도움이 필요하다는 것을 강조할 필요가 있다. 지역사회에는 정신건강 서비스 기관, 비즈니스, 소년재판 및 법 집행 부서, 교회, 시민 조직 등 학교폭력 예방에 필요한 제반 자원이 널려 있다. 누군가가 나서서 학교폭력 예방 프로그램에 이러한 자원들을 한데 모아야 한다.

부모와 지역사회 대표자들이 참여하는 계획수립 모임에서 시작한다. 그 계획수립 모임에 대한 반응은 그 지역사회가 어느 정도나 아이들을 위해 자원을 동원할 준비가 되어 있는가를 반영한다. 어떤 지역사회는 항상 실행할 준비가 되어 있지만, 다른 곳은 그렇지 못하다. 만일 모임 참가자 수가 적거나 참석한 사람들이 폭력 예방 프로그램에 참여하기를 주저한다면, 상담교사는 지역사회가 학교폭력의 문제에 민감하게 반응하기 위한 캠페인을 벌여야 할 것이다. 그 캠페인은 지역사회 지도자들을 만나는 것과 부모들이나 이웃들에게 다가가려는 대중적인 노력의 두 가지 수준에서 전개해야 한다. 지역 교회에서 주말 모임을 갖고 캠페인을 하거나 지역 전시장에 정보 및 모집 부스를 설치할 수 있다. 상담교사는 과거 수년간 일어난 학교 내 폭력 사건의 수와 유형에 대한 통계, 전체 학교 조사의 결과, 외부 출처로부터 수집한 자료를 구비해야 한다. 하지만 가장 효과적인 '마케팅' 도구는 학교 당국과 상담교사가 학생들에게 관심을 갖고 있는 점을 지역사회에 증명해 보이려는 노력이다(Riley & McDaniel, 1999).

(3) 3단계: 측정 가능한 목표와 학습목표를 설정하라

문제들이 확인되고 부모와 지역사회를 파트너로 갖게 되면, 학교는 목표와 학습목표를 설정할 준비가 된 셈이다. 이제 팀 요원이 청소년 폭력을 예방하기 위해서 무슨 일을 하려고 하는지에 대해 공유된 비전을 개발할 시간이다. 폭력 예방 노력을 혼란스럽게 하는 한 가지 문제는 많은 젊은이들에게는 폭력이 그들의 심리적 및 사회적 욕구를 만족시키는 기능을 한다는 것이다. 사실상, 이 젊은이들에게 폭력은 필시 자신들이 원하는 것을 얻기 위해서 시도할 수 있는 유일한 방법일 가능성이 크다. 이러한 학생들이 자신의 행동을 변화시키도록 도우려면, 폭력 예방 프로그램은 그들에게 자신의 욕구를 충족시킬 대안적인 방법을 제시해야 한다. The Search Institute(1997)는 소위 발달 자산(developmental assets), 즉 공격적이고 폭력적인 청소년들이 덜 위험한 행동으로 반응하도록 돕는 요인들의 목록을 제안하였다(Leffert et al., 1998 참조). 그 기관에서는 〈표 11-2〉에 제시된 것과 같이 40개의 내부 및 외부 요인을 확인하였다. 이 발달 자산은 일반적으로는 종합적인 학교상담 프로그램을, 그리고 특별하게는 폭력 예방 프로그램을 설계하기 위한 하나의 유용한 개념 틀이다(Benson, Galbraith, & Espeland, 2014). 학생들이 자산을 좀 더 많이 지닐수록 자기표현과 자기성취의 수단으로 폭력에 의지할 가능성은 더 적어진다.

목표와 학습목표는 학교 및 지역사회 내의 위기 요인과 발달 자산에 대한 현실적인 평가의 산물이다. 그러한 평가는 학교와 지역사회의 필요를, 그래서 폭력 예방 프로그램의 목표를 정의한다. 목표(goals)는 프로그램이 달성하고자 설정하는 무엇이며, 학습목표(objectives)는 각각의 목표를 성취하기 위해 요구되는 계열적인 단계들이다. 목표는 현실적이어야 하고 학습목표보다 좀 더 폭넓게 진술되어야 하며, 학습목표는 상세하고(누가 무엇을 언제 할 것인가) 측정 가능해야 한다(U. S. Departments of Education and Justice, 2000).

〈표 11-2〉 **발달 자산**

외적 자산	내적 자산
지원	**학업에 대한 전념**
1. 가족 지원	21. 성취동기
2. 긍정적인 가족 소통	22. 학교 참여
3. 다른 성인과의 관계	23. 숙제
4. 관심을 기울이는 이웃	24. 애교심
5. 관심을 기울이는 학교 분위기	25. 즐거운 책읽기
6. 학교교육에 대한 학부모 참여	
	긍정적인 가치
역량 강화	26. 배려
7. 젊은이를 중시하는 지역사회	27. 평등과 사회 정의
8. 자원으로서 젊은이	28. 성실
9. 다른 사람을 위한 봉사	29. 정직
10. 안전	30. 책임
	31. 절제
경계와 기대	
11. 가족 경계	**사회적 역량**
12. 학교 경계	32. 계획과 의사결정
13. 이웃 경계	33. 대인관계 역량
14. 성인 역할 모델	34. 문화적 역량
15. 긍정적인 또래 영향력	35. 저항 기술
16. 높은 기대	36. 평화적인 갈등 해결
건설적 시간 사용	**긍정적인 정체성**
17. 창조적인 활동	37. 개인적 역량
18. 청소년 프로그램	38. 자존감
19. 신앙 공동체	39. 목적의식
20. 가정에서 보내는 시간	40. 미래에 대한 긍정적인 전망

출처: Benson, Galbraith, & Espeland (2014); The Search Institute (1997).

모든 목표는 각기 일련의 학습목표를 갖고 있어야 한다. 〈표 11-3〉은 학교에서 범죄를 감소시키는 일에 대한 하나의 표본 목표와 학습목표를 제시한 것이다. 학교폭력 예방 프로그램의 목표와 학습목표는 각 학교와 지역사회의 독특한 요구를 반영해야 한다.

〈표 11-3〉 **학교 내 범죄를 줄이기 위한 목표와 학습목표(예시)**

목표	학습목표
학교 운동장에서 몸싸움을 줄인다.	1. 4월 24일까지 지역사회 전문가들이 90명의 부모에게 비폭력적인 문제해결 및 사회적 기술을 훈련시킬 것이다. 2. 11월 1일까지 안전요원들은 모든 학교 직원에게 몸싸움에 개입하는 적절한 기법을 가르칠 것이다. 3. 2월 2일까지 싸움에 대한 학교 정책이 얼마나 잘 전달되고 있는지, 그리고 그것이 얼마나 일관성 있게 실시되고 있는지를 연구하여 교장에게 보고할 하위 집단이 형성될 것이다. 4. 교감은 싸움이 일어난 후 즉시 참여자 또는 선동자로서 몸싸움에 연루된 모든 학생의 부모들에게 통지할 것이다. 연루된 자들에게는 모두 학교 및 법정 안에서 정당한 법적 절차에 접근하는 요령에 관한 정보지(information sheet)를 제공할 것이다. 5. 6월 15일까지 학교는 각각 학생 300명 정도의 물리적 및 행정적으로 독립된 단위로 구분될 것이다.

출처: U. S. Departments of Education and Justice (2000).

(4) 4단계: 목표를 달성하기 위한 프로그램과 전략을 개발하라

학교와 지역사회 내 폭력을 예방하기 위해서 가용한 상업적 및 비상업적 프로그램이 많다. 어떤 단일의 프로그램이나 전략으로는 모든 학생의 필요를 만족시킬 수 없다. 상담교사가 찾아야 하는 것은 학생들의 필요를 가장 잘 만족시키는 프로그램이다. 전문가들은 효과적인 폭력 예방 프로그램에서 다음과 같은 아홉 가지 결정적인 요소를 확인하였다(Callahan, 2001; Lawler, 2000; Safe Schools, Safe Students, 1998).

- 행동 규범과 위반 시 조치사항: 프로그램은 구체적인 행동 규범을 정립해야 한다. 폭력은 용납될 수 없다는 점과 폭력에 대한 학교 정책을 위반하면 아주 구체적인 처벌이 뒤따른다는 점을 분명히 해야 한다.
- 강력한 이론적 기반을 지닌 기술 훈련: 폭력 예방 프로그램은 일반적으로 분노 및 갈등 관리 기술, 동료 협상 기술, 그리고 적극적 경청 및 의사소통 기술에 초점을 맞추고 있다. 프로그램의 내용이 무엇이든, 그것은 이러한 형태의 기술 훈련이 행동을 변화시킨다는 근거에 의해서 뒷받침되는 하나의 강력한 이론적 기반을 갖추어야 한다.
- 협력적인 노력: 성공적인 프로그램은 학교, 가족 및 지역사회를 참여시킨다.
- 프로그램 간 조정: 한 학교의 예방 프로그램들은 모두 협응해야 한다. 예를 들면, 약물남용 예방 프로그램과 폭력 예방 프로그램은 많은 요소를 공통적으로 갖고 있다. 전

반적인 생활지도 프로그램을 조정하는 상담교사는 그러한 프로그램들에서는 서비스가 중복되지 않도록 신경을 써야 한다.

- 물리적 및 행정적 변화: 안전한 학교 환경을 조성하려면 어떤 물리적 변화가 요구될 수 있다. 그러한 변화들은 바깥문을 닫아서 학교 건물 접근을 제한하는 일, 감시 시설을 설치하여 학교를 감시하는 일, 안전요원을 고용하는 일, 건물 열쇠의 숫자를 통제하는 일, 마스터 전화기를 설치하는 일, 운동장 감독자가 워키토키(walkie-talkies)를 소지하는 일, 어두운 복도의 조명을 밝게 하는 일, 수업시간을 서로 엇갈리게 하여 복도의 혼잡을 줄이는 일을 포함할 수 있다.
- 최소 20회기: 연구는 프로그램이 첫해에는 10회기 내지 20회기 정도 적용되고 그 다음 2년간은 5회기 내지 10회기 후원자 회합이 이어져야 한다는 것을 보여 주고 있다.
- 전체 학교 요원에 대한 훈련: 직원들이 프로그램에 좀 더 많이 참여하고 이해할수록, 성공할 확률은 더 크다. 여기서 특히 중요한 것은 교사들이 학교폭력 예방 교육과정을 전달할 수 있도록 훈련을 받는 것이다.
- 다중의 교수 방법: 다양한 교수 방법을 포함하는 프로그램은 오직 한두 가지 접근법에 의지하는 것보다 더 효과적이다. 보통 사용되는 방법 중에는 집단 작업, 역할연습, 협력학습, 토론, 그리고 새롭게 학습한 사회적 기술의 연습 등이 있다.
- 문화적 민감성: 어떤 프로그램의 학습재료든 간에 문화적으로 다양한 학생군의 필요를 만족시킬 수 있도록 개작되어야 한다.

그러나 상담 및 동료 상담에 한정되어 있고, 오직 심화학습 활동만을 제공하며, 학교행정의 지원이 부족하고, 또 너무 단순한 겁주기 책략과 프로그램은 효과적이지 않다.

(5) 5단계: 계획을 이행하라

예방 프로그램은 대부분 서로 다르지만 보완적인 과업을 수행하는 다중의 집단, 즉 학교, 가족, 지역사회를 참여시킨다. 팀원은 종합적인 계획을 실행에 옮기기 위해 함께 작업해야 한다. 학교는 계획에 대한 교육청의 승인을 얻고 직원과 동료 지도자를 훈련하며 부모의 승인을 얻는 일을 책임진다(U. S. Departments of Education and Justice, 2000).

준비를 갖추는 것에 덧붙여서, 학생, 교직원 및 부모의 초기 반응을 감시하고 미처 예상치 못한 장애물을 다루며 또 그 계획의 어떤 부정적인 결과들을 방지할 수 있는 절차, 일반적으로 말하면, 이루어져야 하는 어떤 적응을 만들어 낼 수 있는 절차를 마련해야 한다. 팀원은 문제를 실패로 생각할 것이 아니라 그 문제를 좀 더 좋게 만들고 협력적으로 작업할 기회로 생각해야 한다. 폭력 예방 뒤에 깃든 과정은 내용만큼이나 중요하다. 성인들이 서로 간의 차이를 극복하기 위해 협력, 조정 및 타협의 모범을 보일 때마다, 그들은 지역사회에서 폭력 예방 수단의 영향력을 강화하게 된다.

(6) 6단계: 계획을 평가하라

계획은 제대로 작동하고 있는지에 대한 평가는 학교폭력 예방 프로그램의 결정적인 부분이다. 효과적인 프로그램은 대부분 그것의 효과성을 측정하기 위한 도구들이 딸려 있다. 어떤 것은 단기간 및 장기간 모두에서 프로그램의 효과성을 연구하기 위한 기술적 지원을 제공한다. 프로그램 개발자는 종종 프로그램 성과를 모니터하는 일에 관심이 있기 때문에 아무런 대가 없이도 기꺼이 자문하려 한다. 지역 대학 또한 프로그램 평가를 지원할 수 있다.

평가의 목적은 프로그램의 효과성(즉, 그것은 폭력적인 행동에 대한 학생들의 위기를 감소시켰는가?)을 입증하는 것이다. 평가 과정은 간단명료하다. 즉, 프로그램을 이행하기 전과 후에 참여자들에게 검사를 실시한다. 검사의 내용은 프로그램의 목표 및 학습목표에 따라 달라진다. 말하자면, 각각의 목표에 대한 학습목표는 측정 가능한 용어들로 진술되며, 그것들은 전후 비교의 형식을 결정한다. 만일 프로그램의 학습목표가 분명하고 자료수집 체계가 처음에 제대로 되어 있다면, 상담교사가 프로그램의 효과성을 평가하고 그것을 수정할 필요가 있는지 결정하는 것은 비교적 간단한 문제이다(Cunningham & Sandhu, 2000).

4) 학교폭력 예방 프로그램

최근 회복적 관점에서 학교폭력을 예방하기 위한 방안의 일환으로 다양한 프로그램이 개발되어 적용되고 있다. 관련 문헌에서 빈번히 소개되고 있는 몇 가지 국내외 프로그램을 살펴본다.

(1) 국내 학교폭력 예방 프로그램

국내 학교폭력 예방 프로그램으로는 청소년폭력예방 푸른나무재단에서 개발한 '내가 바로 지킴이', 한국청소년상담복지개발원에서 개발한 '배려 증진 프로그램', 한국교육개발원에서 개발한 '어울림 프로그램' 등이 있다.

① 내가 바로 지킴이

청소년 폭력 예방을 목적으로 설립된 푸른나무재단(www.jikim.net)에서 초 · 중 · 고등학교 학생들을 대상으로 실시할 목적으로 개발한 1회용 프로그램이다. 주요 내용은 학교폭력의 개념 정리, 학교폭력 예방과 대처 방법 제시, 예방을 위한 협동심과 책임감 함양 활동으로 구성된다. 학급 단위 또는 전교생 단위의 프로그램으로서 자료화면을 제시한 후 모둠 활동을 통하여 학교폭력의 개념과 대처 방법을 이해하도록 하고 있으며, 특히 중 · 고등학교 학생의 경우 역할극을 통해 피해자와 가해자의 입장을 구체적으로 이해할 수 있도록 하고 있다.

② 배려 증진 프로그램

한국청소년상담복지개발원(www.kyci.or.kr)에서 아동 · 청소년의 학교폭력 예방을 위해서 개발한 학급 단위 활동 중심 프로그램이다. 주요 목표는 아동 · 청소년이 기본적으로 갖추어야 할 타인에 대한 배려, 책임감, 자기조절 등 덕목을 중심으로 참여자의 조망 수용, 조망 전환, 공감, 몰입, 동기 전환, 타인을 향한 구체적인 활동 등 배려 행위를 증가시켜 교우관계와 학급생활 만족도를 증진시킴으로써 학교폭력을 예방하고 학급을 배려공동체로 만드는 것이다. 이 프로그램은 총 13회기로 구성되어 있으며, 시청각 자료를 비롯한 다양한 교구재를 활용하여 프로그램에 대한 참여도를 높이고자 한 것이 특징이다.

③ 어울림 프로그램

한국교육개발원에서 2013~2016년에 학교폭력을 예방하고 안전한 학교 문화를 형성하기 위해 학생, 교사, 학부모를 대상으로 개발한 학교폭력 예방 표준 프로그램이다. 주요 내용은 학교폭력 예방에 필요한 핵심 역량으로서 공감, 의사소통, 갈등해결, 감정조절, 자기존중감, 학교폭력인식 및 대처의 6개 모듈로 구성되어 있다. 이 가운데 학교폭력 인식 및 대처는 기본 과정과 심화 과정(언어폭력, 사이버폭력, 집단따돌림)으로 세분화되어 있으며, 최근에는 심층 과정이 개발되었다. 또한 각 모듈은 초등학교 저학년과 고학년, 중학교, 고등학교 등 학교 수준별로 구분되어 있으며, 교사용과 학부모용도 따로 마련되어 있다. 현재 이 프로그램은 한국청소년정책연구원에 부설된 학교폭력예방교육지원센터(http://stopbullying.re.kr)에서 초 · 중 · 고등학교의 교사들에게 비공개로 보급하고 있다.

다음 내용은 어울림 프로그램의 집단따돌림 예방을 위한 초등학교 고학년용 프로그램의 일부 내용을 소개한 것이다. 이 프로그램은 초등학교 고학년용으로 학급 단위의 전체 학생을 대상으로 집단따돌림에 대한 방관적 태도를 개선하고 집단의 힘을 통해 집단따돌림을 예방하며 효과적으로 개입할 수 있도록 안내하기 위한 것이다.

이 프로그램의 특징은 크게 두 가지로 요약된다. 첫째, 놀이와 활동을 통해 따돌림 상황을 간접적으로 체험하도록 하고 그 느낌을 통해 피해자와 방관자의 입장을 생각하도록 하며 또한 가해자의 책임을 강조하고 있다. 둘째, 전체 프로그램 구성은 괴롭힘을 멈추고(Stop), 친구의 마음을 이해하고(Go), 친구를 진심으로 도와주고(Go) 등 3차시로 되어 있으며, 차시별 내용을 연계하여 궁극적으로 친구 사이에 괴롭힘을 없애고 함께 지내자(Go! Go!)는 의미를 부여하고 있다. 따라서 이 프로그램 모듈의 학습목표는 집단따돌림 예방을 통하여 초등학교 고학년 학생들의 괴롭힘 행동을 멈추고 나아가 친구의 마음을 이해하며 도움이 필요한 친구를 진심으로 도와주고자 하는 태도를 갖고 실천하도록 하는 것이다. 학습활동은 '도입–활동(1&2)–마무리'의 세 단계로 이루어진다. 각 차시별 학습목표와 학습활동을 요약하면 다음과 같다.

- **1차시: Stop, 괴롭힘을 멈추고**

학습목표는 학생들이 집단따돌림을 정확히 이해하고 다른 친구를 괴롭히지 않겠다고 다짐하는 것이다. 학습활동은 먼저 도입 단계에서 교육부 '스톱불링' 사이트에 올려진 UCC 동영상 '빗뚫어진 변명'을 시청하고, 집단따돌림의 가해자들이 하는 말(예: "장난이었어요." "그냥 한 건데요." 등)이 얼마나 나쁜 것이고 무책임한 것인지를 인식한다. 다음 활동 1(집단따돌림 제대로 알자!)에서는 집단따돌림에 대해 학생들이 오해하고 있는 개념을 중심으로 '집단따돌림 ○× 퀴즈'를 활용하여 집단따돌림 오개념을 수정하고, 활동 2(친구와 경험 나누기)에서는 모둠별로 집단따돌림(예: 험담하기, 무시하기, 소문 퍼트리기, 따돌리기 등)에 관한 간단한 상황극을 연출하여 '집단따돌림은 의도하지 않아도 우리의 일상생활에서 쉽게 일어날 수 있으며 그로 인한 상처가 크다'는 것을 느낀다. 마무리 단계에서는 '학교의 눈물' 동영상을 감상하고, 이를 통해서 학교폭력의 가해자가 가지게 되는 무거운 책임을 느끼고 학교폭력 예방을 위해 노력할 것을 다짐한다.

※ '집단따돌림 ○× 퀴즈' 문제의 예시
① 영화에서도 많이 나오지만 정의로운 폭력은 용감하거나 영웅적이다. (×)
② 내 생각이 옳다면 나와 생각이 다른 친구들은 때려서라도 설득해야 한다. (×)
③ 집단따돌림은 여학생들만 한다. (×)
④ 내 의도와는 다르게 상대방이 불쾌했다면 괴롭힘이 될 수 있다. (○)
⑤ 집단따돌림을 당할 때 조금만 참으면 언젠가 사이가 좋아질 것이다. (×)

- **2차시: Go, 친구의 마음을 이해하고**

학습목표는 학생들이 역할극을 통해 집단따돌림 피해자의 마음을 이해하고 피해를 당하는 친구가 있으면 돕겠다는 마음가짐을 가지는 것이다. 학습활동은 먼저 도입 단계에서 '감정 알아맞히기' 스피드 퀴즈(먼저 스케치북에 불안, 화남, 두려움, 기쁨 등 감정 용어를 적어서 한 장씩 넘길 수 있도록 준비하고, 모둠에서 한 사람이 나와서 해당 감정을 표정이나 동작으로 설명하면 나머지 친구는 설명하는 동작을 맞히도록 한다.)를 통하여 다양한 감정을 인식한다. 활동 1('나는 누구일까요?')에서는 '나는 누구일까요?' 게임(먼저 한 학생을 지정하여 왕따, 외톨이, 가해자, 모범생, 방관자 등 학교폭력과 관련된 하나의 단어를 등 뒤에 붙이고, 나머지 친구는 그의 주변을 원으로 둘러싸고 그의 처지에 대한 각자의 생각을 처음엔 정지동작으로, 다음엔 움직임으로, 마지막엔 비난이나 위로의 말로 표현한 다음, 그 학생에게 등에 붙은 단어를 맞히고 친구들에게 당한 감정을 이야기하도록 한다.)을 통해서 학교폭력의 가해자, 피해자, 방관자 등 여러 다른 사람의 입장에서 사회극을 수행하고 느낌을 교환한다. 활동 2(너의 마음, 나의 마음)에서는 학생들의 지원을 받아 'Game Level Up'이라는 역할극을 실시한 다음, 활동 소감을 나누면서 집단따돌림 피해자의 감정과 그것을 지켜보고 있었던 방관자의 마음을 느껴 본다. 이어서 '공감의 신호등' 활동을 통해 집단따돌림에 대한 각자의 경험을 공유하고 집단따돌림 피해자, 방관자의 느낌을 충분히 공감한다. 마지막 단계에서는 학습활동을 바탕으로 "집단따돌림의 장면을 목격했을 때 피해자의 마음을 공감한다면 피해자를 위해 내가 할 수 있는 것은 무엇일까?"를 고민하고, 1주일 동안 가볍게 실천할 수 있는 미션활동(예: "당신의 미션은 우리 반 어떤 친구를 웃게 만드는 것입니다.")을 과제로 제시한다. 미션을 수행할 때 미션의 대상자, 수행기간, 수행방법, 그리고 미션을 수행했을 때 친구의 반응을 적는다.

- **3차시: Go, 친구를 진심으로 도와주고**

학습목표는 학생들이 방관자의 감정과 입장을 살펴보고 방관자가 취해야 할 행동을 탐색하여 실천하려는 의지를 다지는 것이다. 학습활동은 먼저 도입 단계에서 EBS 다큐프라임 '인간의 두 얼굴 II'의 제노비스 이야기를 시청한 후 각자의 생각과 느낌을 교환하고 '방관자 효과'(어떤 사건을 목격한 사람이 많을수록 책임감이 분산되어 어려움에 처한 사람을 돕지 않게 되는 현상)를 이해한다. 이어서 실제 학교 교실에서 학교폭력이 일어나는 장면을 담은 동영상을 시청한 후 교실에서 따돌림이 발생할 때 방관자로서 어떻게 해야 할지 이야기를 나누어 방관자가 가지고 있는 힘과 방관자의 감정들에 대해 알아본다. 활동 1(모르는 척, 방관자의 감정 느끼기)에서는 상황을 약간 다르게 바꾸어서 선생님이 가해자 역을 맡고 나머지 역은 추천을 받아서 지난 차시에서 행한 역할극을 다시 실시해 보고, 방관자의 역할을 맡은 두 친구의 이야기를 공유함으로써 방관자의 감정(예: "나도 당하면 어떻게 해.")을 느껴 본다. 활동 2(아는 척, 방관자의 행동지침 알기)에서는 앞서 실시한 역할극의 방관자 부분을 수정해 보면서 방관자들이 집단따돌림 상황에 개입할 경우 상황이 어떻게 달라질 수 있는지를 느껴 본다. 이를 통해 집단따돌림 상황을 바꾸는 힘 가운데 방관자의 역할이 중요함을 인식하고 방관자의 행동지침(예: 선생님이나 부모님께 말씀 드리기, 가해학생에게 동조하지 않기, 피해학생에게 다가가기 등)을 모색한다. 마무리 단계에서는 EBS 다큐프라임 '인간의 두 얼굴 II'의 '3의 법칙' 동영상을 감상한 후, 친구를 괴롭히는 장면을 목격했을 때 나 혼자의 힘보다는 2~3명이 함께 도와주거나 위로해 줄 때 일어나는 힘의 크기와 놀라운 변화에 대해 이야기를 나누고, "집단따돌림 상황에서 우리 모두를 지켜 낼 수 있는 힘을 만들어 보자!"고 다짐하면서 프로그램을 마무리한다.

(2) 국외 학교폭력 예방 프로그램

학교폭력은 우리나라만의 문제는 아니며, 이미 오래전부터 미국, 노르웨이, 핀란드, 호주 등 외국에서도 활발한 예방활동을 전개해 왔다. 학교폭력 예방을 위한 외국 프로그램으로는 노르웨이의 올베우스(Olweus) 프로그램, 핀란드의 키바 코울루(Kiva Koulu) 프로그램, 호주의 PEACE Pack 프로그램 등 있다.

① 노르웨이의 올베우스 프로그램

1982년 학교폭력에 시달리던 학생 세 명의 자살 사건을 계기로 긴급 처방된 학교 중심의 따돌림 예방 프로그램(Bullying Prevention Program)이다(Olweus, 1993, 2005). 이 프로그램은 학교가 책임지고 학생들의 동료관계를 적극적으로 개선하여 학교를 안전하고 즐거운 장소로 만들어야 한다는 전제 하에 학생들이 안심하고 다닐 수 있는 학교를 만드는 데 목적이 있다. 즉, 기존의 학교 환경을 재구성하고 바람직하지 않은 행동과 태도를 감소시켜 친사회적 관계 및 행동을 향상시키는 것, 학교 내 모든 장소에서 성인들이 보다 철저하게 감독하도록 하는 것, 괴롭힘이 발생했을 때 그에 대한 책임의식을 증가시키는 것, 괴롭힘은 용납되지 않을 것이라는 메시지를 학생들에게 분명하게 전달하는 것 등을 핵심 목표로 삼고 있다. 이를 위해서 이 프로그램에서는 초·중·고등학교 학생 모두를 대상으로 하는 일차적인 예방 활동과 학교폭력의 가해자와 피해자를 직접 참여시키는 이차적인 개별 활동을 전개하며, 이를 통해 첫째, 학생들에게 학교폭력 현상에 대한 이해를 고취시키고, 둘째, 교사와 학부모들이 프로그램에 능동적으로 참여하도록 유도하고, 셋째, 학교폭력을 금지하는 명확한 규칙을 개발하며, 끝으로, 피해학생을 보호하고 지원해 주는 것을 강조한다.

이 프로그램은 예방 프로그램일 뿐만 아니라 상황이 발생했을 때 적극적으로 대처할 수 있는 구체적인 행동지침을 담고 있다(Olweus, 1993, 2005). 그 핵심 내용은 폭력에 대처하는 4대 규칙, '멈춰!' 제도, 역할극이 있다. 폭력에 대처하는 4대 규칙은 ① 다른 친구를 괴롭히지 않기, ② 괴롭힘을 당하는 친구를 돕기, ③ 혼자 있는 친구와 함께 있기, ④ 누군가 괴롭힘을 당할 때 학교나 집안의 어른에게 알리기 등이다. 이는 학교폭력을 해결하기 위해서 모든 사회 구성원이 합의해야 할 규칙일 뿐만 아니라 구체적인 폭력 상황에서 개입할 수 있는 수단이 되기도 한다. '멈춰!' 제도는 아이들이 방관자가 아니라 방어자가 될 수 있게 하는 것으로, 누가 괴롭힐 때 피해학생과 주변 아이들이 '멈춰!'를 외치는 것이다. 아이들이 있을 만한 곳에는 노란 옷을 입은 교사나 도우미들이 미리 대기하고 있으며, 아이들이 '멈춰!'를 외치면 즉시 개입한다. 역할극은 학교폭력이 지속되는 데에는 모든 학생에게 책임이 있다는 인식하에 이루어진다. 이 프로그램은 학교폭력 상황에서 학생의 역할을 가해자, 피해자, 동조자, 조력자, 소극적 조력자, 방관자, 소극적 방어자, 방어자 등 여덟 가지로 분류하고 있으며, 이 중에서 가해자, 피해자, 동조자, 방어자를 제외하고는 모두 방관자에 해당한다. 역할극을 통해서 학생들은 방관자가 아니라 방어자가 되어야 한다는 인식과 방법을 개발한다.

학교폭력에 대한 조치는 학교 수준, 학급 수준, 개인 수준에서 시행할 수 있다(Olweus, 1993, 2005). 학교 수준의 조치는 학교의 폭력 수준을 전체적으로 감소시키는 것과 환경 조성을 목표로 하며, 설문조사, 폭력학생과 희생자 문제에 관한 학교 총회의 날, 휴식시간과 점심시간의 감독 강화, 상담전화, 교직원 및 학부모 회의, 학교의 사회적 환경 개발을 위한 교사 그룹, 학부모 서클 등이 있다. 학급 수준의 조치는 학급의 학생 전체를 목표로 삼으며, 폭력에 맞서는 학급규칙(확인, 칭찬, 처벌), 정기적인 학급회의, 역할 연기, 문학, 협동학습, 공동의 적극적 학급활동, 교사, 학부모, 학생 참여의 학급회의가 있다. 개인 수준의 조치는 가해학생 또는 피해학생으로 폭력문제에 개입되었다고 알려졌거나 의심받는 개별학생의 태도나 상황을 변화시키는 데 목적이 있으며, 가해학생, 피해학생, 학부모, 관련 학생들과 나누는 진지한 대화, 교사와 학부모가 상상력을 활용하기, 가해학생과 피해학생의 부모를 위한 토론그룹, 학급 이동 또는 전학이 있다.

이 프로그램을 진행하는 학교에서는 먼저 학교폭력방지위원회를 구성하고 6개월의 준비과정을 거친다. 이 위원회에는 스쿨버스 기사, 영양사, 행정실 직원 대표까지 참가하며 2일 동안 연수를 통하여 프로그램을 숙지한다. 그 다음 학교 차원에서 체계적인 학교폭력 실태조사를 실시한다. 폭력문제를 구체적으로 다루기 위해서는 그 학교의 특수한 여건에 관해서 좀 더 상세한 자료를 수집할 필요가 있다. 무기명 설문지를 통해 학교 내의 가해학생과 피해학생의 문제 수준, 교사들이 개입하고 관련 학생들과 상담하는 빈도수, 학부모가 자녀들이 학교 내에서 무슨 행동을 하고 무엇을 경험하는지 알고 있는 내용 등에 관해서 자료를 수집한다. 이를 바탕으로 학교 차원의 계획을 세운 후 교사 연수를 실시한다. 이렇게 준비과정이 끝나면, 새로운 학기에 프로그램 시작을 기념하는 행사를 갖고 학교와 지역 차원의 홍보 및 개입이 시작된다.

노르웨이 학교는 어른들이 집단괴롭힘에 대해서 어떻게 개입할 것인지에 대해 구체적인 매뉴얼을 가지고 있다(Olweus, 1993, 2005). 따돌림 문제에 대한 다양한 정보를 제공하고 교사와 학교가 학교폭력을 예방하고 대처하기 위해 할 수 있는 일을 소개하며, 소책자 형태로 발간하여 모든 초・중・고등학교 학생과 그 부모에게 무료로 제공한다. 특히 폭력에 대처하는 어른들의 개입은 학교 수준의 개입 프로그램에서 핵심적인 필수조건이다. 그리고 어른들이 폭력을 학생들의 생활에서 불가피한 일부로 보지 않는 것이 중요하다. 먼저 괴롭힘 상황을 제지한 후 그 주변에 있는 아이를 모두 모이게 한다. 그리고 피해자를 위로한 후, 가해자 및 방관자에게 4대 규칙 중 어떤 것을 위반했는지 확인하게 한다. 다음으로 문제해결을 위해서 무엇을 할 것인지 다시 한번 학습하고 상황을 정리한다. 학교에 존재하는 가해학생과 피해학생 문제의 현황을 공개하면, 학부모와 교사들은 눈을 뜨게 되고 모종의 조치를 취하려는 열의를 가지게 된다.

② 핀란드의 키바 코울루 프로그램

키바 코울루 프로그램은 학생들의 괴롭힘을 방지하기 위해 만든 학교 차원의 프로그램으로, 2007년부터 4~6학년을 대상으로 시범운영한 후 2009년 전국의 초등학교와 중학교 학생을 대상으로 확대 실시되었다. 이 프로그램의 목적은 학교폭력을 근절시키고 학교폭력 발생을 사전에 예방함으로써 피해학생의 고통을 최소화하고 회복시키는 것이다(Ahtola, Haataja, Karna, Poskiparta, & Salmivalli, 2012; Salmivalli, 2000). 이 프로그램은 전체 학교 차원에서 접근한다는 점과 괴롭힘 방지를 위해 다차원적 개입을 한다는 점이 특징이다. 괴롭힘 문제의 해결을 정규 교육과정을 통해서 해결하고자 하며, 특히 방관자에게 초점을 맞춰 괴롭힘을 목격하고도 방관하는 잘못된 인식과 태도를 변화시키고 피해자를 실질적으로 도울 수 있는 방관자의 역할(피해자 공감, 자기효능감, 노력 등)을 구체적으로 촉진하고자 한다.

키바 코울루 프로그램은 크게 학생 보호에 관한 '일반적인 지침'과 심각한 괴롭힘을 저지하는 문제해결 절차에 관한 '구체적인 지침'의 두 가지 형태로 구성된다(Salmivalli, Poskiparta, Tikka, & Poyhonen, 2009; University of Turku, 2012). 일반적인 지침(general action)은 학생 집단이 괴롭힘 행위를 근절시키는 역할을 할 수도 있다는 것을 인식하도록 하고 괴롭힘을 당한 학생에 대한 공감대를 형성함은 물론 그러한 학생을 돕는 전략을 개발·활용하도록 함으로써 자기효능감을 증대시키는 데 목적이 있다. 이는 학교 교직원이 처음 2일간 참여하는 사전 이행 훈련 프로그램과 국가 기본교육과정(수업시간)에서 적용되는 본 프로그램으로 구성된다. 사전 이행 훈련 프로그램에서는 학교에서 괴롭힘의 실제, 키바 프로그램 개관, 학기 중 실행 방안, 학생과 교직원을 위한 온라인 프로그램, 인터넷 기반 설문조사 등이 다루어지며, 본 프로그램에서는 매월 1회 2시간씩(1년에 20시간 정도) 담임교사가 진행하는 수업이 이루어진다. 수업 내용은 괴롭힘 역할극, 단편영화 감상, 학생토론, 발표 등으로 진행되며, 모든 학생이 역할극에서 왕따 역할을 하게 된다. 이를 통해서 학생들은 피해학생의 고통에 공감하고 따돌림 받는 학생을 도울 수 있는 방법을 학습한다. 매 수업이 끝나면 학생들 스스로 폭력에 대처하는 학급규칙을 만들어 나가며, 학년 말에 모든 학생은 이렇게 만들어진 규칙을 키바 조약으로 정리하여 서명하고 지키려고 노력한다. 이 프로그램은 학생들에게 또래친구가 당하는 괴롭힘을 막을 수 있는 힘을 가지고 있음을 강조하면서 괴롭힘이나 학교폭력에 대한 공동의 책임을 강조하고 학교는 안전한 곳이라는 확신을 심어 주고자 한다. 또한 이 프로그램은 방관자의 태도가 단순한 방관에 그치기보다 오히려 학교폭력을 더 조장할 수 있다고 보고 방관자들을 변화시켜 방관하지 않고 적극적으로 대응하도록 유도하는 데 초점을 두고 있다.

구체적인 지침(indicated action)은 학교 담당자가 실제로 괴롭힘 장면을 목격했을 때 운영되는 것으로, 학교폭력 문제를 적절하게 해결하고 피해학생과 가해학생을 모두 도와주는 데 목적이 있다. 이 과정에서는 키바 학교 팀과 관련 학생들 사이에 지속적인 개별 토의 또는 집단 토의가 진행되며 또래학생들의 적극적인 참여로 피해학생을 돕도록 안내한다. 이 프로그램을 운영하기 위해서 각 학교에서는 3명으로 키바 학교 팀을 구성하고 특별연수를 받은 교사들이 프로그램을 운영하며 프로그램 실행에 대한 책임을 지도록 한다. 또한 각 학급교사는 괴롭힘을 당한 또래친구를 돕고자 하는 학생들로 팀을 구성한다. 키바 학교 팀은 학기 중에 세 번 정도 모임을 갖는 학교 네트워크 팀과 연계하여 활동한다. 키바 학교 팀은 담임교사와 함께 학교에서 목격되고 드러난 괴롭힘 행위를 해결해 나가는 역할을 맡게 되며, 피해학생 및 가해학생과 함께 개별 또는 소집단 토의를 진행한 후 체계적인 후속모임을 통해 문제해결 방법을 적용한다.

프로그램을 운영함에 있어서 가해학생에 대한 처벌을 일차적인 요소로 간주하지 않는다. 키바 학교 팀은 가해학생이 스스로 행동을 바꿀 수 있도록 돕기 위해 대면(confronting)

전략과 비대면(non-confronting) 전략을 활용하며, 지속적인 대화 및 토론을 통해 개선이나 변화가 이루어질 수 있도록 한다(Salmivalli, Karna, & Poskiparta, 2010). 대화를 통해서도 변화가 없을 때에는 처벌이 내려진다. 학교규칙 및 처벌규정을 제정하는 경우 국가 차원의 특별지침은 없으며 학교 자율에 맡기고 있어 각 학교별로 필요와 상황에 따라 학교규칙을 제정하여 운영하고 있다.

③ 호주의 PEACE Pack 프로그램

PEACE Pack 프로그램은 「Sticks and stones」(Commonwealth of Austria, 1994) 보고서를 계기로 시작된 학교폭력 근절을 위한 전국적인 사회운동의 일환으로 개발된 중재 프로그램이다(Slee, 2017; Slee & Mohyla, 2007). 이 프로그램의 목적은 또래 관계 개선을 위한 지역사회 기반 개입을 통해 학교폭력을 줄이는 것이다. 즉, 학교가 괴롭힘과 폭력을 적절히 다루어 학생들에게 안전한 학습과 놀이 환경을 제공할 수 있도록 체계적인 작업 틀을 제시하

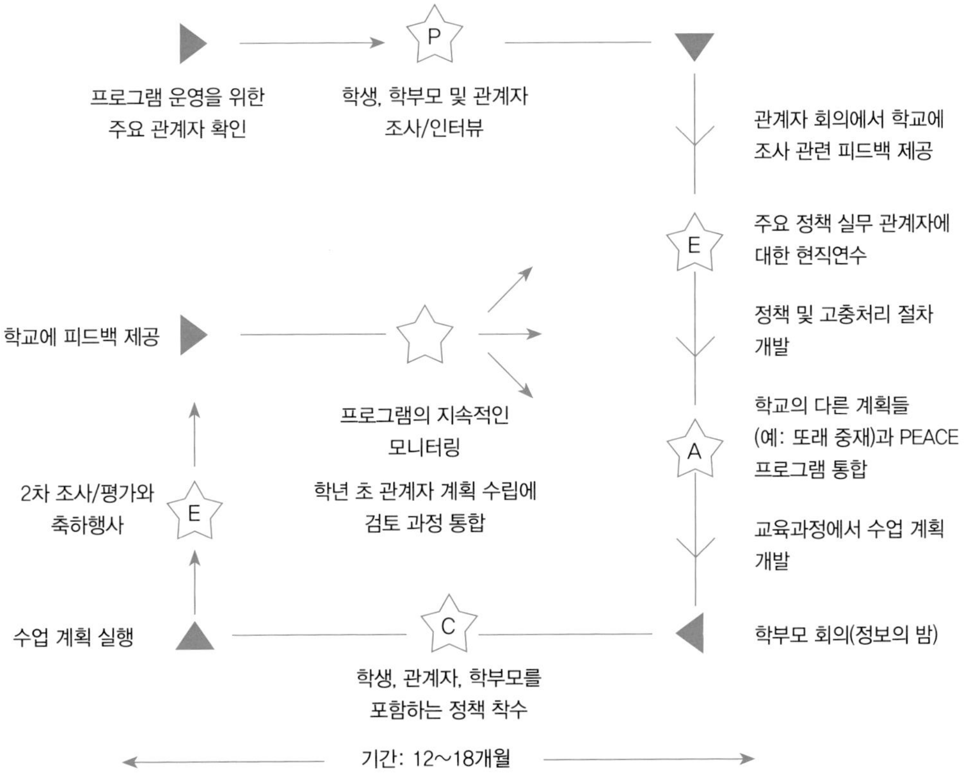

[그림 11-6] PEACE Pack의 과정

출처: Slee (2017).

여 학교 관계자들이 학교폭력을 감소시킬 수 있도록 지원하기 위한 것이다. PEACE Pack은 유치원생부터 고등학생까지 적용할 수 있으며, 자신의 학급이나 학교의 폭력행동 금지 프로그램의 실행과 검토에 관심 있는 교사, 상담교사, 학교관리자가 사용할 수 있다.

PEACE Pack 프로그램은 학교의 정책, 고충처리절차, 교육과정 계획, 학생 사회학습 지원 프로그램과 관련된 학교폭력 금지 정책 수준을 평가하기 위해 각 학교에 지역사회 기반 개입의 체계적인 작업 틀을 제공한다(Slee & Mohyla, 2007). PEACE Pack은 준비(Preparation), 교육(Education), 실행(Action), 대처(Coping), 평가(Evaluation)의 다섯 단계로 조직되며, 이는 학교폭력을 감소시키는 프로그램을 계획하고 적용하고 평가하는 과정을 순서적으로 나타낸 것이다(Slee, 2017). PEACE Pack 과정을 도식적으로 표현하면 [그림 11-6]과 같다.

PEACE Pack 프로그램의 내용 및 구성요소는 다음과 같다(Slee, 2017).

- P(Preparation)는 학교폭력 문제에 대한 약간의 이해를 가지고 스스로 준비하는 단계이다. 교사들은 PEACE Pack에 있는 자료를 활용하여 학교폭력을 감소시키기 위한 아이디어를 개발하여 공유하고 실행하기 위해 정기적으로 초점 집단 회의를 진행한다. 초점 집단 회의의 아이디어는 다음 각 단계에 그 윤곽을 제공한다.
- E(Education)는 교육단계로, 학교폭력 문제를 구체적으로 이해하기 위해 관계자, 학생, 학부모를 교육하는 것이다. 학교폭력에 대한 정보를 수집하고 학교관계자를 위해 세미나와 워크숍을 운영한다. 관계자들에게 학교폭력 문제를 제기하여 그들의 신념, 태도, 견해를 끌어내고, 학교폭력에 대한 오해를 찾아서 논박하기 위한 기본 틀을 제공한다.
- A(Action)는 실행단계로, 학교폭력을 줄이기 위해 채택할 행동과 전략을 개발하고 실행에 옮긴다. 행동 지침은 교직원 행동 지침(Action for Staff)과 학생 행동 지침(Action for Students)으로 나뉜다. 특히 교직원 행동 단계에서는 교사들에게 학교폭력에 대한 학교의 반응을 이해하고 학교폭력을 줄이는 일에 개입하도록 장려한다. 이러한 목표를 달성하기 위해 워크숍을 개최하여 학교폭력을 줄이기 위해 필요한 학교 자원을 확인하고 개발해야 할 정책과 전략을 확인한다.
- C(Coping)는 대처 단계로, 교직원, 학생, 학부모를 위한 대처 전략들이 나타난다. 학교폭력 대처는 정신/태도 대처, 행동 대처, 교육과정 대처, 학부모 대처로 나눌 수 있으며, 학교폭력을 용납하지 않는 환경을 만드는 것을 포함한다. ① 학교의 정신

(ethos)은 미션/비전 진술과 학교 정책을 통하여 힘 있게 소통될 수 있으며, 어떤 정책을 개발하고 운영할 것인지에 대한 작업 틀을 제공한다. ② 행동 대처에는 고충처리 절차, 학교 환경, 준비된 학교 프로그램이 제시되어 있다. 고충처리 절차는 교직원용과 학생용으로 구분된다. 교직원용 고충처리 절차는 학교폭력 문제가 생기거나 반복될 때 교직원에게 가이드라인을 제시하는 것으로, 세 단계로 이루어진다. 첫 번째 단계에서는 진지하게 보고서를 검토하고, 두 번째 단계에서는 가해자와 피해자를 구분하여 회의를 소집한다. 만약 '심각한' 문제일 경우에는 세 번째 단계로 간다. 세 번째 단계에서는 문제를 '내부적인' 것으로 다루고 가해자가 배상으로써 할 수 있는 것을 확인하며, 가해자와 피해자의 부모에게 연락하고, 학교가 취할 수 있는 조치를 확인하고, 추수회의 날짜를 정한다. 학생을 위한 고충처리 절차는 학생이 학교폭력을 당할 때 따를 수 있는 네 단계(SAFE)를 포함한다. 첫 번째 단계(Solve)에서는 스스로 문제를 해결한다. 일어서서 상대의 눈을 보고 "그만해. 나는 네가 …… 하는 것이 싫어. 네가 그만했으면 좋겠어."라고 강하고 분명하게 말한다. 두 번째 단계(Ask)에서는 친구에게 요청한다. 무슨 일이 일어났는지 친구에게 말하고 첫 번째 단계를 반복하면서 함께 있어 줄 수 있는지 물어본다. 세 번째 단계(Find)에서는 선생님을 찾는다. 선생님을 찾아서 무슨 일이 있었는지 알리고, 어떤 단계까지 했는지 이야기한다. 마지막 단계(Explore)에서는 자신의 선택권을 탐색한다. 부모님이나 다른 어른들에게 말하거나 Kids-line이나 Life-line으로 전화를 할 수도 있다. ③ 교육과정 대처는 독서, 연극, 시, 영화, 비디오 등 교육과정을 활용하여 학교에서 학교폭력 금지 메시지를 강력하게 강화하는 것이다. 여기서는 무엇이 등장인물에게 괴롭히도록 부추겼는가, 어떻게 괴롭혔는가, 괴롭힘을 멈추기 위해서 무엇을 할 수 있는가, 목격자는 무엇을 할 수 있는가 등을 질문할 수 있다. ④ 화해 과정에서 학부모 개입은 PEACE 과정에서 중요한 부분이다. 만약 학교가 학교폭력 연루 학생의 부모를 부르기로 결정한다면 학부모와 연락하는 것은 좀 더 용이하다. 대처를 위한 가족회의는 가해학생과 피해학생 학부모를 분리해서 각각 연락하기, 보살피기, 대처하기의 3단계로 진행된다.

- E(Evaluation)는 평가 단계로, PEACE 과정의 부분으로서 학교는 자체적으로 프로그램을 평가·검토하고 축하의식을 거행한다. 그 다음, 결과는 관계자 미팅을 통해 관계자들에게, 수업과 학교 회의를 통해 학생들에게, 학교 신문 또는 학부모와 교사의 밤을 통해 학부모들에게 알리고 피드백을 받을 수 있다. 평가의 한 부분으로서 수료증과 상을 수여하게 된다.

4. 학교폭력 사안 처리 및 사후조치

정부는『학교폭력 사안 처리 가이드북』(교육부, 2017, 2020a)을 작성 · 배포하여 사전 예방은 물론 학교폭력 발생 시 초기대응 및 사안조치를 위한 지침을 제시하였다. [그림 11-7]은 학교폭력 사안 처리 흐름도이다.

1) 학교폭력 사안 처리 절차

학교폭력 사안이 발생하면 먼저 사안 조사를 실시하고 피해 사실이 확인되면 학교폭력대책심의위원회를 개최한다.

(1) 사안 조사를 위한 단계별 조치

학교폭력 사안이 발생하면 학교장과 업무담당자는 매뉴얼에 따라 신속하게 조치를 취해야 한다. [그림 11-8]은 학교폭력 사안 처리를 위한 단계별 처리 내용을 정리한 것이다.

117학교폭력신고센터의 통보를 받거나 교사, 보호자, 학생 등의 신고를 통해 학교폭력 사안의 발생을 인지하면, 학교의 업무담당자는 즉시 신고 접수된 사안을 신고대장에 기록하고 학교장과 담임교사에게 보고한 후 관련 학생 보호자에게 통지하고 교육(지원)청에 그 사실을 보고해야 한다. 또한 학교장은 즉시 관련 학생의 안전 조치를 취하고 전담기구를 설치하여 사안 조사와 학부모 면담을 실시하고 사안 조사 결과를 보고하도록 조치해야 한다. 특히 사안 조사 시에 유의해야 할 사항은 다음과 같다(교육부, 2020a).

- 서면 조사, 관련 학생 및 목격 학생의 면담 조사, 사안 발생 현장 조사 등을 통해 종합적인 방법으로 신속하게 증거 자료를 확보한다.
- 면담 조사를 하는 경우, 육하원칙에 근거하여 구체적으로 확인서를 받는다.
- 객관적이고 공정하게 사안 조사를 실시한다.
- 피 · 가해 학생 간의 주장이 다를 경우, 목격 학생의 확인을 받거나 직 · 간접 증거자료 확보를 통해 적극적으로 사안 조사에 임한다. 피 · 가해 학생이 일관된 진술을 하는지, 증거자료와 진술 내용이 일치하는지 등을 살펴야 한다.

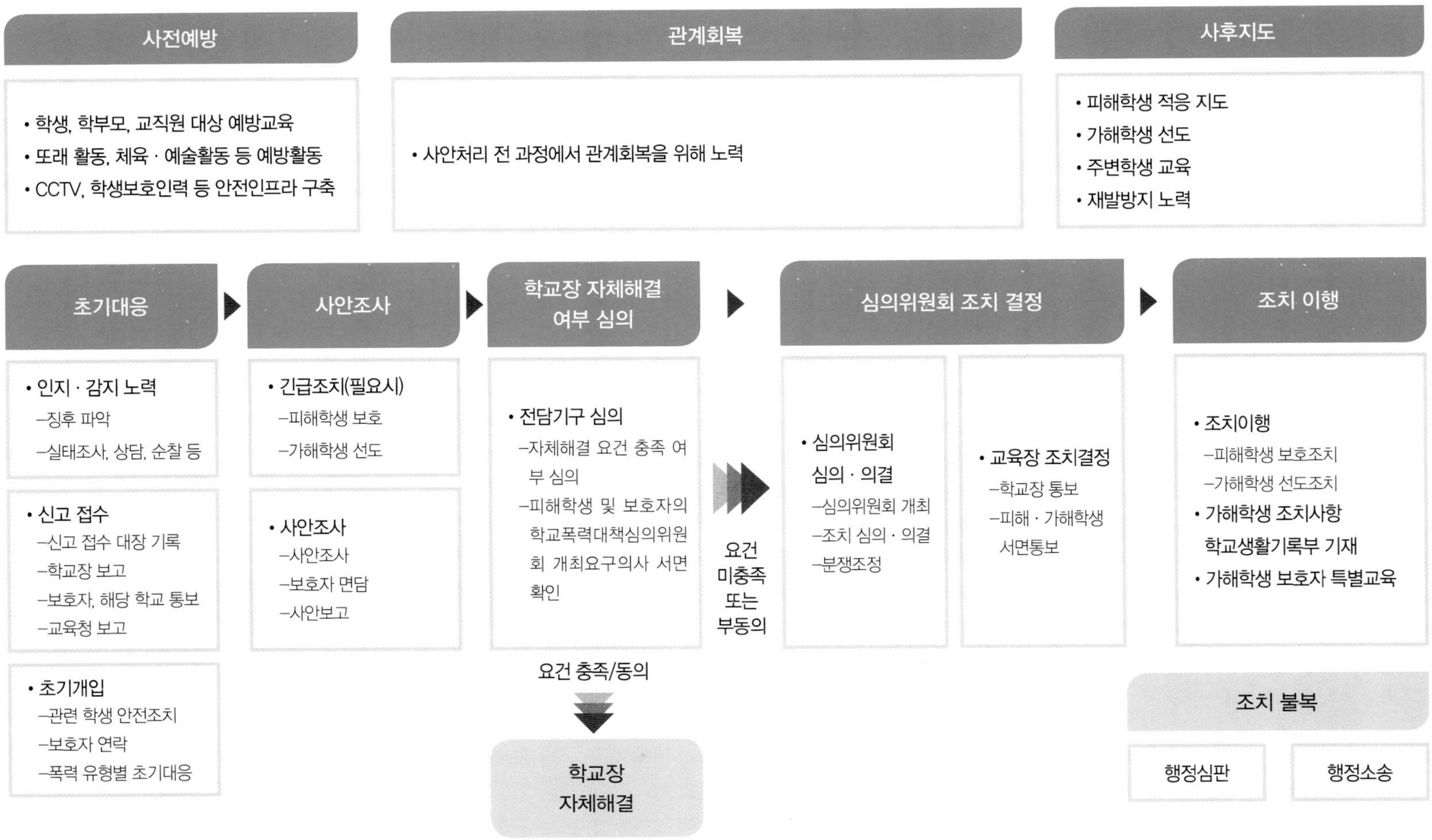

[그림 11-7] 학교폭력 사안 처리 흐름도

출처: 교육부(2020a), pp. 10-11.

단계	처리 내용	비고
학교폭력 사안 발생인지	117학교폭력신고센터의 통보나 교사, 학생, 보호자 등의 신고 접수를 통해서 학교폭력 사건 발생 인지	
신고 접수 및 학교장 · 교육청 보고 등	• 신고 접수된 사안을 학교폭력신고 접수대장에 반드시 기록하고, 학교장에게 보고하고 담임교사에게 통보한 후 교육(지원)청에 48시간 이내에 보고 • 신고 접수된 사항을 관련 학생 및 그 보호자에게 통보	업무 담당자
즉시 조치 (필요시 긴급조치 포함)	• 필요시 피해 및 가해 학생 즉시 격리, 가해학생이 눈빛, 표정 등으로 피해학생에게 영향력을 행사하지 못하도록 조치 • 관련 학생 안전 조치(피해학생: 보건실 응급처치, 119신고, 병의원 진료 등; 가해학생: 격리, 심리적 안정 등) • 피해학생 및 신고 · 고발한 학생이 가해학생으로부터 보복 행위를 당하지 않도록 조치 • 피해학생의 신체적 · 정신적 피해를 치유하기 위한 조치 우선 실시 • 성폭력인 경우, 「아동 · 청소년의 성보호에 관한 법률」에 따라 반드시 수사기관에 신고하고, 성폭력 전문상담기관 및 병원을 지정하여 정신적 · 신체적 피해 치유 • 사안 처리 초기에 긴급한 필요가 있는 경우, 법률 제16조 제1항 및 제17조 제4항에 따라 긴급조치 실시 가능	학교장, 담임교사 등
사안 조사	• 피해 및 가해 사실 여부 확인을 위한 구체적인 사안조사 실시 –관련 학생 면담, 주변학생 조사, 설문조사, 객관적인 입증자료 수집 등 • 피해 및 가해 학생 심층 면담 • 조사한 결과를 바탕으로 육하원칙에 따라 사안조사 보고서 작성 • 성폭력의 경우, 비밀유지에 특별히 유의 • 장애학생, 다문화학생에 대한 사안조사의 경우, 특수교육 전문가 등을 참여시켜 장애학생 및 다문화학생의 진술 기회 확보 및 조력 제공 • 필요한 경우, 보호자 면담을 통해 각각의 요구사항을 파악하고 사안과 관련하여 조사된 내용을 관련 학생의 보호자가 충분히 이해할 수 있도록 안내	전담기구, 담임교사
자체해결 여부 심의	법률 제13조의2 제1항 제1~4호의 요건에 해당하는지 여부를 서면으로 확인(예: 2주 이상의 신체적 · 정신적 치료를 요하는 진단서를 발급받지 않은 경우)	학교장

▼

자체해결 요건 충족 (피해학생 및 보호자 서면 확인) ▶ 부동의 ▶ 자체해결 요건 미충족 (학교폭력대책심의위원회 개최)

- 자체해결 요건 충족 (피해학생 및 보호자 서면 확인) ▼ 학교장 자체해결
- 자체해결 요건 미충족 (학교폭력대책심의위원회 개최) ▼ 심의위원회 심의 · 의결

[그림 11-8] **학교폭력 사안 처리 단계별 조치 사항**

출처: 교육부(2020a), pp. 32-33.

- 전담기구 소속 교사는 학생, 보호자, 목격자, 담임교사 등을 면담조사한 후에 확인된 사실을 바탕으로 학교폭력 사안 조사 보고서를 작성한다.

(2) 학교장 자체해결과 관계 회복

사안 조사 결과, 피해학생 및 그 보호자가 학교폭력대책심의위원회 개최를 원하지 않고 다음의 네 가지 요건에 모두 해당하는 경우 학교장 자체해결이 가능하다(교육부, 2020a).

- 2주 이상의 신체적 · 정신적 치료를 요하는 진단서를 발급받지 않은 경우
- 재산상 피해가 없거나 즉각 복구된 경우
- 학교폭력이 지속적이지 않은 경우
- 학교폭력 관련 신고, 진술, 자료제공 등에 대한 보복행위가 아닌 경우

[그림 11-9]는 학교장 자체해결을 위한 사안 처리 흐름도를 나타낸 것이다.

또한 학교의 장은 학교폭력 사건을 자체적으로 해결하는 경우 피해학생과 가해학생 간에 학교폭력이 다시 발생하지 않도록 노력해야 하며, 필요한 경우에는 피해학생, 가해학생 및 그 보호자 간의 관계 회복을 위한 프로그램을 운영할 수 있다(「학교폭력예방 및 대책에 관한 법률 시행령」 제14조의3). 관계 회복이란 두 명 이상의 관련 대상자들이 발생 상황에 대하여 이해, 소통, 대화 등을 통해 원래 상태 또는 일상생활로 돌아갈 수 있도록 함께 노력하는 것을 말한다(교육부, 2020a). 그러나 관계 회복 프로그램은 양측 학생이 동의하는 경우에만 진행할 수 있으며, 어느 한쪽이 중단하고 싶으면 중단할 수 있다. 학교와 교사는 사전에 가급적 보호자와 면담을 진행하여 프로그램 취지를 잘 이해할 수 있도록 하고, 관계회복 프로그램은 양측 학생이 학교 및 일상생활에서 또래와의 관계에 잘 적응할 수 있도록 돕는 것임을 안내한다. 또한 피해학생에 대하여 모든 단계 시작 시 현재 마음과 생각, 2차 피해(재발 및 보복 등), 참여 의사 등을 확인함으로써 관계회복 프로그램 진행이 강제적인 것이 아니며 피해학생 의사를 우선적으로 고려하여 진행되는 것임을 확인시켜 주는 것이 중요하다.

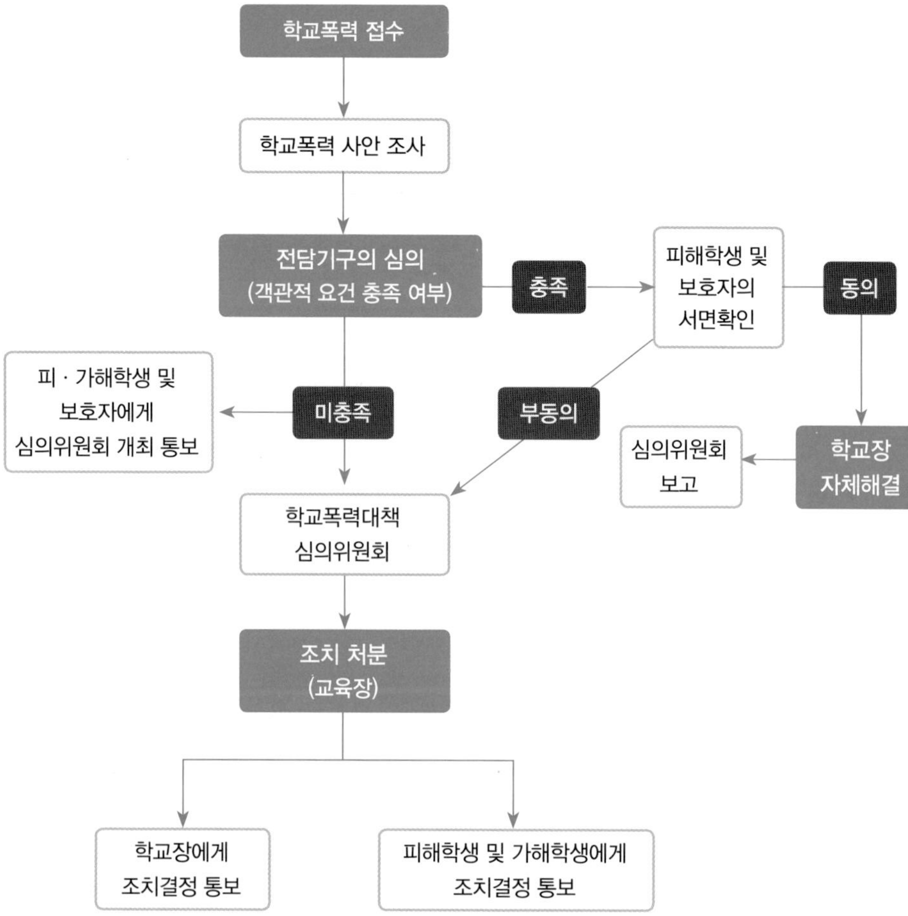

[그림 11-9] **학교장 자체해결 흐름도**

출처: 교육부(2020a), p. 44.

(3) 학교폭력대책심의위원회의 조치 결정

사안 조사 결과 학교폭력 피해 사실이 확인되고 학교장 자체해결 요건이 충족되지 않거나 요건이 충족되더라도 학부모가 학교장 자체해결에 동의하지 않는 경우, 교육장은 학교폭력대책심의위원회를 개최하여 조치 처분을 결정하고 그 결과를 학교장과 피해학생 및 가해학생 측에 통보하여야 한다. 심의위원회는 학교폭력의 예방 및 대책에 관련된 사항을 심의하는 교육지원청 내의 법정위원회이다(「학교폭력예방 및 대책에 관한 법률」 제12조). 심의위원회의 심의 사항은 다음과 같다(「학교폭력예방 및 대책에 관한 법률 시행령」 제13조 제2항).

- 학교폭력의 예방 및 대책
- 피해학생의 보호

- 가해학생에 대한 선도 및 징계
- 피해 및 가해 학생 간의 분쟁 조정
- 그 밖에 대통령령으로 정하는 사항

학교폭력대책심의위원회는 해당 지역에서 발행한 학교폭력을 조사하고, 학교장에게 심의에 필요한 자료 또는 정보 제출을 요구하거나 심의를 위해 필요한 경우 학교의 관련 교원이나 전문가 등 참고인에게 의견 진술을 요청할 수 있으며, 또한 관할 경철서장에게 관련 자료를 요청할 수 있다. 심의위원회는 위원장 1인을 포함하여 10명 이상 50명 이내의 위원으로 구성하며(「학교폭력예방 및 대책에 관한 법률」 제13조 제1항), 회의는 재적위원 과반수의 출석으로 개의하고 출석위원 과반수의 찬성으로 의결한다(「학교폭력예방 및 대책에 관한 법률 시행령」 제14조 제5항). 심의위원회는 학교의 요청이 있는 경우 21일 이내에 개최하는 것을 원칙으로 하되 상황에 따라 7일 이내에서 연장 가능하다. 대면 심의를 원칙으로 하며, 학교폭력 사안 유형에 따라 관련 분야 전문가 및 관련 학교 교원을 출석시켜 의견을 들을 수 있다. 또한 학생들이 심의위원회에 출석하는 경우 피해 및 가해 학생의 학습권 침해를 최소화하고 사전 조치를 취하여 피해 및 가해학생의 불필요한 접촉을 방지해야 한다. 교육장은 심의위원회의 조치결정 후 피해 및 가해 측에는 서면으로, 학교에는 공문으로 조치 결정을 통보한다.

2) 피해학생 및 가해학생에 대한 사후 조치

학교장은 학교폭력대책심의위원회의 조치 결정에 따라 학교폭력 피해학생 및 가해학생에 대하여 적절한 조치를 취해야 한다.

(1) 피해학생의 보호조치

피해학생 보호조치의 요청이 있을 경우, 학교장은 피해학생 보호자의 동의를 얻어 7일 이내에 해당 조치를 하고 이를 심의위원회에 보고해야 한다(「학교폭력예방 및 대책에 관한 법률」 제16조 제3항). 피해학생 보호조치의 주요 내용은 다음과 같다(「학교폭력예방 및 대책에 관한 법률」 제16조 제1항).

- 제1호(학내외 전문가에 의한 심리상담 및 조언): 학교폭력으로 받은 정신적 · 심리적 충

격으로부터 회복할 수 있도록 학교 안팎의 심리상담 전문가로부터 심리상담 및 조언을 받도록 하는 조치이다. 학교 내 상담교사가 없을 시 지역 내 피해학생 전담지원기관, Wee센터, 정신건강복지센터, 청소년상담복지센터, 전문 상담기관 등 외부 기관을 통하여 진행할 수 있다.

- 제2호(일시보호): 가해학생에게 지속적인 폭력 또는 보복을 당할 우려가 있는 경우 일시적으로 보호시설이나 집 또는 학교상담실 등에서 보호를 받을 수 있도록 하는 조치이다.
- 제3호(치료 및 치료를 위한 요양): 학교폭력으로 인하여 생긴 신체적·정신적 상처의 치유를 위하여 의료기관 등에서 치료를 받도록 하는 조치이다. 피해학생이 보호조치로 집이나 요양기관에서 신체적·심리적 치료를 받을 때는 치료기간이 명시된 진단서 또는 관련 증빙자료를 첨부하여 학교에 제출하도록 보호자에게 안내할 수 있다.
- 제4호(학급교체): 지속적인 학교폭력 상황 및 정신적 상처에서 벗어나게 하기 위해서 피해학생을 동일 학교 내의 다른 학급으로 소속을 옮기는 조치이다. 피해학생 입장에서는 새로운 학급에 적응해야 하는 부담이 있으므로 조치 결정에 있어 피해학생 및 보호자의 의견을 적극 반영하는 것이 바람직하다.
- 제5호(삭제)
- 제6호(그 밖에 피해학생의 보호를 위하여 필요한 조치): 학교폭력 피해 유형 및 연령 특성 등을 감안하여 필요 시 해바라기센터 지정 병원 등 의료기관 연계, 대안법률구조공단과 같은 법률구조기관, 학교폭력 관련 기관 등에 필요한 협조와 지원요청 등을 할 수 있다.

(2) 가해학생의 교육 및 선도 조치

가해학생의 교육 및 선도 조치의 요청이 있을 경우, 학교장은 14일 이내에 해당 조치를 해야 한다(「학교폭력예방 및 대책에 관한 법률」 제17조 제6항). 가해학생 조치 이행 시 특별한 경우(예: 방학기간 중, 자율학습, 졸업예정 등)를 제외하고는 학기 중에 이행할 수 있도록 하는 것이 바람직하다. 가해학생의 교육 및 선도 조치의 주요 내용은 다음과 같다(「학교폭력예방 및 대책에 관한 법률」 제17조 제1항).

- 제1호(피해학생에 대한 서면사과): 가해학생이 피해학생에게 서면으로 그동안의 폭력행위에 대하여 사과하는 조치이다.

- 제2호(피해학생 및 신고 · 고발 학생에 대한 접촉, 협박 및 보복행위의 금지): 피해학생이나 신고 · 고발 학생에 대한 가해학생의 접근을 막아 더 이상의 폭력이나 보복을 막기 위한 조치이다.
- 제3호(학교에서의 봉사): 교내에서 봉사활동을 통해 자신의 행동을 반성하는 기회를 주기 위한 조치이다. 학교에서의 봉사는 단순한 훈육 차원이 아니라 봉사의 진정한 의미를 알고 학생 스스로 잘못을 깨달을 수 있는 봉사방법을 선정하여 선도적 · 교육적 차원에서 봉사활동을 실시하며, 봉사 시간을 명확하게 제시하는 것이 필요하다.
- 제4호(사회봉사): 학교 밖 행정 및 공공기관 등 관련 기관에서 사회 구성원으로서의 책임감을 느끼고 봉사를 통해 반성하는 시간을 마련하기 위한 조치이다. 사회봉사는 지역행정기관에서의 봉사(환경미화, 교통안내, 거리질서유지 등), 공공기관에서의 봉사(우편물 분류, 도서관 업무보조 등), 사회복지기관(노인정, 사회복지관 등)에서의 봉사 등의 형태로 진행될 수 있다.
- 제5호(학내외 전문가에 의한 특별교육이수 또는 심리치료): 교육감이 정한 기관에서 특별교육을 이수하거나 심리치료를 받아야 하며, 그 기간은 심의위원회에서 정한다.
- 제6호(출석정지): 가해학생을 수업에 출석하지 못하게 함으로써 일시적으로 피해학생과 격리시켜 피해학생을 보호하고, 가해학생에게는 반성의 기회를 주기 위한 조치이다. 가해학생에 대한 출석정지 기간은 출석일수에 산입하지 않는다.
- 제7호(학급교체): 가해학생을 피해학생으로부터 격리하기 위하여 같은 학교 내에서 다른 학급으로 옮기는 조치이다.
- 제8호(전학): 가해학생을 피해학생으로부터 격리시키고 피해학생에 대해 더 이상의 폭력행위를 하지 못하게 하기 위하여 다른 학교로 소속을 옮기도록 하는 조치이다. 가해학생이 다른 학교로 전학을 간 이후에는 전학 전의 피해학생 소속 학교로 다시 전학 올 수 없도록 해야 한다.
- 제9호(퇴학처분): 피해학생을 보호하고 가해학생을 선도 · 교육할 수 없다고 인정될 때 취하는 조치이다. 다만, 의무교육과정에 있는 가해학생에 대하여는 적용하지 아니한다.

(3) 가해학생 및 보호자 특별교육

'피해학생에 대한 서면사과' 또는 '퇴학처분' 이외에 가해학생 보호 및 선도 조치의 처분을 받은 가해학생은 특별교육을 이수하거나 심리치료를 받아야 한다. 또한 학교폭력대책심의위원회는 가해학생이 특별교육을 이수할 경우 해당 학생의 보호자도 함께 교육을 받게 하여야 한다.

① 가해학생 특별교육

가해학생 특별교육은 '조치로서의 특별교육'(「학교폭력예방 및 대책에 관한 법률」 제17조 제1항 제5호)과 '부가된 특별교육'(「학교폭력예방 및 대책에 관한 법률」 제17조 제3항)의 두 가지로 구분된다. 「학교폭력예방 및 대책에 관한 법률」 제17조 제1항 제2호부터 제4호까지 및 제6호부터 제8호까지의 처분을 받은 가해학생에게 부가되는 특별교육은 교육감이 정한 기관에서 특별교육을 이수하거나 심리치료를 받아야 하며, 그 기간은 심의위원회에서 정한다.

② 가해학생 보호자 특별교육

교육장은 심의위원회에서 가해학생에게 '조치로서의 특별교육' 또는 '부가된 특별교육' 처분을 내린 경우 가해학생의 보호자에게도 특별교육을 이수하도록 서면으로 통보하여야 한다(「학교폭력예방 및 대책에 관한 법률」 제17조 제9항). 보호자가 특별교육에 불응한 경우, 교육감은 법률에 의하여 300만 원 이하의 과태료가 부과됨을 안내하고 특별교육을 이수할 것을 재통보하여야 하며, 이를 불응한 경우 법률에 의거하여 과태료를 부과·징수하여야 한다(「학교폭력예방 및 대책에 관한 법률」 제23조, 동법 시행령 제35조).

3) 학생생활기록부 학교폭력 조치사항 기재 요령

(1) 기재 및 기재 유보

학교폭력 가해학생에 대한 조치사항의 경우 학교에서 조치결정 통보 공문을 접수한 즉시 학교생활기록부에 기재하며, 구체적인 작성·관리에 관한 사항은 「학교생활기록 작성 및 관리지침」을 따른다. 가해학생 조치사항에 대한 행정심판 및 소송이 청구된 경우에도 기재된 조치사항을 삭제하지 아니하고, 향후 조치가 변경되거나 취소될 경우 이를 수정하며 조치결정 일자는 변경하지 않는다. 학교폭력 조치사항 기록 시 유의사항은 다음과 같다(교육부, 2020a).

- 학교폭력 관련 피해학생 조치사항은 입력하지 않는다.

- 학적변동(전출, 자퇴 등)의 경우 학교폭력 조치사항을 입력한 후 학적 처리한다.
- 심의위원회가 가해학생 조치를 병과한 경우 병과된 조치사항 모두 학교생활기록부의 해당 영역에 입력한다.
- 「학교폭력예방 및 대책에 관한 법률」 제17조 제3항에 따라 가해학생이 교육감이 정한 기관에서 특별교육을 이수하거나 심리치료를 받은 사실은 기재하지 않는다.
- 조치 결정일자는 심의위원회의 조치 요청에 대해 교육장이 조치를 결정한 날(교육지원청 내부결재일)을 의미한다(행정심판 · 소송이 청구된 경우에는 조치사항을 먼저 입력하고, 향후 조치가 변경될 경우 결정일자는 변경하지 않고 조치사항만 수정함).
- 학적이 정지된 자가 조치를 받은 경우에는 당해 학년도의 경우 학적반영 취소 후 학교폭력 조치사항을 입력하고, 이전 학년의 경우 정정대장을 통해 기록한다. 학적이 정지된 자가 복교할 당시 중복 기간 동안 해당 학년에 학교폭력 가해학생에 대한 조치사항이 입력되어 있는 경우, 학교폭력 가해조치 사항이 입력된 내용은 유지한다(기타 세부적인 내용은 교육부에서 발간하는 해당 학년도의 학교생활기록부 기재요령을 참고함).

「학교폭력예방 및 대책에 관한 법률」 제17조 제1항 제1호부터 제3호까지에 따른 조치사항에 관한 내용을 적어야 하는 경우는 해당 학생이 조치사항을 이행하지 않거나, 조치를 받은 후 동일 학교급에 재학하는 동안(초등학생인 경우에는 그 조치를 받은 날로부터 3년 이내의 범위에서 동일 학교급에 재학하는 동안) 다른 학교폭력 사건으로 같은 조 제1항의 조치를 받은 경우로 한정한다. 심의위원회가 정한 이행 기간 내에 조치사항을 이행하지 않으면 조치사항을 기재하고 이후 조치사항을 이행하여도 기재내용은 유지된다.

(2) 기재내용 삭제

「학교폭력예방 및 대책에 관한 법률」 제17조 제1항 중 제1호~제3호와 제7호의 조치는 졸업과 동시에 삭제하고, 제4호~제6호와 제8호의 조치는 해당 학생 졸업 2년 후에 삭제하는 것을 원칙으로 하되 심의 대상자 조건을 충족할 경우 해당 학생의 반성 정도와 긍정적인 행동 변화 정도 등을 고려하여 졸업 직전 전담기구 심의를 거쳐 졸업과 동시에 삭제 가능하다. 또한 심의위원회에서 결정된 가해학생에 대한 조치사항에 대한 학교생활기록부 기록 및 삭제는 〈표 11-4〉와 같으며, 구체적인 관리방법은 「학교생활기록부 작성 및 관리지침」을 따른다.

〈표 11-4〉 **가해학생 조치사항에 대한 학교생활기록부 기록 및 삭제**

가해학생 조치사항*	학교생활기록부 영역	삭제 시기
제1호(피해학생에 대한 서면사과)	행동특성 및 종합의견	• 졸업과 동시(졸업식 이후부터 2월 말 사이 졸업생 학적 반영 이전) • 학업중단자는 해당 학생이 학적을 유지했을 경우를 가정하여 졸업할 시점
제2호(피해학생 및 신고 · 고발 학생에 대한 접촉, 협박 및 보복행위의 금지)		
제3호(학교에서의 봉사)		
제7호(학급교체)		
제4호(사회봉사)	출결사항, 특기사항	• 졸업일로부터 2년 후 • 졸업 직전 전담기구 심의를 거쳐 졸업과 동시 삭제 가능 • 학업중단자는 해당 학생이 학적을 유지했을 경우를 가정하여 졸업하였을 시점으로부터 2년 후
제5호(학내외 전문가에 의한 특별 교육이수 또는 심리치료)		
제6호(출석정지)		
제8호(전학)	학적사항, 특기사항	
제9호(퇴학처분)		• 삭제 대상 아님

*「학교폭력예방 및 대책에 관한 법률」 제17조 제1항

출처: 교육부(2020a), p. 79.

제12장

교과교육과 상담*

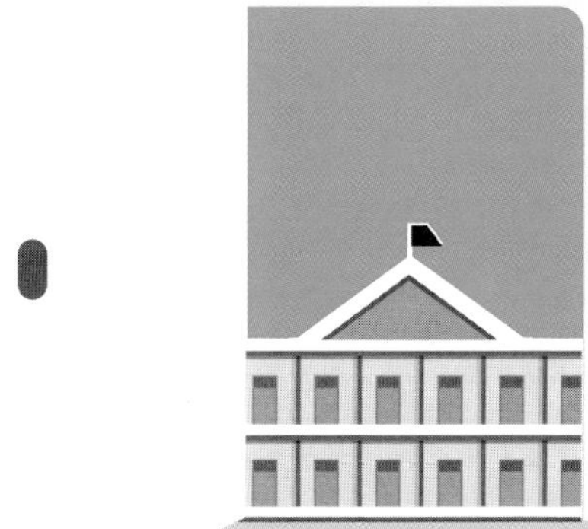

이 장에서는 상담학의 관점에서 교과학습의 성격을 재해석하고 대안적인 실천 전략을 제안하고자 한다. 학습자의 자아성찰을 촉진하기 위한 학습의 개념적 사유체계를 간단히 소개하고, 교과교육 장면에서 자아성찰을 촉진하기 위한 체계적인 학습모형을 제안한다. 또한 자아성찰 학습을 확장하기 위한 교과교육의 과제와 이러한 시도가 교실 수업의 실제에서 초래하게 될 변화를 고찰한다.

이 장을 학습하면 여러분은 다음과 같은 학습 성과를 얻을 수 있다.

1. 배움의 본래적 기능으로서 자아성찰 학습을 설명할 수 있다.
2. 교과 기반 자아성찰 학습의 개념적 원리와 모형을 설명할 수 있다.
3. 교과교육 장면에서 자아성찰 학습의 실천적 전략을 설명할 수 있다.
4. 자아성찰 학습의 적용과 확산을 위한 교과교육의 과제를 설명할 수 있다.

---

* 이 장은 필자가 학술지에 발표한 두 편의 논문(송재홍, 2006, 2007)을 중심으로 재구성한 것임

1. 학습의 재구성과 자아성찰

학습에 대한 구성주의 관점의 출현과 제4차 산업혁명의 등장으로 교실 수업의 내용과 형식이 급격하게 변화하고 있으며, 이는 학습의 의미와 기능에 대한 새로운 해석을 요구하고 있다.

1) 제4차 산업혁명과 교실 수업의 해체

정보통신 공학의 발달은 교수활동에 많은 변화를 초래해 왔으며, 특히 제4차 산업혁명의 도래는 캠퍼스 없는 학교를 등장시켜 학교 학습의 본질과 교과 중심의 교실 수업에 근본적인 혁신을 요구하고 있다(Schwab, 2016). 이러한 변화의 몇 가지 특징은 다음과 같다(송재홍, 2019).

첫째, 수업 공간의 해체이다. 원래 교실은 가르치는 유일한 공간이지만, 인터넷의 등장과 통신매체의 발달이 가상교육 프로그램의 개발을 촉진함으로써, 더 이상 교실은 학생들에게 지식을 가르치는 유일한 수업 공간도 아니며 학습이 이루어지는 다양한 공간 중 하나일 뿐이다. 원래 평생교육은 학교교육의 시공간적 제약을 극복하여 교육의 영역을 확장하려는 시도였는데, 정보통신 공학의 발달은 교실 없는 강의(예: 무크)와 캠퍼스 없는 학교(예: 미네르바)를 등장시켜 진정한 의미의 평생학습시대를 선도하고 있다(Anand, 2017).

둘째, 수업 방식의 해체이다. 정보통신 공학의 발달은 기존의 강의 중심 수업 방식에 근본적인 변화를 가져오고 있다. 수업 전에 무크를 통해 강의를 들은 후 실제 교실에서는 토론식 수업을 진행함으로써 비판적 사고를 개발하는 이른바 플립러닝(flip learning: 일명 거꾸로 학습)이 새로운 수업 방식을 선도하고 있다. 더 이상 수업은 교과를 매개로 지식을 획득하는 과정이 아니라 지식을 매개로 삶의 문제를 성찰하고 프로젝트 기반 학습을 통해 집단 지성을 개발하는 진정한 학습의 장이 되어 가고 있다.

셋째, 학습자의 역할 해체이다. 전통적인 교실에서 많은 학생은 교사의 강의에 의존해서 지식을 습득하고 시험을 치르는 수동적인 역할에 머물곤 했다. 그러나 인간의 제한된 지적 능력은 인공지능의 도움으로 즉각적이고 정확하게 극복될 수 있다. 인공지능은 인간이 수십 년 동안 학습해야 축적할 수 있는 지식을 불과 며칠 또는 몇 시간 만에 구축할 수 있다. 이제 학생들은 더 이상 교사의 강의에 의존하여 개인적 성취를 추구하는 수동적인 학습자가 아니며, 삶의 문제에 대해 공동의 질문을 공유하고 공동체 복지를 위해 함께 협력하는 능동적인 학습자로 전환해야 한다. 교사 역시 학생들에게 무엇을 가르치려고 하기보다는 먼저 무엇을 배우는 자의 모범을 보일 필요가 있다.

끝으로, 학습의 본질 파괴이다. 전통적인 교과학습은 읽기와 쓰기 중심의 지식 획득을 주요 목표로 설정했다. 그러나 새로운 학습은 공동체 구성원의 신뢰 회복과 협력적 노력을 위한 관계학습으로 전환되어야 한다(송재홍, 2018b). 관계학습의 요체는 구성원 간의 상호 존중과 소통 그리고 화합, 즉 갈등 해결이다. 존중은 모든 인간관계의 시작점인 동시에 종착점이다. 자신과 타인을 존중하는 마음이 없으면 진정한 만남이 이루어질 수 없다. 존중에 기초한 소통과 화합을 통해서만 개인의 자존감이 향상되고 공동체의 협력 학습 역시 활성화될 수 있다.

2) 학습의 본질적 기능으로서 자아성찰

이러한 인식의 변화는 또한 "공부는 왜 하는가?" 그리고 "학생들은 공부를 통해 궁극적으로 무엇을 얻게 되는가?"라는 궁극적인 물음에 대답할 수 있는 대안적인 접근방식을 제공한다. 공부의 한자어 '工夫'를 풀이해 보면 이렇다. '공(工)'은 하늘과 땅을 연결한다는 뜻을 내포하고, '부(夫)'는 사람(人)과 공(工)이 결합된 형상이니, 곧 사람이 하늘과 땅을 연결한다는 의미이다(신영복, 2015). 하늘은 이상이요 꿈이고 땅은 현실이니, 이상과 현실의 간극을 극복하는 것이 바로 공부의 요체라 할 수 있다. 때로 우리는 실현되지 못한 이상을 버거워하고 괴로워하지만, 실현되지 않은 이상이야말로 삶을 견인하는 원동력인 것이다. 한 개인의 이상은 때로는 개인적 욕망에서 기인하고 때로는 공동체 복지에서 비롯된다. 그 이상이 어디에서 비롯되는가에 따라 공부와 삶의 양식이 확연히 달라질 수 있다. 이상의 원천이 개인적인 욕망에 기초할 때 자칫 지나친 탐욕으로 흐를 수 있으므로 자기를 성찰하는 마음가짐이 요구된다. 농자천하지대본(農者天下之大本)의 사전적인 의미는 "농사짓는 일을 하는 것은 천하의 사람들이 살아가는 큰 근본"이다. 농사를 짓는 일은 하늘의 뜻을 헤아려 땅을 다스림으로써 만물을 소생하게 하는 삶의 미묘한 양식을 내포한다. 이 명구는 단지 생명의 원천인 식량의 공급만을 의미하는 것은 아니다. 우리는 농사짓는 사람을 일컬어 '농부(農夫)'라 말하지만 공장에서 물건을 만드는 사람이나 물건을 팔아서 이윤을 남기는 사람에 대해서는 '장인(匠人)'이나 '상인(商人)'이라 말하지 '장부(匠夫)'나 '상부(商夫)'라고 하지 않는다.

따라서 인간이 공부의 본질을 추구하려면 익숙한 사고나 행동으로부터 자유로워질 수 있어야 하고, 낯선 것에 대해 인식론적 호기심을 갖고 개방적으로 접근하려는 성찰적인 삶의 자세를 지녀야 한다. '경험에 대한 개방성'이야말로 제한된 인식의 한계를 극복할 수 있는 유일한 원천이라 할 수 있다. 그러나 왜곡된 교육은 새로운 경험에 대한 학생들의 개방적인 자세를 처벌함으로써 오히려 자신의 경험으로부터 이익을 얻을 수 있는 기회를 차단한다. 학습은 실수를 통해서만 가능하다. 진정한 교육은 학생들이 모험을 결행하고 실수를 감내할 수 있는 용기를 갖도록 허용적이고 지지적이며 안정적인 공부 환경을 제공할 때 가능하다.

학습에 대한 정의는 가르치고 배우는 사람의 지적 통찰에 의해 끊임없이 해체되고 새롭게 재구성될 수 있다(송재홍, 2021). 그리고 이는 가르치고 배우는 과정을 근본적으로 변화시킬 것이다. 예를 들어, 학습에 대한 집짓기의 비유는 기계론적 은유에 기초한 전통적인 관점과는 근본적으로 다른 학습의 과정과 결과를 요구하는 것이다. 학습의 과정은 단순히 지식을 전달하고 수용하는 과정도 아니요 자료를 압축하여 개념을 형성하는 지식 구성의 과정만도 아니다. 학습의 과정은 바로 황무지를 개간하여 터를 잡고 집을 짓는 것처럼 개인이 자신의 두뇌에 길을 내고 지식 빌딩을 건설하는 지도 확장의 과정이다. 학습자가 이 지도를 확장하는 과정에서 자신의 두뇌 속을 들여다볼 수 있는 안목이 곧 학습의 궁극적인 성과인 셈이다. 교육은 성장 가능성을 전제로 개인이 가능성으로서 자기를 발견하고 실현하도록 북돋우는 활동이며, 자아실현을 추구하는 개인의 삶은 자기주도적이고 능동적인 자아성찰을 요구한다. 화이트헤드는 『교육의 목적』(Whitehead, 2003)에서 "교육의 문제는 학생들이 나무를 통해서 숲을 보게 하는 일이다. 한 가지 해결방법은 교육과정의 생동감을 말살하는 과목들의 치명적인 단편성을 근절하는 일이다. 교육에서 존재하는 단 한 가지의 내용은 여러 측면으로 드러나는 삶(life)이다."(p. 21)라고 역설하여 학교교육이 지향해야 할 방향을 비교적 명쾌하게 제시하고 있다.

또한 교육과정 재개념화 운동을 주도한 파이너(Pinar, 1981, 1988)는 오늘날 교육과정이론이 인간의 실존적 문제를 망각하고 있다고 개탄하고 쿠레레(currere) 방법을 통해 보다 깊은 의식에 도달할 수 있어야 한다고 주장하였다. 그는 교육과정의 관심이 당연히 '개인'에게 있어야 하며 각 개인이 교육 속에서 갖는 내적 경험을 탐구하는 일을 교육과정 탐구의 새로운 출발점으로 삼아야 한다고 역설하고 교육과정을 자서전적이고 전기적인 텍스트로 이해하려고 시도하였다. 즉, 교육과정 탐구자는 우선 자기 자신이 처한 생활 세계에 대해 깊이 성찰함으로써 자신의 행동에 당연하게 여겼던 무의식적 가정을 살펴보고 그 속에서 참된 자아의 모습을 발견할 수 있어야 한다는 것이다. 비슷한 맥락에서 좀 더 최근에 자신의 경험을 이야기하려는 인간의 보편적인 경향성에 기초한 내러티브 탐구는 교과학습의 실제에 대한 전반적인 재검토를 촉구하고 있다(소경희, 2004; 한승희, 1997). 내러티브(narrative)란 인간의 기본적인 사고양식이자 지식을 조직하는 양식을 말한다. 내러티브 탐구의 핵심 가정은 인간이 자신들의 경험을 이야기하려는 보편적인 경향을 지니고 있다는 것이다. 지식은 개인이 자신의 경험을 다른 사람과 이야기하는 가운데 형성되며, 이는 지속적으로 재구성될 수 있다. 따라서 내러티브 탐구는 개인의 사적 경험을 이야기하도록 되어 있으며, 필연적으로 자서전적인 요소를 포함하게 된다.

학습의 궁극적인 목적으로서 자아성찰에 대한 학자들의 관심은 끊임없이 되풀이되어 왔다. 예컨대, 듀이는 『사고하는 방법(How We Think)』(Dewey, 1979)에서 성찰적 사고(reflective thinking)의 중요성을 역설하였으며, 배런(Baron, 1985)은 성찰적 사고를 문제해결 과제의 합리적 수행을 위한 지적 능력의 중요한 지표로 보았다. 또한 피아제(Piaget, 1980)에 따르면, 성찰은 낮은 차원의 지식 요소들을 조정하려는 노력을 통해서 고차적인 지식을 창조하는 변증법적 과정으로 이해되고 있다. 좀 더 최근에 힐록(Hillock, 1995)은 "교육이 우리의 주변 세계와 그 속에서 행동하는 방식을 이해해 가는 과정이라면, 그리고 우리의 주변 세계가 항상 변하는 상태에 있다면, 그것은 학생들이 전에는 다루지 않았던 것을 다룰 수 있도록 준비시키는 데 목적을 두어야 한다."(p. 211)라고 주장하고 성찰의 연습으로서 글쓰기를 가르칠 것을 제안하였다.

한편, 랜(Lan, 2008)은 자아성찰적인 학습자를 길러 내는 것을 교육의 궁극적인 목표로 보고 학습자 자신의 학습활동에 대한 체계적인 자기점검의 중요성을 역설하였다. 좀 더 최근에 근거기반실천(evidence-based practice)을 강조하는 학교상담학자들(Squier, Nailor, & Carey, 2014)은 학생들의 성공적인 학습을 뒷받침하기 위해서는 동기, 자기지식, 자기관리, 관계를 포함하는 수월성을 성취하도록 조력할 것을 강조하고 있다.

나아가 개인의 성공적인 학습에서 초인지(Brown, 1980, 1987; Meichenbaum, 1990)와 자기조절학습(Zimmerman, 1986, 1989, 2005)에 대한 최근의 관심은 학습활동에 있어서 자아성찰의 중요성을 강하게 부각시키고 있다. 특히 유능한 학습자의 자아성찰적 사고는 결국 높은 자기효능감(Bandura, 1977, 1982, 1997), 숙달목표지향성(Dweck, 1988), 과제에 대한 내적 흥미(Zimmerman & Kitsantas, 1988)와 같은 학습 전 사고의 신념체계를 강화 또는 유지시킨다. 자아성찰은 그 용어의 다양성에도 불구하고 심리학자의 공통된 관심 주제인 것은 분명하다. 따라서 자아성찰을 배제하고 가르침과 배움의 본질적 의미를 논의하기는 쉽지 않다. 요컨대, 학습의 진정한 의미는 학습자의 자기발견과 자기완성에 도달하기 위한 자아성찰의 여정이라고 볼 수 있으며, 교육의 본질적 의미는 학습자 개인의 자아성찰을 안내하고 촉진하는 체계적인 지도활동으로 성격화할 수 있다.

2. 교과 기반 자아성찰 학습의 개념적 모형

학습의 본질적 의미를 적극적인 삶과 자기완성에 도달하기 위한 자아성찰의 여정으로 성격화할 때, 학교교육의 중심 활동인 교과 기반 교실수업이 효과적으로 기능을 발휘하기 위해서는 새로운 개념적 모형이 요구된다. 그것은 교과 기반 교실수업이 지식획득을 위한 교수 중심의 활동에서 자아성찰을 위한 상담 중심의 활동으로 전환되어야 함을 의미한다.

1) 자아성찰 학습을 위한 교과교육과 상담의 만남

상담 중심의 교과 기반 자아성찰 학습의 개념적 모형을 정립하기 위해서는 우선적으로 상담의 본질과 교과 및 교과교육의 성격에 대한 기본적인 생각을 점검할 필요가 있다.

(1) 상담: 자아성찰을 촉진하는 실천적 교육활동

먼저 교육활동에 내재된 본래적 목적과 상담활동이 추구하는 목표가 정확하게 일치하고 있음을 분명히 인식할 필요가 있다. 교육의 본래적 목적에 비추어 볼 때, 학교교육의 기본 성격은 학습자 개인의 자아성찰을 촉진하는 체계적인 지도활동이라고 정의할 수 있다. 상담은 기본적으로 학습자의 자아성찰을 촉진하기 위한 실천적 조력활동이라는 점에서 학교교육의 기본 성격과 근본적으로 일치한다고 볼 수 있다.

본래 상담이란 용어는 다양한 의미를 복합적으로 내포하고 있기 때문에 이해하기가 쉽지 않다. 상담은 겉으로 드러나는 현상을 놓고 보면 조력전문가와 피조력자의 인격적인 만남 과정으로 이해될 수 있으며, 그것의 성과에 근거하면 자존감의 향상, 자율성과 책임감의 증대, 현명한 의사결정과 효과적인 문제해결, 그리고 부적응행동의 감소와 적응행동의 증가 등 매우 다양한 의미를 부여할 수 있다(박성희, 2014). 이처럼 겉으로 드러나는 현상이나 결과의 측면에서 볼 때, 상담은 일종의 학습 과정으로서 내담자의 생각과 감정 그리고 실제 행동에서 모종의 변화를 가져오게 된다. 하지만 내담자가 자신의 욕구와 행동에 대한 내면적 자각, 즉 자아성찰을 결여한다면 이러한 변화를 기대하기는 어렵다. 따라서 그 심층을 들여다보면 상담의 참된 의미는 개인으로 하여금 자아성찰을 통해 자기의 참 모습을 발견하여 적극적으로 드러내도록 조력하는 체계적인 활동이라는 것이 분명해진다. 개인이 상담 과정에서 진정한 인간관계를 경험하고 이를 통해 자기의 참 모습을 발견하게 된다면, 그는 자기를 있는 그대로 받아들이고 자기의 선택을 자랑스럽게 여길 것이다. 이러한 과정이 계속될 때 개인은 행복감을 증대시킬 수 있고 심오한 혜안을 지닌 성자의 모습을 갖추게 될 것이다. 어떤 개인이 자신이 처해 있는 상황에 어울리는 상담이론의 도움을 받아서 자신의 주관적인 세계를 체계적으로 정리하여 자신의 삶을 보다 지혜롭게 선택하고 행복감을 증진시킬 수 있다면 그는 참다운 학습을 경험하게 될 것이다. 이처럼 한 개인의 삶은 참된 자기의 모습을 찾아 나서는 끝없는 구도의 여정이라고 할 수 있으며, 상담자는 이러한 여정에 잠시 동행하는 벗이 될 수 있다(송재홍, 2021).

임상적으로 많은 상담자는 내담자를 조력하는 과정에서 그의 요구와 행동에 대한 자각을 도모하고 자아성찰을 촉진하기 위해 다양한 전략을 개발하여 적용하고 있다. 예를 들면, 게슈탈트 상담자는 여러 가지 알아차림 기법을 활용하여 개인의 신체적 감각은 물론 내적 욕구를 자각시켜서 전경으로 떠올리고 이를 적극적으로 추구하도록 독려함으로써 게슈탈트를 완성하도록 돕는다(Perls, 2013). 또한 현실치료에서는 상담자가 내담자의 욕구와 바람을 분명하게 자각하고 그것을 충족하기 위해서 채택한 행동의 유용성을 평가하도록 조력하여 더 현실적인 목표와 더 많은 책임감을 갖도록 도와주며(Glasser, 1984, 2017), 인지상담에서도 개인이 어떤 사태에 직면할 때 자신의 머릿속을 강타하는 자동적 사고를 포착하여 이를 근거로 왜곡된 인지를 찾아서 바로잡도록 조력한다(Beck, 2017). 보다 최근에 유행하는 신경언어학적 프로그래밍(Bandler & Grinder, 2013)의 이미지 유도법이나 원불교 마음공부(권도갑, 2000)와 동사섭(용타 스님, 2001)과 같은 동양적 접근 역시 체계적인 자아성찰을 통해 자기의 내면세계를 심층적으로 들여다보도록 안내한다. 이렇게 볼 때, 상담의 참된 의미는 개인으로 하여금 자아성찰을 통해 자기의 참 모습을 발견하여 적극적으로 드러내도록 조력하는 체계적인 활동인 것이다.

이러한 시도는 인간의 정보처리 현상에 관한 인지심리학의 연구 결과와도 일치한다. 인지심리학에서는 한 개인의 인지 세계가 근본적으로 변화되기 위해서는 현상학적 지각이나 내면적인 자각을 통해 관련된 정보들이 의식 세계 안으로 들어와서 적절한 수정과 통합에 의해 재구성되어야 한다는 사실을 다양한 측면에서 입증해 왔다(Anderson, 1998). 자아성찰의 형태가 어떤 방식으로 전개되든 간에 그것의 결과는 참된 자기의 발견, 자신감과 자존감의 증대, 또는 지식의 습득과 구성 등 다방면에서 다각적으로 나타날 수 있다. 이렇게 볼 때, 학습자 개인의 자아성찰을 촉진하는 체계적인 지도활동이라는 점에서 학교교육의 기본 성격과 상담의 본질은 서로 일치한다고 볼 수 있다. 학교교육 장면에서 상담은 교육의 본래적 목적, 곧 학습자로 하여금 개인의 성장력을 최대한 드러내도록 자아성찰을 안내하고 촉진하는 실천적 조력활동이 되어야 한다. 이는 교과교육의 궁극적인 목표와도 일치한다. 따라서 교과교육이 그 목적을 효과적으로 추구하기 위해서는 상담활동과의 접목 가능성을 적극적으로 모색할 필요가 있다. 이는 교실 실제에서 교과교육을 실행하는 과정에서 반드시 자아성찰을 위한 안내의 과정을 포함해야 한다는 것을 시사한다.

이러한 관점에서 볼 때, 학교교육의 대부분을 점유하고 있는 교과교육은 단지 교과에 내재된 지식의 획득 내지는 구성에만 머물러서는 안 되며 그러한 바탕 위에서 학습자 개개인의 자아성찰을 촉진하기 위한 실천적 조력활동으로 연계 내지는 확장될 수 있어야 한다. 따라서 교과는 자아성찰을 위한 정제되고 엄선된 심리적 도구로서 가정될 수 있으며, 교과교육을 담당하는 교사는 기본적으로 교과를 매개로 상담적 교육활동을 전개함으로써 학습자의 자아성찰을 촉진하는 실천적 조력가가 되어야 한다.

(2) 교과: 자아성찰을 안내하기 위한 정제된 심리적 도구

교과교육과 상담활동을 성공적으로 접목하기 위해서는 교과와 그것에 기초한 교과교육에 대한 인식을 근원적으로 해체하여 새롭게 재구성할 필요가 있다. 전통적으로 교과교육은 지적인 성취 결과를 중시하는 수업활동이 중심이 되었다. 그러나 학습자는 교과를 학습하는 과정에서 단지 지식만을 습득하는 것은 아니며 고차원적인 학습에서는 오히려 내면의 자각이 뒤따를 수밖에 없다. 화이트헤드(Whitehead, 2003)는 사용되지 않는 지식은 쓸모가 없으며 지식의 진정한 가치는 그것의 활용 가능성에 있다고 하였다. 그에 의하면, 우리가 지식을 습득하는 진정한 목적은 그것을 활용하여 능력(power)을 드러내는 것이다. 따라서 교육은 지식의 습득이나 구성 그 자체를 목적으로 삼아서는 안 되고 지식을 사용하는 기술을 획득하는 일이 되어야 한다.

그리고 한 인간의 진정한 능력은 지식의 양에 의해서가 아니라 지식의 전문적인 활용을 통해서 드러나야 한다. 그러면 '지식을 어디에 어떻게 활용할 것인가?'가 문제가 된다. 우리는 여러 가지 차원에서 지식의 활용 가능성을 제기할 수 있다. 지식은 때로는 경쟁이나 시험의 도구가 되기도 하고, 때로는 차기 학습을 위한 기초지식으로 활용되기도 한다. 그런가 하면 지식은 고차적인 문제해결의 자원이 되기도 하고 합리적인 자아성찰의 도구가 되기도 한다. 학습의 궁극적인 목적은 바로 체계적인 자아성찰을 통해 자기에 대한 인식을 새롭게 하고 자기의 경계를 확장해 가는 것이다. 따라서 학습자가 교과학습을 통해 습득하게 되는 지식은 그 자체가 목적이 되어서는 안 되고 자아성찰을 안내하는 심리적 도구로 확장되어야 한다. 이 관점에서 보면 지식의 습득은 자아성찰을 위한 방편에 불과한 것일 수도 있다(송재홍, 2021).

이와 같이 배움 현상의 본질적 성격을 학습자의 자아성찰이라고 보는 관점에서 보면 자아성찰의 수준에 따라 학습의 다양한 성질을 이해할 수 있다. 낮은 수준의 자아성찰은 학업 또는 직업적 성취와 같이 외부 세계의 요구에 반응함으로써 자기를 인식하는 것이고, 반면에 높은 수준의 자아성찰은 외부 세계에 의존하지 않고 순수한 내면의 욕구에 귀를 기울임으로써 자기를 인식하는 것이다. 융(Jung, 1961)은 인생의 전환기에서 외부 세계를 향하던 자아가 내면세계로 방향을 전환할 때 '중년기의 위기'가 도래한다고 가정하였다. 어떤 의미에서 이는 인생살이의 한 축을 형성하고 있는 외부 세계에 대한 탐색과 도전이 내면세계에 대한 자아성찰을 방해함으로써 자기완성의 궁극적인 목적이라 할 수 있는 개성화의 길에서 더욱 멀어지게 할 수도 있음을 시사한다고 볼 수 있다. 그러나 오늘날의 시대정신으로 볼 때, 개성화의 단계를 전적으로 외부 세계에 의존하는 자기계발의 시기와 내면의 욕구에 의존하는 자아성찰의 시기로 양분하여 이해하는 데에는 한계가 있으며, 오히려 개인은 인생의 전 과정을 통해서 자아가 환경과의 상호작용을 통해서 끊임없이 외부 현실과 내면세계를 번갈아 들여다보면서 변증법으로 통합을 모색함으로써 자기성장을 도모하는 것으로 이해하는 것이 좀 더 바람직할 수도 있다. 이러한 관점에서 보면, 중년기 이전의 학습자도 자신의 내면세계에 대한 성찰이 가능하며, 교과학습을 통해 궁리한 지식을 활용하여 외부 세계의 요구에 반응함으로써 자기에 대한 인식을 재구성할 수가 있다.

또한 자기인식의 측면을 두 가지로 나누어 생각할 수 있다(송재홍, 2005). 한 가지 측면은 자신의 지식 습득도에 대한 인식이고, 또 다른 측면은 자기의 행동을 안내하는 생각과 감정 등 핵심기제에 대한 인식이다. 교과교육이 이 두 가지 측면 중에서 어느 쪽을 강조하느냐에 따라서 수업활동이 될 수도 상담활동이 될 수도 있다. 수업활동에서는 교과에 내재된 지식의 습득을 궁극적인 목표로 삼는 경우가 많다. 그러나 이러한 수업활동은 소위 '빈틈없는' 교육과정을 통해 지적 성취도만을 강조함으로써 오히려 진정한 자아성찰의 기회를 박탈할 수도 있다. 하나의 대안은 교과교육의 궁극적인 목적을 지식의 습득을 초월해서 참다운 행동의 변화에 두고 또 교과교육의 전개과정을 지식의 구성을 넘어서서 자아성찰의 촉진에 두는 것이다. 이러한 관점에서 보면, 교과의 내용은 학습자가 궁극적으로 습득해야 할 객관적 실재가 아니며 자아성찰을 안내하는 심리적 도구로서 학습의 과정에서 적극적으로 활용되어야 하는 정제되고 엄선된 자료인 것이다. 학습자는 이러한 교과를 도구로 활용해서 자신의 행동을 안내하는 생각과 감정을 체계적으로 검토하고 수정하는 자아성찰을 통해 참다운 내적 변화를 이루어야 진정한 의미의 학습을 경험할 수 있다.

이처럼 교과의 기본 성격을 자아성찰을 안내하는 정제된 심리적 도구라고 이해하는 관점에서 접근할 때, 교과교육의 전개 방향은 근본적으로 달라질 수밖에 없다. 곧 모든 교과는 자아성찰을 촉진하기 위한 상담적 교육활동의 도구가 될 수 있으며, 또한 교과교육의 본질적인 의미는 학습자가 삶의 주체로서 교과학습을 통해 습득한 지식을 매개로 한 적극적인 자아성찰을 통해 자기완성에 도달하도록 안내하는 체계적인 조력활동이라고 성격화할 수 있다(송재홍, 2005). 예를 들어, 음악이나 미술 또는 무용, 작업 활동을 안내하는 실과와 같은 표현교과는 학습자로 하여금 내면의 기제를 표출할 수 있는 기회를 제공함으로써 일정 부분 치유적인 성격을 갖는다는 점에서 상담보조 활동의 소재로 이용되고 있다. 그런데 문제는 실제 이들 교과에서 이루어지는 교육활동이 점차로 아동의 생각과 감정을 표현할 기회를 제공하기보다는 교과의 내용을 이해하고 습득하는 지식교과를 닮아 간다는 점이다. 그러나 표현교과는 인간의 원초적인 감각을 활성화시키는 데 탁월한 기능을 발휘할 수 있으며, 또한 이러한 기능이 효과적으로 발휘될 때 그 자체로서 학습자 개인의 주도적인 자기표현과 자아성찰을 촉진하는 치유적 성격을 내포하고 있을 뿐만 아니라 체계적인 상담활동의 훌륭한 보조도구로 활용될 수 있다.

그럼에도 불구하고 교과에 대한 전통적인 인식은 이러한 사고의 전환을 이룩하는 데 걸림돌이 되고 있는 것이 사실이다. 더욱이 수학과 같은 기초교과나 과학 또는 사회과와 같은 탐구교과는 전통적으로 논리-수학적인 문제해결을 주된 특징으로 하는 교과영역이라서 언뜻 개인의 사적 경험세계를 다루는 상담활동과는 무관한 것으로 여겨질 수도 있다. 그러나 실업계 고등학교의 수학 교사는 수학에 싫증을 느낀 학생들에게 수업 시간을 이용하여 교과수업 대신 인생 상담으로 갈등을 풀어 가는 현실을 고백하곤 한다. 그런데 이 교사가 안고 있는 고민거리는 수학 교과를 다루어야 할 수업시간에 대신하는 상담활동이 수학교과와는 전혀 무관하게 전개된다는 점일 것이다. 그러나 우리가 개념적 사유의 틀을 약간 수정한다면 이처럼 논리적인 사고력을 강조하는 교과들도 상담활동과 쉽게 접목될 수 있다. 예를 들어, 수학과 교실에서 분수나 비율을 다룰 때, 학습자 개개인이 일주일 또는 하루 동안에 참여하는 활동을 몇 가지 유형으로 분류한 다음 각각의 활동에 소비하는 시간을 산출하여 분수나 비율로 나타내고 비교함으로써 자신의 시간 사용 구조를 점검하도록 하여 자아성찰을 유도할 수 있다. 이처럼 모든 교과는 자아성찰을 촉진하기 위한 상담활동의 도구가 될 수 있으며, 무엇보다도 학습자의 외부 세계와 내면세계를 매개하는 가장 정제된 상담활동의 도구인 것이다.

2) 무지개 학습: 자아성찰을 촉진하는 교과학습의 실천적 대안

실제 학교교육 현장에서 교과를 가르치는 교사의 중요한 관심은 학습자가 학습의 성과를 얼마나 오래도록 간직할 수 있느냐 하는 파지의 문제와 그러한 성과를 학습된 맥락에 국한하지 않고 다른 영역으로 얼마나 확대하여 적용할 수 있느냐 하는 전이의 문제에 집중된다. 특히 전이의 문제는 교육과정을 구성함에 있어서 논쟁의 중심에 놓여 있으며, 교육과정 전문가들은 전이를 극대화할 수 있는 학습경험이 무엇이냐에 대한 독특한 견해를 좇아서 교육과정을 선정하고 조직해야 한다고 주장해 왔다. 전통적인 교육과정 구성의 관점에서 볼 때, 전이(transfer)란 흔히 특정 교과에서 학습한 결과를 동일교과 내에서 혹은 교과 간에 관련된 학습문제의 해결에 확대하여 적용하는 것을 의미한다고 할 수 있다. 이제 이러한 전이의 개념에 대한 인식은 해체되고 재구성되어야 한다. 즉, 학습자가 배운 지식은 해당 교과나 다른 교과의 영역은 물론 개인적인 삶의 더 넓은 영역으로 확장될 필요가 있다. 송재홍(2006, 2007)은 교과학습을 통해 습득한 지식체계를 이용하여 자아성찰을 촉진하도록 안내하기 위한 실천적 전략으로서 무지개 학습을 제안하였다.

(1) 전이의 다차원성에 대한 이해와 무지개 학습

교과교육의 실제에 있어서 학습 성과의 적용 한계를 극복하고 다른 영역으로 확대하여 적용하는 문제는 매우 중요하다. 그러나 그 과정은 자동적으로 도달될 수 있는 것이 아니며, 몇 가지 선결과제가 가로놓여 있다고 볼 수 있다. 한 가지는 주로 교육심리학과 교과교육의 갈등을 해소하는 일이다. 한 가지 대안은 탈교과 내지는 범교과적인 교육 프로그램을 이용하여 학습자에게 체계적인 지적 기능을 학습하도록 훈련하는 것이다(Segal, Chipman, & Glaser, 1985). 대표적인 프로그램으로는 푀어스타인(Feuerstein, 1980)의 'Instrument Enrichment', 립맨(Lipman, 1976)의 'Philosophy for Children', 아담스(Adams, 1986)의 'Odyssey' 등을 들 수 있다. 그런데 이러한 유형의 프로그램이 안고 있는 한 가지 문제점은 학습 성과가 곧바로 교과 중심으로 전개되는 교실수업에 전이되지 않는다는 것이다. 그래서 푀어스타인(Feuerstein, 1980)은 프로그램의 학습 결과가 교과학습에 전이될 수 있도록 보완하기 위해서 '브리징(bridging)'이라는 새로운 개념을 채택하였다(Mentis, Dunn-Bernstein, Mentis, & Skuy, 2009). 이 개념은 전이의 독특한 형태를 가리킨다. 그것은 원래 탈교과적인 지능개발 프로그램의 학습 결과를 교과학습에 접목하기 위해 고안된 것이지만, 학습의 전이는 학습자의 개인적인 삶의 영역에로 확대됨으로써 단지 교과의 경계를 뛰어넘으려는 시도에 국한되지 않는다. 따라서 이 개념은 좀 더 구체적으로 논의될 필요가 있다.

무지개 학습은 단순히 교과교육의 차원에서 학습 결과를 확대 적용하는 것 이상의 의미를 갖는다. 이는 인간 학습의 본질적인 모습을 회복하는 데 있어서 중요한 전제조건이다. 무지개 학습에서는 학교교육의 궁극적인 목적을 개인의 자기완성 또는 자기관리의 전제조건으로 자아성찰을 안내하는 합리적인 지식기반의 확충에 있다고 가정한다. 그리고 교과교육은 이러한 학교교육의 본래적 목적에 도달하기 위한 구체적인 실천 활동이라고 가정한다. 따라서 교과를 통한 학교교육이 그 본래적 목적에 충실하기 위해서는 교육의 실천적 행위라고 할 수 있는 교실수업은 단순히 교과교육의 차원에 머물러서는 안 되며, 그 이상의 보이지 않는 다리를 건너야 한다. 무지개 학습은 바로 이러한 교과와 비교과의 경계를 넘나드는 학습활동을 정확하게 언급하고자 할 때 보다 유용하게 채택될 수 있는 가설적인 개념이다. 무지개 학습에서 '무지개'의 의미는 어떤 면에서는 퓌어스타인(Feuerstein, 1980)의 '브리징'과 매우 유사한 성격을 내포하여 잘 구분되지 않을 수도 있다. 그러나 '브리징'은 교과 간의 경계와 교과와 비교과의 경계를 구분하지 않고 있다. 가시세계를 다루는 교과 간의 경계는 갈라진 땅을 연결하듯 교량을 통해서 연결할 수 있을지 모르지만 가시세계를 다루는 교과와 비가시세계를 다루는 비교과의 경계를 교량으로 연결하는 것은 불가능할 수도 있다. 따라서 가시세계의 경험에 기초하여 구성된 교과지식을 활용하여 개인의 내면세계에 대한 이해와 성찰을 안내하고 촉진하려면 무지개와 같은 상징적인 교량을 설정하는 것이 유용할 수 있다.

(2) 질서체계 간의 구조적인 연결고리로서의 무지개 학습

어떤 면에서 학습은 곧 질서 찾기의 과정이라고 할 수 있다. 외견상으로는 커다란 정도의 다양성을 보이는 일련의 자연 현상으로부터 일정한 규칙성을 찾아서 질서를 부여하는 과정이 곧 과학적 지식의 발견이라고 한다면, 일련의 동시다발적인 사회적 사상으로부터 일정한 의미를 발견하고 의식을 형성하는 과정은 곧 문화적 전통의 창조라고 할 수 있다. 또한 내면의 무질서한 무의식적 충동으로부터 통찰과 해석을 통해 삶의 의미를 자각하고 정체성을 확립하는 과정이 곧 정신적 자기완성의 여정이라고 할 수 있다. 이 마지막 여정을 일부 상담이론에서는 게슈탈트의 형성 과정으로 설명한다. 이 장의 논의는 이처럼 체계적 학습의 과정에 연관된 질서 찾기의 세 차원을 전제하고 있으며, 무지개 학습은 곧 이러한 질서체계 간의 구조적인 연결 관계를 설명하기 위해 채택된 구성개념이다.

따라서 무지개 학습의 진정한 의미를 이해하려면 인간의 학습활동에 관여하고 있는 세 차원의 질서체계를 이해해야 한다(송재홍, 2005). 첫 번째는 자연현상의 질서이고, 두 번째는 사회문화의 질서이며, 세 번째는 내면적 자기인식의 질서이다. 자연과학은 자연현상에 질서를 부여하고 조직화하는 지식기반을 제공하며. 사회과학은 다양한 사회문화 현상에 의미를 부여하고 조직화하는 지식기반을 제공한다. 인간은 교과를 매개로 하는 학습활동을 통해 일정 부분 자연현상과 사회문화의 변화를 주도하는 운행질서를 학문적으로 탐구하여 각각의 분야에서 고유한 지식기반을 확충해 간다. 하지만 이러한 질서체계가 꼭 세 가지 영역으로만 제한되어야 할 필요는 없다. 그것은 생명질서나 예술적 창조질서와 같이 다른 영역으로 확대 또는 분화될 수 있다.

그러나 개인은 누구를 막론하고 '자기'라고 하는 내면세계의 질서를 탐색하여 회복하는 일이 중요한 과제로 남게 된다. 최근 인지심리학의 연구 결과는 한 인간의 외적 다채로움을 드러내는 내면의 자기체계를 이해하는 데 중요한 지식의 원천을 제공하고 있다. 인지는 곧 자기체계의 질서를 조직화하는 지식기반을 언급하기 위해 채택할 수 있는 매우 간단명료한 구성개념이다. '과학'과 '문화' 그리고 '인지'로 대표되는 세 차원의 질서체계는 상호간에 구조적 유사성과 유기적 관련성을 지닌다고 볼 수 있다. 그런데 과학과 문화는 다양한 학문 분야에서 비교적 잘 조직화된 지식기반을 형성하고 있으며, 교과교육은 다양한 교과를 통해서 각각에 고유한 질서체계를 체계적으로 탐구하고 이해할 수 있는 풍부한 지식기반을 제공한다. 하지만 개인의 학습은 단순히 이러한 두 가지 측면의 질서체계에 대한 지식기반의 축적으로 완성되는 것이 아니다. 인간 학습의 여정은 인간 내면의 궁극적인 질서체계인 인지의 구조와 과정에 대한 반성적 탐구로 연결될 때 비로소 완성된다고 할 수 있다. 무지개 학습은 교과교육을 통해 축적된 두 질서체계에 대한 이해를 자기 내면의 인지체계에 대한 이해와 성찰로 확장하는 것을 뜻한다.

(3) 무지개 학습에 대한 개념적 사유의 틀

교과교육은 학습자에게 교과를 매개로 자연이나 사회의 외적 질서를 탐구하도록 안내하는 것에 머물러서는 안 되며, 학습자가 이러한 외부 세계의 질서에 대한 통찰과 이해를

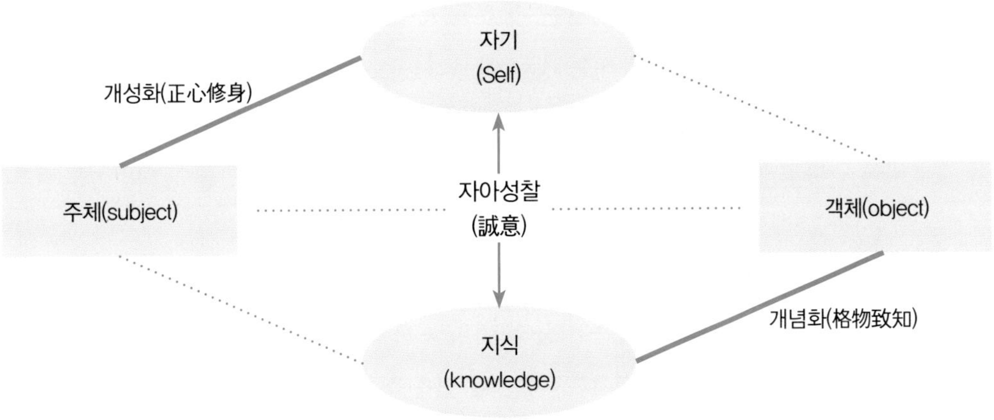

[그림 12-1] **무지개 학습에 대한 개념적 사유의 틀**

출처: 송재홍(2006).

바탕으로 내면의 자기를 보다 심층적으로 탐색하여 성찰하고 이해하며 나아가 효율적으로 관리할 수 있는 자아성찰 역량을 축적할 수 있도록 확장되고 심화되어야 한다(송재홍, 2006). 이는 교사의 철학적인 안목과 창의적인 노력을 통해 얼마든지 실현 가능한 영역이지만 왜곡된 지식중심주의의 틀에 갇힌 교과교육의 실제에서는 쉽게 도외시되는 경향이 있다. 그러나 우리는 '교육과정 중심의 학교교육체제'를 통해 학습자가 자신의 내면세계에 대한 자각에 이르도록 어떻게 도와줄 수 있는지를 고민하지 않으면 안 된다. 무지개 학습은 교사로 하여금 이처럼 교육의 본래적 목적으로서 자아성찰과 자기조절 그리고 자기완성을 학교교육 실제에서 주류를 이루는 교과교육 활동을 통해 어떻게 구현할 수 있는지를 탐구하게 함에 있어서 중심적인 테제가 되어야 한다. [그림 12-1]은 무지개 학습에 대한 개념적 사유의 틀을 도식화하여 제시한 것이다.

[그림 12-1]에서 보면, 한 인간은 배움의 과정에서 외부의 감각작용을 통해 들어오는 사물에 대한 지각에 기초하여 사물의 이치를 깨닫고 의미를 부여함으로써 지식(knowledge)을 형성하고 이를 매개로 은유 작용을 일으킴으로써 자아의 주관적인 경험을 성찰하여 참된 자기를 드러나게 하고 의미와 가치를 부여하여 자기(self)를 확립해 간다. 이 과정에서 무지개 학습은 주로 은유(metaphor)를 통해서 지식과 자기를 연결하는 통로를 제공한다. 예를 들어, 화재의 3요소에 기초하여 인화물질 제거, 열 차단, 산소공급 억제와 같은 소화방법을 학습하였다면 이를 매개로 가족이나 친구와의 갈등을 해결하는 방법을 찾아낼 수 있을 것이다. 이와 같이 은유는 지식체계와 자기를 연결하는 자아성찰 학습의 중심 기제이다.

이 배움의 과정을 『대학(大學)』에서는 팔조목(八條目)으로 간단명료하게 제시하고 있다. 우선 『대학』에서는 명덕을 밝히는 것을 학문하는 도리의 으뜸으로 제시하여 인간 본연의 모습이라 할 수 있는 이성을 회복함으로써 최대한 자기를 실현하는 것으로 인간완성을 추구해야 한다고 하였는데, 양명학에서는 대학의 도를 완성한 대인을 천지만물로써 일체를 삼는 자라고 해석하고 있다. 이 명덕을 밝히는 과정은 팔조목(八條目) 가운데 격물(格物), 치지(致知), 성의(誠意), 정심(正心)과 수신(修身)의 오조목(五條目)으로 설명된다. 우선 격물치지(格物致知)란, 주자학에서는 사물의 이치를 깨달아 지식을 완성한다는 뜻으로 해석하여 앎의 기원이 사물의 이치를 깨우치는 데 있음을 내포하고 있다. 또한 성의(誠意)는 올바른 본연의 자기를 기만하지 않고 유쾌한 자기만족을 얻는 것을 일컬으며, 정심수신(正心修身)은 마음을 바로잡고 행실을 바르게 하여 몸을 갈고 닦는 것을 말한다. 하지만 양명학에서는 격물치지를 자신의 잘못을 알아서 바로 잡는다는 뜻으로 해석하고 있다(정인보, 1972). 이는 격물치지와 정심수신이 유기적인 관계를 맺고 있음을 시사한다. 또한 『대학』에 이르기를, 이른바 자기의 몸을 닦기 위해서는 먼저 그 마음을 바르게 해야 한다고 하였다. 그러므로 사람이면 누구나 가지고 있는 노여움, 두려움, 좋아함, 걱정됨 같은 것을 알맞게 절제시켜야만 마음이 바르게 될 수 있는 것이다. 따라서 성의는 자기의 심의를 비추어 보는 자아성찰의 과정으로 해석할 수 있으며, 정심수신은 자기조절능력을 기르는 것을 일컫는다고 해석할 수 있다. 이렇게 볼 때, 모름지기 배움의 과정은 사물의 이치를 깨달아 지식을 완성하는 것(格物致知)에 머물러서는 안 되고 이를 토대로 진정한 자아의 성찰(誠意)을 통하여 자신의 마음과 행동을 바로 세우는 자기조절능력의 향상(正心修身)으로 나아갈 수 있어야 한다는 교훈을 찾을 수 있다. 또한 격물치지와 정심수신이 제가치국평천하(齊家治國平天下), 곧 자기확장과 자기완성이라는 관계 증진의 자원이 됨은 자명한 이치일 것이다. 이는 한마디로 교과교육과 자아성찰 그리고 자기완성이 어떻게 상호 유기적인 연관성을 갖고 전개되어야 하는지를 매우 명쾌하게 제시한다고 볼 수 있다.

3. 교과교육 장면에서 자아성찰 학습의 실천적 전략

자아성찰 학습의 개념적 원리에 기초한 교과학습은 수업활동이 위주가 되는 전통적인 교과학습과는 뚜렷하게 구별되는 몇 가지 특징을 드러내야 한다. 우선 수업활동 위주의 교과학습은 전통적인 객관주의에서부터 현대의 구성주의에 이르기까지 한결같이 지식의 습득 내지는 구성에 초점을 두고 있으며, 여전히 지적 성취에 대한 평가가 학습 성과의 주된 기준으로 작용한다. 반면에 자아성찰 학습의 원리에 기초한 교과학습에서는 교과의 구조를 개인의 주관적인 경험세계에 연결함으로써 자아성찰을 통한 자기조절기능의 회복 내지는 창조적인 자기완성에 궁극적인 목적을 두고 있기 때문에 학습 성과도 자아성찰의 수준을 심화하고 그에 따른 실천 의지를 공고화하며 자아성찰의 결과를 다른 또래들과 공유하는 정도에 의해서 평가해야 한다.

1) 수업 개발

이를 위해서 교사는 교과에 대한 새로운 인식을 바탕으로 교육과정을 재구성하여 교과학습의 실제에서 창의적으로 적용하려는 적극적인 노력을 기울여야 한다. 이는 자아성찰 학습에 적합한 교과단원을 선정하고 교과학습목표를 재검토하는 일로부터 시작해야 한다.

특정 교과의 모든 단원이 똑같은 수준에서 학습자의 자아성찰을 안내하지는 않을 것이며, 그것은 교과의 특정 단원에 내포된 지식의 성질에 따라 달라질 수 있다. 따라서 교과가 자아성찰을 위한 심리적 도구로서 유용성을 갖기 위해서 갖추어야 할 일정한 준거를 개발할 필요가 있다. 송재홍(2021)은 다음의 몇 가지 준거를 제시하고 있다.

- 학습자 개인의 주관적인 경험세계를 쉽게 상기시키며 그것과 사실적 또는 논리적으로 연관 지을 수 있어야 한다.
- 학습자의 역사성과 관계성에 기초한 이야기의 구성을 통해 주도적인 자아탐색과 자아성찰을 촉진할 수 있어야 한다.
- 학습자 상호 간에 공유된 인식을 바탕으로 협력적인 작업동맹을 이루고 생각과 느낌을 개방하도록 촉진할 수 있어야 한다.
- 학습자로 하여금 객관적 실재에 대한 의미 부여는 물론, 자신의 주관적 세계에 대한 인식 전환을 함께 촉진할 수 있어야 한다.
- 학습활동 중에 드러난 감정과 변화된 인식을 공유함으로써 사회적 문제의 해결을 위한 행동지침을 개발하고 강화할 수 있어야 한다.

교육과정을 재구성하고 교과학습을 설계하는 과정에서 교사의 창의적인 노력은 일차적으로 교과학습의 목표를 재검토하는 일로부터 시작되어야 한다. 예컨대, 초등학교 6학년 수학 교과에 나오는 '비율 그래프' 단원의 학습목표는 "그래프를 이용하여 일상생활에서 경험하는 다양한 사건이나 활동의 양을 시각적으로 비교할 수 있다."는 것이다. 또한 이 단원에는 학습목표를 달성하기 위한 학습활동으로 '띠그래프와 원그래프를 이용하여 일상생활에서 경험하는 다양한 사건이나 활동을 조사하여 시각적으로 비교하기'와 구체적인 과제로서 '상준이의 하루 일과표를 원그래프로 나타내어 하루 동안 그의 생활을 말해 보기'가 포함되어 있다. 그런데 이 단원의 학습과제는 자아성찰을 위한 심리적 도구로서 그 적용 가능성이 매우 높다. 말하자면, 이 단원의 심화학습을 통해서 학습자는 하루 또는 일주일 동안 자신의 일과를 조사한 후 그 결과를 표와 그래프로 나타내고, 그것을 토대로 동료 학습자와 상호작용하면서 자신의 일상적인 삶을 성찰함으로써 그것을 더 매력적인 모습으로 가꿀 수 있는 계기를 마련할 수도 있다. 따라서 이 단원의 학습목표를 설정할 때, 본래 교과활동을 통해 달성하고자 하는 학습목표에 새로운 학습목표를 추가함으로써 자아성찰을 촉진하는 학습활동을 포함할 수 있는 근거를 마련할 필요가 있다. 가령, 이 단원의 자아성찰 학습목표는 "그래프를 이용하여 자신의 일상생활을 점검하고 합리적으로 조정할 수 있다."는 것으로, 이는 다시 교과학습을 통해서 구성한 지식을 토대로 학습자의 개인적 삶을 성찰하는 새로운 학습과제를 요구한다. 그러나 이처럼 자아성찰을 촉진하는 학습목표와 학습과제를 개발하는 일은 상당 부분 교사의 창의적인 노력에 의존할 수밖에 없다.

2) 수업 절차

또한 자아성찰을 촉진하는 교과학습을 효과적으로 구현하려면 교사는 교실 상황에서 전개되는 교과학습의 실제에 있어서도 전통적인 접근방식과는 확연하게 달라진 모습을 연출할 수 있어야 한다. 자아성찰을 촉진하기 위한 교과학습의 전개과정은 [그림 12-2]와 같이 여섯 단계로 구분하여 제시된다.

[그림 12-2] 자아성찰을 촉진하는 교과학습의 전개 과정

출처: 송재홍(2007).

앞에서 제시한 수학 교과의 단원을 중심으로 [그림 12-2]에서 제시한 자아성찰을 촉진하는 교과학습의 각 단계를 간단히 설명하면 다음과 같다(송재홍, 2007).

(1) 단계 1: 알아차리기

교과학습과 직접적으로 연관된 개인의 인식체계를 활성화한다. 시각, 청각, 촉각 등 원초적 감각체계나 언어적 추리와 수학적 사고 그리고 자연 및 사회적 탐구에 관련된 상징체계를 활성화시킴으로써 주관적 경험세계에 대한 자각을 촉진한다. 예를 들어, 수학 교과의 경우 일정한 숫자를 일정한 기호로 바꿔 쓰거나 도형의 변이나 입체의 면을 세어서 알맞은 숫자를 지적하는 게임을 도입하는 것이 유용할 것이다. 또는 단원의 특성을 살려서 피자게임을 이용하여 이전 단원에서 학습한 비와 비율의 개념을 상기시키는 것도 좋은 방법이 될 것이다.

(2) 단계 2: 학습목표 확인

교과학습의 목표와 교과의 주제에 연관된 자아성찰을 위한 학습목표를 함께 제시한다. 학습목표는 객관적인 실재에 대한 의미 부여의 측면은 물론 이러한 의미의 창조가 자신의 주관적 경험세계에 대한 인식과 어떤 연관성이 있는지를 함께 언급해야 한다. 예를 들어, 수학 교과의 '비율 그래프' 단원의 경우, "그래프를 이용하여 일상생활에서 경험하는 다양한 사건이나 활동의 양을 시각적으로 비교할 수 있다."라는 교과학습목표와 "그래프를 이용하여 자신의 일상생활을 점검하고 합리적으로 조정할 수 있다."라는 성찰학습목표를 함께 제시하고, 이 두 가지 학습목표가 서로 어떻게 관련되는지 그리고 이 목표를 달성하기 위해서 어떤 학습활동이 요구되는지를 안내한다.

(3) 단계 3: 교과 탐구

교과의 단원에 대한 지적 탐구를 활성화하여 학습자로 하여금 지식의 구조를 발견하고 지식 세계에 대한 자신의 관점을 신장하도록 안내한다. 대개 이 단계의 학습 과정은 교과의 이해와 구성을 강조하는 전통적인 교과학습과 크게 다르지 않다. 즉, 교사는 학습자들에게 학습과제(예: 혈액형에 따른 학생 수나 어린이 회장 선거에서 입후자의 득표 수 또는 학생들이 좋아하는 운동이나 과목을 조사한 표를 제시하고, 이것을 기초로 비율을 산출한 다음 그 결과를 그래프로 나타내고 비교하여 설명하기)를 제시하고 일정한 절차에 따라 과제를 해결하도록 안내한다. 이때 학습자들은 모둠별로 각기 다른 형태의 그래프를 이용할 수 있으며, 이 단계의 활동을 마무리하는 시점에서 학습 성과를 발표하고 교과학습목표의 달성도를 점검하기 위해서 수행과제(예: 동물의 종류별 마릿수를 조사한 표나 상준이의 하루 일과표를 비율로 환산하여 그래프로 나타내고 그 특징을 비교하여 설명하기)를 제시하고 학습된 지식과 기능을 공고화한다. 이 과정에서 학습자는 '주의 → 지각 → 개념화 → 정교화 → 습관화' 등 일련의 정보처리과정을 거치게 되며, 교수자의 중재에 의해 새롭게 자각한 경험세계에 적절한 질서를 부여함으로써 자신의 지식 체계를 정교화하고 두뇌 지도를 확대시킨다. 즉, 범주적 개념이나 인과적 법칙 등 다양한 형태의 관계를 기술하는 지식 체계를 이해하고 개념도 또는 모형도의 형식을 빌려서 이해력을 표상할 수 있다. 또한 지식체계를 활용하여 삶의 문제에 대한 새로운 해결책을 제시하고 검증된 지식을 자동화함으로써 적극적인 대응자세를 기를 수 있게 된다.

(4) 단계 4: 자아성찰

학습자에게 성찰학습목표를 상기시키고 학습자가 새롭게 발견한 교과의 구조를 자아의 주관적인 경험세계와 구체적으로 연결하고 통합할 수 있도록 안내한다. 학습자는 교수자의 비계설정에 따라 단계 2에서 탐색한 자신의 경험세계를 더 구체적으로 묘사하고, 그것이 단계 3에서 발견한 교과의 구조와 어떻게 연결될 수 있는지를 탐색한다. 이 단계에서 주요 과제는 성찰학습목표를 달성하기 위해서 추가된 학습과제를 수행하도록 안내하는 것이다. 예를 들어, 학습자는 개개인이 하루 또는 일주일 동안 자신의 일과를 조사하여 주요 활동별로 소모한 시간의 백분율을 산출하고, 이를 토대로 일정한 형태의 그래프를 그려서 자신의 생활 모습을 점검해 본다. 이 과정에서 교수자의 역할은 기본적으로 학습자가 개별적인 경험에 기초해서 내면세계에 무질서하게 쌓여 있는 미해결 과제들을 구조적으로 분석하여 자아의 모습을 성찰하고 그 과정에서 떠오르는 생각과 감정을 자연스럽게 표현하도록 독려하는 것이다.

(5) 단계 5: 상호작용 촉진

학습자 개인이 완성한 작품을 이야기의 형식을 빌려서 학급의 다른 집단원에게 전달하고 피드백을 주고받으면서 그 속에 내포된 자신의 생각과 느낌을 교환한다. 학습자는 단짝 대화나 역할놀이와 같은 소집단 활동을 통해 일상생활에 연관된 이야기의 재구성을 시도하고 인생의 변화를 위한 구체적인 계획과 행동을 시연할 수 있다. 예를 들어, 학습자들은 동료학습자와 함께 완성된 그래프를 토대로 각자의 생활모습을 소개하고 조언을 요청하거나 자신의 시간 사용 구조를 점검하여 변화를 위한 목표와 계획을 추가할 수 있다. 이 단계에서 교수자의 역할은 학습자 상호 간에 공유된 인식을 바탕으로 협력적인 작업동맹을 이루고 생각과 느낌을 개방하도록 촉진하는 것이다.

(6) 단계 6: 공유하기

흔히 집단상담에서 행하는 과정 피드백과 유사한 활동을 수행한다. 학습자 개개인은 전체적으로 학습 과정에서 자신이 수행한 역할에 대해서 스스로 반성하고 다른 집단원의 행동에 대해서 느꼈던 생각이나 감정을 충분히 표현함으로써 학습 과정에서 쌓였을지도 모를 부정적인 경험을 해소할 수 있다. 또한 학습 과정에서 노출된 사건과 유사한 경험을 한 집단원이 자신의 경험을 부연하여 개방하거나 해결되지 않은 개인적인 문제에 대해서 건설적인 제안을 함으로써 드러난 감정과 변화된 인식의 공유를 확장하고, 이를 토대로 학급 내에서 발생하는 사회적 문제의 해결을 위한 건설적인 행동지침을 개발하고 공고화할 수 있다. 이 단계에서는 대개 이별 의식을 거행하고 전체 학습과정을 종결한다.

4. 적용 및 평가

교실수업의 실제는 단편적인 지식 중심의 교과학습 활동을 지양하고 학습자의 자기성찰을 촉진하는 창의적인 학습활동을 개발하여 적용할 필요가 있다. 이 절에서는 다양한 교과교육 장면에서 자기성찰 학습을 적용한 구체적인 교실수업 사례를 제시하고, 자아성찰 학습의 확산을 위한 교과교육의 과제를 논의한다.

1) 교과교육에서 자아성찰 학습의 적용

송재홍(2007, 2008)은 초등학교에서 아이들을 가르치고 있는 교육대학원 수강자를 대상으로 일명 '교실수업 개선을 위한 혁신적 아이디어 개발팀'을 결성하고, 지속적으로 교과교육에서 자기성찰 학습을 촉진하기 위한 창의적인 프로그램을 개발해 왔다. 다음에 제시한 사례는 교과 기반 자기성찰 학습 프로그램의 개발 및 적용을 위한 논거를 뒷받침하는 경험적 자료들이다.

(1) 기초교과(국어과)에서 자아성찰 학습의 적용

국어과에는 많은 이야기가 등장한다. 이러한 이야기들은 나름대로 인생에 대한 교훈을 담고 있으며 다양한 등장인물이 주인공을 중심으로 독특한 역할을 전개한다. 이 이야기를 학습하는 과정에서 학습자는 이야기 속 주인공이나 특정 등장인물의 입장에서 자발성과 창조성의 원리에 기초하여 이야기를 재구성함으로써 적극적으로 자기를 성찰하고 표현하는 기회를 갖게 된다. 고은영(2007)은 이러한 목표를 달성하기 위해서 초등학교 5학년 국어과에 등장하는 이야기를 중심으로 이야기 재구성을 통한 자기성찰 학습 프로그램을 개발하여 적용하였다. 그는 학생들과 함께 이야기를 읽고 주인공이나 다른 등장인물에 대한 생각과 느낌을 공유한 다음, 소집단활동을 통해 특정 등장인물을 중심으로 이야기를 재구성하고 글이나 노래, 역할극, 인형극 등 다양한 방법으로 발표하게 하였으며, 마무리 과정에서 학생들에게 이야기 재구성 과정을 통해 경험한 자기성찰 모습을 공유하게 하였다. 이 과정에서 학생들은 자발적으로 자신이나 주변 인물을 떠올리고 자신의 미래를 표현하였다. 다음은 학생들이 『로빈슨 크루소』를 읽고 재구성한 이야기의 내용을 발췌한 것이다.

> "부모님의 말씀을 안 듣고 바다로 나갔다가 풍랑을 만나 무인도에서 살게 되었다. …… (중략) …… 내가 평소 관찰력 하나는 뛰어난 편인지라 영국에서 사용하던 것들을 대강 만들어 사용할 수 있게 되었다. 하지만 친구가 없어서 너무 외롭다. 나와 친구를 해 줄 사람이 있다면 이곳 생활도 힘들지 않을 텐데. …… (중략) …… 우연히 지나가던 배 덕분에 영국으로 갈 수 있게 되었다. 하지만 나는 무인도에서의 생활이 그리워서 견딜 수가 없다. 그래서 하나의 좋은 아이디어를 생각해 냈다. 무인도 생활을 책으로 펴내고 이 책을 발판으로 무인도를 휴양지로 만들어야지. …… (하략)"(p. 95)

(2) 탐구교과(과학)에서 자아성찰 학습의 적용

때로는 자연 현상을 관찰하고 표현하기 위해 구성된 정신적 도구가 심리 현상을 좀 더 객관적으로 이해하기 위한 유용한 도구로 이용될 수 있다. 예컨대, 날씨의 여러 가지 모습을 나타내기 위해서 태양, 구름, 비, 눈과 같은 다양한 상징을 사용하는데 이러한 날씨 표현방식은 인간의 마음상태를 표현하는 은유적 수단으로서 그 활용 가치가 높다고 할 수 있다. 교사는 다양한 형태의 날씨표시판을 이용하여 학습자의 심리상태를 표현하게 하고 학급게시판에 학급정서 일기예보를 작성하여 활용하면 교실의 집단 분위기를 긍정적이고 생산적으로 개선할 수 있는 체계적인 전략을 수립할 수 있다. 조효은(2009)은 이러한 목표를 달성하기 위해서 과학과의 학습내용을 중심으로 교과 기반 자아성찰 학습에 기초한 학급운영 프로그램(일명 '마음의 일기예보')을 개발하여 적용하였다. 다음은 프로그램의 내용을 발췌하여 정리한 것이다.

① 활동 1

우선 학습준비물로 학생 수만큼 다양한 형태의 날씨표시판을 준비하고 학급게시판에 학급정서 일기예보를 설치한다. 도입단계에서는 학생들에게 준비물을 나누어 주고 학습주제와 학습활동을 안내한다. 첫 번째 활동에서는 학생들이 그 날에 경험하고 있는 자신의 마음상태를 가장 잘 나타내는 날씨표시판을 찾아서 표시하게 한다. 그런 다음 자발적인 토론을 유도하여 날씨표시판을 통해 개인이 경험하는 마음상태를 표현하고 그러한 개인의 마음상태가 자신의 안녕은 물론 교실의 전체 분위기에 미칠 수 있는 영향에 관해서 논의한다.

② 활동 2

두 번째 활동에서는 학생들 각자가 선택한 날씨표시판을 학급게시판에 부착하고 감상의 시간을 가진 후 생산적인 교실 분위기를 만들기 위한 소집단 토론을 전개한다. 소집단 토론에서는 학생 각자가 자신의 마음상태를 개선하는 데 도움이 되었던 경험을 중심으로 의견을 교환하고 특히 타인의 지지가 어떻게 도움이 되었는지 그리고 타인의 도움 요청에 대해 어떻게 공감하고 지지해 줄 수 있는지에 대해 집중적으로 논의한다. 이러한 논의를 바탕으로 학생들은 좀 더 생산적인 교실 분위기를 만들기 위해 각자가 실천할 수 있는 구체적인 행동지침을 정하고 그날 하루 동안 실행에 옮기기 위해 꾸준히 노력한다.

③ 활동 3

세 번째 활동에서는 학생들은 학급게시판에 부착된 날씨표시판을 수정하여 교실 분위기의 변화 정도를 점검한다. 이 과정에서 학생 각자는 자신이 하루 동안 실천한 내용을 성찰하여 일기로 작성하고 자신의 노력이 교실 분위기에 어떤 변화를 가져올 수 있는지를 점검하고 학급 동료들과 공유한다. 이처럼 교사와 학생들은 협력해서 날마다 학급게시판에 날씨표시판을 부착하여 학급정서 일기예보를 발령하고 일기쓰기를 통해 학생 각자가 하루의 행동지침을 정하여 실천하고 그 결과를 성찰함으로써 긍정적이고 생산적인 교실 환경을 창조할 수 있다.

(3) 표현교과에서 자아성찰 학습의 적용

음악, 미술, 무용, 실과와 같은 표현교과는 작품 활동을 통해 내면의 욕구와 생각을 표현할 수 있는 기회를 제공함으로써 일정 부분 치료적 성격을 갖는다는 점에서 자기성찰 학습의 도구로 유용하게 이용될 수 있다. '교실수업 개선을 위한 혁신적 아이디어 개발팀'의 한 집단은 학습 주제를 '작품 활동을 통한 아름다운 만남과 이별'로 정하고, 회화, 요리, 직물, 공예 등 다양한 창작활동과 글쓰기 과정을 통합함으로써 학생들이 작품을 이용하여 위기에 몰린 인간관계를 개선하거나 갑작스럽게 단절된 대화통로를 재개할 수 있도록 돕는 창의적인 학습활동을 제안하였다. 그들은 이러한 목표를 달성하기 위해서 작품을 완성하는데 필요한 여러 가지 학습재료와 글쓰기 도구를 학습매체로 이용하였다. 그들이 제시한 시나리오는 다음과 같다(송재홍, 2008).

우선 도입단계에서는 학생들에게 학습주제와 학습활동을 안내한다. 첫 번째 활동에서는 학생들이 각자 현재 또는 과거의 주변 인물 중에서 대화가 단절될 위기에 놓여 있는 사람이나 언제부터인가 갑작스럽게 대화가 단절된 상태에서 다시 만나 보고 싶은 사람이 있으면 떠올려 보라고 요청한다. 그런 다음 교사는 학생들을 두 명씩 짝지어 간단한 역할극을 연출하도록 안내하거나 빈 의자 기법을 이용하여 상상 속의 인물에게 해 주고 싶은 말과 행동을 구체화하도록 도와줄 수 있다.

두 번째 활동에서는 학생들은 상상 속의 인물과 화해의 뜻으로 전하고 싶은 선물을 제작하고 쪽지를 마련하여 그에게 전달하고 싶은 말을 적는다. 작품을 만들기 전에 교사는 학생들에게 각자의 취미와 역량에 따라 상상의 인물에게 화해 또는 재회의 기념으로 교환하고 싶은 선물이 무엇인지를 정하도록 요청한다. 그런 다음 학생들이 소집단으로 나뉘어 각자가 정한 작품을 제작하도록 조력한다. 작품은 회화, 요리, 직물, 공예 등 다양한 소재를 이용하여 창조될 수 있으며, 이 과정에서 작품에 조예가 깊은 지역사회 전문가를 자원봉사자로 활용할 수도 있다. 메모에는 서운했던 감정이나 감사하는 마음을 그 사연과 함께 적고 바람과 화해의 메시지를 함께 담을 수 있다.

세 번째 활동에서 학생들은 소집단으로 나뉘어 자신들이 선정한 인물과 작품에 대한 스토리를 공유하고, 그중 한 작품을 선정하여 역할극을 연출함으로써 화해와 재회의 기쁨에 대한 대리 경험을 통해 심리적 갈등을 극복하도록 조력할 수 있다.

(4) 통합교과를 이용한 자아성찰 학습의 적용

'빈틈없는' 교육과정에 기초해서 고도의 학업 성취를 강조하는 교실수업 사태에서는 자칫 학습 환경을 건조하게 만들고 학습자 상호 간에 사적인 생각과 감정을 교류할 수 있는 기회를 차단하기 쉽다. 결과적으로 학습자들은 생산적인 의사소통 기술을 습득하지 못하고 효과적인 문제해결 능력을 충분히 갖추지 못하게 된다. 이처럼 취약한 사회적 기술을 육성하기 위해서는 평소 교실수업 과정에서 학습자가 자신에 대한 생각과 감정을 알아차리고 객관화하여 전달할 수 있는 기술을 개발하고 교실의 의사소통 구조를 개선할 수 있는 체계적인 전략을 수립하여 적용할 필요가 있다. 교사는 미술과의 여러 가지 색상, 수학과의 길이 재 보기, 일기지도 등 통합적인 교과 내용을 기반으로 효과적인 감정 표현을 촉진하고 의사소통 구조를 개선하여 생산적인 학급 분위기를 창조할 수 있다. 다음은 이러한 원리를 적용하여 구성한 자기성찰 학습 프로그램의 내용이다(송재홍, 2008).

① 활동 1

우선 학습준비물로 학생 수만큼 육각기둥 막대와 색연필을 준비한다. 도입단계에서는 학생들에게 준비물을 나누어 주고 학습주제와 학습활동을 안내한다. 첫 번째 활동에서는 학생들에게 일상생활에서 경험하는 주요 감정(예: 기쁨, 불안, 슬픔, 분노 등)을 찾아서 정리하게 한다. 그런 다음 자발적인 토론을 통해서 개인이 경험하는 주요 감정을 적절히 표현할 수 있는 색상을 선택하도록 유도한다. 예를 들면, 학생들은 자체 토론을 통해 빨강은 기쁨을 나타내고, 노랑과 파랑은 각각 불안과 슬픔을 나타내며, 갈색은 분노를 나타내는 것으로 규칙을 정할 수도 있다.

② 활동 2

두 번째 활동에서 학생들은 각자 육각기둥 막대의 각 면에 일정한 간격으로 10등분하여 눈금을 표시한다. 그 다음 막대의 각 면에 특정한 감정의 이름을 부여하고 색연필을 이용하여 특정 감정에 해당하는 색상을 입혀 감정 막대를 만든다. 감정 막대의 색상은 위로 올라갈수록 점점 농도를 더 진하게 하여 아래쪽 끝은 거의 무색에 가깝고 위쪽 끝은 가장 진하게 칠한다. 그리고 각 막대의 적당한 지점에 감정주의보(예: 6등급 또는 7등급)와 감정경보(예: 8등급 또는 9등급)를 표시하도록 한다. 이는 일기예보에서 사용하는 '주의보'와 '경보'의 개념을 은유적으로 표현한 것이다.

③ 활동 3

세 번째 활동에서 학생들은 소집단으로 나뉘어 각자가 감정 막대를 이용하여 최근에 경험한 독특한 감정과 그러한 감정에 연루된 사건을 소개하고 서로의 감정 상태와 대처 요령을 공유한다. 이후로 교사와 학생들은 학급에서 대화를 나눌 때나 교실수업 중에 감정 막대를 적절히 활용하여 자신들의 감정을 적극적으로 표현하는 것을 학급의 의사소통 규칙으로 정하여 일상화함으로써 교실의 의사소통 구조를 건설적으로 개선할 수 있다.

2) 평가: 자아성찰 학습의 확산을 위한 교과교육의 과제

자아성찰 학습은 교사에게 교과의 본질적 의미와 교과학습의 기본적 성격에 대한 새로운 인식을 요구하고 있으며, 이를 바탕으로 교육과정을 재구성하여 교과학습의 실제에서 반영하는 창의적이고 자발적인 노력을 요청한다고 볼 수 있다. 이러한 교사의 노력은 일차적으로 교과학습의 목표를 재검토하여 지식의 이해와 구성을 위한 교과학습목표는 물론 자아성찰을 안내하고 촉진하는 새로운 성찰학습목표를 개발하고 이 새로운 학습목표를 달성하기 위한 학습과제를 추가적으로 분석하는 일로부터 시작되어야 한다. 예컨대, 초등학교 5학년 실과에 나오는 '빵으로 음식 만들기' 단원은 자신이 일상적으로 먹고 있는 음식 재료에 대한 특성을 이해하고 재료의 특성에 맞는 선택을 하는 학습활동을 포함하고 있다. 따라서 이 단원의 학습목표는 "일상적인 음식의 한 가지인 식빵에 여러 가지 재료를 첨가함으로써 색다른 맛의 식빵을 만들 수 있다."는 것이다.

그러나 이 단원의 학습과제는 자아성찰을 위한 심리적 도구로서 그 적용 가능성이 매우 높다. 즉, 평범한 식빵에 다양한 맛과 향을 내는 여러 가지 재료를 첨가함으로써 먹음직스런 음식으로 바꾸는 일은 학습자로 하여금 자신의 숨겨진 특성을 찾아서 개발함으로써 평범한 자신의 일상적인 모습을 보다 매력적인 모습으로 가꾸기 위한 자아성찰의 계기를 만들 수 있다. 이처럼 자아성찰을 촉진하기 위한 학습목표와 학습과제의 개발은 상당 부분 교사의 창의적인 노력에 의존하기 때문에 특정 단원에 대해서 단일한 목표와 과제를 처방할 수는 없다. 예를 들어, 학생들은 빵을 이용하는 음식을 만드는 실습을 통해서 자신이 직접 개발한 창조적인 음식을 서로 나눔으로써 새로운 친구를 사귀거나 친구와의 갈등을 해결하는 역할 학습을 통해 인간관계의 문제를 해결하는 지혜를 터득하는 계기를 만들 수도 있을 것이다.

또한 앞에서 개괄한 자아성찰 학습의 전개과정은 전통적인 교과학습에 대해 적어도 세 가지 면에서 두드러진 변화를 요구한다고 볼 수 있다(송재홍, 2007). 첫째, 자아성찰을 촉진하는 교과학습에서는 알아차리기 단계를 통해 교과학습과 직접적으로 연관된 인식체계를 활성화시킴으로써 학습자 개개인의 주관적 경험세계에 대한 자각을 촉진하려고 시도한다. 예를 들어, 음악 교실에서 협주곡이나 풀벌레 소리를 듣고 특정 악기나 벌레의 소리를 찾아내는 게임이나 미술 교실에서 글자색과 의미가 서로 불일치하는 단어를 보고 색깔에 따라 특정 반응을 하도록 지시하거나 복합도형/그림 속에 숨어 있는 특정 도형/그림을 찾아내거나 전경과 배경을 반전시켜 지각하도록 하는 게임을 도입할 수 있다. 또한 문학 교실에서는 이야기와 어울리는 그림을 지적하거나 일련의 사건을 나타내는 그림을 순서대로 배열하는 게임을 도입할 수 있으며, 수학 교실의 경우라면 일정한 숫자를 일정한 기호로 바꿔 쓰거나 도형의 변이나 입체의 면을 세어서 알맞은 숫자를 지적하는 게임을 도입하는 것이 유용할 것이다. 이와 같이 시각, 청각, 촉각 등 원초적 감각체계를 자극하거나 언어적 추리 및 수학적 사고에 관련된 상징체계를 활성화시킴으로써 학습자의 주관적인 경험세계에 대한 자각을 촉진하는 일은 그의 주의를 끌고 관련성을 인식하여 학습과제에 집중하도록 유인하는 동기유발의 효과를 극대화할 수 있다.

둘째, 자아성찰을 촉진하는 교과학습에서 가장 두드러지게 변화를 요구하는 측면은 교과학습의 궁극적인 목표를 지식체계의 구성에서 자아성찰을 통한 주관적 경험세계의 재구성으로 확장하려고 시도해야 한다는 것이다. 이러한 시도는 학습목표의 확인 단계에서 분명하게 의도되어 있는데, 교사는 교과학습의 목표뿐만 아니라 교과의 학습주제에 연관시켜 자신의 삶을 반추하도록 안내하기 위한 자아성찰목표를 추가적으로 제시해야 한다. 가령, 음악 교실에서 "여러 가지 악기/풀벌레 소리의 특징을 알고, 친구들과 함께 그것을 이용하여 자신의 생각과 감정을 적절히 표현할 수 있다."와 같은 학습목표를 제시할 수 있다. 또는 미술과의 색상 단원과 수학과의 측정 단원을 통합하여 "다양한 색의 특징을 알고, 그것을 이용하여 자신이 일상생활에서 느끼는 여러 가지 감정의 강도를 표현할 수 있다."와 같은 새로운 학습목표를 제시할 수 있다. 또한 문학 교실에서는 "자신의 경험 세계를 회상하여 중요한 생각을 떠올릴 수 있다." 또는 "떠오른 생각을 일정한 형식으로 나열하여 시를 완성하고, 그것을 통해서 친구들에게 자신의 생각과 느낌을 효과적으로 전달할 수 있다."와 같은 학습목표를 제시할 수 있다. 과학 교실의 경우 "포유류인 고래의 여러 가지 모습을 찾아보고, 우리 주변에서 고래와 비슷한 처지에 있는 친구들의 생각과 감정을 공감할 수 있다."와 같은 학습목표를 제시할 수도 있다. 이처럼 학습목표는 객관적인 실재에 대한 의미 부여의 측면뿐만 아니라 이러한 의미의 창조가 학습자의 주관적 경험세계에 대한 인식과 어떤 연관성이 있는지를 함께 언급해야 한다.

자아성찰을 촉진하는 교과학습의 가장 두드러진 특징은 교과의 지식 구조에 대한 탐구

활동 후에 전개되는 두 단계의 학습활동이다. 자아성찰 단계에서 교사는 학습자가 새롭게 발견한 교과의 구조를 자아의 주관적인 경험세계와 구체적으로 연결하여 통합할 수 있도록 안내한다. 학습자는 교수자의 비계설정에 따라 단계 2에서 탐색한 자신의 경험세계를 더 구체적으로 묘사하고, 그것이 단계 3에서 발견한 교과의 구조와 어떻게 연결될 수 있는지를 탐색한다. 이 과정에서 교수자의 역할은 기본적으로 학습자가 개별적인 경험에 기초해서 내면세계에 무질서하게 쌓여 있는 미해결 과제들을 구조적으로 분석하여 자아의 모습을 성찰하고 그 과정에서 떠오르는 생각과 감정을 자연스럽게 표현하도록 독려하는 것이다. 이어서 상호작용 촉진 단계에서는 학습자 개인이 완성한 작품을 이야기의 형식을 빌어서 학급의 다른 집단원에게 전달하고 피드백을 주고받으면서 그 속에 내포된 자신의 생각과 느낌을 교환한다. 학습자는 단짝 대화나 역할놀이와 같은 소집단 활동을 통해 일상생활에 연관된 이야기의 재구성을 시도하고 인생의 변화를 위한 구체적인 계획과 행동을 시연할 수 있다. 이 단계에서 교수자의 역할은 학습자 상호 간에 공유된 인식을 바탕으로 협력적인 작업동맹을 이루고 생각과 느낌을 개방하도록 촉진하는 것이다.

무엇보다도 이 두 단계의 학습활동에서 교사는 다양한 교과의 지식 구조와 개인적 경험을 유기적으로 통합함으로써 교과학습 안에서 학습자의 지적 능력과 감성 능력을 동시에 계발하여 전인적인 발달의 효과를 기대할 수 있어야 한다. 예를 들어, 음악 교실에서 여러 가지 악기나 풀벌레 소리의 특징을 정리했으면, 교사나 동료와 함께 도움을 주고받으면서 최근에 자신이 경험한 독특한 사건을 떠올려 보고 그때 자신이 느꼈던 자신의 생각과 감정을 표현할 수 있는 특정한 악기나 풀벌레 소리를 찾아낼 수 있다. 마찬가지로 미술 교실에서 다양한 색의 특징을 이해했으면, 최근에 자신이 경험한 몇 가지 사건을 떠올린 다음 그때 자신이 느꼈던 사고와 감정을 표현하기 위해서 다양한 색깔의 막대를 준비하여 감정의 종류와 강도를 나타낼 수 있다. 이뿐만 아니라 교사는 학습자의 경험을 중심으로 다양한 교과의 지식 구조를 유기적으로 통합함으로써 창의적이고 통합적인 교과교육을 전개할 수 있다. 예를 들어, 학생들은 수학 교실에서 다양한 형태의 측정 원리를 이해하고 미술 교실에서 다양한 색의 특징을 이해했으면, 최근에 자신이 경험한 몇 가지 사건을 떠올린 다음 그때 자신이 느꼈던 사고와 감정을 표현하기 위해서 다양한 색깔의 막대를 준비하여 감정의 종류와 강도를 나타낼 수 있다. 또한 과학 교실에서는 포유류의 범주에서 비교적 외톨이인 고래의 처지를 생각해 보고, 친구나 가족들 사이에서 고래와 비슷한 처지에 있었던 자신의 경험이나 친구의 입장을 나열할 수도 있다.

이러한 제안은 외견상 구성주의 학습의 원리와 별다른 차이가 없는 것으로 인식될 수도 있다. 구성주의 학습의 원리에 기초한 학습자 중심의 교수모형(예: 상황학습이나 문제기반 학습)에서는 학습자의 실제 세계와 관련된 불분명한 문제를 학습 과제로 제시함으로써 교과지식의 실제적인 유용성을 강조한다. 그러나 구성주의 학습은 여전히 교과지식의 체제화에 초점을 두고 있다는 점에서 학습자의 개인적인 사유체계와 감정양식을 합리적으로 처리하는 과정을 강조하는 자아성찰 학습과는 상당한 거리감을 유지하고 있다. 가령, 구성주의 학습이론에 기초한 문학 교실에서는 학습자에게 전래동화나 고전문학의 앞부분을 제시하여 읽게 한 후 뒷부분을 완성하도록 요청하거나 또는 영화나 드라마의 한 장면을 제시한 후 떠오르는 생각을 정리하여 시문을 완성하도록 안내하는 형식을 취한다. 그러나 자아성찰을 촉진하는 학습활동에 기초한 문학 교실에서는 학습자들이 『혹부리 영감』과 같은 전래동화를 모두 읽고 등장인물을 중심으로 주요 캐릭터의 입장에서 글을 재구성하여 역할극을 연출하도록 안내할 수 있다. 또는 〈대장금〉과 같은 드라마를 시청하지 않고도 학습자 자신이 일상생활 속에서 직접 경험했던 중요한 사건의 장면을 회상하게 한 후 떠오르는 생각과 느낌을 정리하여 시문을 완성하도록 요청하는 형식을 취할 수도 있다. 언뜻 볼 때, 이 두 가지 접근방법은 별다른 차이가 없는 것처럼 보일 수도 있으나 가르침과 배움의 현상에 대한 근본적인 인식의 전환이 없이는 접근이 불가능할 정도로 그 차이는 결코 무시할 수 없다. 이러한 시도는 또한 학습자에게 주어진 텍스트에 전적으로 의존하기보다는 그것을 개인적인 삶과 연결시켜 창의적으로 재구성하도록 안내함으로써 다양한 변형을 산출하는 효과를 기대할 수 있다.

셋째, 자아성찰을 촉진하는 교과학습의 전개과정에서 변화를 요구하는 또 다른 요소는 학습과정의 점검활동이 학습자 개개인의 학업성취도를 평가하는 것이 아니고 학습자에게 전체 학습과정에서 자신이 수행한 역할에 대해 스스로 반성하고 동료 학습자의 행동에 대해서 느꼈던 생각이나 감정을 충분히 표현하고 공유하는 기회를 제공해야 한다는 것이다. 이는 흔히 집단상담에서 행하는 과정 피드백 활동과 유사하다. 때로는 학습 과정에서 노출된 사건과 유사한 경험을 한 집단원이 자신의 경험을 부연하여 개방하거나 해결되지 않은 개인적인 문제에 대해서 건설적인 제안을 함으로써 상호작용 과정에서 드러난 감정과 변화된 인식의 공유를 확장할 수도 있다. 이러한 체험활동은 학습 과정에서 쌓였을지도 모를 학습자의 부정적인 경험을 해소하고 개인이나 학급의 갈등적 문제를 해결하기 위한 건설적인 행동지침을 마련하고 공고히 하는 계기가 될 수 있다.

또한 이 과정에서는 이별 의식이 하나의 필수적인 요소로 포함되기도 한다. 예를 들어, 동료 학습자와 상호작용 과정에서 쌓였던 인간관계의 매듭을 구체적으로 인식하여 이를 풀기 위한 구체적인 의식을 거행할 수 있다. 만일 서운하거나 미안한 생각이나 감정이 쌓였다면 그것을 직접 이야기하고 이해나 용서를 구함으로써 마음의 빚을 청산하는 작업이 뒤따를 것이고, 반대로 고마움을 느꼈다면 적절한 감사의 마음을 표현할 수도 있을 것이다. 용서와 화해의 형식은 포옹과 같은 직접적인 방법이나 편지 쓰기와 같은 간접적인 방법을 모두 활용할 수 있을 것이며, 적절한 소품을 이용하면 그 효과를 극대화할 수 있을 것이다. 이러한 체험활동은 학습의 과정을 그 자체가 하나의 만남과 헤어짐의 연속적인 과정으로 의식화함으로써 헤어짐에 따른 아쉬움을 달래고 새로운 만남에 대한 설렘을 극대화하는 효과를 지닌다.

참고문헌

강은희(2018). 진로상담의 기법. 김봉환, 강은희, 강혜영, 공윤정, 김영빈, 김희수, 선혜연, 손은령, 송재홍, 유현실, 이제경, 임은미, 황매향 공저, (한국상담학회 상담학 총서 06) **진로상담**(2판, pp. 149-174). 서울: 학지사.

강진령(2005). **집단상담의 실제**. 서울: 학지사.

강진령, 연문희(2009). **학교상담: 학생생활지도**. 서울: 양서원.

강혜영(2018). 구직상담. 김봉환, 강은희, 강혜영, 공윤정, 김영빈, 김희수, 선혜연, 손은령, 송재홍, 유현실, 이제경, 임은미, 황매향 공저, (한국상담학회 상담학 총서 06) **진로상담**(2판, pp. 323-360). 서울: 학지사.

고은영(2007). 이야기 재구성을 통한 학습활동이 아동의 자아존중감 향상에 미치는 영향. 제주교육대학교 교육대학원 석사학위논문.

곽금주(2002). **아동심리평가와 검사**. 서울: 학지사.

곽윤정(2005). 정서지능 교육프로그램 모형 개발 연구. **열린유아교육연구, 10**(2), 333-365.

관계부처합동(2005). 학교폭력 예방 및 대책 기본계획(2005~2009).

관계부처합동(2009). 제2차 학교폭력 예방 및 대책 기본계획(2010~2014).

관계부처합동(2012). 학교폭력근절 종합대책.

관계부처합동(2014). 제3차 학교폭력 예방 및 대책 기본계획(2015~2019).

교육부(2013). 현장 중심 학교폭력 대책: 학교폭력, 현장에서 해결한다.

교육부(2015). **2015 초 · 중등학교 교육과정 총론**(교육부 고시 제2015-74호).

교육부(2016). **2015 학교 진로교육 목표와 성취기준**.

교육부(2017). **학교폭력 사안 처리 가이드북**.

교육부(2018). **2018 학생정서 · 행동특성검사 및 관리 매뉴얼**(개정판).

교육부(2020a). **학교폭력 사안 처리 가이드북**(개정판).

교육부(2020b). 제4차 학교폭력 예방 및 대책 기본계획(2020~2024).

교육부, 보건복지부, 질병관리본부(2019). **제15차 청소년건강행태조사 통계**.

국립국어원(1999). **표준국어대사전**.

권경인(2001). 집단상담 활동의 유형화 연구: 치료적 요인을 중심으로. 서울대학교 대학원 석사학위논문.

권도갑(2000). **행복을 여는 마음공부**. 전북: 동남풍.

김계현(2002). **카운슬링의 실제**. 서울: 학지사.

김계현, 김동일, 김봉환, 김창대, 김혜숙, 남상인, 천성문(2009). **학교상담과 생활지도**(2판). 서울: 학지사.

김계현, 김동일, 김봉환, 김창대, 김혜숙, 남상인, 천성문(2020). **학교상담과 생활지도**(3판). 서울: 학지사.

김계현, 이윤주, 왕은자(2002). 국내 집단상담 성과연구에 대한 메타분석. **상담학연구, 3**(1), 47-62.

김광수(2014). 심리교육과 집단상담. 한국초등상담교육학회 편, **한국형 초등학교 생활지도와 상담**(개정판, pp. 591-636). 서울: 학지사.

김광수, 권영배, 김경집, 김향란, 소희숙(2010). **담임교사와 함께 하는 학급상담**. 경기: 공동체.

김광수, 이명경, 정태희, 정여주, 우홍련(2007). 초등학생 정서지능 향상을 위한 정서교육 일 모형으로서 용서교육 프로그램 개발. **초등교육연구, 20**(3), 297-323.

김기헌(2013). 청소년 자살예방정책 연구. 한국청소년정책연구원 연구보고, 13-R04.

김남옥(1985). 교과서 읽기 기술 훈련이 학습습관 및 학업성적에 미치는 효과. **학생지도연구, 18**, 63-98. 경북대학교 학생생활연구소.

김동일(2000). **기초학습기능 수행평가체제(BASA): 읽기검사 검사요강**. 서울: 학지사심리검사연구소.

김동일(2006). **기초학습기능 수행평가체제(BASA): 수학검사 검사요강**. 서울: 학지사심리검사연구소.

김동일(2013). **BASA와 함께하는 증거 기반 읽기 교수-학습 전략**. 서울: 학지사.

김동일(2018). 기초학습기능 부진의 학습컨설팅 사례분석 및 지도. 김동일, 노원경, 문은식, 송재홍 공저, **학습컨설팅 사례분석 및 지도: 학습부진, 학습장애, 다문화**(한국교육심리학회 학습컨설팅 총서, pp. 106-169). 서울: 박영스토리.

김동일, 신을진, 이명경, 김형수(2011). **학습상담**. 서울: 학지사.

김동일, 이대식, 신종호(2016). **학습장애아동의 이해와 교육**. 서울: 학지사.

김민경, 조경원(2019). 청소년의 정신건강 위협 행동과 자살 생각, 자살 계획, 자살 시도 관련 요인. **보건교육건강증진학회지, 36**(3), 61-71.

김병석, 이명우, 명대정, 이명경(1998). **청소년 문제유형 분류체계 연구 V: 종합판**. 서울: 청소년대화의광장.

김봉환, 강은희, 강혜영, 공윤정, 김영빈, 김희수, 선혜연, 손은령, 송재홍, 유현실, 이제경, 임은미, 황매향(2013). (한국상담학회 상담학 총서 06) **진로상담**. 서울: 학지사.

김봉환, 강은희, 강혜영, 공윤정, 김영빈, 김희수, 선혜연, 손은령, 송재홍, 유현실, 이제경, 임은미, 황매향(2018). (한국상담학회 상담학 총서 06) **진로상담**(2판). 서울: 학지사.

김봉환, 조유미(2003). 효과적인 진로지도를 위한 직업카드 활용 프로그램(초등학생용). 서울: 학지사.

김봉환, 최명운(2003). 효과적인 진로지도를 위한 직업카드 활용 프로그램(중·고·대학생용). 서울: 학지사.

김승태, 김지혜, 송동호, 이효경, 주영희, 홍창희(2001). **한국아동인성검사(Korean Personality Inventory for Children: KPI-C) 매뉴얼**. 서울: 한국가이던스.

김영빈(2018). 진학상담. 김봉환, 강은희, 강혜영, 공윤정, 김영빈, 김희수, 선혜연, 손은령, 송재홍, 유현실, 이제경, 임은미, 황매향 공저, (한국상담학회 상담학 총서 06) **진로상담**(2판, pp. 289-321). 서울: 학지사.

김영혜(1997). 컴퓨터 보조 진로상담 프로그램의 개발과 효과에 관한 연구. 원광대학교 대학원 박사학위논문.

김용태, 김인규(1996). **동료상담 훈련 프로그램**. 서울: 청소년대화의광장.

김은하, 박승민(2011). 작업동맹(working alliance)에 관한 국내 연구의 동향. **한국심리학회지: 상담 및 심리치료, 23**(1), 1-25.

김종미(1997). 초등학교에서 발생하는 학교폭력의 성격과 유발요인. **한국심리학회지: 발달, 10**(2), 17-33.

김준호(2006). 학교폭력의 정의 및 현상. 문용린 외 공저, **학교폭력 예방과 상담**(pp. 27-46). 서울: 학지사.

김지혜, 조선미, 박혜연, 홍창희, 황순택(2005). **한국아동인성평정척도(Korean Personality Rating**

Scale for Children; KPRC) 지침서. 서울: 한국가이던스.

김진숙, 강진구(2000). 청소년문제 유형분류체계 개발연구 VII. 서울: 한국청소년상담원.

김진화(2001). 평생교육 프로그램 개발론. 서울: 교육과학사.

김창대(2002). 청소년 집단상담 프로그램 개발과 평가. 홍경자, 김창대, 박경애, 정미경 공저, 청소년 집단상담의 운영(pp. 75-108). 서울: 한국청소년상담원.

김창대(2017). 상담학의 정체성: 이론적 관점에서. 2017년 전문상담사 자격갱신연수회 자료집(pp. 11-32). 서울: 한국상담학회.

김창대, 김형수, 신을진, 이상희, 최한나(2011). 상담 및 심리교육 프로그램 개발과 평가. 서울: 학지사.

김창대, 이정윤, 이영선, 남상인(1994). 청소년 문제유형 분류체계: 기초연구. 서울: 청소년대화의광장.

김태성, 김형수, 이영선, 박정민, 임은미(2001). WEB을 활용한 청소년 심리검사 프로그램 개발. 서울: 한국청소년상담원.

김태은, 권정례, 노원경, 정은주, 김의정, 황은영(2013). 정서 · 행동적 어려움을 지닌 초등학생 지원을 위한 수업 전략과 학습 환경 설계 방안의 효과성 검증. 한국교육과정평가원 연구보고, RRI 2013-1.

김희수(2011). 여성용 직업카드: 대학생 및 성인용. 서울: 학지사심리검사연구소.

김희수, 이윤우(2011). 여성용 직업카드: 중 · 고등학생용. 서울: 학지사심리검사연구소.

노순규(2012). 학교폭력의 원인과 해결방법. 서울: 한국기업경영연구원.

노원경(2018). 정서 · 행동 문제 학생의 학습컨설팅 사례분석 및 지도. 김동일, 노원경, 문은식, 송재홍 공저, (한국교육심리학회 학습컨설팅 총서) 학습컨설팅 사례분석 및 지도: 학습부진, 학습장애, 다문화(pp. 173-224). 서울: 박영스토리.

노원경, 이화진, 이명진, 정은주(2014). 사회성 기술 훈련 프로그램(S-MATES를 위한 디딤돌). 서울: 한국교육과정평가원.

문용린(1999). 인성교육을 위한 정서지능 개발 프로그램에 관한 연구. 사대논총, 59, 31-98.

문용린(2006). 학교폭력 예방과 상담. 서울: 학지사.

박성희(2003). 상담과 상담학 1: 상담의 새로운 패러다임. 서울: 학지사.

박성희(2014). 초등학교 생활지도와 상담의 기초 개념. 한국초등상담교육학회 편. 초등학교 생활지도와 상담(2판, pp. 19-39). 서울: 학지사.

박영애, 김경은(2005). 아동과 청소년의 정서유능성과 사회적 적응 간의 관계. 한국생활과학회지, 14(1), 11-25.

박인우(1995). 효율적인 집단상담 프로그램 개발을 위한 체계적 모형. 지도 · 상담, 20, 19-40. 계명대학교 학생생활연구소.

박지연, 조윤경, 김미선(2004). 일반학급 내 정서 및 행동 문제를 가진 아동의 특성과 지원 요구에 대한 질적 연구: 정서 및 행동장애아동 지원체계 개발을 위한 기초연구. 정서 · 행동장애연구, 20(2), 251-284.

박효정, 정미경, 박종효(2007). 학교폭력 예방 프로그램 개발 연구. 한국교육개발원 연구보고, RR 2007-09-02.

변영계, 김석우(2002). 학습기술진단검사 실시 및 해석요강. 서울: 학지사.

변창진(1994). 프로그램 개발. 대구: 홍익출판사.

변창진, 김성회(1980). 주장훈련 프로그램. 학생지도연구, 13, 51-85, 경북대학교 학생생활연구소.

서옥형, 황매향(2016). 초등학교 고학년 남녀 아동의 가정의 사회경제적 지위에 따른 직업포부 수준의 차이. 아시아교육연구, 17(4), 63-82.

서울특별시교육위원회(1958). 서울 문교연보.

성규탁(1986). 인간봉사 조직체의 효과성 평가 연구: 저소득층을 위한 진료소의 경우. 한국사회복지학, 8(1), 57-75.

소경희(2004). 교사양성 교육과정에 있어서 '내러티브 탐구'의 함의. 교육학 연구, 42(4), 189-212.

송재홍(1991). 산수추리문제의 이해에 있어서 학습양식과 과제특성의 상호작용효과에 관한 연구. 전북대학교 대학원 박사학위논문.

송재홍(2005). 초등학교 교과를 매개로 한 상담 프로그램의 개발. 초등상담연구, 4(1), 37-60.

송재홍(2006). 가르침과 배움의 여정으로서 자기성찰: 교과교육과 상담의 통합 가능성에 대한 검토와 제안. **종합교육연구, 4**(1), 1-25.

송재홍(2007). 자기성찰학습을 위한 교과교육의 이해와 개발. **종합교육연구, 5**(1), 1-24.

송재홍(2008). 창의적 활동으로서 상담과 영재교육. **영재와 영재교육, 7**(1), 5-18.

송재홍(2013). 학습상담에서 심리검사의 활용. 이재규, 김종운, 김현진, 박혜숙, 송재홍, 신을진, 유형근, 이명근, 이지영, 전명남 공저, (한국상담학회 상담학 총서 07) **학습상담**(pp. 121-155). 서울: 학지사.

송재홍(2016a). 평생학습사회에서 학습 조력자로서 상담자의 역할과 과제. **평생학습사회, 12**(1), 25-47.

송재홍(2016b). 정서유능성 증진을 위한 은유 활용 프로그램 개발. **초등상담연구, 15**(3), 299-328.

송재홍(2018a). 학습부진 학습컨설팅: 사례분석 및 전문지도. 김동일, 노원경, 문은식, 송재홍 공저, (한국교육심리학회 학습컨설팅 총서) **학습컨설팅 사례분석 및 지도: 학습부진, 학습장애, 다문화**(pp. 11-104). 서울: 박영스토리.

송재홍(2018b). 심리학 3.0과 미래 학습: 관계 학습의 원리와 실천 전략. **초등상담연구, 17**(3), 347-376.

송재홍(2018c). 진로상담에서 심리검사의 활용. 김봉환, 강은희, 강혜영, 공윤정, 김영빈, 김희수, 선혜연, 손은령, 송재홍, 유현실, 이제경, 임은미, 황매향 공저, (한국상담학회 상담학 총서 06) **진로상담**(2판, pp. 247-287). 서울: 학지사.

송재홍(2019). 교육과 심리학. 고전, 김민호, 서명석, 송재홍 공저, **교육학의 이해**(제2판, pp. 89-192). 서울: 아카데미프레스.

송재홍(2020). 상담의 은유적 해석: 한자어[相談]에 내포된 이미지를 중심으로. **초등상담연구, 19**(3), 281-315.

송재홍(2021). **학습의 진화와 교사의 전문성**. 서울: 학지사.

송재홍, 김광수, 박성희, 안이환, 오익수, 은혁기, 정종진, 조봉환, 홍종관, 황매향(2013). **학교폭력의 예방과 대책**. 서울: 학지사.

신영복(2015). **담론: 신영복의 마지막 강의**. 서울: 돌베개.

신현숙(2011). 학업수월성 지향 학교에서 사회정서학습의 필요성과 지속가능성에 관한 고찰. **한국심리학회지: 학교, 8**(2), 175-197.

신현숙, 류정희, 박주희, 이은정, 김선미, 배민영, 윤숙영, 강금주(2015). **중학생을 위한 사회정서학습 프로그램**. 서울: 학지사.

안동현, 김세실, 한은선(2004). **주의력결핍 장애아동의 사회기술훈련**. 서울: 학지사.

오경자, 김영아(2010). **ASEBA 아동 · 청소년 행동평가척도 매뉴얼**. 서울: ASEBA.

용타 스님(2001). **마음 알기 다루기 나누기**. 서울: 대원정사.

유정이(2000). 한국 학교상담 형성과정 연구: 1945~1960년대 중등학교 상담을 중심으로. 서울대학교 대학원 박사학위논문.

이기문(1993). **동아새국어사전**. 서울: 동아출판사.

이대식(2007). 수학학습장애 진단 및 판별 방법으로서의 내재성 처리과정 결함 접근의 타당성과 전망. **정서 · 행동장애연구, 23**(2), 217-249.

이명경(2007). **집중력교육의 이론과 실제**. 서울: 집중력센터.

이보경(2017). **초등 우리 아이 정서교육**. 서울: 학지사.

이소현, 박은혜(2011). **특수아동교육**(3판). 서울: 학지사.

이수룡(1988). 가치명료화 훈련 유형 간의 효과 비교. 계명대학교 대학원 박사학위논문.

이신동, 최병연, 고영남(2011). **최신교육심리학**. 서울: 학지사.

이영덕, 정원식(1962). **생활지도의 원리와 실제**. 서울: 교학도서.

이유진, 이창훈, 강지명(2014). **학교폭력 해결을 위한 회복적 정의모델 도입방안 연구**. 한국청소년정책연구원 연구보고, 14-R08.

이윤주, 신동미, 선혜연, 김영빈(2000). **초심상담자를 위한 집단상담 기법**. 서울: 학지사.

이자영(2013). 평가불안. 이재규, 김종운, 김현진, 박혜숙, 송재홍, 신을진, 유형근, 이명근, 이지영, 전명남 공저, (한국상담학회 상담학 총서 07) 학습상담(pp. 331-352). 서울: 학지사.

이장호(1986). **상담심리학 입문**(제2판). 서울: 박영사.

이장호, 김정희(1992). **집단상담의 원리와 실제**. 서울: 법문사.

이재규(2013). 학습상담의 개념. 이재규, 김종운, 김현진, 박혜숙, 송재홍, 신을진, 유형근, 이명근, 이지영, 전명남 공저, (한국상담학회 상담학 총서 07) **학습상담**(pp. 19-45). 서울: 학지사.

이재규, 김종운, 김현진, 박혜숙, 송재홍, 신을진, 유형근, 이명근, 이지영, 전명남(2013). (한국상담학회 상담학총서 07) **학습상담**. 서울: 학지사.

이재창(1988). **생활지도: 성장과 적응을 위한 접근**. 서울: 문음사.

이재창(2005). **생활지도와 상담**. 서울: 문음사.

이형득(1980). **집단상담의 실제**. 서울: 중앙적성출판사.

이형득(1998). **집단상담의 실제**(개정증보판). 서울: 중앙적성출판사.

이형득, 김성회, 설기문, 김창대, 김정희(2002). **집단상담**. 서울: 중앙적성출판사.

이화정, 양병찬, 변종임(2003). **평생교육 프로그램 개발의 실제**. 서울: 학지사.

이화진, 부재율, 서동엽, 송현정(1999). 초등학교 학습부진아 지도 프로그램 개발연구. 한국교육과정평가원 연구보고서, RRC 99-3.

임영식(1999). 청소년 자살과 예방. **청소년행동연구**, 4, 1-18. 대구한의대학교 청소년문제연구소.

임효진, 선혜연, 황매향(2016). **교육심리학**. 서울: 학이시습.

장대운, 김충기, 박경애, 김진희(1996). **청소년 진로상담**. 서울: 청소년대화의광장.

장윤경, 김나라, 방혜진, 이윤진, 김가연(2016). **학교 진로교육 목표 및 성취기준**. 서울: 교육부.

장정주(2009). 정서자각에 기초한 정서표현 훈련이 심리적 안녕과 대인관계에 미치는 효과. 영남대학교 대학원 박사학위논문.

전명남(2007). 효율적 시간관리. 조용개, 손연아, 이석열, 이은화, 이희원, 장상필, 전명남 공저, **성공적인 대학생활을 위한 학습전략**(pp. 177-208). 서울: 학지사.

전명남(2013). 시간계획 및 관리 향상. 이재규, 김종운, 김현진, 박혜숙, 백미숙, 송재홍, 신을진, 유형근, 이명경, 이자영, 전명남 공저, (한국상담학회 상담학 총서 07) **학습상담**(pp. 239-258). 서울: 학지사.

정숙경(2005). 초등학교 아동의 정서지능 프로그램 타당화 연구. **부산교육학연구**, 18(1), 143-170.

정원식, 박성수(1978). **카운슬링의 원리**. 서울: 교육과학사.

정인보(1972). **양명학연론(陽明學演論)**. 서울: 삼성미술문화재단.

정종진(2016). 학교상담의 개념. 송재홍, 김광수, 박성희, 안이환, 오익수, 은혁기, 정종진, 홍종관, 황매향 공저, **학교폭력의 예방과 상담: 이론과 실제**(2판). 서울: 학지사.

조정실, 차명호(2010). **폭력 없는 평화로운 학교 만들기: 학교폭력, 화해로 이끄는 절차와 대처기술 가이드북**. 서울: 학지사.

조효은(2009). 교과 기반 학급관리 프로그램이 초등학교 아동의 자아존중감과 교우관계에 미치는 효과. 제주대학교 교육대학원 석사학위논문.

지승희, 구본용, 배주미, 정익중, 이승연, 김은영(2007). 청소년자살예방체제 구축방안 연구(청소년상담연구 134). 서울: 한국청소년상담원.

최은실(2010). 정서인식 및 표현 능력 향상 프로그램의 효과연구. 이화여자대학교 대학원 박사학위논문.

통계청(2020a). 2019년 사망원인통계 결과.

통계청(2020b). 2020년 사회조사 결과.

통계청, 여성가족부(2020). 2020년도 청소년 통계.

한국교육개발원(2013). 어울림 프로그램. http://stopbullying.re.kr.

한국교육개발원(2014). 어울림 프로그램. http://stopbullying.re.kr.

한국교육개발원(2015). 어울림 프로그램. http://stopbullying.re.kr.

한국교육개발원(2016). 어울림 프로그램. http://stopbullying.re.kr.

한국대학상담학회 편(1987). **상담의 이론과 실제**. 서울: 중앙적성출판사.

한국상담학회(2010). **한국상담학회 10년사.** 서울: 한국상담학회.

한국청소년상담원(2002). **자녀의 힘을 북돋우는 부모.** 서울: 한국청소년상담원.

한승희(1997). 내러티브 사고양식의 교육적 의미. **교육과정연구, 15**(1), 400-423.

현채송(2010). 정서조절과 행복의 관계에서 사회적 지지와 임파워먼트의 매개효과. 홍익대학교 대학원 박사학위논문.

홍강의(2008). 소아청소년정신장애: 개념적 이해, 분류, 치료원칙. **서울시아동청소년정신건강포럼 자료집.** 서울: 서울시소아청소년광역정신보건센터.

홍경자, 김창대, 박경애, 정미경(2002). **청소년 집단상담의 운영.** 서울: 한국청소년상담원.

홍경자, 김태호, 남상인, 오익수(1996). **청소년 집단상담.** 서울: 청소년대화의광장.

홍상황, 우순연, 황순택(2005). 한국아동인성평정척도 교사용(KPRC-TF)의 개발과 타당화. **한국심리학회지: 임상, 24**(4), 937-959.

홍상황, 황순택(2006). 한국아동인성평정척도 아동보고형(KPRC-CRF)의 요인척도. **청소년상담연구, 14**(1), 93-105.

홍성두, 김동일(2006). 학습장애 진단을 위한 불일치 모형의 효율성 비교. **교육심리연구, 20**(3), 725-743.

황매향(2009). 학업상담을 위한 학습문제 유형 분류. **상담학연구, 10**(1), 561-581.

황매향, 조붕환, 인효연, 여태철, 공윤정, 임경희, 배기현, 정애경, 박진영(2018). (진로진학상담총서 7) **초등학교 진로교육의 실제.** 서울: 사회평론아카데미.

황순길, 박재연, 이혜정(2016). **청소년 자살예방교육 모형 개발: 초 · 중 · 고 학교급별 중심.** 서울: 한국청소년사회복지개발원.

황응연, 윤희준(1983). **현대생활지도론.** 서울: 교육출판사.

황정규(1998). **학교학습과 교육평가**(개정판). 서울: 교육과학사.

關計夫 (1987/1999). **감수성 훈련의 이론과 실제**(수정판) **(感受性 訓練).** (장혁표, 강호기 공역). 서울: 형설출판사. (원저는 1976년에 출판).

ACES-ASCA Joint Committee on the Elementary School Counselor (1966). The elementary school counselor: Preliminary statement. *Personnel and Guidance Journal, 61*, 658-661.

Achenbach, T. M. (1991). *Manual for the Child Behavior Checklist/4-18 and 1991 profile*. Burlington, VT: University of Vermont, Department of Psychiatry.

Achenbach, T. M., & Edelbrock, C. S. (1983). *Manual for the Child Behaviour Checklist and Revised Child Behaviour Profile*. Burlington, VT: University of Vermont, Department of Psychiatry.

Achenbach, T. M., & Roscorla, L. (2001). *Manual for the ASEBA school-age forms & profiles: An integrated system of multi-informant assessment*. Burlington, VT: University of Vermont, Research Center for Children, Youth, & Families.

Adams, M. J. (Ed.) (1986). *Odyssey: A curriculum for thinking(vols. 1-5)*. Watertown, MA: Charlesbridge Publishing.

Adelman, H. S., & Taylor, L. (2002). School counselors and school reform: New directions. *Professional School Counseling, 5*, 238-248.

Adler, A. (1969). *The practice and theory of individual psychology* (revised ed.). Patterson, NJ: Littlefield, Adams. (Printed first in 1958).

Ahtola, A., Haataja, A., Karna, A., Poskiparta, E., & Salmivalli, C. (2012). For children only? Effect of the KiVa antibullying program on teachers. *Teaching and Teacher Education, 28*, 851-859.

Aldao, A., & Mennin, D. S. (2012). Paradoxical cardiovascular effects of implementing adaptive emotion regulation strategies in generalized anxiety disorder. *Behaviour*

Research and Therapy, 50, 122–130.
Alger Report (1996). Alger report indicates youth perceptions of school counselors improving. *ASCA Counselors, 34*(2), 11.
American Association for Specialists in Group Work (AASGW) (1989). *Ethical guidelines for group leaders* (revised ed.). Alexandria, VA: Author.
American Association for Specialists in Group Work (AASGW) (1991). Professional standards for training of group workers. *Together: Association for Specialists in Group Work Newsletter, 20*(1), 9–14.
American Association of Suicidology (AAS) (1998). *School suicide postvention guidelines*. Washington, DC: Author.
American Association of Suicidology (AAS) (2003). *School suicide postvention guidelines* (revised ed.). Retrieved from http://www.suicidology.org
American Counseling Association (ACA) (1988). *Ethical standards* (revised ed.). Alexandria, VA: Author.
American Counseling Association (ACA) (1995). *Code of ethics and standards of practice*. Alexandria, VA: Author.
American Counseling Association (ACA) (1997, Summer). *ACA governing council minutes*. Alexandria, VA: Author.
American Counseling Association (ACA) (2005). *Code of ethics and standards of practice* (revised ed.). Alexandria, VA: Author.
American Counseling Association (ACA) (2009). CACREP standards. Alexandria, VA: Author.
American Counseling Association (ACA) (2016). CACREP standards (revised ed.). Alexandria, VA: Author.
American Psychiatry Association (APA) (2015). **정신 질환의 진단 및 통계 편람(제5판)** (*Diagnostic and Statistical Manual of Mental Disorders, 5th ed.; DSM-5*). (권준수, 김재진, 남궁기, 박원명, 신민섭, 유범희, 윤진상, 이상익, 이승환, 이영식, 이헌정, 임효덕 공역). 서울: 학지사. (원저는 2013년에 출판).
American School Counselor Association (ASCA) (1990). *Role statement: The school counselor*. Alexandria, VA: Author.
American School Counselor Association (ASCA) (1992). ASCA ethical standards for school counselors. *The ASCA Counselor, 29*(3), 13–16.
American School Counselor Association (ASCA) (1996). *The professional school counselor and comprehensive school counseling programs*. Alexandria, VA: Author.
American School Counselor Association (ASCA) (1997a). *The national standards for school counseling programs*. Alexandria, VA: Author.
American School Counselor Association (ASCA) (1997b). *Dèfinition of school counseling*. Alexandria, VA: Author.
American School Counselor Association (ASCA) (1999). *The role of the professional school counselor*. Alexandria, VA: Author.
American School Counselor Association (ASCA) (2001). *ASCA national model for school counseling programs*. Alexandria, VA: Author.
American School Counselor Association (ASCA) (2003). *The ASCA national model: A framework for school counseling programs*. Alexandria, VA: Author.
American School Counselor Association (ASCA) (2004a). *ASCA national standards for students*. alexandria, VA: Author.
American School Counselor Association (ASCA) (2004b). *ASCA ethical standards for school counselors*. Alexandria, VA: Author.
American School Counselor Association (ASCA) (2005a). *The ASCA national model: A framework for school counseling programs* (revised ed.). Alexandria, VA: Author.
American School Counselor Association (ASCA)

(2005b). *ASCA mindsets & behavior for student success: K-12 college- and career-readiness standards for every student*. Alexandria, VA: Author.

American School Counselor Association (ASCA) (2007). *ASCA school counselor professional Standards & Competencies*. Alexandria, VA: Author.

American School Counselor Association (ASCA) (2008). *The ASCA national model: A framework for school counseling programs* (2nd ed.). Alexandria, VA: Author.

American School Counselor Association (ASCA) (2010). *ASCA ethical standards for school counselors*. Alexandria, VA: Author.

American School Counselor Association (ASCA) (2012). *The ASCA national model: A framework for school counseling programs* (3rd ed.). Alexandria, VA: Author.

American School Counselor Association (ASCA) (2014). *ASCA mindsets & behavior for student success: K-12 college- and career- readiness standards for every student* (revised ed.). Alexandria, VA: Author.

American School Counselor Association (ASCA) (2016). *ASCA ethical standards for school counselors*. Alexandria, VA: Author.

American School Counselor Association (ASCA) (2018). *Ethics standards for school counselor education faculty*. Alexandria, VA: Author.

American School Counselor Association (ASCA) (2019a). *ASCA national model: A framework for school counseling programs* (4th ed.). Alexandria, VA: Author.

American School Counselor Association (ASCA) (2019b). *ASCA school counselor professional standards & competencies* (revised ed.). Alexandria, VA: Author.

American School Counselor Association (ASCA) (2019c). *ASCA national model: Executive summary*. Alexandria, VA: Author.

Ames, C. (1992). Classroom: Goals, structure, and student motivation. *Journal of Educational Psychology, 84*, 261-271.

Ames, C., & Archer, J. (1988). Achievement goals in the classroom: Students' learning strategies and motivation processes. *Journal of Educational Psychology, 80*, 260-267.

Anand, B. (2017). **콘텐츠의 미래** (*The content trap: A strategist's guide to digital change*). (김인수 역). 서울: 리더스 북. (원저는 2017년에 출판).

Anderson, J. R. (1998). *Cognitive psychology and its implications* (5th ed.). New York: W. H. Freeman & Company.

Anderson, T., Ogles, B. M., Patterson, C. L., Lambert, M. J., & Vermeersch, D. A. (2009). Therapist effects: Facilitative interpersonal skills as a predictor of therapist success. *Journal of Clinical Psychology, 65*, 755-768.

Ang, R. P., Chia, B. H., & Fung, D. S. S. (2006). Gender differences in life stressors associated with child and adolescent suicides Singapore from 1995 to 2003. *International Journal of Social Psychiatry, 52*, 561-570.

Arnett, J. J. (2007). Emerging adulthood: What is it, and what is it good for? *Child Development Perspectives, 1*, 68-73.

Aseltine, R. H. Jr., & DeMartino, R. (2004). An outcome evaluation of the SOS Suicide Prevention Program. *American Journal of Public Health, 94*, 446-451.

Aseltine, R. H., Gore, S., & Colten, M. E. (1998). The co-occurrence of depression and substance abuse in late adolescence. *Development and Psychopathology, 10*, 549-570.

Asher, S. R., Renshaw, P. D., & Hymel, S. (1982). Peer relations and the development of social skills. *The Young Child: Reviews of Research, 3*, 137-158.

Astor, R. A., & Meyer, H. A. (2001). The conceptualization of violence-prone school subcontexts: Is the sum of the parts greater than whole? *Urban Education, 36*, 374-399.

Atkinson, R. C., & Shiffrin, R. M. (1968). Human memory: A proposed system and its control process. In K. Spence, & J. Spence (Eds.), *The psychology of learning and motivation* (vol. 2, pp. 89-195). New York: Academic Press.

Aubrey, R. F. (1983). The odyssey of counseling and images of the future. *Personnel and Guidance Journal, 62*, 78-82.

Ausubel, D. P. (1968). *Educational psychology: A cognitive view*. New York: Holt, Rinehart, & Winston.

Ayduk, O., Mischel, W., & Downey, G. (2002). Attentional mechanisms linking rejection to hostile reactivity: The role of "hot" versus "cool" focus. *Psychological Science, 13*, 443-448.

Baddeley, A. D. (1986). *Working memory: Theory and practice*. London: Oxford University Press.

Baddeley, A. D. (2007). *Working memory, thought, and action*. New York: Oxford University Press.

Baker, S. B. (2000). *School counseling for the twenty-first century* (3rd ed.). Englewood Cliffs, NJ: Prentice Hall.

Baker, S. B., & Gerler, E. R. (2007). **21세기를 위한 학교상담** (*School counseling for the twenty-first century*) (4th ed.). (허승희, 이희영, 최태진, 박성미 공역). 서울: 교육과학사. (원저는 2004년에 출판).

Bambara, L. M., & Kern, L. (2008). **장애학생을 위한 개별화 행동지원-긍정적 행동지원의 계획 및 실행** (*Individualized supports for students with problem behaviors: Designing positive behavior plans*). (이소현, 박지연, 박현옥, 윤선아 공역). 서울: 학지사. (원저는 2005년에 출판).

Bandler, R., & Grinder, J, (2013). **NLP, 그 마법의 구조 I** (*The structure of magic I: A book about language and therapy*). (한국NLP상담학회 옮김). 서울: 시그마프레스. (원저는 1975년에 출판).

Bandura, A. (1965). Influence of model's reinforcement contingencies on the acquisition of imitative responses. *Journal of Personality and Social Psychology, 1*, 589-595.

Bandura, A. (1969). *Principles of behavior modification*. New York: Holt, Rinehart, & Winston.

Bandura, A. (1977). Self-efficacy: Toward a unifying theory of behavioral change. *Psychological Review, 84*, 191-215.

Bandura, A. (1982). Self-efficacy mechanism in human agency. *American Psychologist, 37*, 122-147.

Bandura, A. (1984). **사회적 학습이론** (*Social learning theory*). (변창진, 김경린 공역). 서울: 중앙적성출판부. (원저는 1977년에 출판).

Bandura, A. (1986). *Social foundations of thought and action: A social cognitive theories*. Englewood Cliffs, NJ: Prentice Hall.

Bandura, A. (1997). *Self-efficacy: The exercise of control*. New York: W. H. Freeman.

Bandura, A., Ross, D., & Ross, S. A. (1961). Transmission of aggression through imitation of aggressive models. *Journal of Abnormal and Social psychology, 63*, 575-582.

Bandura, A., Ross, D., & Ross, S. A. (1963). Imitation of film-mediated aggressive models. *Journal of Abnormal and Social psychology, 66*, 3-11.

Bard, P. (1934). On emotional experience after decortication with some remarks on theoretical views. *Psychological Review, 41*, 309-329.

Barker, R. L. (Ed.) (1999). *The social work dictionary* (4th ed.). Washington, DC: NASW

Press.
Baron, J. (1985). *Rationality and intelligence*. New York: Cambridge University Press.
Bar-On, R. (1997). *Bar-On Emotional Quotient Inventory (Bar-On EQ-i): Technical manual*. Toronto, Canada: Multi-Health Systems.
Bar-On, R. (2000). Emotional and social intelligence: Insights from the Emotional Quotient Inventory. In J. D. A. Parker (Ed.), *The handbook of emotional intelligence* (pp. 363-390). San Francisco, CA: Jossey-Bass.
Barry, B. (2001). *The Real Game facilitator's guide (2001 revised)*. New Foundland, Canada: The Real Game.
Baruth, L. G., & Robinson, E. H. (1987). *An introduction to the counseling profession*. Englewood Cliffs, NJ: Prentice-Hall.
Bauer, A. M. (1987). A teacher's introduction to childhood depression. *The Clearing House: A Journal of Educational Strategies, Issues, and Ideas, 61*, 81-84.
Baumeister, R. F., Campbell, J. D., Krueger, J. I., & Vohs, K. D. (2005). Exploding the self-esteem myth. *Scientific American, 292*, 84-91.
Beale, A. V. (2000). Elementary school career awareness: A visit to a hospital. *Journal of Career Development, 27*, 65-72.
Beale, A. V., & Nugent, D. G. (1996). The pizza connection: Enhancing career awareness. *Elementary School Guidance and Counseling, 30*, 294-303.
Beale, A. V., & Williams, J. C. (2000). The anatomy of an elementary school career day. *Journal of Counseling Development, 26*, 205-213.
Beautrais, A. L., Joyce, P. R., & Mulder, R. T. (1999). Personality traits and cognitive styles as risk factors for serious suicide attempts among young people. *Journal of Suicide and Life-Threatening Behavior, 17*, 218-232.
Beck, A. T. (1967). *Depression: Causes and treatment*. Philadelphia: University of Pennsylvania Press.
Beck, A. T. (2017). **인지치료와 정서장애** (*Cognitive therapy and emotional disorders*). (민병배 역). 서울: 학지사. (원저는 1976년에 출판).
Beck, A. T., Rush, A. G., Shaw, B. F., & Emery, G. (1996). **우울증 인지치료** (*Cognitive therapy of depression*). (원호택, 박현순, 신경진, 이훈진, 조용래, 신현균, 김은정 공역). 서울: 학지사. (원저는 1979년에 출판).
Beck, A. T., & Steer, R. A. (1993). *Beck Depression Inventory*. San Antonio, TX: Psychological Corporation.
Beck, A. T., Ward, C. H., Mendelson, M., Mock, J., & Erbaugh, J. (1961). An inventory for measuring depression. *Archives of General Psychiatry, 4*, 561-571.
Beck, A. T., & Wenzel, A. (2008). A cognitive model of suicidal behavior: Theory and treatment. *Applied and Preventive Psychology, 12*, 189-201.
Beers, C. (1908) *A mind that found itself*. New York: Longmans Green. (Republished by Doubleday, 1953).
Belkin, G. S. (1977). *Practical counseling in the schools*. Dubuque, IA: W. C. Brown Company Publishers.
Benbenishty, R., & Astor, R. A. (2005). *School violence in context: Culture, neighborhood, family, school, and gender*. New York: Oxford University Press.
Benson, P., Galbraith, J., & Espeland, P. (2014). **아이의 긍정 자산 만들기** (*What kids need to succeed?*). (유영희 역). 서울: 마리북스. (원저는 2014년에 출판).
Bergan, J. R. (1977). *Behavioral consultation*. Columbus, OH: Merrill.
Bergan, J. R., & Kratochwill, T. R. (1990). *Behavioral consultation and therapy*. New York: Plenum.

Bernard, J., & Bernard, M. (1984). The abusive male seeking treatment: Jekyll and Hyde. *Family Relations, 33*, 545-547.

Biemiller, A., Shany, M., Inglis, A., & Meichenbaum, D. (2008). 학습 과제에 대한 아동의 자기조정 획득 및 실연에 영향을 미치는 요인(Factors influencing on children's acquisition and demonstration on academic tasks). In D. H. Schunk & B. J. Zimmerman (Eds.), **자기조정학습의 교실 적용** (*Self-regulated learning: From teaching to self-reflective practice*). (송재홍 역). (pp. 281-316). 서울: 교육과학사. (원저는 1998년에 출판).

Bijou, S. W., Peterson, R. F., & Adult, M. H. (1968). A method to integrate descriptive and experimental field studies at the level of data and empirical concepts. *Journal of Applied Behavior Analysis, 1*. 175-191.

Binet, A., & Simon, T. (1905). Methodes nouvelles pour le diagnostic du niveau intellectual des anormaux. *Anne Psychologique, 11*, 191-244.

Birmaher, B., Ryan, N. D., Williamson, D. E., Brent, D. A., & Kaufman, J. (1996). Childhood and adolescent depression: A review of the past 10 years. Part II. *Journal of the American Academy of Child and Adolescent Psychiatry, 35*, 1575-1583.

Bloom, B. S. (1968). Learning for mastery. *Evaluation Comment, 1*. 1-12. Center for the Study of Evaluation of Instructional Programs, U.C.L.A.

Bloom, B. S., Engelhart, M. B., Furst, E. J., Hill, W. H., & Krathwohl, D. R. (1978). **교육목표 분류학 I: 지적 영역** (*Taxonomy of educational objectives. Handbook I: Cognitive domain*). (임의도, 고종렬, 신세호 공역). 서울: 중앙적성출판부. (원저는 1956년에 출판).

Bordin, E. S. (1946). Diagnosis in counseling and psychotherapy. *Educational and Psychological Measurement, 6*, 169-184.

Bordin, E. S. (1979). The generalizability of the psychoanalytic concept of the working alliance. *Psychotherapy: Theory, Research, and Practice, 16*, 252-260.

Bordin, E. S. (1983). A working alliance based model of supervision. *The Counseling Psychologist, 11*, 36-42.

Bordin, E. S. (1994). Theory and research on the therapeutic working alliance: New directions. In A. O. Horvath, & L .S. Greenberg (Eds.), *The working alliance: Theory, research, and practice* (pp. 13-37). New York: John Wiley & Sons.

Bottoms, G., Presson, A., & Johnson, M. (1992). *Making high schools work*. Atlanta, GA: Southern Regional Education Board.

Bostwick, J. M., & Pankratz, V. S. (2000). Affective disorders and suicide risk: A reexamination. *American Journal of Psychiatry, 157*(12), 1925-1932.

Bowen, M. (1976). Theory in the practice of psychotherapy. In P. J. Guerin (Ed.), *Family therapy: Theory and practice* (pp. 42-90). New York: Gardner.

Bowen, M. (1980). *Key to the genogram*. Washington, DC: Georgetown University Hospital.

Bowlby, J. (1980). *Attachment and loss: vol 3. Loss, sadness, and depression*. New York: Basic Books.

Bradley, R., Danielson, L. E., & Hallahan, D. P. (2002). *Identification of learning disabilities: Research to practice*. Mahwah, NJ: Lawrence Erlbaum Associates.

Brent, D. A., Roth, C. M., Holder, D. P., Kolko, D. J., Birmaher, B., Johnson, B. A., & Schweers, J. A. (1996). Psychosocial interventions for treating adolescent suicidal depression: A comparison of three psychosocial interventions. In E. D. Hibbs, & P. S. Jensen

(Eds.), *Psychosocial treatments for child and adolescent disorders: Empirically based strategies for clinical practice* (pp. 187-206). Washington, DC: American Psychological Association.

Broadbent, D. E. (1958). *Perception and communication*. London: Pergamon Press.

Bronfenbrenner, U. (1992). 인간 발달의 생태학 (*The ecology of human development*). (이영 역). 서울: 교육과학사. (원저는 1979년에 출판).

Brown, A. L. (1980). Metacognitive development and reading. In R. J. Spiro, B. C. Bruce, & W. F. Brewer (Eds.), *Theoretical issues in reading comprehension* (pp. 458-482). Mahwah, NJ: Lawrence Erlbaum Associates.

Brown, A. L. (1987). Metacognition, executive control, self-regulation, and other more mysterious mechanisms. In F. Weinert, & R. Kluwe (Eds.), *Metacognition, motivation, and understanding* (pp. 65-116). Mahweh, NJ: Lawrence Erlbaum Associates.

Brown, A. L., Bransford, J. D., Ferrara, R. A., & Campione, J. C. (1983). Learning, remembering, and understanding. In J. H. Flavell, & E. M. Markman (Eds.), *Handbook of child psychology* (vol. 3, 4th ed., pp. 77-166). New York: John Wiley & Sons.

Brown, J. L., Jones, S. M., LaRusso, M. D., & Aber, J. L. (2010). Improving classroom quality: Teacher influences and experimental impacts of the 4Rs program. *Journal of Educational Psychology, 102*, 153-167.

Brown, S. D., & Lent, R. W. (1996). A social cognitive framework for career choice counseling. *The Career Development Quarterly, 44*, 354-366.

Brown, S. D., Pryzwansky, W. B., & Schulte, A. C. (1991). *Psychological consultation: Introduction to theory and practice*. Boston, MA: Allyn & Bacon.

Brown, S. D., Pryzwansky, W. B., & Schulte, A. C. (2001). *Psychological consultation: Introduction to theory and practice* (5th ed.). Needham Heights, MA: Allyn & Bacon.

Bruner, J. S. (1966). *Toward a theory of instruction*. New York: W. W. Norton.

Bruning, R. H., Schraw, G. J., & Norby, M. M. (2011). *Cognitive psychology and instruction* (5th ed.). Boston, MA: Allyn & Bacon.

Bryan, C. J., & Rudd, M. D. (2006). Advances in the assessment of suicide risk. *Journal of Clinical Psychology, 62*, 185-200.

Bushweller, K. (1995). The high-tech portfolio. *Executive Educator, 17*, 19-22.

Byrne, A., & Byrne, D. G. (1993). The effect of exercise on depression, anxiety and other mood states: A review. *Journal of Psychosomatic Research, 37*, 565-574.

Callahan, C. J. (2001). Predicting and preventing violence in schools: The counselor's role. Workshop conducted at the annual meeting of the American Counseling Association, San Antonio, TX.

Campbell, C. A. (1993). Strategies for reducing parent resistance to consultation in the school. *Elementary School Guidance and Counseling, 28*, 83-91.

Campbell, C. A., & Dahir, C. A. (1997). *The national standards for school counseling programs*. Alexandria, VA: American School Counselor Association.

Cannon, W. B. (1927). The James-Lange theory of emotions: A critical examination and an alternative theory. *The American Journal of Psychology, 39*, 106-124.

Caplan, G. (1959). *Concepts of mental health and consultation*. Washington, DC: U.S. Department of Health, Education, and Welfare, Children's Bureau.

Caplan, G. (1961). *An approach to community*

mental health. New York: Grune & Stratton.

Caplan, G. (1970). *Theory and practice of mental health consultation*. New York: Basic Books.

Caplan, G., & Caplan, R. B. (1993). *Mental health consultation and collaboration*. San Francisco, CA: Jossey-Bass.

Capuzzi, D. (1989). *Adolescent suicide prevention: Counseling and intervention strategy* (2nd ed.). Ann Arbor, MI: ERIC Counseling and Personnel Services Clearinghause.

Capuzzi, D. (2002). Legal and ethical challenges in counseling suicidal students. *Professional School Counseling, 6*, 36-45.

Capuzzi, D., & Golden, L. (Eds.) (1988). *Preventing adolescent suicide*. Muncie, IN: Accelerated Development.

Capuzzi, D., & Gross, D. R. (1992). Group counseling: Elements of effective leadership. In D. Capuzzi, & D. R. Gross (Eds.), *Introduction to group counseling* (pp. 39-57). Denver, CO: Love Publishing Company.

Capuzzi, D., & Gross, D. R. (2000). I don't want to live: The adolescent at risk for suicidal behavior. In D. Capuzzi, & D. R. Gross (Eds.), *Youth at risk: A prevention resource for counselors, teachers, and parents* (3rd ed., pp. 319-352). Alexandria, VA: American Counseling Association.

Carlson, G. A., & Cantwell, D. P. (1982). Suicide behavior and depression in children and adolescents. *Journal of American Academy of Child Psychiatry, 21*, 361-368.

Carnine, D. W., Jones, E. D., & Dixon, R. (1994). Mathematics: Educational tools for diverse learners. *School Psychology Review, 23*, 406-427.

Carroll, R. B. (1963). A model of school learning. *Teachers College Record, 64*, 723-733.

Carter, B. F., & Brooks, A. (1990). Suicide prevention: Crisis or opportunity? *School Counselor, 37*, 378-390.

Carver, C., & Scheier, M. (1981). *Attention and self-regulation: A control theory approach to human behavior*. New York: Springer-Verlag.

Cawley, J. F., & Parmar, R. S. (1994). Structuring word problems for diagnostic teaching: Helping teachers meet the needs of students with mild disabilities. *Teaching Exceptional Children, 26*, 16-21.

Centers for Disease Control and Prevention (CDCP) (1992). *Youth suicide prevention programs: A resource guide*. Atlanta: Author.

Cho, H., Guo, G., Iritani, B. J., & Hallfors, D. D. (2006). Genetic contribution to suicidal behaviors and associated risk factors among adolescents in the U. S. *Prevention Science, 7*, 303-311.

Ciarrochi, J., & Scott, G. (2006). The link between emotional competence and well-being: A longitudinal study. *British Journal of Guidance and Counseling, 34*, 231-243.

Clarizio, H. F. (1985). Cognitive-behavioral treatment of childhood depression. *Psychology in the Schools, 22*, 308-322.

Cohen, Y., Spirito, A., & Brown, L. K. (1996). Suicide and suicidal behavior. In R. J. DiClemente, W. B. Hansen, & L. E. Ponton (Eds.), *Handbook of adolescent health risk behavior (Issues in clinical child psychology)* (pp. 193-224). New York: Springer Science+Business Media, Ltc..

Colbert, P., Newman, B., Ney, P., & Young, J. (1982). Learning disabilities as a symptom of depression in children. *Journal of Learning Disabilities, 15*, 333-336.

Collaborative for Academic, Social, and Emotional Learning (CASEL) (2013). *2013 CASEL guide: Effective social and emotional learning programs*. Chicago, IL: Author.

Coloroso, B. (2003). *The bully, the bullied, and the*

bystander. New York: Harper Collins.

Combs, A. W. (Ed.) (1962). *Perceiving, behaving, becoming*. Washington, DC: Yearbook of the Association for Supervision and Curriculum Development.

Commonwealth of Australia (1994). *Sticks and stones: A report on violence in schools*. Canberra, Australia: Publishing Service.

Conant, J. B. (1959). *The American high school today*. New York: McGraw-Hill.

Corey, G. (2015). **집단상담의 이론과 실제**(제8판) (*Theory and practice of group counseling*) (8th ed.) (김명권, 김창대, 방기연, 이동훈, 이영순, 전종국, 천성문 공역). 서울: 학지사. (원저는 2012년에 출판).

Corey, G. (2017). **심리상담과 치료의 이론과 실제**(제10판) (*Theory and practice of counseling and psychotherapy*) (10th ed.) (천성문, 권선중, 김인규, 김장회, 김창대, 신성만, 이동훈, 허재홍 공역). 서울: Cengage Learning. (원저는 2017년에 출판).

Corey, M. S., & Corey, G. (2000). **집단상담: 과정과 실제** (*Group process and practice*) (5th ed.). (김명권, 김창대, 박애선, 전종국, 천성문 공역). 서울: 시그마프레스. (원저는 1997년에 출판).

Corsini, R. J. (Ed.) (2000). *Handbook of innovative psychotherapies*. New York: Wiley & Sons.

Craft, L. L., & Landers, D. M. (1998). The effect of exercise on clinical depression and depression resulting from mental illness: A meta-analysis. *Journal of Sports & Exercise Psychology, 20*, 339-357.

Crawford, J. R., Parker, D. M., & McKinlay, W. W. (Eds.) (1995). **신경심리평가** (*A handbook of neuropsychological assessment*). (한국신경인지기능연구회 역). 서울: 하나의학사. (원저는 1992년에 출판).

Crothers, L. M., Hughes, T. L., & Morine, K. A. (2016). **학교기반 컨설테이션** (*Theory and cases in school-based consultation: A resource for school psychologists, school counselors, special educators, and other mental health professionals*). (한국학교심리학회 역). 서울: 학지사. (원저는 2008년에 출판).

Cull, J., & Gill, W. (1982). *Suicide Probability Scale manual*. Los Angeles, CA: Western Psychological Services.

Cullinan, D. (2007). *Students with emotional and behavioral disorders: An introduction for teachers and other helping professionals* (2nd ed.). Upper Saddle River, NJ: Merrill/Prentice Hall.

Cunningham, B., & Sandhu, D. S. (2000). A comprehensive approach to school-community violence. *Professional School Counseling, 4*, 126-133.

Dagley, J. (1984). *A vocational genogram* (mimeograph). Athens, GA: University of Georgia.

Dahir, C. A. (2001). The national standards for school counseling programs: Development and implementation. *Professional School Counseling, 4*, 320-327.

Damasio, A. R. (2000). The fabric of the mind: A neurobiological perspective. *Progress in Brain Research, 126*, 457-467.

Damasio, A. R., Grabowski, T. J., Bechara, A., Damasio, H., Ponto, L. B., Parvizi, J., & Hichwa, R. D. (2000). Subcortical and cortical brain activity during the feeling of self-generated emotions. *Neuroscience, 3*, 1049-1056.

Dansereau, D. F. (1988). Cooperative learning strategies. In C. E. Weinstein, E. T. Goetz, & P. A. Alexander (Eds.), *Learning and study strategy* (pp. 103-120). San Diago, CA: Academic Press.

Davidson, R. J. (2000). Affective style, psychopathology, and resilience: Brain mechanism and plasticity. *American*

Psychologist, 55, 1196-1214.

Davis, J. D. (1914). *Vocational and moral guidance*. Boston, MA: Ginn.

Davis-Kean, P. E., & Sandler, H. M. (2001). A meta-analysis of self-esteem for young children: A framework for future measures. *Child Development, 72*, 887-906.

Dawis, R. V. (2002). Person-environment-correspondence theory. In D. Brown (Ed.), *Career choice and development* (4th ed., pp. 427-464). San Francisco, CA: Jossey-Bass.

Dawis, R. V., & Lofquist, L. H. (1984). *A psychological theory of work adjustment*. Minneapolis: University of Minnesota Press.

Deci, E. L. (1975). *Intrinsic motivation*. New York: Plenum Press.

DeLucia-Waack, J. L. (2006). *Leading psychoeducational groups for children and adolescents*. Thousand Oaks, CA: Sage Publications, Inc.

Deno, S. L. (1985). Curriculum-based measurement: The emerging alternative. *Exceptional Children, 52*, 219-232.

Deno, S. L. (1987). Curriculum-based measurement: An introduction. *Teaching Exceptional Children, 20*, 40-42.

Deno, S. L. (1992). The nature and development of curriculum-based measurement. Preventing School Failure: *Alternative Education for Children and Youth, 36*, 5-10.

Deno, S. L. (2003). Development in CBM. *Journal of Special Education, 37*, 184-192.

Department For Education (DFE) (1993). *Pupils with problems* (draft circular). London: Department For Education Publications Centre.

de Shazer, S. (1991). *Putting difference to work*. New York: Norton.

Dettmer, P., Dyck, N., & Thurston, L. (1999). *Consultation, collaboration, and teamwork* (3rd ed.). Boston, MA: Allyn & Bacon.

Dewey, J. (1979). **사고하는 방법** (*How we think: A restatement of the relations of reflective thinking to the educative process*). (임한영 역). 서울: 법문사. (원저는 1933년에 출판).

Dick, W., & Carey, L. (1979). *The systematic design of instruction*. Glenview, IL: Scott, Foresman.

Dick, W., & Carey, L. (1993). **체계적 교수 설계** (*The systematic design of instruction*) (3rd ed.). (김형립, 김동식, 양용칠 공역). 서울: 교육과학사. (원저는 1990년에 출판).

Dimmitt, C., Carey, J. C., & Hatch, T. (2007). *Evidence-based school-counseling: Making a difference with data-driven practices*. Thousand Oaks, CA: Corwin Press.

Dinkmeyer, D. C. (1967). Elementary school guidance and the classroom teacher. *Elementary School Guidance and Counseling, 1*, 15-26.

Dinkmeyer, D. C., & Carlson, J. (1973). *Consulting: Facilitating human potential and change processes*. Columbus, OH: Merrill.

Dinkmeyer, D. C., & Carlson, J. (2001). *Consultation: Creating school- based interventions* (2nd ed.). Philadelphia: Brunner- Routledge.

Dinkmeyer, D. C., Dinkmeyer, D., Jr., & Sperry, L. (1987). *Adlerian counseling and psychotherapy* (2nd ed.). Columbus, OH: Merrill.

Dinkmeyer, D. C., & Muro, J. J. (1979). *Group counseling: Theory and practice*. Itasca, IL: Peacock.

Dinkmeyer, D. C., Pew, W. L., & Dinkmeyer, D. C. (1979). *Adlerian counseling and psychotherapy*. Monterey, CA: Books/Cole.

Dixon, X. L. (1987). *Working with people in crisis* (2nd ed.). Columbus, OH: Merrill.

Dodge, K. A. (1993). Social-cognitive mechanisms in the development of conduct disorder and depression. *Annual Review of Psychology, 44*, 559-584.

Dollarhide, C. T., & Saginak, K. A. (2014). *Comprehensive school counseling programs: K-12 delivery systems in action*. Boston, MA: Pearson.

Dougherty, A. M. (1990). *Consultation: Practice and perspectives in school and community settings*. Pacific Grove, CA: Brooks/Cole.

Dougherty, A. M. (2005). *Psychological consultation and collaboration in school and community settings* (4th ed.). Belmont, CA: Brooks/Cole.

Dougherty, A. M., Tack, F. E., Fullam, C. B., & Hammer, L. A. (1996). Disengagement: A neglected aspect of the consultation process. *Journal of Educational and Psychological Consultation, 7*, 259-274.

Downs, M. (2005). The highest price for pleasure. MedicineNet.com. Retrieved from http://www.medicinenet.com/script/main/art.asp?articlekey=51776.

Dreikurs, R. (1967). *Psychodynamics, psychotherapy, and counseling: Collected papers*. Chicago: Alfred Adler Institute.

Dreikurs, R. (1968). *Psychology in the classroom* (2nd ed.). New York: Harper & Row.

Drummond, R. J., & Ryan, C. W. (1995). *Career counseling: A developmental approach*. Columbus, OH: Merrill.

Dryden, W., & DiGuiseppe, R. (1990). *A primer on rational-emotive therapy*. New York: Research Press.

Dunlap, G., Sailor, W., Horner, R. H., & Sugai, G. (2009). Overview and history of positive behavior support. In W. Sailor, G. Dunlap, G. Sugai, & R. H. Horner (Eds.), *Handbook of positive behavior support* (pp. 3-16). New York: Springer.

Dunlap, K., Goodman, G., McEvoy, C., & Paris, F. (2010). *School-wide positive behavioral interventions and supports: Implementation guide*. Lansing, MI: Michigan Department of Education.

DuPaul, G. J., & Stoner, G. (2007). ADHD 학교상담 (*ADHD in the schools: Assessment and intervention strategies*) (2nd ed.). (김동일 역). 서울: 학지사. (원저는 2003년에 출판).

Durand, V. M., & Crimmins, B. (1988). Identifying the variables maintaining self-injurious behavior. *Journal of Autism and Developmental Disorders, 18*, 99-117.

Dweck, C. S. (1988). Motivational processes affecting learning. *American Psychologist, 41*, 1040-1048.

Dwyer, K., & Osher, D. (2000). *Safeguard our children: Action guide—Implementing early warning, timely response*. Washington, DC: U.S. Department of Education.

Dwyer, K., Osher, D., & Hoffman, C. C. (2000). Creating responsible schools: Contextualizing early warning, timely response. *Exceptional Children, 66*, 347-352.

Dwyer, K., Osher, D., & Warger, C. (1998). *Early warning, timely response: A guide to safe schools*. Washington, DC: U.S. Department of Education.

Dykeman, C., Herr, E. L., Ingram, M., Pehrslon, D., Wood, C., & Charles, S. (2001). *A taxonomy of career development interventions that occur in US secondary schools*. Minneapolis: National Research Center for Career and Technical Education.

Edmonds, R. R. (1979). Effective schools for the urban poor. *Educational Leadership, 37*, 15-24.

Egan, G. (1975). *The skilled helper: A model for systematic helping and interpersonal relating*. Moterey, CA: Brooks/Cole.

Egan, G. (1994). *The skilled helper: A problem-management approach to helping* (5th ed.).

Belmont, CA: Thompson/Brooks/Cole.

Egan, G. (2000). **유능한 상담자: 상담의 문제 대처적 접근** (*The skilled helper: A problem-management approach to helping*) (6th ed.). (제석봉, 유계식, 박은영 공역). 서울: 학지사. (원저는 1998년에 출판).

Egan, G. (2003). **유능한 상담자: 상담의 문제 대처와 기회 개발적 접근** (*The skilled helper: A problem-management and opportunity-development approach to helping*) (7th ed.). (제석봉, 유계식 공역). 서울: 시그마프레스. (원저는 2002년에 출판).

Eggen, P., & Kauchak, D. (2011). **교육심리학: 교육 실제를 여는 창**(제8판) (*Educational psychology: Windows on classroom*) (8th ed.). (신종호, 김동민, 김정섭, 김종백, 도승이, 김지현, 서영석 공역). 서울: 학지사. (원저는 2010년에 출판).

Elkind, D. (1967). Egocentrism in adolescence. *Child Development, 38*, 1025-1034.

Elkind, D. (1981). *Children and adolescents: Interpretative essays on Jean Piaget* (3rd ed.). New York: Oxford University Press.

Ellis, A. (1962). *Reason and emotion in psychotherapy*. New York: Lyle Stuart.

Ellis, A. (1991). The revised ABC's rational-emotive therapy(RET). *Journal of Rational-Emotive and Cognitive-Behavior Therapy, 9*, 139-172.

Ellis, A. (1995). **화가 날 때 읽는 책** (Anger: *How to live with and without it*). (홍경자, 김선남 공역). 서울: 학지사. (원저는 1977년에 출판).

Ellis, A. (2004). 합리적 정서적 행동치료(Rational emotive behavior therapy). In R. J. Corsini, & D. Wedding (Eds.), **현대 심리치료** (*Current psychotherapies*) (6th ed., pp. 257-310). (김정희 역). 서울: 학지사. (원저는 2000년에 출판).

Ellis, A., & Dryden, W. (1997). *The practice of rational-emotive behavior therapy* (2nd ed.). New York: Springer Publishing Company.

Ellis, A., & Ellis, D. J. (2011). *Rational emotive behavior therapy, current psychotherapy*. Washington, DC: American Psychological Association.

Ellis, A., & Harper, R. A. (1997). *A guide to rational living*. North Hollywood, CA: Melvin Powers.

Elliot, A. J. (1997). Integrating the "classic" and "contemporary" approaches to achievement motivation: A hierarchical model of approach and avoidance achievement motivation. In M. L. Maehr, & P. R. Pintrich (Eds.), *Advances in motivation and achievement* (vol. 1, pp. 143-179). Greenwich, CT: JAI Press.

Engle, R. W., Conway, A. R., Tuholski, S. W., & Shisler, R. J. (1995). A resource account of inhibition. *Psychological Science, 6*, 122-125.

Eriksen, K., & Kress, V. (2006). The DSM and the professional counseling identity: Bridging the gap. *Journal of Mental Health Counseling, 28*, 202-217.

Erikson, E. H. (1950). *Childhood and society*. New York: Norton.

Erikson, E. H. (1988). **아동기와 사회** (*Childhood and society*) (2nd ed.). (윤진, 김인경 공역). 서울: 중앙적성출판사. (원저는 1963년에 출판).

Festinger, L. A. (1954). A theory of social comparison process. *Human Relations, 7*, 117-140.

Feuerstein, R. (1980). *Instrumental enrichment: An intervention program for cognitive modifiability*. Baltimore, MD: University Park Press.

Fletcher, J. M., Morris, R. D., & Lyon, G. R. (2003). Classification and definition of learning disabilities: An integrative perspective. In H. L. Swanson, K. R. Harris, & S. Graham (Eds.), *Handbook of learning disabilities* (pp. 30-56). New York: The Guilford Press.

Flower, L., & Hayes, J. R. (1981). A cognitive process theory of writing. *College Composition and Communication, 32*, 365-

387.
Flower, L., & Hayes, J. R. (1984). The representation of meaning in writing. *Written Communication, 1*, 120-160.
Foersterling, F. (1985). Attributional retraining: A review. *Psychological Bulletin, 98*, 495-512.
Forness, S. R., & Knitzer, J. (1992). A new proposed definition and terminology to replace "serious emotional disturbance" in Individuals with Disabilities Education Act. *School Psychology Review, 21*, 12-20.
Foster, C. M. (1967). The elementary school counselor: How perceived? *Counselor Education and Supervision, 6*, 102-107.
Friedman, R. M., Kutash, K., & Duchnowski, A. J. (1996). The population of concern: Defining the issues. In B. A. Stroul, & R. Friedman (Eds.), *Children's mental health* (pp. 69-96). Baltimore, MD: Brooks.
Friedrich, M. C., Matus, A. L., & Rinn, R. (1985). *An interdisciplinary supervised student program focused on depression and suicide awareness*. New York: Department of Education.
Frijda, N. H. (1986). *The emotions*. New York: Cambridge University Press.
Fuchs, L. S., Fuchs, D., & Speece, D. L. (2002). Treatment validity as a unifying construct for identifying learning disabilities. *Learning Disability Quarterly, 25*, 33-45.
Gagné, E. D. (1985). *The cognitive psychology of school learning*. New York: Haper/Callins.
Gagné, E. D., Yekovich, C. W., & Yekovich, F. R. (2005). **인지심리와 학교학습** (*The cognitive psychology of school learning*) (2nd ed.). (이용남 외 공역). 서울: 교육과학사. (원저는 1993년에 출판).
Gagné, R. M. (1965). *The conditions of learning*. New York: Holt, Rinehart & Winston.
Gagné, R. M. (1999). **교수-학습 이론** (*The conditions of learning and theory of instruction*) (4th ed.). (전성연, 김수동 공역). 서울: 학지사. (원저는 1985년에 출판).
Gagné, R. M., & Briggs, L. J. (1974). *Principles of instructional design*. New York: holt, Rinehart, & Winston.
Gagné, R. M., & Briggs, L. J. (1989). **수업설계의 원리: 교육방법 및 공학** (*Principles of instructional design*) (2nd ed.). (홍성윤, 김유미 공역). 서울: 교육과학사. (원저는 1979년에 출판).
Garfinkel, D. B., Crosby, E., Herbert, M., Matus, A., Pfeifer, J., & Sheras, P. (1988). *Responding to adolescent suicide: The first 48 hours*. Bloomington, IN: Phi Delta Kappa Educational Foundation.
Gazda, G. M. (1989). *Group counseling: A developmental approach* (4th ed.). Boston, MA: Allyn & Bacon.
Gazda, G. M., Duncan, J. A., & Meadows, M. E. (1967). Counseling and group procedures: Report of a survey. *Counselor Education and Supervision, 6*, 305-310.
Geary, D. C. (1990). A componential analysis of an early learning deficit in mathematics. *Journal of Experimental Child Psychology, 49*, 363-383.
Geary, D. C. (1994). *Children's mathematics development: Research and practical applications*. Washington, DC: American Psychological Association.
Geddes, J., & Butler, R. (2002). Depressive disorders. *Clinical Evidence, 7*, 74-89.
Gelatt, H. B. (1962). Decision making: A conceptual frame of reference for counseling. *Journal of Counseling Psychology, 9*, 240-245.
Gibson, D. M., Dollarhide, C. T., & Moss, J. M. (2010). Professional identity development: A ground theory of transformational tasks of new counselors. *Counselor Education and Supervision, 50*, 21-37.
Gillies, R. M., McMahon, M. L., & Carroll, J. (1998).

Evaluating a career education intervention in the upper elementary school. *Journal of Career Development, 24*, 267-287.

Ginnott, H. (1968). Group therapy with children. In G. Gazda (Ed.), *Basic approaches to group psychotherapy and group counseling* (pp. 176-194). Springfield, IL: Thomas.

Ginzberg, E. C. (1972). Toward a theory of occupational choice: A restatement. *Vocational Guidance Quarterly, 20*, 169-176.

Ginzberg, E. C. (1984). Career development. In D. Brown, L. Brooks, & Associates (Eds.), *Career choice and development* (pp. 169-191). San Francisco, CA: Jossey-Bass.

Giuliani, N. R., & Gross, J. J. (2009). Reappraisal. In D. Sander, & K. R. Scherer (Eds.). *Oxford companion to the affective sciences* (pp. 329-330). New York: Oxford University Press.

Gladding, S. T. (1996). *Counseling: A comprehensive profession* (3rd ed.). Columbus, OH: Prentice-Hall.

Gladding, S. T. (1999). *Group work: A counseling specialty* (3rd ed.). Upper Saddle River, NJ: Merrill.

Gladding, S. T. (2001). *The counseling dictionary: Concise definitions of frequently used terms*. Upper Saddle River, NJ: Prentice Hall.

Glaser, K. (1981). Psychopathologic patterns in depressed adolescents. *American Journal of Psychotherapy, 35*, 368-382.

Glasser, W. N. (1965). *Reality therapy: A new approach to psychiatry*. New York: Harper & Row.

Glasser, W. N. (1984). *Take effective control of your life*. New York: Harper & Row.

Glasser, W. N. (1989). **실패 없는 학교** (*Schools without failure*) (홍경자 역). 서울: 교육과학사. (원저는 1969년에 출판).

Glasser, W. N. (1995). **현실치료: 정신치료에 대한 새로운 접근** (*Reality therapy: A new approach to psychiatry*). (김양현 역). 서울: 원미사. (원저는 1965년에 출판).

Glasser, W. N. (1997). (생활심리시리즈 7) **좋은 학교** (*The quality school: Managing students with coercion*) (2nd ed.). (김인자 역). 서울: 한국심리상담연구소. (원저는 1992년에 출판).

Glasser, W. N. (2017). **선택이론** (*Choice theory: A new psychology of personal freedom*). (김인자 역). 서울: 한국심리생활연구소. (원저는 1998년에 출판).

Goldstein, A. P., Sparfkin, R. P., Gershaw, N. J., & Klein, P. (1980). *Skill-streaming the adolescent*. Champaign, IL: Research Press.

Goldstein, A. P., Sparfkin, R. P., Gershaw, N. J., & Klein, P. (1983). Structured learning: A psychoeducational approach for teaching social competencies. *Behavioral Disorders, 8*(3), 161-170.

Goleman, D. (1995). *Emotional intelligence*. New York: Bantam.

Gondolf, E. W. (1985). *Men who batter: An integrated approach for stopping wife abuse*. Holmes Beach, FL: Learning Publications.

Gordon, D. C. (1978). *Therapeutic metaphors: Helping others through the looking glass*. Cupertino, CA: Meta Publications.

Gottfredson, L. S. (1981). Circumspection and compromise: A developmental theory of occupational aspirations. *Journal of Counseling Psychology, 28*, 545-579.

Gottfredson, L. S. (2003). Gottfredson's theory of circumspection, compromise, and self-creation. In D. Brown (Ed.), *Career choice and development* (4th ed., pp. 85-148). San Francisco, CA: Jossey-Bass.

Gottfredson, L. S. (2005). Using Gottfredson's theory of circumscription and compromise in career guidance and counseling. In D. B. Steven, & W. I. Robert (Eds.), *Career development and counseling: Putting theory and research to work* (pp. 71-100). Hoboken, NJ: John Wiley & Sons.

Gould, M. S., Marracco, F. A., Kleinman, M., Thomas, J. G., Mostkoff, K., Cote, J., & Davies, M. (2005). Evaluating iatrogenic risk of youth suicide screening programs: A randomized controlled trial. *Journal of the American Medical Association, 293*, 1635-1643.

Graham, S., Harris, K. R., & Troia, G. A. (2008). 쓰기와 자기조정: 자기조정 전략 개발 모형의 사례(Writing and self-regulation: Cases from the self-regulated strategy development model). In D. H. Schunk, & B. J. Zimmerman (Eds.), **자기조정학습의 교실 적용** (*Self-regulated learning: From teaching to self-reflective practice*) (송재홍 역) (pp. 33-68). 서울: 교육과학사. (원저는 1998년에 출판).

Granello, D. H., & Granello, P. F. (2007). *Suicide: An essential guide for helping professionals and educators*. Boston, MA: Pearson/Allyn & Bacon.

Gray, K. C., & Herr, E. L. (1995). *Other ways to win: Creating alternatives for high school graduates*. Thousand Oaks, CA: Cowin Press.

Greene, K. (1967). Functions performed and preferred by elementary school counselors in the United States. Doctoral Dissertation, Ohio University.

Gresham, F. M. (1982). Misguided mainstreaming: The case for social skills training with handicapped children. *Exceptional Children, 48*, 422-433.

Gresham, F. M. (1983). Social skills assessment as a component of mainstreaming placement decisions. *Exceptional Children, 49*, 331-336.

Gresham. F. M. (2002). Teaching social skills to high-risk children and youth: Preventive and remedial strategies. In M. R. Shinn, H. M. Walker, & G. Stoner (Eds.), *Interventions for academic and behavior problems II: Preventive and remedial approaches* (pp. 403-432). Washington, DC: National Association of School Psychologists.

Gross, J. J. (1998a). The emerging field of emotion regulation: An integrative review. *Review of General Psychology, 2*, 271-299.

Gross, J. J. (1998b). Antecedent- and response-focused emotion regulation: Divergent consequences for experience, expression, and physiology. *Journal of Personality and Social Psychology, 74*, 223-237.

Gross, J. J. (2002). Emotion regulation: Affective, cognitive, and social consequences. *Psychophysiology, 39*, 281-291.

Gross, J. J. (2008). Emotional regulation. In M. Lewis, J. M. Haviland-Jones, & L. F. Barrett (Eds.), *Handbook of emotions* (3rd ed., pp. 497-512). New York: The Guilford Press.

Gross, J. J., & Thompson, R. A. (2007). Emotion regulation: Conceptual foundations. In J. J. Gross (Ed.), *Handbook of emotion regulation* (pp. 3-24). New York: The Guilford Press.

Guerra, P. (1998). Revamping school counselor education: The DeWitt Wallace Reader's Digest Fund. *Counseling Today, 40*(8), 19.

Guida, A. (2001). Depression . . . or just the blues? *School Counselor, 39*, 11-13.

Guindon, M. H. (2010). *A counseling primer: An introduction to the profession*. New York: Routlege.

Gutkin, T. B., & Curtis, M. J. (1990). School-based consultation: Theory and techniques. In C. Reynolds, & T. B. Gutkin (Eds.), *The handbook of school psychology* (pp. 577-613). New York: Wiley.

Gysbers, N. C., & Henderson, P. (1988). *Developing and managing your school guidance program*. Alexandria, VA: Association for Counseling and Development.

Gysbers, N. C., & Henderson, P. (2000). *Developing and managing your school guidance program* (3rd ed.). Alexandria, VA: Association for Counseling and Development.

Gysbers, N. C., & Henderson, P. (2001). Comprehensive guidance and counseling programs: A rich history and a bright future. *Professional School Counseling, 4*, 246-256.

Gysbers, N. C., & Henderson, P. (2005). Designing, implementing, and managing a comprehensive school guidance and counseling program. In C. Sink (Ed.), *Contemporary school counseling: Theory, research, and practice* (pp. 151-188). Boston, MA: Houghton Mifflin Company.

Gysbers, N. C., Heppner, M. J., & Johnston, J. A. (2017). **진로상담의 실제** (*Career counseling: Holism, diversity, and strengths*) (4th ed.). (김봉환 역). 서울: 학지사. (원저는 2014년에 출판).

Gysbers, N. C., Lapan, R. T., & Jones, B. A. (2000). School board policies for guidance and counseling: A call to action. *Professional School Counseling, 13*, 349-355.

Gysbers, N. C., & Moore, E. J. (2005). **진로상담: 기술과 기법** (*Career counseling: Skills and techniques for practitioners*) (김충기, 김병숙 공역). 서울: 한국학술정보. (원저는 1987년에 출판).

Hackett, G., & Betz, N. E. (1981). A self-efficacy approach to the career development of women. *Journal of Vocational Behavior, 18*, 326-329.

Hallahan, D. P., & Kauffman, J. M. (2003). *Exceptional learners: Introduction to special education* (9th ed.). Boston: Allyn & Bacon.

Hansen, J. C., Himes, B. S., & Meier, S. (2007). **학교상담 컨설테이션** (*Consultation: Concepts and practices*). (김동일, 이명경 공역). 서울: 학지사. (원저는 1990년에 출판).

Harlow, H. F., & Zimmerman, R. (1959). Affectional responses in the infant monkey. *Science, 130*, 421-432.

Harren, V. A. (1984). *Assessment career decision making*. Los Angeles, CA: Western Psychological Services.

Harris, E. C., & Barraclough, B. (1997). Suicide as an outcome for mental disorders: A meta-analysis. *The British Journal of Psychiatry, 170*, 205-228.

Harris-Aikens, D. (2001). Legislators continue fight for school counselor funding. *ASCA School Counselor, 5*, 1-5.

Harrison, T. (1993). Brief counseling in the K-12 developmental guidance program. In J. Wittmer (Ed.), *Managing your school counseling program: K-12 developmental strategies* (pp. 61-89). Minneapolis: Educational Media Corporation.

Hart, S. L. (1991). Childhood depression: Implications and options for school counselors. *Elementary School Guidance and Counseling, 25*, 227-289.

Harter, S. (1998). The development of self-representation. In N. Eisenberg (Ed.), *Handbook of child psychology (vol. 3): Social, emotional, and personality development* (5th ed., pp. 553-617). New York: Wiley & Sons.

Hawton, K. (1986). *Suicide and attempted suicide among children and adolescents*. Newbury Park, CA: Sage Press.

Hayes, J. R., & Flower, L. (1980). Identifying the organization of writing processes. In L. Gregg & S. Steinberg (Eds.), *Cognitive process in writing* (pp. 3-30). Hillsdale, NJ: Lawrence Erlbaum Associates.

Hayes, R. L. (1996). Continuing to give psychology away. *Elementary School Guidance and Counseling, 30*, 155-159.

Hayes, S. C., Storsahl, K. D., & Wilson, K. G.

(2009). 수용과 참여의 심리치료 (*Acceptance and commitment therapy: An experiential approach to behavior change*) (문성원, 김은성 공역). 서울: 시그마프레스. (원저는 1999년에 출판).

Hazell, P. (2002). Depression in children and adolescents. *Clinical Evidence, 7*, 67-73.

Henderson, P., & Gysbers, N. C. (1998). *Leading and managing your school guidance and counseling program staff: A manual for school administrators and directors of guidance*. Alexandria, VA: American School Counselor Association.

Herlihy, B., & Corey, G. (1996). *ACA ethical standards casebook* (5th ed.). Alexandria, VA: American Counseling Association.

Herr, E. L., & Cramer, S. H. (1996). *Career guidance and counseling through the life span* (5th ed.). New York: Harper/Collins.

Herring, R. D. (1998). *Career counseling in schools: Multicultural and developmental perspectives*. Alexandria, VA: American Counseling Association.

Herting-Wahl, K., & Blackhurst, A. (2000). Factors affecting the occupational and educational aspirations of children and adolescents. *Professional School Counseling, 3*, 367-374.

Hillock, G., Jr. (1995). *Teaching writing as reflective practice*. New York: Teachers College Press.

Hogan, K. (1999). Thinking aloud together: A test of an intervention to foster students' collaborative scientific reasoning. *Journal of Research in Science Teaching, 36*, 1085-1109.

Holland, J. L. (1966). *The psychology of vocational choice*. Lexington, MA: Blaisdell-Ginn.

Holland, J. L. (1973). *Making vocational choices. A theory of careers*. Englewood Cliffs, NJ: Prentice-Hall.

Holland, J. L. (1997). *Making vocational choices. A theory of vocational personalities and work environments* (3rd ed.). Odessa, FL: Psychological Assessment Resources.

Holmes, D. S. (1987). The influence of meditation versus rest on physiological arousal: A secondary examination. In M. A. West (Ed.), *The psychology of meditation* (pp. 81-103). Oxford, England: Clarendon Press.

Horne, A. M., Bartilomucci, C. L., & Newman-Carson, D. (2003). *Bully busters: A teacher's manual (6-8)*. Champaign, IL: Research Press.

Howell, K. W., Fox, S. L., & Morehead, M. K. (1993). *Curriculum-based evaluation: Teaching and decision making*. Pacific Grove, CA: Brooks.

Hoyt, K. B. (1993). Guidance is not a dirty word. *The School Counselor, 40*, 267-273.

Hughey, K. F. (2005). Preparing students for the future: career and educational planning. In C. Sink (Ed.), *Contemporary school counseling: Theory, research, and practice* (pp. 214-256). Boston, MA: Lahaska Press.

Hughey, K. F., Lapan, R. T., & Gysbers, N. C. (1993). Evaluating a high school guidance-language arts career unit: A qualitative approach. *School Counselor, 41*, 31-35.

Hunkins, F. P. (1980). *Curriculum development programming improvement*. Columbus, OH: Merrill.

Hutchinson, N. L. (1993). Second invited response: Students with disabilities and mathematics education reform-Let the dialogue begin. *Remedial and Special Education, 14*, 20-23.

Hutchinson, R. L., & Bottorff, R. L. (1986). Selected high school counseling services: Student assessment. *The School Counselor, 33*, 350-354.

Ingram, B. L., & Chung, R. S. (1997). Client satisfaction data and quality improvement in managed mental health care organizations. *Health Care Management Review, 22*, 40-52.

Ivey, A. E. (1994). *International interviewing and counseling: Facilitating client development in a multicultural society* (3rd ed.). Pacific Grove, CA: Brooks/Cole.

Jackson, S. A., & White, J. (2000). Referrals to the school counselor: A qualitative study. *Professional School Counseling, 3*, 277-286.

Jacobs, J. E., Lanza, S., Osgood, D. W., Eccles, J. S., & Wigfield, A. (2002). Changes in children's self-competence and values: Gender and domain differences across grades one through twelve. *Child Development, 73*, 509-527.

Jacobson, E. (1938). *Progressive relaxation*. Chicago, IL: University of Chicago Press.

James, W. (1884). What is an emotion? *Mind, 9*, 188-205.

Janis, I. L. (1983). Preventing pathogenic denial by means of stress inoculation. In S. Breznitz (Ed.), *The denial of stress* (pp. 35-76.). New York: International Universities Press Inc..

Jarvis, P. S., & Keeley, E. S. (2003). From vocational decision making to career building: Blueprint, Real Games, and school counseling. *Professional School Counseling, 6*, 244-250.

Jennings, P. A., & Greenberg, M. T. (2009). The prosocial classroom: Teacher social and emotional competence in relation to student and classroom outcomes. *Review of Educational Research, 79*, 491-525.

Jentzsch, C., & Tindal, G. (1991). Analytic scoring of writing: Training module no. 8. Eugene, OR: Research, Consultation, and Teaching Program, College of Education, University of Oregon.

Johnson, B., Buboltz, W. C., Jr., & Seemann, E. (2003). Ego identity status: A step in the differentiation process. *Journal of Counseling and Development, 81*, 191-195.

Johnson, C. D. (1991). Assessing results. In S. K. Johnston, & E. A. Whitfield (Eds.), *Evaluating guidance and counseling programs: A practitioner's guide* (pp. 43-55). Iowa, IA: American College Testing Program.

Jung, C. G. (1961). *Memories, dreams, and reflections*. New York: Vintage Books.

Jung, C. G. (1964). *The development of personality (vol. 1): The collected works of Carl Gustav Jung*. Princeton, NJ: Princeton University Press. (Originally printed in 1954).

Junke, G. A., Granello, D. H., & Granello, P. F. (2015). **학교기반 자살 · 폭력 위기 예방과 개입** (*Suicide, self-injury and violence in the schools: Assessment, prevention, and intervention strategies*). (김동일 역). 서울: 학지사. (원저는 2011년에 출판).

Junke, G. A., Granello, P. F., & Lebron-Striker, M. (2007). *IS PATH WARM? A suicide assessment mnemonic for counselors* (ACAPCD-03). Alexander, VA: American Counseling Association.

Just, M. A., & Carpenter, P. A. (1987). *The psychology of reading and language comprehension*. Boston, MA: Allyn & Bacon.

Kalafat, J. (1990). Adolescent suicide and the implications for school response programs. *School Counselor, 37*, 359-369.

Kampwirth, T. J. (2010). **학습과 행동문제 해결을 위한 학교컨설팅** (*Collaborative consultation in the schools: Effective practices for students with learning and behavior problems*) (3rd ed.). (김정섭, 유순화, 윤경미 공역). 서울: 학지사. (원저는 2006년에 출판).

Kane, M. J., Poole, B. J., Tuholski, S. W., & Engle, R. W. (2006). Working memory capacity and the top-down control of visual search: Exploring the boundaries of "executive attention". *Journal of Experimental Psychology: Learning, Memory, and Cognition, 32*, 749-777.

Kaplan, D. M., & Gladding, S. T. (2011). A vision

for the future of counseling: The 20/20 principles for unifying and strengthening the profession. *Journal of Counseling and Development, 89*, 367-372.

Kaplan, D. M., & Kraus, K. L. (2018). Building blocks to portability: Culmination of the 20/20 initiative. *Journal of Counseling and Development, 96*, 223-227.

Kaplan, D. M., Tarvidas, V. M., & Gladding, S. T. (2014). 20/20: A vision for the future of counseling: The new consensus definition of counseling. *Journal of Counseling and Development, 92*, 366-372.

Kauffman, J. M., & Landrum, T. J. (2009). *Characteristics of emotional and behavioral disorders of children and youth* (9th ed.). Upper Saddle River, NJ: Prentice-Hall.

Kavale, K. A., & Forness, S. R. (1985). Learning disability and the history of science: Paradigm or paradox? *Remedial and Special Education, 6*, 12-24.

Kavale, K. A., Forness, S. R., & Mostert, M. P. (2005). Defining emotional or behavioral disorders: The quest for affirmation. In P. Clough, P. Garner, J. T. Pardeck, & F. K. O. Yuen (Eds.), *Handbook of emotional and behavioral difficulties in education* (pp. 38-49). London: Sage.

Keat, D. B. (1990). *Child multimodal therapy*. Norwood, NJ: Ablex.

Kelson vs. The City of Springfield, Illinois. (1985). 767, F.2d 651 26 Ed. Law Rep. 182 No. 844403. United States Court of Appeals, Ninth Circuit, Argued and Submitted July 9, 1985. Deciding Aug 2, 1985.

Kendall, P. C. (2010). **아동 청소년 심리치료: 인지행동적 접근** (*Child and adolescent therapy: Cognitive-behavioral procedures*) (3rd ed.). (신현균, 김정호, 최영미 공역). 서울: 학지사. (원저는 2006년에 출판).

Kendall, P. C., & Braswell, L. (1985). *Cognitive-behavioral self-control therapy for impulsive children*. New York: The Guilford Press.

Kendall, P. C., & Finch, A. J. (1976). A cognitive-behavior treatment for impulsivity: A group comparison study. *Journal of Consulting and Clinical Psychology, 46*, 110-118.

Kessler, R. C., Borges, G., & Walters, E. E. (1999). Prevalence of and risk factors for lifetime suicide attempts in the National Comorbidity Survey. *Archives of General Psychiatry, 56*, 617-626.

Keys, S. G., Bemak, F., Carpenter, S. L., & King-Sears, M. E. (1998). Collaborative consultant: A new role for counselors serving at-risk youths. *Journal of Counseling and Development, 76*, 123-133.

King, K. A., Price, J. H., Telljohann, S. K., & Wahl, J. (2000). Preventing adolescent suicide: Do high school counselors know the risk factors? *Professional School Counseling, 3*, 255-263.

King, J. H. (2012). *How ethical codes define counselor professional identity* (Capella University). ProQuest Dissertations and Theses database (UMI No. 3505737).

King, J. H., & Stretch, L. S. (2013). A critical analysis of counseling's professional identity crisis. Retrieved from http://www.counseling.org/library.

Kireduk, T. J., Smith, A., & Cardillo, J. E. (1994). *Goal attainment scaling: Applications, theory, and measurement*. Hillsdale, NJ: Lawrence Erlbaum Associates.

Kiriakidis, S. P. (2008). Bullying and suicide attempts among adolescents kept in custody. *Crisis: The Journal of Crisis Intervention and Suicide Prevention, 29*, 216-218.

Klatzky, R. L. (1975). *Human memory: Structures and processes*. San Francisco, CA: W. H. Freeman.

Knowdell, R. L. (1995). *Values card sort planning kit*. San Jose, CA: Career Research and Testing.

Kochkind, M. J. (2004). *Advanced unix programing* (2nd ed.). Boston, MA: Pearson Education, Inc..

Köhler, W. (1925). *The mentality of apes*. New York: Harcourt Brace Jovanovich.

Kolassa, I. T., & Elbert, T. (2007). Structural and functional neuroplasticity in relation to traumatic stress. *Current Directions in Psychological Science, 16*, 321-325.

Kounin, J. (1970). *Discipline and group management in classrooms*. New York: Holt, Rinehart, & Winston.

Kovas, M., Beck, A., & Weissman, A. (1975). The use of suicidal motives in the psychotherapy of attempted suicides. *American Journal of Psychotherapy, 29*, 363-368.

Krathwohl, D. R., Bloom, B. S., & Masia, B. B. (1978). **교육목표분류학 II: 정의적 영역** (*Taxonomy of educational objectives. Handbook II: Affective domain*) (임의도, 진위교, 고종렬, 신세호 공역). 서울: 중앙적성출판부. (원저는 1964년에 출판).

Krumboltz, J. D. (1975). A social learning theory of career decision making. In A. M. Mitchell, G. B. Jones, & J. D. Krumboltz (Eds.), *A social learning theory of career decision making* (pp. 13-39). Palo Alto, CA: American Institutes for Research.

Krumboltz, J. D. (1994). Improving career development theory from a social learning perspective. In M. Savickas, & R. W. Lent (Eds.), *Convergence in career development theories: Implications for science and practice* (pp. 9-31). Palo Alto, CA: Consulting Psychologists Press.

Krumboltz, J. D. (1996). A learning theory of career counseling. In M. L. Savickas, & W. B. Walsh (Eds.), *Handbook of career counseling theory and practice* (pp. 55-80). Palo Alto, CA: Davies-Black Publishing.

Krumboltz, J. D. (2009). The happenstance learning theory. *Journal of Career Assessment, 17*, 135-154.

Lan, W. Y. (2008). 통계학에서 자기점검 기능을 가르치기(Teaching self-monitoring skills in statistics). In D. H. Schunk, & B. J. Zimmerman (Eds.), **자기조정학습의 교실 적용** (*Self-regulated learning: From teaching to self-reflective practice*) (pp. 141-172). (송재홍 역). 서울: 학지사. (원저는 1998년에 출판).

Lange, C. G. (1912). The mechanism of the emotions. In B. Rand (Ed. & Trans.), *The classical psychologists* (pp. 672-684). Boston, MA: Houghton Mifflin. (Originally printed in 1885).

Lapan, R. T., Gysbers, N. C., Hughey, K., & Arni, T. J. (1993). Evaluating a guidance and language arts unit for high school juniors. *Journal of Counseling and Development, 71*, 444-452.

Lapan, R. T., Gysbers, N. C., & Sun, Y. (1997). The impact of more fully implemented guidance programs on the school experiences of high school students: A state wide evaluation study. *Journal of Counseling and Development, 75*, 292-302.

Larson, J. (1994). Violence prevention in schools: A review of selected programs and procedures. *School Psychology Review, 23*, 151-164.

Lawler, M. K. (2000). School-based violence prevention programs: What works. In D. S. Sandhu, & C. B. Aspy (Eds.), *Violence in American schools: A practical guide for counselors* (pp. 247-266). Alexandria, VA: American Counseling Association.

Lazarus, A. A. (1973). Multimodal behavior therapy: Treating the BASIC ID. *Journal of Nervous and Mental Disease, 156*, 404-411.

Lazarus, R. S. (1991). *Emotion and adaptation*. New

York: Oxford University Press.

Leahy, R. L. (2010). **인지치료에서 저항의 극복** (*Overcoming resistance in cognitive therapy*). (최영희 역). 서울: 학지사. (원저는 2001년에 출판).

Ledley, D. R., Marx, B. P., & Heimberg, R. G. (2014). **초보자를 위한 인지행동치료** (*Making cognitive-behavior therapy work: Clinical process for new practitioners* (2nd ed.). (김정모, 전미애 공역). 서울: 학지사. (원저는 2010년에 출판).

LeDoux, J. E. (2000). Emotion circuits in the brain. *Annual Review of Neuroscience, 23*, 155-184.

LeDoux, J. E. (2006). **느끼는 뇌** (*The emotional brain: The mysterious underpinnings of emotional life*). (최준식 역). 서울: 학지사. (원저는 1996년에 출판).

LeDoux, J. E., & Phelps, E. A. (2008). Emotional networks in the brain. In M. Lewis, J. M. Haviland-Jones, & L. F. Barrett (Eds.), *Handbook of emotions* (pp. 159-179). New York: The Guilford Press.

Leffert, N., Benson, P. L., Scales, P. C., Sharma, A. R., Drake, D. R., & Blyth, D. A. (1998). Developmental assets: Measurement and prediction of risk behaviors among adolescents. *Applied Developmental Science, 2*, 209-230.

Lehr, J., & Martin, C. (1992). *We're all at risk: Inviting learning for everyone*. Minneapolis: Educational Media Corporation.

Lent, R. W., Brown, S. D., & Hackett, G. (1994). Toward a unified social cognitive theory of career and academic interests, choice, and performance. *Journal of Vocational Behavior, 45*, 79-122.

Lent, R. W., Brown, S. D., & Hackett, G. (2000). Contextual supports and barriers to career choice: A social cognitive analysis. *Journal of Counseling Psychology, 47*, 36-49.

Lent, R. W., Brown, S. D., & Hackett, G. (2002). Social cognitive career theory. In D. Brown, & R. W. Lent (Eds.), *Career development and counseling: Putting theory and research to work* (pp. 255-311). Hoboken, NJ: Wiley & Sons.

Lent, R. W., Brown, S. D., & Hackett, G. (2006). On conceptualizing and assessing social cognitive constructs in career research: A measurement guide. *Journal of Career Assessment, 14*, 12-35.

Lent, R. W., Brown, S. D., & Hackett, G. (2008). Social cognitive career theory and subjective well-being in the context of work. *Journal of Career Assessment, 16*, 6-21.

Levine, M. (2002). **아이의 뇌를 읽으면 아이의 미래가 열린다** (*A mind at a time: How every child can succeed*) (이창신 역). 서울: 도서출판 소소. (원저는 2002년에 출판).

Levine, M. (2003). **내 아이에겐 분명 문제가 있다** (*The Myth of laziness*). (김미화 역). 서울: 도서출판 소소. (원저는 2003년에 출판).

Levitsky, A., & Perls, F. S. (1970). *Rule and games of Gestalt therapy*. Makati, Philipines: Lodestar Press.

Lewis, R. A., & Gilhausen, M. R. (1981). Myths of career development: A cognitive approach to vocational counseling. *The Personnel and Guidance Journal, 59*, 296-299.

Linehan, M. M. (1993). *Cognitive-behavioral treatment of borderline personality disorder*. New York: The Guilford press.

Lipman, M. (1976). Philosophy for children. *Metaphilosophy, 7*, 17-39.

Locke, E. A., & Latham, G. P. (1990). *A theory of goal setting and task performance*. Englewood Cliffs, NJ: Prentice-Hall.

Locke, E. A., & Latham, G. P. (2002). Building a practically useful theorist of goal setting and task motivation: A 35-year odyssey. *American*

Psychology, 57, 705-717.

Lofquist, L. H., & Dawis, R. V. (1969). *Adjustment to work*. New York: Appleton-Century-Crafts.

Lofquist, L. H., & Dawis, R. V. (1991). *Essentials of person-environment-correspondence counseling*. Minneapolis: University of Minnesota Press.

Lopez, F. C. (1985). Brief therapy: A model for early counselor training. *Counselor Education and Supervision, 34*, 307-316.

Maehr, M. L., & Midgley, C. (1991). Enhancing student motivation: A schoolwide approach. *American Psychologist, 26*, 399-427.

Maehr, M. L., & Midgley, C. (1996). *Transforming school cultures*. Boulder, CO: Westview Press.

Malley, P. B., Kush, F., & Bogo, R. J. (1994). School-based adolescent suicide prevention and intervention programs: A survey. *School Counselor, 42*, 130-136.

Marcia, J. E. (1980). Identity in adolescence. In J. Adelson (Ed.), *Handbook of adolescent psychology* (pp. 159-187). New York: Wiley & Sons.

Marcia, J. E. (1988). Common processes underlying ego identity, cognitive/moral development, and individuation. In D. K. Lapsley, & F. C. Power (Eds.), *Self, ego, and identity: Integrative approaches* (pp. 211-225). New York: Springer-Verlag.

Marcia, J. E. (2002). Identity and psychosocial development in adulthood. *An International Journal of Theory and Research, 2*, 7-28.

Marsh, H. W. (1993). Self-esteem stability and responses to the stability of self scale. *Journal of Research in Personality, 27*, 253-269.

Martin, D. J., Garske, J. P., & Davis, M. K. (2000). Relation of the therapeutic alliance with outcome and other variables: A meta-analytic review. *Journal of Consulting and Clinical Psychology, 68*, 438-450.

Maslow, A. H. (1957). A philosophy of psychology: The need for mature science of human nature. *Main Current in Modern Thought, 13*, 27-32.

Maslow, A. H. (1992). **인간의 동기와 성격** (*Motivation and personality*). (조대봉 역). 서울: 교육과학사. (원저는 1954년에 출판).

Massaro, D., & Loftus, G. R. (1996). Sensory storage: Icons and echoes. In E. L. Bjork, & R. A. Bjork (Eds.), *Handbook of perception and cognition* (vol. 10, pp. 68-101). New York: Academic Press.

Mathewson, R. H. (1949). *Guidance policy and practice*. New York: Harper & Row.

Maultsby, M. C. (1986). Teaching rational self-counseling to middle graders. *The School Counselor, 33*, 207-219.

May, R. (Ed.) (1966). *Existential psychology*. New York: Random House.

Mayer, G. R. (1995). Preventing antisocial behavior in the schools. *Journal of Applied Behavior Analysis, 28*, 467-478.

Mayer, G. R., & Butterworth, T. (1979). A preventive approach to school violence and vandalism: An experimental study. *Personnel and Guidance Journal, 57*, 436-441.

Mayer, G. R., Butterworth, T., Nafpaktitis, M., & Sulzer-Azaroff, B. (1983). Preventing school vandalism and improving discipline: A three year study. *Journal of Applied Behavior Analysis, 16*, 355-369.

Mayer, J. D., & Salovey, P. (1997). What is emotional intelligence? In P. Salovey, & D. J. Sluyter (Eds.), *Emotional development and emotional intelligence: Educational implications* (pp. 3-34). New York: Basic Books.

Mayer, J. D., Salovey, P., & Caruso, D. R. (2004). Emotional intelligence: Theories, findings, and implications. *Psychological Inquiry, 15*, 197-215.

Mayer, R. E. (1982). Memory of arithmetic word problems. *Journal of Educational Psychology, 74*, 199-216.

Mayer, R. E. (1986). Mathematics. In R. F. Dillon, & R. J. Sternberg (Eds.), *Cognition and instruction* (pp. 127-154). New York: Academic Press.

Mayer, R. E., Larkin, J. H., & Kadane, J. (1984). Cognitive analysis of mathematical problem solving. In R. J. Sternberg (Ed.), *Advances in the psychology of human intelligence* (vol. 2, pp. 231-273). Hillsdale, NJ: Lawrence Erlbaum Associates.

McConville, B. J., & Bruce, R. T. (1985). Depressive illness in children and adolescents: A review of current concepts. *Canadian Journal of Psychiatry, 30*, 119-129.

McGaugh, J. L. (2004). The amygdala modulates the consolidation of memories of emotionally arousing experiences. *Annual Review of Neuroscience, 27*, 1-28.

McKeachie, W. J., Pintrich, P. R., & Linn, Y. C. (1986). Teaching learning strategies. *Educational Psychologists, 20*, 153-160.

McWhirter, B. T., McWhirter, J. J., Hart, R. S., & Gat, I. (2000). Preventing and treating depression in children and adolescents. In D. Capuzzi, & D. R. Gross (Eds.), *Youth at risk: A prevention resource for counselors, teachers, and parents* (3rd ed., pp. 137-165). Alexandria, VA: American Counseling Association.

McWhirter, J. J. (1998). Youth suicide. In J. J. McWhirter, B. T. McWhirter, A. M. McWhirter, & E. H. McWhirter (Eds.), *At-risk youth: A comprehensive response* (2nd ed., pp. 179-199). Pacific Grove, CA: Brooks/Cole.

Meichenbaum, D. H. (1985). *Stress inoculation training*. New York: Pergamon Press.

Meichenbaum, D. H. (1995). **인지행동수정의 통합적 접근** (*Cognitive behavior modification: An integrative approach*). (여광응, 정용섭 공역). 서울: 학지사. (원저는 1977년에 출판).

Meichenbaum, D. H. (1990). Cognitive perspective on teaching self-regulation. *American Journal on Mental Retardation, 94*, 367-369.

Meichenbaum, D. H., & Goodman, J. (1971). Training impulsive children to talk themselves: A means of developing self-control. *Journal of Abnormal Psychology, 77*, 115-126.

Mentis, M., Dunn-Bernstein, M. D., Mentis, M., & Skuy, M. (2009). *Bridging learning: Unblocking cognitive potential in and out of the classroom* (2nd ed.). Thousand Oaks, CA: Corwin/A SAGE Company.

Mercer, C. D. (1991). *Students with learning disabilities* (4th ed.). New York: Macmillan.

Mercer, C. D., & Mercer, A. R. (2005). *Teaching students with learning problems* (7th ed.). Upper Saddle River, NJ: Prentice Hall.

Mercer, C. D., & Miller, S. P. (1992). Teaching students with learning problems in math to acquire, understand, and apply basic math facts. *Remedial and Special Education, 13*, 19-35.

Merrell, K. W., Carrizales, D. C., Feuerborn, L. C., Gueldner, B. A., & Tran, O. K. (2007a). *Strong-Kids－Grades 3-5: A social and emotional learning curriculum*. Baltimore, MD: Paul H. Brookes Publishing.

Merrell, K. W., Carrizales, D. C., Feuerborn, L. C., Gueldner, B. A., & Tran, O. K. (2007b). *Strong-Kids－Grades 6-8: A social and emotional learning curriculum*. Baltimore, MD: Paul H. Brookes Publishing.

Merrell, K. W., Carrizales, D. C., Feuerborn, L. C., Gueldner, B. A., & Tran, O. K. (2007c). *Strong-Kids－Grades 9-12: A social and emotional learning curriculum*. Baltimore, MD: Paul H. Brookes Publishing.

Merrell, K. W., & Gueldner, B. A. (2011). **사회정서학습: 정신건강과 학업적 성공의 증진** (*Social and emotional learning in the classroom: Promoting mental health and academic success*). (신현숙 역). 서울: 교육과학사. (원저는 2010년에 출판).

Miller, F. W. (1968). *Guidance: Principles and services*. Columbus, OH: Merrill.

Miller, G. A. (1956), The magical number seven, plus-or-minus two: Some limits on our capacity for processing information. *Psychological Review, 63*, 81-97.

Milone, M. N. (1995). Electronic portfolios: Who's doing them and how? *Technology and Learning, 16*, 28-36.

Minuchin, S. (1974). *Family and family therapy*. Cambridge, MA: Harvard University press.

Minuchin, S., & Fishman, H. C. (1981). *Family therapy techniques*. Cambridge, MA: Harvard University Press.

Mitchell, L. K., & Krumboltz, J. D. (1996). Krumboltz's learning theory of career choice and counseling. In D. Brown, L. Brooks, & Associates (Eds.), *Career choice and development* (3rd ed., pp. 233-276). San Francisco, CA: Jossey-Bass.

Moffett, J. M., & Wagner, B. J. (1983). *Student centered language arts and reading, K-13: A handbook for teachers*. Boston, MA: Houghton Mifflin.

Montague, M. (1997). Cognitive strategy instruction in mathematics for students with learning disabilities. *Journal of Learning Disabilities, 30*, 164-177.

Montague, M., & Applegate, B. (1993). Middle school students mathematical problem solving: An analysis of think-aloud protocols. *Learning Disability Quarterly, 16*, 19-32.

Mościcki, E. K. (2001). Epidemiology of completed and attempted suicide: Toward a framework for prevention. *Clinical Neuroscience Research, 1*, 310-323.

Mosak, H. H. (1979). Adlerian psychotherapy. In R. Corsini (Ed.), *Current psychotherapies* (2nd ed., pp. 44-94). Itasca, IL: P. E. Peacock.

Mosak, H. H. (2004). Adler의 심리치료(Adlerian psychotherapy). In R. J. Corsini, & D. Wedding (Eds.), **현대 심리치료** (*Current psychotherapies*) (6th ed., pp. 89-155). (김정희 역). 서울: 학지사. (원저는 2000년에 출판).

Muro, J. J., & Dinkmeyer, D. (1977). *Counseling in the elementary and middle schools: A practical approach*. Madison, WI: Brown and Benchmark Publishers.

Murrow-Taylor, C., Faltz, B. M., Ellis, M. R., & Culberston, K. (1999). A multicultural career fair for elementary students. *Professional School Counseling, 2*, 241-243.

Myers, D. C., & DeWall, C. N. (2015). **마이어스의 심리학**(제11판) (*Psychology*) (11th ed.). (신현정, 김비아 공역). 서울: 시그마프레스. (원저는 2015년에 출판).

Myers, J. E., & Sweeney, T. J. (2008). Wellness counseling: The evidence base for practice. *Journal of Counseling and Development, 86*, 482-493.

Myrick, R. D. (1987). *Developmental guidance and counseling: A practical approach*. Minneapolis: Educational Media Corporation.

Myrick, R. D. (1993). *Developing guidance and counseling: A practical approach* (2nd ed.). Minneapolis: Educational Media Corporation.

Myrick, R. D. (1997). *Developmental guidance and counseling: A practical approach* (3rd ed.). Minneapolis: Educational Media Corporation.

Myrick, R. D. (2003). *Developmental guidance and counseling: A practical approach* (4th ed.). Minneapolis: Educational Media Corporation.

National Commissions on Excellence in Education (NCEE) (1983). *A nation at risk*. Washington,

DC: U.S. Government Printing Office.

National Occupational Information Coordinating Committee (NOICC) (1992). *The National Career Development Guidelines Project*. Washington, DC: U.S. Department of Labor.

National Research Council & Institute of Medicine (NRCIM) (1999). *Risk and opportunities: Synthesis of studies on adolescence*. Washington, DC: National Academy Press.

National School Safety Center (NSSC) (1998). *Checklist of Characteristics of Youth Who Have Caused School-Associated Violent Deaths*. Thousand Oaks, CA: National School Safety Center.

Neeleman, J., Wessely, S., & Wadsworth, M. (1998). Predictors of suicide, accidental death, and premature natural death in a general-population birth cohort. *The Lancet, 351*, 93-97.

Neukrug, E. S., Barr, C. G., Hoffman, L. R., & Kaplan, L. S. (1993). Developmental counseling and guidance: A model for use in your school. *School Counselor, 40*, 356-362.

Nicholls, J. G. (1967). The options on co-education of a group of secondary modern school children in the Machester area: The teachers and their parents. *British Journal of Educational Psychology, 37*, 369-397.

Niles, S. C., & Harris-Bowlsbey, J. (2002). *Career development interventions in the 21st century*. Upper Saddle River, NJ: Merrill/Prentice Hall.

Nolen-Hoeksema, S., Fredrickson, B. L., Loftus, G. R., & Wagenaar, W. A. (2011). **애트킨슨과 힐가드의 심리학 원론(제15판)** (*Introduction to psychology*) (15th ed.). (이진환, 신현정, 정봉교, 이광오, 양윤, 정영숙, 최양규 공역). 서울: 박학사. (원저는 2009년에 출판).

Nordentoft, M., Breum, L., Munck, L. K., Nordestgaard, A. G., Hunding, A., & Bjaeldager, P. L. (1993). High mortality by natural and unnatural causes: A 10 year follow up study of patients admitted to a poisoning treatment centre after suicide attempts. *BMJ, 306*, 1637-1641.

Norries, W., Hatch, R. N., Engelkes, J. R., & Winborn, B. B. (1985). *The career information service*. Long Grove, IL: Waveland Press, Inc.

Nugent, F. A. (2000). *Introduction to the profession of counseling* (3rd ed.). Columbus, OH: Merrill.

O'Brien, K. M., Dukstein, R. D., Jackson, S. L., Tomlinson, M. J., & Kamatuka, N. A. (1999). Broadening career horizons for student in at-risk environments. *The Career Development Quarterly, 47*, 215-229.

O'Donnell, I., Farmer, R., & Catalan, J. (1996). Explaining suicide: The views of survivors of serious suicide attempts. *British Journal of Psychiatry, 168*, 780-786.

Offer, D., & Sabshin, M. (1984). *Normality and the life cycle: A critical integration*. New York: Basic Books.

Ohlsen, M. M. (1977). *Group counseling* (2nd ed.). New York: Holt, Rinehart, & Winston.

Oliva, P. F. (1982). *Developing the curriculum*. Boston, MA: Little, Brown, and Company.

Olweus, D. (1993). *Bullying at school: What we know and what we can do*. Cambridge, MA: Blackwell.

Olweus, D. (2005). A useful evaluation design, and effects of the Olweus Bullying Prevention Program. *Psychology, Crime, & Law, 11, 389-402.*

Ormrod, J. E. (2011). **교육심리학(7판)** (*Educational psychology: A developing children*). (이명숙, 강영하, 박상범, 송재홍, 임진영, 최병연 공역). 서울: 아카데미프레스.

Park, J. C., & Boyd, A. O. (1998). Depression and suicide; Injecting hope. In L. L. Palmatier (Ed.), *Crisis counseling for a quality school community* (pp. 207-225). Washington, DC: Accelerated Development.

Parker, J. G., & Asher, S. R. (1987). Peer relations and later personal adjustment: Are low-accepted children at risk? *Psychological Bulletin, 102*, 357-389.

Parloff, M. B. (1976). Shopping for the right therapy. *Saturday Review, February 21*, 14-16.

Parmar, R. S., Cawley, J. F., & Frazita, R. R. (1996). Word problem-solving by students with and without mild disabilities. *Exceptional Children, 62*, 415-429.

Parsons, F. (1909). *Choosing a vocation*. Boston, MA: Houghton Mifflin.

Patti, R. J. (1982). *Social welfare administration: Managing social program in a developmental context*. Englewood Cliffs, NJ: Prentice-Hall.

Pavlov, I. P. (1999). **조건반사: 대뇌피질의 생리적 활동에 관한 연구** (*Conditioned reflex: An investigation of the physiological activity of the cerebral cortex*) (Trans. by G. V. Anrep). (이관용 역). 서울: 교육과학사. (원저는 1926/1960년에 출판).

Peach, L., & Reddick, T. L. (1991). Counselors can make a difference in preventing adolescent suicide. *School Counselor, 39*, 107-110.

Peck, D. (1983). The last moments of life: Learning to cope. *Deviant Behavior, 4*, 313-342.

Peeks, B. (1992). Protection and social context: Understanding a child's problem behavior. *Elementary School Guidance and Counseling, 26*, 295-304.

Pennebaker, J. W. (1997). Writing about emotional experiences as a therapeutic process. *Psychological Science, 8*, 162-166.

Pennebaker, J. W. (2002). Writing about emotional events: From past to future. In S. J. Lepore, & J. M. Smith (Eds.), *The writing cure: How expressive writing promotes health and emotional well-being* (pp. 281-291). Washington, DC: American Psychological Association.

Perls, F. S. (2013). **펄스의 게슈탈트 심리치료** (*The gestalt approach & eyewitness to therapy*). (최한나, 변상도 공역). 서울: 학지사. (원저는 1973년에 출판).

Peterson, L. R., & Peterson, M. J. (1959). Short-term retention of individual items. *Journal of Experimental Psychology, 58*, 193-198.

Phelan, P., Yu, H. C., & Davidson, A. L. (1994). Navigating the psychosocial pressures of adolescence: The voices and experiences of high school youth. *American Educational Research Journal, 31*, 415-447.

Phillips, S. D. (1992). Career counseling choice and implementation. In S. D. Brown, & R. W. Lent (Eds.), *Handbook of counseling psychology* (pp. 513-547). New York: John Wiley & Sons.

Phillips, T. M., Cooper, W. E., & Johnson, J. T. (1995). Listen to the children: Where adolescents obtain their role models. *Rural Educator, 17*, 24-26.

Piaget, J. (1950). *The psychology of intelligence* (Trans. by M. Piercy, & D. E. Berlyne). New York: Routledge Classics.

Piaget, J. (1952). *The origins of intelligence in children*. New York: International Universities Press.

Piaget, J. (1980). The psychogenesis of knowledge and its epistemological significance. In M. Piattelli-Palmarini (Ed.), *Language and learning: The debate between Jean Piaget and Noam Chomsky* (pp. 111-127). Cambridge, MA: Harvard University Press.

Pietrofesa, J. J., & Vriend, J. (1971). *The school counselor as a professional*. Itasca, IL: F. E. Peacock.

Pinar, W. F. (1981). The abstract and the concrete in curriculum theorizing. In H. A. Giroux, A. N. Penna, & W. F. Pinar (Eds.), *Curriculum and instruction: Alternatives in education* (pp.

431-454). Berkeley, CA: McCutchan.

Pinar, W. F. (1988). Whole, bright, deep with understanding: Issues in qualitative research and autobiographical method. In W. F. Pinar (Ed.), *Contemporary curriculum discourses* (pp. 134-153). Scottsdale, AZ: Gorsuch Scarisbrick.

Pintrich, P. R. (2000). Multiple goals, multiple pathways: The role of goal orientation in learning and achievement. *Journal of Educational Psychology, 92*, 544-555.

Pintrich, P. R., & Garcia, T. (1991). Student goal orientation and self-regulation in the college classroom. In M. L. Maeher, & P. R. Pintrich (Eds.), *Advances in motivation and achievement* (vol. 7, pp. 371-402). Greenwich, CT: JAI Press.

Polster, E., & Polster, M. (1974). *Gestalt therapy integrated: Contours of theory and practice*. New York: Brunner/Mazel.

Popenhagen, M. P., & Qualley, R. M. (1998). Adolescent suicide: Detection, intervention, and prevention. *Professional School Counseling, 1*, 30-35.

Pressley, M. (1977). Imagery and children's learning: Putting the picture in developmental perspective. *Review of Educational Research, 47*, 586-622.

Pressley, M., & Levin, J. R. (1977). Task parameters affecting the efficacy of a visual imagery learning strategy in younger and older children. *Journal of Experimental Child Psychology, 24*, 53-59.

Pretzer, J. L., & Beck, A. T. (1996). A cognitive theory of personality disorders. In M. F. Lenzenweger, & J. F. Clarkin (Eds.), *Major theories of personality disorder* (pp. 36-105). New York: The Guilford Press.

Proctor, W. (1925). *Educational and vocational guidance: A considerations of guidance as it relates to all of the essential activities of life*. Boston, MA: Houghton Mifflin.

Puig-Antich, J. (1985). Biological factors in prepubertal major depression. *Psychiatric Annals, 15*, 390-397.

Purkey, W. W., & Schmidt, J. J. (1982). Ways to be an inviting parent: Suggestions for the counselor-consultant. *Elementary School Guidance and Counseling, 17*, 94-99.

Purkey, W. W., & Schmidt, J. J. (1987). *The inviting relationship*. Englewood Cliffs, NJ: Prentice-Hall.

Purkey, W. W., & Schmidt, J. J. (1996). *Invitational counseling: A self-concept approach to professional practice*. Pacific Grove, CA: Brooks/Cole.

Radford, M. (2003). Emotional intelligence and Education. *International Journal of Children's Spirituality, 8*, 255-268.

Ramowski, S. K., Nystrom, R. J., Chaumeton, N. R., Rosenberg, K. D., & Gilchrist, J. (2010). "Choking game" awareness and participation among 8th graders—Oregon, 2008. *Morbidity and Mortality Weekly Report, 59*(1), 1-5.

Ramsey, M. (1994). Students depression: General treatment dynamics and symptom specific interventions. *School Counselor, 41*, 256-262.

Ratts, M. J. (2011). Multiculturalism and social justice: Two sides the same coin. *Journal of Multicultural Counseling and Development, 39*, 24-37.

Rehm, L. P. (1977). A self-control model of depression. *Behavior Therapy, 8*, 787-804.

Rehfuss, M. C. (2009). The future career autobiography: A narrative measure of career intervention effectiveness. *The Career Development Quarterly, 58*, 82-90.

Rehfuss, M. C., & Fabio, A. D. (2012). Validating the future career autobiography as a measure of narrative change. *Journal of Career*

Assessment, 20, 452-462.

Remley, T. P., & Huey, W. C. (2002). An ethics quiz for school counselors. *Professional School Counseling, 6*, 3-11.

Reynolds, W. M. (1986). A model for the screenig and identification of depressed children and adolescents in school settings. *Professional School Psychology, 1*, 117-129.

Reynolds, W. M. (1987). *The Reynolds Adolescents Depression Scale (RADS) manual*. Odessa, FL: Psychological Assessment Resources.

Reynolds, W. M. (1988). *The Suicide Ideation Questionnaire*. Odessa, FL: Psychological Assessment Resources.

Reynolds, W. M. (1989). *The Reynolds Child Depression Scale (RCDS) manual*. Odessa, FL: Psychological Assessment Resources.

Reynolds, W. M. (1998). *Suicidal Ideation Questionnaire: Professional manual*. Odessa, FL: Psychological Assessment Resources.

Richek, M., Caldwell, J., Jennings, J., & Lerner, J. (1996). *Reading problems: Assessment and teaching strategies*. Needham Heights, MA: Allyn & Bacon.

Rigby, K. (1996). *Bullying in schools: And what to do about it*. London: Jessica Kingsley.

Riley, P., & McDaniel, J. (1999). *Youth out of the education mainstream: A North Carolina profile*. Rockville, MD: Juvenile Justice Clearinghouse.

Roberts, W. B. (1995). Postvention and psychological autopsy in the suicide of a 14-year-old public school student. *School Counselor, 42*, 322-330.

Roe, A. (1956). *The psychology of occupations*. New York: John Wiley & Sons.

Rogers, C. R. (1942). *Counseling and psychotherapy: New concepts in practice*. Boston, MA: Houghton Mifflin.

Rogers, C. R. (1951). *Client-centered therapy*. Boston, MA: Houghton Mifflin.

Rogers, C. R. (1957). The necessary and sufficient conditions of therapeutic personality change. *Journal of Consulting and Clinical Psychology, 21*, 95-103.

Rogers, C. R. (1970). *Carl Rogers on encounter groups*. Oxford, England: Harper & Row.

Rogers, C. R. (2000). Person-centered therapy. In R. Nelson-Jones (Ed.), *Six key approaches to counseling and therapy* (pp. 196-211). London: SAGE.

Rogers, C. R. (2007). **칼 로저스의 사람-중심 상담** (*A way of being*). (오제은 역). 서울: 학지사. (원저는 1980/1995년에 출판).

Rollins, J. (2010, June). Making a definitive progress. *Counseling Today, 52*(12), 36-38.

Rosenberg, M. (1986). Self-concept from middle childhood through adolescence. In J. Suls, & A. G. Greenwald (Eds.), *Psychological perspectives on the self* (vol. 3, pp. 107-135). Hillsdale, NJ: Lawrence Erlbaum Associates.

Rothbart, M. K., & Bates, J. E. (1998). Temperament. In N. Eisnberg (Ed.), *Handbook of child psychology: Social, emotional, and personality development* (vol. 3, 5th ed., pp. 105-176). New York: Wiley & Sons.

Royse, D., Thyer, B. A., Padgett, D. K., & Logan, T. K. (2001). *Program evaluation: An introduction* (3rd ed.). Belmont, CA: Brooks & Cole.

Rudd, M. D., Joiner, T., & Rajab, M. H. (2001). *Treating suicidal behavior: An effective, time-limited approach (Treatment manuals for practitioners)*. New York: The Guilford Press.

Ryan, R. M., & Deci, E. L. (2000). Intrinsic and extrinsic motivations: Classic definition and new directions. *Contemporary Educational Psychology, 25*, 54-57.

Rylander, C. E. (2002). *Guiding our children toward success: How Texas school counselors spend their time (A report authorized by S.B. 538, 77th Legislature)*. Austin, TX: Office of the Comptroller.

Sacks, J. I. (1992). AACD to become ACA. *Guidepost, 34*(12), 10.

Safe schools, safe students. (1998). (Available from Drug Strategies, 2445 M Street, NW, no. 480, Washington, DC 20037).

Salmivalli, C. (2010). Bullying and the peer group: A review. *Aggression and Violent Behavior, 15*, 112-120.

Salmivalli, C., Karna, A., & Poskiparta, E. (2010). Development, evaluation, and diffusion of a national anti-bullying program, KiVa. In B. Doll, W. Pfohl, & J. Yoon (Eds.), *Handbook of youth prevention science* (pp. 240-254). New York: Routledge.

Salmivalli, C., Poskiparta, E., Tikka, A., & Poyhonen, V. (2009). *KiVa Koulu. Opettajan poas. Vuosiluokat 1-3.* [KiVa Teacher's manual. Unit 1]. Kaarina, Filand: Ministery of Education.

Salomons, T. V., Johnstone, T., Backonja, M. M., & Davidson, R. J. (2004). Perceived controllability modulates the neural response to pain. *Journal of Neuroscience, 24*, 7199-7203.

Sampson, J. P., Jr., Peterson, G. W., & Reardon, R. C. (1989). Counselor intervention strategies for computer-assisted career guidance: An information-processing approach. *Journal of Career Development, 16*, 139-154.

Sandin, B., Chorot, P., Santed, M. A., Valiente, R. M., & Joiner, T. E. Jr. (1998). Negative life events and adolescent suicidal behavior: A critical analysis from the stress process perspective. *Journal of Adolescence, 21*, 415-426.

Sarbin, T. R. (1986). The narrative as a root metaphor for psychology. In T. R. Sarbin (Ed.), *Narrative psychology: The storied nature of human conduct* (pp. 3-21). Westport, CT: Praeger.

Satir, V. (1991). **가족의사소통의 새로운 기법: 사람만들기의 가정공학** (*People making*). (성민선, 송준 공역). 서울: 홍익제. (원저는 1972년에 출판).

Sattler, J. M. (1992). *Assessment of children*. San Diego, CA: Author.

Savickas, M. L. (2002). Career construction: A developmental theory of vocational behavior. In D. Brown, & Associates (Eds.), *Career choice and development* (4th ed., pp. 149-205). San Francisco: Jossey-Bass.

Savickas, M. L. (2005). The theory and practice of career construction. In D. Brown & R. W. Lent (Eds.), *Career development and counseling: Putting theory and research to work* (pp. 42-70). Hoboken, NJ: Wiley & Sons.

Schacter, D. L. (1987). Implicit memory: History and current status. *Journal of Experimental Psychology: Learning, Memory, and Cognition, 13*, 501-518.

Schacter, D. L. (1993). Understanding implicit memory: A cognitive neuroscience approach. In A. F. Collins, S. E. Gathercole, M. A. Conway, & P. E. Morris (Eds.), *Theories of memory* (pp. 387-412). Hove, England: Lawrence Erlbaum Associates.

Schacter, S., & Singer, J. E. (1962). Cognitive, social, and psychological determinants of emotional state. *Physiological Review, 69*, 379-399.

Schellenberg, R. (2008). *The new school counselor: Strategies for universal academic achievement*. Lanham, ML: Rowman & Littlefield Education.

Schloss, P. J. (1983). Classroom-based interventions for students exhibiting depressive reactions. *Behavioral Disorders, 8*, 231-236.

Schmidt, J. J. (1988). *Invitation to friendship*. Minneapolis, MN: Educational Media Corporation.

Schmidt, J. J. (1997). *Making and keeping friends:*

Ready-to-use lessons, stories, and activities for building relationships. West Nyack, NY: The Center for Applied Research in Education.

Schmidt, J. J. (2000). 학교상담 (*Counseling in schools: Essential services and comprehensive programs*) (3rd ed.). (노안영 역). 서울: 학지사. (원저는 1999년에 출판).

Schneidman, E. S. (1981). Suicide. *Journal of Suicide and Life-Threatening Behavior, 11*, 198-220.

Schneidman, E. S. (1987). Adolescents suicide. *Journal of Clinical Psychiatry, 48*, 55-63.

Schoenfeld, A. H., & Herrmann, D. J. (1982). Problem perception and knowledge structure in expert and novice mathematical problem solvers. *Journal of Experimental Psychology: Learning, Memory, and Cognition, 8*, 484-494.

Schunk, D. H. (1991). Self-efficacy and academic motivation. *Educational Psychologist, 26*, 207-231.

Schutz, W. C. (1988). 참 만남 집단의 원리: 지도자를 위한 지침서 (*Elements of encounter: A body-mind approach*). (이형득, 설기문 공역). 서울: 형설출판사. (원저는 1973년에 출판).

Schwab, K. (2016). 클라우스 슈밥의 제4차 산업혁명 (*The forth industrial revolution*). (송경진 역). 서울: 새로운 현재. (원저는 2016년에 출판).

Sciarra, D. T. (2004). *School counseling: Foundation and contemporary issues*. Belmont, CA: Brooks/Cole.

Sears-Jones, S. (1995). Career and educational planning in the middle level school. *NASSP Bulletin, 79*, 36-42.

Segal, J. W., Chipman, S. F., & Glaser, R. (Eds.) (1985). *Thinking and learning skills (vol. 1): Relating instruction to research*. Hillsdale, NJ: Lawrence Erlbaum Associates.

Seligman, M. E. P. (1974). Depression and learned helplessness. In R. J. Friedman, & M. M. Katz (Eds.), *The psychology of depression: Contemporary theory and research* (pp. 83-113). New York: Wiley & Sons.

Seligman, M. E. P. (2006). 긍정심리학: 진정한 행복 만들기 (*Authentic happiness: Using the new positive psychology to realize your potential for lasting fulfil*). (김인자 역). 서울: 물푸레. (원저는 2004년에 출판).

Sellers, N., Satcher, J., & Comas, R. (1999). Children's occupational aspirations: Comparisons by gender, gender role identity, and socioeconomic status. *Professional School Counseling, 2*, 314-317.

Sheppes, G., Suri, G., & Gross, J. J. (2015). Emotion regulation and psychopathology. *Annual Review of Clinical Psychology, 11*, 379-405.

Shertzer, B., & Stone, S. C. (1980). *Fundamentals of counseling* (3rd ed.). Boston, MA: Houghton Mifflins.

Shertzer, B., & Stone, S. C. (1981). *Fundamentals of counseling* (4th ed.). Boston, MA: Houghton Mifflins.

Shields, L. B., Hunsaker, J. G., & Stewart, D. M. (2008). Russian roulette and risk-taking behavior: A medical examiner study. *American Journal of Forensic Medicine and Pathology, 29*, 32-39.

Shiota, M. N., & Kalat, J. W. (2015). 정서심리학(제2판) (*Emotions*) (2nd ed.). (민경환, 이옥경, 이주일, 김민희, 장승민, 김명철 공역). 서울: 센게이지러닝코리아. (원저는 2012년에 출판).

Shonkoff, J. P., & Phillips, D. A. (Eds.) (2000). *Report: Board on children, youth and families, commission on behavioral and social sciences and education*. Washington, DC: National Academy Press.

Sieber, J. E. (2008). How shall anxiety be defined? In J. E. Sieber, H. F. O'Neil, & S. Tobias, Jr. (Eds.), *Anxiety, learning, and instruction* (Reprinted, chap. 3). Mahwah, NJ: Lawrence Erlbaum Associates. (Originally printed in 1977).

Siegel, L. S. (1999). Issues in the definition and diagnosis of learning disabilities: A perspective on Guckenberger vs. Boston University. *Journal of Learning Disabilities, 32*, 304-319.

Siehl, P. M. (1990). Suicide postprevention: A new disaster plan—What a school should do when faced with a suicide. *School Counselor, 38*, 52-57.

Silbert, J., Carnine, D., & Stein, M. (1990). *Direct instruction mathematics*. Englewood Cliffs, NJ: Prentice-Hall.

Silver, A. A., & Hagin, R. A. (1989). Prevention of learning disorders. In D. Shaffer, & M. M. Silverman (Eds.), *Prevention of mental disorders, alcohol and other drug use in children and adolescents* (pp. 413-442). Rockville, ML: Office for Substance Abuse Prevention.

Silverman, M. M., Berman, A. L., Sanddal, N. D., O'Carroll, P. W., & Joiner, T. E. (2007). Rebuilding the tower of babel: A revised nomenclature for the study of suicide and suicidal behaviors part 1—Background, rationale, and methodology. *Suicide and Life-Threatening Behavior, 37*, 248-263.

Simmons, R., & Blyth, D. (1987), *Moving into adolescence*. New York: Aldine de Gruyter

Simon, T. R., Swann, A. C., Powell, K. E., Potter, L. B., Kresnow, M., & O'Carroll, P. W. (2001). Characteristics of impulsive suicide attempts and attempters. *Suicide and Life-Threatening Behavior, 32*(suppl.), 49-59.

Simons, R. L., & Murphy, P. I. (1985). Sex differences in the causes of adolescent suicide ideation. *Journal of Youth and Adolescence, 14*, 423-434.

Singer, R. N., & Cauraugh, J. H. (1985). The generalizability effect of learning strategies for categories of psychomotor skills. *Quest, 37*, 103-119.

Sink, C. A. (2005). The contemporary school counselor. In C. A. Sink (Ed.), *Contemporary school counseling: Theory, research, and practice* (pp. 1-42). Boston, MA: Houghton Mifflin Company.

Sink, C. A., & MacDonald, G. (1998). The status of comprehensive guidance and counseling in the United States. *Professional School Counseling, 2*, 88-89.

Skinner, B. F. (1953). *Science and human behavior*. New York: Macmillan.

Skinner, B. F. (1957). *Verbal behavior*. New York: Appleton-Century- Crofts.

Slavin, R. E. (2013). **교육심리학: 이론과 실제(제10판)** (*Educational psychology: Theory into practice*) (10th ed.). (강갑원, 김정희, 김종백, 박희순, 이경숙, 이경화 공역). 서울: 시그마프레스. (원저는 2012년에 출판).

Slee, P. T. (2009). The PEACE Pack: A program for reducing bullying in our schools. In S. R. Jimerson, S. M. Swearer, & D. L. Espelage (Eds.), *School bullying: Teacher helping students cope*. (chap. 34). New York: Routledge.

Slee, P. T. (2017). *School bullying: Teacher helping students cope*. New York: Routledge.

Slee, P. T., & Mohyla, J. (2007). The PEACE Pack: An evaluation of interventions to reduce bullying in four Australian primary schools. *Educational Research, 49*, 103-114.

Smith, S. E. (1994). Parent-initiated contracts: An intervention for school related behaviors. *Elementary School Guidance and Counseling, 28*, 182-187.

Sommers-Flanagan, J., & Sommers-Flanagan, R. (1996). Efficacy of antidepressant medication with depressed youth: What psychologists should know. *Professional Psychology: Research and Practice, 27*, 145-153.

Sommers-Flanagan, R., Barrett-Hakanson, T.,

Clarke, C., & Sommers-Flanagan, J. (2000). A psychoeducational school-based coping and social skills group for depressed students. *Journal for Specialists in Group Work, 25*, 170-190.

Son, S. E., & Kirchner, J. T. (2000). Depression in children and adolescents. *American Family Physician, 62*, 2297-2308.

Sperling, G. (1960). The information available in brief visual representations. [Special issue]. *Psychological Monographs, 74*(498), 1-29.

Squier, K. L., Nailor, P., & Carey, J. C. (2014). *Achieving excellence in school counseling: Through motivation, self-direction, self-knowledge, and relationships*. Thousand Oaks, CA: Corwin Press.

Stampfl, T. G. (1961). Implosive therapy: A learning theory derived psychodynamic therapeutic technique. In P. Lebarba, & A. Dent (Eds.), *Critical issues in clinical psychology*. New York: Academic Press.

Stern, W. (1914). *The psychological methods of testing intelligence*. (*Educational Psychology Monographs, no. 13*) (Trans. by G. M. Whipple). Baltimore, MD: Warwick & York. (Original German edition in 1912).

Sternberg, R. J. (1994). Gulliver Ravel's travles: An excursion to the theoretical islands of intelligence. In A. Demetriou, & A. Efklides (Eds.), *Intelligence, mind, and reasoning: Structure and development* (pp. 213-231). Amsterdam: North-Holland.

Stillion, J. M., & McDowell, E. E. (1996). *Suicide across the lifespan: Premature exits* (2nd ed.). Washington, DC: Taylor & Francis.

Stillion, J. M., McDowell, E. E., & Shamblin, J. (1984). The suicide attitude vignette experience: A method for measuring adolescent attitude toward suicide. *Death Education, 8*, 65-81.

Stone, S. C. (2002). Negligence in academic advising and abortion counseling: Court rulings and implications. *Professional School Counseling, 6*, 28-35.

Stone, S. C., & House, R. (2002, May-Jun). Train the trainers program transform school counselors. *ASCA Counselor, 40*, 20-21.

Sugai, G., & Horner, R. H. (2002). The evolution of discipline practices: School-wide positive behavior supports. *Child and Family Behavior Therapy, 24*, 23-50.

Super, D. E. (1953). A theory of vocational development. *American Psychologist, 8*, 185-190.

Super, D. E. (1957). *The psychology of careers; An introduction to vocational development*. New York: Harper & Row.

Super, D. E. (1980). A life-span, life-space approach to career development. *Journal of Vocational Behavior, 16*, 282-298.

Super, D. E. (1983). Assessment in career guidance: Towards truly developmental counseling. *Personnel and Guidance Journal, 61*, 555-561.

Super, D. E. (1990). A life-span, life-space approach to career development. In D. Brown, L. Brooks, & Associates (Eds.), *Career choice and development: Applying contemporary theories to practice* (2nd ed., pp. 197-261). San Francisco, CA: Jossey-Bass.

Sussman, S., & Sussman, A. N. (2001). Praxis in health behavior program development. In S. Sussman (Ed.), *Handbook of program development in health behavior research and practice* (pp. 79-106). Thousand Oaks, CA: Sage Publications, Inc.

Swann, W. B., Chang-Schneider, C. S., & McClarty, K. L. (2007). Do our self-views matter? Self-concepts and self-esteem in everyday life. *American Psychologist, 62*, 84-94.

Swanson, H. L. (1993). An information processing

analysis of learning disabled children's problem solving. *American Educational Research Journal, 30*, 861-893.

Swanson, H. L. (1995). The process and outcome of career counseling. In W. B. Walsh, & S. H. Osipow (Eds.), *Handbook of vocational psychology* (2nd ed., pp. 217-259). Englewood Cliffs, NJ: Lawrence Erlbaum Associates.

Taylor, S. E., Pham, L. B, Rivkin, I. D., & Armor, D. A. (1998). Harnessing the imagination: Mental simulation, self-regulation, and coping. *American Psychologist, 53*, 429-439.

The Search Institute (1997). *The assets approach: Giving kids what they need to succeed*. Minneapolis: Author.

Thomas, A., & Chess, S. (1977). *Temperament and development*. Oxford, England: Brunner/Mazel.

Thomas, E. L., & Robinson, H. A. (1972). *Improving reading in every class: A sourcebook for teachers*. Boston, MA: Allyn & Bacon.

Thomas, M. R. (2006). *Violence in America's schools: Understanding, prevention, and responses*. Westport, CT: Praeger Publishers.

Thompson, C. L., & Rudolph, L. B. (1996). *Counseling children* (4th ed.). Pacific Grove, CA: Brooks/Cole.

Thompson, C. L., & Rudolph, L. B. (2001). **아동상담의 이론과 실제** (*Counseling children*) (6th ed.). (천성문 외 공역). 서울: 아카데미프레스. (원저는 2000년에 출판).

Thorndike, E. L. (1913). *Educational psychology (vol. 2): The psychology of learning*. New York: Teachers College, Columbia University.

Tiedeman, D. V. (1961). Decision and vocational development: a paradigm and its implications. *Personnel and Guidance Journal, 40*, 15-21.

Tiedeman, D. V. (1980). *New energy for the 80's: "I" power*. Los Angeles, CA: NIACE/USC, University Park-MC.

Tiedeman, D. V., & Miller-Tiedeman, A. (1985). The trend of life in the human career. *Journal of Career Development, 11*, 221-250.

Tiedeman, D. V., & O'Hara, R. P. (1963). *Career development: Choice and adjustment*. New York: College Entrace Examination Board.

Tolbert, E. L. (1980). *Counseling for career development*. Boston, MA: Houghton Mifflin.

Tomlinson-Keasey, C., & Keasey, C. B. (1988). "Signatures" of suicide. In D. Kapuzzi, & L. Golden (Eds.) *Preventing adolescent suicide* (pp. 213-245). Muncie, IN: Accelerated Development.

Torgesen, J. K. (2002). The prevention of reading difficulties. *Journal of School Psychology, 40*, 7-26.

Trice, A. D., & Knapp, L. (1992). Relationship of children's career aspirations to parents' occupations. *Journal of Genetic Psychology, 153*, 355-357.

Trice, A. D., & Tillapaugh, P. (1991). Children's estimates of their parents' job satisfaction. *Psychological Reports, 69*, 63-66.

Trinidad, D. R., & Johnson, C. A. (2002). The association between emotional intelligence and early adolescent tobacco and alcohol use. *Personality and Individual Differences, 32*, 95-105.

Trzesniewski, K. H., Donnellan, M. B., Moffitt, T. E., Robins, R. W., Poulton, R., & Caspi, A. (2006). Low self-esteem during adolescence predicts poor health, criminal behavior, and limited economic prospects during adulthood. *Developmental Psychology, 42*, 381-390.

Tulving, E. (1972). Episodic and semantic memory. In E. Tulving, & W. Donaldson (Eds.), *Organization of memory* (pp. 381-403). San Diego, CA: Academic Press.

Tulving, E. (2002). Episodic memory: From mind to

brain. *Annual Review of Psychology, 53*, 1-25.

Twenge, J. M., & Campbell, W. K. (2001). Age and birth cohort differences in self-esteem: A cross-temporal meta-analysis. *Personality and Social Psychology Review, 5*, 321-344.

Tyler, L. E. (1961). Research explorations in the realm of choice. *Journal of Counseling Psychology, 8*, 195-201.

University of Turku (2012). *KiVa anti-bullying program: Parents' guide*. Truku, Filand: KiVa Program & University of Truku.

Urdan, T., & Mestas, M. (2006). The goal behind performance goals. *Journal of Educational Psychology, 98*, 354-356.

U.S. Department of Education and Justice (2000). *Twenty-second annual report to Congress on the implementation of the Individuals with Disabilities Education Act*. Washington, DC: Authors.

Valadez, J. R. (1998). Applying to college: Race, class, and gender differences. *Professional School Counseling, 1*, 14-20.

Vaughn, S., & Fuchs, L. S. (2003). Redefining learning disabilities as inadequate response to instruction: The promise and potential problems. *Learning Disabilities Research and Practice, 18*, 137-146.

Vygotsky, L. S. (1994). **사회 속의 정신: 고등 심리 과정의 발달** (*Mind in society: The development of higher psychological processes*). (Eds. & Trans. by M. Cole, V. John-Steiner, S. Scribner, & E. Souberman). (조희숙, 황해익, 허정선, 김선옥 공역). 서울: 성원사. (원저는 1978년에 출판).

Walker, H. M., Horner, R. H., Sugai, G., Bullis, M., Sprague, J., Bricker, D., & Kaufman, M. J. (1996). Integrated approaches to preventing antisocial behavior patterns among school-age children and youth. *Journal of Emotional and Behavioral Disorders, 4*, 194-209.

Walker, H. M., & Shinn, M. R. (2002). Structuring school-based interventions to achieve integrated primary, secondary, and tertiary prevention goals for safe and effective schools. In M. R. Shinn, G. Stoner, & H. M. Walker (Eds.), *Interventions for academic and behavior problems: Preventive and remedial approaches* (pp. 1-26). Silver Spring, MC: National Association of School Psychologists.

Wallace, W. A., & Hall, D. L. (1996). *Psychological consultation: Perspective and applications*. Pacific Grove, CA: Brooks/Cole.

Walsh, B. W. (2006). *Treating self-inquiry: A practical guide*. New York: The Guilford Press.

Wanberg, C. R., & Muchinsky, P. M. (1992). A typology of career decision status: Validity extension of the vocational decision status model. *Journal of Counseling Psychology, 39*, 71-80.

Waters, A., Hill, A., & Waller, G. (2001a). Bulimics' responses to food cravings: Is binge-eating a product of hunger or emotional state? *Behavior Research and Therapy, 39*, 877-886.

Waters, A., Hill, A., & Waller, G. (2001b). Internal and external antecedents of binge eating episodes in a group of women with bulimia nervosa. *International Journal of Eating Disorders, 29*, 17-22.

Webster's New Collegiate Dictionary (1997). New York: Random House.

Weekley, N., & Brock, S. E. (2004). Suicide: Postvention strategies for school personnel. *Helping children at home and school: Handouts for educators, S-9*, 45-47. Retrieved from http://www.aamentalhealth.org/SCHOOL PERSONNEL_000.pdf.

Weiner, B. (1979). A theory of motivation for some classroom experiences. *Journal of Educational Psychology, 71*, 3-25.

Weiner, B. (1980). *Human motivation*. New York: Holt, Rinehart, & Winston.

Weiner, B. (1985). An attributional theory of achievement motivation and emotion. *Psychological Review, 92*, 548-573.

Weiner, B. (1986). *An attributional theory of motivation and emotion*. New York: Springer-Verlag.

Weinstein, C. E., & Mayer, R. E. (1986). The teaching of learning strategies. In M. C. Wittrock (Ed.), *Handbook of research on teaching* (3rd ed., pp. 315-327). New York: Macmillan.

Wertheimer, M. (1945). *Productive thinking*. London: Tavistock.

White, M., & Epston, D. (1990). *Narrative means to therapeutic ends*. New York: Norton.

Whitehead, A. N. (2003). **교육의 목적** (*The aims of education and other essays*). (유재덕 역). 서울: 처음. (원저는 1929년에 출판).

Wigfield, A., & Eccles, J. (1992). The development of achievement task values: A theoretical analysis. *Developmental Review, 12*, 265-310.

Wigfield, A., & Eccles, J. (2000). Expectancy-value theory of achievement motivation. *Contemporary Educational Psychology, 25*, 68-81.

Williamson, E. H. (1939). *How to counsel students: A manual of techniques for clinical counselors*. New York: McGraw-Hill.

Williamson, E. H. (1950). *Counseling adolescents*. New York: McGraw-Hill.

Wilson, N. S. (1986). Developmental vs. remedial guidance: An examination of articles in *Elementary School Guidance and Counseling*, volumes 8-18. *Elementary School Guidance and Counseling, 20*, 208-214.

Windle, R. C., & Windle, M. (1997). An investigation of adolescents' substance use behaviors, depressed affect, and suicidal behaviors. *Journal of Child Psychology and Psychiatry, 38*, 921-929.

Winne, P. H. (1995). Inherent details in self-regulated learning. *Educational Psychologist, 30*, 173-187.

Winslade, J. M., & Monk, G. D. (2007). *Narrative counseling in schools: Powerful & Briefs* (2nd ed.). Thousand Oaks, CA: Corwin Press.

Wolpe, J. (1958). *Psychotherapy and reciprocal inhibition*. Stanford, CA: Stanford University Press.

World Health Organization (WHO) (1983). *International Health regulation 1969* (Third Annotated Edition). Geneva, Swaziland: World Health Organization.

World Health Organization (WHO) (2018). *ICD-11: International Classification of Diseases (11th ed.): The global standard for diagnostic health information*. Geneva, Swaziland: World Health Organization.

World Health Organization (WHO) (2020). *World health statistics 2020: Monitoring health for the sustainable development goals*. Geneva, Swaziland: World Health Organization.

Wrenn, C. G. (1962). *The counselor in a changing world*. Washington, DC: American Personnel and Guidance Association.

Wyke vs. Polk County School Board (1997). United States Court of Appeals, Eleventh Circuit, Nos. 95-2799, 95-3653., Nov 19, 1997.

Yalom, I. P. (1985). *The theory and practice of group psychotherapy* (4th ed.). New York: Basic Books.

Yalom, I. P. (2008). **집단정신치료의 이론과 실제** (제5판). [*The theory and practice of group psychotherapy* (5th ed.).] (최혜림, 장성숙 공역). 서울: 하나의학사. (원전은 1995년에 출판).

York, R. O. (1982). *Human services planning: Concepts, tools, and methods*. Chapel Hill, NC: University of North Carolina Press.

Yontef, G., & Jacobs, L. C. (2004). 게슈탈트 치료(Gestalt therapy). In R. J. Corsini, & D. Wedding (Eds.), **현대 심리치료** (*Current psychotherapies*) (6th ed., pp. 449-501). (김정희 역). 서울: 학지사. (원저는 2000년에 출판).

Zaccaria, J. (1969). *Approaches to guidance in contemporary education*. Scranton, PA: International Textbook.

Zimmerman, B. J. (1986). Development of self-regulated learning: Which are the key subprocesses. *Contemporary Educational Psychology, 81*, 307-313.

Zimmerman, B. J. (1989). A social cognitive view of self-regulated academic learning. *Journal of Educational Psychology, 81*, 329-339.

Zimmerman, B. J. (2005). Attaining self-regulation: A social cognitive perspective. In M. Boekaerts, P. L. Pintrich, & M. Zeidner (Eds.), *Handbook of self-regulation* (pp. 13-39). New York: Academic Press.

Zimmerman, B. J. (2008). 학문적 조정의 자성 회로 개발: 시범적 수업 모형의 분석(Developing self-fulfilling cycles of academic regulation: An analysis of exemplary instructional models). In D. H. Schunk, & B. J. Zimmerman (Eds.), **자기조정학습의 교실 적용** (*Self-regulated learning: From teaching to self-reflective practice*). (pp. 1-32). (송재홍 역). 서울: 교육과학사. (원저는 1998년에 출판).

Zimmerman, B. J., & Bandura, A. (1994). Impact of self-regulatory influences on writing course attainment. *American Educational Research Journal, 32*, 845-862.

Zimmerman, B. J., Bandura, A., & Martinez-Pons, M. (1992). Self-motivation for academic attainment: The role of self-efficacy beliefs and personal goal setting. *American Educational Research Journal, 29*, 663-676.

Zimmerman, B. J., & Kitsantas, A. (1988). Developmental phases in self-regulation: Shifting from process to outcome goals. *Journal of Educational Psychology, 89*, 29-36.

Zimmerman, B. J., & Martinez-Pons, M. (1992). Perceptions of efficacy and strategy use in the self-regulation of learning. In D. H. Schunk, & J. Meece (Eds.), *Student perceptions in the classroom: Causes and consequences* (pp. 185-207). Hillsdale, NJ: Lawrence Erlbaum Associates.

Zimmerman, B. J., & Rocha, J. (1984). Influence of a model's verbal description of toy interactions on kindergarten children's associative learning. *Journal of Applied Developmental Psychology, 5*, 281-291.

Zimmerman, B. J., & Rocha, J. (1987). Mode and type of toy elaboration strategy training on kindergartener's retention and transfer. *Applied Developmental Psychology, 8*, 67-78.

Zins, J. E., & Erchul, W. P. (2002). Best practices in school consultation. In A. Thomas, & J. Grimes (Eds.), *Best practices in school psychology* (vol. 1, 4th ed., pp. 625-643). Bethesda, MD: National Association of School Psychologists.

Zlotlow, S. F., Nelson, P. D., & Peterson, R. L. (2011). The history of broad and general education in scientific psychology: The foundation for professional psychology education and training. *Training and Education in Professional Psychology, 5*, 1-8.

Zunker, V. G. (2002). *Career counseling: Applied concepts of life planning* (6th ed.). Pacific Grove, CA: Brooks/Cole.

에듀넷 http://www.edunet.go.kr
워크넷 http://www.work.go.kr
커리어넷 http://www.career.go.kr
푸른나무재단 http://www.jikim.net
학교폭력예방교육지원센터 http://stopbullying.re.kr
한국청소년상담복지개발원 http://www.kyci.or.kr

찾아보기

인명

ㄱ

내용

저자 소개

송재홍(Song Jaehong)

교육학박사(교육심리 및 상담 전공)

현 제주대학교 초등교육학과 교수

〈주요 저서〉

한국형 초등학교 생활지도와 상담(개정판, 공저, 학지사, 2014)

학교폭력의 예방과 상담: 이론과 실제(2판, 공저, 학지사, 2016)

아동과 청소년 인성교육의 실제(공저, 학지사, 2017)

학습컨설팅 사례분석 및 지도: 학습부진, 학습장애, 다문화(공저, 박영스토리, 2018)

교육학의 이해(제2판, 공저, 아카데미프레스, 2019)

학교상담
-개념, 원리, 적용-

School Counseling:
Concepts, Principles, and Applications

2021년 2월 20일 1판 1쇄 인쇄
2021년 2월 28일 1판 1쇄 발행

지은이 • 송재홍
펴낸이 • 김진환
펴낸곳 • ㈜ 학지사
04031 서울특별시 마포구 양화로 15길 20 마인드월드빌딩
대표전화 • 02-330-5114 팩스 • 02-324-2345
등록번호 • 제313-2006-000265호

홈페이지 • http://www.hakjisa.co.kr
페이스북 • https://www.facebook.com/hakjisa

ISBN 978-89-997-2386-5 93370

정가 24,000원